山大法学集萃

山东大学
法学学科复办40周年
纪念文集

下卷

主编 徐显明
副主编 周长军 李忠夏

法律出版社 LAW PRESS · CHINA

序

《山大法学集萃——山东大学法学学科复办40周年纪念文集》的编撰，在山东大学校史上是一件大事，意味着山大法学学科接续了历史，继承了传统，走过了再生期，进入成熟期，现正朝向更高的目标迈进。

1901年创办的山东大学堂，是继京师大学堂之后中国创办的第二所国立大学，也是中国第一所按章程办学的大学。在百廿山大的历史上，法学学科源远流长，起源于20世纪初山东法政学堂和山东法律学堂的设立。1906年，山东巡抚杨士骧、提学使连甲筹议创设山东法政学堂；1910年，山东提法使司创办山东法律学堂。1912年，这两所学校分别更名为山东第一法政学校、山东第二法政学校。1913年，两校合并，成立山东公立法政专门学校。1926年，奉系军阀张宗昌将包括山东公立法政专门学校在内的山东六个公立专门学校合并，申办“省立山东大学”，开设法学院，下设有法律系，山东大学自此正式开始了自己的法科历史。1928年，济南“五三惨案”发生后，山东大学东迁青岛，接收私立青岛大学校产，校名更为“国立青岛大学”。1932年，复名为“国立山东大学”，但法学学科陷入中断状态。

1980年，山东大学在科学社会主义系开设法学专业，招收首届法律大专班，开启了现代意义上的山东大学法科教育。以著名法学家、法学教育家、法史学家乔伟先生为代表的新一代山大法学人筚路蓝缕，呕心沥血，潜心学术，追求真理，塑造了山东大学法学学科在国内外的卓越声誉，成为国家法学教育的重镇。自复办以来，为国育贤，已向社会输送法治英才十万余众。

值此山东大学法学学科复办40周年之际，法学院组织教师对40年来的科研成果进行了梳理，将现任教师、曾在学院工作后来调离的教师以及兼职博士生导师的代表作结集出版。我认为，这是一项极具价值和有创意的工作。它不仅较为全面地展示了山东大学法学学科的发展脉络，较为客观地总结了山东大学法学学科的学术贡献，而且充分体现了学术庆典的色彩。它既是对过去四十年山东大学法学研究的一次总结，又为未来谋求更大学术发展提供阶梯。我相信，山东大学的法学学人们会在既往成就的基础上，继往开来，推陈出新，再创辉煌。

是为序！

徐显明

2020年11月

诉讼法学

“捕诉一体”与刑事检察权运行机制改革再思考

叶 青*

2018年以来,最高人民检察院以“捕诉合一”为突破口,在全国范围内推动内设机构系统性、整体性、重构性改革,迄今已初具规模。与此前开展的“捕诉合一”理论探索、局部地区试点时不同,当“四大检察”“十大业务”等改革设想由上而下落地生根、运行半年有余以后,我们对于捕诉关系以及刑事检察未来发展道路的思考已可跳出聚焦于利弊之辨的“沙盘推演”,[1]转而以鲜活的司法实践检视相关机制创新的价值成就。

一、新时代刑事检察职能配置述评

2018年12月,最高人民检察院推出以“捕诉合一”为突出特征之一的“十大检察厅”内设机构改革方案,并要求省级以下人民检察院在今年内全面落实、上下贯通。根据最高人民检察院的改革方案,所谓“捕诉合一”可以归纳为对于本院管辖的同一刑事案件的适时介入、审查逮捕、延长侦查羁押期限审查、审查起诉、出庭公诉、诉讼监督等办案工作,原则上由检察机关同一办案部门的同一承办检察官[2]办理。不难发现,“捕诉合一”着眼于内设机构、检察职能的归并,突出检察官办案主体地位,与深化党和国家机构改革提出的“一类事项由一个部门统筹,一件事情由一个部门负责”精神一脉相承。也正是在此意义上,笔者认为“捕诉合一”不单纯是检察机关自生自发的一场内部改革,更应提升至国家治理体系和

* 叶青,华东政法大学校长,山东大学法学院博士研究生导师。

〔1〕 在2018年兴起的最新一轮有关“捕诉合一”的讨论中,支持、反对的两方观点争锋相对。参见张建伟:《“捕诉合一”的改革是一项危险的抉择?——检察机关“捕诉合一”之利弊分析》,载《中国刑事法杂志》2018年第4期;谢小剑:《检察机关“捕诉合一”改革质疑》,载《东方法学》2018年第6期。

〔2〕 根据2018年10月修改后《人民检察院组织法》第28条,检察机关的办案组织分为独任检察官、检察官办案组两种形式,实务中还有“办案团队”等较为通俗的称呼。本文为论述方便,以“承办检察官”这一实务界沿用多年的称谓指代行使检察权并承担相应司法责任的检察机关办案主体,包括但不限于检察长、副检察长、检察委员会委员、检察员等检察官以及由两名以上检察官组成的检察官办案组。

治理能力现代化改革的高度理解其时代背景和深远影响。

其一,"捕诉合一"是检察机关内设机构改革的前提。恢复重建以后,检察机关对应《刑事诉讼法》规定的立案侦查、审查逮捕、审查起诉、执行、再审(申诉)等前后相继的诉讼环节,在组织架构上分别设立不同职能的刑事检察部门,再加上偏重反贪的总体工作思路,使得检察机关"重刑轻民"倾向十分明显。职务犯罪侦查与预防部门转隶至国家监察机关后,如果延续上述机构设置的思路,则改革几乎没有多少腾挪空间,也与中央提出的机构改革总体思路有所出入。"捕诉合一"的再度提出,恰好为检察机关转变制度逻辑、重整业务格局提供了基础。

其二,"捕诉合一"是对刑事检察职能的重新配置。2018年度我国刑事法理论和实务界最为热门的话题之一是批准(决定)逮捕这项影响公民基本权利的公权力该配置给哪个机关、哪个部门更合适。一种较为务实的观点是,"捕诉合一"有利有弊,学理上分析弊大于利;但在中国特定制度背景之下的操作实践看,也许利大于弊。[1] 笔者同意这一论断,同时认为以捕、诉二者为代表的刑事检察职能"多合一",是本轮检察改革的一大突破性变革。这里要注意的是,此种"多合一"并未改变刑事法定程序和相应的办案标准,检察机关必须遵循程序正义原则,按照每一种检察职能所对应的程序规范行使检察权。

其三,"捕诉合一"是刑事检察未来发展的基础。当组织架构重建和机构职能调整完成后,如何发挥新机制下刑事检察权对司法公正和效率的促进、保障作用,就成了摆在理论和实务界面前的一个新课题。"捕诉合一"不仅是内设机构和若干职能的合并,更是其对检察队伍专业化建设、司法责任制完善、公检法三机关关系等方面均具有溢出效应。

就笔者先后深入S市四个试点基层检察院的情况看,"捕诉合一"相较于"捕诉分离"的优势在于:一是避免重复劳动,促进审案效率提升。承办普通刑事案件的第一检察部,用相当于试点前侦监、公诉、未检三个部门50%办案力量,承办了相当于原侦监、公诉部门80%以上的案件量以及全部未检工作。2019年上半年,这四个基层院审查起诉平均结案时间为34.4天,同比减少近4成,该部审查起诉平均用时为23.8天,较之前的38.7天,减少38.6%(14.9天)。二是避免监督空窗,促进大控方格局构建。捕后侦查引导加强,表现在对于证据尚存在瑕疵或不足的案件,检察官基于后续起诉的需要,也更加重视捕后诉前的引导督促,审查逮捕案件和相对不捕案件制作继续侦查取证意见书的数量大幅增加,其中H区院上升比例分别为86.2%和800%(原为0,现为8)。且补侦要求总体趋于细致化,更有针对性和操作性。督促移诉效果显现,对于报捕时即事实清楚、证据充分的简单案件,捕后

〔1〕 参见龙宗智:《检察机关内部机构及功能设置研究》,载《法学家》2018年第1期。

督促移诉增多,最短的捕后4个工作日即移送起诉。[1] 三是诉监适度分离,促进监督发力。诉监适度分离与捕诉合一,过程上同步推进、关系上互为因果,既弥补了捕诉部门无暇开展立案监督、前端监督、类案监督的短板,也为捕诉部门强化随案监督腾出了精力。以H区院2018年7月至2019年6月办案数据为例,新设立的第二检察部监督公安机关立案4件,撤案26件,制发纠违通知书3份、情况通报52份、检察建议7份。可以说,自内设机构改革以来,变静态审查为主动出击,加大监督线索调查核实力度,有效激活了调查核实权。四是理念更新,促进少捕慎押。“捕诉合一”后更加强调对“社会危险性”条件的科学把握,承办检察官有意识改变“构罪即捕”理念,摒弃“以捕代侦”的习惯做法。笔者调研时注意到,羁押必要性审查机制被主动激活了,H区院2018年7月至2019年6月,共立案审查141人,同比上升78.5%,提出变更强制措施或释放建议135人,占到建议数的100%,同比上升5.3%。被采纳建议中,各个阶段相对均衡,属于侦查阶段的33人,占24.5%;属于审查起诉阶段的47人,占34.8%;属于审判阶段的55人,占40.7%。从其他3个区院调研的情况来看,呈同态化,并没有出现反对“捕诉合一”观点最担心的,案件承办检察官会基于审查起诉立场,倾向“构罪即捕”,进而导致审前羁押率上升或者审前羁押过长影响量刑的现象。这四个试点区院,自实行“捕诉合一”办案模式后,由于负责起诉的检察官在批准逮捕阶段已经及时跟进案件办理,对整个案件的事实、证据均已十分熟悉,通过引导侦查补充证据,为审查起诉做好了充分准备,相反有效地减少了退回补充侦查的概率,较之以往,大大地缩短了审前羁押期限。五是增大刑辩律师辩护空间,促进人权保障。在刑事辩护领域,犯罪嫌疑人从拘留到逮捕的37天被称为“黄金救援时间”。现在“捕诉合一”后,由于批捕、起诉由同一名检察官负责,辩护律师只需要联系一名检察官表达辩护意见,不仅减少了沟通成本,保持了辩护的持续性和一致性,在一些证据薄弱、“可捕可不捕”的案子中,如果辩护律师的辩护意见具有足够说服力,也增加了审查批捕阶段不批捕的可能性,凸显了辩护效果。但是,笔者认为,“捕诉合一”改革远未到“功德圆满”的时候,优化刑事检察权运行机制,强化新时代法律监督还有许多新难题等待破解。“捕诉合一”后刑事检察工作遇到的难题至少表现在以下三个方面:

第一,时间管理难题。就单个案件而言,同一承办检察官“一竿子插到底”,从适时介入,直至出庭公诉负责到底,能够保持对案件的把控程度和执法尺度的统一,相较“捕诉分离”可以提升办案效率。但司法现状是,一方面,一名检察官同时承办多起、多类案件已成刑事检察工作常态,且每个案件所处诉讼阶段、法定办案期限、繁简程度不可能整齐划一;另一方面,根据司法亲历性的要求,承办检察官需要分配必要的时间依法开展阅卷、提讯、

[1] 在当前疫情防控的特殊时期,“捕诉一体”办案机制被专家学者认为,无论是在提前介入案件,加快办案进程方面,还是在引导侦查机关及时调取关键证据,严格把好证据关、事实关、法律适用关,并对侦查活动是否违法进行法律监督等方面均发挥了积极的作用。参见《以程序法治保障实体正义 依法从快从严办理涉疫刑事案件》,载《检察日报》2020年3月13日,第3版“要闻”。

复核在案证据、公开审查等工作。此种情形下,时间管理能力成为必备工作技能,一旦办案时间分配失当就有可能导致工作节奏拖沓、法定办案期限告急,从而消解"捕诉合一"改革的一项主要价值,即司法效率。

第二,证明标准之惑。《刑事诉讼法》第81条规定,逮捕以"有证据证明有犯罪事实"作为事实证明标准。一般认为,该标准低于侦查终结、提起公诉、作出有罪判决通用的证明标准,即"犯罪事实清楚,证据确实、充分"。但是,从司法实务角度看,如何把握逮捕的证明标准至今尚未形成具有说服力的通行做法。一种可期待的做法是用法院判决结果倒推批准逮捕的质量,即首要的审视对象就是事实认定正确与否。有地方试行以后似乎效果不错。[1] 笔者认为,"以审判为中心"并不意味着要以法院的裁判来评价刑事审前程序中的逮捕质量,公正这一司法价值的核心命题在不同诉讼阶段具有不同的面相,解决逮捕证明标准之惑确乎需要理论、实践双管齐下,但最主要的还是通过指导性案例、检察官释法说理等途径,逐步明确、细化逮捕的事实要件、刑罚要件的证明标准。对于羁押必要性或者说社会危险性要件则可借诸类似于自由证明的方法,以优势证据标准来指导司法实践,不失为可行之策。

第三,资源分配失衡。检察机关内设机构改革甫定,机构、人员现虽已调整到位,但执法理念、办案一时难以跟上的现象客观存在。例如,改革后刑事检察部门新增了传统上由控告申诉检察部门负责的刑事申诉案件办理任务,这让大部分长期从事批捕、起诉业务的检察人员感到十分陌生。如何研判来自非法律人士(当事人)所写的或冗长或杂乱的信访材料,在快速进行繁简分流的基础上确定申诉人的诉求要点、审查原生效法律决定的依据,将法言法语、说理精微的司法审查决定用老百姓听得懂的语言答复信访群众,是许多承办检察官从未接触的领域,能力短板在一段时期内将较为突出,不可避免地存在。换言之,改革前控告申诉检察部门的职责被分解给"四大检察"相关业务部门后,司法资源配置格局并未随之同步调整,这就有可能加剧原本就存在的检察人员办案素能参差不齐问题,影响同一检察部门、承办检察官所承担的各项刑事检察职能的充分发挥。

笔者认为,在诸多司法改革举措并行,人民群众对刑事司法工作产生新期待的当下,已经随着检察机关内设机构而定型的"捕诉合一"完成了"物理整合"的历史使命,但尚不足以引领刑事检察"化学反应"的未来发展。我们应当将视域放宽,运用系统论的观点深入探究改革后刑事检察权的组成要素及其运行方式,立足"捕诉一体"立场,将检察改革推至新阶段、新高度,确保法定诉讼程序和刑事司法体系得以顺利运行。

---

[1] 参见郭烁:《适应鲜活实践彰显"捕诉合一"价值》,载《检察日报》2018年7月12日,第3版。

二、"捕诉一体"基本问题探讨

无论是司法体制改革还是办案机制完善,功能价值分析都必不可少。如果说改革之初提出的"捕诉合一"主要着眼于从组织架构、职能配置等相对静态的体制层面建章立制、克服"捕诉分离"弊端的话,那么本文所论的"捕诉一体"侧重于检察权整体运行的基本立场及其所产生的对外效果问题。所谓"捕诉一体",是指在审查逮捕、审查起诉、诉讼监督等诸项职能由同一部门的同一承办检察官行使的基础上,检察机关秉持客观公正立场,发挥检察一体和专业化办案等制度优势,综合运用各项法定职能维护司法公正、强化法律监督。具体而言,"捕诉一体"包含以下四个方面的要素:

第一,坚持客观公正立场。联合国第八届预防犯罪和罪犯待遇大会于 1990 年 9 月 7 日通过的《关于检察官作用的准则》第 13 条要求,检察官在刑事诉讼中应不偏不倚地履行其职能,保证公众利益,按照客观标准行事,适当考虑到嫌疑犯和受害者的立场,并注意到一切有关的情况,无论是否对嫌疑犯有利或不利。〔1〕 我国刑事诉讼法、刑事司法政策和检察系统也向来要求包括检察官在内的刑事司法工作人员本着实事求是、有错必纠的立场行事。但是,1996 年《刑事诉讼法》修改引入抗辩式审判因素以来,关于"谁来监督监督者"、公诉权是司法权还是行政权等检察学基础理论问题在社会各界争论不已,有相当一部分论者认为检察机关难掩其追诉犯罪冲动,对有利被追诉人的事实、证据、法律适用等问题以及诉讼监督职能行使关注不够,公诉权应归入行政权或者准行政权的范畴。这种观点的潜台词或许是,刑事司法公正主要依靠控辩对抗、法官居中裁断的审判场域来实现,检察官只是一方诉讼当事人。也是基于上述理由,在 2018 年的大讨论中,有论者认为"捕诉合一"是危险的选择。

然而,司法竞技主义与我国的法律文化传统和现行司法制度存在相当距离,希冀复制英美法系国家诉讼制度不具有现实可能性。况且迟到的正义已非正义,如果可以在刑事审前程序通过特定机制实现司法公正与效率,就完全不必拖延至审判阶段去解决。以审判为中心的刑事诉讼制度改革以后,处于侦查、审判"中间层"的检察官如何确定行使检察权的立场,其答案还需从横向、纵向多维度寻找。2019 年 4 月修改后《检察官法》第 5 条规定,检察官履行职责,应当以事实为根据,以法律为准绳,秉持客观公正的立场。检察官办理刑事案件,应当严格坚持罪刑法定原则,尊重和保障人权,既要追诉犯罪,也要保障无罪的人不受刑事追究。这一原则规定,与前述联合国 1990 年《关于检察官作用的准则》遥相呼应,是"捕诉一体"条件下检察官办案的根本遵循。检察官无论行使传统意义上的诉讼职权还是

〔1〕 参见 https://www.un.org/zh/documents/treaty/files/OHCHR-1990-3.shtml("联合国 · 联合国公约与宣言检索系统"),最后访问日期:2019 年 8 月 3 日。

监督职权,均应以客观公正作为基本立场。那种认为检察官追诉时以惩罚犯罪价值为先,监督时以司法公正价值为要的旧观念已不再有法制依据。落实到检察实务中,便是审查逮捕时对于案件实体问题和羁押必要性问题应当并重,审查起诉时要考虑有利或不利于双方当事人的各种因素,诉讼监督时则须跳出诉讼当事人的视角限制,以法律秩序的和平性、社会公共利益以及案件事实真相为追求。

第二,发挥主导作用。2018 年 10 月修改后的《刑事诉讼法》吸收了此前在 18 个城市试点两年的认罪认罚从宽制度的主要内容,由此检察官在刑事司法中发挥主导作用、行使“准法官”职责具有坚实的法治基础。根据新法,参考试点经验,检察官在“捕诉一体”体制下的主导作用突出表现在以下两个方面:

一是运用认罪认罚从宽制度办理刑事案件。检察官不仅在传统上被视为其“主场”的审查起诉阶段,通过告知权利听取双方当事人意见,释法说理,促成加害方与被害方和解、赔偿,依法提出量刑建议,而且可以在适时介入、审查逮捕时即告知当事人相关诉讼权利,引导侦查机关积极运用该制度收集证据,促进社会矛盾化解。在延长侦查羁押期限审查期间,重点关注侦查活动进展和当事人态度变化,对于已经符合起诉条件的,不批准延长期限并建议侦查机关尽快移送审查起诉。在审判阶段,公诉人围绕认罪认罚合法性、自愿性这一核心问题,履行指控犯罪、法庭教育等职能,确保量刑建议被法院所认可。总之,在认罪认罚从宽制度实践中,检察官应当让正义以看得见的方式充分、迅速实现。

二是更为积极地运用不起诉制度。“捕诉一体”叠加司法责任制改革效应,使得检察官办案主体地位越发突出,其与检察长责任制一道,构成了我国检察机关司法责任制的基本内容。对于经过侦查、起诉两个诉讼环节的调查取证、法律审查仍然不符合起诉条件的案件,检察官依法可以运用不起诉制度作出终结性处理。但以往由于种种主客观原因,当然更主要的是由于司法理念上的自我设限,不起诉制度没有充分发挥其预设功能。改革以来,我国检察机关积极落实宽严相济刑事司法政策,承办检察官以更加有为、担当、负责的姿态把好审前程序的入罪分流关口,以正当防卫案件为突破口,大胆适用不起诉制度激活了沉睡已久的刑法条文,引领“法不能向不法让步”的社会风尚,这样处理被普遍地认为既有利于制止不法侵害行为,又有利于保障公民正当权益,更有利于维护公民人身权利和安全。如 2018 年 12 月,最高人民检察院发布第十二批指导性案例,于某某正当防卫案(江苏昆山龙哥案)等社会反响强烈的案例入选。此后,各地检察机关以不起诉制度办结了“河北涞源反杀案”等一批有影响案件,使《刑事诉讼法》所规定的不起诉制度在新的历史时期焕发出了蓬勃生机和活力。

第三,强化法律监督力度。根据国家宪法法律规定,我国检察机关对刑事诉讼活动实施法律监督。诉讼监督是刑事司法实践中关注度极高的问题之一,其直接关系到诉讼的顺利进行、当事人合法权益的有效保障以及司法公正、公信力的全面实现,从全局来看还关系到全面依法治国方略的实施。在多年前兴起的学术讨论中,关于检察机关诉讼职权和诉讼监督职权能否分离、诉讼业务机构和监督业务机构能否分设的问题催生了不同的学术观点〔1〕和检察改革方案。例如,北京市检察机关近几年单设诉讼监督部门,与公诉、审查逮捕等业务部门并行;天津市检察机关则将诉讼、监督职权融合于同一业务部门,由同一承办检察官行使相应职权。按照"捕诉一体"机制,在"监督中办案,办案中监督"理念指导下的诉讼监督工作,将诉讼(办案)、监督作为检察权的一体两面,检察官在审查逮捕、延长侦查羁押期限审查、审查起诉、退回补充侦查、非法证据排除等诉讼活动中,其诉讼行为目的和效能均一方面着力于惩治犯罪,另一方面着眼于对侦查活动实施法律监督,实现对侦查权的控制,二者相互结合,共同发力;履行审判监督、申诉审查职能时,则须面向审判活动进行法律监督,超脱于"指控成败""判刑轻重"等当事人视角下的公诉工作评判标准。

在以往的学术讨论中,有一种观点是"捕诉一体"后检察官为了指控便利会容让违法侦查行为,导致诉讼监督力度下降。笔者认为,无论是从理论上看还是揆诸司法实践,"捕诉一体"使检察官对于侦查行为合法性问题更为敏感,依法调查核实、排除非法证据的动力更为充足,这是因为"捕诉一体"后检察官一面连着侦查,一面参与庭审,侦查的瑕疵、程序违法问题如被不当容让,均会经由同一承办检察官之手传导至法庭,证明不力的后果也最先为该检察官所感知、承受。因此,我们应该有这样的认识,那就是虽然审查起诉是检察权行使的标志性阶段,但法庭才是检验案件质量的最终环节;在侦查、审查逮捕、延长侦查羁押期限审查、审查起诉、出庭公诉等不同诉讼环节,检察官的职责内容统一于法律监督职责使命。

第四,丰富检察一体内涵。经过5年来的新一轮司法改革,我国检察权的运行机制已基本形成了由"单一制"向"双轨制"格局的演变,即从检察长负责制下的"三级审批制"发展为检察长负责制与检察官办案责任制并行。这一点在刑事检察领域体现得尤为明显。得益于员额制、权力清单制度、捕诉合一等改革举措,当前的刑事检察官拥有了相对独立的办案职权,这符合司法规律和检察工作规律。在突出检察官办案主体地位的同时,司法改革顶层设计没有否定检察一体化原则,相反在新修订的《人民检察院组织法》和司法实务中赋予其新的内涵。所谓检察(工作)一体化,是指检察机关"上下统一、横向协作、内部整合、总体统筹"。〔2〕与审判权运行机制相比,检察权运行机制的一大突出特点就是检察长在必要时可以对检察官办案决定依法进行复核、干预乃至直接改变;上级检察机关对下级检察机关不适当的决定既可以指令撤销或者改变,也可以直接撤销或者改变。鉴于此,充分发挥"捕诉一体"优势,优质高效办理捕诉案件,既是某一检察院、业务部门、检察官的理性选择,也是对具有上下级领导关系的检察系统整体所提要求。有别于以往侦查监督、公诉、控告申诉等部门并立,各级检察机关各业务条线、条块分割式的办案、业务指导模式,"捕诉一

〔1〕 参见龙宗智:《检察机关内部机构及功能设置研究》,载《法学家》2018年第1期。

〔2〕 参见龙宗智:《论检察》,中国检察出版社2013年版,第214页。

体"以后"一类事项由一个部门统筹,一件事情由一个部门负责",辅之以《人民检察院组织法》规定的办案组织形式、人员调用制度,[1]检察机关既能够在本级机关范围内灵活调配人力资源承办案件,又可以借由检察一体化体制优势统一调用辖区资源满足个案办理需要,以及某一地区特定时期的"异地用检""人才输血"需求。如此,非但前文所述的检察官在刑事诉讼中的主导作用、诉讼监督力度能够更为稳定可期,全国范围内的检察官队伍建设和司法办案规范化工作也得到新的助力。[2]

三、基于"捕诉一体"的刑事检察革新

组织法层面的捕诉关系调整以后,诉讼法视域内的刑事检察权运行机制乃至审前程序形态都已经并将继续发生明显改变。为了全面落实以审判为中心的刑事诉讼制度改革,刑事检察应在以下四方面作出革新:

第一,确立比例原则,对于审查逮捕的公正性给予更为明确的保障。检察官负有客观公正义务,既不能偏向侦查,也不应偏向辩方,而是依法独立作出判断。为了进一步强化司法人权保障,要全力克服以往存在的"批捕绑架公诉"现象,打破"捕了就得诉,诉了就得判"传导链条,卸下"捕诉一体"后检察官在捕后是否应当一律起诉问题上可能"自我否定,自我矛盾"的思想枷锁。其中,最为重要的是从源头上坚决反对"构罪即捕"的旧观念,扭转司法人员的羁押偏好,真正落实刑事诉讼法所规定的逮捕条件以及宽严相济刑事司法政策对于"可捕可不捕的,不捕"要求。[3] 一种可以考虑的措施是引入源自德国公法的"比例原则",在进行审查逮捕时依次考虑适当性、必要性和狭义比例原则,选择最为符合法律目的、手段最为温和、手段与所要实现的目标相称的司法处理方式。[4]

当然,立法已有规定,理念也已更新以后,相应的配套措施也要及时跟上,使检察官能够放心大胆地不批准逮捕。例如,对于不批准逮捕后取保候审的人员,除了加大预算投入、普遍采取电子监控等技术手段以外,公安机关执行力量(实务中主要是犯罪嫌疑人户籍地

---

〔1〕 2019年1月1日起施行的《人民检察院组织法》第24条规定:"上级人民检察院对下级人民检察院行使下列职权:……(四)可以统一调用辖区的检察人员办理案件。上级人民检察院的决定,应当以书面形式作出。"第28条规定:"人民检察院办理案件,根据案件情况可以由一名检察官独任办理,也可以由两名以上检察官组成办案组办理。由检察官办案组办理的,检察长应当指定一名检察官担任主办检察官,组织、指挥办案组办理案件。"

〔2〕 2018年度,鉴于新疆反恐维稳任务繁重,最高人民检察院部署从西北四省区选派60名检察业务骨干支援新疆。近年来类似的紧缺急需检察业务"组团式"援助,使新疆检察的业务素质和办案水平有了很大提高。参见潘从武、何海燕、王晨:《检察援疆助力新疆长治久安》,载 http://www.spp.gov.cn/spp/zdgz/201810/t20181015_395259.shtml("中华人民共和国最高人民检察院·重点推荐"),最后访问日期:2019年8月4日。

〔3〕 在十余年前进行的一次实证调研中,有学者就发现即使是在"双向保护"做得较好的未成年人司法领域,公安、检察人员对是否具有逮捕必要性的判断仍然受其自身羁押偏好的影响,而与实质推理、规范等置等法律素养关系不大,犯罪嫌疑人一方提出的符合法律规定的申请取保候审条件并未促使司法人员作出相应改变。参见雷小政:《刑事诉讼法学方法论·导论》,北京大学出版社2009年版,第167~170页。

〔4〕 参见陈景辉:《比例原则的普遍化与基本权利的性质》,载《中国法学》2017年第5期。

派出所警力)也要同比例增加投入,确保社会面管控力度。如此,检察官对事实清楚的案件作出相对不捕的决定会更有底气;对事实不清的案件作出存疑不捕的决定也会更有动力,而不必迁就侦查需要勉强作出批捕决定。根据新近的一次司法统计,在实施"捕诉一体"的某经济社会发展发达地区,审前羁押率逐年下降,近年来已连续低于50%,[1]这无疑是各方都乐见其成的好事,未来的刑事检察工作要做的就是在全国范围内实现强制措施层面的轻缓化。

第二,推进量刑建议精准化建设,将相对不起诉工作做成精细司法典范。自开展认罪认罚从宽制度试点以来,我国检察机关对于量刑建议精准化的认识不断深化,检察官提出量刑建议正逐步成为司法办案中的"必选动作"而非改革前的"可选项"。但是与法院的量刑规范化工作相比,检察实务中确定型建议少、相对确定(幅度型)建议多,附加刑建议精准度不够等问题不同程度存在,影响了犯罪嫌疑人、被告人、辩护人对于参加这项试点的热情以及辩方对自身诉讼行为、结果的合理预期,反映出检察官对于量刑建议权与法院审判权界限的认识还带有一定模糊性。前段时间,对认罪认罚从宽后又以量刑过重为由上诉的案件,检察机关能否提出抗诉问题引起广泛争议,集中反映了各方对于认罪认罚从宽制度的立法目的、实践价值、检法两家权力性质认识还不统一,其中很重要的一个症结就是检察机关量刑建议本身精准化程度还停留在犯罪事实与量刑情节"加加减减"的初级阶段,关于量刑的法庭举证、论证说理、价值阐释不够,无法得到法院和辩方的完全认同。下一步,如何借力大数据、人工智能辅助办案系统提升量刑建议的科学化程度,是检察机关需要着力破解的技术难题。

与量刑建议工作存在的问题相类似的,尽管检察机关以法定不起诉制度激活了沉睡已久的《刑法》所规定的正当防卫条款,但是从总体上看,适用相对不起诉制度办结刑事案件的标准还较为原则、抽象,无法满足实践中对常见罪名类案适用不起诉制度的需求,这也是承办检察官不愿适用该制度的一个重要原因。据悉,北京、上海等地检察机关已经在酝酿出台常见罪名类案的不起诉标准,笔者希望这一改革能够高起点、严要求,让检察机关的不起诉权力运行在公开、公正的法治轨道上,使之成为精细司法的典范。

第三,加强刑事诉讼程序内的制约机制,减弱行政化的内部制约环节。"捕诉一体"以后,检察官手中权力变得更为集中,出于对滥权、怠政的警惕,新型的检察权制约机制亟待建立。检察机关办案模式的改革方向是实行检察官办案责任制,即在检察长的领导下,承办检察官对职权范围内或者经检察长授权的事项,依法独立行使决定权,并承担相应司法责任。以往依靠"三级审批"的内部行政化管理模式实现对办案质量层层监督的做法,已经被否弃。笔者在调研座谈时,注意到有一些检察官提出,"扶上马"以后是否还需要"送一

---

〔1〕 参见李乐平:《捕诉合一的优势与实践价值——以江苏省无锡市检察机关捕诉办案实践为样本》,载《人民检察》2018年第18期。

程”，对于检察官所作办案决定由相关组织、人员按照一定制度渠道予以复核、把关。平心而论，完善司法责任制固然是强化司法人员责任的制度性创新，但绝不意味着落实了司法责任制就什么问题都解决了，实务中屡见不鲜的司法人员职务犯罪现象，尤其是“扫黑除恶”专项斗争中暴露出来的司法人员充当“保护伞”问题，严重损害了司法作为社会正义最后一道防线的公信力，上述担心不无道理。不过，检察委员会、检察官联席会议、案件质量评查、检务督察等检察机关内部机制已经对办案决策质量、司法责任落实、廉政风险防控等给予较为周全的保障，[1]叠床架屋地加设复核把关环节，无疑又走上了变相的“三级审批”老路，殊不足取。在“捕诉一体”的办案模式下，同一承办检察官既审查逮捕又审查起诉“一办到底”，在强化指控、提升办案效率的同时，确也存在权力失范失控和滥用等风险问题，笔者以为，对此，应当着力完善侦查机关、当事人复议、复核、申诉制度，创新人民监督员制度，将检察权的运行过程和结果置于其他公权力主体、诉讼参与人的制约之下，并将此种制约纳入法定程序，赋予其程序法上的意义，而非检察机关内部管理、纪律处分的范畴。

第四，实现专业化建设。近年来，检察机关加大了专业化建设力度。司法需要专业知识、专业技能，从一般意义上来说，专业化建设无疑是正确和必要的，但本轮改革中的检察机关“专业化建设”有其特定内涵，那就是按照刑法分则章节分别设立业务部门，全面推行“捕诉一体”，以适应当前追究犯罪的实际需要。对于这一“专业化建设”思路，有论者认为案件类型专业化和业务类型专业化都是专业化，“捕诉合一”并不是“专业化”的唯一形式。[2] 笔者认为，从务实的立场看，“捕诉一体”相较“捕诉分离”更有利于实现类案办理专业化和职业培训专业化，内设机构改革以来蓬勃展开的检察机关“四大检察”专业化培训活动便是明证。与此同时，类案办理专业化不能抹杀业务类型专业化，批捕、起诉、申诉业务的专业化要求各不相同，检察官需要掌握的相关办案技能主要是证据规则等程序法内容。因此，对于检察机关“专业化”建设的较为全面的理解可能是，既要加强批捕、公诉、诉讼监督、申诉等程序法意义上的专业化刑事检察素养的传承、提高，又要着力提升刑法专业方面的专业化水准，让每一个检察官都成为刑法相应领域的精英化人才。

需要注意的是，“专业化”建设在现行发展阶段应当主要聚焦于法学专业领域，而不应盲目追求铺摊子，在经济、金融、网络、环保、知识产权等领域“遍地开花”，要求检察官成为“一专多能”的“全科”型人才。笔者之所以有此论断，理由主要有二：一是随着法学教育的普及和人员迭代，青年法学人才已经成为检察队伍的主要组成部分，对于这些有着基本学术训练的青年法律人来说，提升刑法、刑事诉讼法意义上的检察工作专业化水准显然是当务之急，这一点在2018年修改后《刑事诉讼法》实施以来检察机关自侦队伍建设方面表现得尤为明显；二是在社会分工日益细化、犯罪智能化程度渐升的时代大背景下，司法人员

〔1〕 参见《上海长宁：出台“捕诉一体”廉政风险防控机制》，载《检察日报》2019年8月18日，第1版。

〔2〕 参见万毅：《检察权运行的改革调整》，载《中国检察官》2018年第8期。

"半瓶醋"式的跨界"专业化"已经无法满足司法办案,尤其是庭审对抗的需要,对于专业性强的案件需要的是实现在该领域内真正的"专业化",术业有专攻,这在轰动一时的"快播案"第一次庭审中展现得淋漓尽致。为了平衡日常办案压力以及新类型、新领域案件办理需求之间的张力,应当巩固发展"有专门知识的人"[1]参与办案制度,按照专业化、公信力等指标推动建立"有专门知识的人"推荐名单库,吸收环保、税务等政府主管部门人员担任特别检察官助理,将案件涉及领域的专业人员作为检察办案的"外脑",从而实现广义上的检察办案"专业化",而非检察人员个体意义上的"专业化"。

从改革历程上看,"捕诉合一"主要是内设机构和检察职能合并,"捕诉一体"则指向职能职权集中行使,二者是形式与实质的差别。"捕诉一体"更能体现检察监督职能作用的聚焦与精准发力。对于新时代检察工作而言,"做优"刑事检察不是低水平的重复过往,小修小补,而是大刀阔斧改革后的精密司法、强化监督。

(原载于《法学》2020 年第 7 期)

---

〔1〕 2012 年刑事诉讼法修改时增加了公诉人、当事人和辩护人、诉讼代理人可以申请法庭通知有专门知识的人出庭,就鉴定人作出的鉴定意见提出意见的规定。具体参见《刑事诉讼法》第 197 条第 2 款、第 3 款。

我国司法突发事件应急机制初探

范明志*

法律为司法权所设计的运行条件和方式往往是一般性的,而现代社会经济生活方式迅速变化,突发事件频发,可能导致原来所设定的司法权运行预设的条件和方式遭到破坏;但司法的法定性又不允许人们随意更改其运行方式,这就会出现司法权无法正常运行的情况。一般而言,在我国有关法院组织、诉讼程序的法律中存在一些可以用来应急的规定,比如任命助理法官、案件移送管辖等,但作为系统的司法应急法律机制[1],我国尚未建立起来,这不可避免地使司法权的运行难以快速摆脱突发事件造成的影响。本文试对司法突发事件应急法律机制进行初步探讨,以期完善我国的司法应急机制。

一、司法突发事件的界定与类型分析

应急法律机制的构建目的都是为了应对突发事件。如何界定司法突发事件,是构建司法应急法律机制的前提性问题。在国家权力结构中,司法权的任务在于适用法律,解决法律争议,而不是直接进行国家和社会事务管理。因此特征决定了司法应急法律机制的目的并不是以司法来应对社会公共安全或自然灾害等突发事件对社会的直接影响,而仅在于维护司法权自身在非常态下仍能够有效运行。应对一般突发事件是行政权的任务,尽管司法权也可能参与,但只能是间接的,其主要是解决突发事件造成的矛盾纠纷。因此,对于司法应急法律机制来讲,司法突发事件只能是那些导致法律为司法权预设的运行条件和方式受到破坏或影响的突发事件。

* 范明志,最高人民法院中国应用法学研究所副所长,山东大学法学院博士研究生导师。

〔1〕 本文所称司法应急法律机制,是指在法院组织法、法官法、诉讼法中有关司法应急运行的法律规定的综合体,由于涉及不同法律、不同具体法律制度,它们在应急运行时协调发挥作用,故称为一种“法律机制”或“机制”。

司法突发事件不同于一般应急机制中的突发事件[1],如地震、海啸、瘟疫等,只有这些事件影响了司法权的正常运行,比如导致审判设施损坏、司法人员无法履行职责等,才归为司法突发事件,如果没有影响司法权的正常运行,则不构成司法突发事件;相反,即使没有发生自然灾害、社会安全事故等一般突发事件,但是只要出现了能够影响司法权正常运行的条件和方式的情况,就属于司法突发事件,比如案件激增、法官数量剧减等,因为这些问题会影响案件审理期限和审理程序[2],司法突发事件作为司法应急机制运行的前提,不应包括作为司法对象的个别案件出现的异常情况,如暴力抗法、群体性诉讼等事件,这些情况虽然会对个案司法权的行使造成一定的影响,但是并没有损害法律为司法权运行所设置的条件。个案中的异常或极端情况,不应当成为影响司法权正常运行的理由,否则就破坏了司法权运行的基础。

基此,笔者认为,司法应急机制中的突发事件应分为两种类型,一种是社会影响型突发事件;另一种是司法影响型突发事件。

(一)社会影响型突发事件

社会影响型突发事件即一般突发事件,如地震、飓风、海啸、瘟疫等自然灾害和社会事故,其对社会的多方面产生巨大影响,对司法的破坏为其中之一。以地震为例:“5·12”汶川大地震对社会的破坏是全方位的,司法也不例外,北川县人民法院 44 名在职干警幸存 15 人,其中重伤 3 人,法院审判办公楼被埋、办公设备、案件卷宗、档案尽毁,直到同年 6 月 30 日,北川法院才开始受理新的诉讼案件。[3] 同为灾区的青川县法院,虽然没有人员死亡,但是法院办公楼、审判庭、宿舍楼、办公设施严重受损,法院工作全部陷入瘫痪,致使灾区 40 余家法院无法正常运转。由于地震、海啸、飓风、泥石流等自然灾害都属于典型的社会影响型突发事件,它们对司法产生双重影响:一方面严重破坏法院的人员、设施等司法资源;另一方面也对司法活动对象—诉讼案件产生重大影响。具体主要表现为如下几个方面:

1. 突发事件可能造成法院人员伤亡、设施损坏,使法院失去法官及审判的基本物质条件,法院无法正常运转,司法功能在一定时间内丧失,社会矛盾无法通过司法渠道及时得以化解。

2. 对于法院正在审理过程当中的案件,突发事件可能会导致法院保存的证据、卷宗材料灭失,也可能导致当事人失踪或死亡,即使法官人身没有受到突发事件影响,已经受理的

〔1〕 我国《突发事件应对法》第 3 条规定:“本法所称突发事件,是指突然发生,造成或者可能造成严重社会危害,需要采取应急处置措施予以应对的自然灾害、事故灾难、公共卫生事件和社会安全事件。”

〔2〕 比如,北京市朝阳区、海淀区人民法院等一些城市法院出现的“诉讼爆炸”,案多人少导致了简易程序、调解等快速结案方式被更多适用,法官也不得不加班加点工作。参见崔丽:《案多人少“诉讼爆炸”法官自嘲工作“白加黑”》,载《中国青年报》2009 年 7 月 29 日;李飞:《朝阳法院“诉讼爆炸”现象调查》,载《人民法院报》2005 年 7 月 12 日。

〔3〕 参见孙旭阳:《北川县法院审案面临卷宗丢失已上报最高法院》,载《新京报》2008 年 6 月 16 日。

案件也无法正常结案。

3. 突发事件容易引起各社会主体之间人身、财产等法律关系的急剧变化，比平时更容易引发争议，并可能造成社会正常监管系统在一定时间内失灵，如社会治安系统职能的缺失，这会导致民事案件及刑事案件增多。

4. 突发事件会促使政府采取更多的非常措施来恢复社会秩序，与平常的行政活动相比，更可能侵犯行政相对人的合法权益，行政案件也会增加。

5. 某些当事人出于自身利害关系考虑，可能借突发事件不正当地影响或利用诉讼，如转移财产、拖延诉讼，甚至恶意诉讼。

社会影响型突发事件往往直接影响到人的生命、财产权，极易引起社会包括国际社会的关注和救援。但是，司法权的恢复却不是一般社会救援所能直接解决的问题，只有具备完善的司法应急法律制度，才能使司法权受到的影响减少到最低限度，并最大限度地保证突发事件时期的司法权有效运行。

（二）司法影响型突发事件

司法影响型突发事件是指虽然不影响一般社会经济生活，但影响司法权正常运行的突发事件，如案件激增、法官的数量剧减等。从司法自身的法定性来说，司法运行在其主体、程序，甚至在具体环节上都必须符合法律规定，否则就可能是无效或非法的。从当事人平等享有司法公正的角度来说，司法运转必须保持一种稳定的法定状态。如果案件激增、法官的数量剧减等事件致使司法运转的方式和结果发生变化，不仅会损害司法公正，而且会影响司法权威。当司法资源不能有效满足司法需求时，司法运行的正当性就难以保证，司法权的正常功能就难以实现。这与一般突发事件对司法的影响在性质上是一致的，都是影响了司法权运行的条件和方式，在不破坏司法的法定性和稳定性的前提下，司法应急机制的缺失将无以保障司法权的合法有效运行。

司法影响型突发事件主要表现为案件激增和法官数量剧减，但是其原因多种多样，从实际情况来看，较经常发生的有如下几种。

1. 经济迅速发展可能引起某方面的案件急剧增加。近年来，我国法院案件尤其是民事案件逐年迅速增加，2008 年全国法院受理案件超过 1000 万件，约是 1979 年的 20 倍，而同时期法官数量仅增加了 2 倍。在经济发达地区，如北京、上海、广东这种情况尤甚。最典型例子就是深圳经济特区的设立，导致了该地区民商事案件持续激增。

2. 司法政策的调整可能引起案件数量变化。国家对司法职能的调整也是案件突然增加或减少的重要因素，比如新修改的《民事诉讼法》对民事案件的再审做出了上提审级的规定，导致最高人民法院和各高级人民法院再审案件数量激增，与法官数量的矛盾凸显。[1] 在我国以往的治安“严打”活动中，暴增的刑事案件与刑事法官资源更是形成了紧张关系，甚至出现了违反刑事诉讼法的现象。[2] 调整诉讼费的标准也会带来案件数量的变化，提高和降低诉讼费标准会分别减少和增加案件的数量，比如2007年我国降低了诉讼收费标准，2008年案件数量就急剧增加。[3]

3. 大型社会事件也可能会影响某方面案件的数量。举办某个大型活动（如世界博览会、奥运会）可能带来相关案件的增加。在城市化过程中，大规模集中进行房屋拆迁，引发房价上涨，房屋拆迁纠纷增多，房地产案件猛增，也会使法官数量、法庭设施与案件数量失衡。第二十九届奥运会前期，北京市朝阳区设立了奥运法庭，就可以视为应对司法突发事件的措施；新设立的上海世博法庭也是如此。[4]

司法影响型突发事件往往只对司法权的运行产生影响，对社会其他方面的影响较小，不会引发启动一般社会应急机制。而且，司法的对象总是个别的，不具有公众性，因此，司法影响型突发事件容易为社会所忽视，尤其在我国缺少系统的司法应急法律机制的情况下，更难形成系统的、规范的应对机制。但是，当前我国正处于社会转型时期，经济迅速增长，区域发展不平衡，社会矛盾纠纷多发，导致各地法院案件多寡悬殊，司法资源配置不合理，已经成为制约司法公正、效率和法院平衡发展的一个重要“瓶颈”。因此，应对司法影响型突发事件，在维护司法法定性和稳定性的前提下合理配置司法资源，是建立和完善我国司法应急法律机制的重要内容。

二、司法应急法律机制的一般构造

司法应急法律机制是在突发事件发生时，为保证司法权发挥职能使法定的司法保持有效运转的一种综合制度安排，以避免特定情况下的法外恣意，它属于司法体制（包括诉讼法）的范畴，而与刑事、民事等实体法无涉。它的存在价值在于弥补司法法定性的僵化性弊端，同时又维护司法的稳定性。因此，司法应急法律机制的一般构造就取决于法定司法体制中那些容易受到突发事件影响的因素。从司法行为的角度来看，司法作为一种社会劳动，其主要要素包括主体（法院和法官）、工具（法律）、对象（案件）。显然，主体与对象比较容易受突发事件影响，其本身也是影响司法的重要因素；工具主要包括实体法律和程序法律，它们一般不受突发事件影响，除非革命性的事件导致法律重大变革，但是程序法由于涉

〔1〕 据报道，自2008年4月1日修改后的民事诉讼法实施以来的9个月时间里，最高人民法院立案庭受理的民事申请再审案件达到了2007年同期的3倍。致使最高人民法院增设一个立案庭专门负责再审审查。参见袁定波：《适应申请再审案件大幅上升趋势最高法增设机构破解“申诉难”》，载《法制日报》2009年1月19日。

〔2〕 参见陈兴良：《严打利弊之议》，载《河南省政法管理干部学院学报》2004年第65期。

〔3〕 2008年全国法院受理案件约1000万件，2007年约850万件，增加了约150万件。

〔4〕 参见李劼：《世博法庭亮相浦东》，载《人民法院报》2010年3月26日。

及案件审理的效率,因而是影响法官与案件平衡关系的因素。因此,司法应急法律机制的主要内容就是如何保持作为司法资源的法院、法官在审判程序当中与作为司法对象的案件之间的合理配置与平衡,其主要构造应包括如下四个方面:(1)调整法院设置;(2)调整法官岗位;(3)调整审判程序;(4)调整案件管辖。从欧洲一些国家的司法应急法律机制来看,情况也是大致如此。[1] 从具体制度设计来看,这四个方面对司法应急机制发挥作用的主要功能如下。

(一)调整法院设置

作为一种司法组织上的调整措施,调整法院设置可以使司法的应急性在一定程度上得以实现,但显然,调整法院涉及人员、资格的任免、法庭建设甚至与其他司法机构,如公安、检察机构的协调,尤其是需要通过法律明确调整法院的具体条件,因而这种调整方式需要较长的过程才能完成,对于解决一些突发事件导致的司法需求问题无法立竿见影,但是对于满足那些长期存在的司法需求,如案件数量长期增加,这种方法具有较强的优越性。调整法院设置包括调整法院种类和调整法院内部机构。

1. 调整法院种类。就是调整法院管辖案件的性质,根据具体法律领域重新划分法院的管辖范围。习惯上将具有民事和刑事等多种管辖权的法院称为普通法院,将专门管辖某具体法律领域的法院称为专门法院,如行政法院、海事法院、劳动人事法院等。由于英美法系不区分公法和私法,法院管辖几乎所有种类案件,因此当突发事件影响某类案件与法官的比例关系时,不会因为法院设置因素而影响法院的应急运转。大陆法系国家对法律领域划分比较细致,那么设立不同管辖的法院就需要考虑管辖案件上的灵活性。从国外情况来看,通过调整法院设置来增强司法灵活性的做法主要有两种:一是设立专门法院,在特定地区根据审理案件的需要设立专门法院。比如葡萄牙《法院法》规定,当案件数量达到一定程度,就可以设立新的专门法院或专业化法院。二是合并法院,扩大法院的管辖范围。当司法资源的配置出现明显不合理的状况时,如案件在法院之间的分布过于分散,相近法院的合并就成为必要,以增强法院在处理积案上的灵活性。整合后的法院规模会更大,但是占用的资源并不会同比例扩大,因为规模效益可能得以形成,司法效率也可能得以提高。在奥地利,区法院与大区法院的合并正在进行之中;在意大利,1999年一些初审专门法院与治安法院完成了合并;在荷兰,2002年副区法院(Kanton Court)与区法院的合并就已经开始;在英格兰和威尔士,刑事法院、郡法院和治安法院的合并也正在进行之中。[2] 法院合并在减少法院数量的同时往往也减少了法院种类,这意味着法院之间相互替代性的增强,司法

---

〔1〕 参见[荷]Philip M. langbroek & Marco Fabri:《法院案件管辖与案件分配:奥英意荷挪葡加七国的比较》,范明志等译,法律出版社2007年版,第44页。

〔2〕 同上书,第17页。

应急性得以提高。

2. 调整法院内部机构。通过设置专业化的审判庭或合议庭,使案件的特点与法官的专长结合起来,使司法资源与案件得到更合理的匹配,以一种专业化的运作来获得更高的司法效率,这也是应对案件激增、满足社会需要的应急措施。当某个经济政策引起某类案件持续增长,尚不足以需要设立专门法院时,调整法院内部机构就不失为一个有效的办法。我国在 21 世纪初在人民法院设置的知识产权审判庭(一般称为民三庭)就是一个例证。

(二)调整法官岗位

调整法官岗位,必须具有严格的限制条件,否则将会影响法官从事审判所应有的独立和保障。从其他国家和地区的情况来看,为提高司法应急功能而采取的调整法官岗位的应急措施主要有:

1. 设置流动性法官。大陆法系国家的法官一般都是有固定工作岗位的,但一些国家还是采了流动法官的做法,比如在奥地利,上诉法院辖区 2% 的法官其职位并不固定在某具体法院,而是属于整个上诉法院的任何辖区法院,他们往往是刚刚取得法官资格的人员,[1] 如这些法官必要时在辖区内法院之间的流动就不会触及"法官职业稳定"的宪法规定,因为这些法官属于整个上诉法院辖区。

2. 设置替代性法官。替代性法官是一种法官的储备,当需要时他们就可以替代原来的法官审理案件。在各国替代性法官的来源很不相同,他们可能是没有工作经验的年轻法官或正在接受培训的法官(奥地利),也可能是退休的法官或者出庭律师和事务律师(英格兰和威尔士),荷兰法律规定自 2002 年 1 月 1 日起,一个法院的法官同时为所有其他同级法院的替代性法官。[2] 可能由于地势太低而危机意识特别强的荷兰甚至建立了应急性的替代法官,由书记官组成,由海牙法院的法官负责管理,以作为法院应急时的法官储备。

(三)调整诉讼程序

司法的应急运行有时需要通过提高审判效率来应对案件的突然增长,案件与法官之间的平衡不仅体现在案件数量上,也体现在案件的难易程度上,二者兼顾才可能使案件与法官的匹配关系更加合理。因此,区分案件难易程度、分别适用繁简程序和替代性纠纷解决机制的应用就成为司法应急机制的重要内容。

1. 区分案件难易程度。大多国家在将案件分配给法官时,采取随机平均分配的方法,案件分配后一般不再调整,以保持案件分配的公正性,也能从数量上保持法官审理案件工

---

〔1〕 参见[荷]Philip M. langbroek & Marco Fabri:《法院案件管辖与案件分配:奥英意荷挪葡加七国的比较》,范明志等译,法律出版社 2007 年版,第 46 页。

〔2〕 同上书,第 86 ~ 87 页。

作量的平衡。

但是由于案件难易程度的差异,这种做法并不能达到平衡法官工作量的作用,进而会影响司法资源在当事人之间的公平分配。因此对案件难度进行权重处理就成为必要,根据案件的复杂程度来平衡每个法官审理案件的数量,这样就能够使案件分配更加合理。

2. 区分案件繁简程序。对案件进行难易程度的区分目的在于给它们配置恰当的司法资源,案件与司法资源的匹配不仅体现在与法官的关系上,也体现在与诉讼程序的关系上。如果适用一种复杂冗长的诉讼程序去审理一个简单的案件,不仅会造成司法效率的低下,也可能挤占其他案件的司法资源。如果一个国家的诉讼程序是单一的,就难以合理应对难易程度不同的案件,只有繁简共存的诉讼程序才会使不同复杂程度案件与司法资源的配置更加合理。英格兰和威尔士1999年的《民事诉讼法》对案件进行了3个轨道的分流:小额诉讼、快速审理和正常程序;荷兰的行政诉讼程序区分了快速审判程序、简化程序、正常程序和临时判决程序,体现了区分诉讼程序繁简的必要性与合理性。

3. 替代性纠纷解决机制的应用。司法的法定性决定了当人们选择司法作为解决纠纷的方法时,只要符合相关的法律规定,法院便没有权力拒绝受理和裁决,这就导致案件与司法资源的配置在整体上呈现出一种随机状态,难免出现案件数量在一段时期内持续上升的情况,导致法院案件数量压力过大。如果能够引导当事人选择替代性纠纷解决机制,如民间调解、仲裁等,则可以在一定程度上缓解案件与司法资源之间的紧张关系。一些国家对那些轻微案件进行非司法化处理,将原本要由法院判决的一些轻微案件可以由其他机关处理,如挪威对于交通轻微犯罪,改由警察当场处理而无须再提交给法院;意大利将税务案件的上诉审管辖权直接交给了税务委员会,法院则不再受理;[1]对于离婚案件进行调解则已经成为大多数国家接受的替代性纠纷解决机制。另外,提高法院诉讼收费标准也可以增强当事人通过替代性纠纷解决机制化解纠纷的动力。

(四)调整案件管辖

调整案件管辖可以容易地调整案件与法官、法院的配置关系,但是,案件管辖属于诉讼法律制度,其法定性较强,轻易改变会损害法律的权威,尤其对于当事人可以约定管辖的合同纠纷案件,管辖法院的改变更难以让当事人接受,因为约定管辖的合同内容属于当事人自治范畴,这比国家法律强制分配式管辖的改变更违背了当事人的预期。因此,调整案件管辖的重点应该放在管辖制度设计自身的灵活性上,而不是创造太多法律规定的例外。

1. 调整法院之间的案件管辖。将原本由专门法院受理的案件转移到普通法院。这主要是通过修改案件管辖标准来实现,提高普通法院或专门法院的管辖案件标的额标准,或

---

〔1〕 参见[荷]Philip M. langbroek & Marco Fabri:《法院案件管辖与案件分配:奥英意荷挪葡加七国的比较》,范明志等译,法律出版社2007年版,第31页。

者提高普通法院或专门法院的最高刑罚来使这些法院之间的案件数量保持平衡,或者直接变更某类案件的管辖法院,法国、荷兰和意大利近年来就把一些行政法院的案件转移到了普通法院。

2. 调整法院的地域管辖。当突发事件致使某法院在一段时间内无法行使职能时,法律应规定临近地区的同级法院享有管辖该法院案件的权力,虽然这样可能会违背当事人对管辖法院的约定或预期,也可能给当事人带来交通等方面的不方便,但是与司法权缺位相比,这种应急运行方式仍是可取的。

三、我国司法应急法律机制的缺陷与完善

司法应急法律机制的构建和完善必须以现有司法制度为基础,是对现有司法制度的进一步补充或完善,而不是对现有司法制度的实质性变革。这决定了各国的司法体制不同,各国应对案件增长或突发事件的应急机制必然是不一样的。构建我国的司法应急机制,必须充分尊重我国司法体制的实际情况。

(一)我国现有司法应急法律机制的缺陷

从立法来看,我国现行司法体制产生于20世纪80年代前后,[1]当时的社会风险意识相对较低,国家应急管理尚未提上日程,对于司法体制的设计显然没有考虑突发事件的因素。尽管我国关于司法体制的法律规定中存在一些可被视为应急措施的条文或资源,比如案件移送管辖、助理审判员制度等,但并不意味着我国的司法应急已经作为一种法律机制建立起来了,因为我国不仅没有关于司法应急方面的专门立法,而且现有的可以被作为应急措施的法律条文,其立法目的也不是为了应对现代社会风险,其效果不可能达到司法应急的要求,也难以实现司法资源与司法需求的平衡配置。从现代社会的高风险性和应急机制的法定性来看,我国现行司法体制和工作机制应对突发事件的规定还有欠缺,主要表现在:

1. 法院设置方面。首先,我国的法院设置几乎完全根据行政区划来决定的,司法辖区(直辖市的中级人民法院、专门法院除外)与行政辖区完全对应,而没有考虑案件数量这一主要因素。这导致各地法院的案件数量极不均衡,也使本地案件更容易受辖区政府决策的影响,导致在数量及类型上的突然变化。比如某市在为期80余天的整治行动中,全市公安共破获刑事案件32,771起,执行逮捕9512人,势必造成刑事审判案件短时期内大幅度上升。[2]

---

〔1〕 我国现行的《宪法》《人民法院组织法》及各诉讼法均制定于20世纪80年代前后。这里当然不是在讨论我国司法制度的起点。

〔2〕 参见徐其勇:《重庆警方80天逮捕近万人部分看守所爆满》,载《重庆晚报》2008年10月22日。

其次，法院的法官定额制度尚未建立，仍然按照多年前的编制确定法官员额。案件数量因素没有被考虑进去，这导致了法官数量基本不变的情况下，案件数量大幅增加，有的多达几十倍，尤其是在北京、上海、深圳、广州等大城市的商业区域，使法官疲于应付沉重的案件压力，培训进修的时间都难以保障，身体健康也遭到透支；另外，一些地方法院案少人多，法官资源闲置，从人人平等享有司法资源的应然角度来说，这本身就是一种不公平。

第三，专门法院的设立及职权尚无明确法律依据。我国《法院组织法》第29条规定："专门人民法院的组织和职权由全国人民代表大会常务委员会另行规定。"但是至今该方面的规定尚未出台，导致根据审理案件的需要来设立专门法院的应急运行难以实现。

最后，从法院内部设置来看，各审判业务庭人员比较固定，这虽然有利于法官的专业化，但是在基层法院，这容易造成各业务庭工作量悬殊，也不利于应对某类案件突增的情况。

2. 法官设置方面。根据我国宪法规定，我国的独立审判是指人民法院的依法独立行使审判职权，而不是指法官独立审判，[1]与西方国家法官独立的情况相比，我国法官设置法定性的严格程度就显得低些，完整意义上的法官职业稳定与职业保障原则尚没有被我国立法认可。但是这并不说明我国法官制度已经具备足够且恰当的灵活性，主要表现在下列方面：

首先，我国任命法官具有独特的"身份"要求，即不仅要通过国家统一司法考试，还必须具备公务员身份，这导致大量通过司法考试具备做法官素质的人由于身份原因无法成为法官，尤其致使国际通行的从律师中选任法官的做法在我国难以行通，因为律师在我国属于社会工作者，不具有公务员身份。当突发事件导致需要增加法官时，虽然受过法学教育且通过司法考试的人很多，但是要遴选到成熟的法官却很困难。

其次，我国法官制度中没有"流动法官"和"候补法官"制度，当重大突发事件导致法官缺失时，没有正当渠道迅速补充法官资源。笔者从调研中了解到，广东某些法院为应对案件激增长，曾先后从江西、贵州借用法官。与正常的司法运行状态相比，这些地方的司法权运行的变化并不是法律所要求的，甚至在一定程度上不符合法律的要求。[2]

最后，我国法官资源地方化，地方人大负责任命当地同级法院的法官，即使上级法院的审判员、审判委员会委员、庭(副)长，院(副)长到下级法院担任相同的职务，也必须由当地人大常委会任命，当突发事件发生时，如果当地人大常委会也不能正常工作，那么通过上级法院向受灾地区法院派送上述人员的做法就不具有可行性。上级法院人员的下派尚且如此，更遑论同级或下级法院派送人员了。即使没有突发事件发生，法官不具有地区间流动

〔1〕 参见我国《宪法》第126条的规定。

〔2〕 "借用法官"虽然能够以"被任命为助理审判员"的方式来维护其合法性，但是显然不是我国法官来源的法定方式，更不是有关立法的本意。

的正当性也会影响法官的任职交流,尤其是发达地区与贫困地区之间的法官交流,这可能导致地方之间法官素质差异过大,司法资源地方之间配置不公,从而影响法律面前人人平等原则的实现。

3. 诉讼程序方面。近年来我国法院在简易程序、替代性纠纷解决机制等方面进行了一定的制度创新,法院审理案件的灵活性有了提高,尤其是简易程序在基层法院得以普遍适用,大大化解了案多人少的矛盾。但是从制度设计来看,仍有下列需要完善之处:

首先,诉讼程序划分仍过于宽泛,从民事诉讼来看,仅有普通程序和简易程序两种,对于重大复杂案件,缺少司法资源配置更为充分的相应程序。国外有一些经验可以借鉴:如美国联邦上诉法院和最高法院的“全庭程序”,即全部法官都参加审理的一种程序;欧盟法院的“法庭顾问”制度,即对于重大案件,除法官外,还要让法庭顾问出庭,并对案件发表意见,为法官提供智识上的帮助。[1] 同时,对于轻微案件,也缺乏相应的速裁程序和禁止上诉制度(一审终审制)。当前,申诉案件大幅增加,有限制的三审制也成为现实需要。[2]

其次,替代性纠纷解决机制尚需进一步完善。所谓替代性纠纷解决机制,是指判决之外的处理案件的方式。除加强民事调解外,我国对轻微刑事案件的非刑事化处理还是过于保守,尤其是对于青少年犯罪案件、偶犯和初犯的轻微案件,缺乏有针对性的矫治制度。另外,我国在运用调整诉讼费的方式来引导当事人选择替代性纠纷解决机制上还缺乏探索。[3]

最后,我国诉讼程序中缺少应对突发事件的制度设计,比如,如果开庭后突发事件导致案件证据灭失,法庭记录是否可以作为判决的依据?我国诉讼法还没有承认电子法庭记录的法律效力,这对于解决突发事件可能造成的法庭笔录灭失问题无疑是一道障碍。如果突发事件造成了案卷材料完全灭失导致案件无法判决,在没有可能的救济方法时,应该赋予法院终结诉讼的权力,并免除法院的国家赔偿责任。

4. 案件管辖方面。我国刑事、民事和行政诉讼法都有相似的规定:有管辖权的人民法院由于特殊原因,不能行使管辖权的,由上级人民法院指定管辖。[4] 这可以解决那些社会影响型突发事件导致某法院不能行使管辖权时案件移送审理的合法性,但是,对于那些司法影响型突发事件造成某些法院案件激增,通常不被认为符合指定管辖的条件,实践中也没有这样的先例。事实上,社会影响型突发事件很少发生,司法影响型突发事件却不罕见,

---

〔1〕 参见范明志、陈宜芳:《我国判前(后)评断与欧洲公设律师制度比较研究》,载《人民司法》2004 年第 6 期。

〔2〕 我国 2007 年修改《诉讼费用交纳办法》,就没有预先考虑诉讼费对当事人使用替代性纠纷解决机制的引导作用,参见王亚新:《诉讼费用与司法改革——〈诉讼费用交纳办法〉施行后的一个“中期”考查》,载《法律适用》2008 年第 6 期。

〔3〕 2007 年我国民事诉讼法的修订在客观上已经导致有条件三审终审制在我国试水。参见范明志:《我国[民事 1 审 9 判]监督制度的检讨与完善》,载茅于轼主编:《民主法治:中国政府体制改革之路》,暨南大学出版社 2009 年版,第 194 页。

〔4〕 参见我国《刑事诉讼法》第 26 条、《民事诉讼法》第 37 条、《行政诉讼法》第 22 条的规定。

由于各种原因导致法院案件激增的情况在全国各地法院屡见不鲜,在法官资源难以流动的情况下,案件管辖也不能改变,导致了当前各地法院案件数量的过分悬殊。

(二)完善我国司法应急法律机制的主要内容

根据上述分析,笔者认为,应在如下方面制定相应的应急性规范,或修改有关法律规定,以完善我国的司法应急法律机制。

1. 法院设置方面。在不打破我国按照行政区划设置法院基本框架的前提下,制定调整法院编制规模的规范性文件,避免一直沿用过时的法院编制,以使法院规模与案件数量相适应。另外,制定专门法院的设立和撤销程序,使专门法院的数量及其组织职权与实际需要保持协调。如果可以打破法院设置与行政区划的对应关系,则应当在法院设置上充分注意司法应急的因素。

2. 法官设置方面。在法院设置相对稳定的条件下,提高法官管理的灵活性,既可以减少行政编制对法官员额束缚的僵化性,还可以促使不同地区法官的均质化,促进司法资源的平等分配。因此,一方面应建立流动法官制度,赋予法官在同级法院之间流动任职的法定资格,规定相应的条件和程序,解决特定情况下法官迅速流动的合法性;另一方面建立候补法官制度,将身体条件允许的退休法官纳入候补法官序列,以便在需要时可以迅速且合法转换为法官资源。

3. 诉讼程序方面。在坚持两审终审原则的基础上,建立补充性的、有条件的一审终审和三审终审制度,使诉讼程序与案件的繁简更加协调,司法资源与案件之间的配置更加合理。将调整诉讼费作为控制全国法院案件数量的杠杆之一,同时,促使替代性纠纷解决机制发挥分流案件的作用。在诉讼程序上,应当在一定条件下承认电子法庭记录的法律效力,当突发事件导致法院保管的案件证据灭失时,在符合一定条件时法庭记录应当作为判决依据;当自然灾害等突发事件导致法院无法对已经受理的案件做出判决时,人民法院可以终结诉讼。

4. 案件管辖方面。扩大指定管辖的适用范围,对于资源配置型突发事件导致法院案件难以通过调剂法官解决的,应视为“由于特殊原因,不能行使管辖权”,上级法院可以指定其他法院管辖相关案件需要指出的是,完善司法应急法律机制属于对我国现有司法制度的“优化”,而不是对现有司法制度的根本性变革。相反,它必须以维护现行司法权的有效运行为目的。实际上只有那些在特定情况下难以维持自身正常运行的法定制度才需要应急机制的辅佐,如果司法应急法律机制体现的是司法制度对现实生活的适应性,那么它必须以应对突发事件的必要为限,其本身不应当成为司法权运行的常态依据。

(原载于《法学》2010年第5期)

刑事证据分布理论及其运用

冯俊伟*

一、引　　言

在以审判为中心的刑事诉讼制度改革中,证据裁判原则的贯彻面临着如何构建证据规则的问题。为进一步推进证据制度改革,“两高”、公安部、国家安全部、司法部2016年联合发布的《关于推进以审判为中心的刑事诉讼制度改革的意见》提出,“建立健全符合裁判要求、适应各类案件特点的证据收集指引。”在这一背景下,2017年以来,上海、贵州等省市将现代科技与司法活动相结合,利用大数据、人工智能、云计算等技术研发了刑事案件辅助办案系统,探索类罪证据的收集指引。辽宁、山东、广东、四川、内蒙古等地也进行了类似探索。上海市高级人民法院主持研发的“刑事案件智能辅助办案系统”(简称“206系统”)在这一领域有重要影响,该系统的首要功能就是证据标准指引,即对办案人员办理不同类型案件需要收集哪些证据以及如何规范取证作出指引。[1] 2018年4月,按照中央政法委的部署,“刑事案件智能辅助办案系统”在安徽、山西等地的8个地级市试点应用;2019年1月,该系统在上海正式启用。

类罪证据收集指引的相关实践是公安司法机关立足诉讼规律,防范冤假错案、提高案件证据质量、统一证据认识的重要举措。但在相关实践中,也存在诸多问题:在理论基础上,这些实践缺乏明确的理论指导;在规则上,类罪证据收集指引更关注证据的形式要求,而缺乏实质层面的考量;[2] 在功能上,类罪证据收集指引的定位并不明确,极易导致证据运用上的机械主义。[3]

---

* 冯俊伟,山东大学法学院教授、博士研究生导师。

〔1〕 参见崔亚东:《司法科技梦:上海刑事案件智能辅助办案系统的实践与思考》,载《人民法治》(法律实施)2018年第18期。

〔2〕 参见刘品新:《大数据司法的学术观察》,载《人民检察》2017年第23期。

〔3〕 参见熊秋红:《审判中心视野下的律师有效辩护》,载《当代法学》2017年第6期。

类罪证据收集指引是司法机关的重要实践探索,已经取得一定进展,但亟须从理论层面进行总结、归纳、分析和提炼,以促进"从经验到理论"的跨越。[1] 从理论角度来解读,类罪证据收集指引的相关探索契合了刑事证据法的发展趋势,有助于促进我国证据法的科学化、精细化。在证据法的发展上,当代证据法在坚持证据法基本原理的基础上,已经呈现出内部分化的发展趋势,刑事证据法、民事证据法在具体规则上的差异日趋显著,二者已经走上不同的发展道路。在这一背景下,刑事证据法中针对不同类型的犯罪还面临进一步分化的可能,即在证据法基本原理趋向一致的同时,个罪证据的特殊性问题不断凸显,司法实践呼唤类罪证据规则。我国类罪证据收集指引的相关探索契合了这一发展趋势。从更宏观的角度来观察,职务犯罪、毒品犯罪等领域的证据问题都有其特殊性,我国当前进行的监察体制改革、制定毒品犯罪证据规则的探索都与上述趋势有关。

类罪证据收集指引与刑事证据分布密切相关。证据法学除了关注证据排除规则,也应关注审前证据问题。特文宁即指出,证据法是由自由证明原则和一系列证据排除规则所组成的,过分关注证据排除这一例外并将其作为证据法本身是具有误导性的。[2] 罗伯茨则倡导建立一个宽泛的"证据性"概念,不仅应将规范审判举证的程序性规则纳入证据法学研究,也应将审前阶段关于证据发现、形成等的规则纳入其中。[3] 在这种背景下,有论者指出,大陆法系国家的侦查取证规则也具有审判证据规则的功能,可被称为"侦查证据规则"。[4] 从审判证据规则到侦查证据规则的发展,体现了对刑事证据法的理性认识的深化。然而,对刑事证据法的讨论仍存在进一步深化的空间,即应当回到问题的原点,关注犯罪行为发生后的证据分布问题。这是证据收集、保管、移送、运用等问题的起点,也是构建类罪证据规则、反思统一证明标准适用、推动证据法科学化和精细化发展的关键。本文将对刑事证据分布的一般原理进行分析,在坚持证据法基本原理的基础上,探索这一理论在回应刑事证据法的"代际冲突"、构建类罪证据规则、促进统一证明标准多元化实现等方面的积极作用。

二、刑事证据分布的一般原理

证据分布涉及证据与当事人之间的"距离"、证据分布状态和证据分布规律3个层面的问题。在刑事诉讼中,对刑事证据分布规律进行分析有着重要价值,对于更好地收集、保管和运用证据,构建科学、合理的刑事证据规则也具有基础性意义。

---

〔1〕 参见陈瑞华:《论法学研究方法》,法律出版社2018年版,第257页。

〔2〕 参见[英]威廉·特文宁:《反思证据:开拓性论著》,吴洪淇译,中国人民大学出版社2015年版,第213页以下。

〔3〕 参见[英]保罗·罗伯茨:《普通法系证据法的五个基本谬误》,阳平译,载《证据科学》2018年第1期。

〔4〕 See Jacqueline Ross, "Do Rules of Evidence Apply(Only)in the Courtroom? Deceptive Interrogation in the United States and Germany", *Oxford Journal of Legal Studies* 28(3), 2008, p. 444.

（一）刑事证据分布的含义界定

一个法律行为发生后必然会在客观世界留下一定的信息，这些与法律行为相关的信息在随后发生的法律程序（如诉讼、复议、仲裁等）中可能被作为证据使用。不同法律行为因行为性质、外在环境、实施方式等的不同，所遗留的相关信息也不同，即证据的分布状态不同。证据分布不均问题在民事诉讼、行政诉讼中已被广泛关注，如民事诉讼中的“证据偏在”“证据不均衡”问题、行政诉讼中行政机关举证能力较强的问题。为了改善证据分布不均对裁判结果的不利影响，在民事诉讼中可以通过完善证据收集制度、调整证明责任、降低证明标准等方式，促进武器平等原则的贯彻。[1] 在行政诉讼中则通过强化行政机关的举证责任来解决这一问题。

但在刑事诉讼领域，证据分布问题并未得到广泛关注。一个重要原因是，英美证据法主要作用于审判阶段，其核心是可采性问题，并已发展出一系列证据排除规则，如传闻证据排除规则、品格证据排除规则、意见证据排除规则等。大陆法系国家的证据立法则更关注侦查取证的法律规制，[2] 这些都属于对证据收集、运用问题的关注。然而，我们更需要从证据问题的原点出发关注证据分布，只有关注证据分布问题、熟悉证据分布状态、把握证据分布规律，才能更好地收集、运用证据。证据是诉讼中的“稀缺品”，[3] 唯有更加全面地收集证据，让更多的证据进入诉讼、进入裁判者的视野，才能更准确地认定案件事实，最大限度地实现司法公正。

从学理上分析，刑事证据分布包括3层含义：一是犯罪行为发生后相关证据与控方或者辩方之间的“证据距离”问题，这与民事诉讼、行政诉讼中对证据分布的关注方式相同。二是犯罪行为发生后的证据分布状态。这主要体现为证据分布的时空状态，如网络犯罪中证据分布点较为广泛，侦查取证较为困难。[4] 三是证据分布的规律性问题，即不同罪名下证据分布是否存在差异性，同一罪名下证据分布是否具有规律性。本文对刑事证据分布的研究仅指第三个层面，即刑事证据分布的规律性问题。这一研究有助于阐释不同罪名下证据分布不一、同一罪名下证据分布具有一定规律性的现象，有助于促进证据法科学化、精细化发展，为构建类罪证据规则、促进统一证明标准多元化实现提供理论支撑。

（二）刑事证据分布的影响因素

刑事证据和刑事犯罪都不是自然现象，而是一种法律现象；自然状态下的证据材料并

---

〔1〕 参见杨锦炎：《武器平等原则在民事证据法的展开》，中国政法大学出版社2013年版，第13页。

〔2〕 See Jacqueline Ross, “Do Rules of Evidence Apply (Only) in the Courtroom? Deceptive Interrogation in the United States and Germany”, *Oxford Journal of Legal Studies* 28 (3), 2008, p. 444.

〔3〕 参见龙宗智：《“大证据学”的建构及其学理》，载《法学研究》2006年第5期。

〔4〕 参见刘品新主编：《电子取证的法律规制》，中国法制出版社2010年版，第61页。

非法律意义上的证据,法律意义上的证据是经过法律“筛选”后的证据。[1] 因此,刑事证据分布受到法律因素和社会因素的共同影响。

1. 内在方面的影响因素

内在方面的影响因素主要是指法律因素对刑事证据分布的影响,涉及实体法上个罪的构成要件,诉讼法上的证据定义、法定证据种类等。

(1)个罪的构成要件。小野清一郎在论及构成要件之于刑事诉讼的意义时指出,“如果从证据法的观点来讲,刑事诉讼中的主要证明事项就是构成要件事实。”[2] 因此,证据并非生活意义上任何与案件事实相关的信息,而是与“依刑罚法令规定之构成要件”相关的信息。一些学者也发现,在个罪构成要件存在差异的情况下,一些犯罪案件的证据有不同特点。例如,反贪案件往往具有以下特点:无被害人;无物理意义上的现场;无目击证人、视听资料和物证、书证等不变证据。[3] 因此,在这类案件中,往往缺乏被害人陈述、勘验笔录、证人证言、物证、书证、视听资料、电子数据等证据,口供则较为重要。受贿案件中的证据分布状况更不一样,有论者指出,贿赂行为一般“一对一”进行,在具体案件中,犯罪嫌疑人、被告人的供述、辩解与行贿人的证言呈现出“一对一”的状态。[4]

(2)证据定义、证据种类。2018 年《刑事诉讼法》第 50 条规定,可以用于证明案件事实的材料都是证据。这一规定并未对何谓证据作出明确界定,有重要意义的是立法上对证据种类的规定。1979 年《刑事诉讼法》第 31 条规定,证据有下列 6 种:(1)物证、书证;(2)证人证言;(3)被害人陈述;(4)被告人供述和辩解;(5)鉴定结论;(6)勘验、检查笔录。这一封闭列举式规定表明,不属于法定证据种类的信息或材料不得作为证据使用。1996 年修改刑事诉讼时,将“视听资料”纳入法定证据种类。在当时视听音像制品被广泛运用的背景下,将视听资料纳入法定证据种类极大地改善了刑事案件的证据分布。2012 年修改刑事诉讼法时,又将“电子数据”纳入法定证据种类。这一举措适应了社会发展,进一步改善了刑事案件的证据分布。

2. 外在方面的影响因素

外在方面的影响因素主要是指社会因素对刑事证据分布的影响,包括社会认知能力、社会环境、行为方式(主要是技术发展所导致的犯罪手段日益多样化)等因素。

(1)社会认知能力。人们对刑事证据的认识必须在一定的社会认知背景下进行。有学者指出,对刑事证据的认识与社会认知能力的高低密切相关;社会认知背景“对信念系统的影响决定了证据分布的整体格局,而随着人类文明的进步不断提高的人类认知能力,则决

---

[1] 参见刘静坤:《证据审查规则与分析方法:原理、规范、实例》,法律出版社 2018 年版,第 3 页。

[2] [日]小野清一郎:《犯罪构成要件理论》,王泰译,中国人民公安大学出版社 2004 年版,第 241 页。

[3] 参见刘忠:《读解双规:侦查技术视域内的反贪非正式程序》,载《中外法学》2014 年第 1 期。

[4] 参见马剑萍编著:《职务犯罪案件证据参考标准与审查运用》,中国检察出版社 2012 年版,第 115 页。

定着诉讼实践中可资利用的证据范围”。[1] 因此,社会的整体认知能力决定和影响着证据分布状态,例如,随着科技的发展,发现、提取指纹、血迹的能力不断提高,就促进了相关证据的收集和使用。社会认知能力可以分为整体认知能力和个体认知能力,前者是指当前社会的认知水平会影响个体对刑事证据的认知,后者是指侦查人员的个体认知水平会影响其对证据的发现和认识。

(2)外在社会环境。外在社会环境会直接影响刑事证据的形成。一个简单的例证是,在监控探头较多的区域、财务系统较为完善的部门,视听资料、电子数据、书证等证据较易形成。在这个意义上,刑事证据分布与治安防控体系、财务制度的完善等密切相关。整体而言,与农村地区相比,城市地区发生犯罪案件,更易于形成各种犯罪证据;而大城市较之中小城市、大城市的城区较之郊区,也更易于形成证据。因此,为提升城市安全、防控犯罪,公安机关实施“天网工程”等对于改善刑事证据分布具有重要意义。自 2016 年开始,由中央政法委等牵头启动“雪亮工程”,进一步将农村地区纳入其中,旨在建设“全域覆盖、全网共享、全时可用、全程可控”的公共安全视频监控系统,并将在 2020 年实现公共区域全覆盖的目标。[2] 公共安全视频监控系统能够对人员、车辆等的信息进行有效识别,不仅有助于社会治安防控、防范和打击犯罪,更有助于改善刑事案件中的证据分布。

(3)行为方式。在信息社会,网络技术深刻地改变了整体犯罪结构和传统犯罪的行为方式。即使触犯同一罪名,由于犯罪手段不同,犯罪后形成的证据分布状态也不同。如同样是诈骗罪、盗窃罪,传统的接触型诈骗犯罪的证据分布状态与电信诈骗犯罪的证据分布状态就很不相同;入室盗窃与通过计算机方式进行的新型盗窃,在证据分布状态上也迥然不同。例如,在电信诈骗案件中,由于犯罪行为跨国或跨地区进行,证据分布点更为广泛、证据收集难度更大,犯罪行为也更难受到惩罚。在非接触型犯罪多发的背景下,[3]必须重视犯罪手段,尤其是通过网络技术实施犯罪对证据分布的影响。

除上述三个方面外,刑事诉讼法还规定了公民负有保护、维护犯罪现场的义务。[4] 刑法规定涉及刑事证据的犯罪,也是为了确保既有的刑事证据分布不被破坏,以促进更有效地收集、固定、运用证据。例如,我国《刑法》上关于刑事证据类犯罪的规定,就是为了保障刑事证据的状态和真实性不被改变。[5]

刑事证据是一种法律现象,因此法律因素对刑事证据分布往往具有决定性作用。在刑事诉讼法上证据定义、法定证据种类不变的情况下,个罪的犯罪构成要件如何影响刑

---

〔1〕 参见吴宏耀:《诉讼认识论纲——以司法裁判中的事实认定为中心》,北京大学出版社 2008 年版,第 59 页。

〔2〕 参见《关于加强公共安全视频监控建设联网应用工作的若干意见》(发改高技〔2015〕996 号)。

〔3〕 参见靳高风、朱双洋、林晞楠:《中国犯罪形势分析与预测(2017—2018)》,载《中国人民公安大学学报》(社会科学版)2018 年第 2 期。

〔4〕 如 2018 年《刑事诉讼法》第 129 条规定,任何单位和个人,都有义务保护犯罪现场,并且立即通知公安机关派员勘验。

〔5〕 这一方面的专题研究,参见闵春雷:《妨害证据犯罪研究》,吉林大学出版社 2005 年版。

事证据分布是本文的研究重心。另外，技术发展如何影响证据分布，也是本文关注的重要方面。

三、刑事证据分布的"映射"：判决书中记载的证据

从个案角度观察，刑事证据分布是"回不去的从前"，办案人员很难获知已发生案件犯罪人的行为轨迹、行为方式，也无法确切知悉证据是如何分布的。从刑事诉讼的一般流程看，案件经过立案后进入侦查阶段，公安机关侦查终结后移送检察机关，检察机关经审查起诉后交由法院作出裁判。因此，不同罪名案件之间在证据分布上是否存在差异，在已生效的裁判文书中会有所展现。但是，裁判文书关于证据情况的记载并非刑事证据分布本身，而只是刑事证据分布的"映射"。

（一）样本收集与数据状况

刑事证据分布受到法律因素和社会因素的影响。在法律因素方面，个罪的犯罪构成要件对刑事证据分布有一定影响，这一认识更多处于经验认识层面，需要进一步加以验证。笔者以北大法宝截至2019年4月28日收录的故意杀人罪、抢夺罪、盗窃罪、受贿罪、危险驾驶罪、破坏计算机信息系统罪6个罪名的所有一审判决书为分析样本，对不同证据种类在各罪名判决书中是否出现（而非在一份判决书中出现的次数）进行记录，将之与该罪名全部一审判决书数量作对比并计算百分比（图1）。[1]

---

〔1〕 以受贿罪为例，对具体方法作如下说明：(1)在北大法宝"司法案例"中左侧一栏"案由"中找到"受贿罪"，同时设定检索条件：审理程序限定为一审。如此设定的原因是，如果将二审或再审裁判文书纳入其中，则部分案件的一审判决书与二审或再审裁判文书会有重复，而且一些二审或再审裁判文书也缺乏实质性内容。(2)因裁定书缺乏实质内容，文书类型限定为判决书。(3)在上述限定下，按照2018年《刑事诉讼法》第50条对证据种类的规定，在判决书全文中分别对物证、书证、证人证言、被害人陈述、供述和辩解、鉴定意见、笔录类证据、视听资料、电子数据等进行检索并作记录。(4)为保障数据准确性，对笔录类证据的检索以"勘验笔录""检查笔录""搜查笔录""扣押笔录""辨认笔录""侦查实验笔录"为检索关键词，对电子数据的检索以"电子数据""电子证据""电子证物""电子物证"为检索关键词，进行交叉检索。

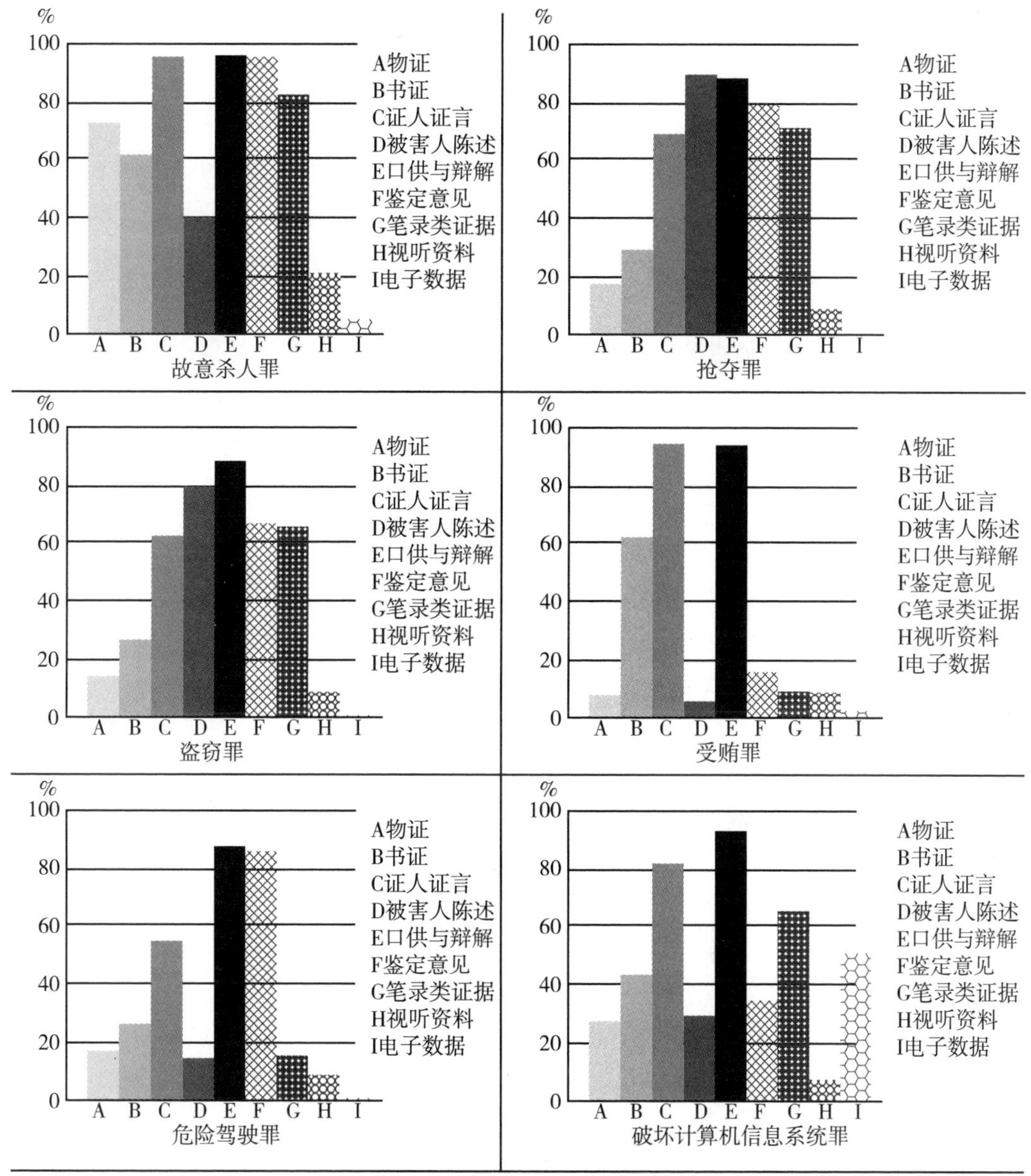

图1　六种罪名案件中证据分布的总体状况

选取这些罪名的理由有两点:其一,故意杀人罪、抢夺罪、盗窃罪、受贿罪、危险驾驶罪等都属于司法实践中的常见罪名,其中盗窃罪、危险驾驶罪在实践中发案率较高。〔1〕上海、贵州等地出台的类罪证据收集指引也主要针对常见罪名。二是这些罪名具有代表性,故意

〔1〕 根据《中国法律年鉴2017》的数据,2016年全年审结一审刑事案件111.6万件。参见《中国法律年鉴2017》,中国法律年鉴社2017年版,第115页。根据北大法宝收录的2016年一审裁判文书,盗窃案约18.67万件,危险驾驶案约14.45万件,这两类案件的裁判文书总和约占全年一审审结案件数的29.6%。考虑到部分裁判文书可能未收入北大法宝数据库,故这一比例可能会更高。

杀人罪、抢夺罪、盗窃罪、受贿罪、危险驾驶罪、破坏计算机信息系统罪涵盖了《刑法》分则中侵害个人法益、社会法益和国家法益的三大类犯罪。其中,故意杀人罪牵涉所谓命案,而命案受到立法者、司法者和普通民众的极大关注;抢夺罪在罪状描述中包含"公然抢夺"这一要素,选择抢夺罪进行考察可以对这一要素描述是否影响证据分布作出分析;危险驾驶罪在实践中案件量非常大,其中占比较大的是醉酒驾驶型危险驾驶案件,属于典型的法定犯;受贿罪在职务犯罪中具有代表性;破坏计算机信息系统罪则是典型的互联网犯罪,在行为方式、行为对象等方面具有特殊性。

在社会因素方面,本文着重研究技术发展尤其是网络技术发展对刑事证据分布的影响。选取开设赌场罪和诈骗罪这两个罪名的数据作为分析样本,是因为:其一,这两个罪名都是传统犯罪,不是因网络技术发展而出现的新型犯罪,其实施不以网络技术的出现为必要条件。其二,随着技术的发展,近年来通过网络技术实施的开设赌场罪、电信诈骗案件不断增多,由此可能导致这两个罪名案件中的证据分布状态发生变化。本文以北大法宝截至2019年4月28日收录的自2010年1月1日至2019年1月1日的开设赌场罪和诈骗罪一审判决书为样本,统计每一年度电子数据在当年某一罪名判决书中是否出现,并计算出现电子数据的案件数在同一年度该罪名判决书总数中的百分比(图2)。[1]

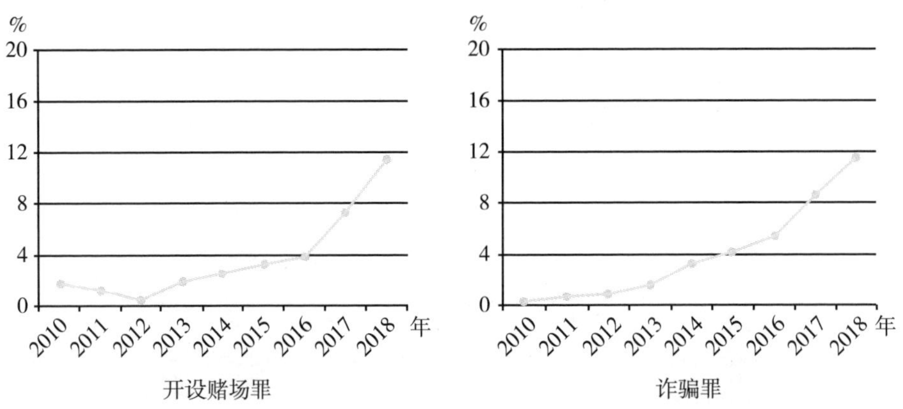

图2　2010年以来两种罪名案件中电子数据证据分布的变化趋势

(二)数据分析的初步结论

根据前文提及的检索方式对故意杀人罪、抢夺罪、盗窃罪、受贿罪、危险驾驶罪、破坏计算机信息系统罪、开设赌场罪、诈骗罪8个罪名案件中的证据种类进行检索,统计每一案件中是否出现了某一特定证据种类,将出现该特定证据种类的案件数量与所有同一罪名的判决书数量进行对比,并计算百分比。根据这一结果验证个罪之下的证据分布规律具有一定

〔1〕 允许电子数据作为证据使用,较早出现在2002年"两高"、海关总署《办理走私刑事案件适用法律若干问题的意见》中。直到2010年,"两高"、公安部、国家安全部、司法部出台的《关于办理死刑案件审查判断证据若干问题的规定》确认了电子数据在刑事诉讼中的使用。2012年修改刑事诉讼法,电子数据正式成为法定证据种类。

的合理性,能够反映出一审案件中每一罪名下证据分布的基本情况。这是因为,物证、书证、证言、鉴定等关键词是法律规定的用语,判决书中使用了相同表述,并在判决书的结构化表述中有所体现,[1]而在笔录类证据、电子数据两类证据方面,通过多个关键词的交叉检索,也能够得出较为接近实际情况的数据。

采取这一方法进行分析的局限是:其一,判决书记载的证据分布情况只是证据分布的"映射",而非证据分布本身。本文使用的检索方法能够检索出在一审判决书中是否存在某一种类的证据(如物证、书证),但未统计某一种类证据在一个判决书中出现的次数。其二,对个别检索词的调整,会部分影响检索结果的精准性。如本文关于"犯罪嫌疑人、被告人的供述与辩解"的检索词为"供述"、关于"证人证言"的检索词为"证言"、关于"视听资料"的检索词为"视听"、关于"鉴定意见"的检索词为"鉴定",这在一定程度上会影响数据的精确性。但从我国判决书的结构来看,判决书中都有对各种证据的归类(归入法定证据种类),因此,在大样本检索下,即使存在个别文书用语不规范的情况,也不会影响数据统计的整体趋势。其三,个别数据与传统认知不一致。如受贿案件中存在被害人陈述这一证据种类;各罪名案件中证言、书证的比例都较高,视听资料的占比也略高。根据笔者的抽样研究,这里的"证人证言"并非都是目击证人证言。理论上,证人既包括证明实体事项的证人,也包括证明程序事项的证人,前者还可以进一步区分为证明构成要件事实的证人(如目击证人)和证明构成要件事实以外事实的证人、原始证人和传闻证人,本文统计的"证人证言"包括了上述全部证人证言。受贿案件中出现被害人陈述这一证据种类,是因为很多受贿案件被告人有索贿情节或者涉及多个罪名。书证在各罪名案件判决书中占比都较高的原因是,在立法上规定了有限的证据种类的情况下,实践中对书证作了扩大理解,即"任何与案件事实相关,又不能为其他证据种类所包括的书面材料"都被归入"书证"。[2] 视听资料占比略高的原因在于,在一些案件中,办案机关将对犯罪嫌疑人、被告人的讯问录音录像归入了"视听资料"。

图1、图2显示,犯罪构成要件上的差异对刑事证据分布有重要影响,网络技术的发展也影响了类罪案件的证据分布。具体言之,可以形成三个规律性认识:

一是不同犯罪构成要件之下,个罪案件中的证据分布存在较大差异。在证据种类的共性方面,犯罪嫌疑人、被告人的供述与辩解在6种罪名案件的判决书中都有非常高的占比,这反映出司法实践中"口供中心主义"问题仍然比较严重。根据图1所示,个罪案件中的证据分布存在较大差异。在故意杀人案件中,证人证言、犯罪嫌疑人、被告人的供述与辩解、鉴定意见、笔录类证据和物证出现较多。这说明,在故意杀人案件中,法定证据种类的分布较为均匀,在个案证据的收集、运用上应重视这一特点。在受贿案件中,证人证言和犯罪嫌

[1] 我国的刑事判决书,主要包括公诉机关、被告人和辩护人信息、控方主张及其证据情况、辩方主张及其证据情况、法院认定及其理由、裁判结果等几部分。其中证据情况部分(尤其是控方提出的证据)会按照法定证据种类将不同证据信息归类(如物证、书证等),这便利了对法定证据种类的检索。

[2] 参见冯俊伟:《行政执法证据进入刑事诉讼的规范分析》,载《法学论坛》2019年第2期。

疑人、被告人的供述与辩解所占比例非常高,而物证、被害人陈述、笔录类证据、视听资料、电子数据等证据种类较为缺乏。而且,口供和证言在受贿案件的定罪量刑上也起着关键作用。在抢夺案件中,犯罪嫌疑人、被告人的供述与辩解、鉴定意见和笔录类证据出现较多,但笔录类证据更多是辨认笔录:笔录类证据共出现在23,185个案件中,其中辨认笔录就在20262个案件中出现。在危险驾驶案件中,犯罪嫌疑人、被告人的供述与辩解、鉴定意见出现得最多,反映出该罪名案件中证据分布的鲜明特点。在破坏计算机信息系统案件中,电子数据的分布状况与其他5个罪名案件明显不同。

二是同一犯罪构成要件之下,个罪案件中的证据分布有一定的规律性。其中以故意杀人罪、受贿罪、危险驾驶罪较为典型。在故意杀人案件中,除了视听资料、电子数据外,其他几个证据种类占比都比较高,这表明故意杀人案件中证据种类的分布较为均匀。而在受贿案件中,犯罪嫌疑人、被告人的供述与辩解、证人证言和书证出现较多,其他证据种类出现的非常少,这说明受贿案件的办理严重依赖受贿人的口供和行贿人的证言。这一结论与司法实践状况是一致的,"贿赂犯罪的特点是缺乏旁证,大多数是在'一对一'的情况下发生,这对侦破受贿案件并取得有力的定罪证据增加了难度。办案机关通常的做法是通过向行贿人宣示从宽政策以获得其陈述,从而得到关于贿赂事实真相的关键性证据,以此作为受贿案件的突破口。"[1]在危险驾驶案件中,醉酒驾驶型危险驾驶案件占了绝大部分。关于犯罪嫌疑人、被告人是否"醉酒"驾驶,必须依赖一定的客观测试,[2]因此,实践中鉴定意见对案件处理有重大影响。在全部811,682份危险驾驶罪判决书中,鉴定意见出现在711,625份判决书中,占比约87.7%。这意味着在危险驾驶案件的证据收集过程中,必须重视血液样本的采集、保管、送检以及鉴定意见的形成。在破坏计算机信息系统案件中,由于犯罪对象是计算机信息系统,所以在一半以上的判决书中都存在电子数据这一证据种类。与之相关,按照相关法律规定的要求,电子数据的收集应当形成笔录,[3]因此,在这一类案件中,笔录类证据的占比也比较高。

个罪案件中证据分布呈现出规律性的根本原因是,刑事证明对象主要由实体法上的犯罪构成要件所规定,"刑事犯罪成立所要求的诸要素,决定了证明的内容及方向,犯罪成立的要素越多,需要证明的内容也越多,证明就越困难。"[4]根据证据法原理,与待证事实相关

---

〔1〕 李少平:《行贿犯罪执法困局及其对策》,载《中国法学》2015年第1期。

〔2〕 See J. F. Nijboer, "Changes for the Law of Evidence", in C. M. Breur, M. M. Kommer, J. F. Nijboer and J. M. Rijntjes eds., *New Trends in Criminal Investigation and Evidence*, Volume2, Intersentia, 2000, p. 5.

〔3〕 "两高"、公安部《关于办理刑事案件收集提取和审查判断电子数据若干问题的规定》第14条规定,收集、提取电子数据,应当制作笔录,记录案由、对象、内容、收集、提取电子数据的时间、地点、方法、过程,并附电子数据清单,注明类别、文件格式、完整性校验值等。

〔4〕 时延安:《犯罪构成理论对刑事证明的影响》,载《检察日报》2017年11月6日,第3版。当然,具体个案中的证明对象不限于构成要件事实,为了实现刑罚个别化要求需要对量刑事实进行证明,一些程序性事实也需要证据证明。但是,在定罪问题上,构成要件事实是最重要的待证事实。

的证据材料都可以作为证据使用,因此在个案中,证据沿着"犯罪构成要件—待证事实—证据确定"这一逻辑逐渐展开,[1]并在个罪案件中呈现出一定的规律性。

三是在同一犯罪构成要件之下,受网络技术发展等因素的影响,案件中的证据分布也在发生变化。根据图1对判决书中证据分布状况进行分析,显示了个罪案件中证据分布的一般情形,但这并不能显示出社会环境、犯罪手段等外部因素对证据分布的影响。随着司法实践中电信诈骗案件、网络赌博案件不断增多,这种通过网络技术实施的诈骗案件、开设赌场案件与传统的接触型诈骗案件、开设赌场案件的差异逐渐得到关注,其中的一个重要差异是电子数据的占比不断增大。图2显示,自2010年以来,出现电子数据的开设赌场案、诈骗案判决书数量在判决书总数中的占比不断攀升。比如,在2010年前后,诈骗案件中电子数据的占比较低,而到了2018年,近12%的诈骗案件中出现了电子数据。在针对开设赌场案件判决书的统计中,除了2010年和2011年因数据样本过小、电子数据法律定位不明导致数据缺乏规律性之外,[2]2012年以后电子数据的占比呈现出不断攀升的趋势。这表明,在同一犯罪构成要件之下,传统诈骗案件中的证据分布与电信诈骗案件中的证据分布并不相同,一般的开设赌场案件与通过网络技术实施的开设赌场案件在证据分布上也不相同。

综上,证据分布不仅受到犯罪构成要件的影响,还受到其他外在因素的影响,如社会环境、技术发展等。证据分布受综合因素影响给我们带来的启示是:其一,在当前强调证据之间相互印证的背景下,如果将故意杀人案件中的证据分布作为证据认定的原型,那么在司法实践中,很多受贿罪、强奸罪等案件将很难认定。其二,在同一犯罪构成要件之下,立法者可以通过调整外在因素来改善证据分布状况,促进刑事司法中的证据供给。

四、刑事证据分布与证据收集指引

(一)统一证据标准(指引)的实践探索

在以审判为中心的刑事诉讼制度改革的背景下,如何完善证据制度是一个亟须解决的问题。早在2016年9月,时任中央政法委领导就提出,"通过强化大数据深度应用,把统一的证据标准镶嵌到数据化的程序之中"。[3]"两高"、公安部、国家安全部、司法部联合发布的《关于推进以审判为中心的刑事诉讼制度改革的意见》也明确要求"建立健全符合裁判要求、适应各类案件特点的证据收集指引。"随后,制定"统一证据标准"、建立"基本证据标

---

〔1〕小野清一郎指出,"这里所说的犯罪事实,是符合构成要件的事实。刑事程序一开始就以某种构成要件为指导形象去辨明案件,并且就其实体逐步形成心证"。参见[日]小野清一郎:《犯罪构成要件理论》,王泰译,中国人民公安大学出版社2004年版,第241页。

〔2〕截至2019年4月28日,北大法宝数据库收录的开设赌场罪判决书,2010年共560份,2011年共1298份。2012年刑事诉讼法修改后,电子数据正式成为法定证据种类。

〔3〕孟建柱:《不断提升政法综治工作智能化水平》,载《人民日报》2016年9月23日,第4版。

准”等要求不断出现在“两高”主要领导的讲话中。[1] 从当前改革的试点来看,贵州和上海关于统一证据标准的探索引人瞩目。贵州省在省高级人民法院、省人民检察院、省公安厅共同研究制定的《刑事案件基本证据要求》的基础上,开发了政法大数据办案系统,选取故意杀人、故意伤害、抢劫、盗窃、毒品犯罪等案件为基础,把要素化、结构化的证据指引嵌入系统。[2] 上海高级人民法院主导的“206 工程”——“刑事案件智能辅助办案系统”更具代表性和影响力。这一系统针对不同类型案件,“对刑事诉讼法中的八类证据,详细规定了收集程序、规格标准、审查判断要点,对量刑证据、程序证据的收集、固定作了明确。”[3] 截至 2018 年 10 月,“206 工程”项目组已经完成上海市 71 个常见罪名证据标准的制定,并将其嵌入智能辅助办案系统。按照中央政法委的要求,内蒙古、辽宁、山东、广东等 11 个省、市、自治区正在探索制定全国常见的、除上海市已经制定的 71 个罪名以外的其他 31 个罪名的证据标准指引。[4]

探索统一证据标准的初衷,是在我国刑事证据规范数量较少、缺乏体系性的现实背景下,为公、检、法三机关办理刑事案件提供统一化的证据标准,减少办案机关在证据认识方面的分歧、减少证据审查运用的随意性,实现严格司法。这一探索面临的问题是,统一证据标准的理论基础是什么,为什么可以通过大数据分析或者司法经验总结为未来案件的办理制定证据标准。另一问题是,统一证据标准是必须执行还是参照执行,是强制性的还是指导性的。

在证据问题上,我们可以通过数据分析总结过去,却难以对未来的案件作出准确预测;我们可以通过大数据的深度分析和司法经验的充分总结把握类罪中证据问题的规律性,却无法对个案中的证据问题作出预测。即使同一罪名案件中的证据分布有一定的共性,也会因为社会环境、犯罪手段等因素的不同,而在个案中存在一定的差异。[5] 在个案的证据问题上,立法者和司法者面临的共同难题是,既“回不到从前”也“难以准确预测未来”。随着改革的不断推进,中央政法委将“统一证据标准”调整为“证据标准指引”,更加强调证据标准的指引性作用,并提出:证据标准指引应当重视基本证据要求、不同诉讼阶段的递进性证据要求、不同类型案件的差异化证据要求。[6]

---

〔1〕 参见王治国等:《认真学习深入贯彻习近平总书记重要指示精神,不忘初心坚定不移走中国特色社会主义法治道路》,载《检察日报》2017 年 7 月 13 日,第 1 版。

〔2〕 参见《“贵阳政法大数据办案系统”,法检公“一把尺子”办案》,载法制网:http://www.legaldaily.com.cn/zfzz/content/2017-05/15/content_7164149.htm?node=81130,最后访问日期:2019 年 5 月 1 日。

〔3〕 严剑漪:《揭秘“206 工程”:法院未来的人工智能图景》,载《上海人大月刊》2017 年第 8 期。

〔4〕 “206 工程”及其进展,参见崔亚东:《人工智能与司法现代化》,上海人民出版社 2019 年版,第 129、215 页。

〔5〕 参见滑璇:《以审判为中心:庭审不走过场》,载《南方周末》2017 年 10 月 12 日,第 15 版。

〔6〕 参见孟建柱:《全面深化司法体制改革,努力创造更高水平的社会主义司法文明》,载《检察日报》2017 年 10 月 17 日,第 4 版。

（二）从证据分布到证据收集指引

从证据分布的角度观察，不同罪名案件中的证据分布存在差异，同一罪名案件中证据的形成和分布具有一定规律性的特点，为类罪证据收集指引的探索提供了理论参照。证据收集指引制度应当以刑事证据分布为理论基础，同时应注意避免证据分布理论的局限性。具体言之：

其一，构建证据收集指引的一般逻辑是"犯罪构成要件—证据分布—证据收集指引"。在证据收集指引的探索上，应当建立一种以犯罪构成要件为核心的证据收集指引制度，同时要重视网络技术等技术发展因素对证据分布的影响，比如电子数据在类罪证据分布中不断增多。总之，"在事实判断层次运用犯罪构成体系指引证据的收集。"[1]从上海、贵州等地对证据标准指引的探索看，也是按照不同罪名来构建证据标准指引制度的。如上海市高级人民法院在区分不同罪名的基础上，还区分了"现场留痕型命案""拒不认罪型命案""现场目击型命案""认罪供述得到印证型命案"等案件类型，[2]虽然这一区分的合理性还有待讨论。贵州制定了故意杀人、故意伤害、抢劫、盗窃、毒品犯罪等案件的证据标准。"建立健全符合裁判要求、适应各类案件特点的证据收集指引"的要求，从证据分布的角度来看，应当主要是指不同罪名案件具有不同的证据特点。证据收集指引的运行方式是，在侦查机关决定以某涉嫌罪名进行初查或侦查后，侦查人员以个罪犯罪构成要件为指引收集证据，而非有什么证据就收集什么证据。随着证据收集的不断进行，侦查人员对涉嫌罪名的认识可能随之发生变化，如从故意伤害罪转变为过失致人死亡罪。这时，随着涉嫌罪名的改变，侦查人员也将在新的犯罪构成要件的指引下收集、补充证据。

其二，证据收集指引应当定位于指导性、参照性，而不应机械适用。在大数据分析的基础上对证据情况进行检索和分析，只是形成了证据分布的"映射"，而非个罪案件中的证据分布本身，其能够体现类罪案件证据的整体状况，却无法顾及具体个案的证据情况。如前所述，在个案中，犯罪嫌疑人的犯罪地点、行为方式、行为轨迹等都不相同，这些都会影响案件的证据状况。因此，即使同一罪名案件中的证据分布呈现出规律性特征，但在个案中也可能存在特殊性问题。证据分布理论并不是要重现案件中完整的证据分布状态，也不试图通过规律性认识再造个案中证据分布的现实，事实上，这也是不可能完成的任务。证据收集指引能够为证据收集、固定、保管、运用提供指引和启示，却不宜强制适用和机械理解。有学者指出："'制定基本证据标准指引'所引发的担忧，与法定证据制度有相似之处，如果对证据能力和证明力的规制达到极致，必然带来机械司法，抑制法官的主观能动性，同时也

---

〔1〕 揭萍：《犯罪构成视野下的侦查取证新论》，载《现代法学》2017 年第 5 期。

〔2〕 参见刘静坤：《证据审查规则与分析方法：原理、规范、实例》，法律出版社 2018 年版，第 354 页。

会制约律师的辩护空间。"[1]因此,必须明确,证据收集指引须定位于指引,应理性看待证据指引的作用,[2]而不能僵化理解和机械适用。

其三,在重视证据收集指引的同时,应着力改善个罪案件中的证据分布。建立刑事证据收集指引制度的初衷是为了统一证据尺度,减少办案机关的认识分歧,提高案件证据质量。通过证据分布的一般原理可知,证据分布受内在和外在两方面因素的影响,故应重视对这两方面因素的调整。在内在因素方面,具体罪名犯罪构成要件的调整会直接影响该罪名案件中的证据分布,故立法者可以通过修改某一犯罪构成要件来改变证据要求。在外在因素方面,在大力发展警务科技的同时,应当着重提高侦查人员个体的认知能力,应当重视对社会环境的改善,这在不同罪名案件中有不同的要求。例如,在故意杀人、故意伤害、盗窃等案件中,一般是犯罪行为先被发现,证据收集遵循"由案到人"的过程。因此,完善、推进"天眼工程""雪亮工程",强化身份查验、生物样本采集等,能极大改善上述案件中的证据分布情况。反之,贪污贿赂案件则呈现出"由人到案"的证据收集特点。针对这一特点,可以通过领导干部个人重大事项报告、限制巨额现金交易的类别和场合、对跨境资金转移设定限制等制度、措施来改善贪污贿赂案件中的证据分布。

其四,证据收集指引不能完整呈现证据分布,个案中的证据收集应具有全面性。上海、贵州等地在制定证据标准指引的过程中,主要采取大数据分析和总结司法人员经验的综合方法,[3]也有部分地区主要采取总结司法人员经验的方法,例如,山东省部分司法机关即是如此。整体而言,综合使用两种方法更加合理,但应当注意大数据分析的局限性。从证据分布的一般原理来看,无论数据库有多大,通过这些数据库抓取的证据情况都只能是刑事证据分布的"映射",而非证据分布本身,其只能呈现不同罪名案件之间的证据分布差异和同一罪名案件中证据分布的规律性,而无法对个案中的证据分布作出准确描述和预测。不仅如此,由于受到社会因素的影响,不同时期同一罪名案件中的证据分布也存在差异,如前文提及的2012年以后诈骗案件中电子数据占比不断上升的现象。因此,不同时期案件的证据分布数据,其意义不可等量齐观。例如,20世纪八九十年代诈骗案件中的证据分布,就对描述、预测21世纪电信诈骗案件中的证据分布缺乏实际意义。同时,由于裁判文书中未区分犯罪人主体身份的证据、犯罪行为已经发生的证据、犯罪行为系被告人实施的证据、程序性事项的证据、量刑方面的证据,大数据抓取及分析结果就可能存在一定偏差。因此,必须承认的是,在个案中,除了"犯罪构成要件—证据分布—证据收集指引"这种一般的指引外,必须强调个案中证据收集的全面性,不仅要收集有罪的证据,还要收集无罪的证据;不仅要收集证据本身,在证据已经毁损、灭失等情况下,还应当对能够证明证据为何毁损、灭失等

〔1〕 参见熊秋红:《审判中心视野下的律师有效辩护》,载《当代法学》2017年第6期。

〔2〕 参见刘静坤:《证据审查规则与分析方法:原理、规范、实例》,法律出版社2018年版,第356页。

〔3〕 参见刘静坤:《抓紧抓好统一证据标准这项核心任务,加快推进以审判为中心的刑事诉讼制度改革》,载《人民法院报》2017年6月28日,第1版。

的证据进行收集。之所以强调证据收集的全面性,是因为在个案中,侦查中一些看似不相关的证据材料,在随后的诉讼阶段也可能会成为认定案件事实的重要证据。

五、刑事证据分布与证据法变革

(一)刑事证据规范构建思路的转向

在传统观点看来,证据法“是一个规制在法律程序中向事实裁判者提供信息的规则体系”。[1] 围绕如何通过刑事证据立法实现对裁判信息的规制,形成了两种模式。

一是审判证据规则模式。在英美对抗制的背景下,证据规则的适用以法庭为中心。从英美证据法的具体运作来看,也是如此。无论是证据可采性规则,还是证人出庭作证的相关规则等,都是以法庭为中心来构建的。对抗制诉讼通过适用审判证据规则对进入法庭的信息作了限制,进而对最终到达事实认定者的裁判信息作了限制。如英美证据法中证据排除规则(包括传闻证据排除规则、品格证据排除规则、非法证据排除规则等)的功能,就是将一定的信息排除在法庭之外,不允许事实认定者将其作为事实认定的依据。

二是侦查证据规则模式。从刑事程序的一般流程来看,一起案件发生后,首先进入刑事侦查阶段,这一阶段的主要任务是确定犯罪嫌疑人和收集犯罪证据。侦查机关收集到的相关证据(信息)将被移交给负责起诉的机关,起诉机关将以之为凭据提起诉讼,随后这些证据(信息)中的部分或全部将成为法院作出裁判的依据。除了在法庭上通过审判证据规则对到达事实裁判者的证据(信息)进行限制外,立法者还可以对侦查过程进行严格的立法规范和限制,从而形成侦查证据规则。[2] 侦查证据规则运作的核心是立法上规定侦查取证规则,审判中通过对违反侦查取证程序获得的证据的排除来保障侦查证据规则的有效运行。[3]

1996 年《刑事诉讼法》修改一定程度上完善了我国的刑事证据立法,从 1996 年到 2009 年的十余年间,虽然一些地方出台了地方性证据规则,但国家层面的证据立法一直止步不前。2010 年,“两高”、公安部、国家安全部、司法部出台《关于办理死刑案件审查判断证据若干问题的规定》《关于办理刑事案件排除非法证据若干问题的规定》,刑事证据规则进入了快速发展时期。随后,2012 年《刑事诉讼法》及其司法解释对证据规则作了进一步完善。从刑事证据规范构建思路上观察,我国并未采取审判证据规则模式,也未采取侦查证据规则模式,而是立足于司法实践需求,采取了“从类罪证据收集指引到证据规则”的规范构建

---

〔1〕[美]戴维·伯格兰:《证据法的价值分析》,张保生、郑林涛译,载《证据学论坛》第 13 卷,法律出版社 2007 年版,第 244 页。

〔2〕See Jacqueline Ross, “Do Rules of Evidence Apply(Only) in the Courtroom? Deceptive Interrogation in the United States and Germany”, *Oxford Journal of Legal Studies* 28(3), 2008, p. 444.

〔3〕Ibid., p. 447.

思路。[1] 改革者希望通过类罪证据指引的方式,提升侦查机关证据收集、固定、保管、移送的规范意识,统一公安司法机关的证据认识,提高案件证据质量,进而在审判中心主义的背景下促进刑事证据规则的完善。

从证据分布的角度来观察,我国的这一规范构建思路与传统英美证据法的立场有所不同。其一,这一思路更加关注侦查取证程序。在传统观点看来,证据法是以可采性为中心的法律规范,但过分关注证据排除是具有误导性的。[2] 反之,将侦查取证状况纳入证据规则构建的考量范围,会使得对证据问题的思考更加全面、完整。其二,改革者并未将证据规则严格定位于"规制"或"排除",而是认识到:在我国当前侦查水平整体不高、侦查能力有限、"案多人少"的现实情况下,过分强调对证据的排除会损害实体公正,还可能损害办案人员的积极性,因此,类罪证据收集指引立足于防范冤假错案、提高案件证据质量,更加重视证据的发现和证据的供给。其三,在这一改革思路下,既重视裁判机关对证据的要求,又强调"统一证据标准""统一刑事司法标准",强调侦查机关、检察机关、审判机关都是证据规则的适用主体。从证据法理观察,对审前程序中证据的生成、收集和保管进行适当关注,更重视刑事证据法"促进证据供给、促进案件事实认定"的功能,既满足了我国司法实践的内在需求,也契合了刑事证据法精细化发展的趋势。但是,在以审判为中心的刑事诉讼制度改革的背景下,"从类罪证据收集指引到证据规则"的证据规范构建思路,必须以裁判机关的证据要求作为各类证据的基本标准,坚持法院在证据认定上的决定性作用。

(二)类罪证据规则的构建

从我国当前的状况来看,刑事证据规范分散在刑事诉讼法及其司法解释、"两高"、公安部的相关规范性文件中,缺乏体系完整的刑事证据规范。首先,在法律层面,刑事诉讼法一直以专章对证据制度进行规定。2012 年修改《刑事诉讼法》,"证据"一章的条文增加到 16 条。其次,在司法解释层面,1996 年、2012 年"两高"关于刑事诉讼法的司法解释规定了一些关于收集、运用证据的条文。除此之外,"两高"还针对特定犯罪出台了一些司法解释,也涉及证据的运用。[3] 最后,在规范性文件层面,由于前两个层面的刑事证据规定较为零散、不成体系,为弥补上述不足并回应司法实践的需要,2010 年"两高"、公安部、国家安全部、司法部联合发布了《关于办理死刑案件审查判断证据若干问题的规定》《关于办理刑事案件排除非法证据若干问题的规定》,2016 年"两高"、公安部联合发布了《关于办理刑事案件收集

---

〔1〕 刘静坤主张,取证规则与证据排除规则应当同步完善。参见刘静坤:《证据审查规则与分析方法:原理、规范、实例》,法律出版社 2018 年版,第 344 页。笔者认为,在类罪证据标准指引更受青睐的情况下,改革者实际上采取了"从类罪证据收集指引到证据规则"的规范构建思路。

〔2〕 参见[英]威廉·特文宁:《反思证据:开拓性论著》,吴洪淇译,中国人民大学出版社 2015 年版,第 213 页以下。

〔3〕 如"两高"《关于办理环境污染刑事案件适用法律若干问题的解释》中就包含一些刑事证据规范。

提取和审查判断电子数据若干问题的规定》等。但是,这 3 个层面的刑事证据规范缺乏内在的逻辑一致性,且条文多有重复,整体上呈现出支离破碎的状态。[1]

在我国刑事证据规则零散、不成体系的情况下,立法者、司法者还面临刑事证据法的内部分化问题。虽然在美国、澳大利亚等国存在统一的证据立法,但在英美法系学者看来,证据法正在从“一个证据法”走向“多个证据法”,刑事证据法和民事证据法应被区别对待;[2]而英国的立法早就走向了刑事证据法和民事证据法的分立,二者被认为存在显著不同。[3]在证据分布理论中,我们也可以清晰地看到,不同个罪案件中的证据分布并不相同,这就提示我们应当重视个罪中特殊证据规则的构建。从我国的司法实践来看,这一问题在贪污贿赂犯罪、毒品犯罪、强奸、内幕交易罪、醉酒驾驶型危险驾驶等案件中已经不断显现,“两高”和一些地方司法机关也出台了诸多规范性文件,[4]但尚未得到理论研究的关注。

在上述趋势下,我国的刑事证据规则构建面临着“代际冲突”问题:一方面,刑事证据规则的一般规定较少,规则零散、不成体系,科学合理、体系完整的刑事证据规范尚未形成;另一方面,实践中司法者不仅遭遇了一般证据问题无规则可依的问题,还遭遇了个罪中的证据特殊性问题,司法实践亟须类罪证据规则,如毒品犯罪案件、未成年人犯罪案件的特殊证据规则等。为回应毒品犯罪案件证据的特殊性、有效打击毒品犯罪,“两高”、公安部将起草毒品犯罪案件证据规则并尽快出台。[5] 与此类似,“建立适应各类案件特点的证据收集指引”,也是为了有效回应司法实践需求。除了贵州、上海、山东,江苏、河北、重庆等地也出台相关文件,建立了故意杀人、故意伤害、盗窃、危险驾驶等常见罪名的证据标准指引。

根据证据分布理论,不同犯罪行为发生后所形成的证据分布是不同的,立法者和司法者不应将某一个罪案件中的证据分布作为制度参照,并以此审查判断其他个罪案件中的证据。比如,如果将故意杀人案件中的证据分布作为证据审查的模型,司法实践中诸多其他犯罪案件就可能很难达到证据要求。因此,在规则的构建上,一方面要尊重刑事证据法的一般原理,不应制定所谓类罪证据“标准”,而只能是构建证据“指引”,否则将落入法定证据制度的窠臼;另一方面要关照不同犯罪构成要件下证据问题的特殊性,构建类罪证据认定规则,而这正是证据分布理论能够发挥作用的领域。而且,证据分布理论可以有效回应我国刑事证据规则构建所面临的“代际冲突”问题,为类罪证据规则的构建提供理论指引,这是因为“任何一类案件在证据收集方面都有相对的固定性和规律性”,[6]在证据运用上也

---

〔1〕 有学者将其形象地描述为“打补丁”。参见张保生、常林主编:《中国证据法治发展报告 2010》,中国政法大学出版社 2012 年版,序言,第 9 页。

〔2〕 参见[英]威廉·特文宁:《反思证据:开拓性论著》,吴洪淇译,中国人民大学出版社 2015 年版,第 226 页。

〔3〕 参见[英]保罗·罗伯茨:《普通法系证据法的五个基本谬误》,阳平译,载《证据科学》2018 年第 1 期。

〔4〕 如最高人民检察院公诉厅 2005 年发布的《毒品犯罪案件公诉证据标准指导意见(试行)》、2006 年上海市公安司法机关联合发布的《关于重大故意杀人、故意伤害、抢劫和毒品犯罪案件基本证据及其规格的意见》等。

〔5〕 参见王梦瑶:《毒品犯罪案件证据规则将尽快出台》,载《新京报》2018 年 6 月 27 日,第 A5 版。

〔6〕 “206 工程”及其进展,参见崔亚东:《人工智能与司法现代化》,上海人民出版社 2019 年版,第 128 页。

有一定特点。

(三)统一证明标准适用的反思

刑事诉讼法规定了“案件事实清楚,证据确实、充分”的证明标准,虽然这一表述自1979年以来一直未变,但其内涵及要求在不同时期却有所不同。在1983年“严打”期间,司法者将“案件事实清楚,证据确实、充分”解读为“基本犯罪事实清楚和基本证据确凿”。[1] 在2000年左右,司法实践中又逐渐将“案件事实清楚,证据确实、充分”细化为不同要求,其中的一个重要方面是“结论排他性或唯一性”。[2] 2012年《刑事诉讼法》第53条进一步将“综合全案证据,对所认定事实已排除合理怀疑”作为“证据确实、充分”的一项内容。按照学者的解读,这一修正对证明标准的理解有重要影响,从“过去注重外在的、客观化的证明要求走向重视裁判者内心确信程度”。[3]

需要反思的是,在2012年《刑事诉讼法》对证明标准作出细化,更加重视法官主观确信的背景下,法官如何适用“案件事实清楚,证据确实、充分”的证明标准。从通说来看,为达到法定证明标准,在案的不同证据之间应当相互印证。印证是我国刑事司法实践中通行的证明模式,为各种规范性文件所认可,[4] 在实务界和理论界有重要影响。印证证明强调证据应当是复数的,并且复数证据中包含同一性信息;印证证明模式强调证明的外部性、可检验性,而非事实认定者的内心确信。[5] 但是,从上文对证据分布的研究来看,某些个罪案件中证据的分布并不平均,比如受贿案件,其指向犯罪行为的核心证据往往只有受贿人的供述与辩解、行贿人的证言和作为贿赂的财物,而且在很多情况下作为贿赂的财物是种类物,证明作用较小。在这种情况下,若仍然强调证据的复数性并要求彼此印证,会导致很多案件难以达到法定证明标准。因此,从证据分布理论的角度来观察,必须重新审视印证证明模式。审判者对于“案件事实清楚,证据确实、充分”的理解应当回归个案,关照个案中的证据分布状况,而非在每一个案件中都强调注重外部性和可检验性的证据之间相互印证。同时,在个案中,每一个证据都是一个独立存在,不同证据指向的待证事实也有所不同,证据之间的关系包括聚合、支持、补强、支持不同中间性主张等不同关系,[6] 一个简单的“印证”不足以全面、完整、准确描述上述复杂关系。本文提出,法官对刑事证明标准的适用,不仅

---

〔1〕 参见1984年《最高人民检察院关于在严厉打击刑事犯罪斗争中具体应用法律的若干问题的答复》。

〔2〕 如在2001年《人民检察院办理起诉案件质量标准(试行)》中将“证据确实、充分”解释为:(1)证明案件事实和情节的证据合法有效;(2)证明犯罪构成要件的事实和证据确实、充分;(3)据以定罪的证据之间不存在矛盾或者矛盾能够合理排除;(4)根据证据得出的结论具有排他性。

〔3〕 陈瑞华:《刑事证明标准中主客观要素的关系》,载《中国法学》2014年第3期。

〔4〕 如《人民法院办理刑事案件第一审普通程序法庭调查规程(试行)》在“认证规则”部分,“印证”一词共出现6次。

〔5〕 参见龙宗智:《刑事印证证明新探》,载《法学研究》2017年第2期。

〔6〕 参见[美]特伦斯·安德森等:《证据分析》,张保生等译,中国人民大学出版社2012年版,第133页以下。

应当考虑在案的全部证据,还应当考虑该案中可能的证据分布状况、证据之间的不同关系,更应当重视自身内心确信的程度。

综上,应当坚持我国刑事诉讼法上的定罪证明标准只有一个,但在个案中应当考虑个罪案件中的证据分布情况,明确在不同案件中"案件事实清楚,证据确实、充分"的证明标准存在多元化实现方式,而非机械、僵化地适用印证规则。[1]

(原载于《法学研究》2019 年第 4 期)

〔1〕 龙宗智也反对僵化地理解、适用印证规则。"十余年的实践证明弊端的确存在,印证证明简单化甚至庸俗化的情况未能有效克服,甚至在某些方面有'泛滥之势'。"参见龙宗智:《刑事印证证明新探》,载《法学研究》2017 年第 2 期。

法官管理制度与司法行为理论

傅爱竹*

至少到今天为止,人类尚未发明一种司法“自动贩售机”——只要把案件事实输入进去,它就会自动给出判决结果,并且在可预期的未来我们也看不到这种可能性。因为司法三段论的诸前提从来就不是给定的,无法通过电脑而只能依靠人脑来识别。换言之,裁判工作必然由人亦即法官来完成。因而有人说,所谓法治,在很大程度上就是“法官之治”。现实主义法学早已证明,法官的个人特质包括才学、品德、癖好、偏见等,必然会渗透到司法运作的细节中去,并很可能会影响裁判的过程与结果。因此,如果不能对法官的个人特质进行有效的规制——扬其长者,避其短处——司法的质量也就无从保障,法治也将沦为法官的“专断之治”。这种规制主要以制度化的方式展开,是为法官管理制度。完善的法官管理制度乃是维护司法公正、避免法官专断之治的前提条件。而问题在于,如何构建完善的法官管理制度?这是本文的核心关切。

法官管理制度是个集合性概念,其下囊括了众多具体而微的制度,篇幅所限,本文无法做逐一的探讨。由此,本文将以法官管理制度中的绩效考核制度作为典型,反思探讨如何构建完善的法官管理制度。构建完善的法官管理制度的难题在于保护法官的三种动机,而这个问题的解决不能只停留于制度表面的研究,必须深入制度内置的理论,而司法行为理论是法官管理制度构建的先决条件。据此,本文将从四个方面展开论述:第一部分从“角色期待”的视角提出评价法官管理制度优劣的标准;第二部分借助心理学中的“动机拥挤效应”找出我国法官绩效考核制度的症结所在;第三部分反思当前法官管理制度所内置的司法行为理论即“经济人”理论之错谬;第四部分在吸取“经济人”教训的基础上,运用社会学中的角色理论建构符合法官管理制度研究所需的司法行为理论,即“社会人”理论。

* 傅爱竹,山东大学法学院助理研究员,法学博士。

一、“好法官”与三种动机

去法院打官司希望遇到什么样的法官呢？回答这一问题大致可以从3个方面来思考：首先是专业技能一定要过硬，不胡乱判案；其次是谨守职业道德，不徇私枉法；最后是待人以礼，不冷漠市侩。这3个方面基本上构成了一个好法官所应具有的品质。那么这些品质又如何获致？从心理学角度来看，需要法官相应地具有三种动机。

第一种是智识性动机，即法官对于裁判技能以及挖掘与运用自身智力资源的兴趣与追求。法官的工作是适用法律，亦即将案件事实归摄于法律规范之下。完成这项工作首先要求法官熟悉法律规范与法学原理，但更重要的是需要培养康德所谓的“判断力”，即“分辨某物是否从属于某个给定规则之下”的能力。[1] 判断力越强，法官就越能迅速地联想并精确地定位到与案件事实相适应的法律规范。法律规范与法学原理可以通过书本或教学习得，但判断力却不能。康德指出：“实例乃是判断力的学步车”。[2] 具体来说，判断力之养成需要主客观两个条件：客观条件是要有大量的个别的、特殊的案件、情事和问题，即经验素材；主观条件则是要通过长期而专注的学习，将经验素材充分理解和内化。主观条件的成就离不开行动者对知识本身的兴趣以及挖掘与运用自身智力资源的兴趣，因为兴趣是最好的老师，这种动机能提供行动者长期不懈专注实践的内在推动力。因此，只有那些对裁判工作本身怀有热情、严格训练自己、在工作中不断总结经验教训的法官才可能练就高超的裁判技能。因此，智识性动机对于法官专业技能的培养具有重要的意义。

第二种是伦理性动机，这既包括普通人所具有的道德良知和责任意识，也包括法官所特有的职业伦理。法官所处理的案件，并不都是事实与法律规范都比较明确的所谓“简易案件”。在很多时候，无论是事实还是规范，都有可能呈现出相当程度的模糊性和不确定性。在规范方面，经常存在多种可以适用之规则，或同一规则存在相互冲突的解释；在事实方面，对事实的认定也往往因“前理解”上的分殊而存在彼此对立且都具有正当理由的观点。正因如此，裁判活动往往存在多种可能性，需要法官经过利益权衡和价值选择方能做出决断。法官个人的道德观念和价值倾向经常会悄无声息地渗透司法的整个过程之中。因此，法官个人的伦理观念和道德水平就显得格外重要。我国台湾学者史尚宽有言：“虽有完美的保障审判独立之制度，有彻底的法学之研究，然若受外界之引诱，物欲之蒙蔽，舞文弄墨、徇私枉法，则反而以其法学知识为其作奸犯科之工具，有如为虎附翼，助纣为虐，是以法学修养虽为切要，而品格修养尤为重要。”[3]

---

〔1〕 康德：《纯粹理性批判》，邓晓芒译，人民出版社2004年版，第135页。

〔2〕 同上书，第136页。

〔3〕 史尚宽：《宪法论丛》，荣泰印书馆股份有限公司1973年版，第336页。

借用美国法学家朗·富勒关于两种道德的区分,[1]史先生所言乃着眼于法官违反“义务的道德”之危害。然而我们还需注意到,法官如若丧失对“愿望的道德”的追求,则裁判的正当性基础殊为可虑。因为在法律规范并不十分明确的情况下,法官需要通过德沃金所谓的“建构性阐释”找出所有可能的法律解释中最佳的那个。怎样判定何者为最佳?这就要求法官透过对法律制度中所蕴含的公平、正义等政治道德的理解来权衡与抉择。“他的决定不仅将反映出他对于正义和公平的观点,而且还会反映出他的更高层次的信念,那就是这些理想在相互抵触时应如何妥协。”[2]此处的公平、正义等政治道德便是富勒所谓的“愿望的道德”。[3] 因此,若想妥当地完成建构性阐释,法官就必须对“愿望的道德”怀有深刻的体悟。然而,对“愿望的道德”的理解与追求乃是一个硬币的两面:一个对公平、正义无欲无求、漠不关心的法官必然缺乏对这些政治道德的感受力,因而也不可能对政治道德抱持深邃的洞察力。由此可见,法官一旦缺失追求“愿望的道德”的动机,就无法妥当地完成对法律的“建构性阐释”,因而其所做裁判的道德基础就是不稳固的、可质疑的。这种危害是潜移默化的,丝毫不逊于丧失坚守“义务的道德”的动机所导致的徇私枉法。总之,对法官来说,伦理性动机的有无事关裁判的合法律性与正当性。

第三种是交互性动机,即法官对于人际间的沟通与交流以及维持良好的人际关系的重视。法律确定主义者如德沃金认为裁判存在唯一正解,只不过需要像赫拉克勒斯那样的“超人法官”才能够发现,而普通法官并不一定能够找到。这种说法多少给司法蒙上了一层神秘主义色彩。但在这个祛魅的时代,法官身上早已褪去了韦伯所说的“克里斯玛”特质,人们不再相信法官能像启示性宗教里的先知那样具有发现唯一正解的“特异功能”,哪怕唯一正解确实存在。换言之,传统的法律确定主义与“唯一正解”命题已然无法为裁判提供合法化资源了。合法化资源的缺失,意味着司法缺乏权威性与公信力,法治也就随之岌岌可危了。因此,现代司法必须发掘新的合法化资源作为替代。

20世纪以来的主体间性哲学启示我们,当代社会的裁判合法化应着眼于沟通与交互性。一方面,裁判不应只给出判决结果,而必须注重程序与论证,在程序允许的范围内充分论辩,在判决书中充分说理,力求以理服人;另一方面,法官也必须重视与当事人的交流与沟通,以礼相待,让人感觉是在真心实意地解决纠纷,而非应付差事、敷衍塞责,力求以诚动人。若想做到后一方面,就需要法官有意愿正面且积极地参与到与当事人的互动过程之

[1] 富勒在《法律的道德性》一书中将道德区分为“愿望的道德”与“义务的道德”。愿望的道德是善的生活的道德、卓越的道德以及充分实现人之力量的道德。如果说愿望的道德是以人类所能达致的最高境界作为出发点的话,那么,义务的道德则是从最低点出发。它确立了使有序社会成为可能或者使有序社会得以达致其特定目标的那些基本规则。参见[美]富勒:《法律的道德性》,郑戈译,商务印书馆2005年版,第6~8页。

[2] [美]罗纳德·M.德沃金:《法律帝国》,李常青译,中国大百科全书出版社1996年版,第228页。

[3] 在《法律的道德性》一书中,富勒借助边际效用经济学来阐发“愿望的道德”的特点。边际效用经济学强调权衡既有的资源做出最有效率的分配,从而实现我们为自己确立的任何目标。这与“愿望的道德”平衡各种价值以求至善的特点颇为相似。参见[美]富勒:《法律的道德性》,郑戈译,商务印书馆2005年版,第19~23页。

中。一旦缺失这种动机，法官就不再重视“自我呈现”（self-presentation），工作态度显得冷漠与市侩，对当事人缺乏同情心和人情味，令当事人感觉自己只不过是流水线上的“一瓶罐头”。当身披神圣法袍的法官们在当事人及公众的眼里不过是些与凡俗无异的普通之辈时，当事人又怎会自愿服从、社会又怎会普遍接受法官的裁决呢？

通过前面的论证我们可以看到，一个专业技能过硬、谨守职业道德、待人以礼的法官，需要相应地具有智识性、伦理性与交互性这3种动机。其实，评价一项法官管理制度完善与否也可着眼于此，即看它是否能够保护、鼓励法官的这三种动机。接下来，我们将按照这个标准检视一下我国的法官绩效考核制度。

二、我国法官绩效考核制度的心理学考察

（一）我国法官绩效考核制度的特征

法官绩效考核制度又称法官质效考核（或考评）制度，是指通过一套客观化的指标来衡量法官工作努力程度以及工作能力（审判水平）的法官管理制度。绩效考核很早就已经应用在其他领域，如企业和行政部门，但在我国，法官绩效考核制度的建立还是比较晚近的事。2005年10月，最高人民法院在《人民法院第二个五年改革纲要（2004—2008）》中首次提出要“建立科学、统一的审判质量与效率评估体系，在确保法官依法独立办案的情况下，确立科学的评估标准，完善评估体系。……根据法官职业特点和不同审判业务岗位的具体要求，科学设计考评项目，完善考评方法，统一法官绩效考评的标准和程序，并对法官考评结果进行合理利用。”2011年3月，最高人民法院又发布了《关于开展案件质量评估工作的指导意见》，提出了一套完整的考核指标体系。各地法院又根据自己的情况对指标设定有所调整。常见的考核指标包括结案率、上诉率、二审发回重审及改判率、申诉率、调解率、撤诉率、信访投诉率、重复信访率、裁判主动履行率等。部分地方法院甚至与软件公司合作，细化出多达上百项的考核指标。[1] 虽然在这一轮司法改革启动之初中央政法委及最高人民法院都下文要求各地取消不合理的考核指标[2]，但很多指标仍在各地的考核中继续发挥作用[3]。绩效考核制度对法官之影响，就在于考核结果的使用。各地法院大都将考核结果

〔1〕 刘炜：《法官绩效考核之忧》，载《民主法制时报》2012年6月11日，第A4版。

〔2〕 《中央政法委：取消有罪判决率结案率等考核指标》，载人民网：http://politics.people.com.cn/n/2015/0122/c1001-26428720.html；《最高法决定取消对全国各高级人民法院考核排名》，载中国新闻网：http://www.chinanews.com/gn/2014/12-26/6916495.shtml。

〔3〕 《法院仍“晒”不合理司法考核指标》，载财新网：http://china.caixin.com/2016-02-25/100912438.html。

同法官个人的评优评先、晋职晋级尤其是工资福利直接挂钩。[1] 这就使得绩效考核变成一种"胡萝卜加大棒"式的激励制度。这种做法与其他同样引入法官绩效考核机制的国家大不相同。

以美国为例。早在1975年,阿拉斯加州就率先建立了司法绩效评价机制(Judicial Performance Evaluation,JPE),此后很多州跟进引入类似的制度。[2] 需要注意的是,美国司法绩效评价的结果可以用作选任法官以及改进法学教育的参考,但不得作为对法官个人进行定级排名的依据,未经法律许可也不得用于追究法官的纪律责任。[3] 因此,对美国的法官而言,它只具有某种督促作用,并不具有强制性,与工资、奖金的增减更是完全无关。在大陆法系国家和地区,如德国、韩国,也只是将法官绩效考核的结果作为法官选拔与晋升的参考,而且仅是众多参考因素之一。[4]

如此看来,将考核结果同法官个人的经济利益直接挂钩似乎只是我国法官管理制度的特色。为什么其他国家不采取类似的做法呢?当代美国著名法学家波斯纳法官在《法官如何思考》一书中明确指出:"全面拥抱绩效考核,将之作为激励或约束法官的方法之一,还为时过早;以绩效考核为基础给高分的法官发奖金,这样的提议(没有任何人这样提议)则完全荒唐。"[5] 为什么波斯纳法官直斥这种做法是荒唐的呢?

对于以上问题,可以从多个角度做出回答。但本文关心的是绩效考核制度能否保护与鼓励法官的三种动机,因此,本文以下将尝试从心理学角度进行解答。

(二)经济性激励与动机拥挤效应

现代经济学的主流,即新古典主义经济学派有两个基本命题:命题一,人们会对激励做出反应。[6] 命题二,价格的抬升会提高供给。由这两个命题还可以推导出第三个命题,即命题三,当人们从事某项活动时,经济性激励的加入会对人们的行为意愿和绩效产生积极的提升作用。

---

[1] 云南省高级人民法院规定:对于累计两年被确定为称职以上等次的,在所在级别对应工资标准内晋升一个工资档次。累计五年以上被确定为称职以上等次的,在所任职务对应级别范围内晋升一个级别。确定为称职以上等次,且符合规定的其他任职资格条件的,具有晋升职务的资格;连续三年被确定为优秀等次的,晋升职务时优先考虑。确定为优秀等次的,当年给予嘉奖;连续三年被确定为优秀等次的,记三等功,享受年度考评奖金。参见沐润:《法院绩效考核机制的评析及其完善》,载《云南大学学报》(法学版)2012年第2期。

[2] Rebecca Love Kourlis & Singer, Jordan M., "Using JudicialPerformance Evaluations to Promote Judicial Accountability", *Judicature* 90,2007,pp. 200 - 207.

[3] 参见么宁:《美国司法绩效评价机制概览》,载《人民检察》2012年第3期;罗灿、兴成鹏:《美国法官如何面对绩效评估》,载《法制日报》2014年8月26日,第11版; Sharon Paynter & Richard C. Kearney, "Who Watches the Watchmen?:Evaluating Judicial Performance in the American States", *Administration and Society* 41,2010,pp. 923 - 953.

[4] 参见苏永钦:《司法改革的再改革》,月旦出版社1998年版,第361~382页。

[5] [美]理查德·波斯纳:《法官如何思考》,苏力译,北京大学出版社2009年版,第139页。

[6] Roland Benahou & Jean Tirole, "Intrinsic and Extrinsic Motivation", *The Review of Economic Studies* 70,2003,pp. 489 - 520.

命题三的提出为众多“激励导向型”制度提供了理论依据。我国法官绩效考核制度便属其中之一。我们可以推想,该项制度的初衷是通过加载一些激励机制来增强法官的行动动机,尤其是经济性动机,进而提升法官工作的质量与效率。但是,其能否在增强经济性动机的同时保护并鼓励法官的智识性、伦理性以及交互性这三种动机呢?

我们需要重新审视一下命题三。其实,这个命题若想成立还需满足另一个条件,即当经济性激励被引入时,行动者既有的非经济性动机是保持不变的。[1] 但在心理学家看来,这个条件其实是不成立的。自20世纪70年代以来,已经有大量研究表明,经济性激励的介入很可能侵蚀和削弱行为人非经济性动机。[2] 这种现象被称为“动机拥挤效应”(Motivation Crowding Effect)。

1970年,英国学者Richard Titmuss在《礼物关系》(The Gift Relationship)[3]一书中首次描绘了动机拥挤效应。这本书以英、美两国的献血制度为考察对象。按照主流经济学的推测,为献血者提供货币补偿的商业化献血制加载了无偿献血制所不具备的经济性激励,因而运行效果应该更佳。但事实上,情况刚好相反。美国的商业化献血制无论在血液数量还是质量上都远逊于英国的无偿献血制。Titmuss认为,这是由于经济性激励往往会侵蚀个人的公共责任意识,因而降低甚至摧毁了公众献血的意愿。

类似的情况还发生在瑞士。瑞士政府打算建造两个贮存核废料的仓库。虽然大家都认为这是符合共同利益的项目,但是没有哪个社区打算让仓库建在自己附近,这就是所谓的“NIMBY”问题。[4] 1993年,Bruno Frey等人就该项目做了一个调查,所有的受访者都被问到是否允许核废料库建在自己社区所在的地界。起初,超过半数(50.8%)的受访者表示愿意,44.9%的受访者反对,其余4.3%的受访者则对此表示无所谓。但当瑞士政府决定对核废料库所在地社区中的所有居民提供经济补偿之后,支持率非但没有上升,反而急速下降——只有24.6%的受访者愿意接纳该项目。换言之,约有1/4的受访者改变了看法。研究者认为,很多人原先愿意接纳这种NIMBY项目是出于公共责任意识,但是外在干涉即经济补偿引发了居民们对有害设施给他们造成的损失的关切,这就降低了居民们接纳该项目的非经济性动机。[5] 在该案例中,非经济性动机所发挥的作用其实是大于经济补偿的,外在干涉导致“此长彼消”,居民的接受度因而下降。

---

〔1〕 Maarten C. W. Janssen & Ewa Mendys-Kamphorst, “The Price of a Price: on the Crowding Out and In of Social Norms”, *Journal of Economic Behavior and Organization* 55, 2004, pp. 377 - 395.

〔2〕 Bruno S. Frey & Reto Jegen, “Motivation Crowding Theory: A Survey of Empirical Evidence”, *Journal of Economic Surveys* 15, 2001, pp. 589 - 611.

〔3〕 Richard M. Titmuss, *The Gift Relationship: From Human Blood to Social Policy*, New York: Random House, 1971.

〔4〕 Not in my backyard,指某些有助于提高社会总福利,但对建设地附近居民的利益可能造成损害的项目,如危险废弃物处理设施、机场等。

〔5〕 Bruno S. Frey & Felix Oberholzer-Gee, “The Cost of Price Incentives: An Empirical Analysis of Motivation Crowding Out”, *The American Economic Review* 87, 1997, pp. 746 - 755.

近年来,动机拥挤效应已经吸引了众多心理学家、经济学家的关注,经验性证据不断呈现,理论解释也日趋成熟。学界在其实存性上已基本达成共识。它的发现揭示出经济性激励的潜在破坏作用,即对行动者非经济性动机的排斥与压抑。很显然,法官的智识性、伦理性与交互性这三种动机都属于非经济性动机。既然如此,我国的法官绩效考核制度由于加载了较强的经济性激励,便很可能挤出上述三种非经济性动机。值得注意的是,已有研究表明,非经济性动机一旦因经济性激励的介入而被挤出,即使经济性激励后来被移除,非经济性动机也经常无法复归;〔1〕即便可以复归,也需要相当漫长的时间,并且很难达到外在激励被引入前的原初水平。不仅如此,当经济性激励被移除后,行动者的工作热情和动力在中、短期内可能会出现大幅滑坡,甚至比原初水平还要差,亦即导致“棘轮效应”(ratchet effect)。〔2〕 如此看来,我国的法官绩效考核制度对于法官的智识性、伦理性与交互性等动机的破坏是深远的,因而不适宜用作法官管理。从这个角度来看,最高人民法院与中央政法委的决策是正确的,该项制度理应予以修正。

三、制度内置的司法行为理论

(一)法官管理制度与司法行为理论

在法官绩效考核制度运行的十数年里,不乏大量的批评之声。但为什么这项制度在近几年来又呈现出“蓬勃”之势?这其中固然有路径依赖问题,但仅就学术研究而言,对该项制度的批评深度严重不足恐怕是我们不能回避的一个原因。笔者检索了中国知网中有关法官绩效考核的所有文献,发现绝大多数批评都采取相似的模式,即首先指出制度运行中产生的弊病,然后给出改进的思路或方案。此类文献中最常出现的词汇便是如何能让该项制度变得“更科学”“更健全”“更完善”。这种“哪坏补哪”的对策性思维,使对该领域的研究沦为纯粹技术性的雕琢,反思力度严重不足。法官绩效考核作为一种制度性实践,必然是“理论内置”(theory-embedded)的。〔3〕 换言之,法官绩效考核制度不是凭空产生的,必然是在某种理论的指引之下形成的,而这种理论对于法官绩效考核这种实践而言具有“构成性”(constitutive)意义。〔4〕 如果理论有缺陷或不适用,那么制度必然存在无法克服的弊病。因此,对制度的批判如若忽视了理论层面的检讨,就不能说抓到了问题的核心。

通过以上的分析可以看到,我国法官绩效考核制度的失效源于其所依凭的激励理论之

---

〔1〕 See Maarten C. W. Janssen & Ewa Mendys-Kamphorst, “The Price of a Price: on the Crowding Out and In of Social Norms”, Journal of Economic Behavior and Organization 55, 2004, pp. 377 – 395.

〔2〕 Roland Benahou & Jean Tirole, “Intrinsic and Extrinsic Motivation”, The Review of Economic Studies 70, 2003, pp. 289 – 520. 所谓“棘轮效应”是指一个行为在经过一个阶段之后,就很难返回从前。“棘轮效应”通常被用来解释消费行为的不可逆性,即消费者易于随收入的提高增加消费,但不易于随收入降低而减少消费。

〔3〕 陈景辉:《法理论为什么是重要的:法学的知识框架即法理学在其中的位置》,载《法学》2014年第3期。

〔4〕 制度设计者或实施者或许由于缺乏反思性而没有意识到这一点,但这并不意味着理论的不存在。

错谬。研究如果没有深入这个层次,就不可能命中这项制度的要害。以此观之,既有的那种仅评价实践效果而对实践目标缺乏体认的批判不过是在零打碎敲,显露出一种理论无意识。

因此,当我们试图回答如何建构完善的法官管理制度这一实践问题时,我们必须先找到制度背后的理论问题,这是此项研究展开的先决条件。那么,这里的理论问题究竟又是什么?

法官管理制度的任务是对法官的个人特质进行规制,因为有些特质关系到裁判质量。那么,究竟哪些特质会影响到裁判?它们又是以什么方式影响的?这些便是"司法行为理论"(Judicial Behavior Theory)要回答的问题。

所谓司法行为理论,是指研究法官在决策过程中会自觉或不自觉地受哪些因素影响的理论。只有对这些影响因素具有全面而深入的认识之后,我们才能判断哪些因素需要规制,又该以何种方式规制。因此,司法行为理论乃是研究法官管理制度的理论根基——它是制度内置的各种理论中最基本的那个,其他理论都必须在其基础之上展开。对"司法行为"的理解正确、全面与否将直接关系到法官管理制度的"建筑质量"。

受法律现实主义的影响,第二次世界大战之后,"司法行为"问题在美国一直是研究热点,业已积累了大量的理论及实证研究文献。但是本文却不打算直接借用这些研究成果,原因有以下两个方面。

首先,国情不同。中、美两国在司法制度、法律体系、意识形态等多方面差异甚大。司法制度方面,中国为科层型,美国则为协作型〔1〕;中国法官为职业制(career),而美国法官则为旁门制(lateral-entrance)〔2〕。法律体系方面,中国属大陆法系,法律形式以制定法为主,美国则属普通法系,除制定法外,还强调遵循先例。意识形态方面,中国在法院内部相对统一,美国法官则自由与保守泾渭分明,激烈对抗。因此,很多影响美国法官裁判的因素并不见得同样影响中国的法官,而很多影响中国法官裁判的因素又未能在既有的理论中呈现出来。

其次,也是更重要的原因在于,既有研究的旨趣与本文的需要并不相符。美国学者研究司法行为,其意主要在于解释与预测,即解释司法决策的过程以及预测个案中法官将做出什么样的判决结果。在这一目标的指引下,产生出大量高度复杂与精细的司法行为理论。根据波斯纳法官的归纳,现有的司法行为理论依类型划分有九种之多。〔3〕但是本文所需要的司法行为理论乃是服务于法官管理制度之建构,旨趣不同则视角各异,因此现有理论所提供的洞见大多无法为本文的研究提供帮助,无论它们如何复杂与精细。

〔1〕［美］米尔伊安·R.达玛什卡:《司法和国家权力的多种面孔——比较视野中的法律程序》,郑戈译,中国政法大学2004年版,第72~105页。

〔2〕［美］理查德·波斯纳:《法官如何思考》,苏力译,北京大学出版社2009年版,第120~121页。

〔3〕同上书,第17~52页。

基于上述理由,我们必须对司法行为理论进行重新审视,即从中国的司法实践出发,建构符合法官管理制度研究所需的司法行为理论。当然,我们也并不完全需要"摸着石头过河",过往的司法实践可以成为生动的教材。我们仍可以利用我国法官绩效考核制度的失败继续进行深入的分析。作为法官管理制度之一,该项制度也必然内置了一套司法行为理论。如果我们能够把它的理论提炼出来并找出其缺陷,也就知道改进的方向了。

(二)司法行为的"经济人"理论

前文提到,我国法官绩效考核制度的特点是将考核结果同法官的物质奖惩等直接挂钩。之所以这么做,主要是为了激发法官的经济性动机。换言之,该项制度假定法官的工作动力主要来源于经济利益,亦即将法官视作"经济人"(homo economicus)。"经济人"假设属于典型的经济学分析方式,即假设人是理性自利的,一切行动都围绕如何增进自身福利,然后以此为前提构建理性选择模型(Rational Choice Model)。很显然,将法官视作"经济人"就等于认为影响法官裁判的主要因素是经济性的。我们可以将这种内置于我国法官绩效考核制度的司法行为理论称为"经济人"理论。

众所周知,经济学在近半个世纪以来势头颇为强劲,不断向其他学科渗透,因而也有"经济学帝国主义"之说。在法官管理制度领域,经济学早已成为主流的分析模式。这里的"首功",当记在将经济学引入法学的波斯纳法官身上。随着波氏著作的不断引入,国内学者如苏力、艾佳慧、王雷等,纷纷采取经济学的分析框架,与波斯纳一道追问:法官最大化什么?[1] 并在此基础上进行制度建构。因此,"经济人"理论就不单纯是我国法官绩效考核制度所内置的司法行为理论,更代表了法官管理制度领域内的主流研究范式。然而,这些学者忽略了重要的一点,"经济人"作为一种司法行为理论(或范式),虽然在美国也是主流之一,其功用却主要是解释与预测美国法官的司法决策行为,而非用于美国法官管理制度的建构。正所谓,"橘生淮南则为橘,生于淮北则为枳,叶徒相似,其实味不同"(《晏子春秋·杂下之十》)。"经济人"理论(或范式)漂洋过海之后,摇身成为我国法官管理制度研究的基础理论(或范式),而其原本的解释与预测功能倒鲜见有中国学者运用。"经济人"理论(或范式)真的适合法官管理制度领域的研究吗?我们可以从理论与实践两个层面对其加以评估。

在理论层面,"经济人"理论(或范式)犯了过分简化的错误。经济学之所以风头日劲,很重要一个原因在于其理论的简洁性:它能够将纷繁复杂的现实简化为几个要素以方便分析。"经济人"理论(或范式)也承继了这种简洁性,但这种简洁性是有代价的,它可能遗漏

---

〔1〕 参见苏力:《审判管理与社会管理——法院如何有效回应案多人少?》,载《中国法学》2010年第6期;艾佳慧:《中国法官最大化什么》,载《法律与社会科学》2008年第3卷;艾佳慧:《法院需要什么样的人事管理》,载《法律适用》2008年第10期;王雷:《基于司法公正的司法者管理激励》,法律出版社2010年版。

掉一些关键要素,致使我们对现实的理解出现重大偏差。“经济人”理论(或范式)的问题恰恰是将现实过分简化:它仅仅关注到法官的经济性动机,而基本无视法官的非经济性动机,致使我们对司法行为的理解过于片面。

在实践层面,依“经济人”理论(或范式)建构的法官管理制度无法培养出优秀的法官。通过我国法官绩效考核制度我们可以看到,依“经济人”理论(或范式)建构的法官管理制度过分强调经济性激励,很容易触发动机拥挤效应而挤出法官的非经济性动机,而某些非经济性动机却是好法官的必备品质。因此,“经济人”理论(或范式)不适合用来指导司法实践。

简言之,“经济人”理论(或范式)的错误不仅在于把法官视作“单向度的人”,更堪忧的是,由这种理论谋划出来的制度最终真的将法官驯化成“单向度的人”。然而,“经济人”理论(或范式)毕竟提供了一种对法官的规制模式:它启示我们,可以利用人性中“趋利避害”的一面,以“胡萝卜加大棒”的方式来引导与约束法官的决策行为。如果我们放弃“经济人”理论(或范式),就间接放弃了这种规制模式。这就使我们似乎面临一个两难的局面:要么无法保护法官的智识性、伦理性与交互性等非经济性动机,要么无法对法官的裁判活动进行有效的管控。反对废除法官绩效考核制度的声音之一就是,一旦废除,没有其他可以约束法官的机制作为替代。然而,如果我们细加考察,这个所谓的困局其实并不存在。假使我们的法官管理制度能够有效地保护与鼓励法官的智识性、伦理性与交互性等非经济性动机,这些敦促自身不断提升裁判技能、谨守职业伦理、待人真诚以礼的动机,事实上既是法官行动的内在动力,也是司法行为的内在规制——法官会自觉主动地规范自己的裁判活动。换言之,如果依“经济人”理论(或范式)设计的法官管理制度提供的是一种“他律”机制,那么这些非经济性动机则能够为法官管理制度提供一种“自律”机制。如此看来,只要我们能够建构一种有助于保护、鼓励法官的这些非经济性动机的司法行为理论,我们就能同时为法官管理制度提供一种新的约束力来源。

四、重构司法行为理论

在探寻符合法官管理制度研究所需的司法行为理论之前,我们需要申明这种理论的功能与限度。无论是用于解释与预测,还是用于制度建构,司法行为理论都始终是一种描述性理论而非规范性理论。换言之,它能够为我们提供一个观察法官决策活动的视角,但不能直接给出应该如何操作的方法。尽管这种理论不能告诉我们更多,但它依然是重要的。正如前面“经济人”理论(或范式)所展示的,一个错误的视角可能“一叶障目,不见泰山”,将我们引向歧路;相反,一个恰当的视角却能提供富有启发性的洞见,让我们知晓制度建构可以从哪方面入手。因此,当我们想要构建一种能够保护与鼓励法官的智识性、伦理性与交互性等非经济性动机的司法行为理论时,我们不能寄希望于它可以直接告诉我们具体如何建构法官管理制度,而只能期望它提供给我们合理看待这些动机的视角。想要找到合理看待智识性、伦理性与交互性等动机的视角,就需要我们对它们的性质有所把握。仅仅了解它们是非经济性的,还远远不够。我们应该进一步探明这些动机是如何产生的。社会学理论表明,人作为一种社会性存在,一切情感、需求、动机都必然打上了社会的烙印,在很大程度上是社会化的产物。因此,我们可以从社会学理论中寻找答案。

当我们谈论法官时,我们不是在谈论某个独立的个体,而是在谈论一种身份、一种社会角色。从社会角色理论来看,每一种社会角色都是由一系列"行为期待"(behavior expectations)——他人对角色扮演者应当如何行动所提出的要求——构成的。[1] 例如,对母亲的行为期待是关爱子女,对商人的行为期待是童叟无欺,对工匠的行为期待是技术过硬,等等。本文第一节所谈到的好法官的3个标准,就是站在社会角色理论的视角提出的。我们可以看到,行为期待事实上对角色扮演者提出了某些规范,或者说施加了某种约束。角色扮演者既不能无视也不能拒绝这些规范与约束力,否则就会招致制裁。制裁既包括积极意义上的,也包括消极意义上的:违反行为期待要么会遇到某种障碍,要么无法获得应有的支持或便利,并且这些规范的影响并不总是外在的。在长期的角色实践过程中,角色扮演者会通过观察、模仿、教化等方式逐渐将行为期待"内化"(internalization),亦即将行为期待所负载的规范与要求内化为自身人格的一部分。这样,角色扮演者就会自愿而主动地按照行为期待行动。德国社会学家拉尔夫·达伦多夫(Ralf G. Dahrendorf)将这样的角色扮演者称为"社会人"(homo sociologicus)。[2]

很显然,智识性、伦理性与交互性这3种动机也是通过上面这种方式形成的。正如前文所述,这些动机来源于法官的行为期待所负载的规范,即裁判技能过硬、谨守职业伦理、待人真诚以礼。作为角色扮演者的法官将这些规范内化为自身人格的一部分,也就形成了上述3种动机。

从"经济人"的角度看法官会忽视这3种动机,但如果我们换一种视角,从角色扮演者,亦即"社会人"的角度来观察法官,则可以投射到这三种动机之上。因此,如果仿照"经济人"理论建构司法行为的"社会人"理论,我们就可以将智识性、伦理性与交互性等动机纳入视野中来。这相比"经济人"理论来说是一个进步。那么,"社会人"理论是否就是我们所需要的理论呢?我们仍可以从理论及实践两个层面来进行评估。

在理论层面,司法行为的"社会人"理论能够全面解释法官的各种动机,亦即能够多维度、全方位地观测影响司法行为的各种因素。从"社会人"的角度来理解法官,就意味着将法官个人视作各种社会角色的集合体:他是一名法官,但可能同时扮演着父亲或儿子、丈

---

〔1〕 Ralph Linton, *The Study of Man*, New York: Appleton-Century 1936, pp. 581 – 582.

〔2〕 Ralf Dahrendorf, "Homo Sociologicus: Ein Versuch Zur Geschichte, Bedeutung Und Kritik Der Kategorie Der Sozialen Rolle", Vs Verlag Fur Sozialwissenschaften, 2010, SS. 1 – 162.

夫、领导者或下属、政党成员、宗教信徒等多种角色,每一种角色都会向他提出各种规范与要求,也因此塑造了他各种各样的动机。而其中的某些动机便可能自觉或不自觉地被带入他的工作中,对裁判活动造成影响。这里面当然也包括"经济人"理论所特别强调的经济性动机,我们完全可以用负有养家糊口义务的父亲、丈夫等角色来解释这种动机的来源。换言之,"社会人"概念可以包容"经济人"概念,并且它更为开放,能够解释更广泛的现象域。因此,司法行为的"社会人"理论提供了一个比"经济人"理论更为全面的观察司法决策活动的视角,它能够将包括智识性、伦理性与交互性等动机在内的各方面因素纳入观测范围。

在实践层面,司法行为的"社会人"理论对于法官管理制度的建构与改革,尤其是在保护、鼓励智识性、伦理性与交互性等动机方面,均能提供理论上的助益。具体包括以下两个方面。

首先,司法行为的"社会人"理论可以借助其背后的社会角色理论为制度建构提供丰富的理论资源。虽然"社会人"理论本身只提供一种观察司法行为的视角,而不能直接给出制度建构的方案,但其所依托的社会角色理论却是"门类齐全"的,其中包含了无论在广度还是深度上都十分可观的对策性研究。例如,从角色理论来看,如何鼓励法官的智识性、伦理性与交互性等动机是"角色学习"(role learning)或"角色适应"(role adaption)的问题;如何防范上述动机受到压制或排挤则是"角色紧张"(role strain)或"角色冲突"(role conflict)的问题。[1] 而对于上述问题,既有的角色学研究已经给出了多种多样的解决方案。[2] 尤其值得注意的是,近些年来,也有不少国内学者应用这些理论对于中国法官的角色问题进行了广泛而深入的探索,并且给出了相应的应对建议。[3] 国内外的这些角色学研究都可以成为法官管理制度建构与改革的理论指南。"社会人"理论本身虽然不是制度建构的"工具箱",却是开启"工具箱"的那把钥匙。

其次,司法行为的"社会人"理论为司法行为的"语境化"研究打开了空间,从而有助于建构符合中国国情的法官管理制度。司法行为的"经济人"理论(或范式)假定人都是理性

---

〔1〕 秦启文、周永康:《角色学导论》,中国社会科学出版社2011年版,第86~129页。

〔2〕 See William J. Goode, "The Role Strain Theory", *American Sociology Review* 25, 1960, pp. 483-496; Neal Gross, Ward S. Mason & Alexander W. McEachern, *Explo-rations in Role Analysis: Studies of the School Superintendency Role*, New York, John Wiley & Sons, 1958; Robert K. Mer-ton, "The Role-Set: Problems in Sociological Theory", *The British Journal of Sociology* 8, 1957, pp. 106-120.

〔3〕 参见江国华、韩玉亭:《论法官的角色困境》,载《法制与社会发展》2015年第2期;张晓冰:《法官角色紧张及其消解》,载《人文杂志》2011年第5期;吴英姿:《法官角色与司法行为》,中国大百科全书出版社2008年版;黄湧:《基层民事法官如何办案——从一则案件的审理看法官角色混同》,载《法律适用》2007年第1期;瞿琨:《论法官角色与公正司法》,载《学术界》2006年第1期;史美良:《法官角色的矛盾辨说》,载《浙江学刊》2004年第4期;秦策:《法官角色冲突的社会学分析》,载《南京师大学报》(社会科学版)1999年第2期。需要注意的是,这些文献也都提到"社会人"这一概念,但含义相对狭窄,往往用来与"自然人""法律人""单位人"之类的概念进行对照分析。而本文所使用的"社会人",源自拉丁语词homo so-ciologicus,沿用其原初含义,使之完全可以包容上述各种"人"概念。

自利的,因而,无论是中国的法官、美国的法官、伊朗的法官还是埃塞俄比亚的法官,在这种理论面前都不过是“经济人”,没有实质性差异。换言之,依“经济人”理论(或范式)建构的法官管理制度可以跨越时空的界限,在全世界推而广之。这就抹杀了时代、文化等因素对司法行为的影响。“社会人”理论则相对灵活开放,它会观照某一社会中的价值观念、思维模式、道德情操、宗教情绪、民族性格等诸多文化因素,考察它们对于司法行为的影响,这有助于因地制宜地构建符合时代要求的、真正具有“中国特色”的法官管理制度。

由此可见,司法行为的“社会人”理论无论在理论层面还是实践层面,都优于“经济人”理论,更适合作为法官管理制度研究的基础范式。

五、结　　语

当前,新一轮司法改革正如火如荼地进行,引得学界各路名家纷纷登场,一时有百家争鸣之势。[1] 本文以一种迂回的方式加入这场讨论,关注的是制度背后的基础理论问题。

任何一种法官管理制度都内置一套司法行为理论,若想建构完善的制度,就必须先建构妥当的理论。现有的法官管理制度研究背后隐藏着一个“经济人”影像。这种研究范式将法官视作“单向度的人”,致使其所谋划出来的制度容易触发“动机拥挤效应”,从而驯化出“单向度的法官”。“单向度的法官”具有强烈的经济性动机,缺乏智识性、伦理性与交互性等对“好法官”来说不可或缺的动机,而当下的法官绩效考核就是要通过一种行政管理上的“规训技术”改变司法规律意义上的“法官的自由逻辑”,这正是该制度失败的原因之一。[2] 相比之下,司法行为的“社会人”理论则从多个向度来理解法官,不仅能够全面观测影响裁判活动的各种因素,而且在法官管理制度的建构与改革,尤其是在保护、鼓励智识性、伦理性与交互性等动机方面,亦可提供理论上的助益。因此,笔者认为,应以“社会人”理论取代“经济人”理论作为法官管理制度研究的基础范式。

建构完善的法官管理制度需要一整套复杂的理论体系作为支撑,而司法行为理论在这个体系中发挥着近似于基石的作用——体系中的其他各种理论如规制理论、激励理论,都必须建筑于司法行为理论之上。找到妥当的司法行为理论,并不意味着建构完善的法官管理制度这一难题就能一劳永逸地得以解决,它只是解决问题的一个必要的起点,是构建理论体系的第一步,我们还需要一系列与司法行为的“社会人”理论相配套的、能够提供具体规制模式的规范性理论充实到这个理论体系中来,如此浩繁而艰巨的任务不可能在一篇文章中予以完成。笔者希望通过本文的研究,引起学界对于法官管理制度背后的理论问题的

---

〔1〕 李拥军:《司法改革中的体制性冲突及其解决路径》,载《法商研究》2017年第2期。

〔2〕 李拥军、傅爱竹:《“规训”的司法与“被缚”的法官——对法官绩效考核制度困境与误区的深层解读》,载《法律科学》2014年第4期。

关注,提升该领域学术研究的反思性与理论自觉意识,以此激发相关后续理论研究,共同打造符合法官管理制度研究所需的理论体系。

(原载于《学习与探索》2018年第3期)

论非法证据的新样态及其司法排除

胡常龙*

非法证据排除问题是近年来立法和司法均高度关注的重大问题，也是刑事司法改革中一个核心性问题。我国《刑事诉讼法》第54条和相关司法解释虽然明确规定非法证据既包括非法言词证据，也包括非法实物证据。但从非法证据排除规则的实践角度观察，被法院认定为非法证据的更多是非法言词证据，这又大多集中于采用非法方法获得的犯罪嫌疑人、被告人的供述上[1]。随着非法证据理论研究的深入和刑事司法改革的推进，一些新的非法证据样态开始引起关注，并被相关立法文件纳入其中。2017年6月27日"两高三部"联合发布的《关于办理刑事案件严格排除非法证据若干问题的规定》（以下简称《严格排除非法证据的规定》），对非法定讯问地点讯问、选择性录音录像、使用威胁等非法方法获取口供的问题作了初步规定，进一步明确和完善了非法证据的范围及其排除问题。本文将结合相关立法和司法实践情况，对四类非法证据的新样态[2]及其排除问题进行讨论。

一、非法定讯问地点形成的讯问笔录

我国2012年修订后的《刑事诉讼法》第116条规定，"犯罪嫌疑人被送交看守所羁押以后，侦查人员对其进行讯问，应当在看守所内进行"。《公安机关办理刑事案件程序规定》以及《严格排除非法证据的规定》也规定，犯罪嫌疑人被解送到看守所后，侦查人员讯问犯罪嫌疑人必须在看守所的讯问室内进行。上述规定的主要目的是，在看守所讯问室讯问有助

---

* 胡常龙，山东大学法学院教授。

〔1〕 参见杨宇冠、郭旭：《非法证据排除规则实施考察报告——以J省检察机关为视角》，载《证据科学》2014年第1期。

〔2〕 之所以称之为新样态，并不是因为这些样态以往司法实践中不存在，而是以往的司法实践中就已经大量存在，只不过没有引起理论上足够关注，也没有将其明确纳入排除范围的情形。

于讯问过程合法性的保障,防止出现刑讯逼供等非法取证的情形[1]。在司法实践中,侦查机关也基本遵循了上述规定。但在一些案件中,也存在在法定讯问地点之外的其他地点讯问犯罪嫌疑人的情形。在笔者辩护的刑事案件中曾经遇到过两起案件:一起是在看守所的家属会见室做犯罪嫌疑人的思想工作并进行讯问;另一起是在看守所的管教谈话室讯问。在该起案件中,犯罪嫌疑人蒋某涉嫌利用未公开信息交易罪,侦查人员对于蒋某的讯问一直在看守所的管教谈话室进行,该房间门口悬挂着"管教谈话室"牌子,里面挂着管教的照片,写着管教的名字。我国法律上要求犯罪嫌疑人被解送到看守所后,侦查人员讯问犯罪嫌疑人必须在看守所的讯问室内进行,在上述两个案件中,侦查人员在家属会见室、管教谈话室内进行讯问,明显不符合法律规定,侦查人员收集的讯问笔录应否排除值得讨论。

从立法沿革来看,我国1979年《刑事诉讼法》、1996年、2012年修订的《刑事诉讼法》中都明确规定了严禁刑讯逼供。对于讯问地点,1979年《刑事诉讼法》和1996年修订的《刑事诉讼法》均没有明确规定,所以实践中犯罪嫌疑人被解送到看守所后,侦查机关将犯罪嫌疑人提出看守所讯问的现象屡见不鲜,讯问的地点包括侦查机关的办案点、侦查机关临时确定的地点等。直到2012年,修订后的《刑事诉讼法》第161条增加了一款:"犯罪嫌疑人被送交看守所羁押以后,侦查人员对其进行讯问,应当在看守所内进行。"随后,最高人民检察院修订的并于2012年11月22日公布的《人民检察院刑事诉讼规则(试行)》第196条也明确规定:"犯罪嫌疑人被送交看守所羁押以后,检察人员对其进行讯问,应当填写提讯、提解证,在看守所讯问室内进行。因侦查工作需要,需要提押犯罪嫌疑人出所辨认或者追缴犯罪有关财物的,经检察长批准,可以提押犯罪嫌疑人出所,并应当由二名以上司法警察押解。不得以讯问为目的将犯罪嫌疑人提押出所进行讯问。"公安部修订并于2012年12月13日发布的《公安机关办理刑事案件程序规定》第152条明确规定:"犯罪嫌疑人被送交看守所羁押以后,侦查人员对其进行讯问,应当在看守所讯问室内进行。""两高三部"《严格排除非法证据的规定》第9条也明确规定了讯问的具体地点,即"拘留、逮捕犯罪嫌疑人后,应当按照法律规定送看守所羁押。犯罪嫌疑人被送交看守所羁押后,讯问应当在看守所讯问室进行。"从上述规定来看,《人民检察院刑事诉讼规则(试行)》第196条、《公安机关办理刑事案件程序规定》第152条已经明确规定,在看守所内讯问的地点应当是看守所内的讯问室,而不得是看守所内的管教谈话室、家属会见室等其他场所。问题在于,侦查人员在看守所讯问室以外的地方讯问形成的口供是否应当作为非法证据予以排除,对此,最高人民法院《关于建立健全防范刑事冤假错案工作机制的意见》第8条规定,除情况紧急必须现场讯问以外,在规定的办案场所外讯问取得的供述应当予以排除。"两高三部"《严格排除非法证据的规定》第9条则规定:"因客观原因侦查机关在看守所讯问室以外的场所进行讯问的,应当作出合理解释。"上述规定中也不存在清晰的应否排除立场。

---

〔1〕 参见陈卫东、程雷:《看守所实施新刑事诉讼法实证研究报告》,载《政法论丛》2014年第4期。

理论上目前主要有如下三种观点:第一,在犯罪嫌疑人被送交看守所羁押以后,在看守所外讯问获得的证据应当排除。“将看守所视为侦查讯问的法定地点,并将非法定特殊情况的看守所外讯问作为侦查违法行为,所获证据将不具备证据效力。”[1]第二,无论是在家属会见室还是管教谈话室,只要是在看守所内讯问就不算违法,因此形成的证据就不能认定为非法证据,也不应当加以排除。有论者指出,在规定的办案场所以外讯问属于违法,所取得的供述属于违法证据,但是根据刑事诉讼法的规定,不应当将之认定为非法证据加以排除。[2] 第三,既然刑事诉讼法规定必须在看守所讯问,通常理解当然应当是在看守所内的讯问室讯问,司法解释、相关规范性文件中也明确规定应“在看守所内的讯问室讯问”。立法和司法解释具有强行性,违法讯问地点规定形成的证据属于非法证据,当然应予以排除。

笔者赞成第三种观点。首先,从世界法治国家的刑事诉讼立法和司法的情形来看,非法证据的含括范围呈现出逐步扩大的趋势,现代刑事诉讼中的非法证据已经不仅局限于强调手段的非法性,违背程序正义基本要求和法律强行性规定的许多非法取供取证行为都被纳入其中,美国甚至将“毒树之果”也列为非法证据。法定地点以外讯问形成的证据由于违背法律的强行规定,当然应当被列为非法证据。其次,从立法的本意来分析,刑事诉讼法和司法解释之所以要求犯罪嫌疑人被解送到看守所后,必须在看守所内的讯问室进行讯问,一个重要原因在于可以最大限度地克服和避免在讯问室以外违法审讯行为的发生。因为看守所的讯问室24小时处于监控之中,且大多数看守所都安装了录音录像设备,讯问伊始就要求全程录音录像。而全程录音录像无疑能够最大限度地监督侦查讯问行为的合法性,避免讯问违法行为的发生。如果允许在看守所内的其他地点讯问,立法初衷就会落空,这与允许在看守所外的其他地点讯问没有太大差别。最后,实践中出现的在看守所内的讯问室以外地点讯问的案件,多属于办案人员有意为之。在上述的蒋某涉嫌利用未公开信息交易罪一案中,犯罪嫌疑人蒋某在侦查阶段被解送到看守所后,侦查机关始终没有在看守所的讯问室讯问,而是在看守所的管教谈话室讯问,管教谈话室没有全程录音录像设备,也没有隔断讯问人员和犯罪嫌疑人的玻璃隔断或者铁丝网,侦查人员直接面对犯罪嫌疑人,可以随时走到犯罪嫌疑人面前讯问嫌疑人。在辩护人提出非法证据排除后,侦查机关的答复是管教谈话室就是讯问室,也是在看守所内进行的讯问,并无违法之处。笔者作为辩护人提出的一个重要反驳意见是,该看守所作为新建并使用时间不长的大型看守所,有足够的讯问室供侦查机关办案使用,侦查人员选择管教的谈话教育室作为讯问场所,更多的是为了规避全程录音录像的要求,同时,在侦查人员刻意与犯罪嫌疑人零距离接触的情况下,也必然会对嫌疑人产生不当的心理压力,无法避免刑讯逼供等违法现象的发生。

---

〔1〕 樊崇义、刘辰:《侦查权属性与侦查监督展望》,载《人民检察》2016年第12、13期。

〔2〕 参见朱孝清:《刑事诉讼法实施中的若干问题研究》,载《中国法学》2014年第3期。

二、变造的讯问笔录

由于刑事诉讼法及其司法解释对于讯问笔录的制作过程缺乏细致的规定，在刑事司法实践中，侦查人员在讯问犯罪嫌疑人时，往往不进行同步记录，而是在侦查讯问完毕后，由侦查人员根据讯问对话内容形成讯问笔录。在这个过程中，负责记录的侦查人员往往是根据自己的记忆，从有罪的角度有选择的记录讯问对话内容。[1] 在个别案件中，还存在变造讯问笔录的问题，即犯罪嫌疑人并没有讲过的话语出现在了讯问笔录中，或者侦查人员对犯罪嫌疑人的陈述作不真实的记录或者将侦查人员说过的话语当成犯罪嫌疑人的回答。对于上述变造的讯问笔录应否予以排除的问题也需要认真对待。

根据我国《刑事诉讼法》和司法解释的相关规定，讯问笔录是对整个讯问过程对话的真实、客观、全面、准确的记录，[2] 讯问笔录的记录不能断章取义、不能选择性记录、不能歪曲犯罪嫌疑人的意思做出记录。但在长期的刑事司法实践中，却始终存在选择性记录、变造讯问笔录内容等问题，[3] 突出表现是，对犯罪嫌疑人否认犯罪行为的事实、犯罪嫌疑人提出的有利于己方的辩解等不予记录，直到其作出有罪供述时才进行记录。在一些案件中，讯问笔录的内容中还被添加一些犯罪嫌疑人没有回答的内容，或者将讯问人员问话的内容添加到讯问笔录中，笔者将这些讯问笔录笼统的称为“变造的讯问笔录”。

变造讯问笔录的问题在以往的司法实践中不同程度地存在，但没有引起实务界和学术界足够的关注和重视。关于变造讯问笔录的司法排除问题，也存在两种观点：一是对于变造的讯问笔录应当一律加以排除，因为变造的讯问笔录没有如实、客观、全面地反映讯问的过程和内容，也不符合证据真实性的要求，因此形成的讯问笔录不能作为证据使用。二是对于变造的讯问笔录应否排除的问题不能一概而论，通常只能依法排除变造的讯问内容，其他的真实内容应当仍然可以作为证据使用。笔者赞成第二种观点。变造的讯问笔录在犯罪嫌疑人、被告人及其辩护人提出非法证据排除申请后，通过调取讯问录音录像进行核对，对犯罪嫌疑人在讯问录音录像中未讲过的内容，显然不得作为证据使用，也不得作为定案的根据。但其他真实的部分，从实体真实和诉讼效率的角度出发，都不应当一律加以排除，而应当依法采信。变造讯问笔录的问题实际上涉及对讯问笔录真实性的审查问题，因此，为了提高办案质量、防范冤假错案的发生，应当充分重视讯问全程录音录像制度建设，并将全程录音录像作为审查讯问笔录真实性的重要依据。在这个意义上，2016 年“两高三部”颁发的《关于推进以审判为中心的刑事诉讼制度改革的意见》第 5 条的规定极为重要，

---

〔1〕 参见张宇、孔庆梅：《讯问笔录“失真”问题探析》，载《福建警察学院学报》2015 年第 3 期。

〔2〕 参见胡志风：《侦查讯问笔录制作规范化实证研究》，载《国家检察官学院学报》2014 年第 4 期。

〔3〕 有学者还提出了“伪造讯问笔录的问题”，参见张宇、孔庆梅：《讯问笔录“失真”问题探析》，载《福建警察学院学报》2015 年第 3 期。

该条规定："严格按照有关规定要求，在规范的讯问场所讯问犯罪嫌疑人。严格依照法律规定对讯问过程全程同步录音录像，逐步实行对所有案件的讯问过程全程同步录音录像。"

三、选择性录音录像形成的讯问笔录

根据2012年修订的《刑事诉讼法》第121条的规定，侦查人员在讯问犯罪嫌疑人的时候，可以对讯问过程进行录音或者录像，对于可能判处无期徒刑、死刑的案件或者其他重大犯罪案件，应当对讯问过程进行录音或者录像。同时要求，讯问录音录像应当全程进行。按照上述条文的规定，很多看守所都要求只要是讯问伊始，必须全程录音录像，讯问室的录音录像设备在讯问开始时就应当打开。在这种情况下，如果办案人员要规避全程录音录像，就会出现不同的做法，例如，有的把犯罪嫌疑人、被告人带到看守所过道里讯问，美其名曰做思想工作，有的把犯罪嫌疑人、被告人带到家属会见室或者管教谈话室做"思想工作"。但还有为数不少的看守所，讯问室并没有录音录像设备，侦查人员在讯问时随身携带录音录像设备，这种情形下，什么时候打开录音录像、什么时候关闭录音录像完全取决于讯问的侦查人员，更容易发生选择性录制问题。选择性录音录像问题在实践中较为严重。〔1〕

从讯问全程录音录像的发展来看，我国公安机关从2005年左右要求在全国逐步推开重大犯罪案件侦查讯问全程录音录像，到现在已经进行了十多年。但从全程录音录像制度形成之初，就始终存在选择性录制的问题，特别是在看守所本身没有安装全程录音录像设备，而是由侦查人员随身携带设备的情况下，什么时间开始录制、录制什么内容完全取决于侦查人员。当然，从实践层面来看，假如犯罪嫌疑人、被告人及其辩护人不提非法证据排除，不要求检察机关、审判机关调取讯问全程录音录像，侦查机关通常也不会主动移送全程录音录像，录音录像资料不具有证明价值，这时候即使有选择性录制的问题，也不会引起什么关注，更不会对讯问笔录的证据能力产生影响。但一旦犯罪嫌疑人、被告人及其辩护人提非法证据排除申请，并根据司法解释等的规定举出了非法取供的时间、地点、讯问人、讯问内容等非法取供的线索或者证据后，检察机关或者审判机关启动非法证据排除程序，就会应犯罪嫌疑人、被告人及其辩护人的申请，依法调取侦查机关的讯问录音录像。实践中侦查机关通常会移送讯问程序最规范、用语最文明、录制相对比较规范的部分录音录像资料。但如果犯罪嫌疑人、被告人及其辩护人要求侦查机关提供全部录音录像，而侦查机关提供不出全部录音录像，或者提供的录音录像无法与卷宗材料的讯问笔录对应和印证，这时侦查机关和检察机关就存在无法证明侦查行为合法性的证明困境。〔2〕

〔1〕 参见张兆松：《讯问犯罪嫌疑人同步录音录像制度的困境与对策》，载《四川警察学院学报》2010年第3期。

〔2〕 讯问录音录像是讯问过程是否合法的重要证明材料，参见全国人大常委会法制工作委员会刑法室编：《关于修改中华人民共和国刑事诉讼法的决定—条文说明、立法理由及相关规定》，北京大学出版社2012年版，第156页。

从理论上分析，讯问中选择性录音录像本身显然违背了刑事诉讼法和相关司法解释、法律文件等的要求，如《严格排除非法证据的规定》第 11 条明确规定，“对讯问过程录音录像，应当不间断进行，保持完整性，不得选择性地录制，不得剪接、删改”。但这种情形只有在犯罪嫌疑人、被告人及其辩护人提出非法证据排除的情况下才具有实践意义，也只有这种情形下才涉及选择性录制是否会影响到证据的证据能力问题。理论上也有三种看法：一是讯问时选择性录制形成的讯问笔录不能作为定案的根据，即采取严格的非法证据排除立场；二是选择性录制形成的讯问笔录不应当排除，应当作为瑕疵证据来对待；[1]三是选择性录制形成的讯问笔录是否应当加以排除不能一概而论，选择性录音录像本身并不能必然地导致口供被排除，而应根据选择性录制的录音录像能否证明讯问过程的合法性加以判断。结合我国立法的相关规定，笔者认为，对于“对于可能判处无期徒刑、死刑的案件或者其他重大犯罪案件”等应当对讯问过程全程录音录像的案件，缺乏全程录音录像或者存在选择性录音录像的证据应当一律排除。对于其他对讯问过程可以进行全程录音录像的案件，如果查明对于讯问过程存在选择性录音录像，并且存在讯问笔录内容与录音录像内容不一致的案件，也应当排除讯问笔录的使用。[2] 全程录音录像的基本目的在于客观全面地记录讯问过程的合法性、规范性、正当性，避免和防止违法取供现象的发生，在犯罪嫌疑人、被告人及其辩护人提出非法证据排除的情形下，如果出现了选择性录音录像的，应当产生一定的法律后果。否则，立法和司法解释规定的全程录音录像制度的应有功能和作用就会大打折扣，甚至名存实亡，并且会因此助长选择性录制现象的发生，同时也会助长违法不当讯问犯罪嫌疑人现象的大量发生。

四、骗供诱供形成的讯问笔录

骗供诱供是我国当前司法实践中另一个极为突出且没有引起足够重视的非法取证现象。在当前的司法实践中，传统的通过殴打等手段刑讯逼供的方式已经得到很好的遏制，[3]两次刑事诉讼立法的修改大幅度地压缩了刑讯的空间，司法理念的转变以及非法证据排除规则的出台与实施也促使越来越多的公安司法人员不再使用刑讯逼供等非法取证方式。在这一转变过程中，随着一些不规范的现象或者替代性的取供手段，骗供诱供就是其中最突出、最常见的诉讼手段和现象。本文将其作为一种新的非法证据形态，并将讨论通过骗供诱供获得的讯问笔录能否使用的问题。

在刑讯逼供得到有效遏制且大幅度下降的司法环境下，骗供诱供问题的司法处置和排

〔1〕 参见林国强：《论未全程同步录音录像时讯问笔录的证据能力》，载《学术论坛》2016 年第 9 期。

〔2〕 参见董坤：《违反录音录像规定讯问笔录证据能力研究》，载《法学家》2014 年第 2 期。

〔3〕 参见杨宇冠、郭旭：《非法证据排除规则实施考察报告——以 J 省检察机关为视角》，载《证据科学》2014 年第 1 期。

除问题日益显示出其紧迫性，特别是从非法证据排除的角度上审视，骗供诱供问题显得尤为突出、尤为迫切。理论上对于哪些情形可以被认定为骗供诱供、骗供诱供与正常侦查讯问策略之间界限如何把握、骗供诱供与刑事司法许诺之间有何联系、骗供诱供取得的口供时应当一律加以排除还是应当具体问题具体分析等问题均存在很大理论争议。[1] 具体到骗供诱供的证据排除问题上，立法有明确的禁止性规定。我国《刑事诉讼法》第49条明确规定："审判人员、检察人员、侦查人员必须依照法定程序，收集能够证实犯罪嫌疑人、被告人有罪或者无罪、犯罪情节轻重的各种证据。严禁刑讯逼供和以威胁、引诱、欺骗以及其他非法的方法收集证据，不得强迫任何人证实自己有罪。"同时，第54条明确规定："刑讯逼供等非法方法收集的犯罪嫌疑人、被告人供述和采用暴力、威胁等非法方法收集的证人证言、被害人陈述，应当予以排除。"但对于何为"刑讯逼供等非法方法"则存在较大争议，最高人民法院《关于适用〈刑事诉讼法〉的解释》第95条规定："使用肉刑或者变相肉刑，或者采用其他使被告人在精神上遭受剧烈疼痛和痛苦的方法，迫使被告人违背意愿供述的，应当认定为《刑事诉讼法》第54条规定的'刑讯逼供等非法方法'"。由于立法的语言表述比较模糊，骗供诱供获得的口供在司法实践中很难被排除。

在理论上，关于骗供诱供获得的口供是否应当予以排除有三种观点：第一种观点认为只要是以欺骗、威胁、引诱手段获取的口供，就应当一律加以排除，即采用强制排除。第二种观点认为由于立法上未规定明确的法律后果，骗供诱供导致供述不真实的才应当排除。"如果引诱、欺骗行为有较大可能引发虚假供述，该行为应被视为不合法，由此获得的供述应被排除，反之，则应认定供述的合法性"[2]。第三种观点认为不能一概而论，只有严重的骗供诱供行为导致行为人违背自己意愿的情况下作出的供述应予以排除，其他情形形成的口供则仍应依法采纳。这种观点实际上主张法官、检察官根据案件的具体情况裁量决定，即采用裁量排除的观点。

笔者赞成第三种观点，具体理由如下：首先，既然刑事诉讼法明确规定严禁采取"刑讯逼供和以威胁、引诱、欺骗以及其他非法的方法收集证据"，司法解释也作出了相关规定，这是立法的强制性规定，违背上述规定获取的口供当然不能作为定案的根据。[3] 否则，客观上就会纵容上述违法取供现象的发生。其次，严重的骗供诱供行为严重侵犯了被追诉人的基本人权，该行为会导致被追诉人意志不自由，进而使其在违背本人意愿和意志的情况下进行供述，违背了不得强迫任何人自证其罪的刑事诉讼原则。因此形成的口供也违背了现代刑事诉讼法治的基本要求，应当加以排除。再次，由于侦控人员采取欺骗、引诱等方法，被追诉人对案件的事实和自己的行为很容易做出错误认识和判断，很容易受到侦查人员的

---

〔1〕 参见刘涛：《侦查讯问中威胁、利诱、欺骗之限度研究》，载《中国人民公安大学学报》2016年第3期。

〔2〕 秦宗文：《以引诱、欺骗方法讯问的合法化问题探讨》，载《江苏行政学院学报》2017年第2期。

〔3〕 参见戴长林、刘静坤、朱晶晶：《〈关于办理刑事案件严格排除非法证据若干问题的规定〉的理解与适用》，载《人民司法（应用）》2017年第22期。

误导,违背事实作出陈述。因此形成的口供虚假的可能性很大,如果不加以排除将其作为定案的根据,极容易误导公检法人员作出错误诉讼认识,进而酿成冤假错案。[1] 一些实证研究已经表明,已经确认的冤错案件在口供的获取过程中除了刑讯逼供以外,几乎也都伴随着骗供诱供。[2] 从大力防范冤假错案的角度出发,采取"以威胁、引诱、欺骗以及其他非法的方法收集证据"也不应当作为定案的根据。最后,从实践的层面来看,由于刑讯逼供已经得到很好的控制,刑讯逼供形成的口供无论是从理论上还是实践中,依法排除似乎已经不成问题,这时就越来越凸显出骗供诱供司法排除的必然性和重要性。但在很长一段时期的司法实践中,骗供诱供的司法排除并没有引起足够关注,而这个问题又恰恰是非法证据排除规则适用过程出现频率最高、对司法实践困扰最大、最难解决的一个诉讼难题。这个问题不解决,非法证据排除规则的司法适用就会出现巨大的诉讼真空,其应有的人权保障功能和实体真实功能就会大打折扣。可以说,如果骗供诱供问题的无法合理解决,我国的非法证据排除规则在一定意义上是难以得到良好贯彻的。

五、结　　语

在2012年《刑事诉讼法》修订后,我国司法实践中刑讯逼供得到大幅度遏制。在此背景下,本文列举的四种非法证据新形态逐渐凸显出来,且由于其相对于传统的刑讯逼供等非法手段而言,存在诉讼证明更难、程序启动更难、启动以后排除更难等司法难题,已经成为我国当前非法证据排除司法贯彻中绕不开的问题。本文认为,对于上述问题的基本解决思路在于,应当从全方位人权保障的司法理念出发,对于不同类型的非法证据在立法上采取强制性排除为主的基本立场。同时,在对待违反刑事诉讼法强制性规定的问题上,应当从立法和法律解释的角度赋予其一定的法律后果。

(原载于《山东社会科学》2018年第8期)

〔1〕 参见张成敏:《诱供比刑讯逼供更可能造成错案》,载《检察日报》2014年2月11日,第3版。

〔2〕 参见陈永生:《我国刑事误判问题透视——以20起震惊全国的刑事冤案为样本的分析》,载《中外法学》2007年第3期。

刑事错案形成的心理原因

黄士元*

一、引　　言

近年来,我国纠正了多起在个别地区乃至全国引起广泛关注的刑事错案。一方面,这些错案使真正的罪犯逍遥法外,使无辜者的身心遭受无法弥补的伤害,严重损害了司法的正当性和权威性。另一方面,通过这些错案的纠正,我们可以发现究竟是哪些因素导致了错案,这又给我们提供了反思和完善刑事司法体制的机遇。

我国法学界经常提到的错案成因包括:办案人员刑讯逼供、强迫证人提供不利于犯罪嫌疑人、被告人的证言、忽视甚至隐瞒有利于犯罪嫌疑人、被告人的证据、对辩护律师的合理意见置之不理;非法取得的证据未被依法排除;办案人员仍有“有罪推定”“疑罪从有”的观念;办案人员业务素质和道德水准低下;考核机制不合理;办案人员片面追求破案率,甚至被要求“命案必破”;司法独立得不到保障;办案人员对案件的处理过分迁就社会舆论和被害人的压力;公、检、法三机关重配合、轻制约;司法经费不足;等等。与之相应,经常被提到的“药方”则包括:严禁刑讯逼供、严禁强迫证人提供不利于犯罪嫌疑人、被告人的证言、保障辩护权、建立和完善非法证据排除规则、贯彻“无罪推定”和“疑罪从无”原则、加强对办案人员的培训以提高其业务素质和道德水准、建立合理的考核机制、保障司法独立、加大司

---

* 黄士元,山东大学法学院教授、博士研究生导师。

法投入等。[1] 近年来我国刑事司法方面比较重要的一些法律、司法解释和其他规范性文件,包括《关于办理死刑案件审查判断证据若干问题的规定》、《关于办理刑事案件排除非法证据若干问题的规定》、2012 年修订的《刑事诉讼法》、中央政法委《关于切实防止冤假错案的指导意见》、最高人民检察院《关于切实履行检察职能防止和纠正冤假错案的若干意见》、最高人民法院《关于建立健全防范刑事冤假错案工作机制的意见》,都在很大程度上吸纳了前述观点。

上述分析和改革都具有合理性,但仅有这些分析还不足以全面、深刻揭示错案的成因,仅有这些改革措施也不足以有效防止错案的发生。例如,将“有罪推定”观念当成错案成因的观点就只看到了事物的表象,其实该观念的背后是本文将要讨论的“心理偏差”的影响。对这些心理偏差的研究表明,指责办错案的司法人员“业务素质和道德水准低下”是不适当的,[2] 因为这些心理偏差并非办错案的司法人员所独有,每个人(包括那些尚未被发现办过错案的司法人员)都可能受到这些心理偏差的影响,虽然影响的程度和方式会有不同。

笔者认为,错案成因可以分为三类。第一类为直接原因,如刑讯逼供、强迫证人提供不利于犯罪嫌疑人、被告人的证言、忽视甚至隐瞒有利于犯罪嫌疑人、被告人的证据、忽视合理的辩护意见、目击证人错误指认、鉴定人员错误鉴定等。这类原因对错案的产生有着直接影响,也容易被注意到。第二类为环境原因,如考核机制不合理、司法独立得不到保障、司法经费不足等。这类原因并不会直接导致错案,但会对办案人员的办案方式产生影响,进而对错案的形成产生影响。第三类是心理原因,主要是各种心理偏差,如“隧道视野”(Tunnel Vision)、“证实偏差”(Confirmation Bias)、“信念坚持”(Belief Perseverance, Belief Persistence)、“重申效果”(Reiteration Effect)、“后见偏差”(Hindsight Bias, “Know-it-all-along Effect”)、“结果偏差”(Outcome Bias)、“正当事业腐败”(Noble Cause Cor-ruption)、“情感附着”(Emotional Attachment)、“动机偏差”(Motivational Bias)和“目标追求”(Goal

---

〔1〕 参见刘品新主编:《刑事错案的原因与对策》,中国法制出版社 2009 年版;董坤:《侦查行为视角下的刑事冤案研究》,中国人民公安大学出版社 2012 年版;何家弘、何然:《刑事错案中的证据问题——实证研究与经济分析》,载《政法论坛》2008 年第 2 期;陈永生:《我国刑事误判问题透视——以 20 起震惊全国的刑事冤案为样本的分析》,载《中国法学》2007 年第 3 期;陈永生:《冤案的成因与制度防范——以赵作海案件为样本的分析》,载《政法论坛》2011 年第 6 期;李建明:《死刑案件错误裁判问题研究——以杀人案件为视角的分析》,载《法商研究》2005 年第 1 期;周长军:《后赵作海时代的冤案防范——基于法社会学的分析》,载《法学论坛》2010 年第 4 期;冀祥德:《民愤的正读——杜培武、佘祥林等错案的司法性反思》,载《现代法学》2006 年第 1 期;郭华:《侦查机关内设鉴定机构鉴定问题的透视与分析——13 起错案涉及鉴定问题的展开》,载《证据科学》2008 年第 4 期;聂昭伟:《侦查阶段死刑错案的原因及对策——以当前已知的 33 个死刑错案为样本》,载《山东警察学院学报》2007 年第 3 期;方坤:《刑事错案生成原理——以侦查风险决策为视角》,载《江西警察学院学报》2012 年第 3 期;Huang Shiyuan, “Chinese Wrongful Convictions: Causes and Prevention”, *U. Cin. L. Rev* 80. 2012, pp. 1219 – 1243。

〔2〕 在浙江张某某案中,相关办案人员绝非“业务素质低下”。比如其中有人是某省的刑侦行家,曾编写过刑侦教材。参见徐佳:《鉴证实录:一个与死囚对话的现代女“提刑官”》,载《杭州日报》2006 年 3 月 4 日。事实上,在案件侦查中,即便是最优秀、最具职业道德的侦探也会落入某些思维陷阱. 参见魏莉:《美国刑警侦查思维失误探析》,载《甘肃警察职业学院学报》2011 年第 3 期。

Pursuit)等。在这三类原因中，第三类不容易被注意到，却对错案的形成有更根本的影响。绝大多数直接原因，如刑讯逼供、隐瞒有利于犯罪嫌疑人、被告人的证据、强迫证人提供不利于犯罪嫌疑人、被告人的证言、忽视辩护律师的合理意见等，都是上述心理偏差的外在表现。而绝大多数环境原因，如不合理的考核方式、司法经费不足等，之所以会导致错案，主要是因为它们强化了这些心理偏差。但遗憾的是，迄今我国法学界对第三类原因尚没有展开系统研究。结合理论与实践深入研究这些心理偏差，不仅有助于更好地理解错案背后深刻而复杂的心理方面的原因，还能更好地理解第一类原因背后的力量以及第二类原因是如何影响案件处理的，进而提出更为有效的预防措施。

本文拟就对错案形成有重要影响的一些心理偏差进行讨论，根据它们对错案形成的可能影响，总结出刑事错案的形成过程及规律，并用我国近年来纠正的22起刑事错案验证该结论；在此基础上提出相应的改革建议，以减少这些心理偏差对办案人员的影响，进而减少刑事错案的发生。

二、与刑事错案形成相关的心理偏差

与刑事错案形成相关的心理偏差有很多，限于篇幅，本文只讨论其中对错案形成有重要影响的。根据这些心理偏差对错案形成的影响方式，笔者将其分成三类。第一类包括“隧道视野”“证实偏差”“信念坚持”和“重申效果”，这些偏差使办案人员一旦形成某种观点，往往会坚持该观点，即使有相反的证据证明该观点不能成立。第二类包括“后见偏差”和“结果偏差”，这些偏差使办案人员不能很好地区分原先的信息和后来的信息，由此错误地对二者进行相互印证。第一类偏差和第二类偏差的主要区别是，前者强调已有信念对后续行为的影响，而后者强调后来获取的信息对原先信念的影响。第三类包括“正当事业腐败”“情感附着”“动机偏差”和“目标追求”，这些偏差使办案人员可能受到情感、动机、目标以及对自身行为的道德评价的影响，从而不能客观公正地处理案件。另外，办案人员面临的一些外部因素，包括破案压力大、考核方式不合理等，也会强化上述偏差的影响。

（一）“隧道视野”“证实偏差”“信念坚持”和“重申效果”

“隧道视野”在医学上也被称为“管状视”，指的是患者视力受损导致其只能看到眼睛的正前方，就像人们在隧道中只能看到隧道内的情景。在心理学上，“隧道视野”指的是选择性地集中于某目标而不考虑其他可能性的一种倾向。该偏差的主要表现包括：(1)在信息收集上，人们倾向于寻找那些能证实他们已有观点的信息，而对与他们已有观点不符的信息视而不见；(2)在回忆以前获得的信息时，人们更可能回忆起那些能证明当前观点的信息，而记不起来与当前观点不符的信息；(3)在解释已有信息时，人们倾向于赋予那些支持自己当前观点的信息以更高的证明力，而赋予那些与自己当前观点不符的信息以较低的证明力,甚至忽视、压制这些信息。[1]

"证实偏差"指的是人们习惯于证实而不是证伪自己的观点。即个体在决策时,倾向于有意或无意地寻找支持已有信念、预期或假设的信息和解释,而忽视可能与之不一致的信息和解释;[2]甚至对已经收集到的信息进行带有偏差性的解释,使其不与已有信念相违背。[3] 如果按此表述,"证实偏差"和"隧道视野"在表现形式上非常接近。

在刑事司法中,受"隧道视野"和"证实偏差"影响的办案人员,可能会在证据尚不充分的情况下就过于自信地确认某人为罪犯,进而将调查集中于该犯罪嫌疑人,竭尽全力搜集可以证明该犯罪嫌疑人有罪的证据,而无视甚至隐匿那些能证明该犯罪嫌疑人无罪的证据。[4] 这些办案人员往往坚称那些支持自己观点的证据非常重要、证明力很强,而那些与自己观点不符的证据与案件事实不相关、不可信、不可靠。在这种情况下,办案人员实际上已不再保持一种开放的、客观的心态,而是直接把犯罪嫌疑人当成罪犯。

"信念坚持"和"重申效果"以类似的方式扭曲着人们的认知过程。受"信念坚持"影响的人根据某些信息形成某种信念后,会倾向于质疑与该信念相冲突的信息,把那些模棱两可的信息解释成支持该信念而不是与该信念不符。即使作为该信念基础的信息后来被证明是错误的,持该信念的人可能仍然坚持该信念。并且信念越强烈,信念坚持的时间越长,就越难被挑战。[5] 而关于"重申效果"的研究表明,反复申明某一主张,无论该主张是真是假,都会提高重申者对该主张的信心。[6] 具体到刑事司法中,这两种偏差使坚信犯罪嫌疑人有罪的办案人员很难改变自己的观点,即使有充分的证据证明犯罪嫌疑人无罪。并且,坚信犯罪嫌疑人有罪的时间越长,重申这一结论及其证据基础的次数越多,该信念就越根深蒂固。

---

〔1〕 See Keith A. Findley & Michael S. Scott, "The Multiple Dimensions of Tunnel Vision in Criminal Cases", *Wis. L. Rev.* 2006, pp. 291 – 397; Dianne L. Martin, "Lessons about Justice from the 'Laboratory' of Wrongful Convictions: Tunnel Vision, the Construction of Guilt and Informer Evidence", *UMKC L. Rev.* 70, 2002, pp. 847 – 864; Myrna Raeder, "What Does Innocence Have to Do With It?: A Commentary on Wrongful Convictions and Rationality", *Mich. St. L. Rev.* 2003, 2003, pp. 1327 – 1328.

〔2〕 参见吴修良、徐富明、王伟、马向阳、匡海敏:《判断与决策中的证实性偏差》,载《心理科学进展》2012 年第 7 期;Alafair S. Burke, "Improving Prosecutorial Decision Making: Some Lessons of Cognitive Science", *Wm. & Mary L. Rev.* 47, 2006, pp. 1594 – 1596。

〔3〕 See Brent Snook & Richard M. Cullen, "Bounded Rationality and Criminal Investigations: Has Tunnel Vision been Wrongfully Convicted?", in K. D. Rossmo (eds.), *Criminal Investigative Failures*, CRC Press, 2008, pp. 69 – 96.

〔4〕 尽管学界已经熟知办案人员千方百计"证实"犯罪嫌疑人有罪而不考虑辩护方意见的现象,但习惯于以"有罪推定""先入为主"的表层观念去解释,而未关注、借鉴心理学关于"证实偏差"的研究成果。参见方坤:《刑事错案生成原理——以侦查风险决策为视角》,载《江西警察学院学报》2012 年第 3 期;李建明:《犯罪嫌疑人辩护权的立法保障——兼论刑事错案的审前预防》,载《中外法学》2007 年第 2 期;林战:《绞尽脑汁办了一件"无懈可击"的错案》,载《南方周末》2013 年 5 月 16 日。

〔5〕 对长期持有某信念的人来说,那些与该信念不符的信息挑战着其对自我能力的认可。基于强烈的自我保护和自我正当化动机,他们不愿意面对这类信息,甚至会下意识地贬低这些信息的有效性。

〔6〕 See Ralph Hertwig, "Gerd Gigerenzer & Ulrich Hoffrage, The Reiteration Effect in Hindsight Bias", *Psychol. Rev.* 104, 1997, p. 194.

(二)“后见偏差”与“结果偏差”

“后见偏差”也被称为“事后聪明式偏差”,指的是在得知事件结果后,人们会否认结果信息的影响,而高估自己能准确预测事件发生概率的现象。[1] 结果发生后,人们会有“我一直知道会这样”的感觉,[2]会突然觉得结果并不令人惊讶,甚至觉得结果的发生是不可避免的。之所以有“后见偏差”,是因为人们对过去的记忆是一个动态的重构过程。我们往往把后来才得到的信息整合到对过去的回忆之中,而意识不到所谓“过去的想法”已经受到了后来的信息的污染。[3]

在刑事司法中,一旦警察发现新的证据证明某人有罪,并将侦查的焦点集中于该犯罪嫌疑人,他们在重新考虑以前获得的证据的时候,就会对那些不利于该犯罪嫌疑人的证据赋予更高的证明力,会觉得犯罪嫌疑人从一开始就“不对劲”(而事实上,他们一开始并没有发现犯罪嫌疑人“不对劲”)。这反过来又强化了他们当前认为犯罪嫌疑人有罪的信念。其他诉讼参与者,如目击证人、鉴定人,同样可能受到该偏差的影响。目击证人在辨认过程中,如果警方明示或者暗示被指认者为犯罪嫌疑人,则该信息将显著提升目击证人认定被指认者是罪犯的信心。而在警方认定某犯罪嫌疑人是罪犯,并将该信息透露给鉴定人的情况下,鉴定人有可能受到该信息的影响,真诚地改变或者重新阐释自己本已形成的意见。[4]

“结果偏差”与“后见偏差”同属于已知结果对事后判断的偏差影响,但前者侧重于决策结果对决策评估的作用,即人们在评价某一行为(评价其是正确还是错误,是好还是坏)的时候,倾向于把行为发生后产生的结果作为评价的根据之一,而后者强调的是已知结果对判断结果发生概率的影响。[5]

心理学研究表明,“结果偏差”是普遍存在且力量强大的一种判断偏差。[6] 在某心理学实验中,测试者要求被测试者评价某外科医生的手术决定。实验结果表明,相比于被告知病人在手术后仍然活着,被测试者在被告知病人在手术后死亡时,更可能认为手术决定

---

〔1〕 参见彭慰慰:《模拟法官决策中心理控制源对后见偏差的影响》,载《心理科学》2012年第2期。

〔2〕 参见龚梦园、徐富明、方芳:《事后聪明式偏差的理论模型及影响因素》,载《心理科学进展》2009年第2期。

〔3〕 See Scott A. Hawkins & Reid Hastie, “Hindsight: Biased Judgments of Past Events after the Outcomes Are Known,” *Psychol. Bull* 107, 1990, p. 311.

〔4〕 例如在林德伯格绑架案中,警方聘请的两位世界著名的笔迹鉴定专家,在比较了赎金条和豪普特曼的笔迹后,起初都不能确定赎金条是否为豪普特曼所写。但是,在被警方告知在豪普特曼的车库里发现了大量赎金后的一小时,两位专家就都得出了该赎金条为豪普特曼所写的结论。参见 D. Michael Risinger, Michael J. Saks, William C. Thompson & Robert Rosenthal, “The Daubert/Kumho Implications of Observer Effects in Forensic Science: Hidden Problems of Expectation and Suggestion”, *CAL. L. Rev.* 90, 2002, pp. 38 – 39。

〔5〕 See Mark V. Pezzo, Hindsight Bias: A Primer for Motivational Researchers, 5 Soc. Personal. Psychol. Compass 665 – 678(2011). 转引自相鹏等:《决策评估中的结果偏差》,载《心理科学进展》2013年第8期。

〔6〕 See Peter M. Clarkson, Craig Emby & Vanessa Watt, Debiasing the Outcome Effect: The Role of Instructions in an Audit Litigation Setting, 21 Auditing: A Journal of Practice & Theory 7 – 20(2002). 转引自相鹏等:《决策评估中的结果偏差》,载《心理科学进展》2013年第8期。

是一个糟糕的决定。其实,“在对某决定进行评价时,该决定作出后才可能获得的信息是不相关的信息”。[1]

受“结果偏差”影响的人,不仅会在评价决策之好坏时,将决策作出之后出现的结果作为评价根据,还会对之前收集到的能够支持既定结果的证据给予更多关注和加工,并认为这些证据很有说服力。[2] 在刑事司法中,受“结果偏差”影响的检察官会有如下想法:犯罪嫌疑人一定是罪犯,不然警察不会抓他,更不会将其移送审查起诉。相应地,一审法官可能会受到警察和检察官决定的影响,二审法官可能会受到警察、检察官和一审法官决定的影响。受“结果偏差”影响的办案人员,不仅认同其他办案人员的看法,还会对支持这些看法的证据予以特别关注,并认为其证明力更强。

(三)“正当事业腐败”“情感附着”“动机偏差”和“目标追求”

“正当事业腐败”指的是那些认为自己追求的目标具有正当性的人,可能会采取不正当的手段来达成该目标,并用该目标为自己的手段辩护。[3] 在刑事司法中,为了实现查清犯罪事实、将罪犯绳之以法这一正当目的,办案人员可能会认为,采用某些所谓的不当手段(如隐瞒有利于犯罪嫌疑人的证据、对犯罪嫌疑人进行威胁甚至刑讯)是可以接受的,甚至是正当的。[4]

在犯罪手段凶残、社会危害极大的案件中,即使直接接触案件的办案人员尽量保持情感中立,他们也可能因同情被害人、痛恨罪犯而产生我们常说的“义愤”。这种“义愤”即“情感附着”的一种表现形式。“情感附着”的积极价值是使警察更努力地破案,[5]但它也可能蒙蔽警察的眼睛,使其将对犯罪的痛恨转移为对犯罪嫌疑人的恶意,并由此着力于证明犯罪嫌疑人有罪,代表被害人实现正义。[6]

“动机偏差”和“目标追求”指的是,人们的动机和目标决定了他们的注意力的集中方

〔1〕 See Jonathan Baron & John C. Hershey, Outcome Bias in Decision Evaluation, *J. Pers. Soc. Psychol* 54, 1988, p. 569.

〔2〕 相鹏等:《决策评估中的结果偏差》,载《心理科学进展》2013 年第 8 期。

〔3〕 See Michael A. Caldero & John P. Crank, *Police Ethics: The Corruption of Noble Cause*, Anderson Publishing Company, 2010, p. 2.

〔4〕 警察们普遍认为,只要能破案、能打击犯罪,采取一些“特别措施”是无可厚非的,有警察甚至因最终目标是打击犯罪而在刑讯时有“正义感”。参见谢川豫:《刑讯逼供的经济学解析——以刑事侦查为视角》,载《法学论坛》2005 年第 5 期。

〔5〕 当目标具有较高的积极情感价值时,人们会在随后与目标相关的工具性任务中付出更多的努力。参见 Jan De Houwer, Sarah Thomas & Frank Baeyens, “Associative Learning of Likes and Dislikes: A Review of 25 Years of Research on Human Evaluative Conditioning”, *Psychol. Bull* 127, 2001, pp. 853 – 869.

〔6〕 See Keith A. Findley & Michael S. Scott, “The Multiple Dimensions of Tunnel Vision in Criminal Cases”, *Wis. L. Rev.* 2006, 第 324 页以下。

向，影响着他们收集、处理和解释信息的方式。[1] 警察和检察官的主要目标应是使有罪者被定罪，同时避免无辜者被错判有罪。不幸的是，来自上司、被害人及其家属、媒体的压力，处理大量积案的压力，都使得他们的目标更可能是快速高效地破案。一旦某人被错认为是罪犯，这些压力将促使办案人员通过各种手段获取不利于他的证据，从而为将来给其定罪提供保证。

（四）强化前述偏差的外部因素

在影响较大的案件中，被害方、公众和媒体、办案人员的上司往往会给办案人员施加快速破案的巨大压力。[2] 而恶性案件层出不穷，也使不堪重负的办案人员分配到每起案件上的时间和精力都是有限的。为了尽快破案，办案人员只能尽快确定犯罪嫌疑人（一旦确定某人为犯罪嫌疑人，就不再考虑其他可能性），尽快收集到足够的证明犯罪嫌疑人有罪的证据（因此不关注能证明其无罪的证据），尽快将其绳之以法。而疲劳、超负荷工作以及侦破压力会使办案人员的头脑变得迟钝、批判性评价能力降低，[3] 从而也就更可能为各种心理偏差所影响。

检察官和法官不仅面临和警察类似的外部压力和案件积压等问题，还会面临信息过滤的问题。检察官看到的仅是警察提供给他们的证据，而警察有时并不把有利于犯罪嫌疑人的证据提交给检察官。警察不提供这些证据，可能只是因为他们认为这些证据不可信、不可靠。[4] 但问题是，获取全面的信息是减少前述心理偏差影响的重要前提，而法官所能看到的是已经被警察和检察官过滤过的信息。[5]

虽然心理学界对上述心理偏差的研究绝大多数不是针对刑事司法的，但这些研究对刑事司法参与者同样适用。毕竟刑事司法参与者也是仅具有“有限理性”的人，也会受到各种

---

〔1〕 See Ran R. Hassin, John A. Bargh & Shira Zimerman, “Automatic and Flexible: The Case of Non-conscious Goal Pursuit”, *Soc. Cogn* 27, 2009, p. 20. 个体对信息的加工是有选择的，与目标相关的信息更可能被收集和加工。参见储衡清、周晓林：《注意捕获与自上而下的加工过程》，载《心理科学进展》2004 年第 5 期。

〔2〕 警察尽快破案有助于赢回公众信任，平息犯罪给社会造成的恐慌。公众则往往高估警察的破案能力，对案件的侦破抱有过高的期望。参见 Kenneth Dowler, “ Media Consumption and Public Attitudes Toward Crime and Justice: The Relationship Between Fear of Crime, Punitive Attitudes, and Perceived Police Effectiveness”, *J. Crim. Just. & Popular Culture* 10, 2003, p. 111。

〔3〕 参见魏莉：《美国刑警侦查思维失误探析》，载《甘肃警察职业学院学报》2011 年第 3 期。

〔4〕 See Keith A. Findley & Michael S. Scott, “The Multiple Dimensions of Tunnel Vision in Criminal Cases”, *Wis. L. Rev.* 2006, 第 329 页以下。

〔5〕 具有讽刺意味的是，那些最有道德感的检察官，那些最致力于实现公正的检察官，恰恰可能因为自己的道德感，而根本无法相信自己会对无辜者进行追诉。参见 Randolph N. Jonakait, “The Ethical Prosecutor’ s Misconduct”, *Crim. L. Bull* 23, 1987, pp. 550 – 551。他们往往坚信只有犯罪嫌疑人、被告人被定了罪，公正才算得到了实现。检察官的这种“定罪心理”（强调获得有罪判决胜过实现公正）还可能被检察机关强调定罪率的考核机制所强化。参见 Stanley Z. Fisher, “In Search of the Virtuous Prosecutor: A Conceptual Framework”, 15 *Am. J. Crim. L.* 15, 1988, pp. 205 – 206。当前我国公安司法机关的办案绩效考评制度，片面强调破案率、批捕率、起诉率、定罪率等指标，在很大程度上会强化整个公安司法机关办案人员的“定罪心理”，从而强化前述心理偏差的影响。

心理偏差的影响。事实上,为数不多的对刑事司法中心理偏差的研究已经表明,刑事司法的参与者,如讯问人员、〔1〕鉴定专家〔2〕等,同样会受到这些心理偏差的影响。而美国法律学者对本国已经纠正的刑事错案的研究表明,这些案件的参与者,包括警察、检察官、法官、辩护律师、证人、鉴定人等,也都受到了前述心理偏差的影响。〔3〕

需要指出的是,笔者主张上述心理偏差是导致刑事错案发生的深层原因,但这并不意味着所有受这些偏差影响的案件最终都办成了错案。虽然很难确定到底有多少刑事案件被办成了错案,但经验和常识使我们有理由相信,绝大多数案件的处理是正确的。事实上,这些心理偏差都是人类进化过程中对外部环境的适应性反应。我们每天都面对来自外部世界的海量信息。如果在日常生活中我们不能快速、有效地通过分类、图式和选择性注意来处理这些信息,那么,这些信息对我们来说将是不可想象的混乱,而我们也将无法作出任何决定,从而无法在自然界中生存下去。〔4〕 虽然这些分类、图式和选择性注意(本文所说的心理偏差)在多数情况下使我们快速地做出了正确的反应,但在某些情况下却难免使我们出现认知错误。这些认知错误在日常生活中一般不会产生严重影响,但在刑事司法中却危害甚大,是我们必须竭力防止出现的错误。

三、基于心理偏差的刑事错案形成过程及规律

本文第二部分讨论的各种心理偏差并非相互独立,而是相互影响、相互支持的。下面笔者将根据这些心理偏差对错案形成的可能影响,总结出刑事错案的形成过程及规律,并用我国近年来纠正的22起刑事错案(这些错案的基本情况见下文表1)验证该结论。

以下是笔者从心理学角度总结的存在可能性较大的刑事错案形成的一般过程:一旦某地发生有影响的恶性案件(如故意杀人案、强奸案等),办案人员将面临来自多方面的破案压力,甚至被要求"限期破案""命案必破";人手不足、案件积压严重也使办案人员必须尽快侦破该案(强化心理偏差的外部因素);由此,尽快确定犯罪嫌疑人,尽快将犯罪嫌疑人绳之

---

〔1〕 See Saul M. Kassin, Christian Meissner & Rebecca Norwick, "'I'd Know a False Confession if I Saw One': A Comparative Study of College Students and Police Investigators", *Law Hum. Behav.* 29, 2005, pp. 211 - 227; Karl Ask & P? r Anders Granhag, Motivational Bias in Criminal Investigators' Judgments of Witness Reliability, *J. Applied Soc. Psychol.* 37, 2007, pp. 561 - 591; Karl Ask, Anna Rebelius & P? r Anders Granhag, "The 'Elasticity' of Criminal Evidence: A Moderator of Investigator Bias", *Appl. Cognit. Psychol.* 22, 2008, pp. 1245 - 1259.

〔2〕 See Itiel E. Dror, David Charlton & Ailsa E. Péron, "Contextual Information Renders Experts Vulnerable to Making Erroneous Identifications", *Forensic Sci. Int.* 156, 2006, pp. 74 - 78.

〔3〕 See Keith A. Findley & Michael S. Scott, "The Multiple Dimensions of Tunnel Vision in Criminal Cases", *Wis. L. Rev.* 2006, pp. 291 - 397; Dianne L. Martin, "Lessons about Justice from the 'Laboratory' of Wrongful Convictions: Tunnel Vision, the Construction of Guilt and Informer Evidence", *UMKC L. Rev.* 70, 2002, pp. 847 - 864.

〔4〕 See Keith A. Findley & Michael S. Scott, "The Multiple Dimensions of Tunnel Vision in Criminal Cases", *Wis. L. Rev.* 2006, pp. 309.

以法，就成了办案人员的动机与目标，而为了满足该动机、实现该目标，办案人员就可能在只有片面、不充分证据的情况下，认定某犯罪嫌疑人为罪犯（“动机偏差”和“目标追求”）；一旦认定某人为罪犯，办案人员在回忆以前的调查活动时，就会觉得他一开始就“不对劲”，而在回忆和解释以前取得的证据与信息时，不利于他的证据更可能被记起，也更可能被认为具有很强的证明力，而有利于他的证据则可能被忽视，或者被认为证明力很弱（“后见偏差”）；确信某犯罪嫌疑人为罪犯后，办案人员的调查活动将围绕该犯罪嫌疑人进行，而不再考虑其他可能性（“隧道视野”）；办案人员将竭力获取不利于该犯罪嫌疑人的证据，并认为这些证据有很强的证明力，同时无视甚至隐匿能证明该犯罪嫌疑人无罪的证据（“隧道视野”和“证实偏差”）；为了证明该犯罪嫌疑人有罪，办案人员虽然明知刑讯逼供、强迫证人提供不利于犯罪嫌疑人的证言等行为不被法律许可，但仍可能实施这些行为，其为自己开脱的理由就是自己的目标（将罪犯绳之以法）是正当的（“正当事业腐败”）；因直接接触案件而产生的同情被害人、痛恨罪犯的“义愤”也可能导致办案人员将对犯罪的痛恨转换成对犯罪嫌疑人的恶意，以至于要千方百计地证明犯罪嫌疑人有罪（“情感附着”）。随着侦查活动的深入，办案人员认为犯罪嫌疑人就是罪犯的信念将被逐步加强，即使有证据证明犯罪嫌疑人无罪，该信念也已经很难被改变（“信念坚持”），而办案人员重申这一信念及其证据基础的次数越多，该信念就越根深蒂固（“重申效果”）；案件进入审查起诉阶段后，检察官可能会受到警察移送审查起诉决定的影响，认为犯罪嫌疑人应该就是罪犯；与之类似，一审法官可能受到警察和检察官决定的影响，二审法官则可能受到警察、检察官和一审法官决定的影响（“结果偏差”）。

上述错案形成过程可以被简化为：首先是办案人员基于片面的、不充分的信息，错认某无辜者为罪犯；然后，办案人员基于该错误认识，只注重证明该犯罪嫌疑人有罪（强调“证实”），而不再考虑其他可能性（不考虑“证伪”）。其中，“注重证明犯罪嫌疑人有罪”表现为：千方百计地获得犯罪嫌疑人的有罪供述和不利于犯罪嫌疑人的证言，把有利于犯罪嫌疑人的证据解释成不具有关联性等等。“不再考虑其他可能性”则表现为：不去收集有利于犯罪嫌疑人的证据，忽视甚至隐匿已经收集到的有利于犯罪嫌疑人的证据，不重视辩护律师的辩护意见；等等。

上述从心理学角度对错案形成过程的总结并非凭空无据，事实上，如表1所列22起刑事错案都或多或少地符合上述关于错案形成过程的分析，下面将予以具体验证。

表1　我国近年来纠正的22起刑事错案的基本情况[1]

被告人姓名	案发地	涉嫌罪名	所判刑期	羁押日期	释放日期	纠错原由	刑讯逼供	错误供述	证人伪证	鉴定存在问题	无罪证据被忽视	辩护意见不被采纳
张某平 张　某	浙江	强奸罪(被害人死亡)	死缓	2003年3月23日	2013年3月26日	发现真凶	√	√		√	√	√
陈某阳	浙江	抢劫罪(杀死被害人)	死缓	1995年11月28日	2013年2月4日	发现真凶	√	√		√		√
赵某海	河南	故意杀人罪	死缓	1999年5月9日	2010年5月9日	被害人出现	√	√	√		√	√
佘某林	湖北	故意杀人罪	15年	1994年4月11日	2005年4月1日	被害人出现	√	√	√	√	√	√
滕某善	湖南	故意杀人罪	死刑	1987年12月6日	1989年1月28日被执行死刑	被害人出现	√	√	√	√	√	√
杜某武	云南	故意杀人罪	死缓	1998年4月22日	2000年7月11日	发现真凶	√	√		√	√	√
李某伟	辽宁	故意杀人罪	死缓	1986年12月19日	2001年4月18日	发现真凶	√	√	√	√	√	√
郝某安	河南	抢劫罪(杀死被害人)	死缓	1998年1月24日	2007年12月	发现真凶	√	√	√		√	√
杨某忠	黑龙江	故意杀人罪	无期	1994年12月2日	2002年3月11日	发现真凶	√	√	√	√	√	√
杨某银	湖南	抢劫罪(杀死被害人)	16年	1996年11月6日	2006年9月15日	发现真凶	√	√				不详
王某军	吉林	故意伤害罪(致死)	15年	1986年10月25日	1998年8月3日	发现真凶	√	√		√		不详

〔1〕 这22起错案的信息主要来自报纸与网络,因而肯定存在某种程度的信息不全和信息失真问题。并且,报纸和网络关注的案件往往只是少数具有轰动性的案例。以这些案例为研究对象,既不具备社会学抽样研究所要求的代表性,也会因为样本太少而不符合集聚案例研究(aggregated case studies)的基本要求。但是,在目前我国各类案件信息还不够公开的情况下,这也许是唯一可行的信息收集方式。

续表

被告人姓名	案发地	涉嫌罪名	所判刑期	羁押日期	释放日期	纠错原由	刑讯逼供	错误供述	证人伪证	鉴定存在问题	无罪证据被忽视	辩护意见不被采纳
王某超	河南	强奸罪(奸淫幼女)	9年	1999年6月15日	2005年8月30日	发现真凶	√	√	√	√	√	√
赵某建	安徽	故意杀人罪、强奸罪	死缓	1998年8月7日	2006年6月23日	发现真凶	√	√			√	√
吴某全	浙江	故意杀人罪、抢劫罪	死缓	2006年9月7日	2010年10月22日	真凶自首	√	√	√		√	
吴某声	湖北	故意杀人罪	无期	1991年4月15日	1999年12月23日	发现真凶	√	√		√	√	√
覃某虎	广西	抢劫罪、故意杀人罪(重伤)	死缓	1999年2月27日	2003年2月	发现真凶	√	√	√	√	√	√
李　某	四川	故意杀人罪	无期	1995年9月25日	2003年6月16日	发现真凶	√	√			√	√
陈某昌	云南	抢劫罪(杀死被害人)	死缓	1995年5月17日	1998年2月17日	发现真凶	√	√	√		√	√
黄某全	海南	抢劫罪(杀死被害人)	死缓	1993年8月22日	2003年9月1日	发现真凶	√	√	√		√	√
徐某斌	河北	强奸罪	8年	1991年4月	2006年7月28日	血型鉴定错误			√	√		√
李某田	辽宁	故意伤害罪(重伤)	12年	2004年2月29日	2008年9月25日	同案犯承认作伪证			√		√	√
裴某庆	甘肃	强奸罪	7年	1986年8月13日	1993年7月	被害人承认诬告			√	√	√	√

但是,这里有两点需要说明:第一,考虑到篇幅及所能收集到的案件信息的限制,笔者主要验证的是简化后的错案形成过程,但这并不意味着简化前的构想中的一些因素,在这22起案件中不存在。例如,笔者在后面的讨论中将不会涉及办案人员破案压力大、工作负担重等强化心理偏差的外部因素,而事实上此类因素在这22起错案中普遍存在。这22起错案中有18起为“命案”(被害人死亡)、3起是强奸案(其中一起为奸淫幼女)、1起为故意伤害(重伤)案。此种案件都在当地有重大影响,来自各方面的破案压力可想而知,不少案

件甚至被要求“限期破案”,[1]而长期以来我国警力严重不足、警察工作量过大的问题也是不可回避的现实。[2] 第二,并不是所有可能导致错案的因素都能够被笔者总结的错案形成过程及规律所涵盖。错案的成因极其复杂,笔者主要是基于各种心理偏差总结错案的形成过程及规律,因此,那些跟心理偏差完全无关的因素,比如证人故意作伪证,笔者就未将其纳入其中进行分析。

(一)分类错误:错将无辜者当罪犯

所谓“分类错误”是指办案人员错将无辜者当成罪犯。[3] 分类错误是导致刑事错案的第一步,也是最重要的一步。为什么会出现分类错误?一般来说,侦查人员对犯罪嫌疑人的最初怀疑往往并非毫无根据。有的怀疑是基于直觉,比如觉得犯罪嫌疑人在犯罪发生前后的行为表现和情感状态令人生疑。有的则基于一些所谓的犯罪模式,比如在被害人是妻子时,丈夫往往成为首要的犯罪嫌疑人,特别是在两人关系出现问题时。[4] 这些直觉或者犯罪模式并非全无经验基础,只是办案人员不能对其评价过高。侦查人员分类错误的原因还可能是被害人的错误辨认(如河北徐某某案)、被害人的故意陷害(如甘肃裴某某案、安徽赵某某案)、错误的鉴定意见(如云南杜某某案),甚至是捕风捉影的传言(如浙江陈某某案[5])。无论如何,在信息不充分甚至有误的情况下,贸然下结论都容易导致分类错误。这里有必要强调科学证据在刑事司法中的使用问题。美国科学院2009年发布的关于科学证据的研究报告指出,包括指纹鉴定、笔迹鉴定、枪弹痕迹鉴定、文书鉴定等在内的多种科学证据都存在内在缺陷,证明力不宜评价过高。[6] 因此,虽然办案人员应注重科学证据的使用,但绝不能盲目信赖科学证据。

另需注意的是,侦查人员对自己的“测谎”能力过于自信,也是导致分类错误的一个重

---

〔1〕 关于河南赵某某案中“限期破案”的要求,参见袁祺:《又见“限期破案”》,载《文汇报》2010年5月15日。关于浙江陈某某案巨大的破案压力,参见刘刚:《萧山错案是如何形成的》,载《新京报》2013年7月3日。

〔2〕 参见黄士元:《近年来我国刑讯逼供发生的变化及其成因》,载陈瑞华编:《社会学视角下的反酷刑问题》,北京大学出版社2012年版,第120页以下。

〔3〕 See Richard A. Leo, “False Confessions: Causes, Consequences, and Implications”, *J. Am. Acad. Psychiatry Law* 37, 2009. pp. 333 – 334.

〔4〕 佘某某、杜某某、李某某都涉嫌杀妻。湖北佘某某案发前跟妻子的关系已经极差。参见孙玉松:《佘祥林张在玉不可能复婚》,载《今晚报》2005年4月13日;云南杜某某案的起诉书指控,杜某某因怀疑其妻与被害人王某某有不正当两性关系而对二人怀恨在心。参见郭国松:《一个冤案的制造流程》,载《21世纪经济报道》2005年8月14日;辽宁李某某案的起诉书指控,李某某婚后怀疑妻子婚前与他人发生过两性关系,一直嫉恨在心。参见靳婷婷:《“辽宁佘祥林”李化伟已获国家赔偿——营口14年杀妻冤案的追忆与反思》,载《时代商报》2005年4月16日。

〔5〕 在浙江陈某某案中,陈某某等人之所以成为犯罪嫌疑人,是因为朱某某提供的线索。在因组织卖淫而被警方收容审查期间,朱某某给警方说,一贵州籍女子郑某某曾告诉她,住在萧山小南门的陈某某等人收了别人18,000元钱,杀了一名开车的男司机。但问题是,案卷中并无这个关键线索知情人郑某某的任何讯问笔录。参见刘刚:《萧山错案是如何形成的》,载《新京报》2013年7月3日。

〔6〕 See Committee on Identifying the Needs of the Forensic Science Community & National Research Council, Strengthening Forensic Science in the United States: A Path Forward, The National Academies Press, 2009.

要原因。在排查案件时,他们相信自己能从被排查者的情绪变化和身体语言中"读"出被排查者是否在撒谎,从而认定其是否有罪。[1] 但问题在于,被排查本身往往就会给被排查者(无论其是否有罪)带来很大压力,导致其焦虑和紧张,而这种焦虑、紧张与说谎带来的焦虑、紧张在外在表现上没有多少差别。事实上,没有哪一种行为或者心理反应是人们在说谎时所特有的。[2] 社会科学的研究已经反复证明,人们在判断别人是否说谎上表现糟糕。[3] 至于专业人士的判断能力,有研究表明,美国的警察、中央情报局特工等专业人士,在判断别人是否说谎上比一般人的表现要好一些,但仍然经常犯错。[4] 更多的研究则表明,专业人士判断的正确率只是比抛硬币好一点,并不比普通人更可靠。[5]

(二)注重证明犯罪嫌疑人有罪

1. 获取犯罪嫌疑人的有罪供述

根据美国学者的研究,错误供述的形成有三个步骤。首先是前面所说的分类错误。其次是强制错误(the coercion error),即侦查人员对犯罪嫌疑人进行有罪推定的控告式讯问,甚至对其进行刑讯、威胁、欺骗,以使其承认有罪。最后是污染错误(the contamination error),即在犯罪嫌疑人认罪以后,讯问人员通过诱供或者指供,让犯罪嫌疑人提供与警方已经收集的证据相符的关于犯罪过程的详细描述。[6]

在确信犯罪嫌疑人为罪犯之后,侦查人员往往首先想到的就是让犯罪嫌疑人认罪。毕竟,获得犯罪嫌疑人的供述是破案的捷径。在无辜者被错认成罪犯时,侦查人员往往把无辜者的不认罪当成是罪犯的顽抗。为了挫败犯罪嫌疑人的抵抗,花样繁多的欺骗和谎言、反复进行的明示或者暗示的承诺和威胁,甚至各种触目惊心的酷刑都可能派上用场。[7] 这

---

〔1〕 实证研究表明,在判断说话者是否撒谎时,只看到说话者所说话语的书面记录的人判断的准确率,是看了视听资料的人的两倍。参见 Chad M. Oldfather, Appellate Courts, Historical Facts, and the Civil-Criminal Distinction, *Vand. L. Rev.* 57, 2004, p. 459。也许,我们一直强调的对证人"察言观色",以判断其是否说谎的做法,需要反思了。

〔2〕 See Deborah Davis & Richard A. Leo, "The Problem of Interrogation-Induced False Confession: Sources of Failure in Prevention and Detection", in Stephen Morewitz & Mark Goldstein (eds.), *The Handbook of Forensic Sociology and Psychology*, Springer, 2013, p. 53; Bella M. DePaulo, James J. Lindsay, Brian E. Malone, Laura Muhlenbruck, Kelly Charlton & Harris Cooper, "Cues to Deception", *Psychological Bulletin* 129, 2003, p. 106.

〔3〕 See Saul M. Kassin, Christine C. Goldstein & Kenneth Savitsky, "Behavioral Confirmation in the Interrogation Room: On the Dangers of Presuming Guilt", *L. & Hum. Behav.* 27, 2003, pp. 187 – 188.

〔4〕 See Samantha Mann, Aldert Vrij & Ray Bull, "Detecting True Lies: Police Officers' Ability to Detect Suspects' Lies", *J. Appl. Psychol.* 89, 2003, p. 137.

〔5〕 See Christian A. Meissner & Saul M. Kassin, "He's guilty Investigator Bias in Judgments of Truth and Deception", *L. & Hum. Behav*. 26, 2002, pp. 470, 476.

〔6〕 See Richard A. Leo, "False Confessions: Causes, Consequences, and Implications", *J. Am. Acad. Psychiatry Law* 37, 2009, pp. 33, 333 – 334。

〔7〕 本文研究的22起错案中有19起存在严重的刑讯逼供问题。参见表1。

些刑讯、威胁和欺骗使犯罪嫌疑人认识到,认罪以摆脱当前的困境是其最好的选择。[1]

为了给犯罪嫌疑人定罪,办案人员不仅要获得其认罪,还要获得其供述,即关于犯罪动机和犯罪过程的合乎情理的描述。被折磨得痛不欲生的无辜者为了及早摆脱讯问,会尽力编造让办案人员满意的供述。[2] 不过,很多案情是很难猜出来的。为了使犯罪嫌疑人的供述与办案人员掌握的情况相符,办案人员可能会指供和诱供,即将其已掌握的情况(如犯罪凶器、犯罪现场的情形)以明示(如给犯罪嫌疑人看犯罪现场照片)或者暗示(如诱导性讯问)的方式告知犯罪嫌疑人。

在本文讨论的这22起错案中,不少都涉及指供、诱供的问题。例如在四川李某案中,侦查人员给李某看了犯罪现场的照片和死者的照片,然后强迫他据此供述。在讯问李某的同案犯罪嫌疑人何某时,侦查人员告知其作案工具是石头,然后问他石头的形状。何某猜是长的,被殴打;改说是圆的,又被殴打。其后侦查人员问:“是不是一头尖,一头圆?”何某知道这一定是答案,便说“是”。[3] 在云南陈某某案中,侦查人员在讯问陈某某的同案犯罪嫌疑人姚某某时,直接拿出事先写好的“口供”,每念一段就问他是不是这样,他答“是”就不挨打,答“不是”就挨打。刚开始姚某某还回答了一些“不是”,后来就都答“是”了。[4] 在河南赵某某案中,侦查人员让赵某某复述他们的话,不复述就打。侦查人员的话被他复述后,就成了他的“供述”。[5] 在湖北吴某某案中,侦查人员将所谓的“供述”写好让他签名,吴某某忍受不了刑讯只得签了名。[6] 在浙江张某某案和吉林王某某案中,侦查人员都利用了“狱侦耳目”对犯罪嫌疑人进行刑讯和指供。[7]

一旦犯罪嫌疑人因刑讯、诱供、指供而提供了与案情相符的供述,一旦犯罪嫌疑人的供述包含了非犯罪人不可能知道的特定信息(misleading specialized knowledge),[8] 其被定罪

---

[1] 浙江陈某某的同案犯罪嫌疑人王某某解释自己为何认罪时说:“一进去他们就把我当成突破口,经过4天的酷刑审讯”;“我无法忍受折磨,想死也死不成”;“当时招供对我来说是唯一的一种解脱方式”。参见《媒体回望萧山冤案:警方隐匿证据法官逼迫认罪》,载《中国青年报》2013年7月5日。

[2] 河南赵某某、湖北佘某某和云南杜某某都曾通过揣摩办案人员的意图编造供述,以摆脱刑讯的折磨。参见《赵作海案6警察被起诉》,载《广州日报》2010年7月15日;唐卫彬、黎昌政:《湖北佘祥林“杀妻”案:冤案怎样造成?》,载搜狐新闻网:http://news. sohu. com/20050407/n225078501. shtml,最后访问日期:2013年8月15日;郭国松、曾民:《世上还有包青天吗——杜培武的“死囚遗书”催人泪下》,载《南方周末》2001年8月24日。

[3] 参见刘志明:《四川宜宾“11·28”杀人冤案调查》,载《凤凰周刊》2005年第19期。

[4] 参见方三文、赵健吾、张爱农:《云南特大冤案:四青年屈打成招被判死刑》,载《南方周末》1998年5月15日。

[5] 参见石玉:《赵作海讲述被刑讯逼供细节》,载《南方都市报》2010年5月12日。

[6] 参见张立:《从判“无期”到宣告无罪》,载《南方周末》2002年9月30日。湖北佘某某和海南黄某某也被诱供和指供。参见唐卫彬、黎昌政:《湖北佘祥林“杀妻”案:冤案怎样造成?》,载搜狐新闻网:http://news. sohu. com/20050407/n225078501. shtml,最后访问日期:2013年8月15日;吴怡婷:《终审判死缓再审判无罪琼一10年沉冤案终昭雪》,载《海南特区报》2004年1月7日。

[7] 参见鲍志恒:《跨省作证的神秘囚犯袁连芳》,载《东方早报》2011年11月21日;刘爽、王振东、顾然:《吉林男子19年前被定罪“杀妻”15年后真凶落网》,载《新文化报》2005年7月25日。

[8] See Richard A. Leo, *Police Interrogation and American Justice*, Harvard University Press, 2009, pp. 254 – 255.

的命运往往不可扭转。[1] 从此以后，无罪推定将变成不可动摇的有罪推定，其他的证据都开始以有罪推定为准进行解释。与有罪推定不符的证据往往被置之不理，甚至被刻意压制而不开示给辩护方，不移交给法庭。即使这些证据被开示和移交，也会被解释为与案情不相关，甚至被解释成可以证明被告人有罪。与有罪推定相符的"证据"甚至会被伪造出来。供述将成为整个刑事诉讼的核心，并且随着诉讼的进行，供述的作用不断被强化，以至于推翻该供述变得越来越难。那些试图撤回供述的无辜者极有可能不被信任，其撤回供述本身也会被当作证明他们狡诈的证据，从而进一步证明他们有罪。而一旦供述可以与其他证据相互印证，或者包含非犯罪人不可能知道的信息，法官即使认为存在刑讯，也很可能为了惩罚犯罪而不愿排除该供述。

2. 获得不利于犯罪嫌疑人的证言

获得不利于犯罪嫌疑人的证言，无疑对证明犯罪嫌疑人有罪是非常有利的。在警方确信犯罪嫌疑人有罪，同时确信某人能证明该犯罪嫌疑人有罪时，如果该"证人"拒绝提供证言，警方就有可能采用威胁甚至暴力手段强制获取其证言。

在这22起错案中，有5起存在强迫证人作伪证的情形。在河南赵某某案中，侦查人员把赵某某的妻子关了一个多月，每天只给她一个馒头吃，强迫她跪在地上，殴打她，逼她承认装被害人尸块的化肥袋是她家的，并强迫她在证言笔录上签字。[2] 在河南郝某某案中，侦查人员将证人张某某关在一个房间里，要求其提供关于郝某某情况的证言，否则不让回家。张某某只好编造"证言"，说案发当晚见到郝某某去被害人的住处。[3] 在黑龙江杨某某案中，警方找到了杨某某穿过的一双带有血迹的鞋子，经鉴定，该血迹的血型和被害人的血型相同。证人张某某最初的证言是，杨某某鞋子上的血来自杨某某案发一个月前与其他人的一次斗殴，斗殴发生时张某某在现场。但警方不仅不采纳张某某的证言，反而认为他作伪证，因此将其收审，并让他出具另外的证言。[4] 在辽宁李某某案中，办案人员欺骗李某某的母亲，说李某某已经承认犯罪，威胁她如果不把李某某给她描述犯罪经过的情形告诉侦查人员，就要把她关进看守所。于是，她不得不按照办案人员的指示，提供了不利于李某某的证言。[5] 在海南黄某某案中，被警方殴打、诱导的六名未成年人，提供了证明黄某某故意杀人的证言。[6]

---

〔1〕 例如，在浙江张某某案中，并没有参与对犯罪嫌疑人讯问的相关办案人员领导在看了讯问笔录后却坚信犯罪嫌疑人是罪犯。其理由就是，犯罪嫌疑人如果不是罪犯，就不可能知道特定的案件信息。参见蒋铮：《冤狱10年雪错案责任焉能自查》，载《羊城晚报》2013年4月1日。

〔2〕 参见杨江、冯志刚：《赵作海案背后的人与事》，载《新民周刊》2010年第19期。

〔3〕 参见周跃武、王义杰：《农民被判死缓蒙冤十年重审无罪释放》，载《检察日报》2008年1月26日。

〔4〕 参见夏德辉：《错抓错判的"杀人案"让"杀人犯"蒙冤七年索赔130万》，载《黑龙江日报》2003年8月24日。

〔5〕 参见郭国松：《一起离奇杀妻案的真相》，载《南方周末》2001年2月22日。

〔6〕 参见吴怡婷：《终审判死缓再审判无罪琼一10年沉冤案终昭雪》，载《海南特区报》2004年1月7日。

3. 把有利于犯罪嫌疑人的证据解释成不具有关联性

这类情形在这22起错案中不算多见，其中比较具有代表性的是浙江张某某案。该案中，鉴定人员在被害人的8个指甲末端检出混合DNA谱带，认定该谱带由被害人与一名男性的DNA谱带混合而成，并明确排除该男性为张某某或者张某。但杭州市中级人民法院的判决书认为，“因手指为相对开放部位，不排除被害人因生前与他人接触而在手指甲内留下DNA的可能性”。而浙江省高级人民法院的终审判决书则认定：“本案中的DNA鉴定结论与本案犯罪事实并无关联”。[1] 该案的最终纠正恰恰是因为警方后来发现，被害人指甲内的DNA与真凶的DNA相匹配。

（三）不再考虑其他可能性

1. 不去收集有利于犯罪嫌疑人的证据

在这22起错案中，有18起案件存在办案人员拒绝调查有利于犯罪嫌疑人的证据线索的情形。比如，四川李某、海南黄某某、河南郝某某都向警方提供了强有力的“不在犯罪现场”的证据线索。其中，李某告诉警方，案发当天他和何某等二人一起去医院看望一位朋友，当晚四人都在医院里休息。[2] 黄某某告诉警方，案发当晚他和同案犯罪嫌疑人黄某一起到同村的朋友家中喝酒，同席的有近十人。和他们一起喝酒的4位农民，还联名向警方写下了书面的“群众申冤”，证明案发当天的情况。[3] 郝某某告诉警察，案发当晚他在马某家打牌至深夜11时。[4] 但是，上述案件的警方都拒绝调查这些证据。再如，在郝某某租住的民房中，警察搜出了带有被害人血迹的白衬衣和鞋底纹与案发现场足迹一致的皮鞋。郝某某给警察说，皮鞋和血衣都是杨某某给他的，被害人为杨某某、牛某某所杀，但警方并没有对二人进行调查。错案纠正后正是该二人被认定为真凶。[5]

2. 忽视、隐瞒甚至篡改已经收集到的有利于犯罪嫌疑人的证据

在这22起错案中，至少有5起存在办案人员出于某种心理原因，忽视、隐瞒、篡改已经收集到的有利于犯罪嫌疑人的证据的情形。

在安徽赵某某案中，两位目击证人都证实罪犯身材粗壮敦实，身高1.6米左右，看样子不是本村人。而赵某某身高1.7米以上，偏瘦，其住宅和两位目击证人的住宅挨得很近；如果罪犯是赵某某，两位证人很容易就能认出来。并且，赵某某的血型与犯罪现场提取的毛发的血型不一致。相反，李某某符合目击证人的描述，在被传唤到派出所后还趁看管人员不备逃跑了，其血型经鉴定也与犯罪现场提取的毛发的血型相符。只是因为犯罪现场发现

〔1〕 参见鲍志恒：《案中案一桩没有物证和人证的奸杀案》，载《东方早报》2011年11月21日。

〔2〕 参见刘志明：《四川宜宾“11·28”杀人冤案调查》，载《凤凰周刊》2005年第19期。

〔3〕 参见吴怡婷：《终审判死缓再审判无罪琼一10年沉冤案终昭雪》，载《海南特区报》2004年1月7日。

〔4〕 参见潘国平：《河南农民在山西蒙冤入狱被判死缓后真凶落网》，载《大河报》2007年12月14日。

〔5〕 参见周跃武、王义杰：《农民被判死缓蒙冤十年重审无罪释放》，载《检察日报》2008年1月26日。

了赵某某的衣物，警方对有重大嫌疑的李某某就不再进行调查，而坚持认定赵某某是罪犯。安徽赵某某案被纠正后，法院认定的真凶正是李某某。[1]

在广西覃某某案中，警察带覃某某指认“作案现场”；当覃某某指认错误，警察就认为是覃某某故意指错地点，并且没有将该情况记录附卷。当覃某某称抢得的BP机卖给了王某，而王某予以否认时，警察也未将该疑点记录附卷。覃某某平时穿的鞋长24厘米，而作案现场发现的皮鞋长27.2厘米，该有利于被告人的物证后来竟因保管不善而丢失。[2]

在浙江陈某某案中，萧山警方从被害人徐某某的出租车上提取了10余枚指纹，从被害人陈某被劫杀的现场提取了至少18枚指纹。两起命案的现场指纹，有比对条件的均在10枚以上，但均未随卷移送。[3] 在陈某某被错判多年以后，警方恰恰是通过指纹比对发现了案件的真凶。

在湖北佘某某案中，多位村民出具了书面证言，证明他们于被害人失踪9个月后，在本村见到过被害人。警方不去调查核实这些证言，反而强迫他们承认自己作伪证。[4]

在辽宁李某某案中，办案人员发现，从案发现场提取的指纹和李某某的指纹不匹配，遂未将其收入案卷。判决生效10年之后，真凶被抓获，定罪的主要证据之一就是其指纹和案发现场提取的指纹相匹配。另外，该案法医鉴定的结论原本是：李某某衣领处的血迹为“擦拭”血迹，被害人于当日下午3时死亡。为了证明李某某有罪，办案人员不仅用刀片将法医鉴定中的“擦拭”二字刮掉，改为“喷溅”（以与所谓“案情”相符），还让法医改变鉴定结论，将被害人的死亡时间提前到中午12点（从而使李某某有“作案时间”）。[5]

3. 对辩护方的辩护意见不予理睬，甚至不让律师为被告人做无罪辩护

在这22起错案中，现有资料表明，有18起案件的被告人或者委托了律师，或者被指定了律师；其中16起案件的辩护律师做了强有力的无罪辩护，但这些辩护意见都没有被采纳。在四川李某案中，试图做无罪辩护的律师，甚至受到市政法委官员的批评，被禁止做无罪辩护。[6] 被告人的自我辩护也不被重视。在浙江陈某某案中，对于公诉方宣读的书面证言等证据，庭审法官只问被告人有无异议；“被告人略作解释，则遭训斥”。[7]

四、关于办案过程中心理偏差修正机制的改革建议

如前所述，刑事错案的成因包括直接原因、环境原因和心理原因（主要是各种心理偏

---

〔1〕 参见李光明：《安徽农民被冤杀人奸尸关押八年未获得任何赔偿》，载《法制日报》2006年11月6日。

〔2〕 参见蒋桂斌、瞿丹：《“假凶”仗义感动真凶自首“假凶”获赔偿》，载新华网：http://news.xinhuanet.com/legal/2005－01/31/content_2529380.htm，最后访问日期：2013年8月15日。

〔3〕 参见刘刚：《浙江萧山错案5当事人要求追责责任人法官道歉》，载《新京报》2013年7月3日。

〔4〕 参见贾云勇：《湖北佘祥林案追踪：被冤案改变命运的一群人》，载《南方都市报》2005年4月5日。

〔5〕 郭国松：《一起离奇杀妻案的真相》，载《南方周末》2001年2月22日。

〔6〕 参见刘志明：《四川宜宾“11·28”杀人冤案调查》，载《凤凰周刊》2005年第19期。

〔7〕 参见刘长、廖颖：《浙江萧山五青年杀人案复盘：“真凶”再现考验刑诉法》，载《南方周末》2013年1月24日。

差)。其中心理原因是深层原因,绝大多数直接原因都是这些心理偏差的外在表现,而绝大多数环境原因之所以会导致错案,主要是因为它们会强化这些心理偏差。因此,为了防止错案的发生,我们不仅需要针对直接原因和环境原因采取相应措施(前者如严禁刑讯逼供、严禁强迫证人作伪证、保障被告方的辩护权等,后者如改革不合理的考核机制、加大司法投入、增加警力等),更有必要针对心理原因采取措施,以减少这些心理偏差对办案人员的影响。减少心理偏差对办案人员的影响是一个系统和复杂的工程,本文只讨论笔者认为比较重要的如下三个问题。

(一)对办案人员进行教育和培训,使其了解与错案相关的心理偏差的形成原因、表现形式以及克服方法

当前研究表明,虽然不可能完全消除这些心理偏差对人的影响,但是,让人们知道这些心理偏差的存在,告知他们克服这些偏差的方法,却有助于减少这些偏差的影响。[1] 就刑事司法而言,要特别注意对办案人员进行以下两方面的培训:[2]

一方面,要使办案人员认识到,尽可能保持开放的心态,不过早形成某人有罪的结论是非常重要的。因为一旦办案人员过早地形成结论,后续的调查将很容易因"隧道视野""证实偏差"而被扭曲。

另一方面,要让办案人员不对自己的专业判断过度自信,而是有意识地考虑相反观点可能存在的合理之处,并主动寻找支持该相反观点的证据。比如,在审查判断犯罪嫌疑人、被告人的供述时,要特别注意供述中自相矛盾的部分以及与其他证据相冲突的部分;在判断犯罪嫌疑人、被告人是否有罪时,不仅要考虑已经收集到的证据,还要考虑是否存在如果其有罪就应该能收集到却没有收集到的证据;在有线索指向其他人可能作案时,要努力查清这些线索。[3] 研究表明,竞争性假设分析法(仔细权衡各种可能的假设与证据之间的关系)和考虑对立面法(考虑有关信念、假设、观点等的对立面)是克服"隧道视野""证实偏差""信念坚持""重申效果"等心理偏差的有效方法。[4]

---

〔1〕 See Scott A. Hawkins & Reid Hastie, "Hindsight: Biased Judgments of Past Events after the Outcomes Are Known," *Psychol. Bull* 107, 1990, p. 312.

〔2〕 以已经纠正的刑事错案为例,讨论各种心理偏差对错案形成的影响,就是一种很好的培训方式。

〔3〕 为了避免只收集能证实已有信念的证据,美国前检察总长雷诺建议警察在办案时列"清单",以指引自己的调查工作。该"清单"包括应该能获取的所有证据、已经获取的所有证据、已经搜寻但没有收集到的证据、所有可能的嫌疑人、已经对这些嫌疑人进行的调查活动、证据中的相互冲突之处等。参见 Tom Kertscher, Reno Advocates for Use of a Judicial Checklist, Milwaukee J. Sentinel, Apr. 23, 2004, at 7 B。

〔4〕 See Charles Lord, Mark Lepper & Elizabeth Preston, "Considering the Opposite: A Corrective Strategy for Social Judgment", *J. Pers. Soc. Psychol.* 47, 1984, p. 1231; Raymond S. Nickerson, "Confirmation Bias: A Ubiquitous Phenomenon in Many Guises", *Rev. Gen. Psych.* 2, 1988, pp. 175 – 220; Patrick R. Wheeler & Vairam Arunachalam, "The Effects of Decision Aid Design on the Information Search Strategies and Confirmation Bias of Tax Professionals", *Behav. Res. Account.* 20, 2008, pp. 131 – 145; 吴修良、徐富明、王伟、马向阳、匡海敏:《判断与决策中的证实性偏差》,载《心理科学进展》2012 年第 7 期。

(二)改革当前的办案机制,建立合理的分工、复查和监督制度

办案人员之间的分工、复查和监督,有利于减少和抵消前述心理偏差对案件最终处理的影响。为了防止错案的发生,公、检、法三机关之间的“分工负责”“互相制约”应被强调,三机关联合办案的机制应被废除。[1] 同时,各办案机关(尤其是侦查机关)内部的分工、复查和监督机制也应建立和完善。[2] 限于篇幅,笔者仅讨论侦查机关内部办案机制的完善。

1. 让多名侦查人员负责办理同一案件

具体说来,可以有两种模式。第一种模式是让不同侦查人员分别负责询问证人、讯问犯罪嫌疑人、分析物证和书证等工作,再由这些侦查人员向他们共同的上司汇报,由该上司全面审查各证据并作出相应决定。这一模式可以有效避免各项侦查工作之间的“污染”。例如,负责分析物证和书证的侦查人员,将因为没有询问证人、讯问犯罪嫌疑人,而不会把通过询问证人、讯问犯罪嫌疑人而获得的先见,带入对物证、书证的分析中。[3] 第二种模式是让不同的侦查人员各自独立进行全部侦查工作,然后互相讨论以作出相应决定。[4] 这一模式不仅有助于各侦查人员发现其他侦查人员遗漏的信息,从而使案件的处理建立在更全面的信息之上,还因为强调讨论和说服而有利于减少和抵消各侦查人员的心理偏差。考虑到上述两种模式都会使办案过程变得烦琐,可以规定只有那些重大复杂的案件才适用这些模式。

2. 由资深警察专职对办案警察的侦查行为进行审查和监督

专职负责审查和监督而不具体办案的警察,不会有破案压力带来的挫折和焦虑,在审查和监督时会更少“情感附着”,更超脱于犯罪嫌疑人和案件,也就更容易发现案件办理过程中存在的问题,而这些因素都有利于减少上述心理偏差的影响。资深警察具有的丰富办案经验,使其更了解办案警察的想法、做法及其存在的问题。在审查与监督时,这些资深警察应特别注意有利于犯罪嫌疑人的证据,对不利于犯罪嫌疑人的证据要以“挑刺”的眼光来审查、判断,甚至可以要求他们站在辩护律师的角度,竭力提出犯罪嫌疑人无罪的可能性和

---

[1] 公、检、法三机关在刑事司法中分工不同,工作思路不同,工作方法不同。三机关的分工、制约使得有罪判决的达成要经过三道不同的障碍,经由三种不同视角、思路的审查,这无疑有利于减少和抵消前述心理偏差对案件处理的影响,从而防止错案发生。三机关联合办案使三道障碍变成一道障碍,三种视角变成一种视角。

[2] 就检察机关而言,当前实行的人民监督员制度如能运转良好,将有助于减少心理偏差对检察人员的影响。

[3] 基于同样的理由,侦查人员让侦查机关内部的刑事技术部门对物证、书证等进行鉴定时,不得将与鉴定本身无关的任何案件信息(如已经进行的侦查活动、已经收集到的其他证据、侦查人员关于本案的看法)透露给鉴定人员,以免鉴定结果受到这些信息的“污染”。

[4] See Keith A. Findley & Michael S. Scott, “The Multiple Dimensions of Tunnel Vision in Criminal Cases”, *Wis. L. Rev.* 2006, 第 383 页以下。

相关证据,全力论证当前证明犯罪嫌疑人有罪的证据并不充分。[1] 这种刻意设置对立面的做法体现了对"证伪"的强调,非常有助于减少和抵消上述心理偏差的影响。

(三)建立更透明的办案程序,全面保障被告方的辩护权

让办案人员给自己"挑刺",让单位同事给办案人员"挑刺",在某种程度上会减少心理偏差对案件处理的影响。但是,已认定犯罪嫌疑人有罪的办案人员,对相反观点往往有下意识的排斥心理,而本单位同事则有可能为了维持良好的同事关系,而不愿意进行批评性的审查与监督。考虑到内部机制面临的这些困难,有必要通过制度建设,实施以下两方面具有心理偏差修正功能的改革措施:第一,提高刑事程序的透明度,使办案人员为了免受各种可能的批评(包括来自公众、媒体、上司、被害人及其亲属、辩护方等的批评)而更为全面、无偏私地收集、审查证据,更加审慎地处理案件;[2]第二,更全面地保护被告方的辩护权,使最有动力提出不同观点的一方(被告方)全面、充分地参与到诉讼中来,以抵消控诉方的心理偏差,也使裁判者"兼听则明"。考虑到保障律师辩护权问题已有较多讨论,下面笔者仅就程序透明谈三点看法。

首先,提高刑事程序的透明度并不意味着,侦查和审查起诉的全过程以及由此获得的全部信息都应向公众公开。比如,那些一旦公开就可能影响案件侦破的信息,就不应该公开。

其次,办案机关应对包括讯问犯罪嫌疑人、询问证人、对犯罪现场的勘验、目击证人的辨认、犯罪嫌疑人的犯罪现场指认等在内的办案过程,进行录音录像。录音录像不仅有利于对办案过程进行事后监督,从而防止不当办案方式的使用,[3]还使公众、辩护方和法官可

---

〔1〕 See Keith A. Findley & Michael S. Scott, "The Multiple Dimensions of Tunnel Vision in Criminal Cases", *Wis. L. Rev.* 2006, 2006, p. 384. 1997年之前我国实行的是侦查、预审分设的工作体制。1997年公安部决定撤销预审部门,实行侦审合一。从司法实践来看,侦审合一导致起诉案件质量有所下降,以至于有些地方的公安机关又恢复了预审部门。参见赖军:《刑事诉讼法修订对预审工作的挑战及应对——以北京市公安局预审工作为视角》,载《江西警察学院学报》2012年第6期。笔者认为,我国可以考虑在公安机关内部重设预审部门,只是其功能转化成专门负责对办案警察的侦查行为进行审查和监督。

〔2〕 美国学者认为,提高刑事诉讼程序的透明度是减少"隧道视野"影响最有力的方法。参见 Keith A. Findley & Michael S. Scott, "The Multiple Dimensions of Tunnel Vision in Criminal Cases", *Wis. L. Rev.* 2006, 2006, p. 390。心理学研究表明,当感到自己的行为需要对公众负责时,人们将在对假设的验证中更少受心理偏差的影响。参见 Richard A. Leo, "The Third Degree and the Origins of Psychological Interrogation in the United States", in G. D. Lassiter (eds.), *Interrogations, Confessions, and Entrapment*, Kluwer, 2004, pp. 37 – 84。

〔3〕 在美国,对讯问过程进行录音录像已极大地改变了警察的讯问方式,使讯问成为更客观的真相发现过程,而不再单纯为了获取口供。参见 Thomas P. Sullivan, "Police Experiences with Recording Custodial Interrogations", Judicature 88, 2004, pp. 134 – 135。

以通过事后观看,获得更全面的案件信息。[1]

最后,在证据开示方面,办案机关应将收集到的全部材料提供给辩护方。所谓“全部材料”不仅包括有利于犯罪嫌疑人、被告人的证据和不利于犯罪嫌疑人、被告人的证据,还包括办案人员认为与案件无关的信息。之所以要包括办案人员认为与案件无关的信息,一方面是因为办案人员有可能基于自己的心理偏差,而错误地认为这些信息与案件无关,但事实上这些信息是有利于犯罪嫌疑人、被告人的;另一方面是因为这样做可以防止办案人员以“与案件无关”为由,不开示有利于犯罪嫌疑人、被告人的信息。

因为心理偏差的修正仅是错案防止机制的一个子项,所以必须承认,即使采纳了笔者的建议,即使办案人员竭力防止错案发生,也无法保证所有案件的处理都是正确的。首先,各种心理偏差只可能被减少,而不可能被完全消除。其次,任何判断和决定都受制于时间、资源和决策者的心智能力。要求任何案件的办案人员调查所有可能的犯罪嫌疑人,收集与案件有关的所有信息是不现实的(况且,即使是最出色的办案人员,也可能被错误的信息——如虚假的证言——所蒙蔽)。同时,要求办案人员掌握与刑事调查有关的全部知识(比如犯罪学、心理学、社会学、语言学、法学、法庭科学、生物学、化学、统计学等方面的知识)和能力(比如根据重要性对所有收集到的信息进行排序,并最终作出数学上的统计估量的能力)也是不现实的。[2]

五、结　　语

了解错案形成背后的心理偏差,不仅有助于更深刻地理解错案的成因,进而提出更为有效的预防错案的措施,还在某种程度上有助于为办错案的司法人员“去污名化”。虽然错案的形成往往跟这些办案人员的心理偏差有关,但这些偏差并非办案人员所独有,我们每个人都很容易受到这些偏差的影响。加拿大联邦最高法院前首席法官安东尼奥·拉梅尔

---

〔1〕 值得注意的是,在对讯问过程进行录像时,摄像机的位置会影响观看者对案件信息的获取,从而影响其对供述可信性的判断。根据相关研究,美国的讯问录像里往往只有嫌疑人而没有讯问者,这会导致观看录像的人无从知道讯问者的表情和动作,从而更可能偏差性地认为供述是自愿和真实的。参见 Richard A. Leo & Deborah Davis, “From False Confession to Wrongful Conviction: Seven Psychological Processes”, *J. Psychiatry Law* 38, 2010, p. 49。其他研究则表明,当摄像机镜头只对着嫌疑人时,嫌疑人的供述更可能被观看者认为是自愿的;当镜头只对着讯问者时,嫌疑人的供述更可能被观看者认为是不自愿的;当镜头同等程度地对着讯问者和嫌疑人时,嫌疑人供述的自愿程度被认为是介于前两者之间。参见 G. Daniel Lassiter & Audrey A. Irvine, “Videotaped Confessions: The Impact of Camera Point of View on Judgments of Coercion”, *J. Applied Soc. Psychol.* 16, 1986, p. 268。新西兰的立法者吸收了前述研究成果,规定讯问录像必须对讯问者和嫌疑人同等关注,即从二者的侧面进行拍摄。参见 G. Daniel Lassiter, Jennifer J. Ratcliff, Lezlee J. Ware & Clinton R. Irvin, “Videotaped Confessions: Panacea or Pandora ’ s Box?”, *Law & Policy* 28, 2006, pp. 204 – 205。这些研究告诉我们,减少心理偏差对案件处理的影响,不仅需要改革和完善较为宏观的办案机制,还需要反思和改革刑事程序的一些细微之处。

〔2〕 See Brent Snook & Richard M. Cullen, “Bounded Rationality and Criminal Investigations: Has Tunnel Vision been Wrongfully Convicted?”, in K. D. Rossmo (eds.), *Criminal Investigative Failures*, CRC Press, 2008, pp. 69 – 96.

在一份关于刑事错案的调查报告中指出:“任何要靠人来运转的制度都会因为其要靠人运转而可能出错。这有助于解释为什么‘隧道视野’很少是个人恶意的产物……以及为什么错案并非什么反常的事情,而是深植于制度之中的”。[1] 就笔者列举的前述22起错案而言,迄今为止尚没有证据证明,存在办案人员明知犯罪嫌疑人、被告人无罪却仍坚持追究其责任的情形。既然错案往往并非办案人员恶意的产物,而更多是人人都有的心理偏差的产物,我们就不能单纯从道德上指责这些办案人员,把他们说成是道德败坏之人。[2]

将办错案的司法人员说成是道德败坏之人,不仅与事实不符,也不利于错案的纠正和预防。如果每一起刑事错案的纠正,都演变成对办案人员的道德指责和贬损,甚至是刑事追究,这些办案人员就会竭力阻止错案的纠正。而如果总是强调只有那些“害群之马”才会办错案,那么,自认为并非“害群之马”的司法人员就会认为错案的预防与己无关。相反,强调任何办案人员,无论其如何正直、如何努力公正行事,都可能因受到心理偏差的影响而作出错误的决定,就不仅会在很大程度上减少纠正错案的障碍,还有助于促使所有办案人员根据当前心理学研究的成果改进自己的行为方式,以更有效地防止错案的发生。

本文借鉴心理学关于心理偏差的研究成果,总结了刑事错案的形成过程及规律,并以我国近年来纠正的22起错案验证了该结论。对于错案成因的研究而言,这种事后分析式的研究毫无疑问非常有价值,但还很不够。要想更全面地评价心理偏差对办案人员的影响,我们不仅需要收集较大数量的已被纠正的错案,还要收集更多没有办错的案件,对二者进行对比项分析。只有这样,我们才能发现办案人员受这些偏差影响的频度和程度,以及何种情况下这些偏差会导致错案,何种情况下这些偏差不会导致错案。显然,到现在为止,无论国内还是国外,错案问题的研究者似乎尚未充分地做到这一点。[3]

(原载于《法学研究》2014年第3期)

[1] See Right Honourable Antonio Lamer, The Lamer Commission of Inquiry Pertaining to the Cases of: Ronald Dalton, Gregory Parsons and Randy Druken, St. John's: Department of Justice, Queen's Printer, 2006, p. 172.

[2] 当然,这样说并不意味着,所有办错案的司法人员都无须承担任何法律责任。事实上,有刑讯逼供、暴力取证等行为的办案人员,无论案件是否办错,都应该承受相应的行政处分,甚至是刑事处罚。

[3] 关于美国相关研究的现状,参见Job B. Goulda & Richard A. Leo, One Hundred Years Later: Wrongful Conviction After a Century of Research, J. Crim. L. & Criminology 825 - 868 (2010)。

刑事附带民事公益诉讼的困局与出路

刘加良*

刑事附带民事公益诉讼是指具有程序性诉讼实施权的检察院在针对特定领域损害公共利益的犯罪行为提起刑事公诉时，附带向审理刑事案件的法院提起，请求判令致使公益利益受到损害的有责主体承担民事责任的诉讼。2018 年刑事附带民事公益诉讼异军突起，在检察公益诉讼起诉案件中独占鳌头，但"一条两款"的法源现状映衬出其欲实现有效运行而应尽快解决的规则供给不足问题。以制度变迁为逻辑起点，找准刑事附带民事公益诉讼的基本法依据，是确定其特有规则体系之规模大小和内容构成的前置性课题。刑事附带民事公益诉讼在起诉主体和被诉主体层面遇到的困境，致使案件分流困难、附带起诉与单独起诉界限模糊，基层检察院提起刑事附带民事公益诉讼的"负面清单"应尽早建立。卡多佐指出："现行的规则和原则能确定我们目前的位置、航向以及经纬度。过夜的小旅馆绝非行程的目的地。法律，就像一个旅行者，必须准备翌日的旅程。它亟须一个成长的原则。"〔1〕本文将重点使用实证分析的方法，对刑事附带民事公益诉讼的基本法依据和主体困境的破解进行研讨，期待能够凝聚共识并对相关规则的精细化建构有所裨益。

一、刑事附带民事公益诉讼后来居上的原因分析

截至 2016 年 12 月底，试点地区检察机关提起公益诉讼 495 件(2016 年年初为 12 件)，其中行政公益诉讼 437 件、民事公益诉讼 57 件、行政附带民事公益诉讼 1 件。〔2〕 2016 年 12 月最高人民检察院印发的《关于深入开展公益诉讼试点工作有关问题的意见》首次提出

---

* 刘加良，山东大学法学院副教授、博士研究生导师。

〔1〕 [美]本杰明·N. 卡多佐:《法律的成长 法律科学的悖论》，董炯、彭冰译，中国法制出版社 2002 年版，第 13 页。

〔2〕 王地:《检察机关提起公益诉讼案件数量"井喷"的背后》，载《检察日报》2017 年 2 月 26 日。

探索提起刑事附带民事公益诉讼。[1] 2017年3月29日安徽五河县检察院就董守伟、董守亚污染环境罪提起全国首例刑事附带民事公益诉讼案。[2] 截至2017年6月，试点地区检察机关提起公益诉讼1150件，其中行政公益诉讼1029件(89.48%)、民事公益诉讼94件、行政附带民事公益诉讼2件、刑事附带民事公益诉讼25件(占起诉案件的2.17%)。[3] 不难看出，在2015年7月至2017年6月的两年试点期内，刑事附带民事公益诉讼很晚才具有规范依据，具体案例从无到有间隔了很长的时间，其对检察公益诉讼起诉案件"行主民辅"的基本结构尚不能构成冲击。

2017年7月至10月，全国检察机关提起公益诉讼40件，其中行政公益诉讼10件、民事公益诉讼4件，刑事附带民事公益诉讼26件。[4] 2017年7月至12月，全国检察机关提起公益诉讼233件，其中民事公益诉讼29件(占12.45%)、刑事附带民事公益诉讼74件(占31.76%)。[5] 自2018年3月2日起施行的《最高人民法院、最高人民检察院关于检察公益诉讼案件适用法律若干问题的解释》(以下简称《检察公益诉讼司法解释》)以联合司法解释的方式为刑事附带民事公益诉讼提供了正式依据。2018年12月25日最高人民检察院公益诉讼部门负责人胡卫列在以"检察公益诉讼工作深入发展，实现办案全覆盖"为主题的新闻发布会上透露，与试点期间相比，刑事附带民事公益诉讼占比较高已成为检察公益诉讼办案中出现的新特点之一。[6] 2019年1月17日在北京召开的全国检察长会议披露，2018年全国检察机关共提起公益诉讼3228件，是两年试点期间的2.8倍，其中行政公益诉讼占18.2%、民事公益诉讼占5.1%、刑事附带民事公益诉讼占76.7%(2476件)。检察公益诉讼也有调结构的问题，"刑事附带民事公益诉讼相对简单，阻力、难度小。作为开局、探索，占了绝大多数，也并不容易。"[7] 显而易见，刑事附带民事公益诉讼在2018年呈现出"井喷"态势，起诉案件数量实现了从很少到很多的改变，检察公益诉讼起诉案件的基本结构受到根本性的冲击，之前"行主民辅"所带来的疑难问题因此被遮蔽很多。

2018年是检察公益诉讼进入全面推进阶段的首个完整年度。刑事附带民事公益诉讼在2018年的高速发展，应主要归因于自上而下消灭办案空白的考核压力和刑事附带民事公益诉讼容易办理的客观特征。2018年11月检察公益诉讼办案实现全覆盖，全国基层检察院全部消灭立案空白和诉前程序办案空白。[8] 这一成绩的取得与检察系统自上而下的督

---

[1] 该试点文件第5条规定：检察机关在履行职责中发现破坏环境资源保护罪或生产销售伪劣商品罪的刑事案件犯罪嫌疑人的违法行为侵害社会公共利益，符合提起民事公益诉讼条件的，可以探索一并提起刑事附带民事公益诉讼。

[2] 周瑞平：《国内首例刑事附带民事公益诉讼案宣判》，载《人民法院报》2017年7月18日。

[3] 徐日丹、闫晶晶、史兆琨：《试点两年检察机关办理公益诉讼案件9053件》，载《检察日报》2017年7月1日。

[4] 闫晶晶：《公益诉讼全面推开后全国检察机关四个月立案4597件》，载《检察日报》2017年11月30日。

[5] 数据来源于最高人民检察院《全国检察机关公益诉讼办案工作情况通报》。

[6] 闫晶晶、戴佳：《检察机关将积极审慎探索公益诉讼新领域》，载《检察日报》2018年12月26日。

[7] 刘嫚：《最高检检察长张军：公益诉讼需"调结构"重点监督政府部门行政执法不到位致公共利益受损问题》，载搜狐新闻网：https://www.sohu.com/a/289626748_161795，最后访问日期：2019年6月15日。

[8] 闫晶晶、戴佳：《全国检察机关实现公益诉讼办案全覆盖》，载《检察日报》2018年12月26日。

察压力和侧重数量的考核压力紧密相关,不少省份自我加压地把消灭起诉案件空白与消灭立案空白、诉前程序办案空白同时作为必须实现的目标。依自2015年1月7日起施行的《最高人民法院关于审理环境民事公益诉讼案件适用法律若干问题的解释》第6条,环境民事公益诉讼案件由中级人民法院以上管辖,中级人民法院将管辖权移转给基层人民法院须经过"一案一授权"的报批程序。依自2016年5月1日起施行的《最高人民法院关于审理消费民事公益诉讼案件适用法律若干问题的解释》第3条,消费民事公益诉讼案件只能由中级人民法院管辖。民事案件的受理规则致使检察民事公益诉讼之起诉主体的级别受制于审判法院的级别。基层人民检察院提起食药安全领域的消费民事公益诉讼肯定不被法院受理,基层人民检察院提起环境民事公益诉讼除非事先经过省级检察院与对应的高级人民法院流程烦琐的协商一致,不然也将无法通过"受理关"。概言之,检察民事公益诉讼起诉主体的高阶化使基层人民检察院近乎一致地予以远离。行政机关在当地权力结构中的影响力远大于监察体制改革后职务犯罪侦查权已被剥离的检察院,这使"不敢办"和"不愿办"成为部分基层检察院对待行政公益诉讼的公开态度。生态环境和资源保护、食品药品安全、国有财产保护和国有土地使用权出让四大领域所涉的行政机关对落实诉前检察建议书日渐重视,诉前程序行政机关整改率不断攀升,[1]致使行政公益诉讼起诉案件的空间只能反向收窄,"办不成"和"办不好"由此成为不少基层检察院的共同担心。刑事附带民事公益诉讼相对应的刑事案件由中级人民法院一审的可能极小,[2]检察一体化的办案机制使基层人民检察院更容易从其内设的刑事检察部门发现办案线索,刑事证据对民事侵权行为之要件事实的证明可明显减少调查核实的工作量。这些有利因素的叠加,导致刑事附带民事公益诉讼备受基层检察院的喜爱,外在的压力驱动和内在的趋易避难共同致使刑事附带民事公益诉讼在2018年格外引人注目。

二、刑事附带民事公益诉讼的基本法依据之争及其消弭

刑事附带民事公益诉讼的基本法依据是《刑事诉讼法》还是《民事诉讼法》,不仅会影响对"起诉书能否把《刑事诉讼法》列为法律依据之一""刑事附带民事公益诉讼提起前应否履行诉前公告程序"和"《人民陪审员法》自2018年4月27日起施行后一审法院审理刑事附带民事公益诉讼案件时是否必须适用七人陪审合议庭(4名人民陪审员和3名法官)"3个微观问题的确定性回答,而且会对检察公益诉讼的基本类型划分和《民事诉讼法》第55

[1] 2018年1月至12月全国检察机关办理的生态环境和资源保护领域公益诉讼案件的诉前程序行政机关整改率达到97%。参见闫晶晶、徐盈雁:《环境资源公益诉讼诉前程序行政机关整改率达97%》,载《检察日报》2019年2月15日。

[2] 根据《刑事诉讼法》第21条规定,危害国家安全、恐怖活动的刑事案件和可能判处无期徒刑、死刑的刑事案件才由中级法院一审。

条第 2 款作为检察民事公益诉讼之基础条款的覆盖力产生实质性影响。

2016 年 1 月最高人民检察院法律政策研究室时任主任万春在第八批指导性案例(检例第28 号至第32 号)新闻发布会上指出,检察民事公益诉讼和刑事附带民事诉讼在三方面有本质区别:(1)涉案范围不同。检察院提起刑事附带民事诉讼的前提是犯罪行为致使国家财产、集体财产遭受具体的物质损失;检察院提起民事公益诉讼的前提是范围比国家财产、集体财产更为宽泛的公共利益受到侵害。(2)涉及领域不同。检察民事公益诉讼的领域具有特定性,而检察院提起刑事附带民事诉讼则没有领域的限制。(3)诉讼前提不同。刑事附带民事诉讼以犯罪行为发生且提起公诉为前提,而检察院提起民事公益诉讼以没有适格主体或适格主体不起诉为前提。〔1〕 这种立足于规范分析、侧重阐释差异之处的官方解读说明,早在刑事附带民事公益诉讼于 2016 年 12 月拥有文件依据之前,作为检察公益诉讼规则创制之最大贡献者的最高人民检察院放弃了从《刑事诉讼法》规定的制度框架中寻找依据的进路。然而,如此明确的解读在检察系统内部并未迅速成为共识。从笔者调研了解的情况来看,在《检察公益诉讼司法解释》于 2018 年 3 月施行前以及施行后的一段时间内,很多刑事附带民事公益诉讼起诉书都把《刑事诉讼法》第 101 条(2018 年修改前为第 99 条)作为法律依据之一。全国政协委员巩富文(2014 年 11 月至 2017 年 9 月任陕西省人民检察院副检察长)在 2018 年 3 月全国两会上建议及时修改刑事诉讼法关于检察院提起刑事附带民事诉讼范围的规定,使其与民事公益诉讼的案件范围相一致,〔2〕但 2018 年 10 月《刑事诉讼法》的修改则对相应条款保持不变。

刑事附带民事公益诉讼提起前应否履行诉前公告程序,在很长的时间内众说纷纭。持否定观点的论者近乎一致地把“三十日的诉前公告程序会导致审查起诉期间的延长,会影响刑事公诉和附带民事公益诉讼的协同办理”作为首要的理由。〔3〕 针对履行了诉前公告程序的湖北省利川市人民检察院诉吴某某等人生产销售不符合安全标准食品刑事附带民事公益诉讼案,来自最高人民检察院的点评者对履行诉前公告程序持否定立场,其认为“刑事附带民事公益诉讼中,民事公益诉讼是附属于刑事诉讼的程序,刑事案件的审理和民事公益诉讼案件的审理同时进行,受刑事案件期限限制,检察机关公告后再由相关社会组织提起民事公益诉讼,在时间和程序上严重滞后。并且不论是检察机关还是相关社会组织提起民事公益诉讼,根本目的均是为了保护社会公共利益,只要社会公共利益得到有效充分的保障,提起诉讼主体没有必要进行严格的区分。”〔4〕实践中,对未履行诉前公告程序的刑事

〔1〕 徐日丹:《公益诉讼案例“升格”背后有何深意——最高检有关部门负责人就第八批指导性案例回应媒体关切》,载《检察日报》2016 年 1 月 5 日;万春等:《最高人民检察院第八批指导性案例解读》,载《人民检察》2017 年第 6 期。

〔2〕 白龙飞:《构建新时代中国特色公益诉讼立法体例》,载《检察日报》2018 年 3 月 8 日。

〔3〕 相关分析可见杨翔:《刑事附带民事公益诉讼应无需公告》,载《江苏法制报》2018 年 5 月 21 日;龙婧婧:《刑事附带民事公益诉讼可简化诉前程序》,载《检察日报》2018 年 12 月 12 日。

〔4〕 周伟:《湖北省利川市人民检察院诉吴某某等人生产销售不符合安全标准食品刑事附带民事公益诉讼案》,载《中国检察官》2018 年第 14 期。

附带民事公益诉讼,有的法院予以受理,[1]有的法院则不予以受理,相同情形却被差异化对待的问题赫然出现并持续至今,检法关系因此受到不小的影响;很多未履行诉前公告程序的案件之所以能够获得法院的受理,是因为检察院和法院进行了有利于己方的沟通协调,这种非常态、任意性的操作降低了检察公益诉讼的法治化水平。显而易见,若按否定论者的逻辑,就刑事附带民事公益诉讼而言,检察院将是唯一的起诉主体,检察公益诉权的谦抑性与补充性将不复存在,适格主体的公益诉权将失去用武之地,“社会国家化”将得到不当地强化,其将因具备完整的类型独立性而与检察民事公益诉讼、检察行政公益诉讼并列存在。

《检察公益诉讼司法解释》第7条规定,法院审理一审检察公益诉讼案件可以适用人民陪审制。这一规定因与《人民陪审员法》第16条冲突而很快被废止。在《人民陪审员法》施行后,法院审理一审检察公益诉讼案件适用人民陪审制具有法定的强制性,一审法院审理刑事附带民事公益诉讼案件时是否必须适用七人陪审合议庭从此成为崭新的论题。若应适用而未适用,则构成“审判组织的组成不合法”,属于二审程序和准用二审程序的再审审理程序中发回重审以及再审申请审查程序中裁定再审的法定理由。虽然《人民陪审员法》第16条第3项所规定的涉及生态环境保护的社会影响重大案件、涉及食品药品安全的社会影响重大案件与根据《民事诉讼法》《行政诉讼法》提起的公益诉讼案件可能存在重合,但如果刑事附带民事公益诉讼不以《民事诉讼法》为依据,一审法院适用七人陪审合议庭还需要同时满足“社会影响重大”的要件,此时一审法院必然要面对何谓“社会影响重大”的判断难题,判断的困难和很高的运行成本很可能会使一审法院放弃适用七人陪审合议庭,进而降低民众对刑事附带民事公益诉讼的参与度。2018年暑期上海铁路运输法院以“属于涉及长江流域生态环境保护的社会影响重大案件”为由,组成七人陪审合议庭对马成、马强污染环境刑事附带民事公益诉讼案(上海首例环境资源领域的七人合议庭案件)开庭审理,此案适用七人陪审合议庭的依据是《人民陪审员法》第16条第3项。[2] 如此以“首例”为亮点的案例无法以小见大地说明一审刑事附带民事公益诉讼案件或然性适用七人陪审合议庭不

[1] 江苏淮安清江浦区检察院于2018年9月7日就陈华等14名被告污染环境罪提起刑事附带民事公益诉讼,之前曾于2018年6月9日发布民事公益诉讼公告,但公告期满后没有适格主体自愿起诉,具体可参见魏从金、宦莉莉、曹亚楠:《回乡创业入歧途》,载《检察日报》2018年10月18日;2018年5月16日石家庄桥西区法院开庭审理刘某销售假药刑事附带民事公益诉讼案(《人民陪审员法》施行后河北法院组成七人合议庭审理的公益诉讼首案),检察院在2018年4月起诉前曾发布公告,但公告期满后没有适格主体起诉,参见雷德亮、乔西宣:《卖假药者涉嫌犯罪还被提起民事公益诉讼》,载《人民法院报》2018年5月17日;重庆江津区检察院就王某生产、销售有毒、有害食品罪提起刑事附带民事公益诉讼(重庆首例提起10倍价款惩罚性赔偿请求的公益诉讼案)前,曾于2018年8月3日发布公告,但公告期满后没有适格主体起诉,参见李立峰、沈悦:《制作血旺时添加福尔马林被判10倍赔偿》,载《检察日报》2019年4月24日;浙江金华兰溪市检察院于2019年5月就章某涉嫌生产、销售假药罪提起刑事附带民事公益诉讼前,曾发布公告,但公告期满后没有适格主体起诉,参见范宝华:《蹿红的乡村医生缘何成为公益诉讼对象》,载《检察日报》2019年5月20日。

[2] 蔡新华、徐璐:《两男子利用雨水窨井偷排毒水获刑——上海首例七人大合议庭审理污染环境刑事案件开庭纪实》,载《中国环境报》2018年8月8日。

会遇到区域差异或院际差异，其实在《人民陪审员法》施行后刑事附带民事公益诉讼案件由3人陪审合议庭或独任法官审理[1]的案例依然存在。

对《检察公益诉讼司法解释》中规定制定目的、参照适用、刑事附带民事公益诉讼的条文（分别为第1条、第26条、第20条）进行文义解释和体系解释，进而得出"《刑事诉讼法》不是刑事附带民事公益诉讼的基本法依据"的结论，是规范出发型的论证尝试。从《检察公益诉讼司法解释》之"总—分—总"的结构和各部分的条文数量看（见表1），刑事附带民事公益诉讼未被给予能够和检察民事公益诉讼、检察行政公益诉讼鼎足而立的待遇，其只是被视为检察民事公益诉讼的特殊形态。"为正确适用《民事诉讼法》《行政诉讼法》关于检察公益诉讼制度的规定"是《检察公益诉讼司法解释》的制定目的，即便《刑事诉讼法》也有相关的规定，《检察公益诉讼司法解释》也不会承担促进其正确适用的使命。既然刑事附带民事公益诉讼毋庸置疑地是检察公益诉讼的下位概念，且《检察公益诉讼司法解释》未规定的其他事项排斥适用《刑事诉讼法》及相关司法解释，那么其基本法依据只能被锁定为《民事诉讼法》。

表1 《检察公益诉讼司法解释》基本构成

编号	名称	具体条文
第一部分	一般规定	第1条至第12条
第二部分	民事公益诉讼	第13条至第20条
第三部分	行政公益诉讼	第21条至第25条
第四部分	附则	第26条至第27条

时至当下，凝聚共识和克服实践乱象已属刻不容缓，规范出发型论证尝试的说服力已呈现出渐趋衰竭的态势，聚焦于立法权限的法理分析亟待登场。刑事附带民事公益诉讼涉及刑事责任与民事责任的共存与吸收问题，在被告同一的情形下，其对民事责任的先行承担（属于认罪悔罪的表现）会影响到法院对其刑事责任的判定[2]。仅由此点即可知，刑事附带民事公益诉讼不仅涉及诉讼制度，还涉及犯罪与刑罚。根据《立法法》第8条，有关诉讼制度、犯罪与刑罚的事项只能制定法律（制定主体为全国人大和全国人大常委会），故《检察公益诉讼司法解释》无法成为刑事附带民事公益诉讼的最高法源，不然就会发生司法解释严重越界之事。在检察公益诉讼于2017年6月整体上获得全国性立法确认之前，刑事附

〔1〕 根据(2018)辽0882刑初570号刑事判决书可知，辽宁营口大石桥市检察院于2018年11月29日就任某某销售有毒、有害食品罪提起刑事附带民事公益诉讼，大石桥市法院适用简易程序，由法官任睿独任审判，并于2018年12月13日作出判决。

〔2〕 2018年10月修改后的《刑事诉讼法》第15条增加规定认罪认罚从宽制度。最高人民检察院检察委员会专职委员、第一检察厅厅长张志杰在2019年2月14日国务院新闻办公室举办的中国生态环境检察工作新闻发布会上指出：检察院在办理破坏环境资源保护犯罪案件中，把生态修复作为犯罪嫌疑人、被告人认罪、悔罪的表现。对积极自愿履行生态修复义务的犯罪嫌疑人、被告人，确需提起公诉的，可依法向法院提出从轻量刑的建议，参见徐盈雁、闫晶晶：《公地治理的世界性难题是如何破解的》，载《检察日报》2019年2月15日。

带民事公益诉讼不可能先行拥有基本法依据。扞格不通地等待《刑事诉讼法》的未来修改并拒绝把《民事诉讼法》作为刑事附带民事公益诉讼的上位法,一方面相当于指责刑事附带民事公益诉讼的过往运行欠缺合法性,另一方面相当于默认刑事附带民事公益诉讼在《刑事诉讼法》未来修改前仍可违法运行。在“凡属重大改革必须于法有据”已厉行多年的语境下,如此举动不会获得国家治理决策层的容忍与认可,也不会获得民众的理解与支持。

将《民事诉讼法》确定为刑事附带民事公益诉讼的基本法依据,首先,可避免刑事附带民事公益诉讼削足适履地适用《刑事诉讼法》及其司法解释所规定的刑事附带民事诉讼制度,可把刑事附带民事公益诉讼运行的合法性追溯到2017年6月检察民事公益诉讼入法之时,可使赔礼道歉的诉讼请求在既有的法制框架中找到依据,进而有助于从物质损害赔偿和精神损害赔偿两个维度同时实现对公共利益的周全保护;其次,可避免刑事附带民事公益诉讼成为诉前程序适用的例外类型,有助于捍卫检察公益诉权的谦抑性与补充性,可确保适格主体的民事公益诉权不被剥夺,有助于借诉前公告期对刑事公诉产生的压力来厘清附带起诉和单独起诉的关系以增加检察民事公益诉讼的起诉案件数量;最后,可避免一审刑事附带民事公益诉讼案件适用七人陪审合议庭的判断困难,可明确《人民陪审员法》第16条第2项是一审刑事附带民事公益诉讼案件必须适用七人陪审合议庭的依据,有助于借助七人陪审合议庭在促进民众参与方面的优势来提高检察公益诉讼的社会知晓度。

三、刑事附带民事公益诉讼的主体困境及其破解

(一)起诉主体困境及其破解

刑事附带民事公益诉讼起诉主体的级别受制于刑事案件审判管辖的确定,因为依《检察公益诉讼司法解释》第20条第2款,刑事附带民事公益诉讼案件由审理刑事案件的法院管辖。破坏生态环境和资源保护、食品药品安全领域侵害众多消费者合法权益等损害社会公共利益的犯罪案件是全省(自治区、直辖市)性或全国性一审重大刑事案件的可能微乎其微,故这类犯罪案件由高级人民法院或最高人民法院一审管辖将极其罕见。

《刑事诉讼法》第21条规定危害国家安全、恐怖活动的一审刑事案件和可能判处无期徒刑、死刑的一审刑事案件由中级人民法院管辖。可见,罪名和最高法定刑是确定中院管辖一审刑事案件之范围的并列性因素。环保领域可提起刑事附带民事公益诉讼的罪名除了《刑法》第六章第六节“破坏环境资源保护罪”(第338条至第345条)所规定的15个[1]外,还包括走私珍贵动物、珍贵动物制品罪(《刑法》第151条第2款),走私国家禁止进出口

〔1〕 这15个罪名依次是污染环境罪,非法处置进口的固体废物罪,擅自进口固体废物罪,非法捕捞水产品罪,非法猎捕、杀害珍贵、濒危野生动物罪,非法收购、运输、出售珍贵、濒危野生动物、珍贵、濒危野生动物制品罪,非法狩猎罪,非法占用农用地罪,非法采矿罪,破坏性采矿罪,非法采伐、毁坏国家重点保护植物罪,非法收购、运输、加工、出售国家重点保护植物、国家重点保护植物制品罪,盗伐林木罪,滥伐林木罪,非法收购、运输盗伐、滥伐的林木罪。

的货物、物品罪(《刑法》第151条第3款),走私废物罪(《刑法》第152条第2款),非法转让、倒卖土地使用权罪(《刑法》第228条),非法经营罪(《刑法》第225条),放火罪(《刑法》第114条、第115条第1款),失火罪(《刑法》第115条第2款)[1],投放危险物质罪(《刑法》第114条、第115条第1款),过失投放危险物质罪(《刑法》第114条、第115条第1款),非法制造、买卖、运输、储存危险物质罪(《刑法》第125条第2款),盗窃、抢夺危险物质罪(《刑法》第127条第1款),抢劫危险物质罪(《刑法》第127条第2款),非法携带危险物品危及公共安全罪(《刑法》第130条),重大责任事故罪(《刑法》第134条),危险物品肇事罪(《刑法》第136条)[2],盗窃罪(《刑法》第264条)[3]等罪名。食药安全领域可提起刑事附带民事公益诉讼的罪名除了《刑法》第三章第一节“生产、销售伪劣商品罪”(第140条至144条)所规定的5个[4]外,还有非法经营罪等罪名。在这些罪名中,最高法定刑为无期徒刑的只有8个(走私珍贵动物、珍贵动物制品罪,非法制造、买卖、运输、储存危险物质罪,盗窃、抢夺危险物质罪,抢劫危险物质罪,盗窃罪,生产、销售伪劣产品罪,生产、销售劣药罪,生产、销售不符合安全标准的食品罪),最高法定刑为死刑的只有两个(生产、销售假药罪和生产、销售有毒、有害食品罪),其余罪名的法定刑均没有无期徒刑、死刑的设置。另外,从司法实践的状况来看,破坏环境资源保护犯罪案件罪名相对集中、增速迅猛的罪名不多[5],食药犯罪呈现出轻刑化特征[6]。至此可知,可提起刑事附带民事公益诉讼的刑事案件由中级人民法院一审管辖的注定少之又少,这会延伸性地决定刑事附带民事公益诉讼案件在实然层面只能接近百分之百地由基层检察院提起并由基层法院审理。

刑事附带民事公益诉讼起诉主体的基层化已经构成对海事法院案件受理范围规则和民事级别管辖规则的严重冲击,规则适用不统一的现象已经存在。根据自2016年3月1日

---

〔1〕 笔者调研得知,山东日照岚山区检察院2018年5月对刘某某提起刑事附带民事公益诉讼对应的罪名即是失火罪,该案中作为被烧毁的省级重点公益林之集体所有权人的岚山区巨峰镇柿树园村放弃提起刑事附带民事诉讼。

〔2〕 陕西忻州静乐县检察院2017年11月对祁某、贾某提起的刑事附带民事公益诉讼对应的罪名是危险物品肇事罪,参见马倩如:《粗苯泄漏造成环境污染》,载《检察日报》2018年1月8日。

〔3〕 山东滨州无棣县检察院2018年4月对许某某提起的刑事附带民事公益诉讼对应的罪名是盗窃罪,该案于2019年4月公开开庭审理并当庭宣判,徐某某被判处有期徒刑6个月、缓刑1年;此案因“将往往取土量不多、涉案金额较小、罪名难以确定的非法取土行为定性为盗窃国家、集体财产,以盗窃罪对被告人课以刑罚,在定罪上实现了新的突破”而于2019年6月被山东高院公布确定为十起环境资源审判典型案例之一,参见山东滨州无棣县法院作出的(2018)鲁1623刑初77号刑事附带民事判决书。

〔4〕 这5个罪名依次是生产、销售伪劣产品罪,生产、销售假药罪,生产、销售劣药罪,生产、销售不符合安全标准的食品罪,生产、销售有毒、有害食品罪。

〔5〕 在2018年全国检察机关办理的生态环境领域刑事案件中,滥伐林木罪和非法占用农用地罪案件占刑法第六章第六节全部犯罪案件的50%,非法捕捞水产品罪和非法采矿罪(批捕人数、案件数同比分别上升了190%和145%)案件上升迅猛,参见徐盈雁、闫晶晶:《公地治理的世界性难题是如何破解的》,载《检察日报》2019年2月15日。

〔6〕 2015年至2017年江苏苏州全市法院共审结191件涉327人的食药犯罪案件,判处缓刑161人(占比为49.24%),判处3年以下有期徒刑114人(占比为34.86%),证据固定困难影响违法所得的认定,在一定程度上导致量刑较轻,参见王岑、李雄、丁瑞琦:《发挥司法审判职能 守卫舌尖上的安全——江苏苏州中院关于食品药品犯罪案件的调研报告》,载《人民法院报》2018年5月31日。

起施行的《最高人民法院关于海事法院受理案件范围的规定》,污染海洋环境、破坏海洋生态责任纠纷案件由海事法院专门管辖,地方法院对其无权管辖。尽管最高法院近年来先后发布文号为法发〔2015〕7 号、法发〔2018〕13 号、法发〔2019〕14 号的多个司法文件调整高级人民法院和中级人民法院管辖第一审民事案件的标准,但基层人民法院管辖一审民事案件的标的额仍被有所区分地设有上限(见表2)。刑事附带民事公益诉讼由基层检察院提起并由基层法院审理的实践常态,不仅会使海洋生态环保领域的公益诉讼案件由海事法院大量地流向地方法院,而且会使超过基层人民法院管辖限额的案件被轻易截留,这些案件被诉主体的级别管辖利益和地域管辖利益则会被非法剥夺。如此的判断并非主观臆测,其已经被典型案例所印证。2018 年 3 月 22 日江苏连云港灌南县检察院对山东荣成伟伯渔业有限公司(以下简称荣成伟伯公司)、何某某等 18 名被告人提起公诉,同时对 46 名被告及荣成伟伯公司等 3 个单位提起刑事附带民事公益诉讼,请求判令被告以增殖放流、劳役代偿、建立海洋牧场等方式修复海洋生态或赔偿修复费用 1.3 亿余元及承担损害调查、评估费用,并在媒体公开赔礼道歉。[1] 此案若采取单独起诉的方式,则应由当时管辖区域为江苏及上海沿海海域(包括洋山深水港及周边海域)和长江水道浏河口以下通海水域的上海海事法院管辖,二审则应由上海高院管辖。

表 2　一审民事案件级别管辖

	当事人住所地均在受理法院所处省级行政辖区		当事人一方住所地不再受理法院所处省级行政辖区	
省域	中级人民法院	高级人民法院	中级人民法院	高级人民法院
京、沪、苏、浙、粤	1 亿元以上	50 亿元以上	5000 万元以上	50 亿元以上
津、冀、晋、蒙、辽、皖、闽、鲁、豫、鄂、湘、桂、琼、川、渝、贵、陕、新	3000 万元以上		2000 万元以上	
吉、黑、赣、云、甘、青、宁	1000 万元以上		1000 万元以上	
藏	500 万元以上		500 万元以上	

为克服刑事附带民事公益诉讼的起诉主体困境,实践中出现了基层检察院根据《宪法》第 132 条关于“上级检察院领导下级检察院”的规定或 2018 年 10 月修改的《人民检察院组织法》第 24 条关于“上级检察院可以办理下级检察院管辖的案件”的规定将管辖权向上转移给市级检察院的做法。例如,四川雅安石棉县检察院将雷某等 5 人涉嫌非法捕捞水产品罪移送雅安市检察院审查起诉,2018 年 7 月 30 日雅安市检察院向雅安市中级人民法院提起刑事附带民事公益诉讼,请求判令 5 被告承担生态环境修复费用 9.75 万元,2018 年 10 月 9 日雅安市中级人民法院公开开庭审理此案,判决雷某等 5 人 10 日内连带赔偿生态环境

〔1〕 韩东良、王从帅:《灌南检方公诉偷捕大案》,载《中国环境报》2018 年 4 月 2 日。

修复费用9.75万元。[1] 这种与《检察公益诉讼司法解释》第20条第2款几乎截然相反、“就高不就低”的做法并不能产生规模化的效应，因为管辖权上移是案件管辖规则的补充性、例外性设计，一旦将其常规化，不仅会侵蚀案件管辖规则的科学性与体系性，而且会实质性地加重市级检察院办理刑事公诉案件和刑事附带民事公益诉讼案件的负担。可以预计，出于避免办案负担加重的考虑，市级检察院为期不久就会对基层检察院的管辖权上移申请持排斥态度。

尊重现有的海事法院案件受理范围规则和民事级别管辖规则，把海洋生态环保领域的案件和诉讼标的额（主要体现在赔偿损失请求项中）超出基层人民法院管辖上限的案件排除到基层检察院可提起刑事附带民事公益诉讼的范围之外，是克服其起诉主体困境的更好方案。如此一来，有利于增加市级检察院单独提起民事公益诉讼的案件数量，降低刑事附带民事公益诉讼过高的首位度，促进检察公益诉讼起诉案件的结构趋于合理，保障被诉主体的管辖利益，提高检察公益诉讼裁判文书的社会认可度。

值得指出的是，目前法院对环境资源案件集中管辖的持续推进，会对刑事附带民事公益诉讼的起诉主体数量和案件类型分布产生不小的影响。2019年1月2日最高人民检察院、生态环境部、国家发展和改革委员会、司法部、自然资源部、住房城乡建设部、交通运输部、水利部、农业农村部、国家林业和草原局联合印发的《关于在检察公益诉讼中加强协作配合依法打好污染防治攻坚战的意见》第6条规定“在法院实行环境资源案件集中管辖的地区，需要提起诉讼的，一般移送集中管辖法院对应的检察院提起诉讼”。2019年1月15日下发、文号为苏高法〔2019〕16号的《江苏省高级人民法院关于设立环境资源法庭并跨区域管辖环境资源案件的通知》第四部分载明“要建立公安、检察、法院异地管辖对接机制，对于刑事诉讼、检察公益诉讼案件，协调检察机关采取相应的集中管辖，由集中管辖检察院向具有管辖权的环境资源法庭提起诉讼，或由检察机关属地管辖，跨越行政区划向具有管辖权的环境资源法庭提起诉讼。”2019年5月江苏法院全面启动环境资源审判“9＋1”机制改革，以生态功能区为单位设置环境资源审判法庭，在南京设立西南低山丘陵区域环境资源法庭，在苏州设立太湖流域环境资源法庭，在无锡设立长江流域环境资源第一法庭，在南通设立长江流域环境资源第二法庭，在淮安设立洪泽湖流域环境资源法庭，在盐城设立黄海湿地环境资源法庭，在连云港设立灌河流域环境资源法庭，在徐州设立淮北丘岗区域环境资源法庭，在宿迁设立骆马湖流域环境资源法庭，设立环境资源法庭的法院集中管辖全省由基层法院管辖的一审环境资源案件，其余基层法院不再受理、审理环境资源案件；在南京市中级人民法设立南京环境资源法庭，集中管辖9个生态功能区法庭所审结案件的上诉案件和全省中级人民法院管辖的环境资源案件。[2] 可以预判，在环境资源案件实行集中管辖

---

〔1〕 参见刘德华、易雪艳、钟锦鸣：《一条朋友圈炫耀微信引出电鱼案》，载《检察日报》2019年2月19日。

〔2〕 顾娟、刘露：《江苏法院全面启动环境资源审判机制改革》，载《民主与法制时报》2019年5月18日。

的区域，刑事附带民事公益诉讼由与集中管辖法院对应的检察院提起将成为常规动作，与集中管辖法院不对应但数量占有绝对优势的检察院将丧失起诉主体的资格，并将丧失提高应对庭审以及后续执行之专业能力的机会，它们会将办案的重心移向食药安全领域；对起诉主体资格的垄断会让与集中管辖法院对应的检察院本能地把办案重心锁定在生态环保领域，对食药安全领域要么无暇兼顾，要么弃之如履。

（二）被诉主体困境及其破解

从范围层面来看，刑事附带民事公益诉讼被告与刑事被告人的关系可分为全同模式、全异模式（如表3中案例3）、交叉模式（如表3中案例5）、包含模式（如表3中案例2、案例4）和包含于模式（如表3中案例1），后四种模式的出现意味着刑事附带民事公益诉讼被告与刑事被告人不一致。

表3　刑事附带民事公益诉讼被告与刑事被告人不一致的部分案例概况

编号	起诉主体	起诉时间	刑事附带民事公益诉讼被告	刑事罪名	刑事被告人	出处
1	云南鲁甸县检察院	2018年11月	胡某、郭某、段某	生产、销售不符合安全标准的食品罪	胡某等17人	《检察日报》2019年1月2日
2	安徽芜湖镜湖区检察院	2018年7月16日	宝勋精密螺丝（浙江）有限公司、平湖三和金属回收有限公司及李某某、涂某某等13个被告	污染环境罪	平湖三和金属回收有限公司不是刑事被告人	《检察日报》2018年7月18日
3	上海铁路运输检察院	—	三刑事被告人所供职的位于上海松江区的某公司	污染环境罪	龚某、贺某和向某	《中国环境报》2018年8月3日
4	江苏连云港灌南县检察院	2018年3月22日	荣成伟伯公司等三家单位和何某某等46名自然人被告	非法捕捞水产品罪	荣成伟伯公司、何延青等18名被告人	《检察日报》2018年3月23日
5	江苏无锡惠山区检察院	2018年上半年	河南某医药科技公司、河南某药业公司、牛某、万某	生产、销售假药罪	河南某医药科技公司法定代表人冯某、河南某药业公司法定代表人郭某、牛某、万某	《检察日报》2018年4月20日

最高人民法院至迟从发布《检察公益诉讼司法解释》开始即把“刑事附带民事公益诉讼

被告与刑事被告人一致”作为受理刑事附带民事公益诉讼的必要条件来对待。2018 年 3 月最高人民法院副院长江必新公开解读《检察公益诉讼司法解释》时，指出新增刑事附带民事公益诉讼是“鉴于刑事诉讼和民事公益诉讼的诉讼主体一致，基本事实相同”，目的在于“节约诉讼资源，提高诉讼效率，妥善确定犯罪嫌疑人的刑事责任和民事责任”。〔1〕 如此设定制度目的，使国家本位主义和效率优先主义跃然而显，使程序保障主义和公正优先主义黯然而退，使刑事附带民事公益诉讼在处理价值追求方面天生就难以做到得心应手。在 2018 年 11 月召开的第二次全国法院环境资源审判工作会议上，最高人民法院环境资源审判庭时任副庭长王旭光重点明确“在刑事附带民事公益诉讼案件中，如果存在附带民事公益诉讼被告与刑事被告人范围不一致等不符合附带审理条件的，可以释明民事公益诉讼应当单独提起”。〔2〕 然而，表 3 中的案例说明，最高人民法院的相关解读与要求并未很好地成为检法系统的办案准则，法院对附带起诉和单独起诉的释明责任没有履行到位。

在全同模式下，刑事被告人出于争取从宽量刑的考虑，积极赔偿的可能更大、意愿更强，附带民事公益诉讼的裁判结果往往能够提前实现或有效实现，民事责任会对刑事责任进行部分的吸收，二审程序被提起的概率会相应地降低，案结事了的快速性会得到彰显。在单位不构成刑事犯罪但须对与犯罪行为竞合的民事侵权行为承担责任时，全异模式、交叉模式或包含模式就会出现，此时检察院对无刑责主体须履行有异于侦查程序的取证程序，无刑责主体追求有刑责主体之量刑从宽的动机不会具有必然性和直接性，且会在民事责任最小化之目标的驱动下造成程序上的激烈对抗，审判组织对程序的组织指挥会面临很大的挑战，刑事附带民事公益诉讼之“缩短办案周期，节省诉讼资源，妥定法律责任”的制度目的将很难得到实现。在包含于模式下，检察院确定刑事附带民事公益诉讼之被告的合理性极易被质疑，有无赔偿能力若成为确定标准，虽然有利于解决民事部分之裁判结果实现难的问题，但“有钱从宽”的实践外观将在同一案件中客观呈现且无法被给予低度容忍。

“不明显拖延刑事诉讼进程”和“被诉主体人数较少，案情较为简单”均不能成为接受刑事附带民事公益诉讼被告与刑事被告人不一致的理由。原因在于：（1）对是否构成明显拖延刑事诉讼进程的主客观认定有赖于起诉主体视角、被诉主体视角和裁判者视角的良好结合，而这三类主体对刑事诉讼进程快慢的诉求以及能够施加的影响却存在很大的差异，“仁者见仁，智者见智”的分歧性认定难以避免。（2）何谓“人数较少”和“案情较为简单”，至今没有明确的规范标准和达成共识的理论标准，其容易成为基层人民检察院截留案件或推诿案件的借口。

把“刑事附带民事公益诉讼被告与刑事被告人一致”设定为法院受理的硬性条件，一方

〔1〕 参见江必新：《认真贯彻落实民事诉讼法、行政诉讼法规定　全面推进检察公益诉讼审判工作——〈最高人民法院、最高人民检察院关于检察公益诉讼案件适用法律若干问题的解释〉的理解与适用》，载《人民法院报》2018 年 3 月 5 日。

〔2〕 王玮：《如何判断被诉行政机关是否依法履职》，载《中国环境报》2018 年 11 月 29 日。

面有助于破解全异模式、交叉模式、包含模式和包含于模式下所存在的困境以确保刑事附带民事公益诉讼的制度目的得到完美的实现;另一方面有助于为附带起诉和单独起诉划出清晰可见、简便易判的界限以促进基层人民检察院和市级人民检察院的办案负担趋于均衡。

四、结　　语

"从公益性诉讼实施权配置的角度来分析,无论是社会组织还是检察机关,其提起民事公益诉讼均不在于维护其自身合法权益,前者动员社会资源维护社会公共利益,后者利用公共资源维护社会公共利益。"〔1〕刑事附带民事公益诉讼的运行,必须重视国家资源的投入产出比,低投入产出比的相关实践越少越好。2019年1月,最高人民检察院完成内设机构改革,省以下检察院内设机构改革全面展开。〔2〕受制于业务机构的数量,基层人民检察院独立设置公益诉讼案件办案机构将相当罕见,公益诉讼和民事检察、行政检察归属同一业务机构的情形将极为普遍。办案机构的非独立化、人员编制的屈指可数以及起诉审批权自2019年1月起由省级检察院下放至市级人民检察院,办理刑事附带民事公益诉讼案件还是会继续成为基层人民检察院无奈的选项或本能的"爱好"。若被告持续以社会底层人员(如因犯生产、销售不符合安全标准的食品罪而被追责的炸油条摊贩)居多,则刑事附带民事公益诉讼就会给人"捡软柿子捏"的不好印象,办案质效就不会得到实质性的提高。本文的探讨尽管以促进刑事附带民事公益诉讼的有效运行为依归,但无法做到一应俱全,接力性的探讨注定十分必要。

(原载于《政治与法律》2019年第10期)

〔1〕黄忠顺:《公益性诉讼实施权配置论》,社会科学文献出版社2018年版,第152页。

〔2〕姜洪:《最高检组建十个业务机构　突出系统性整体性重构性》,载《检察日报》2019年1月4日。

论中国判词近代转型期的语体特色

田荔枝*

经过清末戊戌变法和修律运动,近代(1840~1949年)判词在中西法文化碰撞中出现了重大转型,受异质文化的渗透和冲击,在承袭传统的基础上出现了明显的突破,从判词的篇章结构到语言的运用都不同于传统的判词。无论是结构模式还是语汇的专业化均出现新的突破,判决理由吸收西语的逻辑繁复之表达,增强了说理的逻辑效果,改变了古代判词重道德修辞轻法律修辞的语体特色。限于篇幅本文仅就判词语体中程式化及逻辑化问题加以探讨。

一、近代判词语体研究综述

有关我国判词研究,目前学界多集中于古代判词,比如汪世荣《中国古代判词研究》、刘愫贞《判词语体论》、赵静《修辞视域的古代判词研究》三部著作,分别从法史角度、语体角度、修辞角度加以研究,虽各有侧重,但均以古代判词为研究对象,没有涉及近代判词。另外,诸多论文也多是围绕古代判词从不同角度分析论证的,如贺卫方的《中国古代司法判决的风格与精神——以宋代判决为基本依据兼与英国比较》,王志强的《〈名公书判清明集〉法律思想初探》和《南宋司法裁判中的价值取向》,郭成伟的《唐律与〈龙筋凤髓判〉体现的中国传统法律语言特色》,苗怀明的《中国古代判词的文学化进程及其文学品格》《中国古代判词的发展轨迹及其文化蕴涵》《论中国古代公案小说与古代判词的文体融合及其美学品格》,田荔枝的《从〈折狱新语〉看判词语言风格的变化》,陈宝琳的《中国古代判词的发展演变和特点分析》等。

而对于近代判词,研究者较少,从笔者目前所搜集资料来看,相关论述主要见于以下

* 田荔枝,山东大学法学院副教授。

文献：

何勤华在点校本《华洋诉讼判决录》前言中，对直隶高等厅有关华洋诉讼的判词作了总体评价，并纠正了一些传统认识："当时的判决书是非常讲究逻辑推理，以及文章风格的。对控诉人的控诉理由，法院都是严格依据证据、法律、法理，层层分析，详细辩明，有话则长，无话则短。最长的判决书竟长达28页，共22,000多字，而最短的才十几行字。这种依照案件的内容来制作判决书的精神，对我们目前的司法审判工作，仍具有参考的价值。"〔1〕

李启成在点校本《各省审判厅判牍》序言中有一部分相关论述，指出了近代判词在社会转型期新旧兼备的特色："发现各级审判厅推事们制作的诸多判词，向读者展示了清末社会在司法领域出现了一个新的强势话语体系：那些从异域移植而来的新法学名词……占据了说理的中心舞台。正是以此类法学新名词为核心，形成了一套新的强势话语体系。"〔2〕论述颇为精到。

俞江在点校本《塔景亭案牍》导读中对清末民初（大致在1908年至1914年，即光绪三十四年至民国三年）地方审判资料——江苏省句容县县衙判词，根据审理对象作了分类，并指出："判词所处理的对象也极为复杂，民事诉讼尽管是判词处理的主要对象，但不能把县衙的判词一概视为今天意义上的民事判决书。"〔3〕

张德美的著作《从公堂走向法庭——清末民初诉讼制度改革研究》一书，也有部分章节涉及近代判词问题，主要是清末民初的判词提出"证据调查为判决提供了事实基础，而适用法律是判决的核心问题。清末民初的诉讼制度改革，不仅仅使判决样式发生了变化，判决的精神也从古代的执法原情发展为依法裁判。"〔4〕

还有部分论文，如李贵连、李启成的《司法判决书与中国近代法研究》，周祝一的《中国判词近现代发展概况》、何勤华的《〈华洋诉讼判决录〉与中国近代社会》、王春丽、余钊飞的《1928－1937年上海档案馆若干刑案判词研究》，邓雯的《南京国民政府初期湖南邵阳地方刑事判决书探微》、王长江的《"马锡五审判方式"之裁判文风》等。

我国台湾地区学者对此进行的研究颇为突出，如黄源盛在其相关论著中多次涉及近代判词的风格、制判人员的素质等，其著作《民初法律变迁与裁判（1912－1928）》对民国初年大理院判词作了高度评价："1912－1928最亮丽的是什么？是大理院的裁判文书，都用毛笔字写的。不仅内容好，书记官的毛笔字都可以当作艺术品来欣赏。我后来跟国民政府最高法院对照过，国民政府的裁判书差太远了。甚至我国台湾地区早期的裁判书也跟不上大理

---

〔1〕直隶高等审判厅书记室编辑：《华洋诉讼判决录》，何勤华点校，中国政法大学出版社1997年版，前言，第11～12页。

〔2〕汪庆祺编：《各省审判厅判牍》，李启成点校，北京大学出版社2007年版，第16页，注释1。

〔3〕俞江：《近代中国的法律与学术》，北京大学出版社2008年版，第250页。

〔4〕张德美：《从公堂走向法庭——清末民初诉讼制度改革研究》，中国政法大学出版社2009年版，第167页。

院的裁判书。”[1]

二、近代判词语体发展分阶

近代判词语体发展的典型阶段为清末时期和民国时期。需要指出的是,自20世纪20年代末以来,我国近代判词语体呈“双轨”现象发展:一方面是国民党政府的判词,另一方面是革命根据地的判词,后者较前者不仅目的、性质完全不同,而且语言更为通俗易懂,但仍沿袭传统格式。

(一)清末判词语体

20世纪的晚清法律改革,中国传统法律和法制逐渐被扬弃,中国法律开始了近代化的进程。借鉴西方的司法独立,审级制度上实行四级三审制,在审判制度上采用资产阶级的辩护制度、陪审制度、回避制度、公开审判原则以及二审、三审判决的合议制度,并建立了由大理院执行的“复判”制度等。立法上,打破了中国传统的民刑不分,逐渐与现代西方司法接轨。

受西方法律思想和法律制度的影响,翻译、引进西方两大法系实体法、程序法著作之后,以大陆法系国家判词为蓝本,制定了包括判词在内的法律文书的新格式。清末宣统年间由奕劻、沈家本编纂的《考试法官必要》借鉴日本、德国司法文书制作经验,启动现代法律文书格式,对刑民判决书的格式作了统一的规定,主要项目与现代判词十分相似,在制作格式上与古代判词迥异。

然而,这些判词格式在清末并未启用,而是由民国政府根据实践需要逐步完善后得以实施。因为尽管晚清法律规定比较完备,但由于当时中国传统司法的惰性,人才、资金的缺乏,民众观念的落后,在实际的改革中,并未取得预期效果。清末民初的司法体系呈现出的是一种新旧交替的局面,即上诉审和终审由专门的审判机构受理,而初级审判仍由行政长官兼理。因此,清末初级审判的判词无论是司法官有权作出判决的“审语”,还是其无权作出判决而制作的供上司参考的“看语”,在内容上,虽然也包括了事实、分析和裁判结果三部分,但是在结构上却没有明确的分野,需要读者自己去发现和分析,表现出对古代判词的传承意识,在法律体系新旧交替的语境下保留了古代判词的特点,只有在专门审判机构针对上诉审和终审所作的判决中传递出判词由传统向现代转型的信息。

另外,晚清一些思想开明的有志之士倡导的白话文运动,为判词语体的演进开拓了新的语文环境。黄遵宪从语言与文字的关系出发,将它们与人的智识联系起来,强调通过变

---

[1] 黄源盛:《历史视野下的“六法全书”》,载燕山大讲堂,http://view.news.qq.com/ysdjt.htm,最后访问日期:2011年12月1日。

革文体以利民众,把语言文字当成了开启民智的工具。推进文言通俗化,改变中国文体,借以普及文化,提高大众文化素质,促使全民族的觉醒和崛起,成为晚清白话文运动的先声。梁启超倡导的报章"新文体",浅白、生动、平易晓畅,突破了文坛的种种定则,极大地解放了文言文体的束缚,它吸收了文言和白话各自的优点,影响和改变了一代文风。在语言运用方面出现了两种情形:面向民众,白话文成为宣传政治的手段,而在上层仍使用文言,知识分子不同程度地认为文言高雅而白话低俗。白话与文言的发展是与历史时代的发展需要相适应的。因此,晚清的白话文文体更倾向于半文半白,这种语言风格同样在判词中有所体现。此期判词主要见于《各省审判厅判牍》[1]《塔景亭案牍》[2]。

(二)民国时期的判词语体

1. 民国元年至1927年的判词

1912年中华民国成立,判词格式沿袭清末法制改革时期推出的新格式,并作了改进。引入大陆法系国家如德国、日本的文书格式,形成"主文——事实——理由"三段论式结构。

清末变法修律,西方法文化的输入,以西方的法言法语被系统地引进为标志,且随着法学教育的展开,从中华民国元年起,判词已不同于过去,大量的语体词——法律专业术语出现在判词中,结构模式稳定成型,语体风格上以散体为主,语言平实精练、叙事明晰、论证充分、说服力强。

从写作技艺来看,民国时期的判词颇有造诣,可以说是中国判词语体史上继唐宋以后又一次质的飞跃,这在《大理院判决录》[3]中有突出体现。大理院的判词结构与布局大体上有一定章法,依规定分为主文、事实与理由三部分,判决主文一般需引用法条文句,或按事实内容而为准驳,大多是简易的文言,并不难懂,只是事实及理由部分的措辞往往因个人文字素养而有不同,但法律术语多,且因当时未加标点因而断句相对困难。此期判词语体对后世判词的断案的"个性化"和说理的"论文化"均有一定的借鉴价值。直至1949年以后,这些语体特点仍为我国台湾地区继承和发展。

此期判词主要见于"法理精醇、文笔雅洁"的《现行律令判牍成案汇览》[4]、《最新司法

---

〔1〕 此书由汪庆祺搜集清末省城商埠各级审判厅和检察厅的各种判牍,择其精华编成。从编者所撰的"凡例"可知,此书编纂时间为1911年冬到1912年春,后于1912年印行出版。参见汪庆祺编:《各省审判厅判牍》,李启成点校,北京大学出版社2007年版。

〔2〕 许文濬:《塔景亭案牍》十卷,民国间刊本。该书前有许文濬的"自序"一,后有俞龙的"跋"一。正文共分十卷。其中,卷一为"呈文",卷二为"通告",卷三为"指令",卷四至卷十均为"庭判"。是难得一见的纵跨清末和民初两个时代的县知事案牍资料。

〔3〕 该书由大理院书记厅编辑,华盛印书局中华民国二年(1912)六月二十日初刊。

〔4〕 该书由孙鑫源编,上海文明书局1915年版。收录中央平政院、大理院及京外各级法庭的判牍525篇,可见民国时判词制作之大概。

判词》[1]、民初大理院汇编的《大理院判决录》、直隶高等审判厅编印的《华洋诉讼判决录》[2]、天虚我生《司法案牍菁华》、谢森等《民刑事裁判大全》[3]等判牍汇编。

2. 1927 年国共合作分裂后的判词

主要分为国统区判词与革命根据地的判词两支。1928～1937 年南京国民政府时期的刑事诉讼法要求裁判书记载受裁判人之姓名、性别、年龄、职业、住所,记载检察官或自诉人并代理人、辩护人之姓名。而且,判词笔录之正本,应由书记官依原本制作之,盖用法院之印,并附记证明与原本无异字样。1935 年,国民党政府在颁发的《民事诉讼法》和《刑事诉讼法》中,对判词和书状的格式内容作了一些具体规定,但仍没有形成程式专书。

革命根据地的判词在结构上基本沿袭"主文——事实——理由"的模式,但判词语体风格与国统区截然不同,逐步走上大众化、通俗化的道路,为新中国现代判词语体奠定了基础。

需要说明的是,国统区和革命根据地的语言差别并非汉语本质上的分化,汉语仍然是人们共同的交际用语。两个地区并未出现大量的专用词语和特殊句式;书面语的差别只是语体的差别,而且这些差别并非处处都是分明的——事实上,国统区也有白话,而革命根据地的判词有用半文不白的语言风格,从判词实例可以证明 20 世纪 20 年代后期,国共两党审判机构的判词,语体上可谓文白兼有,古雅不失简明,通俗亦显雅致,只是各有侧重而已。

三、近代判词语体:传统向现代的转型

自晚清鸦片战争以后,中国在西方帝国主义的欺辱下,迸发了剧烈的民族运动和社会运动,进入了一个新的社会转型期,法律改革作为此种宏大社会转型的组成部分,也具备社会转型的新旧兼具等特点。在法律体系新旧交替的语境下,清末判词一方面表现出对古代判词的传承意识,像《塔景亭案牍》中体现司法行政合一、制作主体为县官的判词还依旧存在,这些判词更多地继承了古代判词的语体特色,重道德说教、伦理化程度较高而且情感化语言颇多。另一方面,中西法文化碰撞为判词语体的重大转型提供了契机,在异质文化的渗透和冲击下,判词的结构模式、法律修辞意识开始出现新的转向,同时吸收西语的逻辑繁复之表达,增强了说理的逻辑效果,这在清末判词的代表性专辑《各省审判厅判牍》中就已

[1] 《民初司法判决书汇集》(共 4 册),上海商务印书馆 1923 年出版发行。

[2] 该书由直隶高等审判厅书记室编辑:《华洋诉讼判决录》,何勤华点校,中国政法大学出版社 1997 年版。

[3] 该书由上海会文堂新记书局 1932 年出版,1934 年第三版。全书分为民事和刑事两部分。民事包括:民事第一审、民事第二审、民事第三审、民事抗告和民事再审等内容。刑事包括:刑事第一审、刑事第二审、刑事第三审、刑事抗告和刑事再审、刑事简易程序、刑事附带民事诉讼、刑事其他、刑事覆判和刑事特别法等内容。书后附有民事裁判书用语注意事项和强制执行公文程序等内容。作者认为,虽然民刑诉讼因案情不同,其裁判的内容也不尽相同,但这是针对实体法而言的。如果从程序法看,民刑案裁判的程式及引用法律之条文,或完全相同,或大同小异,自有其不变的内容。基于此,本书将民刑事两大裁判资料合并一处。

初现端倪,向世人展示了一种新的结构、新的话语风格。

(一)判词篇章的程式化

程式化是判词体现其法律权威的必然结果,是法制进化的必然过程。程式化判词,有助于约束制判者思维状态,有助于展示法律推理的逻辑性。可以说,古代判词向近代判词转型的重要标志之一便是判词的程式化。

判词程式化在古代判词中虽有些微体现,(如《折狱新语》[1]中的开篇词"审得"等)但仅限于部分词语的习惯性用法,其粗略与简单尚不足以说明实质性的程式化。到了近代,判词的篇章结构已划分为几个特定的组成部分,且每一部分都有相对固定的模式化语言(或词语或句子或句群、段落),体现出制判者的严谨理性。在人类的语言实践中,人们总是力图使其所归属的文化或行业内的某种语言标准化,从而促进相互之间的理解,减少交易成本,保障交易的安全性。吉本斯指出:"在法律中,读写能力的标准化影响是巨大的。如果一种语词形式被认为是充分地满足了某个特定的法律目标,例如某个特定的语言在法庭上被认为是创立了一项有约束力的承诺,它便成为在后来的允诺中再次使用该语词表达的一个充分理由。事实上它起到了一种先例的作用。一旦法律行为通过书面文字确立下来,它们便可得到商讨,相关要素可以得到复制。在法律中,这促进了格式文书(Form Books)的发展,它们提供被人试用过并得到检验的语词形式,法律学者们可以将它们汇编在一起形成操作性文件……它也可能会适时导致制作整个操作性法律文件的标准方式的产生,……它也可能会导致一项法律功能得以实现所必须经历的那些步骤的标准化,亦即会导致标准法律语体的产生。因此,连贯和保守是法律书面语的典型特征。"[2]很显然,经过历代法律人的共同努力,判词语言不断地被标准化。事实上,判词语言按照一种经验主义的做法被固定下来,文本越来越程式化、标准化,形成了法官们必须遵循的行文格式。这些格式既是经验的总结,也是一种标准化和格式化的努力。

判词程式化主要反映在语篇程式化与语句程式化两方面。

语篇程式化。具体表现为判词文本有明确的固定段落标示并使用提示语如"主文""事实""理由"等结构全篇,使判词展开模板化。一般而言,判词展开程序为:主文、事实及理由,语篇段落分类固定。结构模式如下(当时行文采用竖排版):

"右列上告人……。本院判决如左……。主文……。事实……。理由……。"

---

〔1〕 该书是明末李清(字映碧,1602~1683年)在宁波府推官任内审理各类民刑案件的结案判词专集,分为婚姻、承袭、产业、诈伪、淫奸、贼情、钱粮、失误、冤犯十类,分别成10卷210篇。

〔2〕 [美]约翰·吉本斯:《法律语言学导论》,程朝阳、毛凤凡、秦明译,法律出版社2007年版,第27页。

表明判词语篇有固定的模式，裁判思路逻辑严谨。在这一总体模式下每一部分又有相应的下位层次构成。

如前文所述，清末宣统年间由奕劻、沈家本编纂的《考试法官必要》对刑事、民事判决书的结构内容作了统一的规定，主要项目与现代判词十分相似。晚清法部所颁布的通行于全国各级审检厅的章程《直隶省各级审判检察厅暂行章程》第二章审判通则中第六节公判第46条规定[1]：

> 判词之定式，除记载厅名并表明年、月、日，由公判各官署押盖印章外，其余条款如下：
> 刑事
> 一、罪犯之姓名、籍贯、年龄、住居、职业；
> 二、犯罪之事实；
> 三、证明犯罪之理由；
> 四、援据法律某条；
> 五、援据法律之理由；
> 以上系有罪判决之款式。其无罪之判决，但须声明放免之理由。
> 民事
> 六、诉讼人之姓名、籍贯、年龄、住所、职业；
> 七、呈诉事实；
> 八、证明理由之缘由；
> 九、判断之理由。

清末判词的代表性专辑《各省审判厅判牍》中所收录的判词（见后附实例一），基本上都明确分为案件事实、判决理由和判决主文三部分，每部分相应的提示语分别为“诉讼事实”“判决理由”“判决主文”，虽然总括这每部分的用语可能微有差别，如“判决理由”一项，有时称为“证明理曲之缘由”，有时称为“援据法律某条及理由”等，但由于其明确的段落划分和用语提示，和古代判词的结构相比，其结构的明晰性不可同日而语。此种结构的变化，其意义不仅在于结构自身，更重要的是它表明判词所服务对象的变化、制判者司法观念的转变。《各省审判厅判牍》中的判词虽然并不尽如上例所示依照明晰结构安排判词内容，但其多数判词已经开始注意判词语篇的模式化问题。因此，可以说《各省审判厅判牍》新旧交杂，以新取胜，是古代判词语体向近代判词语体过渡时期的新动向，它向世人传递出一种新的信息即判决修辞开始注意行文的理性。

然而，判词语篇程式化的真正实施出现在民国初年。此期的判词呈现出全新的语篇模

〔1〕 汪庆祺编：《各省审判厅判牍》，李启成点校，北京大学出版社2007年版，第297～298页。

式，其首部、正文、尾部均有相应固定的构成部分，每一部分提示用词一一固定，避免了《各省审判厅判牍》中同义提示语多种选择的情况，更简省了古代判词中的收尾提示语“此判”二字，而是以一种全新、定型的模式化语篇出现，跨出了向现代意义上的判词语体规范转化的重要一步。民初大理院汇编的《大理院判决录》、直隶高等审判厅编印的《华洋诉讼判决录》、天虚我生《司法案牍菁华》、谢森等《民刑事裁判大全》等判牍汇编，均可以看到民、刑判决书等各类判词模式趋于成熟定型。

在语篇模式化的基础上，语句的程式性也是判词程式化的一个方面。主要表现在贯穿于判词语篇的习惯性或固定性词语。其中包括宣判提示语、陈述提示语、证据提示语、论理提示语等，这些词语形式固定、所指明确，程式性明显，是最能代表判词语体特点的语体词，是判词区别于其他语体最直接的体现。

如“本院判决如左”“主文”等便是宣判提示语。民国时期的判词不论是国统区还是革命根据地的判词，均有这种固定的判决提示用语，尽管案件结果因个案有别，但需要借助这种语言加以表述。陈述提示语包括程序提示和案情提示。其用语庄重典雅、要言不烦。如：“右上诉人……因……案件，不服……第一审判决提起上诉”“案经……侦查起诉……”；案情提示语则如“缘……”“因……遂……致……”以示下文是对法院所采信案件事实的叙述；证据提示语多用“经……”“据……”“讯据……”“核……”；理由则用“讯据、经查、采信、无可采”等说明判决依据及理由。主文部分用“维持……”“撤销……”“判决……”等语陈述判决结果。判词对当事人陈述的表述在词语程式性上亦有所体现，或间接概括或间接转述，或直接转述，或直接引用，从而在述清案件来龙去脉的同时对构成事实的时间、地点、动机、目的、行为人、手段、情节、后果诸要素予以交代。通过语言建立其间的内在联系，使案情成为一个具有逻辑性的、完整的、有着自身特性的案件事实，也使“事实清楚”“证据确凿”“足以认定”等程式性极高的语体词有客观依据。

判词程式化对判决修辞选择的限制呈递进关系，程式化程度越高，修辞选择的范围越狭窄，程式化实质上是对思维的限定，让制作者在一个预先制定好的思维模框中展开叙述、议论、说明，也可以说是确定了话语基调，所选修辞一定是和这种基调保持一致的，否则就会发生有违语体的修辞现象。

中国的判词从唐代的骈判发展到后来的散判，再由结构不明晰的散判发展到此种三段式的散判，不仅意味着判词所表达的案件事实和判决结果之间逻辑关系的强化，而且使判词本身更易懂，更容易阅读和传播。判词的功能也必然产生变化，不再是单纯的满足上司检阅和存档的需要，更重要的是说服当事人以及因此判决而受影响的人们，甚至于普通民众。同时，这又反过来会影响制作判词的法官，他们会想方设法使自己的判词在内容上更有说服力、在形式上更通俗易懂，这种双向互动有助于提高判词的整体水平。

(二)判决理由的逻辑性

判词的程式化实际是其内容逻辑性的外化。近代判词在行文结构定型的同时,析理语言增强,体现出明确的裁判逻辑程式,正如有学者所言"判决首先是法律适用活动的一种结果,而法律皆以规范的形态存在,因而判决论证是一种规范论证。规范作为一种应然命题,它是对人类行为进行要求、禁止和允许的一般性规定。所以规范论证不是对真相或真理的证明,而是对规范或人类个别行为是否正确或妥当提出合理的依据。是故裁判者欲证明一个法律判断的正确性和有效性,则'必须至少引入一条普遍性的规范',而'法律判断必须至少能从一条普遍性规范连同其他规定中逻辑地推导出来',并且'必须尽可能多地展开逻辑推导步骤,直至无人质疑:相关陈述的确适用于系争案件'"。[1] 重视判决理由的法律论证成为现代判词规范的重要标志之一。

古代中国自秦以后中央集权日益加强,君权至尊,逐级而下严密地统治着百官群吏,民众位处最底层,上下的关系不仅是职务、权威的大小,甚至还在道德、智能上,也推定其有高下之分,同时信奉"刑不可知,则威不可测",因此在判词制作中,对阐述法律理由并不重视。"在重大案件的报告里,臣下虽有'管见'可做建议,但无不以在'圣聪'、'宪虑'的洞察之中,自然无用哓哓上渎,只要将案情叙述明白,以供上宪、圣主的决定便行了。至于皇帝最后的判决,因为无虑他人批评,除非有意使它成为一个新例垂诸后世,必须阐明其意图之外,大多极为简略,不屑对案情、法理等多加解释。"[2] 另外,古代中国没有健全的法律教育和律师制度,"司法者在审判之时既无人能加以监督,所作判决无须详申理由,判决之后又很少能加以批评,其心智不免流于疏懒,其判决不免失诸简陋"。[3]

因此,我国古代判词语体多缺乏法律修辞特点。如西周时期的《亻朕匜铭》[4],文字简洁平实,说理性不强。汉代判词注重在实践中对法律的解释和适用,突出以儒学经典断案析理。唐宋时期是古代判词的繁荣阶段,判词语言富于变化,感性成分突出,即使在宋代判词以及古代判词成熟阶段的明清时期,出现众多重视事实与情理分析,并有引律为判之判词,但是古代判词论证的方式仍是夹叙夹议,长于言情理,拙于论法理,事实叙述和证据分析多一并进行,且均随法官意愿和制判风格变化,短则数十言,长则上百言,有的推己及人,循循善诱;有的则动之以情,晓之以理,往往成为辞章华丽、对仗工整的道德修辞,缺乏逻辑推理的严谨理性和严格的制度性要求,可谓道德修辞胜于法律修辞。

---

〔1〕 陈林林:《裁判的进路与方法——司法论证理论导论》,中国政法大学出版社2007年版,第33~34页。

〔2〕 黄源盛:《民初法律变迁与裁判(1912-1928)》,政治大学法学丛书(47),2000年初稿,第85~86页。

〔3〕 同上书,第86页。

〔4〕 此为1975年12月于陕西岐山县董家村出土的一件西周晚期青铜器上所刻的铭文,学界一般认为是中国迄今发现的最早的判词。铭文共157个字,记录了三千多年前西周恭王时期一个叫牧牛的人起诉其上司之后,法官伯扬父处理该纠纷时所作的判决。

然而,说理语言是判词的灵魂,是衡量判词质量的重要标准。西方国家从16世纪到18世纪确立了判词要说明理由的做法,判决必须说明理由现在已经成为一项普遍的原则。而在近现代诉讼制度中,判词已成为各国诉讼法的重要内容,称判决理由为公平的精髓,法院不只是作判决,还必须解释其判决,解释的目的是说明判决的正确理由何在,英美法系的法官通过判词来创造法律,大陆法系的法官则通过判词来阐发法律的精神。近代中国民国政府继承了清末修律的成果,并在此基础上有了进一步的发展,"中国法律继受欧陆法律(主要是德国法),是中华法系亘古未有的巨变,传统国家制定法逐步遭到扬弃,而代之以源自与中国差异极大的欧陆社会文化下的法律",[1]采用了主文、事实、理由的判决模式,这种判决模式的优点在于,每一部分都相对独立,从不同层面共同为判决的形成提供理据,每一部分均可充分展开,如判决理由中既包括事实认定的理由即证据分析,也包括对性质、情节和处理方式的分析,便于法官展开针对事实部分的心证过程,同时一并辩驳控方或辩方在事实和法律适用方面的不同看法。于是,判词语体在说理文字上发生了重大转变。"清末民初的判决书,逐步摆脱了以往行政公文的色彩,认定事实、援引法律成为判决书的必备要件,更能够体现司法机关的权威性。"[2]逻辑论证增强,析理语言法律专业化凸显,这使中国迈向现代司法制度的步伐较之清末更快,中国传统的情理型判决也进一步转向现代西方法规范型判决。

1907年《各级审判厅试办章程》首次明确判决须说明理由,1911年的《大清刑事诉讼律草案》规定判决如不附理由,"以违法论",明确确立了判决理由的法律地位。南京国民政府刑事诉讼法明确要求判决应叙述理由,如1935年《刑事诉讼法》第223条之规定,有罪判词之理由应分别情形记载下列事项:1. 认定犯罪事实所凭之证据及其认定之理由;2. 对于被告有利之证据不采纳者,其理由;3. 科刑时就刑法第五十七条或第五十八条规定事项所审酌之情形;4. 刑罚有加重、减轻或免除者,其理由;5. 易以训诫或缓刑者,其理由;6. 谕知保安处分者,其理由;7. 适用之法律。

北洋政府时期对判词的制作和理由进一步重视,其颁行的《刑事诉讼条例》对判决书的制作、内容、送达等都作了详细要求。判词理由阐述已开始走出道德说教的传统模式(尽管有时还存在),开始引用法律、判例以及习惯来增强说理,尤其是法律在说理语言中开始占有突出地位。如果说《各省审判厅判牍》中所选判牍法律修辞尚不很明显,那么《大理院判决录》《华洋诉讼判决录》则呈现出以法言法语为主导、逻辑性语句为手段的析理局面。

1. 表示逻辑关系的词语

从实体内容看,近代判词多数重视锤炼事实,突出要点(以民商事判决书而言,围绕双方争议的焦点调查取证、查明事实、分清责任),在理由部分对当事人双方的请求、答辩及所

[1] 林端:《儒家伦理与法律文化》,中国政法大学出版社2000年版,第67页。

[2] 张德美:《从公堂走向法庭——清末民初诉讼制度改革研究》,中国政法大学出版社2009年版,第189页。

持理由逐一分析、论证,用事实的叙述、证据的分析和理由的论证来支撑和阐释此前载明的判决。从这些判词来看,当时的一些从事法律职业的法官们亦具有从事实证据出发,充分论理,赢得公众对法律的信仰与尊重的司法理念。综观近代判词语体,其理由论证中出现了诸多表示语义逻辑关系的词语,比如“先……次……再次……”,“如果……则……”之类,以及表示思路展开层次性的“(一)”“1.”“(1)”“其一”“其二”,“甲”“乙”“丙”之类标题序号和观点性标题,有助于论理逻辑轨迹形成和析理思路的明晰。以《大理院判决录》(见后附例二)和《华洋诉讼判决录》(见后附例三)尤为典型。

大理院的判词虽然因制判者个人文字素养不同,于事实及理由部分的措辞风格有所变化,但语篇结构章法固定,行文理性严谨,结构模式、判决理由的类型及长度都与日本和我国台湾地区有接近之处,正如黄源盛所言:“民初法院体制继受欧陆,类似法国的分区设院,法院受理案件限于一定地域,其所管辖不易扩充。以当时交通之阻滞,区划之辽阔,加以司法人才之缺乏,国家财政之困难,欲求裁判品质优良,谈何容易?不过,或许是时事因缘,据民国十一年间的调查所得,大理院当时共有推事四十三人,这些人员中,四十人曾留学于日本,二人曾留学于欧美,只有一人是专门研究中国的法律人士。……据此以观之,大理院的司法人员出身与能力迥异于当时的下级法院,可以说是人才荟萃。而外国法律对民初法制的影响非常大,因此判词的制作与文体深受外国影响,其中尤以日本为最。”[1]由此可见制判者个人的职业素养也是制约判词修辞选择的重要因素。

论及《华洋诉讼判决录》中的判词,何勤华认为“当时的判决书是非常讲究逻辑推理,以及文章风格的。对控诉人的控诉理由,法院都是严格依据证据、法律、法理,层层分析,详细辩明,有话则长,无话则短”。[2]其中最长的判词《日商加藤确治与索松瑞等因违约涉讼一案判决书》竟长达28页,共22,000多字,而最短的民事判决书《张星桥与道胜银行因债务纠葛一案判决书》全文仅510字。依案件内容需要确定判词篇幅,且不论篇幅长短,其结构模式均规范一致,即采用主文——事实——理由三段论模式,偶有省略事实项者,多为关涉程序问题;同时有固定的模式化用语。

2. 引据类语句

从《大理院判决录》和《华洋诉讼判决录》来看,当时在处理民刑事纠纷时,适用的原则很丰富,法律渊源大体有法律、判例、习惯几种。由于清末民初中国社会处在急剧变革时期,新的法律关系大量出现,但立法未能跟上形势发展的需要,因此,虽然北洋政府规定仍适用清末现行法律,但在许多领域,法院在实际操作时仍然没有法律可依,从而不得不求助于习惯。主要有商事活动中通行的惯例、民间的借贷习惯,质、契约出现纠纷时的责任分担习惯,民事诉讼适用当事人主义——凡当事人已有协议须遵守协议的习惯,审案中法官劝

---

〔1〕 黄源盛:《民初法律变迁与裁判(1912-1928)》,我国台湾地区政治大学法学丛书(47),第115~116页。

〔2〕 何勤华:《〈华洋诉讼判决录〉与中国近代社会》,载《中外法学》1998年第1期。

争息讼的习惯等。《华洋诉讼判决录》中,直隶高等法院在受理案件时,除适用清政府和北洋政府的各种诉讼法律、法规之外,还适用1914～1919年这一段时间内大理院、司法部发布的一些司法解释、命令和判例。

依法律、判例、习惯论案析理增强了判词的说理效果。同时,为了明确所依法律、惯例、习惯等,在判决书理由部分出现了一系列诸如“查……”“据……”“就……”“按……”“依……”等之类句式,且出现频率很高,用特有的句式表明判案论理讲究依据,注意证据的来源和证明效力的分析。

南京国民政府时期上海地区法院的判词中,理由同样是判词的主干,在判词中占有最大的比重,其内容一般都是结合事实和证据来阐明被告构成主文的罪名以及是否应减轻或加重的情节,然后根据该罪名及犯罪情节注明所应适用的法律条文。如王恩荣杀人案之理由:“……尤足见该被告于下手刺杀时,实有致死之决心,该被告应负杀人罪责毫无可疑,乃尤以并无杀死王德奎意思为其诿卸之论,殊无可采。依上论结,应依刑事诉讼法第二百九十一条刑法第二百七十一条第一项、第三十七条第一项、第三十八条第一项第二款判决如主文。”在认定事实方面,法院在起诉方举证和被告辩驳的基础上,简明扼要地写明庭审所查明的基本涉案事实。在判决理由方面,包括认定事实的理由和适用法律的理由,分别对所认定的案件事实进行论证,主要是法官对证据的分析与阐述。对判决主文进行论证,是关于如何得出结论的逻辑阐述。无论是有罪的判决,还是无罪的判决,都写明了理由,通过理由将事实与主文有机联系在一起。

综上,中国判词发展到近代在语体上发生了质的变化,清末民初成为判词由传统向现代转型的关键时期,尤其是民国以后某些典型判词在结构及说理上,甚至远远超过了当代判词。正如1994年年底最高人民法院法律咨询委员会主任王怀安所言,当代的司法文书写作“不如旧中国的某些司法文书中,重视证据的剖析和论证”。[1] 由上观之,近代典型判词文本在格式化与逻辑性上的突破,确有诸多值得今人借鉴之处。

附:

例一,《各省审判厅判牍》中杭州高等审判厅审理的“立继嫌隙案”判词:

立继嫌隙　杭州高等审判厅案[2]

诉讼事实:缘浦德年即三明,隶籍海宁,其堂叔崇云,即永生,所生二子,长德勤,次德全,均身故无子,应以伊子祥汉承继,方符同父周亲之例。乃德勤妻浦费氏不允,自于宣统二年冬,领养周叙财之次子云生为子,后来彼此涉讼。

本年二月二十六日经海宁州以德年与浦费氏既有嫌隙,且有向浦费氏家滋闹阻殓情

〔1〕 宁致远:《办好法律文书推动写作研究》一文引语,载《法律文书与行政文书》1995年第2期。

〔2〕 汪庆祺编:《各省审判厅判牍》,李启成点校,北京大学出版社2007年版,第132页。

事，断令族中协议，为浦费氏另择贤爱，不许德年之子祥汉承继。德年不服，于五月初二日，上诉到厅。经调取卷宗，传集人证，遵章片请检察官莅庭，集讯三次。谕：据族长顺才等开呈德氏、祥氏两派名单；又据该族长等请求，并为德全之妻朱氏立继；又据浦费氏请求，以德华之子入继为嗣。经传德华到堂面讯，据供情愿等语。案经再三研究，已无遁饰。

援据法律之理由：查律载：无子立继，应继之人平日先有嫌隙，则于昭穆相当之内，择贤、择爱，听从其便，立以为嗣等语。此案浦德年与浦费氏既情不相能，且屡次涉讼，揆之律意，自不能再许其子祥汉承继，致多纷扰。除德年外，与德勤昭穆相当者，有德富、德才、德华，皆各有二子，而浦费氏请求德华之子为嗣，德华亦极情愿，于择贤择爱之意，尤为符合。该族长等请求并为德全之妻浦朱氏立后，尚近情理，惟主张以德（华）[年]次子祥汉承继浦朱氏，近于调停，非正当办法，自应以德华次子祥林承继德勤兼祧德全为是，合行判决。

判决主文：判得浦德华之子祥林令其承祧德勤、德全两房为后，所有一切产业归祥林承受，德勤之妻浦费氏所领周姓之子作为义子，将来亦许酌给财产，但不得即以为后，德年不得希图财产，任意混争。族中如有再行耸使涉讼情事，由浦朱氏另行起诉，按律惩办，上诉费用由败诉之浦德年负担。俟判决确定后执行。此判。

例二，大理院所判“李鸿山等掏摸财物分别处罚、缘赦除免上诉案”判词：

大理院刑事判决[1]

元年上字第二十三号

判决

上告人：李鸿山（山东泰安县人，年二十七岁，无职业，住奉天小南关）。

　　　　吕仲海（山东福山县人，年二十九岁，无职业，住奉天小南关）。

选定辩护人：曹汝霖。

上告人李鸿山等，对于中华民国元年四月二十三日奉天高等审判厅，就被告人李鸿山等掏摸财物分别处罚、缘赦除免一案、所为第二审之判决，声明上告，经本院审理特为判决如左：

主文

原判撤销，并撤销第一审对于李鸿山、吕仲海、诸永德、王成志之判决全部。

李鸿山、吕仲海窃盗之所为，褚永德收受赃物之所为，王成志诈欺取财之所为，均予免诉。

事实

李鸿山、吕仲海纠约行窃，于前清宣统三年十一月十二日，在奉天大北门内盛京书局门首，由吕仲海向张星浦衣兜内掏得白布包一个，计大钱票五张、小钱票二张，价共二百五十

〔1〕 选自大理院书记厅编辑：《大理院判决录》民国二年（1912 年）2 月，华盛印书局民国二年（1912 年）6 月 20 日初刊。

元，遂交李鸿山。因窃取时为褚永德所见，许允分赃。随至东菜行王成志钱摊，李持钱票考讯价额，兑投现钱。王成志知其来历不明，百元之钱票伪称二十五元，以八十五元四角作为申贴换得大钱票二张、小钱票二张。李鸿山等随将现洋及剩余钱票作大小股瓜分。嗣经事主报，由警局获案。

理由

查本案诉讼记录，第一审审判衙门于本年三月二十五日，用现行律将李鸿山、吕仲海、褚永德、王成志四名分别科罪，并援大赦令准予除免。乃李鸿山一名竟自认为有罪，而以科刑太重为词，声明控告，与诉讼法例被告人仅得为自己利益上诉之原则，显相抵触，本系无可准许。而奉天高等审判厅不予驳回，转对于已经及未经控告之被告各人，更自为本案之判决，其违法一也；审理此案之际，又未传集被告公开审讯，其违法二也；原判并于登载"暂行新刑律"大总统赦令之政府公报到达后，犹引现行律认定犯罪事实，并宣告罪刑，其违法三也；既援赦令除免，复据督令宣告缓释，是认督令有取消赦令之效力，其违法四也。乃李鸿山复行上告，然又不主张此等审判之违法为理由，而仍以科刑太重为词，亦系无可准许。惟选定辩护人曹汝霖列叙上开四种违法情形，作为追加上告谕旨，自可认为正当。至吕仲海并未控告，是第一审判决早经确定，于理不能有上告权，惟其上告迫于第二审违法之判决，若不许声明不服，未免失其平衡，故认其有防御权，与李鸿山之合法上告一并受理。而对其论旨与追加论旨之说明，亦与李鸿山同。

本庭审理此案，认为与本庭从前判例有歧异之见解，持依据《法院编制法》第三十七条、第八十条之规定，对于本案评议以决定之。按：不告不理，为现今诉讼法例之通则，然使过于拘泥毫无变通，甚非国利民便之道。现在诉讼法规未备，本院审判案件自不能不折中至当，自定条理。凡共同被告人中，有一人经上告审，认为原审判衙门对于该上告人之判决，限于适用法律错误或公诉不应受理之两条件，不能不撤销时，则凡未上告之共同被告人，亦受利益之影响，对于各该被告人之判决部分当然可以一并撤销。至撤销原判、维持第一审判决时，对于第一审判决之确定部分亦同。本案原判衙门对于王成志、褚永德二人因李鸿山一人之控告而重予审判。于登载《暂行新刑津》大总统赦令之政府公报到达后，犹引用旧律，认定犯罪事实，并至宣告罪刑，而后援赦令除免，洵不免引律错误。本院对于王成志等二人，自可根据此理更为判决。据以上理由本院认为原判应将全部撤销，自应维持第一审判决之效力。惟第一审判决又于登载《暂行新刑津》大总统赦令之政府公报到达后，仍用旧律认定被告人等之犯罪事实、并误予宣告罪刑，亦不免引律错误，应并将全部撤销，由本院自为判决。查新刑律与大总统放令之效力，既系同日发生，自应依据撤销《暂行新刑律》，先决定有无犯罪事实。李鸿山、吕仲海之所为，适与该律第三百六十七条相当，褚永德之所为适与该律第三百九十七条相当，王成志之所为适与该律第三百八十二条相当。惟事犯均在三月初十日以前，应仍查明大赦令及关于新刑律赦令条款；均予除免，宣告免诉，特为判决如右。

中华民国元年十一月十二日
大理院刑庭审判长推事　姚震
推事　林行规
推事　潘昌煦
推事　张孝移
大理院书记官　汪乐宝

例三,《华洋诉讼判决录》中“张星桥与道胜银行债务纠葛案”判决书[1]

判决

控诉人　张星桥,年三十八岁,天津人,业商。

周赵氏,未到案。

被控诉人　道胜银行

代理人　郭定森律师

上述控诉人为债务涉讼一案,不服天津地方审判厅本年三月三十日第一审之判决,声明控诉。本厅审理,判决如下。

主文

本案控诉驳回。

诉讼费用归控诉人负担。

本案为缺席判决之周赵氏得于公示送达七日期满后二十日内,依式向本厅声明窒碍。

事实

缘张星桥所开之瑞生银号倒闭后,结欠道胜银行川换本利银六千二百二十四两三钱。张星桥借得刘姓及周赵氏家等地契四张交该行作押,日久未偿。道胜银行诉经天津地方审判厅,判令张星桥照数清偿。如张星桥不为清偿或偿不足额时,即将周文禄、周永发(周赵氏翁父)、刘玉书房地契变价作抵。张星桥声明控诉,周赵氏对于变卖地契部分亦声明控诉到厅。

理由

张星桥对于原判债额数日并无异议,惟以请求道胜银行将利息让免为控诉理由。查债权人肯否让免利息,乃系两造协议问题,不得请求法庭减免。本案控诉认为无理由,应予驳回。并照章令理曲之张星桥负担讼费。其周赵氏因水灾屡传不到,例得于公示送达七日期满后二十日内依式来厅声明窒碍,藉维缺席当事人之利益。特为判决如主文。

---

〔1〕 直隶高等审判厅书记室编辑:《华洋诉讼判决录》,何勤华点校,中国政法大学出版社1997年版,第225~226页。

中华民国六年十一月二十日
直隶高等审判厅民一庭
审判长推事　胡凤起
推事　李兆泰
推事　张德滋
书记官　郭振铨

(原载于《文史哲》2012年第6期)

论司法过程中的案件事实论证

武　飞*

引　言

司法裁判可被主要分为两部分,即事实认定与法律适用。从严格意义上讲,法律问题与事实问题难以清晰二分,但是相对于法律适用而言,事实认定在司法裁判中具有更基础性的地位。在司法实践中,让法官们花费更多心力的常常不是法律适用,而是事实认定;很多疑难案件中引起争议的,也并非法律适用,而是事实认定方面的问题。可以说,事实认定之难,在数量上远超法律适用之难。因事实认定问题导致案件被改判或撤销的情形,也多于因法律适用错误而导致案件被改判或撤销的情形。[1] 现代法治不仅是规则之治,也是理由之治。但值得追问的是,既然事实问题如此重要,为何各国的司法制度没有明确设定法官的案件事实论证义务?

在相当长的一段时间内,我国法学界对于案件事实部分是否需要进行论证,未能形成一致的意见。多年前,龙宗智等学者就指出,法官需要对事实认定说明理由,尤其是细致说明对证据的取舍及原因。[2] 苏力认为,无论是在证据认定上,还是在基于证据而对案件事实的认定上,除了因涉及法定证据标准从而转化为法律问题争议外,基本上都是无法论证

* 武飞,山东大学法学院(威海)副教授。

〔1〕 参见耿宝建:《在法律与事实之间——司法裁判中事实认定过程的法理分析》,载《河北法学》2008 年第 1 期。相关的实证研究,参见浙江省高级人民法院审判监督庭课题组:《再审发现什么——基于近年浙江省高、中两级法院再审改判与发回重审案件的实证分析》,载《杭州师范大学学报》(社会科学版)2008 年第 5 期。

〔2〕 参见龙宗智:《刑事判决应加强判决理由》,载《现代法学》1999 年第 2 期;左卫民、谢鸿飞:《法院的案卷制作——以民事判决书为中心》,载《比较法研究》2003 年第 5 期;曹志勋:《对民事判决书结构与说理的重塑》,载《中国法学》2015 年第 4 期。

的。[1] 近年来,黄泽敏对案件事实的归属论证问题进行了研究[2];于辉尝试了一种批判性思维的研究进路,以寻求案件事实论证的最佳结果;[3]杨贝将案件事实区分为再现事实、证据事实与裁判事实等三个层次,提出以论证作为裁判事实的建构方式。[4] 可见,即便我国法学界在事实论证问题上尚未形成通论,仍然不妨碍学者们在更深层次上展开事实论证的技术性研究。本文贯彻"认真对待事实"的立场,[5]分析案件事实上必要的论证义务,着力寻求具有可行性的论证评价标准与论证模式,以期积极推进我国司法深度公开的进程。

一、案件事实上的论证义务

(一)案件事实的层次与论证之可能

一般而言,事实是一种感性经验的知识形式。[6] 司法过程中的事实呈现,是各方主体在法律意义上再现生活事实的过程,是依赖于语言进行陈述的经验推论过程,也体现了不同主体对生活事实的认知。本文将进入司法过程的事实统称为"案件事实"。作为一个模糊的复合型概念,案件事实包括当事人的事实主张、证据事实以及裁判事实等多种事实形态。具体来说,原被告双方基于立场不同或视域局限,在生活事实的基础上,对于在特定时空范围内发生的案情进行重述再现。这种事实主张是与其法律主张联系在一起的,可被解释为是将原生事实与法律规范要件相连接的"要件事实"主张。[7] 一旦在论辩阶段双方当事人已经提出了各自的陈词,在裁决阶段,法官的任务就是审视案情,认定证据,"把所有证据置入一个更大的证据群之中",[8]从中筛选出证据事实,即由合法证据所证明的事实。在证据事实的基础上,法官通过整体性的证据与事实评价形成裁判事实。

各层次的案件事实可以有不同的立场和陈述,但都必须以证据作为支撑。然而,证据通常能够证明的只是事实的点或线,案件事实并非简单的证据堆砌,在片段化的证据事实之间,是人们的想象加工等价值判断形成的链条。虽然法律致力于调整事实而非陈述事实,但事实的确在司法过程中被重述了。即便考虑到事实问题的复杂性,现代司法制度皆

---

〔1〕 参见苏力:《判决书的背后》,载《法学研究》2001年第3期。

〔2〕 该研究所言的"事实归属"问题,与麦考密克(Neil MacCormic)所说的"事实分类",即将涉讼的基本事实进行分类处理、解释以及有效要件的认定从而形成"有效事实"的过程,颇为相似。参见黄泽敏:《案件事实的归属论证》,载《法学研究》2017年第5期;[英]尼尔·麦考密克:《法律推理与法律理论》,姜峰译,法律出版社2018年版,第112页。

〔3〕 参见于辉:《案件事实论证——一种批判性思维的研究进路》,法律出版社2018年版,第188页。

〔4〕 参见杨贝:《论案件事实的层次与建构》,载《法制与社会发展》2019年第3期。

〔5〕 参见[英]威廉·特文宁:《反思证据》,吴洪淇等译,中国人民大学出版社2015年版,第15页。

〔6〕 参见彭漪涟:《事实论》,广西师范大学出版社2015年版,第6页。

〔7〕 参见胡学军:《在"生活事实"与"法律要件"之间:证明责任分配对象的误识与回归》,载《中国法学》2019年第2期。

〔8〕 [美]道格拉斯·沃尔顿:《法律论证与证据》,梁庆寅、熊明辉等译,中国政法大学出版社2010年版,第162页。

对诉讼主体提出事实行为的边界和活动范围，规定了细致的证据规则和证据制度，但这些主要是通过程序性规范来约束诉讼的行为，经常无法真正触及事实问题的核心决策。案件事实既是对事实存在的描述，也是对事实存在的评价。

在案件事实论证这一问题上，我国的一些学者主张事实认定无须论证。他们并非基于客观真实论的立场认为案件事实就是客观真实因此无须给出理由，而是认为事实认定思维是一种判断思维，不能说理。“操控司法权的法官在认定案件事实的内心确信和自由裁量权的运用上都是无法采用任何量化标准来进行测度的。”〔1〕事实认定的过程依赖于证据的有机结合，而将证据有机结合在一起的，经常是一些可能无法言说的直觉或经验。因此，各国司法制度对事实问题从来都是以不给分析和论证的判断来解决的。〔2〕不仅英美法系，大陆法系国家的法官在不涉及证据规则的情况下，对于证据为什么可以被采信以及诸多证据是否真正证明了案件真相等证据问题，一直都强调自由心证，并不要求法官给出详细的理由。

苏力等学者的观点，则主要是从个体心理的角度来陈述影响案件事实的因素以及案件事实形成的复杂过程，由此认为无法通过语言进行准确描述，因而也就不能证立其事实认定的结论。站在法官的立场上来看，除了证据及法律依据外，多年审判经历所形成的法律感或经验直觉，都会帮助法官形成对事实的认定。逻辑学家、心理学家、法学家们都无法提出一套具有可重复性的方法，来处理司法过程中的每一个信息细节。笔者认为，考虑到司法过程的实然状态，心证不可言说的观点无可厚非。但是，借助于其他理论工具，我们可以对司法过程进行另一角度的解读。

（二）案件的事实发现与事实论证之理论区分

在司法理论上，我们可以借用法律发现与法律论证的概念，将事实认定的过程分为事实发现〔3〕与事实论证。从给出理由的角度来说，促成法官发现事实的因素可能有很多，我们可以称之为动机理由或推理理由。那些可以作为说理内容的理由，我们可称之为论证理由或辩解理由。事实论证的结果，是通过给出恰当理由，并使用有效方法，实现证据事实以及裁判事实的证立。

---

〔1〕 万毅、林喜芬：《从“无理”的判决到判决书“说理”——判决书说理制度的正当性分析》，载《法学论坛》2004年第5期。

〔2〕 参见［美］理查德·波斯纳：《波斯纳法官司法反思录》，苏力译，北京大学出版社2014年版，代译序，第12页。

〔3〕 熊明辉与杜文静指出，我国法学界通常将英文术语“fact-finding”译为“事实认定”，这种理解主要是从审判中心主义视角来看待证据推理和事实论证，因为“事实认定”只能由审方来执行，起诉方和应诉方能做的只是质证和认证，无权认定事实。但是，在诉讼论证博弈中，起诉方和应诉方双方事实上均会从自己的诉求出发，提出己方的案件事实主张及其相应的支持证据，即提出自己的事实论证，因此最好将“fact-finding”译为“事实发现”。参见熊明辉、杜文静：《在证据与事实之间：一种证据博弈观》，载《浙江社会科学》2019年第6期。笔者认可此种观点，但在本文中，为了叙述方便，仍将事实认定与事实发现进行区分，认为事实认定的过程应包括事实发现与事实论证这两个方面。

事实认定过程的复杂性,并不应当使我们陷入司法过程的神秘论,事实发现与事实论证过程可以在思维方式与程序目标上进行区分。简单来说,事实发现的过程是判断性和推论性的,它帮助法官初步获得事实认定结果,而事实论证的脉络是回溯性的,它要求法官用一种审视的眼光回看事实发现的过程,对所认定的事实进行检验并形成内心确信。事实论证不是要完全重现法官事实发现的心证过程,而是将这一过程中存在的重要因素,有选择性地呈现给听众。当然,其中哪些因素是所谓重要的,哪些是实际重要但无法宣之于众的,都是由法官进行斟酌与挑选。论证理由虽然几乎总是动机理由的一部分,但是论证理由无须与动机理由完全一致,亦即论证并不必然呈现事实发现过程的全部因素和细节。

因此,基于事实发现与事实论证在目的和思维方式上的可区分性,笔者认为,自由心证理论与心证不可言说的立场,可以用于理解或解释事实认定过程中法官思维所包含的独断性特征,但这不意味着事实认定问题只能用独断心证理论来解释,也并不削减司法实践中法官对其事实认定进行说理论证的可能。苏力曾言,"早在60年前哲学研究就已经指出在事实问题上,论证无法获得比认定更强有力的结论。"[1]论证理论认可,"具体的判决发生在论证之前。"[2]就论证的目的而言,论证并不追求一种比认定结果本身更强有力的结论,而是根据案件的具体情况,在诸多认定理由中经过理性筛选,并以体现最佳说服效果的方式呈现出来。从这一意义上来说,论证是可能的。事实认定过程中出现的一些问题,诸如特定证据的权重或价值,经常是法官将事实发现之后才能够从整体上进行把握。即便法官在事实认定过程中是以法律感、直觉等非逻辑的方式得出结论的,我们仍可以通过逻辑分析等理性工具对叙事的可信性、证据间相互印证的充分性等方面进行审查,从而检验最终裁判事实结论的正当性。作出某一行为或判断的理由具有追溯性,这一事实并不能导致该理由无效。同样地,法官的事实认定行为从时间上发生在先,也不意味着其随后的检验没有价值。[3] 尽管事后合理化的理由可能使通过文本呈现给受众的司法过程或多或少地"失真",并且论证也不能消除事实认定过程中所有的不确定性,以实现万无一失,但是经过检验的结论必然更具可信性。

(三)不同层级案件事实的论证义务

案件事实的论证义务,还与个案裁判的司法过程密切相关。正是具体而特定的司法场景确立了不同层级案件事实的论证义务,也使案件事实论证成为可能。

第一,司法过程中的证据事实与裁判事实承载了主要的论证义务。

---

〔1〕 参见[美]理查德·波斯纳:《波斯纳法官司法反思录》,苏力译,北京大学出版社2014年版,代译序,第12页。

〔2〕 [德]阿图尔·考夫曼、温弗里德·哈斯默尔主编:《当代法哲学和法律理论导论》,郑永流译,法律出版社2002年版,第504页。

〔3〕 参见[美]杰罗姆·弗兰克:《初审法院——美国司法中的神话和现实》,赵承寿译,中国政法大学出版社2007年版,第198~199页。

在诉讼中,待决案件双方当事人要使自己的主张具有说服力,其主要的任务就是对其事实主张承担举证责任,即"用证据说话"。在此过程中,各方当事人基于立场的不同或视域局限,对于特定时空范围内的事情或情形可能会做不同的描述。司法制度在一定程度上容忍当事人对证据的避重就轻、夸大其词甚至添枝加叶。即便双方当事人认可的相同证据,也可能向法官呈现了不同版本的案情叙事。当然,无论他们提出何种主张,使用什么样的论述策略,法律上的后果都由其自己承担。因此,就当事人的事实主张而言,其论证负担是相对性的。而案件事实中的证据事实与裁判事实则是法官认定的结果,承载了主要的论证义务和论证负担。

以适当方式呈现的裁判理由具有正当化司法裁判的意义,裁判理由让司法正义"以看得见的方式实现"。最高人民法院 2018 年 6 月印发的《关于加强和规范裁判文书释法说理的指导意见》中明确提出,"裁判文书释法说理,要阐明事理,说明裁判所认定的案件事实及其根据和理由,展示案件事实认定的客观性、公正性和准确性。"〔1〕根据该指导意见的要求,法官不仅应在裁判文书中明确法律适用的理由,而且还应当对其认定的案件事实进行论证。无论是对证据的分析,还是认定环节的价值评价,也都应作为判决理由不可缺少的一部分向公众展示。随着我国司法改革的推进,也出现了一些在事实认定部分论证细致的判决文书。例如在"林某某故意杀人案""聂某某再审案"等案件的判决文书中,法官就针对案件中出现的争议事实,在厘清证据的基础上,对争议事实进行了有针对性的分析和评价,从而形成最终的事实认定结论。〔2〕 可以想见,聂某某案之所以再审,就是被认为事实认定出现了错误;林森某某、聂某某案受到社会的广泛关注,也助推了法官在事实方面的细致论证。但是,如此对事实进行细致论证的裁判文书目前尚属少数,大多数案件的裁判文书之事实论证部分,还无法满足社会公众对司法深度公开的预期。

第二,具体而特定的司法场景保证了论证的规范性,进一步增强了案件事实论证的可行性。

首先,在司法过程中,各类诉讼规范及证据规则等要求法官的论证行为是在法律规范之下完成的。无论是作为论证出发点的当事人主张、证据事实,还是作为论证目标的裁判事实,都可以具有法律意义上的评价。事实本身就是具有规范性的,即便事实认定的主观考量,也是可以具有理性评价标准的。且不说刑事审判领域更为严密的证据规则和更严格的证明标准,即便是在民事审判领域,法官的自由心证也不是一种绝对的自由心证。"所谓的'自由',仅是证明力不得由法律规则预先加以规定的自由;这一自由既不包括不受理性

〔1〕《关于加强和规范裁判文书释法说理的指导意见》(法发〔2018〕10 号),最高人民法院 2018 年 6 月 1 日印发,自 2018 年 6 月 13 日起施行。

〔2〕 参见林某某故意杀人罪、投毒罪案[(2013)沪二中刑初字第 110 号刑事判决书、(2014)沪高刑终字第 31 号刑事裁定书];聂某某故意杀人、强奸妇女案[(2016)最高法刑再 3 号刑事判决书];胡云腾:《聂树斌案再审:由来、问题与意义》,载《中国法学》2017 年第 4 期。

推理规则约束的自由,也不包括无视经验规则的自由。"[1]基于对法官个人经验和逻辑推理能力的信任,各国在立法上多未对证据的证明力进行预先规定,也不设置过多的规则约束法官对证据证明力的判断,但是这并不意味着回到形式证据的老路。虽然法官的人生经验和逻辑推理能力具有强烈的个人化特征,但这些要素皆须纳入相关规范的调整范围才能作用于司法过程。

其次,每个具体案件都为案件事实设定了特定的论证场景,亦即事实论证是依赖于具体的司法个案场景而得以发生的。"我们总是发现自己已经处于某种处境里,因而要想阐明这种处境,乃是一项绝不可能彻底完成的任务。……这种不可完成性不是由于缺乏反思,而是在于我们自身作为历史存在的本质。所谓历史地存在,就是说,永远不能进行自我认识。"[2]可以说,包括法官在内的任何人都没有能力超脱特定的处境,因而也就无法对特定处境作出绝对客观的认识。但我们不是要求法官置身事外、以旁观者的立场来分析研究事实,而是要置身于对证据、案件事实的认识过程之中,通过亲身感受各类证据所带来的信息,以完成对事实的认定和验证。我们并不要求对一切东西进行证成,所要证成的只是那些有理由加以怀疑的东西。[3] 从这一意义上说,描述事实的叙事行为与事实论证行为,在这一规范性上具有明显的差异。法官作为司法参与者的立场,不能作为论证不具有可靠性的原因。法官的价值偏好,并不意味着其对事实的论证是不理性的。在社会生活中,即便是个人的内心偏好,也是具有比较稳定的倾向性的。理性行为排斥偏见,却并不排斥偏好。没有人能获得超越其所在社会的生活经验,那些能够在事实认定过程中发挥功能的经验,往往也不是法官个人的特殊经验,而是法官凝结了一般人或一定范围内人们的共同体验。尤其是当采用一种更具整体性的视角看待司法过程时,我们说经验也可以是客观的。正是有了具体的个案场景和法律规范,论证无须无限追问,以避免陷入论证循环,也才有了达致一定程度共识的可能。在此,场域依存性并不是论证的弊端,而是使论证成为可能的必要前提。

(四)陪审团事实论证问题之再认识

学者们主张事实认定理由不可言说的重要论据之一,是英美国家的陪审团无须为自己的事实裁定给出理由。在英美国家,陪审团制度是司法民主的主要实现路径,刑事案件以及部分民事案件的事实问题是由陪审团裁决。在陪审团作出裁决之前,法官可以依据法定证据规则对可采信的证据进行筛选。陪审团只需要整体作出事实认定结论,而无须就具体决策过程给出理由。事实上,具体哪些因素影响了最终的事实认定结论,可能连陪审员自

---

〔1〕 [美]米尔吉安·R.达马斯卡:《比较法视野中的证据制度》,吴宏耀、魏晓娜等译,中国人民公安大学出版社2006年版,第214页。

〔2〕 [德]汉斯-格奥尔格·加达默尔:《真理与方法》(上卷),洪汉鼎译,上海译文出版社1999年版,第387页。

〔3〕 参见[德]罗伯特·阿列克西:《法律论证理论》,舒国滢译,中国法制出版社2002年版,第216页。

己也无法说清楚。波斯纳(Richard A. Posner)认为:"陪审团与法官不一样,它们不用为自己的决定提出任何正当化,这一事实就是一个大曝光;如果要求陪审员对他们的投票作出解释,就会不断给这个法律制度带来极度的尴尬。"〔1〕

笔者认为,陪审团无须就其事实认定结果给出理由,这与本文所主张的案件事实论证并不冲突。以下是笔者的几点持论理由:

其一,陪审团的制度价值,正是在专业的司法裁判中引入普通人的是非观。英美国家的陪审团主要就事实问题进行裁断,但并不限于单纯的事实问题。例如刑事案件中罪与非罪的判断,侵权案件中赔偿数额的计算,都既是事实问题,也是法律问题。进入陪审团视野的证据已经过严格的证据规则筛选,在法庭上逐一给出,陪审团主要根据良心确信来判断证据与争议事实之间的关联性或证据的证明力问题,其中虽涉及法律问题,但基本不属于专业性较强的领域。陪审团制度设计的初衷,就是要让普通人的法律理解进入司法;代表民意的陪审团之功能,正是通过普通人的生活常识和社会经验,来中和法官过于极端的专业化思维。在陪审团裁决的案件中,人们放任甚至是期待有法律之外的因素影响最终的事实认定。在这一意义上说,陪审团成员的身份,就已经为事实认定结果提供了具有说服力的理由。

其二,作为一种内部异质性极高的群体,陪审团是以整体身份参与司法过程的。陪审团成员来自社会各行各业,其性别、种族、成长经历、教育水平、职业分布呈现多元化特点。陪审团是一个整体性的存在,为了获得对外一致的意见,陪审团成员的个体性因素必然会在与其他成员的互动中受到限制。陪审团成员的集体评议,通常会在最大程度上凸显这一群体共同接受的社会经验或价值观,有时一些成员不得不隐藏其具有偏向性的个人好恶。构成多元的陪审团内部成员之间的互动本身,就是这一制度存在的重要价值。正是在这样的互动中,陪审团自由且自然地评估和把握了自己的良心与内心确信。而且,陪审团成员之间的异质性如此之强,也很难让他们就裁断给出一个统一的理由。因此,陪审团是以"团"为单位整体性地进行裁断,当作出一致的裁决时,陪审团成员无须以个体的身份向公众负责,其内部成员间的互动通常也不具有对外的效力。但是,与陪审团相比,法官的司法职业角色明显不同。一方面,共同的教育背景、相似的职业经历甚至可能相近的社会阶层,塑造了法官群体极高的同质性;另一方面,法官是以个人的职业身份参与司法过程的。美国学者玛蒂尔德·科恩(Mathilde Cohen)认为,给出理由的主要目的不在于确保被告能够理解判决,而在于监督法官。〔2〕法官要以个人身份对其裁判向当事人及公众负责。基于法学教育背景和长期的法律实践经验,法官对自己角色的认知能力远胜陪审团成员,不仅知

〔1〕[美]理查德·A. 波斯纳:《法理学问题》,苏力译,中国政法大学出版社2002年版,第263页。

〔2〕See Mathilde Cohen, *The French Case for Requiring Juries to Give Reasons: Safeguarding Defendants or Guarding the Judges?*, in Jacqueline E. Ross & Stephen C. Thaman, eds., Comparative Criminal Procedure, Cheltenham: Edward Elgar Publishing Ltd, 2016, p. 424.

道自己的决定意味着什么，而且要清楚地知道作出这一决定的原因。

毋庸讳言，关于陪审团无须对其裁决给出理由的立场，也受到了一些挑战。有学者建议，在美国的陪审团中，应要求他们对有罪裁决给出一定程度的论证，以最大限度地避免出现无辜之人基于瑕疵证据而被判处死刑或者长期徒刑的情况。[1] 而大陆法系国家在此方面则走得更远。大陆法系国家也在一定范围内实行陪审制度，陪审团的裁断也要受到证据规则的约束。近些年来，基于对陪审团制度运作过程的反思，围绕着陪审团是否应该以及是否能够对其认定事实等裁决给出可信理由这一问题，人们争论不止。一方面，有学者担心，一旦被要求给出理由，就可能会对陪审制度的存在造成致命的影响；另一方面，有些国家已经探索在部分案件的裁决或裁决的某些环节要求陪审团给出理由。例如，西班牙要求陪审团在重罪的刑事案件中给出理由。[2] 这可能是陪审团发展历史上具有重要意义的制度性突破。

二、案件事实的论证标准

从终极意义上说，人类可能永远无法在事实认定上获取完美的确定性。"确定性永远也得不到，因为初始证据和普遍化这两大信息来源面临着持久的不完满性。每一个事实认定人能够获得的普遍化都是从不完满的信息库中来的。"[3] 在可预见的未来，人类还难以绝对消除错案。我们应该明确，无论是证据事实，还是裁判事实，案件事实论证并不致力于追求终极意义上的客观真理，法官通过展示其事实认定的理由所要达成的目标，就是要让最终认定的事实看起来是合理的。而"合理性是选择模式而不是单个选择本身的属性"，[4] 法官致力于完成一种尽量避免谬误的"似真论证"，达成"叙事融贯"，使最终认定的事实结果最接近客观真实。

（一）案件事实论证理由的真实性

案件事实论证的理由应当具有真实性，这是论证的前提性标准。法官对事实的认定是以双方当事人所提交的证据和叙事为基础的。无论是刑事案件，还是民事案件，法官都应阐明作为诉讼请求原因的事实以及双方在事实问题上存在的争议并作出回应。法官呈现于裁判文书当中的描述以及陈述的论证理由，都应该是法官自知真实又确定有效的。某些

---

〔1〕 See Stephen C. Thaman, "Should Criminal Juries Give Reasons for Their Verdicts? The Spanish Experience and The Implications of the European Court of Human Rights Decision in Taxquet v. Belgium", *Chicago-Kent Law Review* 86(2), 2011, p. 620.

〔2〕 参见[德]罗伯特·阿列克西：《法律论证理论》，舒国滢译，中国法制出版社2002年版，第216页。

〔3〕 Alex Stein, *Foundations of Evidence Law*, Oxford University Press, 2005, p. 97. 转引自冉杰：《德性法律论证理论及其应用》，中国政法大学2011年博士学位论文，第164页。

〔4〕 [英]阿林厄姆：《选择理论》，陆赟译，译林出版社2009年版，第3页。

捏造理由的事后合理化行为，则是与论证的目标背道而驰的。即便我们支持法律事实的建构论，也应该要明确，事实论证的过程应尽量保持对事实描述的适切性，事实论证过程中应摒除夸张的用语乃至某些无中生有之辞。例如，在李某醉酒驾驶案中，检察院在起诉书中将案发现场描述为“大量学生涌出校园”。二审裁判则认为，一审判决书的描述，即“大量学生陆续走出校园”，更为客观准确。其理由是：学生们出校门后并未在校门前滞留、聚集形成密集人群，而是沿不同的方向离开，大部分学生的行动轨迹是骑自行车或步行沿非机动车道向东边延庆县城方向，另有一部分学生向西行走，仅有为数不多的学生陆续由南向北沿人行横道过马路。而李某驾车是在机动车道内由东向西行驶，撞击被害人的地点也位于机动车道内，不存在驾车冲向人员密集的人群的情况。故而二审时的合议庭认为，一审判决书对于案发现场状况的描述更加客观。〔1〕 此案二审对一审裁判与检察起诉书中各自的事实叙事的评价，并非单纯的叙事言辞技巧的比较，而是基于真实可信证据所做的事实认定。

（二）案件事实论证的决疑性与融贯性

从论证技术上来说，法官应对司法过程中的各种事实及法律争点作出积极回应。出现在司法过程的案件中有相当一部分属于事实不清，可能需要通过举证责任分配或推定等方式才能从法律上认定事实，而这就增加了事实认定过程的不确定因素。有些疑难案件正是因为双方当事人都认为法官有可能会作出有利于己方的判决才会选择进入司法程序。法官对存在的争议必须有明确的立场，并给出具有说服力的理由。就这一意义而言，案件事实的论证应满足决疑性要求。司法裁判并非法官的个人独断，而是对当事人所提出的主张进行具有司法意义的回答，表达司法的立场和态度。法官尤其要重视律师的意见，对于律师依法提出的辩护或代理意见未予采纳的，应当在裁判文书中说明理由。这不仅是因为律师代表了当事人的利益，律师的意见就是当事人的意见，还在于律师是司法裁判最为经常同时也最为专业的评判者。在庭审中，法官与各方当事人通过当面交流实现了多回合的互动，而法官展示于判决书中的裁判理由，则是这一互动的延续。就此而言，司法裁判既是一种静态的法律效果宣示，也是由法官和诉讼参加人一起参与的动态开放决策过程。

“矛盾思维是一种非理性思维。对事实的判断不能既错又对。”〔2〕只有解答了各方的疑虑，法官对事实的认定才可能是圆融的、具有说服力的。实际上，在回应各方争议的同时，法官也是在对其事实认定进行是否符合“叙事融贯”标准的检验。法官须检验最终认定的结果是否与现世人们对相关行为所持有的普遍观念相一致。如果法官最终认定的事实

---

〔1〕 参见李某交通肇事案［北京市第一中级人民法院(2015)一中刑终字第1797号刑事附带民事裁定书］。

〔2〕 ［美］雷德·海斯蒂、罗宾·道斯：《不确定世界的理性选择——判断与决策心理学》，谢晓非、李纾等译，人民邮电出版社2013年版，第17页。

挑战了人们的常识性观念，那么其论证负担就会进一步加重。就微观方面而言，“叙事融贯”要求已采信的证据之间不仅不能相互矛盾，而且应当是和谐一致、相互支撑、相互印证的整体。具体来讲，作为事实认定理由的任何实际构成要素之间不能存在令人费解的逻辑上的不一致，当涉及与动机或因果关系有关的陈述时，应能够自圆其说。“只有满足了融贯性的要求，对某一事件的陈述或者对一系列相关事件的描述才是可信的。”〔1〕由此，麦考密克的“叙事融贯”就具有了作为案件事实证成标准之一的功能。“怎么样才能确信关于过去发生的事情的某个陈述为真呢？迄今我们能够找到的最好的理由是，相比于其他陈述，该陈述与我们关于人类行为因果关系和动机的那些普遍信念更相协调，并且与一系列其他具有内在协调性的关于特定事实的命题相协调，在这些事实命题中，有一些是奠定在当下的感知基础之上的。”〔2〕融贯是实现法律真实的必要条件，任何案件事实的论证，已实现叙事融贯的，较之未达到者更值得采信。更进一步说，判决理由展示的决疑性和叙事融贯性，不仅体现了司法以解决纠纷为首要目标，还在于其实质增强了当事人对司法过程核心决策的参与度，体现了当前法治背景下司法对民主价值的贯彻和追求。

（三）案件事实论证的经济性

考虑到论证的经济性，法官要达到的论证标准及论证负担，因事实类别的差异而有所不同。波斯纳把司法过程中的事实分为三类：审判性事实、法官可以径行认定的无争议事实，以及立法性事实。〔3〕其中，对立法性事实，即具有法律认可的确定性事实，采信时法官无须给出理由，论证负担最轻；对于双方存在争议并最终通过审判确认的事实，需要对其可靠性进行审视和确认，对于调查之后可以认定的一些具有社会事实性质的事项，例如政治事项、商业惯例、风俗习惯等，法官也无须对其正当性进行论证；而对案件裁判结果具有实质性影响的关键事实，则需要详细论证，此时法官的论证负担最重。这种繁简分流不仅有利于减轻法官的论证负担，其意义还在于熨平司法正义与化解纠纷之间可能存在的价值冲突。“在解决纠纷的目的下，固执地寻求真相反而可能会导致仇恨或加剧一场冲突，因为一项古老洞见认为，说出真相时常意味着严重的冒犯。因此，一套旨在最大化纠纷解决目标的程序不可能同时试图最大化准确的事实发现。”〔4〕在以高效解决纠纷为导向的简易审判程序和调解程序中，法官都无须对案件事实进行详细论证。

同样基于经济性的考虑，案件事实论证追求说服效果的有效性，避免谬误，而无须追求

---

〔1〕［英］尼尔·麦考密克：《修辞与法治》，程朝阳、孙光宁译，北京大学出版社2014年版，第297页。

〔2〕参见［英］尼尔·麦考密克：《法律推理与法律理论》，姜峰译，法律出版社2018年版，第108页。

〔3〕参见［美］理查德·波斯纳：《波斯纳法官司法反思录》，苏力译，北京大学出版社2014年版，代译序，第158～159页。

〔4〕陆而启：《法官事实认定的心理学分析》，法律出版社2014年版，第163～164页。

论证上的"充分"。[1] 在事实论证环节,论证的成功与否,并不完全等同于论证的充分度或者法官对事实认定过程描述的准确度。从论证目的来看,案件事实论证是说服性的而非说明性的,论证的有效性不能等同于论证的充分度。我们期待法官为案件事实给出理由,这并不是要求法官事无巨细地描述事实认定过程的所有信息,也不需要法官对司法过程中出现的所有事实问题都进行论证。实际上,那样也达不到论证的目标。哪些理由需要给出,哪些理由无须给出,应由法官根据论证语境、目标受众而进行筛选或决定。简单来说,论证的过程是控制给出的理由,而不是给出所有理由,更不是捏造理由。

(四)案件事实论证的说服有效性

在司法过程中,裁判文书所要说服之人便是法官的听众。基于对司法价值的考虑,司法过程的听众在重要性上通常是有主次之分的。一般而言,法律论证的首要听众是法律职业群体,其次才是社会公众。相较于社会公众而言,专业人士通常更为理性。当法官以职业群体内行作为首要听众时,其论证目标就会更为明确。只有在职业群体内部,他们才共享关于法律争议的评价标准,各类异议也才成为可争辩的。换句话说,正如可证伪的命题才可能是真理那样,可争辩本身是我们得出合理性结论的必要前提。由于事实陈述的经验性,相较于法律问题,社会公众通常会认为事实问题上的专业壁垒更少,自己有能力对事实问题作出判断,因此案件的事实部分更容易引起社会公众的关注和讨论。"我们可以安全地作出结论:大多数法官都关心公众是怎样看待自己的。"[2] 关心和获得认可之间存在的,正是有效论证的距离。当社会公众作为论证的听众,基于"集体非理性"的存在,普通公众在情感上的接受和认同,并不能成为法律论证合理性的稳定标准;很多时候,法官是否能够获得社会公众的普遍认可,并不取决于法律论证的水平或充分性。"一个可以且有必要诉诸论证来说服对方的社会必须是一个已经基本格式化了、分享了某种交流规则的社会,一个有更多的基本共识的社会。"[3] 如果一个法官的论证在法律上是强有力的,那么他也会更容易赢得其他法官同事的认可,而一个在法律上强有力的论证,却并不一定对公众更有说服力。由此,法官必须根据社会公众的特性有针对性地选择修辞策略。例如,在事实论证领域尽量避免晦涩难懂的专业术语,对那些与日常经验相悖的小概率事件或惊讶事件要更为详细地加以论证,等等。

当然,无论法官如何定位其听众,追求说服效果并不是论证的唯一目标。即便事实论证的理由来自法律体系之外,论证共识的形成过程也是受到法律尤其是司法规范约束的。在这个意义上,如果我们将共识概念作为事实之"真"的可操作性标准,我们仍必须对其保

---

〔1〕 关于论证的充分性问题,参见刘星:《司法的逻辑》,中国法制出版社2015年版,第85页。

〔2〕 [美]劳伦斯·鲍姆:《法官的裁判之道——以社会心理学视角探析》,李国庆译,北京大学出版社2014年版,第81页。

〔3〕 参见苏力:《判决书的背后》,载《法学研究》2001年第3期。

持必要的警惕。一方面,不应过分追求“普泛听众”的认可。根据佩雷尔曼(Chaim Perolman)的分类,“普泛听众”是任何说服所追求实现最大共识的理想听众,[1]它通常仅具有作为超越时空条件的理想类型意义。倘若我们要求法官致力于追求在普泛听众中达成共识,则无疑有逃避问题的嫌疑,因为这一目标根本是不可能实现的,完全无助于现实问题的解决。另一方面,即便是在有限范围内,也需警惕听众对一些热点案件的叙事喜好,更不能因为迎合听众而使“好故事”排斥“真故事”。因此,有效说服的意义,不仅在于法官与特定范围内的听众达成共识的状态,还意味着这种共识真正内化为他们的行为规范,即法官和听众从内心真正接受司法裁判。

在司法过程中,促使法官作出案件事实认定结果的因素是多方面的,我们评价案件事实论证的标准也应是综合的而非单一的。在具体的论证过程中,不同案件可能因性质或类型不同而采用不同的标准组合。整体而言,事实论证的真实性与融贯性标准的主要目标指向案件事实的客观性,而论证的决疑性、经济性与说服有效性标准的主要目标指向则是案件事实的公正性与准确性。

三、案件事实的论证模式

作为一种交往活动,论证的直接目的是回应对主张的质疑从而证成己方观点。虽然司法过程已经通过制度框架为案件事实论证划定了界限和范围,我们仍需通过论证模式,即论证的基本结构来进一步展示论证自身的有效性来源。

(一)基本推论的三段论模式

逻辑是描述论证结构的基本进路。司法过程的多个环节皆存在论证行为,无论是裁判的整体性法律推理,还是作为推理大前提的法律规范的论证,抑或形成推理小前提的事实论证,其核心推论过程皆依赖于形式逻辑。这种论证模式的功能,不在于判定前提或结论本身是否为真,而在于用以判定由前提到结论转换的正确性。[2] 因此,论证的恰当与否,主要在于形式逻辑上是否具有一致性。形式逻辑的主要推理方法包括演绎、归纳、类比等。以“大前提—小前提—结论”为基本模式的三段论,是演绎推理中最为重要的推理形式。例如:

大前提:根据婚生子女身份的推定制度,在合法婚姻存续期间受胎或出生的子女,推定

[1] See Chaim Perelman and L. Olbrechts-Tyteca, The New Rhetoric: A Treatise on Argumentation, translated by John Wilkinson and Pur-cell Weaver, South Bend: Notre Dame University Press, 1969, p. 31.

[2] 参见[芬兰]冯·赖特:《知识之树》,陈波选编,生活·读书·新知三联书店2003年版,第150页。

为婚生子女;同时也认定所推定的子女的血缘来自具有合法配偶身份的男女双方。

小前提:王某在A与B婚姻关系存续期间出生。

结　论:王某是A与B的婚生子女。

每个三段论推理中都存在一个肯定的全称前提。如果两个前提都是全称的,那么就不可能交互地证实;而如果一个前提是特称的,那么结论也是特称的。[1] 这种三段论逻辑模式看似简单,其中却隐含着复杂性。对全称判断"所有……"的期待,在现实司法实践中经常难以实现。在这一模式中,其实隐含了"如无特殊情况"这一前提,以作为对大前提全称判断的补充和修正。"即使在伦理论证中最普遍的理据,有时也不得不在特殊情况下容忍例外,因而在其最强点也只能得出推断性结论。"[2] 因此,上述三段论推理所得出的结论,只是一种事实推定结果,当现实生活中出现一些例外时,其推论便无法成立。而且,法官在事实认定过程中要考虑的因素,远非大、小前提这么简单。如果我们一定要使用三段论来描述事实的认定过程,那么就必须刻意对现实司法实践中的各类证据、事实、价值判断强行进行简化、压缩,以便能将它们收编于简单的框架之内。这种做法是对真实司法过程的扭曲,当然也是不现实的。出现这种情况,当然不是三段论模式本身正确与否的问题,而是因为司法过程非常复杂,不同的论证场域为推论提供了各类省略的、潜在的前提或限定条件。而一旦论证场景发生变化,这些前提或条件的变化就会导致结论发生改变,因此,来自不同领域的论证,其从理由得出结论的过程并不是单一重复的。

整体而言,三段论模式在案件事实论证中具有不可替代的基础性地位,但就具体不同层次的案件事实而言,三段论模式无法说明法官如何形成证据事实与裁判事实并基于哪些要件事实的判断来选择适用法律规范,也不能说明小前提中的裁判事实与大前提中的制度类型事实如何具有对应关系。实际上,"属于不同领域的论证通常涉及从理由到结论的不同逻辑转换。"[3] 司法过程中案件事实的论证,主要可分为两个场景:证据事实论证与裁判事实论证。由于各自的特殊性,除了共同的三段论模式外,它还可能需要使用其他论证模式。因此,在案件事实的论证模式上不可统而论之。

(二)证据事实论证中的概率叠加模式

"司法裁判以事实为依据,事实认定以证据为依据。"[4] 司法过程中法官需要查明的事

---

〔1〕 参见[古希腊]亚里士多德:《工具论》,张留华、冯艳等译,刘叶涛校,上海人民出版社2015年版,第149~151页。

〔2〕 [英]斯蒂芬·图尔敏:《论证的使用》,谢小庆、王丽译,北京语言大学出版社2016年版,第102页。

〔3〕 Lilian Bermejo-Luque, Giving Reasons: A Linguistic-Pragmatic Approach to Argumentation Theory, Dordrecht: Springer, 2011, p. 82.

〔4〕 舒国滢、宋旭光:《以证据为根据还是以事实为根据?——与陈波教授商榷?》,载《政法论丛》2018年第1期。

实皆是已经发生的事情,时空不可逆转,法官无法通过经验感知的方式再现过去发生的事实,而只能通过证据信息进行推论,通过折射事实的"证据之镜"[1],法官形成证据事实,并在此基础上结合整体事实评价进一步认定裁判事实。关于在司法过程中法官是如何认定证据的,那些事实认定的原子论者认为,法官是逐一判断每个证据而进行事实认定,而事实认定的整体论者则认为,法官是需要考察完全部证据后才能作出最终的事实认定。其实,原子论与整体论只是对证据认定过程的不同角度的描述,它们都共同认可在证据认定过程中,法官必须对证据的相关性、可信性、证明力等内容进行审查以形成确信。因此,在证成裁判事实之前,法官必须先证成证据事实。

证据是与待决案件案情相关的信息。当以有限的认知能力回溯已经发生的事件时,我们会发现,司法过程中的各类证据所形成的证据事实,几乎总是包含了一定程度的不确定性。换句话说,证据所证明的,总是某些事实存在的可能性。证据事实描述的主要是与案件有关的事物的性质或事物之间的关系,当我们说某一事实可以得到确认时,经常的意思是指"它很可能如此""如无特殊情势,它是如此"。根据事实认定的概率理论,每个证据事实(包括一些事实推论)对案件事实的支撑都只是一种可能性。相对于逻辑或自然科学意义上的可能性,法律领域中使用的可能性主要是一种经验概念。证据采信的过程不是对单个证据进行类似搭积木的拼接过程,证据之间也会形成相互印证、相互排斥或相互补强等互动关系,法官对事实认定的过程,也是对证据的整体进行理解和把握的过程。因此,在事实认定问题上,与原子论相比,我国现行的司法制度更倾向于整体主义的认定理论。证据事实之间的相互印证、补强所依托的逻辑关系并非因果律,而是"概率叠列"。[2] 一个案件中多个证据事实出现在一起,这些证据事实一起相互作用,从而强化了最终认定事实的可能性。其中单个证据事实可能性大小的差异,表明了证据事实对最终认定事实的参与度与贡献度的不同。

例如,在刘某诉刘某民要求确认父女关系一案中,刘某的母亲周某存在与其前夫阮某婚姻存续期间怀孕,离婚后生育刘某。亲子关系鉴定结果已经排除了周某存的前夫与刘某之间系父女关系的可能性。本案当事人刘某民拒绝做亲子鉴定。此案的一审、二审及再审法官皆认为,公民的人身权受法律保护,人的身份关系不能在没有科学依据的情况下推定,刘某所提供的证据不足以证明其与刘某民之间存在亲生父女关系。终审法院认定如下证据事实:(1)2002年1月21日,刘某民从单位申请开具未婚证明,用以申请与周某存结婚登记;(2)2002年2月19日,周某存与前夫阮某离婚;(3)2002年10月8日,刘某出生,其出生证上载明"父:刘某民";(4)"[2005]黑公遗鉴字第319号"鉴定书所载结论为:周某存的前夫阮某与刘某无血缘关系;(5)医院对周某存、刘某的检验血型均为A型;(6)刘某民的

[1] 参见张保生:《事实、证据与事实认定》,载《中国社会科学》2017年第8期。

[2] 参见栗峥:《印证的证明原理与理论塑造》,载《中国法学》2019年第1期。

户籍材料记载其血型为 A 型;(7)刘某与刘某民从外貌特征上看有一定的相似之处。在此案中,前述证据事实(4)从各种潜在可能中剥离出不可能事项,即排除阮某与刘某之间的父女关系;证据事实(1)则表明刘某民曾经与周某存关系亲密;证据事实(3)(7)增强了刘某民与刘某系父女关系的可能性;证据事实(5)(6)则表明不能排除刘某民与刘某系父女关系的可能性;可见,证据事实(3)(5)(6)(7)的合力作用,高度强化了刘某民作为刘某生父的可能性。虽然刘某民否认其是刘某的生父并拒绝做亲子鉴定,但其主张事实成立的可能性,并不足以推翻刘某主张的可能性。该案判决确认刘某民与刘某为父女关系。[1]

在这个案件中,各项证据事实之间相互作用产生了一种“聚合”的作用,我们对案件事实认定的确信程度,要超过各个证据单独所产生的确信之和。[2] 所以,法院在证据事实的基础上进行了事实推论,虽然这种推论的结果仍然是双方亲子关系的可能性而非确定性,但是这种可能性不宜用数字来体现。“在法庭认定证据方面,一般应尽量回避概率的数值,更倾向于定性分析而不是定量分析。”[3]虽然始终无法排除多重偶然性,但基于概率叠加后的其他可能性已微乎其微。而且,通常情况下,在司法过程中使用具体的概率数字以求事实描述的准确性并无多大意义,因为事实认定的结果要归结于法律后果。故而,法院最终是用判决的形式使其具有了法律上的确定性。

在司法过程中,要使用证据事实间概率叠加方法以论证事实认定的正当性,也有一些需要遵循的规则。诸如案件的多个证据事实应具有不同的来源。上述案例中,亲子鉴定结果来自鉴定机构,血型记载来自户籍档案与医院开具的出生证明,未婚证明来自当事人工作的单位,外貌相似性来自肉眼观察,等等。基于各类因素的考量,这些证据事实被认为是可靠的。鉴定机构的可靠性来自其资质,而户籍档案的可靠性来自行政行为的公定力。外貌相似性的可靠性程度与前两者相比虽然不那么确实,但它也来自人们的日常生活经验。在刑事案件中可能还要求排除合理怀疑,这是对证据间相互印证的一种内在检验标准。[4] 这些证据之间整体协调,内部无明显矛盾,即不仅本案的证据事实之间无明显矛盾,而且与其他已经认定的事实之间也没有明显矛盾,也就是实现了前文所称的叙事融贯。

当然,证据之间的整体协调与叙事融贯,并不意味着完全不允许有任何差异而成为模范标准的事实样板。例如在陈某桂、陈某兴强奸一案中,申诉意见认为:被害人对于案发地点、参与人、事件过程等的陈述,与证人证言以及其他证据之间不能相互印证。对此,法院陈述了四点证据事实:(1)被害人在案发当晚处于酒后不清醒状态;(2)被害人在案发时仅 15 周岁;(3)有证人证言表明被害人拼命挣扎、不愿意与陈某桂等人一起外出,在陈某兴等

〔1〕 参见刘某诉刘某民案[(2007)哈民一再终字第 68 号民事判决书]。

〔2〕 参见吴洪淇:《印证的功能扩张与理论解析》,载《当代法学》2018 年第 3 期。

〔3〕 杜文静:《溯因推理的概率解释及特设性假设的规避》,载陈金钊主编:《法律方法》(第 17 卷),山东人民出版社 2015 年版,第 75 页。

〔4〕 参见龙宗智:《印证证明在证据审查与事实认定中该如何运用》,载《检察日报》2019 年 4 月 8 日,第 3 版。

人欲与其发生性关系时,被害人明确表示反对并挣扎反抗;(4)两位犯罪嫌疑人都是第一次见到被害人。前述证据事实(1)表明,被害人由于酒精的作用,很可能无法准确记忆并描述案发时的具体情景,尤其是细节问题。证据事实(2)表明受害人心智发育尚不成熟,同样可能无法对发生的事实作出准确描述。证据事实(3)更是直接表明被害人对所发生行为的抗拒。根据证据事实(4),结合日常生活经验,则可以作出推断,受害人对于以前完全不认识的犯罪嫌疑人,基本不可能愿意与其有亲密关系。上述四点证据事实来源不同,但从不同角度进行了概率叠加,稀释了受害人自愿与犯罪嫌疑人发生性关系的可能性,并对受害人对于案发细节的描述不够准确的情况进行了合理解释。"正如我们当时所看到的那样,一个事件的可能性/概率通常被视为一回事,而特定证据为某人关于某事将要发生的观点所提供的支持又是另一回事。"〔1〕从这一意义上讲,证据事实间的概率叠加模式,并不意味着简单的证据清单。基于不同性质案件中对事实认定之可能性的容忍程度不同,我们不仅需要在认识上正确理解司法过程事实本身的内在复杂性,在事实论证中亦应有对不同证据事实对于裁判事实之贡献度的分析。

(三)裁判事实论证的可废止模式

事实认定是在对证据事实加以整体性理解与把握之基础上,结合其他认知进行的经验性推论,最终形成了裁判事实。事实认定模式不是单一的线性推论,各类参与司法过程的信息之加入,都可能影响到最终的认定结论。英国哲学家图尔敏(Stephen Toulmin)提出的论证模型得到学界的普遍认可,我们也可以将其用以描述裁判事实论证的模式。

这一论证模式的构成要素主要有6种:数据(D)为推断由之开始的材料或信息;理据(W)是规则、原则、推理许可或其他;支撑(B)是用以表明理据合法性的其他保证;限定条件(Q)是推论能够成立的场域或条件;反驳(R)是反证或应该排除的例外情形;主张(C)是证成的结论。〔2〕根据武宏志的总结,这是一种最具普适性的论证模式,当理据是普遍的、绝对的概括陈述时,它是演绎论证的模式;当理据是归纳统计概括陈述时,它是归纳模式;当理据是允许例外的可废止概括陈述时,它是合情论证模式。〔3〕

从这一论证模式可以看出,事实论证结论是否能够成立,以及在什么情况下能够成立,依赖于各类前提条件的参与。也就是说,一旦有例外情形出现,推论的前提就可能不再充分,论证结果也将相应发生变化。例如在正常情况下DNA检测就可以确认亲子关系,但是如果被检测一方曾经接受过器官移植,身体内存在两套DNA,那么检测者在不知情的情况下,就很可能造成亲子关系的误判。"一个'普遍前提'则表达一种保证,使我们可以安全地

〔1〕[英]斯蒂芬·图尔敏:《论证的使用》,谢小庆、王丽译,北京语言大学出版社2016年版,第71页。
〔2〕同上书,第91页。
〔3〕参见武宏志:《论证型式》,中国社会科学出版社2013年版,第100页。

从我们的数据达到我们的结论，而不仅仅是一项信息。”[1]亲子鉴定数据正是一个普遍前提，[2]让我们可以有把握地判断孩子与被检测者之间的亲子关系。

在实际的事实论证中，并非每次论证都必须有前述全部6种要素的参与，作为理据的支撑（B）就经常被隐藏或省略。例如当我们使用婚生子女推论规则时，通常不会追问这一推论规则的正当性支撑是什么。此时支撑（例如，有利于稳定婚姻关系和家庭关系，有利于未成年人健康成长，等等）并非不存在，而是成为隐含的前提。通常来说，作为论证中给定的数据或资料，一般也无须继续追问其正当性。退一步讲，即便如前述所举例子中的亲子鉴定结论受到质疑，此时法官无法、也无须对鉴定结论本身做出论证，而只能对鉴定机构或者鉴定者的资质进行论证，即法官无须对结论进行论证，而是对结论的可信性进行论证。社会生活的复杂程度远超人类自身的想象，人类的认知能力无法预知例外的存在，更谈不上穷尽各类例外清单。从这一意义上来说，事实认定之难，很大程度上在于“事后的例外”总会出现。图尔敏论证模式的突出特点，正在于正视论证对场域的敏感和依赖，通过反驳或例外条件的加入，使论证过程的可废止性得以被直观呈现。

当我们在事实认定领域讨论论证的可废止性时，需要明确如下几点。首先，我们所说的可废止性对象不是本体论意义上的事实，而是事实的规范性资格或认识论意义上的事实。[3] 根据上述例子，可废止的并不是王某是否为A、B之婚生子女，而是我们对“王某为A、B之婚生子女”的描述是否是正确的，以及我们在法律上可否认定“王某为A、B之婚生子女”。从论证的有效性来说，事实论证的可废止性的关注重点，不是事实的存在本身，而是我们得出某一事实结论的理由是否正当，即当前裁判事实的认定结果是否为基于给定理由而得出的有效结论。其次，可废止性并不意味着不确定性，而是强调对结论的证立是依赖于各类前提条件的，论证正当性的评判必须在明确了前提、场域等限定条件的基础上才能作出。从这一意义上说，裁判事实论证环节的可废止性，不是对法律事实客观性的解构，相反，各类限定条件的加入使得论证更加准确，其证成的裁判事实将更接近客观事实。例如，在林某某故意杀人案的死刑复核阶段，辩护律师提出“饮水桶内水样、黄某尿液和饮水杯均是黄某的同学自行提取，检材有被污染可能”。这是通过提出一种可能性而对认定结论进行质疑。法官通过如下两个限定条件对上述这一质疑进行了回应：（1）黄某的同学自行提取相关检材时，黄某的真实病因尚未确诊，事件性质尚不明确，并未进入侦查程序；（2）提取检材者均为医学专业研究生，具备无菌操作知识，又是遵医嘱使用无菌器材提取，

---

〔1〕［英］斯蒂芬·图尔敏：《论证的使用》，谢小庆、王丽译，北京语言大学出版社2016年版，第100页。

〔2〕笔者在法院调研时了解到这么一个案件，一位当事人怀疑孩子非自己亲生并因此与其妻子离婚，他的理由是不同检测机构的两次亲子鉴定虽然都显示其是孩子亲生父亲的概率在99.99%以上，但检测报告的数值并不完全相同，二者存在极细微的差别。他认为这种检测结果的差异表明孩子仍有可能不是自己亲生。可以说，此人从数据到结论的推论，是严重违背社会生活基本经验的论断。

〔3〕参见宋旭光：《论法学中的可废止性》，载《法制与社会发展》2019年第2期。

操作规范。可见,针对此案的特殊情况,法官有效地回应了“未进入侦查程序而提取检材的行为”为何不会造成检材污染,从而主张其检验结果不应被排除。

与法律论证一样,事实论证也是基于对实践推理结果进行反思而展开的验证行为,与法律问题相比,事实问题经常有着更为复杂的条件限定。根据对论证模式之可废止特征的描述,我们可以看出,对于司法过程中一个具体案件的事实认定,其所在的规范语境是相对稳定的,而论证过程总是对可能最终影响事实认定结果的各类信息保持开放。

结　语

案件事实论证是司法过程中的技术性问题,也与司法制度密切相关,应当放在司法改革不断推向深入的大背景之下进行讨论。就我国的司法运作而言,每一级法院都有权力进行事实审查,而就一个案件而言,每一审也都包含事实审查,这就意味着案件可能经过两次或多次的事实审查。这种对案件事实的反复调查以及可能前后不一的认定,将实质减损前诉程序的应有价值,使审级制度产生虚化,也对司法权威造成冲击。在司法体系内部,下级裁判强化案件事实论证,一则可以使主审法官在自由裁量问题上更为慎重,有利于在法官职业群体内部达成更强的共识,二则也可以使上级法院的监督更有针对性,减少司法资源的浪费。

司法判决之所以是正义的,不仅在于它是法官依法作出的,还在于它以适当的方式呈现出背后的理由。事实认定是一个动态的经验推论过程,有诸多因素参与其中,我们应摒弃可能存在的玩世不恭的或怀疑主义的态度,以温和、审慎的立场认真对待事实问题。整体而言,司法过程中的“真”是一个体系性概念,虽然民事案件与刑事案件以及行政案件等在事实证明标准上稍有不同,但所有的事实认定过程都是致力于通过建构法律真实来接近客观真实。借助于事实认定说理,法官表明其已经对证据能力、证明标准以及证据之间的关系等问题进行了审慎的思考,不仅在程序上也在价值判断上强化了对事实认定过程的控制,以一种最为合理的方式建构证据和法律事实之间的关联性和一致性。近年来,我国在多个领域加强证据规则立法,也体现出对事实认定过程的关注和重视。在此基础上,认可案件事实论证的必要性,并探究行之有效的论证标准和模式,对于提升我国司法的技术理性而言也是值得探索的。毕竟,我们对事实之“真”的追求从未松懈。

(原载于《法学家》2019年第6期)

督促程序的休眠与激活

张海燕*

一、引　　言

督促程序的制度价值在于分流当事人之间无实质争议的案件〔1〕，疏减不必要诉讼以及合理配置司法资源，以维持一个国家或者地区司法制度的稳妥运转。〔2〕现代督促程序源于1877年《德国民事诉讼法》〔3〕，之后法国、奥地利、日本等国家和地区也在民诉法中规定了该程序。督促程序凭借其省去法庭实质审理使债权人迅速获得执行根据的优势，因而在大陆法系国家和地区一直运转良好，同时在金钱诉讼繁简分流中的角色也十分重要。转眼我国，近年来民事领域"案多人少"〔4〕压力空前，各种应对之策层出不穷，但收效平平。〔5〕于此背景，我国1991年《民事诉讼法》（以下简称《民诉法》）确立的督促程序理应大有用武之地，但实践中却遭遇滑铁卢，2008年后最高人民法院工作报告甚至不再提及督促程序，足见其运行之不佳。在民事案件一审收（结）案量持续走高势头下，本应充分发挥案件分流功能的督促程序却呈现出严重的逆向低走趋势，这本身就是一个值得反思和检讨的问题。

---

* 张海燕，山东大学法学院教授、博士研究生导师。

〔1〕 邱联恭教授曾明确指出"所谓诉争性、对立性主要是指实体法上权利义务关系存在与否之争执，所谓解决纠纷，主要即解决此实体法上权利义务关系存在与否之争执"。参见邱联恭：《口述民事诉讼法讲义（一）》，许士宦整理，2015年笔记版，第70页。

〔2〕 参见沈冠伶：《督促程序之变革——基于平衡兼顾保护债权人与债务人利益之观点》，载《月旦民商法杂志》2015年第9期。

〔3〕 该法第七编规定了"督促程序"，该程序是为案件简易迅速地进行而设置。督促程序是一种仅依原告一方之要求，法院并不进行实质审查而裁判的简易程序。参见陈荣宗、林庆苗：《民事诉讼法》，台北，三民书局股份有限公司1996年版，第875～876页。

〔4〕 也有学者对此表示异议，认为我国法院系统的"案多人少"是个伪问题。比如，傅郁林教授主张：其实对于中国的多数法院而言，"案多人少"只是一个假命题，或者说只是相对于快速清理积案的中国标准而言的命题。参见傅郁林：《中国司法管理的民事审判视角》，载傅郁林、［荷］兰姆寇·凡瑞主编：《中欧民事审判管理比较研究》，法律出版社2015年版，第257页。

〔5〕 参见朱景文：《中国诉讼分流的数据分析》，载《中国社会科学》2008年第3期。

我国学界关于督促程序的研究始于1989年,繁荣于1991年至1994年,其间涌现出一批优质论文,[1]1995年后研究进入一个持续低迷的阶段。2012年《民诉法》修改督促程序后,学界又涌现出一个研究的小高潮。[2] 总结之前成果,督促程序研究呈现如下特点:①已对督促程序的属性、适用范围、功能以及程序保障等问题达成一定程度的理论共识。②通过比较研究已充分认识到督促程序理应成为我国应对"案多人少"的一个重要举措,这也是近年来学界又较多关注督促程序的重要原因。③研究内容多集中于纯粹理论层面,研究方法多为文献分析和比较分析,对于实践运行失灵原因及应对举措的实证分析缺乏甚至空白。[3] 较之前研究,本文特点在于运用描述统计学(descriptive statistics)[4]和调查访谈等实证研究方法,揭示实践中存在督促程序适用率低与大量民事纠纷符合督促程序适用条件却进入诉讼程序这一矛盾现象,挖掘督促程序运行失灵的制约因素,探寻激活督促程序的具体路径,期待能够充分发挥督促程序的制度价值和程序功能。

二、督促程序的运行实践

督促程序自1992年适用以来,运行效果一直不好甚至越来越糟。笔者将通过对《中国法律年鉴》数据(1993年至2007年)、S省法院系统调研数据(2008年至2016年)和中国裁判文书网法律文书(2010年至2016年)进行统计分析来展示督促程序的运行实践。需要说明的是,因为《中国法律年鉴》、《中国统计年鉴》、最高人民法院工作报告及其网站均未发布

---

〔1〕 比如张卫平:《论督促程序》,载《中国法学》1991年第5期;李祥琴:《论督促序》,载《法学研究》1992年第3期;张俊:《督促程序的法律实务》,载《中国法学》1992年第5期;等等。该阶段研究主要集中于督促程序的基本理论阐释以及域外经验的评介。

〔2〕 该阶段研究主要集中于两个问题:一是督促程序属性的重新探讨,法规范规定督促程序是一种非讼程序,学界亦多持此说,但近来有学者提出不同意见,认为督促程序是一种特殊诉讼程序(如王福华:《督促程序的属性、类型与程序保障》,载《当代法学》2014年第3期;许尚豪、欧元捷:《论督促程序的争讼性》,载《人民司法》2014年第5期;史长青:《督促程序的设计理念:诉讼还是非讼》,载《政法论丛》2015年第5期;欧元捷:《论诉讼程序与督促程序的两线并行模式》,载《法学论坛》2016年第2期);二是督促程序的电子化研究,主张我国应借鉴国外电子督促程序,推动适用电子支付令(周翠:《再论督促程序电子化改革的重点》,载《当代法学》2016年第6期;周翠:《德国司法的电子应用方式改革》,载《环球法律评论》2016年第1期;陈辽敏:《电子督促程序初探》,载《人民法院报》2017年5月10日,第8版)。

〔3〕 在中国知网以"督促程序"为篇名搜索到195篇文献,其中10余篇使用了全国或局部法院督促程序适用情况的年度区间数据。例如,唐墨华《从消沉到激活的蝶变——走出督促程序中国式困境》一文(《探索社会主义司法规律与完善民商事法律制度研究——全国法院第23届学术讨论会获奖论文集(上)》,2011年)使用了全国法院2003~2008年和上海市P法院2005~2010年督促程序数据;再如,李玉杰、李振国等:《节约司法资源 提高审判质效——河南焦作中院关于加强督促程序适用的调研报告》,载《人民法院报》2017年12月7日,第8版,使用了焦作市各基层法院2015~2016年民间借贷和金融借款案件中督促程序数据。然而,上述文献仅对年度区间数据进行了简单展列,目前尚无文献对督促程序自1993年以来的连续数据进行分析,亦无文献通过区分案件类型和分层抽样分析对督促程序运行中的问题进行论证。

〔4〕 关于描述统计学的界定,参见苏凯平:《再访法实证研究概念与价值:以简单量化方法研究我国减刑政策为例》,载《台大法学论丛》2016年第3期;Hang Lee, *Foundations of Applied Statistical Methods*, Springer International Publishing Switzerland, 2014, pp. 8-9。

2008 年之后督促程序的适用数据,故笔者选取 S 省法院系统调研,通过审判管理系统获取 2008～2016 年督促程序的适用数据,以保持数据统计口径的统一以及分析的连续性和完整性。

(一)督促程序的适用率

根据《中国法律年鉴》公布的数据,计算得出 1993 年至 2007 年督促程序适用率,详见图 1。[1] 该图显示:第一,法院受理一审民事案件数逐年增加,从 1993 年的 209 万件增至 2007 年 472 万件。第二,督促程序 15 年间结案数最高在 2003 年,为 18.2 万件;2003 年之前结案数在 15.1 万～18.2 万波动,之后结案数逐年递减,2007 年已降至 8.8 万件。第三,督促程序适用率由 1993 年的 7.5% 降至 2007 年的 1.9%。

根据 S 省调研数据,计算得出 2008～2016 年督促程序适用率,详见图 2。该图显示:第一,S 省法院受理一审民事案件数整体呈逐年增长趋势,[2] 从 2008 年的 53.4 万件增至 2016 年的 77 万件。第二,督促程序收案数 9 年间整体呈递减趋势,最高是 2009 年的 6853 件,最低是 2013 年的 454 件。第三,督促程序适用率最高是 2009 年的 1.2%,最低是 2015 年的 0.1%。

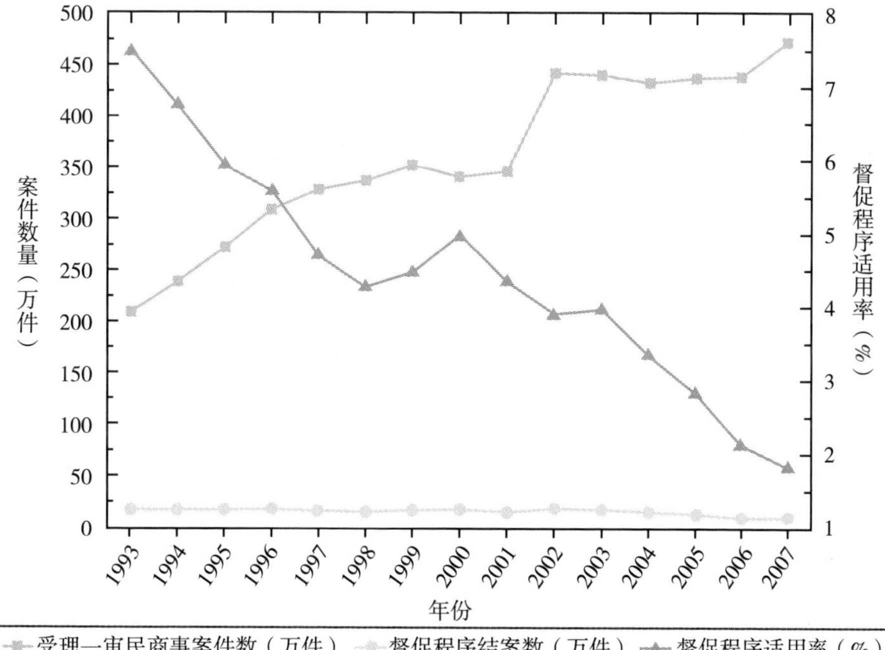

图 1 全国督促程序的适用率(1993 年至 2007 年)

〔1〕 1993 年至 2001 年,《中国法律年鉴》公布的是督促程序收案数,2002 年至 2007 年,公布的是督促程序结案数。督促程序适用率的计算方法是:督促程序收(结)案数/[受理一审民事案件数 + 督促程序收(结)案数]。

〔2〕 2012 年和 2013 年一审民事案件收案数稍有反复。

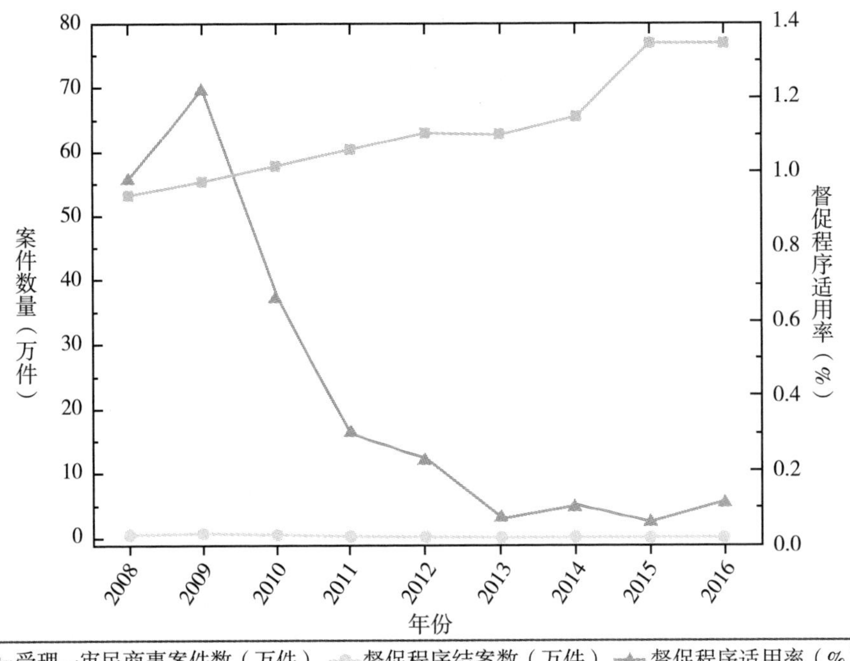

图2　S省督促程序的适用率(2008年至2016年)

此外,笔者还对S省18个基层人民法院的27名相关工作人员进行了督促程序适用情况的调查访谈,[1]发现存在两个共性问题:第一,适用督促程序的案件极少。比如SG法院2016年仅适用2件,LC法院则10年来无一案件适用督促程序。且适用督促程序的案件均为债权人主动选择而启动,被访谈法院无一例将案件从诉讼程序转入督促程序的情形。第二,在督促程序适用过程中,只要债务人提出书面支付令异议,法院立即终结督促程序。例如,NJ法院立案庭H法官和SG法院立案庭Z庭长以及其他被访谈人员均谈到这一做法。即便是在2012年《民诉法》第217条明确规定法院应当对债务人书面异议进行审查之后,法院实践的情况依然如此。

(二)债务人异议率

《中国法律年鉴》和S省调研数据中均无"债务人提出异议案件数"项,北大法意数据平台对于裁判文书网督促程序法律文书的分析报告中也无"债务人异议"项,故无法通过以上数据直接计算债务人异议率。然而,因为债务人异议案件包含在督促程序终结案件中,[2]可以通过督促程序终结率来推算债务人异议率。2012年之前,债务人提出书面异议会直接导致督促

〔1〕 接受访谈的27名工作人员有19位是基层法院立案庭法官,6位是基层法院分管立案庭的副院长,2位是基层法院院长。访谈问题有5个:①法院适用督促程序案件数量情况;②法院受理案件后是否会将符合督促程序规定条件的案件转入督促程序;③债务人提出支付令异议情况;④法院对债务人异议的处理情况;⑤督促程序适用率低下的可能原因。

〔2〕 督促程序终结的情形主要包括当事人提出异议和支付令无法送达当事人两种。

程序终结，即便之后，当事人异议成立督促程序自动转入诉讼程序但仍要终结督促程序，亦需将案件统计在督促程序"终结"项中。接下来，笔者通过两种方式考察督促程序的终结率。

一是根据《中国法律年鉴》数据和S省调研数据，形成表1～表3。[1] 全国1993年至2007年督促程序裁定终结案件数占督促程序收（结）案数的1.9%～26.2%（1993年至2001年，比率最高为8%，2002年比率陡然增至19%，之后都在20%以上）。S省2008年至2016年（除去2013和2014[2]年督促程序裁定终结案件数占督促程序结案数的12.5%～30.4%）。

表1　全国督促程序结案方式情况（1993年至2001年）

年份	督促程序收案数（件）	结案处理方式				督促程序终结率（%）
		发出有效支付令	驳回	终结	其他	
1993	168,945	160,458	459	3771	4115	2.2
1994	173,194	166,664	492	3198	2898	1.9
1995	171,430	162,641	1216	3714	3733	2.2
1996	182,930	171,738	931	5465	4238	3
1997	161,898	149,139	1773	6308	4210	3.9
1998	150,959	133,590	无	无	无	无
1999	164,885	144,453	2185	11,811	5839	7.2
2000	178,848	152,980	5312	12,459	8256	7
2001	157,241	135,980	2634	12,641	6845	8

表2　全国督促程序结案方式情况（2002年至2007年）

年份	督促程序结案数（件）	结案处理方式					督促程序终结率（%）
		判决	撤回	驳回	终结	其他	
2002	179,177	50357	3587	2683	34,065	88,475	19
2003	181,655	34,336	6804	2175	40,542	97,798	22.3
2004	150,790	23,388	5340	2364	36,950	80,818	24.5
2005	127,461	16,170	2621	1681	33,342	73,647	26.2
2006	95,111	12,729	3106	1465	22,486	55,325	23.6
2007	88,292	10,436	2687	2013	21,547	51,609	24.4

〔1〕 需要注意两点：①2002年后，督促程序结案处理方式中的"发出有效支付令"统计项分解为"判决"和"撤回"项，且"其他"项下数据发生巨大变动。②各法院对于统计项目的理解不同，焦点集中在"判决"、"终结"和"其他"项。NJ法院立案庭H法官说该法院统计表中"判决"指的是因支付令失效进入诉讼程序最后由法院以判决结案的情形；"终结"是指支付令生效的情形。SG法院立案庭Z庭长说该法院填表时将支付令生效归入"其他"，"终结"指因债务人提出异议或支付令无法送达债务人而终结督促程序的情形，"判决"指什么不清楚。S省高院立案庭S法官主张"判决"指支付令生效。

〔2〕 2013和2014年S省督促程序终结比例特别高，分别为52.6%和53.1%。

表3 S省督促程序结案方式情况(2008年至2016年)

<table>
<tr><th rowspan="3">年份</th><th rowspan="3">督促程序结案数(件)</th><th colspan="5">结案处理方式</th><th rowspan="3">督促程序终结率(%)</th></tr>
<tr><th rowspan="2">判决</th><th colspan="3">裁定</th><th rowspan="2">其他</th></tr>
<tr><th>撤回</th><th>驳回</th><th>终结</th></tr>
<tr><td>2008</td><td>5270</td><td>283</td><td>601</td><td>41</td><td>657</td><td>3790</td><td>12.5</td></tr>
<tr><td>2009</td><td>6853</td><td>329</td><td>812</td><td>0</td><td>951</td><td>4789</td><td>13.9</td></tr>
<tr><td>2010</td><td>3840</td><td>215</td><td>1804</td><td>54</td><td>722</td><td>1048</td><td>18.8</td></tr>
<tr><td>2011</td><td>1787</td><td>32</td><td>541</td><td>20</td><td>432</td><td>767</td><td>24.2</td></tr>
<tr><td>2012</td><td>1480</td><td>107</td><td>522</td><td>1</td><td>299</td><td>549</td><td>15.5</td></tr>
<tr><td>2013</td><td>454</td><td>41</td><td>11</td><td>0</td><td>239</td><td>157</td><td>52.6</td></tr>
<tr><td>2014</td><td>661</td><td>3</td><td>5</td><td>57</td><td>351</td><td>201</td><td>53.1</td></tr>
<tr><td>2015</td><td>476</td><td>3</td><td>3</td><td>3</td><td>143</td><td>357</td><td>30</td></tr>
<tr><td>2016</td><td>845</td><td>78</td><td>5</td><td>9</td><td>257</td><td>510</td><td>30.4</td></tr>
</table>

二是借助北大法意数据分析平台对裁判文书网中的法律文书进行数据分析,[1]具体做法是:在裁判文书网中将筛选条件设定为案号中包含“督”字的2010年1月1日至2016年12月31日的民事案件,经搜索得到符合筛选条件的案件有36,639件[2]。在符合条件的所有案件中,根据案件的结案方式分类,支付令生效的有19,557件,占比61.5%;终结程序10,505件,占比33.1%;驳回申请1689件,占比5.3%。详见表4。

表4 全国督促程序结案方式情况(2010年至2016年)

<table>
<tr><th></th><th>结案方式</th><th>案件数量</th><th>百分比(%)</th><th>有效百分比(%)</th></tr>
<tr><td rowspan="8">有效样本</td><td>支付令生效</td><td>19,557</td><td>53.4</td><td>61.5</td></tr>
<tr><td>终结程序</td><td>10,505</td><td>28.7</td><td>33.1</td></tr>
<tr><td>驳回申请</td><td>1689</td><td>4.6</td><td>5.3</td></tr>
<tr><td>其他</td><td>27</td><td>0.1</td><td>0.1</td></tr>
<tr><td>撤销支付令</td><td>7</td><td>0</td><td>0</td></tr>
<tr><td>准予撤诉</td><td>1</td><td>0</td><td>0</td></tr>
<tr><td>驳回起诉</td><td>1</td><td>0</td><td>0</td></tr>
<tr><td>合计</td><td>31,787</td><td>86.8</td><td>100</td></tr>
</table>

[1] 该分析报告形成的时间是2017年12月8日。

[2] 在样本案件中,按照文书类型进行分类,其中支付令19,541件,裁定书17,027件,判决书33件,通知书20件,调解书1件(缺失样本17件)。就年度分布而言,其中2010年有11件,2011年有5件,2012年有27件,2013年有485件,2014年有7472件,2015年有10,804件,2016年有17,835件。由于法院系统裁判文书规范化上网始于2014年,目前各级法院2014年之前作出的裁判文书尚未完整公开,故数据误差可能较大。

续表

	结案方式	案件数量	百分比(%)	有效百分比(%)
有效样本	缺失样本[1]	4852	13.2%	
	总合计	36,639	100	

根据表1～表4,除S省2013和2014年督促程序终结率为52.6%和53.1%外,1993年至2016年督促程序终结率最高为33.1%,由此可推知,债务人异议率最高为33.1%。

综上,通过对督促程序运行实践的考察可以初步得出三个判断:第一,相较于大陆法系国家和地区,[2]我国督促程序的适用率很低,目前基本处于休眠状态。督促程序适用率最高值为1993年的7.5%,且该程序自适用以来总体呈现逐年下降趋势,2007年的适用率仅为1.8%,但2007年一审民事案件收案数却比1993年增长了126.1%。即便大陆法系国家和地区中督促程序适用率偏低的日本,其2000年至2014年15年的督促程序平均适用率为22.2%,也比我国的最高值7.5%高出很多。第二,2012年《民诉法》对督促程序内容的修改并未在实践层面提升督促程序的适用率。S省2008年至2012年督促程序适用率的区间范围是0.2%～1.2%,最高是2009年的1.2%,2013年后适用率不升反降,最高亦未超过0.1%。第三,我国督促程序中债务人异议率并非奇高无比。民诉法学者王福华教授在论文中曾提到债务人异议率高达70%左右,[3]其依据是"《中国法律年鉴》中的统计数据显示,我国督促案件因债务人异议终结的数量约为最终生效督促案件数量的2～3倍,也就是说,在法院已经发出支付令的督促案件中,债务人提出异议的比例高达2/3～3/4,即70%左右。"遗憾的是,王教授未对该异议率给出具体明确的数据论证。本文表1～表4的数据分析显示督促程序异议率一般不高于33.1%(未包括S省2013年和2014年数据),该数字虽比德国、奥地利和我国台湾地区10%左右的异议率高很多,但与日本15年间平均23.7%的异议率相差不大。我国债务人异议率高低这一数据对于督促程序休眠的原因分析非常重要。如果异议率高达70%左右的话,则债务人高异议率实为督促程序运行不畅的最重要原因,倘若异议率并非如此之高,则有必要重视对于其他层面原因的挖掘。

---

[1] 造成缺失样本的原因是由于真实文书没有进行文书类型的编写。

[2] 德国在2002年至2014年,督促程序案件在一审民事案件中的平均适用率是74.4%;日本在2000年至2014年,督促程序在一审民事案件中的平均适用率是22.2%;中国台湾地区在2008年至2014年,督促程序事件在一审民事案件中的平均适用率是74.6%。上述德国数据来自德国统计局,载https://ww.destatis.de/DE/Publikationen/Thematisch/Rechtspflege/GerichtePersonal/Zivilgerichte2100210157004.pdf?__blob=publicationFile,最后访问日期:2018年5月28日;日本数据来自日本裁判所网站的司法统计,载http://www.courts.go.jp/,最后访问日期:2018年5月28日;中国台湾地区数据来自于民间司法改革基金会2015年1月13日新闻稿,转引自吴从周:《徘徊在十字路口的支付命令制度?——探究德国法并思考我国应否废止其既判力》,载《台湾法学杂志》2015年第267期。

[3] 王福华:《督促程序的现状和未来》,载《国家检察官学院学报》2014年第2期。

三、督促程序的适用基础

督促程序于实务中适用率低下,是一个近乎休眠的制度。然而,宏观层面的图景却是一审民事案件持续走高,2015年案件数量已达千万件之多。那么大量民事案件中是否存在以及何种程度存在符合督促程序适用条件并能够通过督促程序予以分流的纠纷呢?根据现行法规范,督促程序的适用条件是支付令能够送达债务人,且当事人之间无实质争议的金钱给付和有价证券案件。下文笔者将选取民间借贷纠纷、金融借款合同纠纷和信用卡纠纷进行分层抽样统计分析,选择这三类纠纷的原因是:北大法意数据分析报告显示,2010年至2016年督促程序适用率高达90%的纠纷是民间借贷和金融借款合同纠纷,信用卡纠纷则属于典型的当事人之间权利义务关系明确争议不大的民事纠纷。[1]

对上述三类纠纷抽样统计的目的,在于通过计算被告仅为债务人的比例、被告的出庭率和实质答辩率以及对债务人公告送达率,大致得出三类纠纷中符合督促程序适用条件的案件比例,以此作为分析督促程序适用条件实践基础的数据支撑。其中,被告的出庭率和实质答辩率是核心数据,能够彰显当事人无实质争议的案件比例。因为督促程序的适用与缺席裁判相类似,对于知悉诉讼而不参与者,可以从经验上认为债务人对该债务的给付或该债务的存在不存在争执。[2]

在裁判文书网中,民间借贷纠纷占2016年一审民事判决案件总数的22.4%,金融借款合同纠纷占9.9%,信用卡纠纷占1.9%。对三类纠纷进行样本抽取的思路是:通过裁判文书网对2016年三类纠纷的基层法院一审判决案件以地域(省、自治区、直辖市)为标准分层抽取样本,形成符合统计学要求的规模样本(民间借贷1008/395,190件,金融借款合同501/174,850件,信用卡108/34,478件)。具体操作如下:2017年1月10日20点访问中国裁判文书网检索案件,设定条件为民事案件、基层法院、2016年、一审、判决书、民间借贷纠纷(金融借款合同纠纷与信用卡纠纷),得到395,190(174,850和33,424)个案件;将案件类型民间借贷纠纷(金融借款合同纠纷与信用卡纠纷)条件删除后检索,共得到1,768,492个案件。三类纠纷的样本总量分别为1008(501和108)个案件,最后统计得出有效样本数量

---

〔1〕 该报告显示督促程序案件的案由集中分布在借款合同纠纷(包括民间借贷纠纷和金融借款合同纠纷),占比90.5%,其次是物业服务合同纠纷,占比3.4%;其他纠纷类型如买卖合同纠纷、建设工程承包合同纠纷以及追索劳动报酬纠纷等虽有涉及,但比例很小。此外,河南省焦作市中级人民法院关于2015年至2016年督促程序的调研报告也是选择了民间借贷和金融借款两类案件作为抽样分析的样本。参见李玉杰、李振国等:《节约司法资源提高审判质效——河南焦作中院关于加强督促程序适用的调研报告》,载《人民法院报》2017年12月7日,第8版。

〔2〕 类似观点可参见姜世明:《支付令的何去何从?——一个立法政策上的彷徨与迷思》,载《裁判时报》2015年第7期。

为984(494和108)个案件。[1]

(一)被告结构情况

根据《最高人民法院关于适用〈中华人民共和国民事诉讼法〉的解释》(以下简称《民诉法解释》)第436条,对设有担保的债务的主债务人发出的支付令,不适用于担保人。[2] 理论上,对设有担保的债权债务纠纷,债权人可以选择对主债务人申请适用支付令而对担保人进行诉讼,也可直接以主债务人和担保人为被告提起诉讼。但实践中债权人会选择第二种情形,因为从一次性解决纠纷的角度考量,理性债权人会选择通过诉讼一并获得对于债务人和担保人的裁判文书,而非通过对主债务人适用督促程序对担保人提起诉讼这种分段方式来进行权利救济。同理,实践中对配偶作为共同被告的案件的处理方式与上述有担保人的情形相同。因此,能够适用督促程序的案件中被告结构单一,仅为债务人而不涉及担保人。鉴于此,笔者首先统计三类纠纷中被告结构情况,详见表5,以厘定能够适用督促程序的案件比例。民间借贷纠纷中仅债务人为被告的案件比例为62.8%,金融借款合同纠纷为20.7%,信用卡纠纷为87.2%;民间借贷纠纷中债务人和担保人共同作为被告的案件比例为16.3%,金融借款合同纠纷为65%,信用卡纠纷为6.5%。根据表5,能够初步得出如下结论:在实践层面,从被告结构来看,60%以上的民间借贷纠纷、接近90%的信用卡纠纷具备适用督促程序的条件,而大多数金融借款合同纠纷债权人会选择诉讼程序而非督促程序进行权利救济。

表5 被告结构情况

被告情况	民间借贷	比例(%)	金融借款	比例(%)	信用卡	比例(%)
仅债务人为被告	617	62.8	102	20.7	94	87.2
仅保证人为被告	12	1.2	3	0.6	0	0
债务人和保证人共同为被告	160	16.3	321	65	7	6.5
债务人和配偶共同为被告	173	17.6	44	8.9	5	4.6
其他	21	2.1	24	4.9	2[3]	1.7

[1] 在民间借贷纠纷和金融借款合同纠纷中,有效样本和样本总量之间存在差异,因为所抽样本有一部分重复,或者无效,比如案件撤诉、审理过程中确认为非民间借贷纠纷和非金融借款合同纠纷等。

[2] 详细内容,参见沈德咏:《最高人民法院民事诉讼法司法解释理解与适用(下)》,人民法院出版社2015年版,第1164页。

[3] 被告是"其他"的情形指的是原告是持卡人被告是银行的两个案件。这两个案件都是异地非本人使用信用卡的情况,信用卡持有人作为原告起诉银行。

表6　被告出庭情况

被告出庭情况	纠纷类型	简易程序	普通程序(非公告)	普通程序(公告)	总计	比例(%)
出庭	民间借贷纠纷	134	45	2	181	29.3
	金融借款纠纷	15	2	0	17	16.7
	信用卡纠纷	7	3	0	10	10.6
未出庭	民间借贷纠纷	282	117	37	436	70.7
	金融借款纠纷	32	47	6	85	83.3
	信用卡纠纷	36	30	18	84	89.4

既然实践中适用督促程序的情形为仅债务人为被告的案件,那么,下文相关数据的统计便在此前提下展开:表5中列出的民间借贷纠纷617件,金融借款合同纠纷102件,信用卡纠纷94件;表6~表11中涉及的3类纠纷均为仅债务人为被告的情形。

(二)被告出庭情况

督促程序适用的前提是当事人对纠纷无实质争议。如果债务人未出庭,其肯定在案件庭审中无法提出实质争议,但不排除其未出庭却通过答辩状提出实质争议的可能(该情形在统计中极少出现)。被告(债务人)未出庭案件占全部案件的比例(详见表6)如下:民间借贷纠纷为70.7%,金融借款合同纠纷为83.3%,信用卡纠纷为89.4%。

(三)被告实质答辩[1]情况

被告的实质答辩包括两种情形:一是在答辩状中提出实质答辩但未出庭;二是出庭并提出实质答辩。需要注意的是:被告是否进行实质答辩不同于其是否出庭,因为一方面被告未出庭也可能提出实质答辩(该情形于实务中极少发生),另一方面被告即使出庭也可能未进行实质答辩。被告未实质答辩案件占全部案件的比例(详见表7)如下,民间借贷纠纷为78.9%,金融借款合同纠纷为95.1%,信用卡纠纷为95.7%。

表7　被告实质答辩情况

被告实质答辩情况	纠纷类型	简易程序	普通程序(非公告)	普通程序(公告)	总计	比例(%)
实质答辩	民间借贷纠纷	86	42	2	130	21.1
	金融借款纠纷	2	3	0	5	4.9
	信用卡纠纷	2	2	0	4	4.3

〔1〕 此处被告的实质答辩是指被告对于原告主张之诉讼请求进行的实体层面的抗辩。如果被告承认原告主张的债权,仅是提出自己欠缺偿还能力等抗辩,该情形不属于此处的实质答辩。

续表

被告实质答辩情况	纠纷类型	简易程序	普通程序（非公告）	普通程序（公告）	总计	比例(%)
未实质答辩	民间借贷纠纷	330	120	37	487	78.9
	金融借款纠纷	45	46	6	97	95.1
	信用卡纠纷	41	31	18	90	95.7

(四)对被告公告送达情况

《民诉法》第214条和《民诉法解释》第429条均规定督促程序适用的一个条件是支付令能够送达债务人。支付令能够送达债务人的前提是债务人未出现下落不明的情况。反之,如果法院对债务人进行公告送达,说明该案中债务人下落不明、支付令无法送达债务人,进而该案无法适用督促程序。因此,笔者通过统计三类纠纷中对被告公告送达的案件比例来得出无法适用督促程序的案件比例。前文关于被告是否出庭以及是否实质答辩的表格(表6~表7)中已经列出了因对被告公告送达而适用普通程序审理的具体数据:民间借贷纠纷中,对被告公告送达的案件数是39件,有效统计样本617件,占6.3%;金融借款合同纠纷中,公告送达案件6件,有效统计样本102件,占5.9%;信用卡纠纷中,公告送达案件18件,有效统计样本94件,占19.2%。可见,在民间借贷和金融借款合同纠纷中,对被告公告送达的比例并不高,说明不能用督促程序的案件比例不高,但在信用卡纠纷中,该比例相对高一些,占该类全部案件的1/5左右。

(五)原告诉讼请求被支持情况

原则上,原告胜诉率高低与当事人之间有无实质争议以及该类纠纷有无通过诉讼程序解决的必要性之间呈反比关系。因此,可以通过统计原告诉讼请求被支持情况来分析当事人之间实质争议的大小,进而得出该类纠纷通过诉讼程序解决的必要性大小。统计显示,在民间借贷纠纷中,原告对本金的诉请全部得到支持,[1]对利息的诉请仅4.4%未得支持;在金融借款合同纠纷中,原告对本金和利息的诉请均得到支持,且全部支持率超过93%(本金96.1%,利息93.1%);在信用卡纠纷中,原告本金和利息诉请全部得到支持,且全部支持率超过94%(本金94.7%,利息97.9%)。与此不同,在债务人被告未出庭和未实质答辩的诉讼中,原告的本金和利息诉请几乎全部得到支持。详见表8。

〔1〕 此处的支持包括全部支持和部分支持。

表8 原告诉讼请求被支持情况

判决结果	民间借贷本金	比例（%）	民间借贷利息	比例（%）	金融借款本金	比例（%）	金融借款利息	比例（%）	信用卡本金	比例（%）	信用卡利息	比例（%）
完全支持	543	88	440	71.3	98	96.1	95	93.1	89	94.7	92	97.9
部分支持	74	12	150	24.3	4	3.9	7	6.9	5	5.3	2	2.1
不支持	0	0	27	4.4	0	0	0	0	0	0	0	0

综合观察前文列出的关于3类纠纷的5组数据，民间借贷纠纷和金融借款合同纠纷占裁判文书网2016年基层人民法院一审民事判决案件的32.2%。在这两类纠纷中，尽管仅债务人为被告的比例为62.8%和20.7%，但其中被告下落不明比例较低（分别为6.3%和5.9%），被告未出庭或未实质答辩的比例较高（分别为70.7%和83.3%以及78.9%和95.1%），且原告对本金和利息的诉请几乎全部得到法院支持。因此，笔者认为，如果这两类纠纷中符合督促程序适用条件的案件直接通过督促程序解决而进入诉讼程序，可以分流掉分析样本中46.4%的民间借贷纠纷和18.5%的金融借款合同纠纷，占2016年基层人民法院一审民事判决案件的1/10左右。信用卡纠纷占2016年基层法院一审民事判决案件的1.9%，该类纠纷中仅债务人为被告的比例为87.2%，尽管其中债务人下落不明比例偏高，占比19.2%，但被告未实质答辩率高达95.7%，原告对本金和利息的诉请全部得到法院支持。据此，可以适用督促程序分流掉分析样本中68.4%的信用卡纠纷。基于以上数据，不难得出实践中存在大量符合督促程序适用条件的民事纠纷这一结论。

需要注意，前述三类纠纷中被告未出庭或即使出庭却未进行实质答辩的纠纷适用督促程序解决，并不会实质性影响当事人尤其是债务人的实体和程序权利。因为即使在诉讼程序中，债务人不进行实质答辩本身就意味着其放弃了言辞辩论这一程序权利，进而导致债权人的诉讼请求更容易得到法院认可；与适用督促程序相比，债务人的实体权利和程序权利并无减损。而且，在督促程序中，债务人还掌握着通过行使异议权使督促程序转化为诉讼程序的程序主动权。

四、督促程序休眠的原因

民事纠纷解决中存在两对矛盾现象：一是实务中存在大量符合督促程序适用条件的民事纠纷但督促程序适用率却极低，二是督促程序制度设计对债权人和法院均有利但却在实务中遭到两者的排斥。缘何如此？一般而言，督促程序的启动和适用是由债权人、债务人和法院三方主体的行为选择决定的，主体的行动逻辑会影响所涉制度的运转实效。鉴于此,有必要从当事人和法院两个层面来进行原因分析。[1]

(一)当事人层面的原因

1. 债权人基于内心不安而不愿适用督促程序

督促程序的制度目的在于使债权人快速实现权利,但实践结果却是遭到债权人的排斥和远离。主体之间权利义务的均衡配置是任何一项制度科学设定的应有之义,债权人不愿适用督促程序的主要原因在于法规范对当事人之间权利义务的失衡配置。当然,法院对于督促程序的态度也会影响债权人的选择。

(1)财产保全制度的缺失使债权人担心权利落空

《民诉法解释》第429条将债权人未向法院申请诉前保全作为适用督促程序的一个前提条件。该规定将财产保全排除在督促程序之外,使得财产保全制度与督促程序之间呈现出一种互不相容的竞争关系。法规范的内容落实到实践中的表现往往是:法院将支付令送达债务人后,在15日异议期内,债务人一方面会提出书面支付令异议,另一方面会积极转移财产以逃避债务承担。而财产保全的功能恰好在于防止债务人转移财产逃避债务,完全可以避免支付令送达债务人后可能出现的债务人转移财产这一风险。可以说,财产保全制度缺失背景下督促程序中的支付令送达客观上起到了提醒债务人转移财产的作用。[2] 债权人会因适用督促程序而对债务人打草惊蛇,最后导致权利落空,这是很多债权人对督促程序望而却步、不愿选择的一个重要原因。

(2)督促程序的空转使债权人担心成本付出无效实践中督促程序空转现象普遍,主要原因在于债务人支付令异议能够引起督促程序的终结。一旦督促程序终结,债权人于此阶段付出的包括时间、人力和费用在内的全部成本归于无效。

2012年前的《民诉法》赋予债务人终结督促程序的程序主动权,债务人只要提出书面支付令异议,督促程序即告终结,法院不需审查债务人异议理由是否成立。从权利义务均衡配置角度看,债务人该项程序权利设置显然失当。因为对于债务人,不论其是否有理,出于理性人本能,多会提出异议以终结督促程序[3];对于法院和债权人,便会因债务人异议终结督促程序而空耗时间和人力成本。对此不足,2012年《民诉法》第217条第1款增加了法院

〔1〕 关于督促程序运行效果不佳的原因,参见章武生:《督促程序的改革与完善》,载《法学研究》2002年第2期;施荷生、何春新:《督促程序缘何适用率低》,载《江苏经济报》2014年7月2日,第B03版;史长青:《督促程序的设计理念:诉讼还是非讼》,载《政法论丛》2015年第5期。

〔2〕 许尚豪、欧元捷:《论督促程序的争讼性》,载《人民司法》2014年第5期。该文认为财产保全制度于督促程序中的缺失,也是债权人不愿选择督促程序的一个重要原因。

〔3〕 有学者从一般系统论视角分析,认为债务人因其行为欠缺应有约束而滥用支付令异议是督促程序低适用率的表面原因,而根本原因则在于法院裁判整体公正不高、诉讼结果的可预测性差以及司法公信力较低等因素。参见胡学军:《对我国督促程序及若干相关完善建议的评述——以一般系统论为视角》,载张卫平主编:《民事程序法研究》(第5辑),厦门出版社2010年版,第42页。

对债务人书面异议的形式审查义务，即法院对于债务人的申请，应根据债权人提供的证据通过形式上的审查来确认债权债务是否存在以及是否合法、明确，但不进行实质性审查或直接调查，也不询问当事人。〔1〕然而，源于制度运行的惯性，法院对债务人异议的审查义务在实践层面并未真正落实。基层法院依然固守先前做法，对债务人异议的审查流于形式，仍遵循只要债务人提出书面异议法院便裁定终结督促程序的做法，只不过此时法院会依据《民诉法》第217条第2款，直接将案件转入诉讼程序而无须债权人另行起诉。对债权人而言，无论其在督促程序终结后另行起诉还是直接转入诉讼程序，均会付出比直接起诉更多的时间和人力成本，这必然会抑制债权人选择督促程序的积极性。

此外，督促程序的费用分担总体上也是有利于债务人而非债权人。即使无理由异议导致督促程序转入诉讼程序且最后败诉，债务人仅需承担法院诉讼费用，不用支付债权人为该诉讼所支出的相关费用，也不需承担任何费用作为制裁。同时，债务人承担的诉讼费用可从迟延履行债权人的利益中得到某种程度的补偿，〔2〕其损失不会比直接履行支付令而有所增加。相反，债权人于此过程中会付出相应的时间、金钱乃至机会成本，其多支出的成本无法得到补偿。这明显有违当事人之间权利义务均衡配置原则。债务人作为经济上理性人的内生逐利动机很容易被激发，然后外化为频繁提出支付令异议的行为选择。这种中间状态的债务人行为选择又会反向促使债权人漠视和远离督促程序，最终的外部状态表现便是督促程序的适用率下。

2. 债务人的下落不明状态制约督促程序的适用

债务人未下落不明、支付令能够送达债务人是债权人申请督促程序的前提条件。如同"送达难"一直是困扰我国民事司法的顽疾一样，支付令作为法律文书的一种，也难逃送达困难之窘境。究其原因，与债务人主观或客观意义上的下落不明有关，也与法院在送达方式上多采取传统的书面送达而较少运用短信、邮件、微博等新型电子方式〔3〕以及缺乏覆盖全、电子化并可供查询的信息管理系统〔4〕有关。笔者前文对三类纠纷的抽样分析中专门进行了案件是否公告送达的比例统计：民间借贷纠纷为6.3%、金融借款合同纠纷为5.9%、信用卡纠纷为19.2%。该项数据表明，债务人下落不明导致支付令无法送达确实是制约督促程序适用的一个重要影响因素。例如，在信用卡纠纷中，被告下落不明的比例相对较高，占该类案件的1/5左右。如支付令能够送达债务人，作为信用卡纠纷可以适用督促程序解决。

（二）法院层面的原因

2012年《民诉法》除鼓励当事人选择督促程序外，还通过第133条特别增加了法院将案

---

〔1〕 参见沈德咏：《最高人民法院民事诉讼法司法解释理解与适用（下）》，人民法院出版社2015年版，第1169页。

〔2〕 参见章武生：《民事简易程序研究》，中国人民大学出版社2002年版，第182页。

〔3〕 参见唐墨华：《督促程序困境与破解》，载新民网：http://fayuan. Xinmin. cn/dyyd/2013/01/09/18061913. html，最后访问日期：2018年5月28日。

〔4〕 参见陈杭平：《"职权主义"与"当事人主义"再考察：以"送达难"为中心》，载《中国法学》2014年第4期。

件从诉讼程序转入督促程序的程序主动权，使法院在启动督促程序问题上能够挣脱债权人不愿选择之窠臼。然而，实践中督促程序却未因该修改而有所起色。作为民事纠纷解决过程中一个理性行为主体，法院具有自身利益之考量，主要包括经济利益、绩效利益和减缓案件压力三方面。鉴于此，有必要从法院层面找寻是否存在影响督促程序运行实效的制约因素。

1. 法院曾基于经济利益考量而排斥督促程序

1989 年《人民法院诉讼收费办法》规定诉讼费用收支一条线，自此诉讼费用成为法院财政的一个重要组成部分，诉讼收费高低直接影响法院财政收入和法官个人经济收益。1999年《人民法院诉讼费用管理办法》要求诉讼费用实行“收支两条线”，旨在改变法院财政收入结构，使法院诉讼收费多少与法官经济利益脱钩，[1]但实践中诉讼费用与财政保障的力度却未真正脱钩。直到 2007 年《诉讼费用交纳办法》的施行才真正降低了诉讼费用在法院财政收入结构中的比例。[2] 于此框架中，再来观察督促程序的诉讼收费情况。1992 年《最高人民法院关于适用〈中华人民共和国民事诉讼法〉若干问题的意见》第 132 条规定，[3]督促程序债权人缴纳的申请费按件收取，每件 100 元。该收费办法一直持续到 2007 年，《诉讼费用交纳办法》第 14 条[4]将督促程序一件收费 100 元调整为财产案件受理费的 1/3。在长达 16 年的时间里，在诉讼收费直接关系法院和法官经济利益的背景下，相较于按争议金额计费的诉讼程序财产案件，一件收费仅 100 元的督促程序对于法院和法官势必没有经济上的吸引力，甚至法院还会有意引导债权人不选择督促程序而直接起诉。方流芳教授曾明确指出按件收费是导致督促程序等非讼程序萎缩的一个重要原因。[5] 2009 年之后，中央财政支付的中央政法补助专款使基层法院的财政收入相对充裕，不再依赖于诉讼收费。[6] 此时法院基于经济利益考量而排斥督促程序的解释似乎已变得苍白，但督促程序的长期闲置已经使得法院对该制度较为陌生，不可避免的行为惯性使其短时间内难以成为法院的自觉行为选择。

2. 法院基于绩效利益考量漠视督促程序

实施量化指标绩效考核是十多年来各级法院为提升审判质效而普遍采用的方式，[7]该考核分为对法院的考核和对法官个人的考核两部分。考核指标是指引法院和法官工作的

---

〔1〕 参见王亚新、傅郁林：《中国内地国别报告》，载傅郁林、[荷]兰姆寇·凡瑞主编：《中欧民事审判管理比较研究》，法律出版社 2015 年版，第 212 页。

〔2〕 参见左卫民：《中国基层法院财政制度实证研究》，载《中国法学》2015 年第 1 期。

〔3〕 该条内容为“依照民事诉讼法第一百九十一条的规定向人民法院申请支付令的，每件交纳申请费 100 元。督促程序因债务人异议而终结的，申请费由申请人负担；债务人未提出异议的，申请费由债务人负担。”

〔4〕 该条内容为“依法申请支付令的，比照财产案件受理费标准的 1/3 交纳。”

〔5〕 参见方流芳：《民事诉讼收费考》，载《中国社会科学》1999 年第 3 期。

〔6〕 参见左卫民：《中国基层法院财政制度实证研究》，载《中国法学》2015 年第 1 期；王亚新：《司法成本与司法效率——中国法院的财政保障与法官激励》，载《法学家》2010 年第 4 期。

〔7〕 参见顾培东：《人民法院内部审判运行机制的构建》，载《法学研究》2011 年第 4 期。

无形却有效的指挥棒。观察各级法院的考核指标,宏观层面包括质量、效率和效果三个维度,微观层面涵盖年终结案率、简易程序适用率、当庭宣判率、调解撤诉率、息诉率、执行和解率、来信来访办结率以及人民陪审员的参陪率等。法官在指标最优的中轴原理下,策略行动得以展开,外在行动异化,[1]工作开展的方向紧紧围绕考核指标的展列范围,工作推进的力度则取决于考核指标的权重大小。而督促程序自制度设立以来一直未被纳入法院系统绩效考核的指标体系,督促程序适用率长期游离于法院绩效考核工作之外,其结果必然是督促程序适用问题难以进入法院重点工作的视野,更难以成为法院重点推进的工作事项。

3. 法院基于减缓案件压力考量远离督促程序

法院依法走完全部督促程序大约需要一个月,这相比法定审理期限为3个月的一审简易程序而言,时间方面并不具备显著优势。同时,如同督促程序空转会给债权人带来成本的无效付出一样,实务中无论是之前债权人向法院另行起诉,还是现在法院主动将案件从督促程序转入诉讼程序,法院在督促程序阶段所付出的时间成本和人力成本收益归零,徒增法院工作负担。“案多人少”的压力背景下,督促程序会增加法院工作负担的客观结果必然会挫伤法院选择督促程序的积极性,促使法院远离督促程序。

笔者在S省基层法院访谈时,受访谈的法官毫不讳言法院不热衷督促程序,其给出的理由主要有3项:一是收费不占优势,二是不在考核范围内,三是会增加法院工作量。这恰好契合了笔者前文对于实务中法院排斥督促程序的三个方面利益的分析。

五、督促程序激活的路径

作为分析样本的三类纠纷中符合督促程序适用条件的案件均已进入诉讼程序,这势必会消耗大量司法资源,进一步加剧我国业已严峻的人案矛盾,也有违民事纠纷解决的比例原则。反之,若适用督促程序进行纠纷的前端分流,则会在一定程度上缓解“案多人少”压力,保障民事司法程序的顺畅运行。因此,督促程序急待激活,具体路径应当建基于充分尊重当事人程序选择权、均衡配置主体之间的权利义务关系以及遵循纠纷解决的比例原则等基本理论之上。

(一)改督促程序与诉前财产保全程序之间的竞争关系为并存关系

民诉法规范规定诉前财产保全与督促程序是竞争关系,两者不可并存,如果债权人已经申请了诉前财产保全就只能适用诉讼程序而不能选择督促程序。难道两者之间毫无并存之可能吗?笔者认为该观点值得商榷。所谓诉前财产保全,是指在紧急情况下,法院不

[1] 参见张建:《指标最优:法官行动异化的逻辑与反思》,载《北方法学》2015年第5期。

立即采取保全措施,利害关系人的合法权利会受到难以弥补的损害,因此法律赋予利害关系人在起诉(或立案)前申请法院采取的财产保全。[1] 债权人向法院申请支付令的目的在于通过法院签发支付令尽快实现自身债权,而诉前财产保全所欲规制之情形在督促程序中同样存在,两者完全可以并存。[2] 理由如下:第一,两者在适用条件上存在交叉。督促程序适用于当事人之间无实质争议的给付金钱和有价证券案件,此类案件也可能会出现债务人处分或者转移财产等有害于债权人债权而需要法院立即采取强制性保护措施的情形。第二,诉前财产保全的目的逻辑上决定了其可以适用督促程序。诉前财产保全的目的是债权人在法院对债务人财产采取临时性强制保护措施状态下尽快获得法院对其债权进行确认保护的生效法律文书,该生效法律文书可以是判决书、裁定书和调解书,也可以是法院签发的支付令。第三,对于督促程序性质的重新认识动摇了通说的理论基础。通说将财产保全与督促程序界定为竞争关系的原因在于其认为财产保全是存在于诉讼程序中的一项制度,而督促程序属于非讼程序。然而,如前所述,笔者认为督促程序的性质是一种特殊诉讼程序而非非讼程序,在此观点下,财产保全制度当然可以适用于督促程序。基于以上三点,有必要打通督促程序和诉前财产保全程序之间的隔阂,弥合两者适用上的割裂,赋予债权人同时适用两种制度的程序权利。具体做法有二:一是在债权人向法院申请支付令的同时或者督促程序适用过程中请求法院进行诉前财产保全,二是债权人向法院申请诉前财产保全后选择进入督促程序而非诉讼程序,或者法院采取诉前财产保全案件进入诉讼程序后再转入督促程序。如此制度安排,有利于进一步强化对于督促程序中债权人的权利保护,更会极大提高督促程序对于债权人的吸引力。债权人在督促程序开始之前或者督促程序进行中申请的诉前财产保全的效力均可维持至债权人所主张债权被法院生效法律文书确认之时,并且当督促程序因债务人书面异议成立转入诉讼程序时,诉前财产保全的效力不会因此中断,债权人无需另行申请新的财产保全。

(二)完善对债权人支付令申请和债务人支付令异议的审查

1. 对债权人支付令申请采取一贯性审查[3]

奥地利、日本和我国台湾地区以及1976年前的德国均规定法院应当对债权人的支付命

〔1〕 参见江伟、肖建国主编:《民事诉讼法》,中国人民大学出版社2015年版,第229页。

〔2〕 该观点参见高星阁:《利益平衡视角下我国督促程序之保障机制研究》,载《西南政法大学学报》2016年第6期。

〔3〕 一贯性审查是指基于辩论主义之要求,原告先应就其陈述其所主张之事实,对事实负提出之责,故法院应先审查申请人陈述之原因事实能否正当化其所主张之请求,此为《德国民诉法》第331条第2项所规定,倘由原告主张之事实根本无法正当化其本身声明之请求,则其起诉不具一贯性,法院可直接以无理由驳回,毋庸进入证据调查之程序。参见吴从周:《意气用事的支付命令修法》,载《裁判时报》2015年第7期。

令申请进行一贯性审查,以防止督促程序滥用,尤其是我国台湾地区,2015年修"法"[1]时在坚持法院一贯性审查的基础上,还特别增加了债权人对其请求的释明义务。尽管我国情况与前述国家和地区不同,目前问题不是督促程序滥用,而是如何激活该程序提高其吸引力。但对债权人支付令申请采取一贯性审查还具有抑制债务人异议提出、防止督促程序半途而废之功能,尤其是当下我国民间借贷纠纷中虚假诉讼高发,如何有效避免当事人合谋损害他人利益这一法律风险的出现也是思考如何激活督促程序问题时必须要关注的。真若出现督促程序与虚假合谋的勾连,又会反向抑制法院适用督促程序的积极性。我国《民诉法》第216条规定法院应当审查债权人请求所依据的事实和证据,以判断债权债务关系是否明确、合法。该规定已使法院对债权人支付令申请的审查带有了实质性审查的色彩。笔者主张在此规定基础上,引入大陆法系国家和地区的一贯性审查制度,规定法院在对债权人支付令申请进行审查时,不仅审查债权人请求是否明确、请求所依据的事实和证据是否合法,还要审查其事实和证据能否正当化其请求。这一方面是因为法院在核发支付令时不需要询问债务人意见,更是由督促程序是一种特殊诉讼程序这一法律属性决定的。[2]

2. 落实法院对债务人异议的审查义务

我国法规范已明确法院对于债务人异议的形式审查义务。这与大多数大陆法系国家和地区相同。[3] 源于法律不要求债务人异议附具理由,法院仅进行形式上的合法性以及是否属于真正异议之判断。就此而言,我国关于法院对于债务人异议审查义务的规定已经比较科学。然而,各基层法院适用中却未落实法规范之要求,仍因循之前的惯性做法,进而刺激债务人频繁提出异议、导致督促程序空置。若要改变当下现状,关键在于基层法院要澄清认识并改变之前惯性做法,具体思路有二:一是法院需明确其对于债务人书面异议审查的性质为形式审查,仅需根据债权人和债务人提交的相关证据来判断债务人异议是否成立,而不需对当事人进行询问或主动调查。二是法院需明确对于债务人异议审查的内容,审查的核心是法官凭工作经验判断当事人之间的债权债务关系是否明确、是否存在实质争议。若债务人提出的异议能够使审查者对于当事人之间是否就债权债务不存在实质争议产生合理怀疑,则债务人的异议成立,否则债务人异议不成立,支付令生效。

---

[1] 2015年6月我国台湾地区督促程序修改要点有三:一是增加债权人对于请求之释明义务,二是删除支付命令效力中的既判力仅保留其执行力,三是强化对于债务人之救济途径,除再审之外,增加得以提起确认支付命令债权不存在之诉。此次督促程序修改的总体思路是于事前提高债权人申请支付命令的门槛,要求其承担释明义务,并于事后强化债务人之救济途径,以求当事人间权利义务之均衡配置。参见郭书琴:《非讼程序之形式与实质:以支付命令之事前保障与事后救济为例》,载《台湾法学杂志》2015年第275期。

[2] 学界通说认为督促程序是一种非讼程序,但笔者更认同督促程序的性质并非完全非讼程序而是一种特殊诉讼程序的观点。详细内容,参见王福华:《督促程序的属性、类型与程序保障》,载《当代法学》2014年第3期;许尚豪、欧元捷:《论督促程序的争讼性》,载《人民司法》2014年第5期。

[3] 奥地利除外,其要求债务人异议应如同答辩状一样附具理由。

3. 增设督促程序转入诉讼程序后债务人败诉时的费用承担规则

法院的形式主义审查，一方面要保障债务人的异议权，使有理由的债务人异议案件能够从督促程序转入诉讼程序；另一方面也要防止债务人滥用异议权，尤其在目前法院审查并不严格的背景下，有必要通过诉讼成本分担等制度杠杆来抑制支付令异议，[1]改变债务人零成本异议使债权人遭受经济上不利益之状态，体现了对债务人故意拖延债权人债权实现时间增加其债权实现成本以及无故浪费司法资源的一种制裁和惩罚。[2] 2016 年最高人民法院发布的《关于进一步推进案件繁简分流优化司法资源配置的若干意见》（以下简称《繁简分流意见》）已为该费用制裁提供了规范依据。[3] 因此，笔者主张如果督促程序因债务人异议转入诉讼程序后债务人最终败诉，则债务人应承担因其异议而增加的全部后续费用。该费用主要包括两部分：一是案件诉讼费用。根据民事案件由败诉方承担诉讼费用的原则，如果债务人败诉，其应承担案件诉讼费用，具体包括案件受理费（包括督促程序中债权人缴纳的支付令申请费）、申请费以及其他诉讼费用。[4] 二是转入诉讼程序后债权人支付的律师费以及其他必要费用。督促程序中债务人提出异议导致督促程序转入诉讼程序后又败诉，从结果层面看，其之前针对法院支付令提出的异议应属无效。债务人提出异议与债权人实现债权成本增加之间存在逻辑上的因果关系，理应由债务人承担债权人增加的成本。该增加的成本包括两部分：其一是债权人在诉讼阶段支付的律师费，[5]其二是债权人在诉讼阶段所支付的交通费、住宿费、生活费和误工补贴费用等必要费用。此外，还有必要对恶意行使异议权的债务人科以罚款进行制裁或者让其承担难以用金钱计量的社会信用恶化风险。

（三）加快推动督促程序的电子化进程

债务人下落不明导致支付令送达困难是制约督促程序适用的一个因素。针对此，我国有必要加快推动督促程序的电子化进程。德国 1982 年进行了督促程序电子化改革，其《民诉法》第 689 条规定督促程序准许用机械方法办理[6]2008 年要求律师使用电子设备申请

---

〔1〕 参见傅郁林：《小额诉讼与程序分类》，载《清华法学》2011 年第 3 期。

〔2〕 该观点类似于苏力教授主张的应通过增加诉讼收费控制进入法院的案件数量的观点。参见苏力：《审判管理与社会管理——法院如何有效回应“案多人少”?》，载《中国法学》2010 年第 6 期。

〔3〕 该意见内容为“应充分发挥诉讼费用、律师费用调节当事人诉讼行为的杠杆作用，促使当事人选择适当方式解决纠纷。当事人存在滥用诉讼权利、拖延承担诉讼义务等明显不当行为，造成诉讼对方或第三人直接损失的，法院可以根据具体情况对无过错方依法提出的赔偿合理的律师费用等正当要求予以支持。”

〔4〕 参见江伟、肖建国主编：《民事诉讼法》，中国人民大学出版社 2015 年版，第 267 ~ 269 页。

〔5〕 最高人民法院(2016)最高法民终 613 号民事判决书明确支持了债权人通过合同作出的律师费由债务人负担这一约定。

〔6〕 “机械方法办理”是督促程序采用的重要技术改革，即对当事人的督促程序申请，规定统一的范本，将申请表格化，从而通过机械进行自动化处理，不再依赖法院的工作人员就督促请求的实体权利是否存在进行审查。参见《德国民事诉讼法》，丁启明译，厦门大学出版社 2016 年版，第 141 页。

支付令,[1]目前电子督促程序已成为减轻法官负担的主要程序过滤与分流机制。[2] 2003年我国台湾地区“民事诉讼法”第508条增加了第2款,规定督促程序应当适用电脑等科技设备完成。此外,日、韩两国也通过专门法律规定督促程序的电子化方式。[3] 有学者建议我国应当借鉴德国模式进行督促程序电子化改革,[4]且我国已具备进行督促程序电子化构建的必要性和可行性。[5] 2015年5月我国首例适用电子督促程序办理的互联网金融案件在浙江省杭州市西湖区法院受理并完成。[6] 2016年《繁简分流意见》也明确提出推广使用电子支付令。

综上,笔者主张我国应充分利用制度建设的后发优势,在目前法院系统整体强力推进信息化建设过程中通过电子化改革既要解决支付令送达困难问题,更要最大程度释放督促程序的制度功能。具体思路如下:根据案件类型和基层法院资源配置,选择特定法院先行试点;建立电子督促程序信息平台,采取集中管辖模式,进行表格化管理,实现债权人网上申请支付令和提交证据材料、法官网上审查、网上送达、网上自动生成支付令、债务人网上提交异议等操作。在试点阶段,可暂不引进德国不需法院工作人员介入的机械自动化处理方式,电子信息平台中的审查部分仍由法院工作人员人工进行。

(四)发挥法院主动性以畅通适格案件[7]进入督促程序的通道

能够适用督促程序的民事纠纷是当事人之间无实质争议的给付金钱和有价证券案件,此类案件在实务中占据相当比例。根据《最高人民法院、司法部关于公证机关赋予强制执行效力的债权文书执行有关问题的联合通知》第1条、第2条,符合督促程序适用条件的给付金钱和有价证券案件,当事人也可以选择适用公证机关赋予债权文书强制执行力程序(下称公证赋强程序)。两程序虽然在当事人选择适用的时间上存在区别,但督促程序的支付令和公证赋强程序的公证债权文书均为法院执行根据,两者在快速实现债权人权利救济

[1] See Bartosz Sujecki, The German Electronic Order for Payment Procedure, 4 Digital Evidence & Elec. Signature L. Rev. 51, 2007.

[2] 周翠:《德国司法的电子应用方式改革》,载《环球法律评论》2016年第1期。

[3] 参见王福华:《电子诉讼制度构建的法律基础》,载《法学研究》2016年第6期。

[4] 参见周翠:《德国司法的电子应用方式改革》,载《环球法律评论》2016年第1期;周翠:《电子督促程序:价值取向与制度设计》,载《华东政法大学学报》2011年第2期;周翠:《中国民事电子诉讼年度观察报告(2016)》,载《当代法学》2017年第4期。

[5] 参见王福华:《电子诉讼制度构建的法律基础》,载《法学研究》2016年第6期。

[6] 陈辽敏:《电子督促程序初探》,载《人民法院报》2017年5月10日,第8版。

[7] “适格案件”是指符合督促程序规定条件的案件,该词是笔者从“适格主体”一词借鉴而来。

和有效分流案件方面具有异曲同工之效。[1] 同时,两程序之间存在转化通道:根据《民诉法解释》第480条第3款,公证债权文书被裁定不予执行后,当事人、公证事项的利害关系人可以就债权争议提起诉讼;《民诉法》第133条第1项已经打开了督促程序与诉讼程序之间的双向转化通道,只要符合督促程序适用条件的民事纠纷,不论债权人最初选择督促程序还是直接提起诉讼,均可适用督促程序。因此,债权人最初选择适用公证赋强程序的给付金钱和有价证券案件,也有可能适用督促程序解决。此外,2017年最高人民法院和司法部联合发布的《关于开展律师调解试点工作的意见》还特别提到完善调解协议与支付令对接机制,经律师调解达成的具有金钱或者有价证券给付内容的和解协议、调解协议,债权人据此向法院申请支付令,法院应当依法发出支付令。

在打开适格案件进入督促程序多元化通道的背景下,《繁简分流意见》给法院明确规定了一项积极引导将债权人请求债务人给付金钱、有价证券的案件转入督促程序的义务。当然,从实务操作层面来看,法院若想将该义务落实到位,还有必要将督促程序适用情况纳入法院系统的绩效评价指标体系中。从现实功利主义角度出发,这是强力激活督促程序并以此作为解决"案多人少"困境的一个很好的切入口,也是经长期司法实践验证有效的一种经验之策。

建基于鼓励法院适用督促程序的基本理念,在充分尊重当事人程序选择权的基础上,还要做好公证赋强程序、调解程序、诉讼程序与督促程序之间的制度衔接,实现功能互补。[2] 对于给付金钱或者有价证券案件,实务中可以如下操作:

第一,如果当事人在签订给付金钱或者有价证券协议时,可以选择对债权文书进行公证赋强,当法院裁定不予执行该公证债权文书时,债权人可就债权争议向法院起诉,法院立案后,如果认为当事人之间没有实质争议,可将案件转入督促程序。

第二,如果当事人事先未选择对债权文书进行公证赋强,债权人可就其认为无实质争议的案件适用督促程序向法院申请支付令,若申请被驳回或支付令失效,案件自动转入诉讼程序,除非债权人不同意。

第三,如果债权人直接向法院起诉,法院立案之前依据债权人起诉材料初步认为当事人之间无实质争议,可以建议债权人先选择督促程序。[3] 如果法院受理案件后发现当事人

---

〔1〕 需要注意:大多数国家和地区的督促程序是由当事人选择适用而非强制适用,但奥地利除外,该国对于标的额为75,000欧元以下的所有请求给付金钱案件,债权人无程序选择权,由法院直接适用督促程序。参见沈冠伶:《论支付命令制度之修正》,载《裁判时报》2015年第7期;安德里亚·沃尔:《奥地利与德国国别报告》,载傅郁林、[荷]兰姆寇·凡瑞主编:《中欧民事审判管理比较研究》,法律出版社2015年版,第8~9页;周翠:《德国司法的电子应用方式改革》,载《环球法律评论》2016年第1期。

〔2〕 See Judit Molnar, *For the 10th Anniversary of the European Order for Payment Procedure*, 6 Acta Univ. Sapientiae: Legal Stud65, 2017.

〔3〕 参见王亚新:《新民事诉讼法关于庭前准备之若干程序规定的解释适用》,载《当代法学》2013年第6期。

之间无实质争议符合督促程序适用条件，可以直接将案件转入督促程序。[1]

第四，如果当事人纠纷发生后经过诉外调解达成了具有金钱或者有价证券给付内容的调(和)解协议，债权人可据此向法院申请支付令，法院应当发出支付令，案件进入督促程序。综上，在给付金钱、有价证券案件中，公证赋强程序、诉讼程序、调解程序与督促程序之间的适用关系如图3所示。

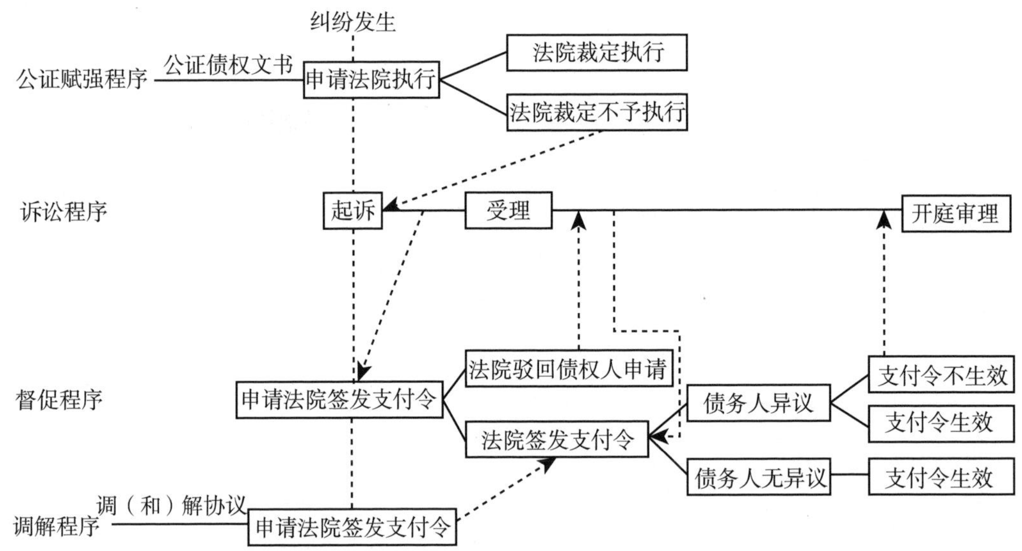

图3　公证赋强程序、诉讼程序、调解程序与督促程序适用关系

(五)建构督促程序激活后的保障制度

督促程序激活的路径建构需要相应的制度保障，一是债权人滥用督促程序的应对保障，二是支付令错误的救济保障。

观察大陆法系国家和地区之实务，督促程序被激活后，可能会出现被债权人滥用情形。对此，除采取法院对债权人支付令申请进行一贯性审查这一举措外，还应对滥用督促程序的债权人采取罚款甚至追究刑事责任等制裁措施。比如，德国为防止债权人滥用督促程序，不仅规定限制暴利借贷事件债权人适用督促程序，还规定若滥用将遭受《刑法》第263条诉讼诈欺之制裁；奥地利规定如果债权人滥用督促程序，会遭受100欧元～2900欧元的罚款，如果法院怀疑债权人有此行为，可强化对于债权人申请支付命令之审查，必要时可让债权人到庭陈述。[2]

实践中，支付令错误的受害人往往是债务人以及利益受损的第三人。对于支付令错

---

〔1〕关于诉讼程序转向督促程序的模式，笔者赞同两线并行模式。该模式具体内容，参见欧元捷：《论诉讼程序与督促程序的两线并行模式》，载《法学论坛》2016年第2期。

〔2〕参见沈冠伶：《督促程序之变革——基于平衡兼顾保护债权人与债务人利益之观点》，载《月旦民商法杂志》2015年第9期。

误,《民诉法解释》规定不得提起第三人撤销之诉,也不得申请再审,唯一可依据的救济方式是院长发现程序。之所以不允许债务人和第三人向法院申请撤销错误支付令,原因有二:一是认为督促程序是非讼程序,二是认为支付令只有执行力没有既判力。[1] 但这两个原因均值商榷。首先,督促程序的性质是一种特殊诉讼程序而非非讼程序;其次,支付令是否具有既判力问题,我国立法和司法层面虽予否定,但学界多主张支付令具有既判力。[2] 而且,支付令有无既判力与债务人能否提起再审之诉也并非完全相斥,比如,我国台湾地区 2015 年“民事诉讼法”修改前承认支付命令的既判力,许可债务人提起再审之诉,修改后仅承认支付命令的执行力,此时债务人提起再审之诉的权利虽受到极大限制,[3] 却依然存在,同时还增加了债务人有提起确认债权不存在之诉的权利。[4] 鉴于此,我国法规范层面直接否定债务人和第三人请求法院撤销支付令的做法有失正当,[5] 支付令利益相关主体的救济渠道应当拓宽。此外,笔者主张检察监督亦可适用于支付令错误。理论上讲,检察监督的方式包括两种:一是程序启动式的检察监督,二是矫正式的检察监督。[6] 前者是检察院通过抗诉、检察建议等方式推动生效文书的重新审理,后者是对审判或执行过程中的违法行为通过检察建议予以纠正。督促程序虽不涉及对于事实认定和法律适用的重新审理,但却存在法院对债务人书面异议进行审查等行为,这些行为也属于检察院检察监督的范围。

六、结　　语

近年来,我国应对“案多人少”举措推陈出新,压力背景下新设应对机制长远来看或许会大有作为,但目前实效尚不乐观。问题最理想的解决方案应具成本最小、收益最大和效果最优等特点,故先天担负案件分流使命却长期于实践中休眠的督促程序理应在当下被重新关注。相较对督促程序规范进行完善,激活督促程序并配之以相应保障措施的成本具有明显的比较优势,也会改变该程序于法规范层面的长期闲置状态,增益法规范之实效性。在实务中,大量符合督促程序适用条件却进入诉讼程序的案件,如金钱给付纠纷,不仅增加了债权人的权利实现成本,还会进一步加剧人案矛盾。然而,对于当事人而言,程序本身的

---

〔1〕 参见沈德咏:《最高人民法院民事诉讼法司法解释理解与适用(下)》,人民法院出版社 2015 年版,第 1007 页。

〔2〕 参见史长青:《支付令既判力研判》,载《法学杂志》2016 年第 9 期;高星阁:《利益平衡视角下我国督促程序之保障机制研究》,载《西南政法大学学报》2016 年第 6 期;张亮:《我国督促程序之支付令既判力问题探析》,载《山东社会科学》2017 年第 9 期。

〔3〕 仅限于我国台湾地区增订“民事诉讼法施行法”第 4 条之四第 3 项规定之情形,即如果债权人于督促程序中所提出之证物系伪造或编造,或者债务人提出可受较有利益裁判之证物,则债务人仍可提起再审之诉。

〔4〕 参见沈冠伶:《督促程序之变革——基于平衡兼顾保护债权人与债务人利益之观点》,载《月旦民商法杂志》2015 年第 9 期。

〔5〕 该观点还可参见许尚豪、欧元捷:《论督促程序的争讼性》,载《人民司法》2014 年第 5 期;高星阁:《利益平衡视角下我国督促程序之保障机制研究》,载《西南政法大学学报》2016 年第 6 期。

〔6〕 参见张卫平:《民事诉讼检察监督实施策略研究》,载《政法论坛》2015 年第 1 期。

复杂或简易并不一定意味着程序保障权的满足，只有当程序成为可选择、可处分的对象时，程序保障才真正成为其预设受益人的“权利”。[1] 若要充分发挥督促程序的制度价值，则需提高该程序对于当事人和法院的吸引力，真正达至当事人愿意选和法院愿意用之状态。唯有如此，才可能将沉睡于法规范书卷中的督促程序唤醒，使其与相关程序在案件分流问题上相辅相成、功能互补，共同致力于债权人权利的快捷实现以及多元化纠纷解决体系的有效建构。

（原载于《清华法学》2018年第4期）

〔1〕 傅郁林：《繁简分流与程序保障》，载《法学研究》2003年第1期。

量刑建议精准化的理论透视

赵　恒*

一、问题的引出

自速裁程序与认罪认罚从宽制度试点至今，尤其是随着 2018 年《刑事诉讼法》确立“认罪认罚从宽”原则，量刑建议成为人们普遍争议的话题。近年来，最高人民检察院一再强调“在认罪认罚从宽制度中发挥主导作用”，将量刑建议视作彰显其主导作用的制度依托。〔1〕而且，为了巩固其主导地位，最高人民检察院进一步提出“完善认罪认罚案件量刑建议标准”的要求，即推进量刑建议精准化的改造。〔2〕根据 2010 年《人民检察院开展量刑建议工作的指导意见（试行）》（以下简称《量刑建议指导意见》）的规定，量刑建议是指检察机关对提起公诉的被追诉人，依法就其适用的刑罚种类、幅度及执行方式等向法院提出的建议。那么，所谓“精准刑量刑建议”又被称作确定刑量刑建议，是指检察机关围绕法定内容提出明确、具体的建议。〔3〕在认罪认罚案件中，量刑建议精准化方案被最高人民检察院赋予更高的改革期待：它是贯彻落实认罪认罚从宽制度的关键所在，〔4〕也是决定认罪认罚案件办理成功与否的“最后一公里”。〔5〕

总体上，法学理论界和实务界的初步共识是，检察机关应当在认罪认罚案件中提出量刑建议，然而，对于量刑建议能否精准化以及如何精准化，人们持有鲜明的分歧立场。赞成

---

* 赵恒，山东大学法学院助理研究员，法学博士。

〔1〕 参见每周社评：《在认罪认罚从宽制度中发挥主导作用》，载《检察日报》2019 年 5 月 20 日，第 1 版。

〔2〕 参见 2019 年最高人民检察院《2018—2022 年检察改革工作规划》：“7. 健全与多层次诉讼体系相适应的公诉模式。……健全认罪认罚案件办理机制，完善认罪认罚案件量刑建议标准，完善认罪认罚自愿性保障和合法性审查机制”。

〔3〕 参见苗生明：《认罪认罚量刑建议精准化的理解与把握》，载《检察日报》2019 年 7 月 29 日，第 3 版。

〔4〕 参见刘卉：《确定刑：认罪认罚从宽制度下量刑建议精准化之方向》，载《检察日报》2019 年 7 月 29 日，第 3 版。

〔5〕 参见周斌：《共同凝聚中国社会治理的法治智慧——检察机关承担主导责任、推动实施认罪认罚从宽制度全面深入落实纪实（上）》，载《法制日报》2019 年 7 月 12 日，第 3 版。

者有之,反对者亦有之。概括而言,赞成者通常把2018年《刑事诉讼法》第176条、第201条作为依据,主张量刑建议包含诉讼合意的新内容,对此,控、辩、审三方均负有相应的尊重和遵守义务。[1] 反对者一般围绕权力性质进行阐释,即公诉权为求刑权、审判权为裁判权,那么,相较于精准刑量刑建议,幅度刑量刑建议才符合诉讼规律和司法实践的真正需求。[2] 在此背景下,2019年10月24日,最高人民法院、最高人民检察院、公安部、国家安全部、司法部出台的《关于适用认罪认罚从宽制度的指导意见》直接规定,“办理认罪认罚案件,人民检察院一般应当提出确定刑量刑建议”,在一定程度上为量刑建议精准化方案提供了明确的规则支持。但是,由于相关争议的核心问题尚未解决,地方司法机关的做法亦有诸多值得商榷之处,这些都加剧了量刑建议制度乃至认罪认罚从宽制度的实践分歧程度。[3]

遗憾的是,目前关于量刑建议精准化的讨论,除了指明其认罪协商的本质以外,大多集中于具体的技术设计(如确定量刑从宽规则、引入量刑预测智能系统等)层面,缺少进一步开展针对性的理论检视,尤其是辨明量刑建议精准化备受争议的深层次缘由。而唯有论证这一改革举措的法理基础,方能清晰地判断其蕴含的司法理念以及司法权力的法理原则。[4] 鉴于此,笔者首先简要梳理量刑建议制度的演进路径,指明量刑建议承载“认罪认罚从宽”因素的试点与立法变化,重点辨析量刑建议精准化的争议内容,并适当参考域外认罪答辩机制的实践经验,由此深入挖掘精准化方案背后的理念角力现象,展望量刑建议精准化改革的未来图景,以期有益于推进认罪认罚从宽制度的深化适用,提升刑事诉讼体系的现代化水平。

二、量刑建议精准化的动态演进

总体而言,我国量刑建议改革先后经历了四个阶段:第一阶段,第二阶段是自发探索阶段(1999年至2005年)与试点推广阶段(2005年至2012年);[5] 第三阶段是刑事案件速裁程序与认罪认罚从宽制度的试点阶段(2014年至2018年);第四阶段是2018年《刑事诉讼法》确立“认罪认罚从宽”原则并正式规定量刑建议的阶段(2018年10月至今)。综合来看,以认罪答辩为前提的刑事案件繁简分流制度推进量刑建议制度朝向精准化发展,但也引发了诸多理论与实务纷争。

---

[1] 参见卞建林:《认罪认罚从宽制度赋予量刑建议全新内容》,载《检察日报》2019年7月29日,第3版。

[2] 参见臧德胜:《科学适用刑事诉讼幅度型量刑建议》,载《人民法院报》2019年8月29日,第2版。

[3] 参见胡云腾:《正确把握认罪认罚从宽 保证严格公正高效司法》,载《人民法院报》2019年10月24日,第5版。

[4] 参见张文显:《法理:法理学的中心主题和法学的共同关注》,载《清华法学》2017年第4期。

[5] 参见付磊:《量刑建议改革的回顾及展望》,载《国家检察官学院学报》2012年第5期。

（一）自行探索与试点推广阶段

2000 年前后，我国部分省市已经开始了量刑建议工作的试点探索。在这一阶段，由于量刑建议尚属新鲜事物，相关工作缺乏法律依据，地方尝试大都停留在摸索层面。部分办案单位积累了一些经验，相对来说，有关做法比较简单。2005 年以后，最高人民法院开始重点推行量刑规范化改革，为了配合这一工作，最高人民检察院也加大量刑建议改革的力度，先后出台《人民检察院量刑建议试点工作实施意见》（以下简称《量刑建议试点意见》）、《量刑建议指导意见》等文件，旨在提高量刑公正与刑罚均衡的水平。由此，量刑建议制度迎来扩大适用的契机，在全国范围进入推广阶段。在这一时期，关于量刑建议的概念、原则、具体规范等内容逐渐形成基本共识。2012 年，全国人大常委会通过了修改后的《刑事诉讼法》，有助于推动量刑建议的健全与完善。由此，我国迎来完善量刑建议制度的机遇。随后，《人民检察院刑事诉讼规则（试行）》《关于适用〈中华人民共和国刑事诉讼法〉的解释》进一步健全量刑建议的运行规则。

经过这两个阶段的发展，量刑建议制度趋于规范化：第一，量刑建议适用于全部公诉案件。检察机关“可以”而非“应当”提出，保证量刑建议的机动性、灵活性。第二，具体建议与概括建议互相配合。对于不宜提出具体量刑建议的特殊案件，检察机关可以提出依法从重、从轻、减轻处罚等概括建议。第三，幅度刑量刑建议和精准刑量刑建议相结合。针对简单的、常见的、多发的犯罪案件，提出确定的量刑建议会取得更好的效果，而对于其他犯罪案件，通常只需要提出幅度刑量刑建议。第四，坚持起诉书和量刑建议书相分离的做法，一般允许在公诉意见书中载明量刑建议。第五，当事人及其辩护人、诉讼代理人享有对量刑建议提出意见的权利。不难发现，在这一时期，检察机关在拟定量刑建议时，没有专门考虑被追诉人认罪答辩的因素，也没有侧重适用精准刑量刑建议。

（二）承载认罪认罚从宽的试点与立法阶段

2014 年至 2018 年，刑事案件速裁程序、认罪认罚从宽制度的试点工作丰富了量刑建议的内容。2014 年 8 月最高人民法院、最高人民检察院、公安部、司法部联合制定《关于在部分地区开展刑事案件速裁程序试点工作的办法》（以下简称《速裁程序试点办法》），将犯罪嫌疑人、被告人（以下简称被追诉人）“同意人民检察院提出的量刑建议”作为速裁程序的法定适用条件之一，从而突出了量刑建议在认罪认罚案件快速处理活动中的不可或缺的价值，同时，该办法还要求检察机关“应当在起诉书中提出量刑建议”，相当于把起诉书和量刑建议书合二为一。2016 年 11 月，最高人民法院、最高人民检察院、公安部、国家安全部、司法部联合印发的《关于在部分地区开展刑事案件认罪认罚从宽制度试点工作的办法》（以下简称《认罪认罚从宽制度试点办法》）进一步作出规定，认罪认罚成立的条件之一即“同意量刑建议”，并继续推广起诉书包含量刑建议的做法。值得关注的是，《认罪认罚从宽制度试点办法》具有以下亮点:第一,将"提出确定刑期的量刑建议"作为试点方向;第二,明确要求法院依法判决时一般应当采纳检察机关指控的罪名和量刑建议。可见,随着试点推进,承载控辩双方合意的量刑建议内容逐渐趋于确定化,而它的法律效力也得到巩固,直接拘束法院的裁判活动。

以上经验大多都被2018年《刑事诉讼法》吸收,集中体现为第174条、第176条第2款、第201条、第223条。结合《中华人民共和国刑事诉讼法修正案》三次审议稿的变化,可以发现,认罪认罚案件量刑建议的基本内涵包括:第一,量刑建议与认罪认罚从宽情节紧密相关。修正案一审稿虽然规定了量刑建议条款,但没有刻意凸显二者的关系,即"人民检察院可以在起诉书中就主刑、附加刑、刑罚执行方式等提出量刑建议。犯罪嫌疑人认罪认罚的,应在起诉书中写明"。而修正案二审稿、三审稿的相应条文却突出认罪认罚对检察机关拟定量刑建议的独特影响——被追诉人认罪认罚的,检察机关应当在起诉书中提出量刑建议。第二,将认罚成立标准与量刑建议联系起来,即被追诉人意欲签署认罪认罚具结书,应当先"同意量刑建议"。第三,对于认罪认罚案件,检察机关应当提出量刑建议。修正案一审稿的表述是"可以"提出,但修正案二审稿、三审稿则明确了检察机关"应当"提出的义务。[1] 第四,量刑建议涉及"主刑、附加刑、是否适用缓刑等"内容,修正案一审稿、二审稿延续了《速裁程序试点办法》《认罪认罚从宽制度试点办法》的思路,允许检察机关就刑罚执行方式提出量刑建议,不过,修正案三审稿严格限定了量刑建议的内容,包括主刑、附加刑、是否适用缓刑等。第五,对于认罪认罚案件,重申法院一般应当采纳量刑建议的要求,并适当修改了法定例外情形的具体内容。进入2019年以来,随着最高人民检察院提出"检察机关主导责任"的命题,量刑建议的精准化趋向愈加明显,成为检察机关发挥主导作用的最重要的方式。[2]

就量刑建议的实践效果而言,一方面,以确定刑为主的量刑建议的法院采纳率较高。例如,2017年12月,《最高人民法院、最高人民检察院关于在部分地区开展刑事案件认罪认罚从宽制度试点工作情况的中期报告》(以下简称《认罪认罚从宽制度中期报告》)指出,在试点期间,"法院对量刑建议的采纳率为92.1%"。又如,2019年《最高人民检察院工作报告》显示,检察机关的量刑建议采纳率高达96%。值得关注的是高采纳率背后的案件类型,它们绝大多数是常见多发的简单轻微刑事案件,以交通肇事、危险驾驶为主,由于事实清楚、证据确实充分,相应的法律适用并无疑难。[3] 另一方面,关于以精准化为导向的量刑建议究竟对法院产生何种法律效力,2018年《刑事诉讼法》只是作出"法院一般应当采纳"的规定,但对于如何采纳、如何调整等问题,并没有明确回应。这些都成为阻碍认罪认罚从宽

---

〔1〕 参见陈卫东主编:《2018刑事诉讼法修改条文理解与适用》,中国法制出版社2019年版,第164~166页。

〔2〕 汪海燕:《认罪认罚从宽制度中的检察机关主导责任》,载《中国刑事法杂志》2019年第6期。

〔3〕 参见刘方权:《刑事速裁程序试点效果实证研究》,载《国家检察官学院学报》2018年第2期。

制度深化适用的关键因素。特别是,2019 年,最高人民检察院提出认罪认罚从宽制度的当月适用率要提升至 70% 左右的目标,这在引发更广范围的争论的同时,加剧了基层办案机关之间的紧张关系。实践中,几起典型案例可以佐证上述现象的存在。例如,某县检察机关对一起危险驾驶认罪认罚案件提出"拘役二个月零十五天,并处罚金 6000 元"的量刑建议,但该县法院虽然认定被追诉人构成危险驾驶罪,却没有采纳量刑建议,反而判决拘役 3 个月零 10 天,并处罚金 8000 元,随后,当地检察机关提出抗诉,二审法院最终采纳量刑建议并改判。[1] 又如,由于涉嫌贩卖毒品罪的被追诉人姜某在审查起诉阶段认罪认罚,某地检察机关提出确定的从宽处罚量刑建议,法院也在量刑建议范围内作出一审判决,然而,姜某却提出上诉,为此,该市检察机关决定支持抗诉,二审法院同样采纳了抗诉意见,依法作出更重刑罚的判决。[2] 这几起案件一经媒体报道,便吸引了很多理论学者、实务人员的目光。人们争论的核心要点在于,在认罪认罚案件中,检察机关提出精准的量刑建议,究竟能够产生何种法律效果,是否存在拘束甚至是倾轧法院审判权的风险,抑或过度限制被追诉人的救济权利。可见,即使在 2018 年《刑事诉讼法》要求法院负有尊重和采纳义务的立法背景下,蕴含"认罪认罚从宽"因素的量刑建议仍然无法获得充分的正当性,以拘束法院裁判活动和被追诉人的救济行为。对此,有必要深度挖掘,发现其症结所在。

三、量刑建议精准化的改革难题

其实,自量刑建议出现以来,我国一直在推行兼顾精准刑与幅度刑的做法。但是,为何当下量刑建议精准化却受到如此多的非议,实践效果亦难尽如人意?一个可能的解释理由是,人们已经察觉量刑建议的精准化改造,不只带来丰富公诉权具体运行机制的效果,更会赋予检察机关实质决定案件结果的权能,促使公诉权的扩张,在一定程度上压缩传统的审判空间。如此一来,这种情况的确超出了二十多年来人们对量刑建议的预期定位。在以审判为中心的诉讼制度改革背景下,认罪认罚从宽制度具有催生上述变化的潜在作用,对人们的认知产生了较大的冲击。更何况,虽然我国以引入合作性司法理念为名开展认罪认罚从宽制度的试点工作,实际上,对抗性司法理念仍在整个刑事诉讼构造中占据绝对的地位,影响权力配置体系与诉讼机制运行。这些因素无不直接或者间接地阻碍量刑建议的精准化发展。如何认识这一现象,又该如何寻求破解之道?笔者认为,首先可以从域外发展经验着手,总结其中的共性规律,正确认识以控辩协商为前提的繁简分流诉讼机制对检察权内涵的复杂影响,然后对照我国在某些方面的现实情况,阐释主要的争议及其缘由。

---

〔1〕 参见范跃红:《认罪认罚了,量刑从宽建议为何未采纳》,载《检察日报》2019 年 9 月 21 日,第 1 版。

〔2〕 参见钟亚雅:《认罪认罚被从宽处理后又想上诉获减刑》,载《检察日报》2019 年 4 月 9 日,第 1 版。

(一)量刑建议精准化的域外借鉴

近现代社会以来,世界上主流的当事人主义诉讼模式、职权主义诉讼模式均以对抗性司法理念为基础,主张控诉职能与审判职能相分离,践行控辩平等、审判中立等理念。相应地,这些诉讼构造都以国家—被追诉人关系为中心建立起来,无不强调控辩双方的对立立场。随着人类文明的进步,在社会转型时期,有限的司法资源与持续增长的犯罪案件数量之间的紧张关系愈加凸显。同时,诉讼程序对抗性增强,意味着司法资源的投入随之增多,加剧了司法资源有限性与诉讼程序正当性的矛盾。[1] 为了应对"过度犯罪化"(overcriminalization)的挑战,越来越多的国家选择直接或者间接地建立健全以认罪答辩为前提的快速处理机制,推进"检察权去犯罪化"的进程。[2] 这一改革变化同时发生在两大法系,是刑事司法理念更新的结果。简言之,以控辩双方合意共同决定案件结果的合作性司法理念应运而生。它与对抗性司法理念互补,是人类社会在演进过程中形成的新型司法理念。与之相应,刑事诉讼体系随之发生系统性地改变,从浅层次的程序机制到深层次的权力关系,莫不如此。

随着诉讼程序的多元化,美国、英国、德国、法国等国家相继建立或者引入辩诉交易程序、认罪答辩程序、若干法庭外处理机制(the Settlements Out of Court),比如,不起诉、和解与调解、处罚令,等等。[3] 在这些程序中,检察官事先与被追诉人达成有罪答辩协议,获得了更广范围的不起诉决定权,或者直接处以制裁结果的裁判权,即使部分案件会被移送至法院,检察官通常需要拟定明确且具体的处罚建议,而法官一般都不会驳回检察官的刑罚意见。[4] 这种围绕检察权与审判权法律效力的变化,属于合作性司法理念对传统的控审分离原则的重大改变,是检察权与审判权在新刑事司法环境中的互动新形态。它符合世界范围内检察权发展的共同趋势——检察官以认罪答辩为前提获得决定案件结果的权力,而法官需要在有限的时间内完成审查和确认,最终快速地处理数量庞大的犯罪案件。[5] 域外的实证研究表明,对认罪答辩案件,法官在绝大多数情况下都接受了检察官提出的刑罚建议。[6] 这种情况在英美法系表现的相对明显,不过,大陆法系国家也开始呈现相似的特征。例如,在法国的庭前认罪答辩程序中,法官高度认同检察机关提出的处置建议,并对其采取

---

〔1〕 参见陈瑞华:《司法过程中的对抗与合作——一种新的刑事诉讼模式理论》,载《法学研究》2007 年第 3 期。

〔2〕 See Erik Luna, "Prosecutorial Decriminalization", *The Journal of Criminal Law and Criminology*, 102(3), 2012, pp. 785 - 819.

〔3〕 参见赵恒:《论从宽的正当性基础》,载《政治与法律》2017 年第 11 期。

〔4〕 参见施鹏鹏:《法国公诉替代程序研究——兼评"自然演进"型的司法改革观》,载《比较法研究》2015 年第 5 期。

〔5〕 See Erik Luna, Marianne Wade, "Prosecutors as Judges", *Washington and Lee Law Review* 67(4), 2010, p. 1427.

〔6〕 参见施鹏鹏:《法国庭前认罪答辩程序评析》,载《现代法学》2008 年第 5 期。

审核裁定方式,同意率达到98%以上。[1] 又如,在德国,对于认罪答辩案件,法官通常不进行实质调查,而是根据控辩双方商定的协议径直裁判,越发远离了职权主义影响下发现真实的传统。[2] 在这些诉讼程序中,检察官为了获取被追诉人有罪陈述,必然要向被追诉人提供相对明确的刑罚建议,既帮助被追诉人进行比较选择,又帮助被追诉人形成合理的结果预期,进而在控辩双方已经形成一致意见的基础上,法官会尊重和接受有关结果。此外,为了保证检察机关提出处罚建议的法律效力,不少国家还采取了限制上诉权或者实行一审终审的方式。可见,有限的司法资源与无限的犯罪案件之间的矛盾关系、以认罪为前提的多元化繁简分流机制,共同推动检察权法律效力的扩张:检察官要么主要发挥量刑裁判作用,要么同时发挥定罪与量刑裁判的作用,成为实质意义上决定处罚结果的诉讼主体。

因此,在合作性司法活动中,围绕认罪协商展开的改革方案允许检察官代替法官行使某些审判性质的权力。基本情况是,原本属于法官行使的部分审判职能(主要是量刑权)前移至审查起诉阶段,由检察官代为行使,而法官偏重行使以定罪为核心的审核权,是故,检察权的"指控"活动包含某种"审判"的因素,实现了控、审职能有条件的、部分的融合,就传统的控审分离原则而言,这是一个重大的制度变革和突破。[3] 在认罪答辩案件处理过程中,检察官分享了法官的处分权力,特别是对于依照法律规定仍需移送至法院审判的部分案件,由于检察官以控辩合意为基础提出了具体的处罚建议,那么,法官的权力受到较大的限制,原则上只能选择接受或者拒绝建议,无权对其进行修改。[4] 如此一来,检察官和法官的职能确实发生了改变:检察官被期待对是否认罪出具意见、决定合适的惩罚;在办案数量的重压之下,法官的工作面临严重的不利因素,恐怕很难质疑检察官作出的决定。[5] 可见,这种权力配置的变迁具有鲜明的效率最大化导向,是跨越诉讼模式隔阂的、促进控辩审三方主体合作共赢的新型诉讼范式。而记载确定的处罚结果的检察建议,是普遍存在于认罪案件快速处理机制的规则形式,反映了诉讼合意对法院审判权能的实质约束效力:第一,承载控辩双方协商共识的检察建议,不仅获得法官的尊重,而且得到社会的认可,其根本原因在于合作性司法理念的广泛影响,反映了有关国家对该理念的较高的接纳程度。第二,检察官总体上发挥了主导的作用,包括案件处理方式的选择、实施,以及确定处罚建议、完成必要的裁判,是检察权与审判权互动关系演进到更高层次的新形态。第三,在案多人少、司法资源有限的背景下,检察官提出的与定罪量刑相关的书面建议,既体现控辩双方的意愿,

---

〔1〕 参见吕天奇、贺英豪:《法国庭前认罪协商程序之借鉴》,载《国家检察官学院学报》2017年第1期。

〔2〕 参见印波:《以宪法之名回归法律文本:德国量刑协商及近期的联邦宪法判例始末》,载《法律科学》2017年第5期。

〔3〕 参见吕天奇、贺英豪:《法国庭前认罪协商程序之借鉴》,载《国家检察官学院学报》2017年第1期。

〔4〕 参见[英]杰奎琳·霍奇森:《法国认罪程序带来的检察官职能演变》,俞亮译,载《国家检察官学院学报》2013年第3期。

〔5〕 See Jörg-Martin Jehle and Marianne Wade (eds.), *Coping with Overloaded Criminal Justice Systems: The Rise of Prosecutorial Power across Europe*, Springer, 2006, p. 80

又反映法官的立场,吸纳了主要参与者的观点。第四,由于以认罪为前提的刑事案件处置机制的运行机理不同,检察官提出处罚建议的方式、内容及其法律效力也有差别。[1] 第五,法官通常被禁止介入控辩双方协商活动,但在某些情况下可以参与其中并回应法律适用问题。第六,被追诉人获得相对充分的权利保障,可以自主选择认罪答辩、知悉相应的法律后果,进一步为建议行为的法律效力提供正当性基础。第七,虽然大陆法系的检察官在一定程度上分享了审判权,但不同于美国,其他国家的检察官在行使裁判权力方面受到较多的限制。例如,在处罚令中,检察官可以决定的大都以罚金为主。[2] 又如,在德国,检察官可以向被追诉人提供的最大刑罚幅度,不得超过1/3,而且,控辩协议还需接受法官的司法审查,等等。[3]

(二)量刑建议精准化的中国争议

回归至我国刑事司法场域,2018年《刑事诉讼法》第201条明确量刑建议的法律效力,即在认罪认罚案件中,除非出现法定例外情形,法院一般应当采纳检察机关指控的罪名和量刑建议。对此,法学理论界和实务界已经出现观点分歧,在检察机关提出量刑建议精准化方案以后,这种分歧愈加明显。其中,比较受欢迎的观点认为,量刑建议越具体,被追诉人对处罚结果的预期越清晰、与检察机关共同协商的动力也就越大,因此,在协商具结活动中,检察机关应当提出精准的量刑建议,才能真正节约司法资源、提高诉讼效率。[4] 然而,对于上述主张的说服力,人们仍持有怀疑态度,总体上是一种矛盾的心态:一方面,我们认可量刑建议属于控辩合意的结果,应当予以尊重;另一方面,出于协调审判权与公诉权关系的考虑,这种尊重似乎又不能上升为实质约束力,反而导致量刑建议形式化的后果。如何看待量刑建议精准化方案受阻的现象?笔者认为,有必要探讨其中的深层次缘由。

第一,合作性司法理念底蕴不足,降低了量刑建议精准化的普遍接受程度。目前,这一理念虽然得到法学界的认识和讨论,但是在社会民众的认知层面,它尚未获得足够的了解和支持。比较而言,在域外,合作性司法理念深刻影响国家层面的刑事立法与公众层面的诉讼行为,与之不同的是,我国缺乏这种理念的社会基础。类似于2012年刑事和解程序的入法,2018年认罪认罚从宽制度的立法化以四年多的试点经验为基础,却没有在法学理论界和实务界形成普遍的理论、规则共识,也没有在公众群体中培养起足够的观念支持。这意味着人们很可能尚未没有充分认识和判断合作性司法理念在当代刑事诉讼领域的影响。再加之我国又赋予认罪认罚从宽制度复杂的社会治理功能,以及多样的实体法、程序法内

---

〔1〕 参见熊秋红:《认罪认罚从宽的理论审视与制度完善》,载《法学》2016年第10期。

〔2〕 See Jörg-Martin Jehle, Paul Smit and Josef Zila, "The Public Prosecutor as Key-Player: Prosecutorial Case-Ending Decisions", *European Journal on Criminal Policy and Research* 14(2), 2008, p. 171.

〔3〕 参见赵恒:《论从宽处理的三种模式》,载《现代法学》2017年第5期。

〔4〕 参见陈国庆:《刑事诉讼法修改与刑事检察工作的新发展》,载《国家检察官学院学报》2019年第1期。

涵,最终出现的结果是,量刑建议的合意基础相当薄弱,更多地反映公权力机关的从宽“恩惠”。

第二,认罪认罚从宽制度的改革定位,削弱了量刑建议精准化的正当性。不同于域外认罪答辩或者辩诉交易在权利放弃、审判放弃等方面的独立程序价值,我国通常把认罪认罚从宽制度视作宽严相济刑事政策的最新表现形态,并将认罪认罚与自首、坦白等情节混同对待。〔1〕 这种制度定位表明最高立法机关把“认罪认罚从宽”视作一种内容繁杂的刑事司法原则,既是实体法制度,也是程序法制度。〔2〕 在此语境下,2018 年《刑事诉讼法》只是要求检察机关听取辩方对涉嫌犯罪事实、罪名、从宽建议、程序类型等方面的意见。此外,由于立法确定的认罪认罚成立标准相对较低,并且偏重概括性的承认,相当于将法律评价权力完全赋予公权力机关。从这一角度来看,该制度缺少独立的、关键的协商程序。既然如此,控辩协商具结的实质效果显然存疑。实践中,检察机关将“主导具结”演变成“绝对主导”,具结活动的行政化色彩浓厚,而辩方的协商能力有限,只能被动地选择是否认罪认罚,特别是在签署具结书之前,由于释法说理程度不足,被追诉人通常难以准确理解认罪认罚具结书中涉及罪名、量刑的法律后果。即使有所谓的精准量刑建议,也不是辩方积极、主动地与控方进行沟通和协商的结果,而是检察机关单方面作出的决定。可见,检察机关只是以释法说理、听取意见等方式表达其对被追诉人供述与选择行为的尊重立场,这些做法不属于协商模式的范畴。〔3〕 如此一来,法院有理由相信精准刑量刑建议记载的处罚内容主要反映检察机关的观点,较少甚至没有体现被追诉人的意志,对此,法院自然难以接受量刑建议的约束,更不会以精准刑量刑建议建议为裁判前提。

第三,认罪认罚从宽制度适用于全部刑事案件的规则,会损害量刑建议精准化的可行性。如前所述,量刑建议以认罪认罚具结书为基础,而具结书涉及定罪、量刑、程序适用等内容。单就刑罚与非刑罚内容而言,检察官需要综合全案情况才能确定相应的结果。在简单轻微犯罪案件中,这一工作的难度不大。一旦出现相对疑难复杂案件或者涉罪人数众多的案件,检察官将面临诸多挑战,比如,准确定性、合理分配共同犯罪行为人刑罚责任,等等。因此,可以初步得出的结论是,量刑建议的精准化应当是有合理限制的。而且,从域外实践的反馈情况来看,多数国家为了防止检察权过度扩张,原则上仅允许控辩双方就量刑进行协商,在明确从宽幅度与从宽比例的同时,限定不同程序类型(如处罚令、认罪协商)的适用范围(以轻罪案件为主),从而保证检察司法处置建议的合理限度。然而,2018 年《刑事诉讼法》允许办案机关在全部诉讼阶段、全部刑事案件中适用认罪认罚从宽制度。这种

---

〔1〕 参见赵恒:《“认罪、认罚、从宽”内涵再辨析》,载《法学评论》2019 年第 4 期。

〔2〕 参见王爱立、雷建斌主编:《〈中华人民共和国刑事诉讼法〉释解与适用》,人民法院出版社 2018 年版,第 23 ~ 24 页。

〔3〕 参见闫召华:《听取意见式司法的理性建构——以认罪认罚从宽制度为中心》,载《法制与社会发展》2019 年第 4 期。

无诉讼阶段、无案件范围限制的规则，不仅提高了检察机关拟定量刑建议的工作难度和工作负担，而且加剧了控审两个权力主体之间的紧张关系。特别是，最高人民检察院提出改革主张，希望进一步将精准量刑建议延伸至所有认罪认罚案件。这显然超出了当前以轻微犯罪案件（如交通肇事、危险驾驶、盗窃等）精准量刑建议为主的范畴。结合前述刑事诉讼法规定的量刑建议的法律效力，此种思路不可避免地影响控审分立原则的正当适用，不当拔高公诉权对审判权的拘束作用，造成审判活动过度形式化的局面。可见，量刑建议可以具有精准化的因素，但需要划定合理的范围。在全部认罪认罚案件中推行精准刑量刑建议，既与正当程序的司法理念不符，也为办案机关施加不可承受之重。

第四，允许法院自主适用认罪认罚从宽制度的规定，会消解量刑建议精准化的权力基础。一方面，我国法律为了保障“底线正义”，在认罪认罚案件中全面贯彻法官保留原则，使只要是移送至审判的案件，法院无不享有全面的司法审查权和最终的裁判决定权，而检察机关占据主导地位，只能发挥次要的、无法决定案件结果的作用。[1] 另一方面，法院依法可以自行启动认罪认罚从宽制度，并依职权评价庭审期间被追诉人认罪认罚的行为。这明显不同于其他国家和地区的做法。在域外，法官通常不能直接参与控辩协商活动，即使被允许参与其中，原则上只能回答一般意义的法律适用问题，从而保证检察机关在协商期间的主导作用。但在我国，法官主动适用有关制度并直接予以审查的行为，确立了法官影响被追诉人认罪认罚意愿的独立地位。此外，因为，我国现有的三个诉讼阶段量刑减损幅度的差距不大，所以被追诉人获得的从宽激励大致相同，在审查起诉阶段认罪答辩的积极性偏低。这些都削弱了检察机关在认罪认罚案件办理过程中的主导地位，反而提升了法院在其中的终局决断地位。是故，如果无论认罪认罚案件的性质轻微抑或严重，法官都享有绝对的裁判职能，那么，量刑建议精准化方案所依赖的公诉权仍只能是请求权的性质，自然不可能拘束法官接受检察官的建议。

第五，多层次诉讼体系发展水平偏低，影响量刑建议精准化的实际效力。2018年《刑事诉讼法》增设了速裁程序，标志着我国建立起以“速裁程序—简易程序—普通程序”为主、以若干特别程序和不起诉制度为辅的多元化诉讼体系。总体来看，这种诉讼体系的层级化程度偏低，审前分流机制的实际效果相当有限，绝大多数案件仍需进入审判阶段。可见，审前分流与审判分流二元模式的科学性亟待提高。特别是，我国虽然完善了审判简化程序，但缺少类似于书面审理的程序类型。上述立法规定意味着对于所有被提起公诉的认罪认罚案件，法官都必须开庭审理，而控辩双方同样需要参与其中。控辩双方在审前阶段协商形成的认罪认罚具结书、检察机关拟定的量刑建议书等法律文书，只不过是辅助法官查明案件事实、依法裁判的参考来源。然而，域外经验表明，法官直接接受检察官提出的处罚建

〔1〕 参见熊秋红：《比较法视野下的认罪认罚从宽制度——兼论刑事诉讼“第四范式”》，载《比较法研究》2019年第5期。

议,是因为这些国家建立了发达的审前分流机制,以及以处罚令为代表的书面审理程序。在这些诉讼方案中,检察官不仅可以裁量决定最适宜的处置方式,而且能够以控辩合意为基础提出获得法官审核同意的处罚意见,即使进入司法审查阶段,法官通常都同意有关处置意见,真正凸显检察处罚建议对案件处理结果的决定性价值。遗憾的是,我国的审前分流机制相对薄弱,而法官固守传统的裁判审查权力范围,拒绝接受量刑建议的实质约束。既然无论量刑建议是否精准或者精准程度如何,其法律效力只能是建议性质的,那么,基本上没有推行量刑建议精准化方案的必要性。

最后,比较分析世界范围内刑事诉讼制度的演进样态,检察职能变化的重要推动因素是以认罪为前提的多元化诉讼机制的普遍应用,使检察官必须提高其在公诉与审判之间的分流与把关作用,由此,检察权逐渐衍生新的含义,创造性地丰富了控审分离原则的内容:以加快审前分流与诉讼效率为导向的各种机制允许检察官行使部分审判权,并使得法官出于解决案多人少难题的考虑,不得不接受这一权力配置的变动,促使检察官在某种意义上接近于“裁判者”角色。各方诉讼主体围绕审判的程序参与方式发生变化,庭前证据审查、评估、开示取代了庭上证据交换与质证,而法庭仅需审查协议是否符合客观事实、是否具有合法性和自愿性,不再进行法庭调查、辩论与质证,这种以“沟通”取代“对抗”的设计,明显减少了诉讼主体参与审判的程度。〔1〕 因此,在合作式诉讼模式中,检察机关的诉讼地位上升,而法院的诉讼地位降低,概言之,法官的权力不断趋于弱化,只针对控辩双方之间达成的合作共识表示尊重和接受。〔2〕 相应地,检察官行使部分原本属于法官的审判权,并结合案情实际情况作出具体处罚建议。这才是合作性司法理念影响下的检察处罚建议受到控辩审三方认可的原因。然而,反观我国近年来的改革变迁,在刑事诉讼活动中,纵然认罪认罚从宽制度反映了合作性司法理念的精神,但总体上对抗性司法理念仍占据绝对的影响地位,公诉权、审判权的性质及其相互关系没有发生实质性的变化,始终服务于对抗性诉讼构造的运转需要。可见,部分学者主张的以下现象至今没有出现,即法院审判权发生部分让渡、案件处理结果决定权在一定程度上转移到检察官手中。〔3〕 相反,笔者认为,由于缺少足够的社会观念的支持,以及现有立法与实务的诸多限制,在认罪认罚案件中,具有实质决定案件处理结果的检察主导地位远没有形成。〔4〕

四、量刑建议精准化的理念角力

随着合作性司法理念在全球范围内扩张,以控辩协商为典型特征的诉讼构造逐渐成为

---

〔1〕 参见陆洲、陈晓庆:《认罪认罚从宽制度的沟通之维》,载《湖北大学学报》(哲学社会科学版)2017 年第 6 期。

〔2〕 参见谭世贵:《论刑事诉讼模式及其中国转型》,载《法制与社会发展》2016 年第 3 期。

〔3〕 参见陈国庆:《刑事诉讼法修改与刑事检察工作的新发展》,载《国家检察官学院学报》2019 年第 1 期。

〔4〕 参见赵恒:《论检察机关的刑事诉讼主导地位》,载《政治与法律》2020 年第 1 期。

一种新的刑事司法样态。对此，有学者将其称作刑事诉讼的“第四范式”，并指出以辩诉交易、认罪答辩为代表的放弃审判制度在大部分程序中取消了以直接言词原则为核心的证据调查，动摇了传统的罪刑法定、无罪推定等原则。〔1〕还有学者将人类有史以来刑事诉讼历史经历归纳为三种，一是压制型诉讼，二是产业革命后的权利型诉讼，三是近现代出现的协商型诉讼。〔2〕其实，不管是“四范式”还是“三阶段”，它们都重点描述了合作性司法理念改变传统诉讼构造、催生诉讼主体权能内涵的变化。其中，控诉机关与审判机关的权力配置发生适应性的调整，主要表现为控、审职能经过二次分离与融合之后形成新的互动关系，最为显著的变化是公诉权的部分实体化以及审判权的部分审核化：前者是指检察机关指控的罪名和量刑建议，原则上应当得到法院的认可；后者是指法院对控辩协商共识予以尊重和接受，重点对认罪答辩协议的合法性进行审核并决定是否同意。比较而言，域外国家的上述变化更为明显。在我国，认罪认罚从宽制度不过是为认罪认罚案件的处理提供了一个通道，只需确保案件区分对待、合理分流，没有改变刑事诉讼权力配置关系。〔3〕特别是，相当比例的法官认为，检察机关提出精准刑量刑建议，实际上代行法院刑罚裁量权，突破了求刑权的范围，应当予以反对。〔4〕如此看来，分析量刑建议精准化方案备受争议的原因，还需从诉讼真实观和检察主导地位两个维度切入，阐释其中深层次的理念角力现象。

（一）刑事诉讼真实观的制度悖反

诉讼真实观是一国刑事诉讼中有关真实的基本理念和认识，间接决定着对案件事实真实性的判断。〔5〕在经历了客观真实抑或法律真实的争论以后，我们主要关注两种真实主义，即实质真实主义和形式真实主义：前者强调司法官应当依职权对犯罪事实进行调查，发现案件真相，并依法作出裁判，不受诉讼参与人的申请或者陈述的限制；〔6〕后者是指司法官仅以原被告陈述的事实、提供的证据作为裁判基础，以发现案件形式上的真实为导向，严格受到当事人意思表示的拘束。〔7〕可以发现，上述两种真实主义的主要区别是，在发现真相方面，法官在何种程度上受到当事人意愿和行为的影响。在大陆法系国家，传统的诉讼真实观是实质真实主义。不过，由于被追诉人地位的主体化、事实查明方式的多样化等原因，这种真实观衍生出新的内涵：第一，正当程序理念的出现以及权利保障思想的提升，被追诉人在发现真实过程中的影响力提升，并逐渐占据一席之地；第二，承担真实发现义务的司法

---

〔1〕参见熊秋红：《比较法视野下的认罪认罚从宽制度——兼论刑事诉讼“第四范式”》，载《比较法研究》2019年第5期。

〔2〕参见樊崇义：《理性认识“认罪认罚从宽”》，载《人民法治》2019年第3期。

〔3〕参见胡云腾主编：《认罪认罚从宽制度的理解与适用》，人民法院出版社2018年版，第112页。

〔4〕同上。

〔5〕参见樊崇义、赵培显：《法律真实哲理思维》，载《中国刑事法杂志》2017年第3期。

〔6〕参见[德]克劳斯·罗可辛：《德国刑事诉讼法》（第24版），吴丽琪译，法律出版社2003年版，第114页。

〔7〕参见张建伟：《从积极到消极的实质真实发现主义》，载《中国法学》2006年第4期。

官的变化,由法官独立承担发现真实的义务逐渐发展到法官与检察官共同承担的局面,值得注意的是,第二次世界大战以后,特别是20世纪60年代以来,检察官逐渐成为审前程序的主宰者,甚至在大量案件中分担了法官发现真实的义务。[1] 这种变化产生的原因便是合作性司法理念的影响。

尽管职权主义诉讼模式的国家仍要求法官承担查明事实真相的法定义务,但是,体现协商特征的合作性司法理念强调各参与主体对定罪量刑争议的共识立场,在一定程度上认可基于协商与处分达成的事实与结果,是法律有限度地承认被追诉人处分权的结果——尊重并鼓励被追诉人对特定事项实施处分或者放弃行为,缓和控辩(审)各方的对立冲突关系,快速推进诉讼进程。一开始,这种处分主义较普遍存在于英美法系国家,随着合作性司法理念跨越法系界限并在大陆法系的影响扩大,权利处分主义通过各种认罪答辩案件快速处理机制获得了立法与实践空间,成为现代刑事诉讼维系协商性处理方案正当性的关键机制。[2] 在当事人意思影响真相发现过程的变化中,作为有罪答辩主体的被追诉人将会与检察官通过协商的方式确定犯罪事实、罪名、刑罚或者非刑罚措施等内容。与之相应地,法官会针对性地调整其审查对象、审查方式,将审查重点置于认罪答辩的自愿性与合法性方面,并适当改变认罪答辩案件的证明标准与证据规则。伴随两大法系之间日渐明显的融合趋势,发现真实的责任分配具备了"共享"特征,而控辩双方在职权主义诉讼活动中获得了更多的参与权。[3] 最终,一系列认罪答辩案件处理机制在无形之中促使职权主义国家放弃对实质真实主义的绝对追求,转而原则上承认并接纳了形式真实主义。这是域外刑事司法变迁的重要特征,是传统刑事诉讼价值观与当代刑事诉讼现实需要之间的冲突无法调和的产物。[4] 以德国为例,在引入刑事协商制度之后,2009年《德国刑事诉讼法典》又增加第257条第3款,进一步规制协议的内容及其范围,不过,这种认罪答辩程序影响了传统的实质真实主义的适用空间。[5] 而且,由于在正式审判前,控辩双方早就形成了处理意见,法官能够获知的信息材料很难达到非认罪案件的"心证程度",而他们的心证程度同样低于经由完整且正式审判活动后形成的程度。[6] 可见,合作性司法理念对控辩合意的推崇,不只普遍改变了诉讼主体的权能地位与诉讼流程机制,而且深刻地影响了诉讼真实观的含义。因为一种没有审判环节的犯罪案件解决方案正在成为全球化趋势,"通过审判发现真实"的作用越

---

〔1〕 参见王天民:《实质真实主义:两种认知理论下的模式推演》,载《法制与社会发展》2018年第3期。

〔2〕 参见郭松:《被追诉人的权利处分:基础规范与制度构建》,载《法学研究》2019年第1期。

〔3〕 See Thomas Weigend, "Should We Search for the Truth, and Who Should Do It", *North Carolina Journal of International Law and Commercial Regulation*, 36(2), 2010, p. 414.

〔4〕 参见李昌盛:《德国刑事协商制度研究》,载《现代法学》2011年第6期。

〔5〕 参见周维明:《德国刑事协商制度的最新发展与启示》,载《法律适用》2018年第13期。

〔6〕 See Regina E. Rauxloh, "Plea Bargaining in Germany—Doctoring the Symptoms without Looking at the Root Causes", *The Journal of Criminal Law* 78(5), 2014, p. 400.

来越被边缘化,所以人们转向关注"司法交易与发现真实"以及"实体真实主义相对性"的问题。[1] 德国学者托马斯·魏根特教授则主张,"协商型诉讼模式"在世界范围内获得越来越大的影响力,无须审判即发现真实的"程序性真实"应运而生,它以"双方同意"为前提,凸显各诉讼主要参与者主动进行合作对诉讼真实观的重新塑造。[2] 这种基于控辩双方共识形成的、对法院裁判产生拘束影响的诉讼真实主义,充分吸收了合作性司法理念的要素,表明控辩双方合意对法官查明真相的规束与指引价值——只要协商活动符合法定标准,基于合意形成的裁判便是一种发现真实的结果。由此,法院审判流程得以大幅简化,而控辩协商环节成为定罪量刑的"裁判"场域,随后产生的检察刑罚建议理应得到法官的认可和采纳。

反观我国刑事司法改革近况,妨碍量刑建议精准化改革方案的一个关键因素是,我国虽然希望通过认罪认罚从宽制度提高案件办理效率,却始终固守"事实清楚、证据确实充分"的实质真实主义,没有充分考虑合作性司法理念对诉讼真实观的多元影响。改革者强调认罪认罚从宽制度在简化诉讼环节、提高诉讼效率等方面的作用,但始终主张不会降低法定证明标准。[3] 而且,从相关制度设计的思路来看,最高立法机关坚持法官查明事实真相的立场,只是将控辩双方的合意与具结行为视作案件繁简分流的划分标准,忽视了它们在改变诉讼真实观方面的独特价值。2018年《刑事诉讼法》既鼓励控辩双方尽早达成具结协议,又要求法官全面审查的规定情况,不管被追诉人是否认罪认罚,办案机关均应当保证案件办理达到事实清楚、证据确实充分的法定标准。我国推行以合作性司法理念为基础的认罪认罚从宽制度,并未接受与这一理念相适应的司法真实观,以及相应的权力配置、证据规则的变化。如此看来,检察机关的公诉权不可能产生拘束甚至是替代法院裁判的实质效力。那么,量刑建议的精准化方案同样有违我国现有的实质真实主义。因为一旦要求法官在量刑建议的范围内作出裁判,相当于要求法官接受检察官所认为的案件真相,或者要求法官接受控辩双方协商具结形成的案件真相,而这些都与我国《刑事诉讼法》的法院职权规定相冲突。而且,在全部认罪认罚案件中推行精准刑量刑建议的思路,是不加区分案件性质和罪行轻重的做法,更是一种不现实的选择。原因在于,它否定了法官全面履行职权调查义务的可能性,有悖于正当程序的基本精神。不过,例外情形是,对于简单轻微的犯罪案件,由于被追诉人已做有罪供述,作为司法机关的检察机关及时发现证据、查明案件真相,在这种情况下,法院可以对其表示尊重和认可。应当指出,这是法官保留原则在轻罪案件协商活动中的限制适用,可以视为控辩双方合意对实体真实的必要补充,并不会改变实质

---

〔1〕 参见[日]田口守一:《刑事诉讼的目的》(增补版),张凌、于秀峰译,中国政法大学出版社2011年版,第77~85页。

〔2〕 See Thomas Weigend,"Is the Criminal Process About Truth:A German Perspective",*Harvard Journal of Law and Public Policy* 26(1),2003,p. 173.

〔3〕 参见孙长永:《认罪认罚案件的证明标准》,载《法学研究》2018年第1期。

真实主义的绝对地位。[1]

(二)检察机关主导地位的再审视

为顺应以审判为中心的诉讼制度改革要求,检察机关在完成职能重置、机构调整的基础上,迎来发展新时代检察权能体系的难得契机。值得注意的是,巩固检察机关在刑事诉讼活动中的主导地位成为当下检察体制改革的重点工作。近两年,检察机关提出与“主导地位”相对应的“主导责任”,旨在进一步发挥其在推行认罪认罚从宽制度中的诉讼职能。所谓“检察官主导责任”,是指检察机关分别在审前阶段、审判期间以及执行阶段分别承担指控犯罪、证明犯罪以及相应的检察监督责任,其中,认罪认罚从宽制度是典型的以检察官主导责任为基础的诉讼制度设计。[2] 结合域外启示,检察权能变化的突出特征是,检察官主导认罪案件快速处理机制的启动、适用与推进,并通过与被追诉人协商的方式确定案件处理结果。从这一角度来看,我国的“检察机关主导地位”似乎与上述域外特征是一致的,但是,我国的检察主导职能更多地偏重释法说理、程序分流等方面,难以在制约法院裁判方面发挥有力的拘束作用。

根据最高人民检察院的解释,检察机关在认罪认罚案件中的主导作用主要包括六个方面,分别是主动开展认罪认罚教育转化工作、适时提出开展认罪认罚教育工作的建议和意见、积极开展平等沟通和量刑协商、一般要提出精准刑量刑建议、积极做好被害方的工作、视情形对案件进行程序分流把关。[3] 其中,检察主导职能最主要的是涉及协商与量刑建议的第三、第四方面内容。对此,最高人民检察院以《刑事诉讼法》的有关规定为依据,要求法院一般应当采纳量刑建议。但是,法学界本就对这些法律条款的科学性抱有怀疑态度,而检察机关却以此为由主张“主导地位”,恐陷入循环论证的怪圈。因为法院系统的主流观点认为,即使检察机关有拟定量刑建议之权,也无外乎是一种具有司法公信力的承诺,本身缺乏实质的决定或者拘束效力。[4] 即使是参与《刑事诉讼法》修订工作的专家同样表示,在认罪认罚案件中,法院坚持法官保留原则,行使定罪、量刑的最终裁判权。[5] 根据实证研究的反映,实务中,虽然庭审环节被大幅简化或者省略,审判时间缩短,但是法官表示无论是办理认罪认罚案件还是非认罪认罚案件,审查与裁判方式并无不同,其权力内容亦未发生实质变化。[6] 因此,对于认罪认罚案件中检察机关主导地位的含义,可以从两个方面进行

---

〔1〕 参见王兆鹏:《刑事诉讼讲义》,台北,元照图书出版有限公司2006年版,第3页。

〔2〕 参见张军:《关于检察工作的若干问题》,载《国家检察官学院学报》2019年第5期。

〔3〕 参见《最高检召开“准确适用认罪认罚从宽制度”新闻发布会》,载最高人民检察院新闻发布会:https://www.spp.gov.cn/spp/zgrmjcyxwfbh/zqsyrzrfckzd/index.shtml,最后访问日期:2020年2月17日。

〔4〕 参见胡云腾主编:《认罪认罚从宽制度的理解与适用》,人民法院出版社2018年版,第99~103页。

〔5〕 参见王爱立、雷建斌主编:《〈中华人民共和国刑事诉讼法〉释解与适用》,人民法院出版社2018年版,第379~381页。

〔6〕 参见周新:《认罪认罚从宽制度立法化的重点问题研究》,载《中国法学》2018年第6期。

解读:其一,《刑事诉讼法》要求法院尊重控辩双方的具结结果,是对检察机关在审前阶段主导具结活动、签订具结文书和拟定量刑建议工作的肯定,说明我国认罪认罚从宽制度需要检察机关履行特定职责,保证被追诉人对法律规定和法律后果形成明确的认知。[1] 其二,检察机关的上述职责应接受法院的实质审查,控辩双方合意与共识不会替代法官审判。因此,在认罪认罚案件中,法官的判决依然具备"唯一性"与"决定性"。[2] 进一步审视2018年《刑事诉讼法》以及有关司法解释,可以发现,它们没有围绕控辩协商活动建立起具结行为与量刑建议决定案件结果的诉讼框架。在此情况下,检察机关纵然占据主导地位、发挥主导作用,也只是开展诸多形式化工作,不会拓宽公诉权能、改变公诉权与审判权关系,而法院仍然保留绝对的、没有任何减损的裁判权力。当然,不可否认,实践中,对于交通肇事、危险驾驶、盗窃等犯罪案件,法院的判决一般都与精准量刑建议保持一致。其原因在于,上述案件的犯罪性质本就轻微、事实清楚、证据确实充分,检察机关提出的精准刑量刑建议实际上与法院可能作出的刑罚裁判并无多大差异,加之认罪认罚情节的独立评价意义,法院出于诉讼效率的考量,乐于尊重和接受这些量刑建议,实现精简环节、快速处理的目标。从这一角度来看,在轻微犯罪案件的处理过程中,量刑建议精准化方案不仅可以推行,而且被采纳率极高。但是,这并非检察机关发挥拘束作用的结果,而是法院主动配合的结果。

五、代结语:量刑建议精准化的发展趋向

当下,我国刑事公诉制度正在经历由起诉法定主义向起诉法定主义兼采起诉裁量主义的转变,强调检察官对具体个案的酌定处置权,实现个别预防的刑罚目的。[3] 一方面,在理论探讨领域,关于量刑建议精准化的方案之争尚未形成共识;另一方面,最高人民检察院在《关于适用认罪认罚从宽制度的指导意见》《人民检察院刑事诉讼规则》等文件中多次重申"提出确定刑量刑建议"的要求。在中国现有刑事政策与诉讼体系语境下,检察机关推行量刑建议精准化方案,既面临司法理念角力层面的挑战,又面临制度规则层面的障碍,在较大程度上影响了认罪认罚从宽制度的适用质量。在未来一段时间,如果不能在刑事司法理念、诉讼真实观、职权配置关系等方面吸纳合作性司法理念的精神内核,突出控辩合意在推动检察机关获得决定案件处理结果权力方面的法治价值,尤其是肯定公诉权能扩张的实体化趋向,那么,量刑建议精准化的改革目标恐怕很难实现。关于这一点,我们可以吸取某些国家的教训。例如,为了移植当事人主义诉讼模式,意大利引入了"依当事人请求适用刑罚的程序",但这一改革举措的实践效果很不理想,重要原因在于改革者固守大陆法系司法传

---

〔1〕 参见熊秋红:《域外检察机关作用差异与自由裁量权有关》,载《检察日报》2019年4月22日,第3版。

〔2〕 参见杨云骅:《协商程序与法官保留原则》,载《月旦法学杂志》2005年第4期。

〔3〕 参见孙谦:《全面依法治国背景下的刑事公诉》,载《法学研究》2017年第3期。

统,拒绝采纳控辩双方决定案件结果的思路,只是赋予检察官极少的协商权力,导致这一程序的实用性不强,没有达到预设的改革期待。[1]

因此,着眼于保持认罪认罚从宽制度的生命力,我们应当科学把握认罪认罚案件中以量刑建议为代表的公诉权发展趋向及其规律,从优化公诉权与审判权的配置关系等角度出发,明晰公诉权在具结协商以及从宽处罚领域的实质影响和决定作用,特别是限定公诉权扩张的合理范围,才能真正有益于建立健全量刑建议拘束法官审判活动的诉讼机制。如此一来,反映公诉权能决定案件结果的量刑建议精准化改造方能具备充足的理念基础、权力依托。当然,意欲实现上述改革任务,还需得到其他制度规则的配套与支持。包括但不限于:第一,划定精准量刑建议的法定范围,原则上应当集中于简单轻微犯罪案件,通常以判处有期徒刑以下刑罚为限,对于其他认罪认罚案件,幅度刑量刑建议更为合适。第二,尊重被追诉人的诉讼主体地位,提升被追诉人在认罪认罚具结书、量刑建议书等法律文书形成过程中的决定作用,健全由控方主导实施、辩方平等参与的具结机制。第三,完善刑事案件处置多元化诉讼体系,扩大适用不起诉制度等审前分流机制的范围,探索以书面审为特点的审判省略程序,巩固检察机关在轻微犯罪治理领域的主导地位,推动与多层次诉讼体系相适应的公诉模式转型。[2] 第四,调整法官的审查方式与审查对象,以简化全流程诉讼活动为目标,明确法官尊重和接受控辩双方合意结果的法定条件,区分认罪认罚案件与非认罪认罚案件审理活动,有益于平衡认罪认罚从宽制度与以审判为中心的诉讼制度改革的关系。

(原载于《法制与社会发展》2020 年第 2 期)

〔1〕 See Elisabetta Grande,"Italian Criminal Justice:Borrowing and Resistance",*The American Journal of Comparative Law* 48(2),2000,pp. 253 - 254.

〔2〕 参见周新:《论检察机关的公诉模式转型》,载《政治与法律》2020 年第 1 期。

刑事诉讼中变更公诉的限度

周长军*

导　论

变更公诉是指刑事案件提起公诉后，法定的有权机关认为起诉书指控的被告人身份、犯罪事实、罪名或者法律适用有误从而加以改变的活动。我国《刑事诉讼法》并无变更公诉的明确规定。从司法解释和研究者对“变更公诉”一词的使用情况来看，变更公诉有狭义和广义之分。狭义的变更公诉仅指，检察机关对其起诉指控的内容，作出不属于撤回公诉或追加/补充公诉性质的变更。2012 年《人民检察院刑事诉讼规则（试行）》（以下简称《检察院刑事诉讼规则》）第 458 条中的“变更起诉”就是狭义的变更公诉，该条规定：“在人民法院宣告判决前，人民检察院发现被告人的真实身份或者犯罪事实与起诉书中叙述的身份或者指控犯罪事实不符的，或者事实、证据没有变化，但罪名、适用法律与起诉书不一致的，可以变更起诉”。2012 年《最高人民法院关于适用〈中华人民共和国刑事诉讼法〉的解释》（以下简称《刑事诉讼法解释》）第 243 条以及 2012 年《最高人民法院、最高人民检察院、公安部、国家安全部、司法部、全国人大常委会法制工作委员会关于实施刑事诉讼法若干问题的规定》（以下简称《刑事诉讼法实施若干问题规定》）第 30 条，也对狭义的变更公诉作了规定。〔1〕 广义的变更公诉又分两种：一种是对变更内容的广义理解，将变更公诉作为撤回公诉、追加/补充公诉和狭义变更公诉的统称，〔2〕等同于有学者所说的公诉变更。〔3〕 另一种是对变更主体的广义理解，即将变更公诉的主体扩大到法院，把变更公诉范畴延伸到法院

---

* 周长军，山东大学法学院教授、博士研究生导师。

〔1〕《刑事诉讼法解释》第 243 条规定：“审判期间，人民法院发现新的事实，可能影响定罪的，可以建议人民检察院补充或者变更起诉。”《刑事诉讼法实施若干问题规定》第 30 条规定：“人民法院审理公诉案件，发现有新的事实，可能影响定罪的，人民检察院可以要求补充起诉或者变更起诉，人民法院可以建议人民检察院补充起诉或者变更起诉。”

〔2〕参见张小玲：《检察机关变更公诉制度初探》，载《人民检察》2006 年第 6 期（上）。

〔3〕参见龙宗智：《论新刑事诉讼法实施后的公诉变更问题》，载《当代法学》2014 年第 5 期。

对起诉指控内容的变更。[1]《刑事诉讼法解释》第 241 条规定,对第一审公诉案件,法院审理后认为"起诉指控的事实清楚,证据确实、充分,指控的罪名与审理认定的罪名不一致的,应当按照审理认定的罪名作出有罪判决。

整体而言,学界对变更公诉的研究存在明显不足。在"中国学术文献总库(CNKI)"中,以"变更起诉""变更公诉""变更罪名"等为"篇名"要素进行检索后发现:其一,相关文献绝大多数是对法院变更起诉罪名的研究,关于检察机关变更公诉的研究不仅相当有限,且几乎均系对广义变更公诉(包括狭义变更公诉、撤回公诉和追加/补充公诉)的宏观性、一般性研究,研究深度有限。其二,现有关于检察机关变更公诉的研究发表时间普遍较早,对于 2012 年《刑事诉讼法》修改后检察机关变更公诉的研究十分匮乏,深入的实证研究更是近乎空白。其三,在变更公诉的对象、变更公诉的实际运行状况等方面存在一定的认识偏差,对于变更公诉的合理边界及滥行之害的研究不足。

司法人员的变更公诉认知和实践,亦不能令人乐观。笔者曾利用在检察机关挂职(2014 ~ 2015 年)的机会,就变更公诉问题对省 J 市、L 市两级检察机关进行问卷调查。在接受调查的 94 名公诉人员中,认为自己"非常了解"变更公诉的只占 35% 左右,绝大多数选择的是"了解一些"或者"不了解",这大体能够反映公诉人员的整体认知状况。实践中,检察官对变更公诉与撤回公诉、追加/补充公诉的文书往往分辨不清,以变更公诉文书追加起诉遗漏的被告人、补充起诉漏罪或者撤回起诉共同被告人的情况,或者相反的情况,均时有发生。更突出的问题是,不少检察人员变更公诉的界限意识较为淡薄,在二审发回重审或者再审程序中从重变更原起诉书指控的犯罪数额,庭审中口头变更公诉等违背诉讼法理或者法律规定的行为,不时可见。

变更公诉有助于及时修补检察机关起诉指控中的疏漏或者错误,降低实现国家刑罚权的诉讼成本,避免因频繁再诉而损害被告人的程序安定利益。但是,倘若变更公诉运行不规范、不节制或者不理性,则可能损害程序运作的安定性和司法的公正性,侵犯被告人的诉讼防御权,加大诉讼的经济成本和道德成本,而且会导致控审职能混同。

本文拟在实际调研的基础上,围绕变更公诉的必要限度及相关理论和制度问题进行深入探讨,旨在澄清变更公诉的观念和实践误区,并在平衡法益保护的基础上,厘定变更公诉的实体界限和程序边界,推动控审关系良性构建。

一、范围界定与概念辨析

(一)研究范围的界定

首先,本文研究的是前述后一种广义的变更公诉,即对法院、检察院变更公诉指控内容

---

〔1〕 参见陈瑞华:《比较刑事诉讼法》,中国人民大学出版社 2010 年版,第 319 页以下;林钰雄:《刑事法理论与实践》,台北,学林文化事业有限公司 2001 年版,第 69 页以下。

进行一体化研究。

在当下中国,单纯研究狭义的变更公诉,难以真正揭示和根本解决我国变更公诉实践中的"真问题"。尽管司法解释规定,法院可以对检察机关起诉指控的罪名进行变更,但理论界对于法院有无变更指控罪名的权力以及如何确保法院变更罪名的正当性,长期以来聚讼纷纭。[1] 现实中,法院不仅在变更指控罪名方面相当活跃,而且时而不当变更检察机关起诉指控的犯罪事实。比如,刘某盗窃、何某隐瞒犯罪所得案的判决书记载:"公诉机关指控2012年7月和8月间销售至被告人何某的得款数额依照被告人程某的供认予以认定,经查,该数额并无同案被告人刘某的供认,且收赃人何某的供认数额更低,本院依有利于被告人原则,采信被告人何某的供认,对公诉机关指控予以变更。公诉机关指控被告人刘某的盗窃价值为人民币32,900元,经查,按起诉书指控被告人刘某参与的18次事实应累计数额为人民币38,975元,故起诉书指控32,900元系公诉机关累加计算错误。本院根据上述查明的事实认定被告人程某盗窃价值人民币44,771元、被告人刘某盗窃价值人民币36,279元、被告人何某收购财物价值人民币25,904元……因案件审理期间关于盗窃数额的规定发布新的司法解释,本院对公诉机关指控盗窃犯罪系数额巨大予以变更"。[2] 该案中,法院判决既变更了起诉书中的法律评价,否定了"盗窃犯罪系数额巨大"的指控,又变更了犯罪数额,其中不利于被告人的数额变更无疑违背了控审分离原则。诸如此类的法院偏离中立裁判者形象变更起诉指控事项的做法,不仅损害了被告人的诉讼防御利益,且有侵犯公诉权之嫌,严重影响司法公信力。因此,将法院对起诉指控内容的变更也纳入变更公诉范畴一并加以研讨,更能深入把握检法机关在变更公诉方面的具体作用和相互关系,精准揭示我国变更公诉实践中真实存在的突出问题。

其次,根据变更公诉的内容,变更公诉可以分为事实的变更与法律评价的变更(包括罪名的变更和法律适用条款的变更);根据变更公诉对被告人的影响,可以分为有利于被告人的变更、不利于被告人的变更和对被告人没有明显实质不利影响的变更。

变更公诉是检察公诉权的基本权能,[3]对于提起公诉的案件,检察机关不仅有权变更起诉指控的事实,而且有权变更对指控事实的法律评价;可以作出有利于被告人的变更,也可以作出不利于被告人的变更,或者对被告人没有明显实质不利影响的变更。在这方面,检察机关变更公诉的现状以及如何确保检察机关变更公诉的正当性,是本文的研究重心。

法院总体上有权变更检察机关指控的事实和罪名,但根据控审分离原则,不告不理、诉审同一,"各国对于法院变更指控事项(包括指控事实、指控罪名以及处罚条款等)的权限进行了严格的限制"。[4] 具体而言,法院不得径行审理检察机关未起诉的被告人和罪行;法院

---

〔1〕 参见宋英辉:《刑事诉讼法学研究述评(1978—2008)》,北京师范大学出版社2009年版,第370页。

〔2〕 安徽省铜陵市狮子山区人民法院(2013)狮刑初字第00054号刑事判决书。

〔3〕 参见周长军:《公诉权的概念新释与权能分析》,载《烟台大学学报》(哲学社会科学版)2016年第6期。

〔4〕 张小玲:《诉判同一原则理论与实践之评析》,载《法商研究》2006年第3期。

变更指控事实的空间较小,但对指控事实的法律评价被大陆法系国家视为法院独立判断的事项,法院判决时可以作出不同于起诉书的对指控事实的法律评价。[1] 因此,在法院变更公诉方面,对法律评价的变更是本文的关注重点。同时,鉴于我国审判实践中法官对犯罪事实的认定多有不规范之处,本文也适当涉及法院变更事实认定的问题。

(二)变更公诉的对象与审判对象、辩护防御对象辨析

学界常常误将变更公诉的对象等同于审判对象和辩护防御对象,[2]因此,作为研究前提,需要对这些范畴的含义及相互关系予以辨析。

审判对象,是指审判行为的目标指向与作用范围。[3] 大陆法系诉讼理论通常称为"诉讼标的""诉讼客体""诉讼对象"或者"案件",由被告人和犯罪事实共同组成。[4] 罗科信指出,在德国,刑事公诉使"诉讼标的被固定",而诉讼标的具有以下拘束力:一是法院受此诉讼标的的拘束;二是法院不得任意独断地扩张调查范围,被告人在此需受保护,即确定了法院审判的界限和被告方辩护的范围;三是检察机关提交法院的有关犯罪事实经过应尽可能叙述清楚。[5] 在实行当事人主义诉讼模式的英美和日本,审判对象被称为诉因,指控诉方记载于起诉书的控诉主张和理由(英美),[6]或者符合犯罪构成要件的具体事实(日本)。[7] 通过将法院审判权限以及责任限定在诉因上,使法院的职责不再是尽心尽力发现何为真实,而是将关注点集中在检察官提出的诉因事实是否存在,[8]由此被告人的防御范围亦得以明确。当然,英美与日本的诉因制度存在一定区别。英美实行事实与罪名相结合的诉因制度,诉因包括主张与作为主张基础的事实,前者主要指罪名、法条等法律评价,后者主要指构成犯罪的具体事实。[9] 日本则实行事实性诉因制度,[10]《日本刑事诉讼法典》第256条规定,起诉书"应当记载下列事项:1.被告人的姓名或其他足以特定为被告人的事项;2.公诉事实;3.罪名。公诉事实,应当明示诉因并予以记载。为明示诉因,应当尽可能地以日时、场所及方法,特别指明足以构成犯罪的事实"。可见,诉因是公诉事实的一部分,与罪名并列;诉因记载的是法律评价的前提事实,但其并非单纯的社会事实,而是依法律概念所把握的构成要件事实。

辩护防御对象,是指被告方辩护的目标指向和防御范围。英美的审判对象涵括指控主

---

〔1〕 参见刘计划:《控审分离论》,法律出版社2013年版,第24、93页。
〔2〕 例如参见谢进杰:《刑事审判对象论》,中国政法大学出版社2011年版,第84页。
〔3〕 参见谢进杰:《刑事审判对象论》,中国政法大学出版社2011年版,导论第7页。
〔4〕 参见林钰雄:《刑事诉讼法》(上),中国人民大学出版社2005年版,第211页。
〔5〕 参见[德]克劳斯·罗科信:《刑事诉讼法》,吴丽琪译,法律出版社2003年版,第365页。
〔6〕 参见杨杰辉:《英美法中诉因记载的法定要求及其借鉴意义》,载《西南政法大学学报》2004年第6期。
〔7〕 参见[日]田口守一:《刑事诉讼法》,张凌、于秀峰译,中国政法大学出版社2010年版,第158、160页。
〔8〕 参见[日]松尾浩也:《日本刑事诉讼法》(上),丁相顺译,中国人民大学出版社2005年版,第187页。
〔9〕 参见杨杰辉、温馨:《英美法诉因制度及其评析》,载《中国刑事法杂志》2009年第10期。
〔10〕 参见[日]松尾浩也:《日本刑事诉讼法》(上),丁相顺译,中国人民大学出版社2005年版,第281页。

张和作为主张基础的犯罪事实,因其均可能对被告人的诉讼利益造成不当影响,故都属于辩护防御对象;审判对象与辩护防御对象具有一致性。但在大陆法系国家和日本,作为审判对象的诉讼标的或者诉因并不包含起诉所依据的法条等法律评价,故审判对象的范围窄于辩护防御对象。

变更公诉的对象是指审判过程中被检法机关变更的起诉指控事项。由于英美实行事实与罪名相结合的诉因制度,故其变更公诉的对象与审判对象、辩护防御对象相同。而在大陆法系国家和日本,变更公诉的对象就是辩护防御对象,在范围上广于审判对象。故整体而言,变更公诉的对象与辩护防御对象具有一致性,在范围上大于或等于审判对象,审判对象的范围大小则取决于具体国家的诉讼模式。

二、变更公诉的运行现状

为了解变更公诉的实际运行状况,笔者组织研究生对S省部分检察院、法院和律所进行多种形式的调研,获取第一手数据和资料。[1] 一是问卷调查。2014年10月,就变更公诉问题对S省J市、L市两级检察院公诉人员进行问卷调查。J市地处S省中西部,经济比较发达;L市地处S省西北部,经济相对欠发达。在两市共计发放和收回问卷94份;其中,J市检察院17份,J市2个区检察院18份,L市检察院13份,L市6个区县检察院46份。在收回的问卷中,有的个别题目未作答。尽管没有将之作为废卷处理,但在统计时从该题目被调查者总数中减去此卷。二是查阅报表和卷宗材料。以3~5年为统计范围,通过查阅报表和卷宗材料,对J市两级检察院、Z市两级检察院、B市B县检察院的变更公诉情况,以及H市两级法院、J市W县法院变更指控罪名和法律适用的情况,分别进行统计。三是座谈和访谈。2014年10~11月,围绕变更公诉问题,采取多人座谈或者个别访谈的形式,与S省部分检察官、法官和律师进行了交流。

为弥补上述调研数据和资料因囿于一省而存在的局限性,笔者通过"北大法意"法院案例数据库,对全国检察机关变更公诉的案件进行了检索和分析。[2] 具体而言,在"北大法意"法院案例数据库中进行"案例高级检索",以全文关键词"变更起诉"或者"变更指控"或者"变更公诉"或者"重新起诉"为检索条件,共搜得1416条记录;再对判决时间进行限定,搜得制作于2014年1月1日至12月31日的判决书提及检察院变更公诉的个案共494条记录;进一步对这494条记录进行审查,最后获得452条有效记录,即452个判决书。[3]

基于这些调研和统计,可以对我国变更公诉的运行现状作如下初步描述:

---

〔1〕 感谢乔杉、芮秀秀、郭承志、郝银刚、高晨、赵方勇在调研中提供的帮助。

〔2〕 考虑到学界和实务界对法院变更指控罪名的情况已进行了较多调研,故没有对此进行专门检索。

〔3〕 这些数据均系2015年1月18日的检索结果。

(一)检察机关变更公诉多出现在罪名相近、容易混淆的案件中,表面看所占比例不大

在接受问卷调查的94名检察院公诉人员中,绝大多数认为检察机关变更公诉的情况“很少”发生(表1)。卷宗材料也显示,2011~2013年S省J市检察院及其所属10个区县检察院变更公诉的案件只有34起;其中罪名变更2起,犯罪事实变更32起,后者均表现为犯罪数额或者被害人的减少。S省B市B县检察院2007~2010年作出变更公诉决定的案件只有4起,均为罪名的变更。

表1 S省J市、L市两级检察院公诉人员对检察院变更公诉频次的回答

问题	选项	J市市检(%)	J市区检(%)	L市市检(%)	L市区(县)检(%)
据您了解,实践中检察机关的变更起诉情况是:	A.经常	0	0	0	0
	B.一般	11.76	11.76	15.38	15.22
	C.很少	88.24	88.24(1人未选)	84.62	84.78

不过,深入考察后发现,检察机关实际上进行的变更公诉,可能并不像上述数据所显示的那么少。这是因为:其一,公诉人员有时采用起诉书或者口头的形式变更公诉,不走正式的变更公诉程序,因而没有被纳入统计。从性质上讲,变更公诉是对原起诉书部分内容的改变,并非新的起诉,因此,《人民检察院刑事诉讼法律文书适用指南(2013年版)》(以下简称《检察院刑事诉讼文书指南》)明确要求使用“变更起诉决定书”而非“起诉书”,不能采用口头形式。不过,实践中当庭变更(多为口头)的情形所在多有(表2)。而在接受问卷调查的94名检察院公诉人员中,对于变更公诉的方式,正确选择制作“变更起诉决定书”的分别只占23.53%、66.67%、30.77%、46.67%(表3)。其二,在法定审限将要届满时发现变更公诉事由的,公诉人通常不变更公诉,而是撤诉后重新起诉,以免法院不能在法定审限内结案。其三,即便发现变更公诉事由时审限不会很快届满,但公诉人因担心其办案质量和能力被质疑,有时也会私下修改起诉书、撤诉后再重新起诉等。调研中,一些公诉人员明确表示,对于不涉及罪名的变更公诉,他们更愿意收回原起诉书,替换为新的起诉书。

表2 “北大法意”法院案例数据库判决书关于检察院变更公诉方式的表述情况[1]

变更罪名(89份)	书面形式变更	68份	76.40%
	未明确以何形式变更	17份	19.10%
	当庭变更	4份	4.49%

〔1〕 表中的百分比是指采用各种变更方式的案件数占该变更事由案件数的比例。

续表

变更被告人(17份)	书面形式变更	12份	70.59%
	未明确以何形式变更	5份	5.62%
	当庭变更	0份	0
变更犯罪事实或量刑事实(68份)	书面形式变更	21份	30.88%
	未明确以何形式变更	10份	14.71%
	当庭变更	37份	54.41%

表3 S省J市、L市两级检察院公诉人员对检察院变更公诉方式的回答

问题	选项	J市市检(%)	J市区检(%)	L市市检(%)	L市区(县)检(%)
据您了解,检察机关变更起诉的方式是(可多选):	A.制作变更起诉决定书	23.53	66.67	30.77	46.67
	B.制作变更起诉书	70.59	27.78	69.23	53.33
	C.制作新的起诉书	29.41	16.67	38.46	24.44
	D.当庭口头变更	17.65	44.44	0	4.44
	E.其他	0	0	0	0(1人未选)

从案件类型来看,检察机关变更公诉主要出现于一些罪名相近、容易混淆的疑难案件中,个别案件甚至多次变更公诉。比如,"被告人孟某某等行贿、被告人李某某介绍贿赂一案,本院以北银检刑诉[2010]157号起诉书向你院提起公诉,在案件发回重审期间,本院以北银检刑变诉[2014]1号起诉书变更起诉,北海市人民检察院于2013年7月30日撤销了本院的变更起诉决定,本院于同年8月8日撤销北银检刑变诉[2013]1号起诉书,恢复北银检刑诉[2010]157号起诉书。在开庭审理过程中,发现案件事实与起诉书指控的事实不符。现根据查明的事实对北银检刑诉[2010]157号起诉书作如下变更……"[1]可见,该案在二审发回重审期间变更公诉,后予以撤销,但很快再次变更公诉。

(二)法院在变更公诉方面更为活跃,自行或者建议检察机关作出了多数变更公诉决定

如前所述,S省J市检察院及其所属10个区县检察院2011~2013年变更公诉的案件只有34起,而J市中院及其下辖10个区县法院2011~2013年对指控罪名的变更却高达66起。此外,对S省H市中院及其下辖10个区县法院2006~2010年审判案件的调研也发现,出现罪名或法律适用变更的多达103起,其中大多是在法院与检察院协商后作出变更。具体而言,在这103起案件中,2起是检察院发现起诉罪名不合适而自行撤诉,变更后重新

〔1〕 广西壮族自治区北海市银海区人民检察院北银检刑变诉[2013]1号变更起诉决定书。

起诉;[1]58 起是法院与检察院协商后由检察院自行变更,43 起是法院认为被告人不构成起诉指控的罪名或者犯罪完成形态,而直接变更为其他罪名或者其他犯罪完成形态。访谈中得知,变更罪名的常见现象是:若检法两家关系好,则基本上由检察院自行变更指控罪名;若检法两家关系不好,即便法院向检察机关提出变更罪名的建议,检察机关一般也不予理会,而是交由法院自行处理。

(三)在变更公诉的对象方面,犯罪事实和罪名的变更最为常见

从检察机关变更公诉的对象看,对 94 名检察院公诉人员的问卷调查显示,在被告人的真实身份、犯罪事实、罪名和适用法律四个选项中,被调查者选择最多的是犯罪事实的变更,分别占到了 94.12%、100%、84.62%、78.26%;罪名的变更次之,分别占到了 41.18%、27.78%、69.23%、69.57%(表 4)。

表 4　S 省 J 市、L 市两级检察院公诉人员对检察机关变更公诉的对象之回答

问题	选项	J 市市检(%)	J 市区检(%)	L 市市检(%)	L 市区(县)检(%)
据您了解,检察机关变更起诉主要是变更(可多选):	A. 被告人的真实身份	41.18	11.11	0	26.67
	B. 犯罪事实	94.12	100.00	84.62	78.26
	C. 罪名	41.18	27.78	69.23	69.57
	D. 适宜法律	47.06	33.33	53.85	47.83
	E. 其他	1 人填写:量刑情节	0	1 人填写:追加被告人	1 人填写:漏罪、漏犯

至于法院对起诉指控内容的变更,则明显以罪名变更为主,犯罪事实的变更次之。前述 H 市中院及其下辖 10 个区县法院 2006 ~ 2010 年审判案件中存在法律评价变更情形的 103 起案件中,除 1 起变更为无罪判决和 2 起变更犯罪完成形态(从抢劫既遂变更为抢劫未遂)外,其他都是罪名变更。单就法院对罪名的变更而言,有四个特点:第一,主要是构成要件相近或相关罪名之间的变换,常见的有:故意伤害罪与故意杀人罪;故意伤害罪与寻衅滋事罪;抢劫罪与抢夺罪;绑架罪与敲诈勒索罪;盗窃罪与侵占罪;贪污罪与职务侵占罪;挪用公款罪与挪用资金罪;滥用职权罪与受贿罪;等等。第二,既有从轻变更,也有从重变更。[2]第三,不限于两个罪名之间的调换,也可能是原指控事实基础上的罪名增加或者减少,如从

---

〔1〕 1998 年"检察院刑事诉讼规则"关于变更公诉的规定不包括罪名的变更,所以检察机关采取了这种处理方式。

〔2〕 最高人民法院的权威观点肯定了罪名从重变更的合法性,认为"根据案件的具体情况,在案件社会影响较大、拟认定的罪名重于指控罪名等必要时,可以重新开庭,组织控辩双方围绕罪名确定问题进行辩论。"参见张军、江必新主编:《新刑事诉讼法及司法解释适用解答》,人民法院出版社 2013 年版,第 249 页。

销售非法制造的注册商标标识罪变更为非法制造、销售非法制造的注册商标标识罪等。第四,在职务犯罪案件中较为常见。对S省J市W县法院变更罪名的调研结果更能凸显此一特点,该院2006~2009年变更罪名的13起案件中,职务犯罪案件就占了5起(表5)。其中相当重要的原因是,公诉人员在审查本院自侦部门移送起诉的职务犯罪案件时,即便发现案件不符合职务犯罪的主体条件或者罪名难以成立,也不愿正式进行变更,而是倾向于变通处理。比如,某省检察系统进行案件质量评查时发现,甲县检察院对赵某某贪污案审查起诉时,公诉人认为被告人构成掩饰、隐瞒犯罪所得罪,而非自侦部门移送起诉意见所认定的贪污罪,但为了自侦部门的绩效考核,起诉书中还是指控构成贪污罪,只是在庭审公诉词中表达了变更公诉意见,指控赵某某构成掩饰、隐瞒犯罪所得罪。

表5　2006~2009年S省J市W县法院变更起诉指控罪名情况

年份	审理案件数量	变更起诉指控罪名情况
2006	163	6起:贪污→职务侵占;窝藏、转移赃物→转移赃物;过失致人死亡→重大责任事故;抢劫→寻衅滋事;贪污→职务侵占;寻衅滋事→敲诈勒索
2007	162	3起:贪污→挪用资金;挪用公款→挪用资金;贪污→挪用公款
2008	188	3起:绑架→敲诈勒索;寻衅滋事→故意伤害;破坏电力设备→盗窃
2009	207	1起:非法转让土地使用权→非法占用农用地

三、变更公诉实践中的问题及原因分析

(一)问题梳理

依据法律规范和诉讼原理考察发现,变更公诉实践中存在一些亟待重视和解决的问题。

1. 检察机关变更公诉的内容存在严重的“脱法”现象

尽管司法解释及检察系统内部发布的有关文件对变更公诉事由等进行了规定,但表述笼统、界限模糊,以致实践中出现了不少超规范变更公诉的情况。

其一,有检察机关用变更公诉的方式和程序处理本应适用追加/补充公诉或者撤回公诉处理的事项。在“北大法意”法院案例数据库检索出的452份判决书中,对于变更公诉内容的记载,有11份是“减少指控罪名”、8份是“增加指控罪名”、[1]10份是“减少被告人”、1份是“增加被告人”。[2] 此外,46份判决书表述的“变更犯罪事实”中,有些实为“追加犯罪

〔1〕 比如,有检察院用变更起诉决定书将原起诉书指控的合同诈骗罪变更为合同诈骗罪与伪造国家机关印章罪。参见湖南省衡阳市蒸湘区人民法院(2013)衡蒸刑初字第169号刑事判决书。

〔2〕 在肖明超虚开抵扣税款发票案发回重审的过程中,荥阳市检察院变更公诉,以胡言树与肖明超系共同犯罪为由,追加胡言树为被告人。参见河南省郑州市中级人民法院(2014)郑刑一终字第118号刑事判决书。

事实"[1](表6)。由于追加/补充公诉、撤回公诉与变更公诉的程序要求不同,当事人的权利配置也有别,所以,将变更公诉与撤回公诉、追加/补充公诉混同运作,无疑会侵犯当事人的合法权益,影响当事人对案件处理结果的认同,损害司法机关公信力。

表6 "北大法意"法院案例数据库判决书记载的检察院变更公诉内容情况

变更罪名	变更指控罪名(A罪变更为B罪)	70份
	减少指控罪名	11份
	增加指控罪名	8份
变更被告人	变更被告人身份	6份
	减少被告人	10份
	增加被告人	1份
变更犯罪事实	—	46份
变更量刑事实	—	22份
通过判决书无法判断变更内容	—	346份

其二,一些检察机关在处理量刑情节的变更等事项时,适用了变更公诉程序。从表6可见,在452份涉及检察机关变更公诉的判决书中,22份显示对量刑事实的变更适用了变更公诉程序。比如,有判决书记载,法院对被告人孔某某、刘某某、赵某某涉嫌盗窃罪进行立案并依法适用简易程序后,检察院又于2013年6月9日以变更起诉决定书变更公诉,认为被告人赵某某系累犯,应当从重处罚。[2] 共同被告人不在案等其他非法定变更公诉情形,也有采用变更公诉程序的。比如,有判决书记载:"渑池县人民检察院以渑检刑诉(2013)235号起诉书指控被告人代某某、秦某某、黄某某犯盗窃罪,于2013年11月18日向本院提起公诉。因黄某某不在案,公诉机关于2014年1月10日变更起诉。"[3]

2. 检察机关变更公诉散见于绝大多数审判环节,而且没有法定的次数限制

司法解释规定检察机关"在人民法院宣告判决前"可以变更公诉,但由于没有明确是哪一审级法院"宣告判决前",故实践中可能除二审程序和死刑复核程序外,其他审判程序中都出现了检察机关变更公诉。根据"北大法意"法院案例数据库检索出的452份判决书,检察机关"开庭前""庭审中""开庭后"均有变更公诉行为,其中56起案件还是在经过补充侦查和延期审理后才变更公诉的(表7)。在此方面,王某某受贿案颇为典型,该案先后历经"县法院定罪判刑—中院裁定发回重审—县法院再次定罪判刑—中院裁定维持原判—被告人申请再审—中院裁定发回重审—县检察院变更公诉"的程序反复和变动,最终县法院对

[1] 比如,有检察院在审判过程中变更公诉,追加被告人易某、魏某两起盗窃犯罪事实。参见河南省息县人民法院(2013)息刑初字第23号刑事判决书。

[2] 参见江苏省苏州市虎丘区人民法院(2013)虎刑二初字第0135号刑事判决书。

[3] 河南省渑池县人民法院(2013)渑刑初字第274号刑事判决书。

王某某定罪但免予刑事处罚。[1]

表7 “北大法意”法院案例数据库判决书记载的检察院变更公诉时间

审级	变更公诉的案件数量
初审	433起
二审发回重审	10起
再审程序启动后的初审	9起

此外,因缺乏法定的次数限制,变更公诉在有些案件中表现出一定的不节制。比如,在某开设赌场案再审期间,检察机关两次变更公诉,法院不得不两次公开审理。[2] 更有甚者,在王某某、李某某挪用资金、挪用公款案的审理中,公诉机关三次变更公诉。[3]

3. 检察机关变更公诉的方式随意,缺乏规范性

“检察院刑事诉讼规则”规定检察机关变更公诉时应当以书面方式提出;“检察院刑事诉讼文书指南”也明确将“变更起诉决定书”作为变更公诉文书的统一名称,但这些规范性要求在实践中常常未被执行。前已述及,对于不涉及罪名的变更公诉,公诉人员有时更愿意采取私下收回原起诉书、替换为新起诉书的非正式方式。在452份判决书样本中,对于检察机关变更公诉的方式,282份记载的是“变更起诉决定书”,43份没有明确记载,其他判决书记载的分别是:变更起诉书(55份)、起诉书(9份)、[4]变更起诉意见书(1份)和口头变更(36份)[5](图1)。

对于公诉人庭审中口头变更公诉,审判方与辩护方的态度有别。有些法院基于公诉人没有进一步提出书面的变更起诉决定书而不予认可,[6]但绝大多数法院予以准许。从辩护方的反应来看,有默认的,也有质疑的。前者如,丁某某非法经营案中,法院判决书记载:“被告人丁某某及其辩护人对公诉人当庭变更的公诉意见以及指控被告人丁某某犯非法经营罪均无异议”[7];后者如,广受社会关注的贵州“小河案”中,对于公诉人当庭通过公诉词

---

[1] 参见河南省唐河县人民法院(2014)唐刑重字第2号刑事判决书。

[2] 参见浙江省玉环县人民法院(2013)台玉刑再字第3号刑事判决书。

[3] 参见河南省焦作市中站区人民法院(2013)站刑初字第00075号刑事判决书。

[4] 比如,有判决书记载:“审理中,公诉机关于2013年2月26日以本案存在适用法律变化为由,以武昌检公诉函(2013)183号函向本院提出变更起诉,并于次日以武昌检刑诉(2013)1306-1号起诉书变更起诉。”参见湖北省武汉市武昌区人民法院(2014)鄂武昌刑初字第00143号刑事判决书。

[5] 比如,有判决书记载:“庭审中,公诉机关变更起诉意见,认为2013年7月3日被告人周某丙因车祸受伤在家休养,没有作案时间,当庭撤销了对被告人周某丙参加第二起盗窃的指控。”参见广西壮族自治区昭平县人民法院(2014)昭刑初字第16号刑事判决书。

[6] 比如,有判决书写道:检察院口头变更起诉,不符合法律规定,本院不予支持。参见天津市蓟县人民法院(2014)蓟刑初字第0116号刑事判决书。

[7] 上海市杨浦区人民法院(2012)杨刑初字第237号刑事判决书。

变更多名被告人的罪名,辩护律师表达了强烈的不满和质疑。[1]

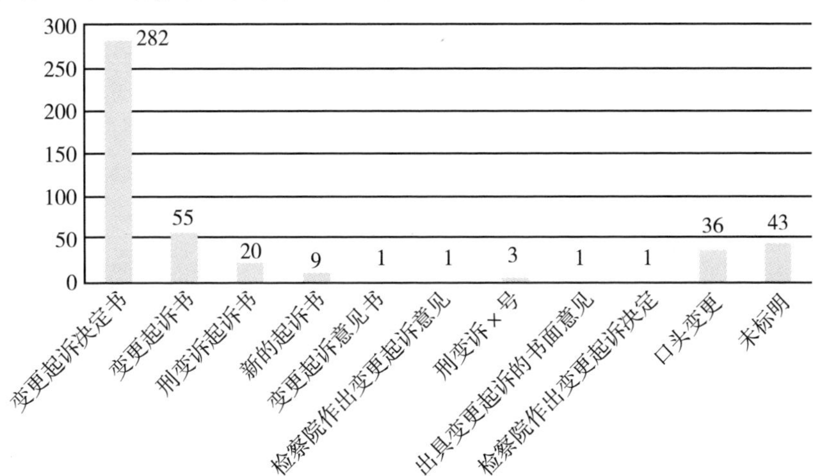

图1 “北大法意”法院案例数据库判决书记载的检察院变更公诉方式

4. 变更公诉缺乏明晰的实体边界,存在违背诉讼法理恣意而为的情况

比如,河南省淅川县法院再审被告人刘某申贪污案的过程中,淅川县检察院变更公诉,提高原起诉决定书认定的贪污数额,[2]这显然违背了程序安定原则。在唐某某贩卖毒品案中,法院一审认为“被告人唐某某系以贩养吸,对查获的毒品数量应认定为贩卖数量,故被告人唐某某贩卖毒品的数量应为18.4克”[3],从重变更了公诉机关认定的贩卖毒品数量。在山东省费县检察院起诉指控罗某、王某犯销售非法制造的注册商标标识罪一案中,法院判决变更罗某、王某的罪名为非法制造、销售非法制造的注册商标标识罪。[4] 无论是法院超出检察机关指控的贩毒数量从重认定犯罪事实,还是法院主动调查和裁判检察院指控以外的漏罪,都背弃了控审分离原则。

5. 变更公诉程序的正当性存在不足,被告人的诉讼防御利益缺乏有效保障

“检察院刑事诉讼规则”对检察机关变更公诉规定了严格的程序,要求报经检察长或者检察委员会决定,并以书面方式在法院宣告判决前提出。《刑事诉讼法解释》也明确规定,法院改变指控罪名判决的,“应当在判决前听取控辩双方的意见,保障被告人、辩护人充分行使辩护权。必要时,可以重新开庭,组织控辩双方围绕被告人的行为构成何罪进行辩论”。可是,即便有如此严格的规定,变更公诉实践仍存在较为严重的程序正当性问题。

其一,变更公诉前的诉讼防御权保障不到位。无论是检察机关变更公诉,还是法院变更指控罪名,常常在未提前告知被告人及其辩护人的情况下进行,“突袭变更”使被告方防

---

〔1〕 参见周泽:《满纸荒唐言,构陷无底线——黎庆洪案辩护词》,载新浪网:http://blog.sina.com.cn/s/blog_4bdb1fa00102e04x.html,最后访问日期:2016年7月12日。

〔2〕 参见河南省南阳市中级人民法院(2013)南刑一终字第00139号刑事裁定书。

〔3〕 湖南省浏阳市人民法院(2013)浏刑初字第402号刑事判决书。

〔4〕 参见山东省费县人民法院(2014)费刑初字第127号刑事判决书。

不胜防。如图1所示,公诉人当庭口头变更公诉并不鲜见,有学者甚至将审判中突然变更指控罪名的"罪名突袭"行为视为可以采用的公诉策略。[1] 遇此情形,不少法院选择继续进行庭审,不给被告方留出辩护准备时间。更有甚者,在庭审结束后检察机关才作出变更公诉决定的案件中,法院也时常不再开庭审理,而是经一般调查后直接下判,以致引发被告方的不满和批评。比如,杨某等被控非法采矿发回重审案中,杨某上诉的理由之一就是该案程序违法:(1)变更公诉后未开庭审理,未对变更的事实和证据进行质证;(2)上诉人委托有辩护人并出庭作证,但判决书没有显示辩护人及辩护意见,变更的事实和证据不告知辩护人,也未经辩护人质证,剥夺了上诉人的辩护权。[2]

在法院变更指控罪名方面,对S省J市检察院、J市2个区检察院、L市检察院和L市6个区(县)检察院公诉人员的问卷调查显示,分别有多达80%、58.82%、83.33%和60.87%的被调查者认为"法院变更指控罪名时不会提前告知被告人及其辩护人",分别有多达82.35%、77.78%、75%和82.61%的被调查者认为"法院不会专门组织控辩双方就法官意图改变后的罪名进行辩论"。某县公诉科科长在接受访谈时还指出:"除非检法两家关系好,法院一般不会提前告知检察院要改变罪名。"比如,福建省南安市法院在公诉机关就涉案的791,312元款项仅指控被告人陈某丙犯挪用公款罪,而未指控陈某甲、陈某乙犯罪的情况下,未经南安市检察院补充公诉或者变更公诉,未经提前告知被告人并为其提供辩护防御时间和机会,就直接判决三被告人共同犯贪污罪。[3] 这是典型的"突袭变更"。

其二,变更公诉后的权利救济机制不健全,当事人的救济诉求往往不是泥牛入海,就是被应付性地驳回。实践中,由于司法解释未明确规定变更公诉情况下当事人的救济途径,以致被告人不服检法机关的变更公诉决定时,往往申告无门,难以获得应有的救济。比如,杨某等敲诈勒索、寻衅滋事案中,一审判决张某甲构成寻衅滋事罪,张某甲以程序不当为由提出上诉,二审法院判决如下:"本案一审法院变更公诉机关指控的罪名未在判决前听取被告人及辩护人的意见,程序确有不当,但鉴于本案系有利于被告人的重罪名变更为轻罪名,该程序问题尚不足以影响公正审判,故一审虽存程序不当,但可不发回重审。"[4]又如,卢某某贩卖毒品案中,被告人上诉称,一审法院变更公诉机关指控的非法持有毒品罪为贩卖毒品罪,剥夺了其辩护机会,但二审法院在论证了一审法院变更罪名的正确性之后维持原判。[5]

其三,法院在检察机关变更公诉后任意延长审判期限。司法解释并未规定法院可以基

---

[1] 参见万毅:《公诉策略之运用及其底限》,载《中国刑事法杂志》2010年第6期。笔者认为,"罪名突袭"的公诉策略只有在法庭给被告人及其辩护人提供了必要的防御准备时间,并组织了专门法庭辩论的基础上,才可能是正当的。

[2] 参见河南省南阳市中级人民法院(2014)南刑一终字第00077号刑事裁定书。

[3] 参见福建省泉州市中级人民法院(2014)泉刑终字第576号刑事裁定书。

[4] 浙江省金华市中级人民法院(2013)浙金刑一终字第94号刑事裁定书。

[5] 参见广西壮族自治区南宁市中级人民法院(2011)南市刑一终字第167号刑事裁定书。

于检察机关变更公诉而延长审限,但对 S 省 J 市检察院、J 市 2 个区检察院、L 市检察院和 L 市 6 个区(县)检察院公诉人员的问卷调查显示,分别有多达 41.18%、52.94%、46.15% 和 45.65% 的被调查者说:当地法院内部规定检察机关变更公诉后可以重新计算审限。有被调查者还在问卷上注明:允许重新计算审限的,应当只限于犯罪事实变更的情形。在"北大法意"法院案例数据库的 452 份判决书中也发现,有些判决书明确写明"审理期限于变更起诉同日重新计算"。在审前羁押常态化的当下我国,这无疑会损害被告人诉讼期间的人身权益。

综上可见,变更公诉实践中存在的问题着实不少,检法权力的行使和责任的承担有混同化的迹象。检察机关可以随时变更指控的犯罪事实和被告人,法院也可以不受起诉指控的制约进行"突袭裁判",被告人及其辩护人需要应对起诉指控内外"犯罪嫌疑"的攻击或者罪名认定,其诉讼防御利益得不到有效保障。

(二)原因分析

上述问题的出现肇源于我国刑事诉讼中独具特色的检法关系、绩效考核等体制、机制因素,也与我国变更公诉的指导理念息息相关。因学界对前一方面的研究较为成熟,[1] 本文仅对后一方面展开分析。

1."需要说":变更公诉理念的官方立场

在刑事诉讼立法缺位的背景下,"两高"的司法解释确立了变更公诉制度,[2] 但可能是为了便于检法机关灵活开展变更公诉活动,有关变更事由、范围和程序的规定相当原则和概括。最高人民检察院的权威观点就此指出,"从立法技术上,需要明确可以变更的情形,而在理论上,只要存在需要变更的情形,人民检察院都可以变更起诉"。[3] 笔者将此种变更公诉指导理念称为"需要说"。在我国当下的诉讼实践中,"需要说"极易被不当解读和运用——只要实践"需要",当然可以变通法律和原则,控审分离、控辩平等、有效辩护、程序安定等诉讼原理,也可以弃之如敝屣。在笔者收回的调查问卷中,有公诉人员在回答实践中的变更公诉事由问题时,就特别注明:"为了省劲,什么情况都行。"

"需要说"对变更公诉实践的消极影响,主要表现在两个方面:

其一,变更公诉的实体限制虚化,界限模糊。一方面,检察机关可能基于现实"需要"突破有关的实体性限制规定变更公诉。比如刘某某贪污案中,河南省淅川县检察院在淅川县法院再审期间变更公诉,提高了对被告人贪污数额的指控,尽管淅川县法院和南阳市中级

---

〔1〕 例如参见周长军:《公诉权滥用论》,载《法学家》2011 年第 3 期;朱桐辉:《刑事诉讼中的计件考核》,载《法律和社会科学》(第 4 卷),法律出版社 2009 年版。

〔2〕 严格来讲,仅以司法解释的形式确立变更公诉制度,是不符合程序法定原则的,应尽快修法。

〔3〕 孙谦主编:《〈人民检察院刑事诉讼规则(试行)〉理解与适用》,中国检察出版社 2012 年版,第 310 页。

人民法院对此超出原指控范围的变更公诉没有予以审理和支持，但也未给予程序性制裁。[1] 更极端的是，在一些草率提起公诉的案件中，检察机关为避免错案追究和国家赔偿，抑或为“教训”不合作的被告人，有时会在连续补充侦查的同时，多次变更起诉指控的事实或者罪名，直至将被告人定罪。另一方面，检察机关在“需要”的驱动下，有时尽管发现了可以甚或应当变更公诉的法定情形，也不予变更，而是交给法院处理。对S省J市检察院、J市2个区检察院、L市检察院、L市6个区（县）检察院的问卷调查显示，当遇到法定的变更公诉情形时，分别有47.06%、11.11%、16.67%和20.45%的被调查者选择有时“不予变更起诉”。梳理主观问卷后发现，实践中可能“不予变更起诉”的情形主要有：犯罪数额减少；减少犯罪事实；罪名、适用法律与起诉书不一致，由法院直接宣判，不变更起诉；被告人身份无法查明，按被告人供述起诉，如果被告人当庭供述真实身份，不必变更；与法院有分歧或本院有异议；被告人自认身份且认罪。对于“不予变更起诉”的原因，被调查者的回答主要是：担心可能引起变更后不利一方当事人的不满；变更公诉会影响检察机关的考核和考评，关键是增加工作量；变更公诉会给人留下起诉审查不细、起诉质量不高的印象；变更公诉会影响起诉文书的严肃性；变更公诉会影响检察机关的公信力；等等。

其二，变更公诉程序运行随意。当发现变更公诉事由，公诉人员即便主动进行变更，也常常以方便和效率为首要考虑，倾向于非正式的变通处理。如当庭口头提出变更公诉意见或者私下修改起诉书、替换原起诉书等。

从法院不仅可能基于自行调查取证对检察机关指控的犯罪数额或者情节进行从重变更，而且往往为了节约时间或减少麻烦而不事先告知控辩双方等情况来看，法院对起诉指控内容的变更，也明显贯穿着“需要说”的理念。

2. 实体真实观、犯罪控制观和协调主义正义观：滋生“需要说”的土壤

“需要说”产生于我国特定的政治、经济、社会和文化土壤，特别是司法人员普遍偏好的实体真实观和犯罪控制观。调研中有法官就提及，在某案庭审中，辩护人要求启动非法证据排除程序，公诉人强烈反对，理由是“被告人这样的恶人，还谈什么权利保障！？”

“需要说”的出现还与我国司法实践中盛行的“协调主义正义观”难解难分。最高人民法院的权威观点指出：“从诉讼模式看，我国的诉讼架构不是纯粹意义上的对抗式模式，在改革过程中还隐喻着协调主义的正义观，强调诉讼各方在诉讼中的合作与对话，共同促进诉讼”；“刑事案件事关重大，不是法院一家的问题，检察机关也不宜‘一诉了之’”。[2] 正是在这种观念的影响下，刑事公诉案件的撤诉大多由法院协调检察机关作出，检察机关变更公诉也多是在法院的建议和推动下完成。对于检察机关变更公诉，最高人民法院的权威意见认为，“此种情形下，人民法院宜协调人民检察院作出建议补充侦查的回复，从而在案件

〔1〕 参见河南省南阳市中级人民法院（2013）南刑一终字第00139号刑事裁定书。

〔2〕 参见张军、江必新主编：《新刑事诉讼法及司法解释适用解答》，人民法院出版社2013年版，第250页。

重新移送人民法院后重新计算审理期限”,[1]以化解审限紧张问题。一些地方司法机关为强化检法之间协调的有效性,还出台了专门的地方性刑事诉讼规范。如《北京市高级人民法院、北京市人民检察院关于建立沟通机制的若干规定(试行)》(京高法发〔2010〕247号),明确要求两院具有工作联系的各部门之间,就其认为需要研究解决的具体问题加强沟通,既可以定期或不定期举行会议,也可以随时进行其他形式的沟通。[2] 相比于规则主义正义观,协调主义正义观更重视办案的政策实施和社会效果,甚至允许为满足此种“需要”对规则进行一定的变通。

四、变更公诉的边界控制

(一)对“需要说”的理论省思与变更公诉的边界意识

在我国目前的语境下,基于“需要说”开展变更公诉活动,尽管有益于社会秩序的维护与公众生活的安宁,但也易于导致变更公诉的随意和不节制,对被告人权益构成威胁。协调主义正义观有利于融通检法关系,但也可能在协调“关系”的同时架空了“规则”,在控制“结果”和追求“效果”的同时损害了“程序”和“公正”,消解了司法公信力。

根据程序法治原理,审判对象的特定性和被告人辩护防御范围的明确性,是刑事正当程序的基本表征;检察机关起诉的事实应当尽可能特定,变更公诉亦应慎重进行,不能逾越理性的边界。因此,正视和解决变更公诉实践中的问题,必须强化变更公诉的边界意识,在指导观念上实现从“需要说”向“必要说”的转变,即只有在同时具备实践需要、不逾越实体限度且恪守正当程序的必要条件时,才能变更公诉;通过制度建设确立变更公诉的实体界限和程序边界,确保变更公诉的规范化。

(二)变更公诉的实体界限:类型分析

为避免变更公诉对审判程序运作的过度干扰和对被告人诉讼利益的不当损害,西方国家大都设定了变更公诉的实体界限。当然,由于诉讼构造、诉讼观念、审判对象制度有别,对控审分离、一事不再理(或者禁止双重危险)、诉讼经济等诉讼原则的理解也有一定差异,各国的设定并不完全相同。从类型的角度分析,可以概括为三种代表性模式:美国的“罪行同一且禁止不利影响”模式、德国的“公诉事实同一性”模式和日本的“诉因构造基础上的公诉事实同一性”模式。对于我国实践中对变更公诉的实体控制,可称之为“被告人可能的犯罪事实”模式。

---

〔1〕 参见张军、江必新主编:《新刑事诉讼法及司法解释适用解答》,人民法院出版社2013年版,第251页。

〔2〕 载法律家:http://www.fae.cn/fg/detail388399.html,最后访问日期:2016年6月12日。

1. 变更公诉的实体界限:域外模式

(1)美国的"罪行同一且禁止不利影响"模式

如前所述,英美实行事实与罪名相结合的诉因制度,检察官起诉指控的事实和法律评价均对法官具有拘束力,因此变更公诉即变更诉因。受控辩平等、公平竞争等诉讼理念的影响,英美刑事诉讼特别重视被告人的诉讼防御利益和公诉的稳定性,故整体上较为排斥审判阶段的诉因变更。而英美之所以允许检察官提起公诉时对同一起诉事实预备或者选择很多诉因,目的就是"让被告可以一次审判而做很多对攻击之防御",〔1〕保障辩护范围的确定性和可预期性。不过,如果认为英美法基本禁止公诉变更,〔2〕就可能言过其实。目前美国允许在一定范围内变更诉因,只是作了严格的实体限制:

其一,检察官变更诉因的实体限制。审判开始前,被告人尚未享有禁止双重危险的权利,故检察官可以较为自由地变更诉因,将起诉书上的犯罪指控修改为另一不同犯罪。不过,一旦审判开始,检察官的变更诉因行为就受到严格限制。为避免检察官在审判中证明的事实与起诉书记载的犯罪事实不同,美国联邦与大多数州允许检察官修改起诉书,但设定了两个必要条件:一是检察官对起诉书不能进行不利于被告人的修改,即被告人的显著权利不因起诉书的修改遭受不利,其判断标准是起诉书的修改是否会对被告人的防御能力造成突袭。〔3〕 二是不能将起诉书指控的犯罪修改为另一不同犯罪(包括事实上的不同犯罪和法律上的不同犯罪)。是否是"事实上的不同犯罪",法院通常以基础事实相同与否为标准加以判断;起诉书的修改若是源于原起诉书所指控的基础事实,法院通常不认为构成不同犯罪,比如起诉书的修改只是变更被害人的身份,而时间、地点、行为、结果等基本事实要素仍然不变,则不构成不同犯罪。〔4〕 "法律上的不同犯罪"则是指,起诉书修改后的罪名要件不能全部包含在原起诉罪名的要件之内。概言之,检察官可以在不追加指控另外的或不同的罪行的情况下,进行一些不损害被告人利益的诉因变更。

其二,法官或陪审团变更诉因的实体限制。美国虽然遵循严格的控审分离原则,法院审理的事实和罪名均受起诉指控的限制,但法官或陪审团仍有变更指控罪行的权力,只是需要恪守与检察官变更诉因同样的实体边界,即有利于被告人,且必须以变更后的新罪名能够包容于原起诉指控的罪名为前提。《美国联邦刑事诉讼规则》第31条第3项(减轻罪行的定罪裁决)规定:"被告人可以被确定犯有包容于被控罪行之中的某项罪行,或者被确

---

〔1〕 参见我国台湾地区"最高法院"学术研究会:《刑事诉讼可否采行诉因制度研究讨论会》,台北,普林特印刷有限公司1994年印行,第60页。

〔2〕 参见谢进杰:《刑事审判对象论》,中国政法大学出版社2011年版,第331页。

〔3〕 《美国联邦刑事诉讼规则》第7条第5项规定:"在定罪或裁决前,如果不追加指控另外的或不同的罪行,不损害被告人实体权利,法庭可以允许对检察官起诉书进行修改。"参见《美国联邦刑事诉讼规则和证据规则》,卞建林译,中国政法大学出版社1996年版,第40页。

〔4〕 参见王兆鹏:《一事不再理》,台北,元照图书出版有限公司2008年版,第96页。

定意图实施被控罪行或者实施必然包容在被控罪行之中的某项罪行,如果意图构成犯罪的话。"[1]此外,对于犯罪时间、地点、方法乃至被害人身份等用来特定犯罪构成要件事实的非构成要件事实,检察官可以申请法官变更,法官在听取控辩双方的意见后也可以主动变更。[2]

在美国,审判开始后的变更诉因之所以被限定在"罪行同一且禁止不利影响"的范围内,主要有三点原因:一是保护被告人免受诉讼上的不利突袭,确保其正当程序权利;[3]二是切实发挥大陪审团或者治安法官等起诉审查主体制衡起诉权的功能,防止检察官在审判中通过变更诉因规避大陪审团或者治安法官的审查和制约,确保被告人防御范围的稳定性;[4]三是维持法官或陪审团的中立裁判者形象,发挥其权利救济功能。

(2)德国的"公诉事实同一性"模式

德国不实行诉因制度,实行公诉事实制度,法院主导着变更公诉活动。在检察院提起公诉后、尚未开启审判程序前,法院有权全面变更公诉,对其的限制较少。《德国刑事诉讼法典》规定,法院不仅"在刑法的适用上,不受提起的控告拘束"(第155条),而且"裁定开启审判程序时,不受检察院申请的约束"(第206条)。法院在开启审判程序的裁定中有权在下列情形中变更公诉:因数个犯罪行为提起公诉,而对其中个别犯罪行为拒绝开启审判程序;依照第154条a追诉被限制于犯罪行为可分离的个别部分,或者此个别部分行为重新被纳入程序;对犯罪行为的法律评价与公诉书不同;[5]依照第154条a追诉被限制于同一犯罪行为造成的数个违法情况中的个别情况,或者此个别情况重新被纳入程序。而且在上述前两项情形中,检察院还要提交符合裁定的新公诉书(第207条)。可见,法院既可以变更法律评价,也可以对起诉指控的犯罪行为进行变更。

一旦开启审判程序,无论检察院还是法院,对起诉指控内容的变更都不能超出公诉事实的同一性范围。《德国刑事诉讼法典》第264条规定:"法院不受拘束于开启审判程序裁定所依据的犯罪行为评断。"即"按照法庭审理的结果,有必要变更已经受理的起诉中对行为的法律或事实评断时,可依照本款变更。例如,对同一事实情况做出不同的法律评断(抢劫勒索,而非抢劫);新出现了事实(但未超出本案程序意义上的犯罪行为)需要作出不同法律评断。如果新出现的事实构成另一程序意义上的犯罪行为,则需要依照本法第266条追

---

〔1〕 参见《美国联邦刑事诉讼规则和证据规则》,卞建林译,中国政法大学出版社1996年版,第68页。比如,诉因记载被告人故意杀人,法官可直接以过失杀人对其定罪。

〔2〕 See Sir James Fitzjames Stephen, *A History of the Criminal Law of England*, London, Routledge/Thoemmes Press, 1996, p. 281.

〔3〕 即使轻罪与诉因中的罪名具有包含关系,法官也未必有权直接以该轻罪定罪,而是必须判断这种做法是否会侵犯被告人的防御权。参见 Peter Murphy, *Criminal Practice*, New York, Oxford University Press, 2000, p. 1473。

〔4〕 参见王兆鹏:《一事不再理》,台北,元照图书出版有限公司2008年版,第98页。

〔5〕 参见《德国刑事诉讼法典》,宗玉琨译注,知识产权出版社2013年版,第193页。

加起诉。”[1]据此，当经过庭审发现新的事实，只要“未超出本案程序意义上的犯罪行为”，就仍然处于公诉事实的同一性范围内，法官就有权变更事实或者法律评断。对于超出公诉事实同一性范围的犯罪事实，法院无权变更，而必须由检察院按照追加起诉的程序进行追诉，取得被告人的同意，而且要提供辩护机会。

(3)日本的“诉因构造基础上的公诉事实同一性”模式

日本刑事诉讼实行事实性诉因制度，变更公诉既包括诉因事实或非诉因事实的变更，也包括非诉因的罪名与起诉法条的变更。日本在构建诉因制度时，保留了大陆法系的“公诉事实”概念，允许检察官自行或者根据法院的命令，在“不破坏公诉事实同一性的范围内”变更诉因和起诉法条。检察官在公诉事实同一性范围内申请变更诉因和起诉法条时，法官原则上要予以许可；检察官超出起诉书中公诉事实的同一性范围变更诉因的，构成对被告人正当程序权利的侵犯，即使被告人没有异议，法院也不能允许检察官作出丧失公诉事实同一性的诉因变更。而且，即使具备公诉事实的同一性，也存在不得变更诉因和起诉法条的三个例外：一是不允许作出破坏罪数规制的变更；二是不允许作出明显延迟时机的变更；三是由合法的诉因变更为不合法的诉因。[2]

日本的法官尽管没有主动变更诉因的权力，但对于审判中发现的诉因以外的犯罪事实，可以命令检察官变更诉因；例外情况下，还有义务作出变更诉因命令，但该命令没有强制约束力，检察官可以不服从。此外，适用法律是法官的职责，因而当起诉书记载的诉因与起诉法条不一致时，检察官可以自行修改起诉法条，法官也有权力和义务要求检察官变更起诉法条，检察官必须服从。

由上可见，德国采取“公诉事实同一性”模式框定检法机关变更公诉的实体界限；美国裁判者必须在诉因范围内裁判，只能进行缩小认定包容性罪名的变更活动，而检察官在审判期间变更诉因的，必须符合罪行同一且不对被告人造成实质性不利影响的严格条件；日本的检察官只要不妨害公诉事实的同一性，经法官批准就可以变更诉因和起诉法条，法官也可以在公诉事实的同一性范围内命令检察官变更诉因或者起诉法条。三种模式的变更公诉实体界限尽管存在较大差别，但具有共同特征，即形式上不能破坏控审分离原则，实质上不能损害被告人的诉讼防御利益，不能对审判秩序运作的稳定性造成太大干扰。

2. 变更公诉的实体界限：本土模式及其重构

在变更公诉的实体限制方面，我国目前采行的是“被告人可能的犯罪事实”模式。根据《检察院刑事诉讼规则》第458条，只有在被告人的真实身份、犯罪事实、罪名或者适用法律与起诉书不一致时，才可以变更公诉。不过，《检察院刑事诉讼规则》第393条在规定起诉书的框架内容时，采用的是“案件事实”这一表述；“检察院刑事诉讼文书指南”对“变更起

[1] 参见《德国刑事诉讼法典》，宗玉琨译注，知识产权出版社2013年版，第208页注释2。
[2] 参见[日]松尾浩也：《日本刑事诉讼法》(上)，丁相顺译，中国人民大学出版社2005年版，第330页。

诉决定书”中变更事由的表述,使用的也是“案件事实”一词,即“开庭审理过程中,发现案件事实与起诉书指控的事实不符”的,[1]可以变更起诉。受此影响,检察机关制作的起诉书在审查后“认定的事实”部分常常记载空泛,缺乏必要的特定性。例如,犯罪嫌疑人实施多次犯罪的,有的仅有对犯罪事实的综合归纳,而未逐一列举;在多名被告人的案件中,对于各被告人的犯罪行为没有明确区分。[2]

质言之,实践中检察机关追诉的并非只是“某指控犯罪是否成立”,而是“某被告人是否有罪”;对法官有拘束力的并非起诉指控的犯罪事实,而是起诉书中的“案件事实”。正如有学者指出的,我国刑事诉讼中起诉书记载的犯罪事实只是给法院提供一个审判线索,法院由此出发但不受其拘束,法院可以探究真正的犯罪事实如何。[3] 由于被告人的所有犯罪事实都可能被纳入“案件事实”,所以,只要新发现的事实处于“被告人可能的犯罪事实”范围内,检察机关就可以变更公诉,法官就可以建议乃至协调检察机关变更犯罪事实或者指控罪名,由此被告人的防御范围处于不确定状态,其权利保障严重不足。

毋庸置疑,未来应当尽快重构我国变更公诉的实体界限模式,但问题是如何重构方为妥当?笔者认为,长远来看,大陆法系的公诉事实制度不太适合作为重构的目标模式,因为其贯彻审判不可分原则,对于检察机关没有起诉但系起诉效力所及的其他犯罪事实,法官认为属于公诉事实同一性范围内的,就可以基于职权调查直接裁判,这容易给人造成检法联手追诉被告人的负面印象,不利于裁判结论得到社会认同,也难以根本解决我国变更公诉实践中的突出问题。另外,移植美国式的诉因制度,无论从我国检察队伍的整体素质和刑事辩护制度所能提供的支撑条件,还是从当下社会转型的背景、重视实体真实和犯罪控制的国民心理来分析,也都不具有可行性。

相较之下,日本的模式更宜于作为制度改革参考。其一,据考察,日本旧法的起诉书中,对于记载的形式也没有严格要求,法院不受起诉书记载的犯罪事实约束,可以广泛审判被告人犯下的罪行。[4] 这造成被告人诉讼防御利益保障不足,导致了社会的不满和诉因制度的构建,其时的制度背景、问题意识与我国当下均有类似之处。其二,日本的诉因制度是在大陆法系传统的基础上借鉴英美法经验发展而来,合理兼顾了程序的安定性、被告人的防御权、诉讼经济、犯罪控制等诉讼利益,契合我国的公众心理和制度需求。这具体表现在:一是日本的诉因制度将法院的审判活动限定在诉因范围内,明确了被告人的防御范围;同时,检察官仍能自行或者应法官的命令,在公诉事实同一性的范围内变更诉因或者起诉法条,这就减弱了美国式诉因制度对被告人诉讼防御利益的考虑权重,相对强化了对实体

[1] 陈国庆主编:《人民检察院刑事诉讼法律文书适用指南》,中国检察出版社2013年版,第737页。
[2] 参见谭淼:《起诉书犯罪事实的描述》,载《国家检察官学院学报》2006年第6期。
[3] 参见熊秋红:《转变中的刑事诉讼法学》,北京大学出版社2004年版,第309页。
[4] 参见[日]田口守一:《刑事诉讼法》,张凌、于秀峰译,中国政法大学出版社2010年版,第160页。

真实和犯罪控制的关注。[1] 二是相较于美国,日本运用包括的一罪、科刑的一罪等概念扩张了审判范围,[2]有益于诉讼效率和犯罪控制。三是法官无权自行变更诉因,但有义务在检察官变更诉因后通知被告人并给其提供必要的防御机会和时间,这有助于形塑法官的中立、公正形象。四是对于发现的不损害公诉事实同一性的新犯罪事实,检察官不进行诉因变更的,此后不得再诉,以确保程序的安定性和被告人的诉讼防御利益。

鉴此,本文主张采取如下思路重构我国变更公诉的实体界限:

其一,引入诉因制度,改革起诉书的写法,载明被告人、公诉事实、罪名和适用法条等事项。在公诉事实部分,应当明确记载诉因,尽可能以日期、场所和方法特定犯罪构成要件事实;可以对具有公诉事实同一性的数个诉因进行预备性或者择一性记载,以备将来可能变更公诉之需。起诉书不得添附可能使法官对案件产生预断的文书及其他物品,也不得引用该文书的内容,不得记载被告人的前科等量刑情节。除极少数情形外,起诉的效力不能及于诉因外的其他犯罪事实。

其二,确立诉因构造基础上的变更公诉制度。检察机关提起公诉后,可以在不妨碍公诉事实同一性的范围内,请求法院允许变更起诉书中记载的诉因、罪名或者适用法条,法院原则上应当准许。但是,若允许变更诉因就会导致被告人无罪,且法院不认同检察机关的判断时,则不应准许。在检察机关因疏忽未请求变更诉因而可能导致被告人无罪时,法院应当建议检察机关变更诉因,检察机关必须及时反馈其决定;在法定期间内,检察机关没有提出变更诉因申请的,视为已经提出申请;若检察机关明确拒绝提出申请,法院不能自行变更诉因。法院还应有权命令检察机关变更指控的罪名或者适用法条,检察机关必须遵从,否则法官有权判决被告人无罪。

其三,进行配套制度建设。改革提起公诉的方式,实行起诉书一本主义,不随案移送可能使法官对案件产生预断的证据材料、文书和其他物品;扩展律师强制辩护的案件范围,以适应诉因制度的专业性和复杂性;实行定罪程序与量刑程序分离,杜绝量刑事实调查对法官定罪的不当影响;等等。

当然,上述改革的关键支撑条件可能不会很快到位,作为过渡措施,近期可以在不对现行诉讼结构进行大幅改造的前提下,建构公诉事实同一性的实体控制模式,将变更公诉的对象限缩为“公诉事实”和法律适用,要求检法机关只能在公诉事实同一性的范围内变更犯罪事实、罪名或者适用法条,尽可能消解变更公诉实践中的突出问题,提升变更公诉的正当性和可接受性。

---

〔1〕 日本学者也认为,日本的变更诉因制度是倾向于认定有罪的制度。参见熊秋红:《转变中的刑事诉讼法学》,北京大学出版社2004年版,第264页。

〔2〕 参见黎宏:《日本刑法精义》,中国检察出版社2004年版,第249页以下。

（三）变更公诉的程序边界：三维度的厘定

解决变更公诉的实践乱象，除从实体上进行合理规制外，还应遵循诉讼规律，建构变更公诉的正当程序。从比较法上看，现代各国关于变更公诉的程序规范有所区别，但有一点基本相同，即要确保被告人的诉讼防御利益。比如，在美国，被告人的防御利益始终是衡量起诉变更正当性的一项基本标准；[1]《俄罗斯联邦刑事诉讼法典》也规定："在法庭上可以变更控诉，但不得因此而恶化受审人的状况和侵害他的辩护权利"。[2] 当然，变更公诉程序的设计还必须兼顾案件真相发现、犯罪控制、诉讼经济、程序安定等诉讼利益，这就给各国刑事诉讼立法提出了共同的难题。以下从时间界限、权利保障和权力制衡三个维度，厘定我国变更公诉的程序边界。

1. 时间之维：将不利于被告人的变更公诉限定于一审判决前

关于变更公诉的时间，《检察院刑事诉讼规则》第 458 条规定的是"在人民法院宣告判决前"；根据《刑事诉讼法解释》第 243 条、第 241 条的规定，法院可以在审判期间建议检察院变更公诉，也可以在审理后作出变更指控罪名的判决。因此，按照体系解释，变更公诉的时间只能是一审程序中。不过，如前所述，检法机关往往基于办案"需要"进行扩张解释，在二审发回重审、审判监督等程序中都进行公诉变更，这既损害了程序安定性，又可能对被告人的诉讼防御产生实质的不利影响。

基于正当程序理念，西方国家大都将不利于被告人的变更公诉限制在一审判决前。比如，美国禁止检察官在被告人上诉后用重罪起诉取代原先的轻罪起诉，否则就是违背正当程序的报复性起诉；[3]《德国刑事诉讼法典》规定，一审判决时，按照法庭审理结果，有必要变更已经受理的起诉中对行为的法律或事实判断时，可以进行公诉变更；[4]《日本刑事诉讼法》在第二编第一审的"公审"程序中规定了诉因或者法条的变更程序，但其时间界限并不明确。土本武司就此主张，当认为处于即使采取停止审判程序的措施，也仍然会侵害被告人防御权的状态时，就是禁止变更诉因的界限，因此立法以明文限定于第一审判决前始能予以变更。[5]

为解决我国检法机关滥用变更公诉权侵犯被告人诉讼利益的问题，并节约司法资源，应将不利于被告人的变更公诉严格限制在一审法院作出判决前。一审判决作出以后，法院不得自行或者命令检察机关进行不利于被告人的公诉变更。

---

〔1〕 参见[美]伟恩·R. 拉费弗等：《刑事诉讼法》（下），卞建林、沙丽金等译，中国政法大学出版社 2003 年版，第 977 页。

〔2〕 《俄罗斯联邦刑事诉讼法典》，苏方遒等译，中国政法大学出版社 1999 年版，第 150 页。

〔3〕 参见王兆鹏：《论报复性起诉》，载《月旦法学杂志》2013 年第 12 期。

〔4〕 参见《德国刑事诉讼法典》，宗玉琨译注，知识产权出版社 2013 年版，第 208 页注释 2。

〔5〕 参见[日]土本武司：《日本刑事诉讼法要义》，董璠舆、宋英辉译，台北，五南图书出版有限公司 1997 年版，第 253 页以下。

2. 权力之维:健全检法权力相互制衡机制

1998 年《检察院刑事诉讼规则》第 351 条规定,检察机关发现法定情形时,可以向法院"要求变更起诉"。故至少在规范层面,法院控制着检察机关的变更公诉。不过,2012 年《检察院刑事诉讼规则》第 458 条删去了向法院"要求"的规定,变更公诉的主导权出现了由法院到检察机关的转移。同时根据《刑事诉讼法解释》的规定,除变更罪名需事先听取控辩双方的意见外,法院可以自行决定其他公诉内容的变更。可见,无论是检察机关还是法院,其变更公诉整体上缺乏其他权力的制衡,继而在某种程度上导致了变更公诉的恣意。

为保障变更公诉健康开展,西方国家确立了两种可资借鉴的检法权力制衡模式:

一是"法官主导,检察官制衡"模式,主要为德、法、美、英等国采取。该模式除允许法官进行一定的公诉变更外,还要求检察官在变更公诉前必须经法官审查同意。不过,两大法系国家也存在一定的差别:(1)之所以由法官主导,大陆法系国家主要是基于法官在审判阶段的主导地位和真相查明义务,英美法系国家则主要是为了确保被告人的诉讼防御利益。(2)在法官主导的方式上,大陆法系国家的法官不仅对检察官的变更公诉请求进行审批,还有权主动强制检察官变更公诉,而在英美,裁判者除有权直接将指控的重罪名改判为具有包容关系的轻罪名以外,主要是通过审批检察官的变更公诉请求来发挥作用。

二是"检察官主导,法官制衡"模式,代表性国家是日本。日本只允许检察官变更诉因和适用法条,而且只要不损害公诉事实的同一性,法官原则上应当准许。此外,法官虽有权命令检察官变更诉因,但检察官可以不服从。

在建构诉因制度的背景下,为解决我国变更公诉实践中的问题,需要完善检法机关在变更公诉方面的相互制衡机制。一方面,恢复 1998 年《检察院刑事诉讼规则》第 351 条的规定,检察机关变更公诉必须经法院审查同意;同时强化法院审查的实质性,对于违法或者不当的变更公诉请求要予以拒绝,但对于检察机关开庭前提出的、对被告人权益不会产生实质性影响的变更公诉请求,进行形式审查即可。另一方面,法院在审判期间发现起诉指控的罪名或者适用法条不当时,应当建议或者命令检察机关予以变更。

3. 权利之维:完善被告人权利保障机制

2012 年《检察院刑事诉讼规则》删去了 1998 年《检察院刑事诉讼规则》第 353 条的如下内容:在法庭审理过程中,公诉人认为需要变更、追加或者撤回起诉的,应当要求休庭,并记明笔录;变更起诉需要给予被告人、辩护人必要时间进行辩护准备的,公诉人可以建议合议庭延期审理。由此,实践中出现检察机关"突袭变更公诉"的情况,自然不足为奇。

《刑事诉讼法解释》第 241 条规定,法院欲改变指控罪名的,"应当在判决前听取控辩双方的意见,保障被告人、辩护人充分行使辩护权。必要时,可以重新开庭,组织控辩双方围绕被告人的行为构成何罪进行辩论"。不过,实践中法院在改变起诉罪名之前,很少会听取控辩双方的意见,更别说重新开庭。有人认为,对法院认定的罪名的处罚与对起诉指控的罪名的处罚一致或较之为轻时，应该直接根据认定的罪名判处刑罚；对法院经审理认定的罪名的处罚比对起诉指控的罪名的处罚重时，最好是不直接判决。[1] 此种观点在学界和实务界均具有一定的代表性，但其在理论上欠妥，在实践中也是有害的。且不说对于从重变更罪名不能直接判决，即便对于法院从轻认定罪名，被告人也可能不予认可。因此，如果不提前告知被告人并给予必要的辩护机会和准备时间，就无疑剥夺了被告人对变更之罪的辩护权。[2]

为防范"突袭变更公诉"，保障被告人的诉讼防御权，西方国家普遍设置了告知和防御准备程序，检法机关在进行变更公诉，特别是不利于被告人的变更公诉时，应当告知被告方并给其留出必要的辩护准备时间，否则检法机关将承受不利的法律后果。比如，在日本，检察机关变更诉因时，法院应当将变更部分及时告知被告人，如果被告人或其辩护人提出请求，且由于诉因变更可能对被告人的防御产生实质性不利影响时，法院应当裁定给予被告人充分的进行防御准备的机会，并且在实施防御准备期间，停止审理程序；[3] 如果法院认为即使停止审判也不足以消除对被告人防御的不利因素，可以认定检察官滥用诉因变更权，取消其诉因变更。[4] 《德国刑事诉讼法典》第 265 条规定，只有在事先特别向被告人指明法律观点已经变更并给予其辩护机会的情况下，才能在判决中对被告人变更起诉法条；新出现的情况使得对被告人从重变更起诉法条的，应当根据被告人的申请中断法庭审理，使其充分准备辩护。[5]

为适应建构诉因制度的需要，借鉴域外经验，应当从以下方面完善我国变更公诉程序的被告人权利保障机制：一是明确赋予被告方知情权。检察机关作出变更公诉决定后，法院应当将变更内容及时告知被告人及其辩护人。二是保障被告方的防御机会和辩护准备时间；必要时，基于控辩双方的建议、申请或者依据职权，法院可以裁定延期审理。检察机关在庭审后、判决前作出变更公诉决定的，被告方如有异议，法院应当重新开庭，组织控辩双方就变更部分进行质证和辩论。在引入诉因制度前，法院欲变更指控罪名的，只要被告人有异议，就应当开庭组织控辩双方围绕被告人的行为构成何罪进行辩论。三是健全被告方的程序性救济机制，明确检法机关不当变更公诉的程序性制裁后果。检察机关提出不当的变更公诉请求，法院审查后可予以否决；如果法院应当否决而没有否决，或者没有充分保障被告方的知情权等，对被告人的诉讼防御利益造成了实质性不利影响的，被告人享有据

---

〔1〕 国家法官学院、中国人民大学法学院编：《中国审判案例要览（2002 年刑事审判案例卷）》，中国人民大学出版社 2003 年版，第 263 页。

〔2〕 在德国，即使是犯罪事实的减缩或者重罪变轻罪，也需履行公诉变更程序，否则一样可能造成"突袭"，理由是即使由重罪变轻罪，对被告人的防御仍有影响。参见林钰雄：《刑事法理论与实践》，台北，学林文化事业有限公司 2001 年版，第 106 页。

〔3〕 参见［日］松尾浩也：《日本刑事诉讼法》（上），丁相顺译，中国人民大学出版社 2005 年版，第 342 页。

〔4〕 参见彭勃：《日本刑事诉讼法通论》，中国政法大学出版社 2002 年版，第 167 页。

〔5〕 参见《德国刑事诉讼法典》，宗玉琨译注，知识产权出版社 2013 年版，第 208 页。

此提起上诉的权利。在引入诉因制度前,法院违反程序规定变更指控罪名的,也应当确保被告人享有据此提起上诉的权利。

(原载于《法学研究》2017年第2期)

经济法学、环境法学

论生态环境损害赔偿诉讼的若干基本关系

王旭光*

按照2017年12月中共中央办公厅、国务院办公厅《生态环境损害赔偿制度改革方案》(以下简称《改革方案》),自2018年1月1日起在全国试行生态环境损害赔偿制度。其中,生态环境损害赔偿诉讼是一项重要内容。为加强审判工作指导,最高人民法院在总结各地法院实践经验的基础上,于2019年6月发布《最高人民法院关于审理生态环境损害赔偿案件的若干规定(试行)》(以下简称《若干规定》),为解决生态环境损害赔偿诉讼所面临的实践问题提供了基本遵循。本文围绕《改革方案》和《若干规定》的主要内容,以审判工作为视角,就生态环境损害赔偿诉讼中的相关基本关系进行系统论析,以期对理论与实践有所裨益。

一、依法推进与探索创新的关系

生态环境损害赔偿制度是我国生态文明体制改革中的新生事物,尚无专门立法予以规定。按照《改革方案》确立的工作原则,生态环境损害赔偿制度改革要依法推进,鼓励创新。《若干规定》也从人民法院审判工作角度在具体规则中充分体现了这一思想。实践中,各级人民法院既要遵循现有法律制度的基本原则和规则,又要解放思想、开拓创新,不断探索完善生态环境损害赔偿诉讼制度。

遵循法律法规是开展生态环境损害赔偿的基础。按照《改革方案》,生态环境损害赔偿诉讼为民事诉讼,这一意旨不仅体现在整个制度的设计方面,还在一些具体内容上有明确的表述,比如"对经磋商达成的赔偿协议,可以依照民事诉讼法向人民法院申请司法确认。""磋商未达成一致的,赔偿权利人及其指定的部门或机构应当及时提起生态环境损害赔偿

---

* 王旭光,最高人民法院环境资源审判庭庭长,山东大学法学院博士研究生导师。

民事诉讼。”由此，民事实体法和民事诉讼法的相关规定应当作为生态环境损害赔偿诉讼的首要遵循。鉴于《环境保护法》对地方各级人民政府的环境保护职责以及损害担责原则等作出明确规定，应当成为审理生态环境损害赔偿案件的基本实体法依据。《若干规定》指出，“为正确审理生态环境损害赔偿案件，严格保护生态环境，依法追究损害生态环境责任者的赔偿责任，依据《环境保护法》《民事诉讼法》等法律的规定，结合审判工作实际，制定本规定。”从司法解释的制定目的和依据角度，明确了需要适用的基本法律。

固化实践经验是开展生态环境损害赔偿的关键。在全面试行生态环境损害赔偿制度之前，根据2015年11月中共中央办公厅、国务院办公厅印发的《生态环境损害赔偿制度改革试点方案》(以下简称《试点方案》)，吉林、江苏、山东、湖南、重庆、贵州、云南7个省市先行开展了近两年的试点工作；最高人民法院于2016年发布《关于充分发挥审判职能作用为推进生态文明建设与绿色发展提供司法服务和保障的意见》，提出要积极探索省级政府提起生态环境损害赔偿诉讼案件的审理规则。改革试点和全面试行期间，各级人民法院在现有法律框架范围内，积极开展实践探索，认真总结审判经验，山东、贵州、云南、江苏等9省市先后出台审理生态环境损害赔偿案件的实操性规范文件，为健全完善生态环境损害赔偿审判规则积累了有益经验，很多好的经验做法已经被《若干规定》所采纳。与此同时，对于各地进行的探索实践，《若干规定》亦体现了支持态度。比如，依据《改革方案》确定的生态环境损害赔偿适用范围，《若干规定》明确了可以提起生态环境损害赔偿诉讼的三种具体情形，除发生较大、重大、特别重大突发环境事件的情形，以及在国家和省级主体功能区规划中划定的重点生态功能区、禁止开发区发生环境污染、生态破坏事件的情形以外，还明确包括“发生其他严重影响生态环境后果的情形”，该情形即包含各地依据《改革方案》授权在实施方案中确定的相关具体情形。例如，《江西省生态环境损害赔偿制度改革实施方案》即将“被依法追究刑事责任的生态环境资源类案件中，存在生态环境损害的”的情形纳入了适用范围；《内蒙古自治区生态环境损害赔偿制度改革实施方案》则规定，“因非法排放、倾倒、处置有放射性的废物、含传染病病原体的废物、有毒物质(包括危险废物、持久性有机污染物、含重金属的污染物和其他具有毒性、可能污染环境的物质)，造成生态环境损害的；在自然保护区核心区、森林公园、地质公园、湿地公园、风景名胜区、世界文化与自然遗产保护区等禁止开发区发生环境污染、生态破坏事件的”情形，可以启动生态环境损害赔偿。此类情形下，相关赔偿权利人都可以提起生态环境损害赔偿诉讼。

持续创新探索是开展生态环境损害赔偿的路径。《若干规定》在总结改革试点及全面试行情况基础上，适应相关法律制度有待完善、审判实践经验尚不够丰富的实际情况，以“试行”的方式，对于司法实践中亟待明确的生态环境损害赔偿诉讼基础问题、基本程序进行了回应，规定了受理条件、证据规则、责任范围、诉讼衔接、赔偿协议司法确认、强制执行等问题。与此同时，对于《改革方案》要求探索的相关内容，如环境健康损害赔偿、扩大生态环境损害赔偿义务人范围、根据赔偿义务人主观过错和经营状况等因素试行分期赔付、探索多样化责任承担方式等暂未予涉及，对一些争议较大的问题亦未作出规定，以保持一定的开放性和前瞻性，为司法实践留有余地，为探索创新提供空间，从而推动构建责任明确、途径畅通、技术规范、保障有力、赔偿到位、修复有效的生态环境损害赔偿制度。

二、遵循特别规定与依照一般规定的关系

生态环境损害赔偿案件虽系环境污染、生态破坏引起的损害赔偿诉讼，但并非自然人、法人和其他组织依据《民事诉讼法》第119条提起的普通环境侵权诉讼案件；其虽系维护生态环境公共利益的民事诉讼，但因其正在试行且尚无专门法律规定，故目前亦不能归入依据《民事诉讼法》第55条由法律规定的机关、社会组织或者人民检察院提起的环境民事公益诉讼案件。就人民法院审判实践而言，试行中的生态环境损害赔偿诉讼是一种需要不断探索、总结的新型的诉讼，这也是《若干规定》对生态环境损害赔偿诉讼进行特别设计、确立特别规则的基本出发点。

《若干规定》专门规定原告范围及其可以提起生态环境损害赔偿诉讼的具体情形，明确磋商是提起诉讼的前置程序，同时就相关审理程序和证据规则作出了专门规定。比如，结合原告掌握行政执法阶段证据、举证能力较强的特点，明确其应当就被告实施了污染环境、破坏生态行为或者具有其他应当依法承担责任的情形，生态环境受到损害以及所需修复费用、损害赔偿等具体数额，以及被告行为与生态环境损害之间具有关联性等承担相应举证责任；根据案涉各类证据的特点，分别就生效刑事裁判涉及的相关事实、行政执法过程中形成的事故调查报告、当事人诉前委托作出的鉴定评估报告等证据的审查判断规则作出明确规定，为准确查明损害生态环境相关事实提供了规范依据。这些规则，都属于针对生态环境损害赔偿诉讼所作的特别规定。

通常认为，特别规定是根据某种特殊情况和需要确立的调整某种特殊关系的法律规范，一般规定是为调整某类社会关系而制定的法律规范。[1] 在法律适用上，“特别法优于一般法”是与“上位法优于下位法”“后法优于前法”相并列的一项基本规则。[2] 就生态环境损害赔偿诉讼而言，亦须处理好特别规定和一般规定的关系。属于特别规定之列的《若干规定》即应首先作为案件受理和审判执行的依据。除此之外，由于其系维护生态环境公共利益的民事损害赔偿诉讼，与环境民事公益诉讼在很多方面具有高度的同质性，大多数为公益诉讼制定的程序规则，比如管辖、起诉条件、禁止反诉、法院释明、和解与调解等都可直接适用于生态环境损害赔偿案件。[3] 可以说，《若干规定》之外，与生态环境损害赔偿诉讼

〔1〕 参见乔晓阳主编：《立法法讲话》，中国民主法制出版社2000年版，第293页。

〔2〕 顾建亚：《“特别法优于一般法”规则适用难题探析》，载《学术论坛》2007年第12期。

〔3〕 李浩：《生态损害赔偿诉讼的本质及相关问题研究——以环境民事公益诉讼为视角的分析》，载《行政法学研究》2019年第4期。

本质不相冲突的相关民事实体法和程序法都可予以适用。

除了《若干规定》明确适用的《环境保护法》《民事诉讼法》之外,《民法总则》《侵权责任法》也可以作为对生态环境损害赔偿诉讼案件作出裁判的实体法律依据。《民法总则》确定的“绿色原则”,即第9条关于“民事主体从事民事活动,应当有利于节约资源、保护生态环境”的规定,无疑应适用于生态环境损害赔偿诉讼。虽然《侵权责任法》保护的民事权益限于人身、财产权益〔1〕,但其确定的法律责任聚合与民事责任优先原则、归责原则、责任大小的分配原则、因果关系的推定规则、承担责任的方式等,在多数情况下都可以适用于生态环境损害赔偿诉讼。对于司法解释的适用,《若干规定》第22条也予以了指引,“人民法院审理生态环境损害赔偿案件,本规定没有规定的,参照适用《最高人民法院关于审理环境民事公益诉讼案件适用法律若干问题的解释》《最高人民法院关于审理环境侵权责任纠纷案件适用法律若干问题的解释》等相关司法解释的规定。”

三、磋商与诉讼的关系

磋商与诉讼均是实现生态环境损害赔偿的重要手段,结合个案实现两种手段的相互协调配合,是生态环境损害赔偿改革的重要制度安排,也是人民法院审理生态环境损害赔偿案件时应当把握好的一个重要关系。依照《改革方案》和《若干规定》,开展磋商是主张生态环境损害赔偿的首位方式,是提起诉讼的前置程序,同时磋商阶段的工作亦构成诉讼阶段的工作基础,磋商工作的成效与结果决定着诉讼进程及诉讼的成效;而诉讼是开展磋商的支持和保障,无论是磋商协议司法确认之诉还是生态环境损害赔偿之诉,抑或是裁判生效后的强制执行,就生态环境损害赔偿的实现而言,都可以说是在磋商工作基础上的继续。

磋商作为一种柔性执法行为,是在社会管理方式上对传统行政强制手段的突破和改进,具有非强制性、灵活性、选择接受性等特征,是以“交往”为前提、以“话语”为核心的过程。〔2〕采取磋商前置主义,由赔偿权利人与赔偿义务人先行磋商并达成赔偿协议,是我国生态环境损害赔偿制度的一项重要设计。2015年《试点方案》采取的是磋商相对前置主义,其规定“磋商未达成一致的,赔偿权利人应当及时提起生态环境损害赔偿民事诉讼。赔偿权利人也可以直接提起诉讼。”而2017年《改革方案》则采取的是磋商绝对前置主义,其规定“磋商未达成一致的,赔偿权利人及其指定的部门或机构应当及时提起生态环境损害赔偿民事诉讼”,取消了“赔偿权利人也可以直接提起诉讼”的内容。

将磋商设定为提起生态环境损害赔偿诉讼的前置程序,出发点在于赔偿权利人拥有行

〔1〕《侵权责任法》第4条第2款规定,“本法所称民事权益,包括生命权、健康权、姓名权、名誉权、荣誉权、肖像权、隐私权、婚姻自由权、监护权、所有权、用益物权、担保物权、著作权、专利权、商标专用权、发现权、股权、继承权等人身、财产权益。”

〔2〕康京涛:《生态修复责任的法律性质及实现机制》,载《北京理工大学学报》(社会科学科学版)2019年第5期。

政管理的权力和职责,可以通过行政执法手段来实现责令和指导环境污染者(或者生态破坏者)承担生态环境损害预防和修复义务的目标。按照《改革方案》,生态环境损害发生后,经组织开展调查发现生态环境损害需要修复或赔偿的,赔偿权利人根据生态环境损害鉴定评估报告,就损害事实和程度、修复启动时间和期限、赔偿的责任承担方式和期限等具体问题与赔偿义务人进行磋商,统筹考虑修复方案技术可行性、成本效益最优化、赔偿义务人赔偿能力、第三方治理可行性等情况,达成赔偿协议。这有利于赔偿权利人依据行政执法过程中掌握的数据资料同赔偿义务人进行磋商,尽可能避免索赔工作因鉴定技术规范的缺失和冲突,鉴定费用不合理、鉴定周期长而陷入久拖不决的泥沼,同时为生态环境损害赔偿诉讼积累有效的证据材料,奠定良好的工作基础。

为落实这项改革措施,《若干规定》第1条明确将磋商确定为提起诉讼的前置程序,规定赔偿权利人在与赔偿义务人"经磋商未达成一致或者无法进行磋商的"的情况下,可以提起生态环境损害赔偿诉讼,为充分发挥磋商在生态环境损害索赔工作中的积极作用提供了制度依据。磋商作为前置程序系诉前必经程序,也就是说,只有在经磋商无法达成一致的情况下,赔偿权利人方可提起生态环境损害赔偿诉讼。但实践中,时有环境污染者或者生态破坏者在造成生态环境损害后下落不明或者故意躲避导致无法进行磋商的情况发生。因此,除了经磋商无法达成一致的情况外,客观上缺少开展磋商条件的情况亦需予以考虑。《若干规定》第1条就赔偿权利人在"无法进行磋商的"的情况下亦可提起生态环境损害赔偿诉讼进行了明确。此外,人民法院在立案阶段,只需要审查原告是否提交了与被告进行磋商但未达成一致或者因客观原因无法与被告进行磋商的说明材料。诉讼过程中,如果被告提出抗辩并提交证据证明原告的说明系虚构,其未主动在具备条件的情形下开展磋商,则可认定原告尚不具备提起生态环境损害赔偿诉讼的条件。

从广义上讲,生态环境损害赔偿诉讼还包括磋商协议的司法确认及执行。为巩固磋商成果、充分发挥磋商作用,《改革方案》提出了探索磋商协议司法确认制度的要求,"对经磋商达成的赔偿协议,可以依照民事诉讼法向人民法院申请司法确认。经司法确认的赔偿协议,赔偿义务人不履行或不完全履行的,赔偿权利人及其指定的部门或机构可向人民法院申请强制执行。"《若干规定》第20条及时回应审判实践需要,规定了磋商协议司法确认的基本程序规则。一是明确磋商协议司法确认的公告制度。人民法院受理司法确认申请后,应当公告协议内容,公告期间不少于30日。二是明确了法院的审查义务。法院在受理磋商协议司法确认案件且公告期满后,依法就协议的内容是否违反法律法规强制性规定,是否损害国家利益、社会公共利益进行司法审查并作出裁定。三是规范裁定书的体例和制作要求。为加大生态环境案件的公众参与,监督磋商协议的落实情况,要求确认磋商协议效力的裁定书应当写明案件的基本事实和协议内容,并向社会公开。四是明确人民法院通过司法确认赋予磋商协议以强制执行的效力。拒绝履行、未全部履行经司法确认的磋商协议的,当事人可以向人民法院申请强制执行,以保障磋商协议的有效履行和生态环境修复工作的切实开展。此外,磋商是意思自治原则在生态环境保护领域的具体体现,故磋商协议属于民事协议。但磋商协议司法确认与民事诉讼法规定之人民调解协议的司法确认不同。实践中,磋商协议司法确认在参照《民事诉讼法》相关规定情况下,还需要探索并细化合适的程序规则。

四、修复生态环境责任与赔偿责任的关系

《改革方案》在总体要求和目标中强调,要逐步建立生态环境损害的修复和赔偿制度。在工作原则中明确"环境有价,损害担责",要求体现环境资源生态功能价值,促使赔偿义务人对受损的生态环境进行修复;生态环境损害无法修复的,实施货币赔偿,用于替代修复。在完善赔偿诉讼规则部分,要求人民法院根据赔偿义务人主观过错、经营状况等因素试行分期赔付,探索多样化责任承担方式。可见,全面把握生态环境损害赔偿的内涵,不断探索完善能够适应需要的多样化责任承担方式,突出修复生态环境责任的适用,厘清修复责任与赔偿责任的关系,是构建生态环境损害赔偿制度的重要内容。

生态环境修复责任是以保护生态环境利益为中心、以救济生态环境损害为本位的责任设计。[1]《若干规定》基于《民法总则》和《侵权责任法》的规定,明确了可以运用于生态环境损害赔偿的责任形式,并在责任名称和责任适用顺位上有所创新。根据《若干规定》第11条,"被告违反法律法规污染环境、破坏生态的,人民法院应当根据原告的诉讼请求以及具体案情,合理判决被告承担修复生态环境、赔偿损失、停止侵害、排除妨碍、消除危险、赔礼道歉等民事责任。"该条明确列举了六种可以适用于生态环境损害的民事责任方式,有利于引导当事人据此正确提出诉讼请求,同时指引人民法院根据具体案情正确作出法律适用。

生态环境修复责任,可以定义为以救济生态环境损害,包括生态环境公共利益损害为目的之特别环境民事责任体系。[2] 基于体系化的考虑,《若干规定》第11条所规定的六种责任可以分为四类,一是恢复性责任承担方式,即修复生态环境;二是赔偿性责任承担方式,即赔偿损失;三是预防性责任承担方式,包括停止侵害、排除妨碍、消除危险;四是人格补偿性责任承担方式,即赔礼道歉。

从条文表述可以看出,修复生态环境是首选的救济生态环境损害的民事责任承担方式。作为恢复性责任方式,"修复生态环境"是从《民法总则》第179条及《侵权责任法》第15条规定的"恢复原状"衍生而来的,也是司法解释首次将"修复生态环境"作为承担生态

[1] 李挚萍:《生态环境修复司法的实践创新及其反思》,载《华南师范大学学报》(社会科学版)2018年第2期。
[2] 参见李挚萍:《生态环境修复责任法律性质辨析》,载《中国地质大学学报》(社会科学版)2018年第2期。

环境损害赔偿责任的方式。[1] 鉴于生态环境损害赔偿诉讼追求的最终目标是要恢复生态环境的状态和功能,而赔偿损失无论是赔偿服务功能损失还是永久性损害造成的损失,也主要是为了修复受损生态环境或者采取其他替代性修复措施。因此,《若干规定》刻意将修复生态环境这一责任方式置于 6 种责任承担方式的首位,放在赔偿损失责任方式之前。这不仅突出了修复生态环境的责任适用,也明确了修复责任与赔偿责任的关系。可以说,《若干规定》在总结司法实践经验基础上,创新并系统构建了我国的生态环境修复责任体系。

赔偿损失是位列第二的责任承担方式,旨在赔偿因生态环境被破坏而造成的损害,尤其在生态环境损害无法修复的情况下,通过实施货币赔偿的方式,用于进行替代修复。《若干规定》第 12 条、第 13 条分别根据生态环境是否能够修复,对损害赔偿责任的范围分类作了规定。在受损生态环境能够修复的情况下,被告应承担修复责任,人民法院可以同时确定被告不履行修复义务时应承担的生态环境修复费用;原告请求被告赔偿生态环境受到损害至修复完成期间服务功能损失并有足够事实根据的,人民法院依法予以支持。在受损生态环境无法修复的情况下,被告应就生态环境功能永久性损害造成的损失承担赔偿责任。同理,在受损生态环境无法完全修复,即受损生态环境部分可以修复、部分不能修复的情况下,赔偿义务人需要同时承担可修复部分的修复义务,以及支付可修复部分在修复期间的生态环境服务功能损失;不可修复部分,则需支付永久性损害造成的损失赔偿资金。关于生态环境修复费用,《若干规定》亦作了明确,包括制定、实施修复方案的费用、修复期间的监测、监管费用,以及修复完成后的验收费用、修复效果后评估费用等。特别是“修复效果后评估费用”被首次纳入修复费用范围。

五、生态环境损害赔偿诉讼与人身财产损害赔偿诉讼的关系

同一污染环境、破坏生态行为可能同时造成生态环境损害与人身财产损害。按照《改革方案》明确的生态环境损害赔偿制度适用范围,《若干规定》于第 2 条第 2 项明确,“因污染环境、破坏生态造成人身损害、个人和集体财产损失要求赔偿的,适用侵权责任法等法律规定”,而“不适用本规定”。适用法律上的不同,虽然体现了生态环境损害和人身财产损害在诉讼目的、责任方式、救济渠道等方面的不同,但不能抹杀因同一行为所带来的诸如审理对象、事实认定等方面存在的紧密联系。如何妥善协调同一环境污染、生态破坏行为引发

---

〔1〕 司法解释不能设立新的法律责任承担形式。故《若干规定》秉承《环境民事公益诉讼解释》的路径,对民事责任中的“恢复原状”进行扩张解释,并且首次明确将“恢复原状”以“修复生态环境”的表现形式具体适用于生态环境损害救济领域。诚如学者所言,“修复生态环境”在责任判断标准、责任内容、履行方式等方面,都与民法上的“恢复原状”存有不同,更多体现的是生态环境系统治理、风险预防和公众参与原则、技术与法律的协同等理念和制度。因此,应当将“修复生态环境”作为环境公益救济的主要责任承担方式,在立法中专门加以规定。参见吕忠梅、窦海阳:《修复生态环境责任的实证解析》,载《法学研究》2017 年第 3 期。

的生态环境损害赔偿诉讼与人身财产损害赔偿诉讼的关系,是人民法院必须面对的一个重要问题。

对此,《若干规定》并没有直接的回应,但根据其在第22条的适用法律指引,人民法院审理生态环境损害赔偿案件,本规定没有规定的,参照适用《最高人民法院关于审理环境民事公益诉讼案件适用法律若干问题的解释》(以下简称《环境民事公益诉讼解释》)等相关司法解释的规定。对于如何处理同一环境污染、生态破坏行为引发的环境民事公益诉讼与人身财产损害赔偿诉讼的关系,《环境民事公益诉讼解释》作了较为详尽的规定,《最高人民法院关于适用〈中华人民共和国民事诉讼法〉的解释》(以下简称《民事诉讼法解释》)也有相关的规定。生态环境损害赔偿诉讼与人身财产损害赔偿诉讼关系协调方面的基本问题,可以参照适用这些司法解释。

关于生态环境损害赔偿诉讼是否影响提起人身财产损害赔偿诉讼的问题。实践中,同一污染环境、破坏生态行为往往会同时侵害到生态环境公共利益以及自然人、法人和其他组织的人身财产权益。此种情形下,虽然损害行为人及其构成损害的行为事实相同,但损害的对象不同,特别是生态环境公益诉讼和私益诉讼在制度目的和诉讼功能方面有实质区别,两者相互之间并不存在冲突。因此,应当允许不同的主体分别提起公益诉讼和私益诉讼。[1]《环境民事公益诉讼解释》第29条规定,法律规定的机关和社会组织提起环境民事公益诉讼的,不影响因同一污染环境、破坏生态行为受到人身、财产损害的公民、法人和其他组织依据《民事诉讼法》第119条的规定提起诉讼。《民事诉讼法解释》第288条也有类似的规定,即"人民法院受理公益诉讼案件,不影响同一侵权行为的受害人根据民事诉讼法第一百一十九条规定提起诉讼"。这种两诉并行的方式,有利于实现保护私益和维护公益的统一。虽然生态环境损害赔偿诉讼不同于环境民事公益诉讼,但鉴于其本质是维护生态环境公共利益的诉讼,实践中对其与同一污染环境、破坏生态行为引发的人身财产损害赔偿之私益诉讼的协调,亦应遵循上述原则和相关规定予以处理。

关于生态环境损害赔偿诉讼生效裁判对于私益诉讼的影响问题。同一污染环境、破坏生态行为同时损害公益和私益的情况下,基于公益和私益相互交织的特点,会导致公益诉讼与私益诉讼在诉讼请求、事实认定、证据证明等方面具有很大的共通性。这一共通性可在避免矛盾裁判、提升诉讼效率、实现攻防平衡等方面发挥重要程序功能。[2] 为此,《环境民事公益诉讼解释》第30条第1款规定,"已为环境民事公益诉讼生效裁判认定的事实,因同一污染环境、破坏生态行为依据民事诉讼法第一百一十九条规定提起诉讼的原告、被告均无需举证证明,但原告对该事实有异议并有相反证据足以推翻的除外。"该款明确环境民

〔1〕 最高人民法院环境资源审判庭编著:《最高人民法院关于环境民事公益诉讼司法解释理解与适用》,人民法院出版社2015年版,第399页。

〔2〕 吴如巧、雷嘉、郭成:《论环境民事公益诉讼与私益诉讼的共通性——以最高人民法院相关司法解释为视角的分析》,载《重庆大学学报》(社会科学版)2019年第5期。

事公益诉讼生效裁判认定的事实对于私益诉讼的原、被告均具有免予举证的效力或者说预决效力。[1] 所确立的规则同样可以适用于生态环境损害赔偿诉讼与人身财产损害赔偿诉讼的关系协调上,即生态环境损害赔偿诉讼生效裁判认定的事实对于同一行为引起的私益诉讼具有预决效力。

与此同时,《环境民事公益诉讼解释》第 30 条还在第 2 款确立了环境民事公益诉讼生效裁判之既判力的单向扩张规则,明确私益诉讼原告享有“搭便车”的权利。[2] 该款规定,“对于环境民事公益诉讼生效裁判就被告是否存在法律规定的不承担责任或者减轻责任的情形、行为与损害之间是否存在因果关系、被告承担责任的大小等所作的认定,因同一污染环境、破坏生态行为依据《民事诉讼法》第 119 条规定提起诉讼的原告主张适用的,人民法院应予支持,但被告有相反证据足以推翻的除外。被告主张直接适用对其有利的认定的,人民法院不予支持,被告仍应举证证明。”参照此款规定,生态环境损害赔偿诉讼生效裁判的既判力亦可具有向同一行为引起之私益诉讼的原告单向扩张的效力。

此外,也有学者认为,生态环境损害赔偿诉讼生效裁判对于私益诉讼原、被告都应适用既判力单向扩张规则。[3] 还有学者认为,应该明确在先环境私益诉讼生效裁判在预决效力和既判力方面对公益诉讼的影响。[4] 这些建议,值得在具体审判实践中予以研究、探索。

六、生态环境损害赔偿诉讼与环境民事公益诉讼的关系

《改革方案》在“完善赔偿诉讼规则”部分要求最高人民法院商有关部门根据实际情况制定指导意见,以明确“生态环境损害赔偿制度与环境公益诉讼之间衔接等问题”。由于《改革方案》将生态环境损害赔偿诉讼界定为民事诉讼范畴,故实践中首先需要解决的是生态环境损害赔偿诉讼与环境民事公益诉讼的衔接。这一问题,既涉及相关审理规则的完善,更是事关生态环境诉讼机制的整体协调。

生态环境受到损害,可以由不同的主体、通过不同的方式主张赔偿。实践中,广义的生态环境损害赔偿案件大致有 4 种表现形式:一是根据《民事诉讼法》第 55 条第 1 款和《环境保护法》第 58 条的规定,由依法在设区的市级以上人民政府民政部门登记、专门从事环境保护公益活动连续 5 年以上且无违法记录的社会组织提起的环境民事公益诉讼。二是根据《民事诉讼法》第 55 条第 2 款的规定,由人民检察院提起的环境民事公益诉讼。三是根据

---

〔1〕 最高人民法院环境资源审判庭编著:《最高人民法院关于环境民事公益诉讼司法解释理解与适用》,人民法院出版社 2015 年版,第 405 页。

〔2〕 同上书,第 408 页。

〔3〕 吴良志:《论生态环境损害赔偿诉讼的诉讼标的及其识别》,载《中国地质大学学报》(社会科学版)2018 年第 4 期。

〔4〕 吴如巧、雷嘉、郭成:《论环境民事公益诉讼与私益诉讼的共通性——以最高人民法院相关司法解释为视角的分析》,载《重庆大学学报》(社会科学版)2019 年第 5 期。

《海洋环境保护法》第89条第2款的规定，针对破坏海洋生态、海洋水产资源、海洋保护区，给国家造成重大损失的行为，由行使海洋环境监督管理权的部门代表国家对责任者提出的海洋生态环境损害赔偿诉讼。四是根据《改革方案》，由省级、市地级人民政府及其指定的部门或机构，或者由受国务院委托行使全民所有自然资源资产所有权的部门提起的生态环境损害赔偿诉讼。

上述前两种形态是典型的环境民事公益诉讼，对此理论与实务均无争议。对于海洋环境监督管理部门代表国家对责任者提起的海洋生态环境损害赔偿诉讼，亦为立法机关和司法解释明确为环境民事公益诉讼。2012年4月24日全国人民代表大会法律委员会《关于〈中华人民共和国民事诉讼法修正案(草案)修改情况的汇报〉》对公益诉讼制度问题所作的说明指出，"目前，有的环境保护领域的法律已规定了提出这类诉讼的机关。比如，海洋环境保护法规定，海洋环境监督管理部门代表国家对破坏海洋环境给国家造成重大损失的责任者提出损害赔偿要求。"可见，立法机关系将该类诉讼明确为《民事诉讼法》第55条第1款"法律规定的机关"提起之民事公益诉讼的范畴。与此相衔接，自2018年1月15日起施行的《最高人民法院关于审理海洋自然资源与生态环境损害赔偿纠纷案件若干问题的规定》，在性质上亦将海洋环境监督管理机关提起的海洋生态环境损害赔偿诉讼明确为民事公益诉讼，但只是为了与海洋环境保护法第90条的表述一致，其标题及具体条款没有采用"海洋环境民事公益诉讼"之类的表述。[1]

可见，讨论生态环境损害赔偿诉讼与环境民事公益诉讼的关系，就是要梳理明确其与社会组织、检察机关以及海洋环境监督管理机关提起的这三类环境民事公益诉讼的关系。由于《改革方案》明确"涉及海洋生态环境损害赔偿的，适用海洋环境保护法等法律和相关规定"，故生态环境损害赔偿诉讼与海洋生态环境损害赔偿诉讼的适用关系及其理论分野是清楚的。鉴于检察机关只有在没有法律规定的机关和社会组织或者法律规定的机关和社会组织不提起诉讼的情况下才可以向人民法院提起环境民事公益诉讼，其处于提起环境民事公益诉讼的第二顺位，一般情况下亦不会出现检察民事公益诉讼与生态环境损害赔偿诉讼的冲突与协调问题。唯须研究确定的是社会组织提起之环境民事公益诉讼与生态环境损害赔偿诉讼的关系及其协调处理。

正在全面试行的生态环境损害赔偿诉讼虽然被定性为旨在保护生态环境公共利益的民事诉讼，但由于尚无专门立法规定，现阶段还不明确是否为《民事诉讼法》第55条规定的环境民事公益诉讼。这也是《改革方案》要求明确生态环境损害赔偿制度与环境公益诉讼之间衔接问题的缘由。诚如学者所言，对于生态环境损害赔偿诉讼，既要看到其本质依然是民事公益诉讼，也要看到其与社会组织、检察机关提起的民事公益诉讼存在着差异，唯

---

〔1〕 王淑梅、余晓汉：《〈关于审理海洋自然资源与生态环境损害赔偿纠纷案件若干问题的规定〉的理解与适用》，载《人民司法》2018年第7期。

此,才能全面、客观地说明这类诉讼的性质。[1] 从这一立场出发,鉴于生态环境损害赔偿诉讼与《海洋环境保护法》第90条规定的海洋生态环境损害赔偿诉讼相仿,可以界定为一种特殊形式的环境民事公益诉讼。[2] 由此,我们可以说,广义上的生态环境损害赔偿诉讼,既包括由立法明确规定的环境民事公益诉讼,也包括目前正在试行将来有待立法规定的、狭义上的生态环境损害赔偿诉讼;我们也可以说,广义上的环境民事公益诉讼,既包括狭义的由立法明确规定的环境民事公益诉讼,也包括目前正在试行将来有待立法规定的生态环境损害赔偿诉讼。基于这样的逻辑关系,我们就可以很清晰的理解和把握《若干规定》第16条至第18条的内容。

关于生态环境损害赔偿诉讼与社会组织提起环境民事公益诉讼的衔接,《若干规定》明确了以下三个方面的规则:一是诉权平行、同一审判组织审理的规则。先后或同时针对同一损害生态环境行为提起生态环境损害赔偿诉讼与环境民事公益诉讼,符合起诉条件的,均应由同一法院受理并交由同一审判组织审理。二是生态环境损害赔偿案件先行审理的规则。就同一损害生态环境行为提起的两种案件分别立案的,一般情况下应先中止民事公益诉讼案件的审理,待生态环境损害赔偿诉讼案件审理完毕后,就民事公益诉讼案件未被涵盖的诉讼请求依法作出裁判。但生态环境损害赔偿案件受理时,在先受理的环境民事公益诉讼案件一审法庭辩论已经终结的,可以中止生态环境损害赔偿案件的审理,待民事公益诉讼案件审理完毕后再作处理。三是诉讼请求覆盖规则。除上述先行审理情形外,未被前案生效裁判覆盖的部分,不构成重复起诉,原告可以另行提起生态环境损害赔偿诉讼或者环境民事公益诉讼。需要指出的是,《若干规定》并未涉及诉的合并问题,从落实诉讼经济和效率原则考量,如果受案法院经审查认为分别提起的生态环境损害赔偿诉讼和环境民事公益诉讼符合民事诉讼法及其司法解释规定的诉的合并条件,自然可以合并审理。此外,实践中还须关注生态环境损害赔偿诉讼与环境民事公益诉讼两类案件生效裁判的既判力、预决效力的双向扩张问题。有学者建议,两类生效裁判相互之间应适用完整的既判力及已决事实的免证效力。[3] 对此,需要在司法实践中结合两类诉讼案件的特点,特别是在起诉主体、诉讼目的、诉讼请求、事实认定、证据证明、程序保障等方面的异同予以研究。

---

〔1〕 李浩:《生态损害赔偿诉讼的本质及相关问题研究——以环境民事公益诉讼为视角的分析》,载《行政法学研究》2019年第4期。

〔2〕 关于生态环境损害赔偿诉讼的性质,自2015年生态环境损害赔偿制度试点以来,学界认识迥异、观点纷呈。参见李浩:《生态损害赔偿诉讼的本质及相关问题研究——以环境民事公益诉讼为视角的分析》,载《行政法学研究》2019年第4期;刘莉、胡攀:《生态环境损害赔偿诉讼的公益诉讼解释论》,载《西安财经学院学报》2019年第3期。

〔3〕 吴良志:《论生态环境损害赔偿诉讼的诉讼标的及其识别》,载《中国地质大学学报》(社会科学版)2018年第4期。

七、生态环境损害赔偿诉讼与自然资源损害赔偿诉讼的关系

自然资源是自然界形成的可供人类利用的一切物质和能量的总称,是人们可以利用的自然因素,主要包括土地、大气(气候)、陆地水、海洋(海域)、矿产、森林、草原、生物、湿地、天然能源资源、旅游资源(风景名胜)等。[1] 作为人类生存繁衍、社会经济发展的重要物质基础,自然资源本身又是生态系统的组成部分,是生态系统中不可或缺的、影响最为广泛的要素,其与其他组成部分和整个生态系统之间发生长期的、相对稳定的相互作用或相互联系。[2] 污染环境、破坏生态的行为既会减损生态环境价值,也会涉及自然资源的损害,比如森林被砍伐,或者土地被污染不能种植、湖泊被污染不能养殖等,都会减损这些自然资源的经济价值。这就意味着,同一污染环境、破坏生态的行为,既会产生基于环境因素的生态环境损害赔偿责任,也会产生基于经济因素的自然资源损害赔偿责任。经济因素与环境因素互相交织,生态环境赔偿责任与自然资源赔偿责任相互叠合,需要我们辩证认识并处理好生态环境损害赔偿诉讼与自然资源损害赔偿诉讼间的关系。

损害担责,有损害必有救济。无论是生态环境损害还是自然资源损害,都必须追究污染者、破坏者的损害赔偿责任。对于自然资源经济价值的损害赔偿,要依据物权法和侵权责任法的规定,权利人必要时可以依法提起侵权损害赔偿之诉。根据《物权法》第五章的相关规定,矿藏、水流、海域,法律规定属于国家所有的野生动植物资源、文物,属于国家所有;除法律规定属于集体所有的土地和森林、山岭、草原、荒地、滩涂以外,城市的土地、法律规定属于国家所有的农村和城市郊区的土地,以及森林、山岭、草原、荒地、滩涂等自然资源,属于国家所有。除法律另有规定外,作为国有财产的自然资源由国务院代表国家行使所有权。2019 年 4 月中共中央办公厅、国务院办公厅《关于统筹推进自然资源资产产权制度改革的指导意见》(以下简称《自然资源产权改革意见》),明确国务院授权国务院自然资源主管部门具体代表统一行使全民所有自然资源资产所有者职责,提出要研究建立国务院自然资源主管部门行使全民所有自然资源资产所有权的资源清单和管理体制,探索建立委托省级和市(地)级政府代理行使自然资源资产所有权的资源清单和监督管理制度;同时明确农村集体所有自然资源资产由农村集体经济组织代表集体行使所有权;强调保证自然人、法人和非法人组织等各类市场主体依法平等使用自然资源资产、公开公平公正参与市场竞争,其合法权益同等受到法律保护。

可见,自然资源损害,有可能涉及国家利益、集体利益和依法使用自然资源的自然人、

[1] 蔡守秋:《基于生态文明的法理学》,中国法制出版社 2014 年版,第 294 ~ 295 页。

[2] 陈德敏:《资源法原理专论》,法律出版社 2011 年版,第 198 页。

法人或其他组织的利益。虽然《若干规定》第 2 条明确该规定不适用于因污染环境、破坏生态造成的人身损害、个人和集体财产损失，但相关自然人、法人和组织在主张自身利益赔偿时可以一并主张侵权人承担相应的修复生态环境责任。唯独需要特别讨论的是，国家所有的自然资源受到污染环境、破坏生态行为的侵害致使自然资源经济价值减损的，生态环境损害赔偿权利人在提起生态环境损害赔偿诉讼的同时，能否一并提起自然资源损害赔偿之诉？

生态环境损害赔偿制度重在解决生态环境修复与赔偿问题。《改革方案》确立的"生态环境损害"概念，是指环境要素、生物要素的不利改变以及由此构成的生态系统的退化；其确定赔偿的损失，为"清除污染费用、生态环境修复费用、生态环境修复期间服务功能的损失、生态环境功能永久性损害造成的损失以及生态环境损害赔偿调查、鉴定评估等合理费用"，并不包括自然资源价值损失。进行生态损害赔偿制度的改革，主要并不在于保护国家所有的自然资源的经济价值，而是要保护这些自然资源所产生的环境价值。[1] 因此，《改革方案》《若干规定》明确可以提起诉讼的赔偿权利人，仅拥有就自然资源被污染、破坏后的生态环境损害进行索赔的权利，并不当然拥有国有资产的管理权和损害索赔权。

根据《自然资源产权改革意见》，要探索建立委托省级和市（地）级政府代理行使自然资源资产所有权的资源清单和监督管理制度。该委托代理行使自然资源资产所有权的对象与生态环境损害赔偿制度中获得索赔权的权利人一样，都是省级和市（地）级政府。但由于土地和部分自然资源分属国家与集体所有，而融存于这些自然资源的生态环境均属于社会公共利益，虽然两个委托授权的对象相同，但其涉及的自然资源范围是不一样的，代理行使自然资源国家所有权的范围不能延伸到集体所有的自然资源，而生态环境损害赔偿权利人行使索赔权的范围则涵盖了包括国家所有和集体所有在内的全部自然资源的生态价值损害。此外，为强化自然资源的整体保护，《自然资源产权改革意见》还规定，对生态功能重要的公益性自然资源资产，加快构建以国家公园为主体的自然保护地体系；国家公园范围内的全民所有自然资源资产所有权由国务院自然资源主管部门行使或委托相关部门、省级政府代理行使；条件成熟时，逐步过渡到国家公园内全民所有自然资源资产所有权由国务院自然资源主管部门直接行使。这都表明同样是基于国务院授权，但生态环境损害赔偿权利人与自然资源损害赔偿权利人的范围往往是不一致的。

因此，生态环境损害赔偿权利人能否就自然资源损害一并提起赔偿诉讼，要看其是否得到代理行使自然资源资产所有权的委托授权，是否拥有对自然资源资产的管理权和索赔权。比如，《改革方案》规定，国务院直接行使全民所有自然资源资产所有权的，由受委托代行该所有权的部门作为赔偿权利人开展生态环境损害赔偿工作。《自然资源产权改革意

---

〔1〕 李浩：《生态损害赔偿诉讼的本质及相关问题研究——以环境民事公益诉讼为视角的分析》，载《行政法学研究》2019 年第 4 期。

见》明确,国务院授权国务院自然资源主管部门具体代表统一行使全民所有自然资源资产所有者职责。据此,国务院自然资源主管部门同时拥有自然资源损害赔偿权和相应的生态环境损害赔偿权,可以一并提起生态环境损害赔偿诉讼和自然资源损害赔偿诉讼。再如,根据我国物权法的规定,海域属于国家所有。对我国管辖海域内自然资源与生态环境造成污染损害和生态破坏的,依法行使海洋环境监督管理权的部门可以代表国家依据《海洋环境保护法》第90条第2款的规定同时就海洋自然资源损害与生态环境损害提起索赔诉讼。

对于同一环境污染、生态破坏行为引发的生态环境损害赔偿诉讼和自然资源损害赔偿诉讼,在案件事实、争议焦点认定以及法律适用等方面具有很大的共通性和交互性。如果生态环境损害赔偿权利人与自然资源损害赔偿权利人不是同一主体,两个主体自然可以分别基于各自的授权针对同一环境污染或者生态破坏行为提起两个不同的诉讼。其中,符合民事诉讼法关于诉的合并条件的,人民法院自可依照相应的程序规则办理。

八、余　　论

生态环境损害赔偿制度目前正在全面试行,生态环境损害赔偿诉讼也是一个正在不断完善的新型诉讼形态。"试行"中的《若干规定》尚待实践检验,规定不足或者没有涉及的问题尚待研究探索。囿于篇幅,本文对于生态环境损害赔偿制度中司法与执法的关系、专业审判与公众参与的关系、生态环境损害赔偿责任与行政、刑事责任的关系等未予涉及,论及的内容中亦有很多问题有待深入探讨。实践中,人民法院需要遵循司法规律,加强理论研究,秉承开放意识,发挥创新能力,结合具体案件审理探索完善裁判规则,及时提出立法和制定司法解释建议,为构建有中国特色的生态环境损害赔偿制度作出应有的贡献。

(原载于《法律适用》2019年第21期)

普惠金融视角下的银行商业特许经营：模式创制、制度解构与移植路径

柴瑞娟*

随着时代进展，金融不应再仅唯利是图热衷于为富人阶层服务，也应具有人文关怀和财富分配矫正功能的观念日益深入人心，社会各个阶层尤其社会底层的金融发展权、金融服务获得权也日益受到各国重视。在探寻适合自身的普惠金融之路上，各国路径各异，其中不乏取得举世瞩目成绩者：孟加拉国创制了格莱珉银行（乡村银行）模式，美国探寻出了社区银行模式，澳大利亚摸索出了银行商业特许经营模式。为解决我国广大农村地区的金融匮乏状况，我国在村镇银行的道路上也探索了十余年。国内关于格莱珉银行和美国社区银行的研究已经连篇累牍，但对澳大利亚创制的银行商业特许经营模式，国内尚无关注，研究成果也鲜有所闻。商业特许经营是指拥有注册商标、企业标志、专利、专有技术等经营资源的企业（特许人），以合同形式将其拥有的经营资源许可其他经营者（被特许人）使用，被特许人按照合同约定在统一的经营模式下开展经营，并向特许人支付特许经营费用的经营活动。我国的商业特许经营在餐饮、住宿、洗衣、装修等服务业可谓兴盛，但在银行业我国尚无商业特许经营的事例。经济运行、立法和学界研究在银行商业特许经营领域的空白，也进一步凸显了本文的研究价值。

* 柴瑞娟，山东大学法学院副教授，博士研究生导师。

一、银行商业特许经营模式的创制:澳大利亚 Bendigo 社区银行的产生

(一)澳大利亚 Bendigo 银行概述

作为澳大利亚历史悠久且享有盛誉的银行之一,澳大利亚 Bendigo 银行产生于 1858 年,位列澳大利亚第七大银行。19 世纪中期和晚期淘金热席卷 Bendigo 市,当时 Bendigo 的金矿区成千上万顶临时搭建的简陋帐篷聚集在含金矿沟中,为解决那些希望拥有自己住房的矿工的需求,当地的一些精英人士牵头组成了 Bendigo 土地和建筑协会(the Bendigo Land and Building Society),为栖身于简陋工棚的矿工提供金融服务,一些通过这种方式建起来的矿工房屋,直到今天还能在 Bendigo 城看到。伴随着 Bendigo 市的繁荣,Bendigo 土地和建筑协会也获得了迅猛发展,凭借其谨慎的财务管理,其迅速建立起了良好口碑和业界声誉。Bendigo 市其他土地和建筑协会瞬息即逝,Bendigo 土地和建筑协会却成长迅速,每年都能盈利,即使是 19 世纪 90 年代和 20 世纪 30 年代经济危机时期也不例外。1995 年 7 月 1 日 Bendigo 土地和建筑协会转变为银行,并取名 Bendigo 银行。在 Bendigo 银行多年的发展成长历程中,其兼并了一大批公司和建筑协会,这其中就包括 Bendigo and Eaglehawk Star(1978),Sandhurst(1983),Capital(1992) and Compass(1992)和昆士兰第一澳大利亚建筑协会(2000)等。2007 年 Bendigo 银行和 Adelaide 银行合并,并在 2008 年的 3 月将银行名称改为 Bendigo 和 Adelaide 银行(Bendigo and Adelaide Bank),由此位列澳大利亚第四大行,2014 年 12 月 31 日,其资产额为 654 亿美元并在澳大利亚证券交易所上市。

(二)银行商业特许经营模式的创制:澳大利亚 Bendigo 社区银行的出现

1993 年到 2000 年短短 7 年间,陆续有 2050 家银行分支机构(占全国银行分支机构总数的 29%)撤出了澳大利亚农村地区,很多农村社区出现了银行机构和金融服务空白。Bendigo 银行发现了大批量银行分支机构给农村地区带来的负面冲击和影响,1998 年其开始同维多利亚社区、鲁帕尼厄普和米尼普社区(the Victorian communities, Rupanyup and Minyip)合作建立 Bendigo 社区银行,开始了银行重返农村地区的试点。鉴于以往其他银行在农村地区直接投资开设分支机构但最终撤出的教训,为避免重蹈覆辙,Bendigo 银行另辟蹊径另外创制了一种新的模式,即银行商业特许经营模式:Bendigo 社区银行由当地社区的居民和企业作为股东出资设立,具有独立主体资格,Bendigo 银行与其是商业特许经营关系,其作为特许权人,为特许 Bendigo 社区银行提供银行牌照的许可、全方位的银行产品、员工培训和持续的支持,但 Bendigo 银行并不投资入股,也不是 Bendigo 社区银行的股东,双方只是纯粹的商业特许经营关系,Bendigo 社区银行支付特许使用费作为对价。这种银行

特许经营模式在澳大利亚银行史上还是首次。[1]

Bendigo 社区银行自开始试点,便受到了众多农村社区的热烈欢迎。经过近 20 年的发展,Bendigo 社区银行不仅遍及了澳大利亚的农村地区,也入驻了众多城市社区,且数目仍在不断增长。截至 2016 年年底,澳大利亚已经设立了 313 家 Bendigo 社区银行,回馈当地社区 1 亿 6500 万美元,并向 74,000 名本地股东支付股息 4200 万美元。[2] 在 2013 年 9 月至 2015 年 2 月,Bendigo 银行进行了一次关于社区银行模式的调查,即"地平线"项目(Project Horizon)。这个项目是通过与众多的社区银行磋商和全盘调查进行的,项目的着力点在于进一步调整财务模式,以平衡参与社区与 Bendigo 银行间各自的付出与回报,以更好的实现风险共担。调研项目希冀通过对这种特许经营模式进行进一步的反思与改良,以寻求一个更加稳定、更具可持续发展的模式,以助力当下的社区银行在现在及未来都可获得成功运作。[3]

二、外部制度解构:特许银行与被特许银行的商业特许经营关系

Bendigo 社区银行采用的是商业特许经营模式,故 Bendigo 银行与 Bendigo 社区银行间签订的商业特许经营协议是 Bendigo 社区银行业务的基础,其设定了 Bendigo 社区银行和 Bendigo 银行之间的关系及其各自权利义务。该商业特许协议中 Bendigo 银行为特许人,Bendigo 社区银行为被特许人,其之间的法律关系受《澳大利亚特许经营行为法典》(the Franchising Code of Conduct)的制约。该商业特许经营权协议是非排他性的,Bendigo 银行可以授权其他社区在任何地方开设 Bendigo 社区银行。[4] 在银行商业特许经营模式之下,特许银行和被特许银行间的特许经营关系大体如下。

(一)特许银行 Bendigo 银行的帮助与指导义务

Bendigo 银行作为特许人,对 Bendigo 社区银行有一系列帮助和指导义务,具体包括:Bendigo 银行必须授权 Bendigo 社区银行有权使用 Bendigo 银行的名称、商标、Bendigo 社区银行商标等;(2)Bendigo 社区银行负责选定其营业位置,Bendigo 银行必须对其选址类型给予指导;(3)必须对 Bendigo 社区银行的装备及维护做出要求,其中包括外观形象、布局、色

〔1〕 Kurt Hess,"The Australasian banking system", pp. 36 – 37, Accessed March 7, 2016, https://www.researchgate.net/publication/228689749.

〔2〕 "About Community Bank ®", Accessed March 2, 2017, http://www.bendigobank.com.au/public/community/community-banking/about-community-bank.

〔3〕 "The future", Accessed April 12, 2016, http://www.bendigobank.com.au/public/community/community-banking/about-community-bank.

〔4〕 Elizabeth Duncan,"Why are Community Banks in Australia Successful: An Exploration". *Ssrn Electronic Journal* 6, 2008, p. 45.

彩布局、装饰品、设备以及标志等,相应的社区银行必须遵循 Bendigo 银行告知其的要求和变化;(4)必须为 Bendigo 社区银行提供运营和专家及基础设施支持,Bendigo 银行对具体支持程度有自由裁量权;(5)必须在 Bendigo 社区银行的运营给予指导,具体包括营运和财政、人员招聘和业绩管理、经营风险、社区贡献等方面;(6)必须给 Bendigo 社区银行发布操作手册和企业管理手册(关于公司事务的要求,如企业管理、员工培训、职业健康与安全以及环境报告等),Bendigo 社区银行必须遵循此手册;(7)必须遵循相关法律的要求,为 Bendigo 社区银行营业提供产品和服务。Bendigo 银行持有吸收存款的经营许可证、澳大利亚金融服务经营许可证及澳大利亚信用经营许可证。基于这些许可证,Bendigo 银行授权 Bendigo 社区银行为其代表;基于澳大利亚金融服务经营许可证的授权许可,Bendigo 银行授权 Bendigo 社区银行提供金融服务,并且代表 Bendigo 银行经营不同种类的金融产品与服务;(8)必须确保其提供的金融产品和服务能够被 Bendigo 社区银行推广和销售,其可以决定哪些产品和服务能授权给 Bendigo 社区银行,并有权决定不同的产品和服务提供给不同地区的 Bendigo 社区银行。[1]

(二)被特许银行 Bendigo 社区银行的权利与义务

作为被特许人,Bendigo 社区银行有权使用 Bendigo 银行的名称、Bendigo 银行商标、Bendigo 社区银行商标等;除此之外,上文所述的 Bendigo 银行的众多义务,俱为 Bendigo 社区银行当然之权利。此外 Bendigo 社区银行还将享受 Bendigo 银行所做广告以及推广所带来的利益。

Bendigo 社区银行的义务主要有:(1)将在 Bendigo 银行的特许授权下从事业务经营,其业务经营具有目的唯一性,除非取得 Bendigo 银行的授权,其不得从事其他业务,其只能作为 Bendigo 银行的代理商或分销商来推广或销售金融产品和服务,只能销售 Bendigo 银行提供的产品和服务;(2)向 Bendigo 银行缴纳特许经营许可费用;(3)必须接受 Bendigo 银行提供的以下各项服务并支付相应的费用:员工培训如公司运营和程序方面的培训;工资单服务;支票交换服务;为该社区银行提供设施配备;等等;(4)必须参加与 Bendigo 银行的会议,并向 Bendigo 银行做日常的详细报告,Bendigo 银行有权从获得其他信息,有权进入 Bendigo 社区银行并对其信息进行审核;在公共沟通方面,Bendigo 社区银行必须遵循 Bendigo 银行关于公共沟通的指导,包括利用社交媒体进行沟通等;(5)Bendigo 社区银行必须获得并保有特许经营权协议中规定的保险,包括专业损害赔偿保险、产品责任保险,经理和员工补偿保险以及银行全面犯罪保险等。

除以上义务外,在特许经营权期限内,Bendigo 社区银行还不得从事以下行为:(1)自我

---

〔1〕 The Field Guide. The Bendigo community bank model, at http://fieldguide. capitalinstitute. org/bendigo-community-bank-model-part-one. html.

交易或者对进行的活动有金融利益;(2)尝试从 Bendigo 银行的客户中挖取客户;(3)在特许经营权期限内,以及在特许经营权期满后一年内,引诱挖取来自 Bendigo 银行以及其他作为被特许人的 Bendigo 社区银行的员工;(4)Bendigo 社区银行的员工和经理不得从事与 Bendigo 银行相冲突的活动,包括为与 Bendigo 银行有竞争关系的企业工作,或在该竞争企业有相关利益。[1]

(三)商业特许经营协议的期满、续期与终止

初始特许经营协议期限为 5 年,在该初始 5 年期限结束前,如果 Bendigo 社区银行满足续签特许经营协议的条件,Bendigo 银行必须续签下一个 5 年协议。当第二个 5 年期限结束时,需同样的申请条件和程序,Bendigo 银行在此(15 年)之后便没有继续续签协议的义务。Bendigo 社区银行要求续签特许经营合同,需在该特许经营权到期前的最后 3 ~6 个月内提出。协议续签的条件如下:(1)Bendigo 社区银行没有违反特许经营协议;(2)Bendigo 社区银行租赁场所的租期长达 15 年,从该社区银行营业之日起算;(3)在协议期间内 Bendigo 社区银行做出的任何变动都符合 Bendigo 银行的装备要求。如果在第一个 5 年期限届满之前,这些情形没有得到满足,特许经营权协议将会在最初的 5 年之后终结。如果特许经营权得到续展,但是该 Bendigo 社区银行在第二个 5 年期届满之前没有满足,特许经营权协议将在该协议开始之后 10 年终结。Bendigo 社区银行续签协议后需支付续展费,包括附加的特许经营权费用、处理费、培训费以及支付 Bendigo 银行为续展该项关系的合理费用。

Bendigo 银行在以下任何适用的情况下都可以结束特许经营权协议:(1)Bendigo 社区银行违反协议并在接到 Bendigo 银行通知的 30 日内没有纠正;(2)Bendigo 社区银行的经营在任何 6 个月的期限内每个月都没有盈利;(3)Bendigo 社区银行破产;(4)Bendigo 社区银行自愿终止运营或经销关系;(5)Bendigo 社区银行被起诉严重犯法;(6)Bendigo 社区银行在经营中欺诈;(7)Bendigo 社区银行以危害公共健康和安全的方式运营。相应地,如果 Bendigo 银行实质性违反特许经营协议,则 Bendigo 社区银行也可以终止协议。[2]

三、内部制度解构:银行商业特许经营下被特许银行之公司治理

与我国采用的"二元制"公司治理模式在股东会下设董事会和监事会不同,英美法系国

〔1〕 Elizabeth Duncan,"Why are Community Banks in Australia Successful:An Exploration". *Ssrn Electronic Journal* 6,2008,p.47.

〔2〕 "Franchise Relationship, Prospectus of Kyabram & District Community Bank Limited", p. 24, Accessed July 5, 2016, http://www.bendigobank.com.au/public/community/community-banking/prospectus.

家在公司治理结构上大多采用“一元制”治理模式即在股东会下只设董事会，澳大利亚采用的公司治理结构就是典型的一元制。Bendigo 社区银行作为公司，其治理结构自然也遵循一元制的构造。

（一）Bendigo 社区银行的股东会：一人一票及禁止持股利益

Bendigo 社区银行的章程对其股东会的表决机制及股权分布通常有着详细规定与要求，且除非 Bendigo 银行同意，否则 Bendigo 社区银行不能修改其章程中的核心条款。在股东会的表决机制上，无论股东持有股权数量的多少，均只有一个投票权，Bendigo 社区银行通过给予所有股东平等的投票权，以凸显 Bendigo 社区银行以社区为基础的公司性质。但是在股东分红和剩余财产分配请求权上，依然是按照持股比例分配，在给股东分红时，具体用于股东分红的利润比例是受特许经营协议限制的，该点在前文已述，而且如果股东持有禁止持股利益（prohibited shareholding interest），则该禁止持股利益并不享有投票权和分红权。股东手中的股权可以自由转让，但当股权转让将导致禁止持股利益产生时，则董事会可以拒绝该股权转让及其登记。[1] 所谓禁止持股利益，具体包括以下情形：

（1）持有或控制10%以上股权时。一个主体拥有或控制10%或以上的股份时为禁止持股利益，如果一个主体可以控制的本公司10%以上的投票权，也是拥有禁止持股利益。这一持股限制的目的是体现 Bendigo 社区银行的社会基础性质，以确保股权不会集中在少数股东手中。

（2）无密切联系。由于 Bendigo 社区银行以社区为基础的性质，其要求股东必须与社区有密切联系，如果主体与当地社区没有紧密联系，也将被视为有禁止持股利益。例如当地社区的居民，注册地在当地社区且股权被当地居民持有的公司，都会被认为与当地社区有密切联系。当主体申请股权或进行股权转让登记时，董事会有权评估某一主体是否具有密切联系。密切联系也会发生变化，如某一股东现在是社区的居民，但他有可能会搬到另一地区居住，在这种情况下，董事会有权要求股东提供信息以评定此人今后与社区是否保持着足够的联系，如果董事会认为此人今后不会再与社区有紧密联系，则其必须转让手中的股权给其他具有密切联系的主体。这种情况也会发生在股权转让阶段，社区银行的股权转让是自由的，但受让主体也必须与当地社区有密切联系，如果没有，则其无权成为受让主体。

（3）股权转让导致股东人数少于“基数”的，该基数为 Bendigo 社区银行募集设立时入股股东数目的90%。为保证 Bendigo 社区银行股权广泛散布于社区各类主体，Bendigo 社

---

〔1〕 Graeme Byrne, Maureen Rogers and Earl Jobling, “community bank in Australia: an innovative approach to social and economic wealth creation”. *International Journal of Entrepreneurship & Innovation Management* 56(5), 2005, pp. 495 – 507.

区银行要求股权转让不能致使股东人数少于“基数”，否则该股权也会被认为具有“禁止的持股利益”。如果拥有禁止持股利益，则该股权的投票权和分红权将被暂停直至致使其成为禁止持股利益的情况消失。董事会在获悉某股东有禁止持股利益时，必须对股东发出正式通知，要求其主动消除这种情形，如果股东在规定期限内（一般为是 3 ~ 6 个月）不遵守董事会通知，则董事会有权代表此股东处置其股权，转让收益在扣除董事会为出售或其他处理方式的费用后，归该股东所有。董事会的该项权利，会在 Bendigo 社区银行章程中给予明确授权。[1]

（二）Bendigo 社区银行的董事会

Bendigo 社区银行的经营管理由董事会负责，社区银行的战略决策、预算、财务状况监管、社区贡献和股利分配、风险管理和员工政策等均由董事会决定。董事具有以下义务：如促进 Bendigo 社区银行业务经营，不断完善 Bendigo 社区银行的特许经营模式，尽最大努力促使 Bendigo 社区银行履行特许经营协议，遵守特许经营协议中关于利益冲突的规定，接受 Bendigo 银行的企业价值观，并遵守 Bendigo 银行给公司规定的行为准则等。[2] Bendigo 银行与 Bendigo 社区银行共同统一任命 Bendigo 社区银行经理。其他员工的具体来源，可以由 Bendigo 社区银行直接聘任，也可由 Bendigo 银行派往 Bendigo 社区银行，但无论员工来源如何，在劳动关系归属上，其都只是 Bendigo 社区银行的员工。此外所有的员工必须经由 Bendigo 银行批准，在特定情形下如经过培训没有达到履职要求或者没有履行其所要求的职责，Bendigo 银行有权要求一些员工停止参与 Bendigo 社区银行的经营。

1. 董事的任命与资格要求。Bendigo 社区银行董事会成员由股东选举产生，董事也由当地社区居民充任，其一般具有经商经验、相应资历和专业。除此外董事的任职资格主要有：董事在被任命之前，都必须进行廉洁检查（probity check），主要检查内容为有无犯罪记录，且每 12 个月董事有义务再次接受廉洁检查；董事不得有破产记录，也不得成为法律诉讼或行政处罚的对象，也不得在涉诉或行政处罚的公司担任为董事，除此之外，若其在担任其他公司董事期间，该公司遭遇破产或者在其辞职后 12 个月后破产，则此人也不能担任 Bendigo 社区银行的董事。

2. 董事的薪酬、保障与“特权包”。Bendigo 社区银行的董事没有薪酬，但董事具有权利保障，Bendigo 社区银行会通过为董事购买保险的形式，保证社区银行的现任董事、前任董事以及任期届满辞任的董事不会因其行使职务行为而面临对第三人的赔偿责任。除此之外，由于董事对 Bendigo 社区银行经营成败的重要性，Bendigo 社区银行、所在社区与

---

〔1〕 Elizabeth Duncan，“Why are Community Banks in Australia Successful：An Exploration”. *Ssrn Electronic Journal* 6，2008，p. 49.

〔2〕 Stubbs，W& Cocklin，“Cooperative，Community-Spirited and Commercial：Social Sustainability at Bendigo Bank”，*Corporate Social Responsibility & Environmental Management* 14，2007，pp. 251 – 262.

Bendigo银行会给予董事"特权包"——Bendigo社区银行的股东也是享有这些特权的,但董事享有这些特权,并不需要持股,具体特权如可享受Bendigo社区银行各种产品和服务的折扣等。[1]

3. 董事会下设的各委员会。董事会可以下设各委员会以帮助分责。Bendigo社区银行董事会通常下设以下委员会:(1)尽职调查委员会,主要帮助董事会准备招股说明书,并进行尽职调查确保招股说明书符合法律;(2)运作、管理和治理委员会,主要负责监管Bendigo社区银行日常运作并报告给经理,确定市场运作指导方针并保证恰当的公司治理程序及其实施,为董事会筹备换届计划等;(3)资产委员会,主要负责鉴别被提议的Bendigo社区银行的位置等;(4)财务管理委员会,主要监管Bendigo社区银行的财务状况、安排审计、做出预算和制定战略计划;(5)人力资源委员会,主要是和Bendigo银行一起共同安排分行员工的面试和招聘;(6)社区捐赠和股利委员会,主要负责Bendigo社区贡献和股利的分发。

四、共建多赢:银行商业特许经营模式成功的生命力要核

从模式首创至今,银行商业特许经营模式已经走过了近20年的历程,在这近20年间,Bendigo银行作为特许银行,每年都不遗余力地在澳大利亚新的社区(包括农村和城市社区)推广该模式,从未间断;而对于参与社区方而言,该模式也受到了众多社区的欢迎,越来越多的社区向Bendigo银行提出了设立当地的Bendigo社区银行的申请,新的Bendigo社区银行源源不断的设立,Bendigo社区银行队伍在澳大利亚不断壮大。可以说,银行商业特许经营这种模式,无论对于特许银行方,还是对于参与社区方,都是互利共赢的,这也是这种模式强劲生命力的要核所在。[2]

(一)参与社区的多重受益

在银行商业特许经营模式之下,参与社区可以建立一家由Bendigo银行作为特许经营权人(特许银行)、由当地社区居民和企业投资入股的银行即Bendigo社区银行(被特许银行),这会给当地居民和企业以强烈的激励,使他们通过自己所参股的本地银行来处理自己的财务,从而最大限度地增强当地企业的盈利能力。参与社区为Bendigo社区银行提供启动资金,负责Bendigo社区银行的运营,并负责银行的运营成本如员工工资、银行场所租赁成本等及防控银行经营风险。参与社区有机会获得以下收益:Bendigo社区银行利润的一部分给当地股东分红,另一部分收益可以用来支持社区的发展,具体由Bendigo社区银行的

---

[1] *Governance*, *Prospectus of Kyabram & District Community Bank Limited*, pp. 41 – 43. Accessed July 15, 2016, http://www.bendigobank.com.au/public/community/community-banking/prospectus.

[2] Lester W. Johnson, Rhett H. Walker and Graeme Byrne, The perceived impact of Australian community banks on quality of life, *the melbourne review* 4, 2008, pp. 64 – 69.

董事会决定利润在股东和社区间的分配比例以及如何在社区间运用,例如,社区的各种公益组织可以向社区银行申请资金,资金的投向包括当地媒体设施,老年人护理设施以及体育设施,也包括其他各种形式的社区援助,如社区公交,消防器材以及青少年发展项目等。[1]

故作为被特许银行的 Bendigo 社区银行,其设立目的和初衷及客观溢出效果都是多重的,而这些多重收益的受益方就是参与社区:首先,为参与的社区提供了银行服务,填补了金融服务空缺——Bendigo 社区银行的存在及其服务的提供不仅能够提升本社区的投资水平,还可以刺激商业活动,为当地增加就业机会,增加本地商业经营信心等;其次,帮助参与社区更好的运营产生于本地的资本并分享其收益;最后,使参与的社区分享社区银行所产生的利润,并且使得股东获取红利成为可能——一般而言,社区对当地银行所产生利润的去向是没有任何发言权,其属于股东权利范围,但这个原则不适用于 Bendigo 社区银行——其董事会中包括当地社区的代表,他们共同决定 Bendigo 社区银行利润的用途。[2] 所以,Bendigo 特许经营模式下的 Bendigo 社区银行,其模式的实质是在社区和 Bendigo 银行之间共建互赢,通过双方权利义务的配置和衡平,根据双方对共同经营的社区银行的投入,分配其获得相应的回报。

(二)无须资金投入且收益稳定:作为特许银行的 Bendigo 银行

Bendigo 银行作为特许经营权人即特许银行,其负责提供一个全国性识别的品牌、产品和服务以及运营体系,它还需负责持续持有和保有向 Bendigo 社区银行所提供的所有的产品和服务的监管执照。此外它还需要为 Bendigo 社区银行的一系列事项提供指导,包括与消费者客户关系的发展、运营效率、盈利能力、员工聘用与培训以及运营风险防控等。Bendigo 社区银行对自身运营和相关成本承担责任,自负盈亏、Bendigo 银行对 Bendigo 社区银行的盈亏并不担负任何责任。[3]

这种模式对于 Bendigo 银行而言是低风险且稳获收益的:通过当地社区所出资设立的 Bendigo 社区银行,Bendigo 银行能够在无须出资、且无须承担额外责任的情况下,建立自己产品和服务的分销网络,并能够进一步扩大自己品牌的影响度。除此之外,Bendigo 银行还

---

〔1〕 "Community Campaigns-and-Programs", Accessed April 24, 2016, http://www. bendigobank. com. au/public/community/community-campaigns-and-programs; "Community Partnerships", Accessed April 24, 2016, http://www. bendigobank. com. au/public/community/community-partnerships; "Community Funding", Accessed April 24, 2016, http://www. bendigobank. com. au/public/community/community-funding; "Generation Green" Accessed April 24, 2016, http://www. bendigobank. com. au/public/community/generation-green.

〔2〕 "Community Promise", Accessed April 26, 2016, http://www. bendigobank. com. au/public/community/community-promise.

〔3〕 Di Thomson and Malcolm Abbott, "Community Banking in Australia Agenda", *A Journal of Policy Analysis and Reform* 7(3), 2000.

可获取不菲的收益:一部分来自向Bendigo社区银行公司收取的特许经营费,一部分来自Bendigo社区银行销售的产品和服务的利润分成。[1]

(三)"背靠大树的出生和发展":作为被特许银行的Bendigo社区银行

相对应的,每一家Bendigo社区银行作为Bendigo银行的特许经营银行而存在并开展经营,其在缴纳了特许经营费后,有权使用Bendigo银行名称标识及其运营系统,有权销售Bendigo银行开发的产品和服务,员工有权接受Bendigo银行的培训等。众所周知,高负债的银行业的运营不同于普通行业,其有着自身的专业性、复杂性和外部性,由毫无经验的普通资本去运营专业化和风险都程度如此之高的行业,本身就会蕴含极大的风险,这也是我国监管层迟迟不放开民营银行,直到2014年才开闸允许设立的原因之一,也是监管层在设计我国村镇银行制度时要求村镇银行必须由银行作为最大股东和主发起银行的重要原因。

然而,银行商业特许经营模式之下,该问题迎刃而解。Bendigo社区银行"背靠着大树出生和发展":从其设立产生伊始,就有成熟稳健的特许银行Bendigo银行的全面指导培训和支持,这种"扩印底板"式的发展模式大大缩短了其业务摸索和尝试时间,加速了其经营的成熟和盈利的可期,从而降低了运营的风险;与此同时,其还可以承袭享受Bendigo银行现成的商誉和品牌,分享规模效益。尤其重要的是,由于Bendigo社区银行与"大树"Bendigo银行之间只是纯粹的特许与被特许关系,并无股权投资和控股关系,双方权利义务界限明晰,Bendigo社区银行丝毫无须担心受特许银行的过度控制而伤及自身独立性和利益。

(四)各方权益实现的历史表现

一如前述,Bendigo社区银行始于1998年,自创办以来,众多Bendigo社区银行的盈利表现受各种因素影响而有过起伏,但总体而言,大体上是实现了各方多赢这样一个设立初衷的。

首先来看Bendigo社区银行对所在社区的贡献。Bendigo社区银行模式的一个重要目标就是使当地的社区能够分享Bendigo社区银行的利润,而这一目标的实现主要是通过Bendigo社区银行对它们所在的社区进行利润分配来实现的。这种利润分配具体可以表现向社区捐赠、拨款或资助等方式,也可表现为购置一部分Bendigo社区银行财产,但供社区公共使用。[2] Bendigo银行鼓励所有的Bendigo社区银行回报社区,但是分配给所在社区的具体数额和比例由Bendigo社区银行董事会来决定。截至2016年年底,自1998年第一

[1] Wendy Stubbs & Chris Cocklin. Cooperative, "Community-Spirited and Commercial: Social Sustainability at Bendigo Bank", *Corporate Social Responsibility and Environmental Management* 14, 2007, pp. 251 – 262.

[2] "Bendigo bank: building better communities: Bendigo's community bank story", accessed May 1, 2016, http://www.bendigobank.com.au/public/community_bank/pdf/2580_communitycontribution.pdf.

家 Bendigo 社区银行开办以来,已经超过 1.6 亿美元通过 Bendigo 社区银行系统提供给了社区项目。以 2014 年为例,除两家 Bendigo 社区银行外,其他的 Bendigo 社区银行对所在社区都有不同比例的回馈。对社区回馈的比例和多少因不同社区银行而有所不同,这也大体上反映了各 Bendigo 社区银行的成熟程度。举例而言,截至 2014 年 6 月 30 日,营业少于 3 年的 Bendigo 社区银行所回馈的金额在 0 ~ 50,000 美元,而对于已经经营业 6 年及以上的社区银行来说,所做贡献的金额在 0 ~ 200,000,且大部分都超过了 50,000 美元。[1]

其次来看每股的分红。一如前述,Bendigo 社区银行模式的一个主要目的就是为当地的社区分享由 Bendigo 社区银行所产生的利润,不是简单的、仅仅以股东收益为目的。每个 Bendigo 社区银行的董事会有权决定是否向股东支付红利以及支付红利的数额,当然向股东分红的数额和比例受到 Bendigo 银行的特许经营协议所设的最高比例的限制。所以有很大一部分 Bendigo 社区银行盈利后先回馈社区之后才向股东提供红利。所以对股东的分红是在缴纳税款和社区回馈之后计算出来的,社区回馈额度越大,每股的分红就越少。以 2014 年为例,整个 Bendigo 社区银行平均利润为每股分红 3.61 美分,统计数据显示,经营期限在 4 年以下的 Bendigo 社区银行,大多处于亏损状态,营业期限超过 5 年的 Bendigo 社区银行,平均每股分红为 11.49 美分。[2]

五、受困于主发起行的村镇银行:我国移植银行商业特许经营的最佳载体

我国银行业并没有实行商业特许经营,目前在我国商业特许经营的运作现实中,主要集中于餐饮、零售、洗衣、美容、室内装饰等行业,在关于商业特许经营的立法《商业特许经营管理条例》中,也仅是规定"企业以外的其他单位和个人不得作为特许人从事特许经营活动"[3],并没有对银行业实行特许经营实施禁止。但鉴于我国对金融业的监管和管控历来甚为严格,这么多年来无论是经济运行现实还是学界,从未涉足过银行业的商业特许经营。但任何事物和制度的发展,都有一个从无到有、从萌芽到成熟的轨迹,银行商业特许经营也大抵如此,Bendigo 银行初创这种模式的时候,也曾遭遇过多方包括银行高层的质疑。既然其在澳大利亚能够首创并取得巨大的成功,就已经证明了其合理性和可行性,故我国对此制度尝试引进并无不可,更何况我国也存在与澳大利亚社区银行产生背景类似的境况。

为解决我国农村金融空洞化,原银监会在 2006 年准许境内外金融机构、境内非金融机

---

〔1〕 The Field Guide. "The future of the Bendigo community bank model, a conversation with Bendigo bank CEO Mike Hirst", Accessed May 2, 2016, http://fieldguide.capitalinstitute.org/conversation-with-bendigo-bank-ceo-mike-hirst.html.

〔2〕 The Field Guide. "The future of the Bendigo community bank model, a conversation with Bendigo bank CEO Mike Hirst", Accessed May 2, 2016, http://fieldguide.capitalinstitute.org/conversation-with-bendigo-bank-ceo-mike-hirst.html.

〔3〕《商业特许经营管理条例》第 3 条。

构企业法人、境内自然人出资，在农村地区的县和乡镇两级设立村镇银行，为杜绝资金虹吸，村镇银行的业务经营受到严格限制，不能跨县发放贷款。[1] 截至2016年年底我国共有村镇银行1519家，[2]按照监管层每县均有一家村镇银行的规划，村镇银行的数量还会进一步扩张。截至目前村镇银行发展已逾10年，虽从数量上看其发展可谓高歌猛进一派繁荣，但繁荣外表之下困境重重：如逐利性与支农性冲突严重，大幅偏离服务“三农”初衷；知名度和信誉度低导致民众敢贷不敢存，资金瓶颈制约突出；主发起银行制度致使村镇银行股权失衡且独立性欠缺；治理结构过于随意；行政干预突出；等等。[3] 其中最核心的冲突便是其主发起行制度的设置——村镇银行最大股东或唯一股东必须是银行业金融机构，且最大银行业金融机构股东持股比例不得低于村镇银行股本总额的20%（后降至15%[4]）。十余年来，各界对主发起行制度的声讨从未停止过。在运行现实层面，主发起行制也致使村镇银行的发展严重受困：首先是主发起行过度控制村镇银行严重，很多主发起行的持股比例都超过了51%，以致村镇银行沦为了主发起行的分支机构；其次主发起行的强势持股和“一言堂”的强势管理也打击了民间资本参股设立村镇银行的积极性；[5]再次在唯利性的驱使下，经济发达的农村地区遭到主发起行的哄抢，但众多经济落后亟需金融服务的农村地区再次被嫌贫爱富的银行们摈弃，以致当地的村镇银行因主发起行的缺位而设立不能——当下1500多家村镇银行主要扎堆设立在经济发达的省份，而甘肃、贵州、青海等省份村镇银行的设立严重不足。[6] 本意在提升村镇银行公信度并强化其专业化运营的主发起行制度，俨然已经成了村镇银行发展的最大桎梏，如何为村镇银行的发展解套是我们不得不面对的难题。

Bendigo银行所创制的这种银行商业特许经营模式为我们求解村镇银行的困境提供了很对口的移植范本——其成功实现了“鱼和熊掌兼得”，即利用了成熟银行的商标、产品和服务、运营模式、风险防控等，也避免了因其控股而导致的一系列弊端，较之主发起行制度，其更好地实现了我国村镇银行立法当初设置主发起行制度的初衷。我国村镇银行与澳大利亚Bendigo社区银行业在产生背景与设立初衷、借力外部成熟银行、发展定位等方面存在多维度的契合：两者的设立目的都是填补被唯利是图的银行们遗弃的农村地区的金融空洞，满足当地亟需的金融服务需求，都是旨在助力社会底层的普惠金融；在具体的制度设置

---

〔1〕《村镇银行管理暂行规定》第5条、第8条。

〔2〕《银监会：截至2016年末全国已组建村镇银行1516家》，载新浪财经网：http://finance.sina.com.cn/money/bank/bank_yhfg/2017-03-03/doc-ifycaasy7412278.shtml，最后访问日期：2017年3月20日。

〔3〕柴瑞娟：《民间资本控股村镇银行：逻辑证成与法律规制》，载《法学评论》2012年第6期。

〔4〕银监会2012年出台的《关于鼓励和引导民间资本进入银行业的实施意见》。

〔5〕杨佼：《民企失望退出，掀起村镇银行股权转让潮》，载《第一财经日报》2012年11月23日。

〔6〕参见秦丽萍、邹新：《村镇银行组建缓慢2012年前9个月仅70多家经济欠发达地区主发起行难寻》，载《第一财经日报》2012年12月27日；张昕：《村镇银行扩张布局被指嫌贫爱富主发起行制存隐忧》，载《南方日报》2015年1月14日；秦丽萍、邹新：《监管评级需达二级村镇银行主发起行难寻》，载《第一财经日报》2012年12月27日。

上,为了降低外行资本经营银行业的风险,均向外部成熟银行借力,我国村镇银行外部借力主发起银行的直接投资入股,Bendigo 社区银行则外部借力 Bendigo 银行的商业特许经营,虽两者在具体借力方式上完全不同,但都倚重外部成熟银行的支持;在发展定位上,两者均定位于社区银行。村镇银行这种定位和澳大利亚社区银行的定位是类似的,虽然村镇银行的社区银行定位从股东到运营,都与澳大利亚社区银行差异甚大,后者的社区性凸显得更为彻底,但并不影响两者发展方向的大体类似。我国村镇银行和 Bendigo 社区银行在这众多方面的契合与相似,直接增强了在两者间进行制度移植的成功度,构筑了两者间坚实的移植基础。故若要突围我国村镇银行的发展困境,移植 Bendigo 社区银行的商业特许经营模式,以村镇银行作为制度移植客体,或可一试。

六、本土化移植:我国引入银行商业特许经营模式的具体路径

金融资本市场法律制度由于其营利性和技术性,较之其他法律部门,其国际性和普适性更为明显,在制度借鉴和移植时也就较少受到当地的政治、传统和文化等因素的影响,其移植后的适应性和成功率也远高于其他法律部门。所以综观我国金融市场现有的众多法律制度,从发达经济体借鉴移植的制度不胜枚举,虽其中有不尽如人意者,但运行稳健效果斐然的也不在少数。故对银行商业特许经营模式进行移植,再结合我国国情进行本土化改造是可行的。废除我国村镇银行中当下屡受诟病的主发起行制度,以达到一定评级的大型成熟银行采用商业特许经营模式来进行制度替代,确实为两全之策。至于具体构建,在股东资格、股权配置、股东权利、分红和社区贡献、董事选择、董事会职权、村镇银行与特许行之间特许经营权利义务分配等方面,都可以对 Bendigo 社区银行加以借鉴并结合本土金融文化加以选择性吸纳,从而开启我国村镇银行走出发展困境并惠及广大农村地区之路。

(一)以银行商业特许经营模式代替主发起行制

已如前述,村镇银行的主发起行制弊端重重,而银行商业特许经营模式下的特许银行有其利但无其弊,可考虑废除主发起行制,以商业特许经营模式取而代之。具体由特许银行取代主发起行,以商业特许经营法律关系取代直接投资入股法律关系。在特许银行的选择上,以成熟稳健为考核标准,我国银行商业化推行多年效果显著,故国有银行、全国性股份制商业银行和超大型城市商业银行均可堪此重任,自身脆弱的小型商业银行可排除在外。在具体操作上,可由银监会对特许银行进行资格许可,获得此资格者,在其投资入股的村镇银行中进行角色转换,即将手中股权转让给其他投资者,将股东身份变更为特许银行。对于既存的不具有特许银行资格但又投资入股村镇银行的,也一并限令其转让股权,同时引入适格的特许银行。特许银行与村镇银行之间形成新的银行商业特许经营关系,双方的

权利义务可参照Bendigo银行和Bendigo社区银行之间的设置。

(二)商业特许经营下村镇银行的募集设立与股东资格限制

我国当下立法仅允许村镇银行进行发起设立,不能向社会公开募集资金,故综观我国千余家村镇银行的股东架构,多在10~20人,很少超过30位投资者。发起设立限制之下,投资村镇银行入股银行业无疑成了强势经济主体的专利,众多有投资意愿的主体被剥夺了平等投资机会,村镇银行的社区性在股东源头上就遭遇了严重的削弱。故为确保村镇银行的社区属性,夯实其社区根基和社区忠诚度,同时也为确保当地社区普通居民和企业的平等投资机会,有必要借鉴Bendigo社区银行的做法,对村镇银行进行募集设立,对村镇银行在当地进行众筹设立,股东数量不少于200人,且投资人必须与当地社区有密切联系,必须为当地户籍的居民或注册地在当地的企业,之后的股权转让主体亦必须具有此密切联系。我国当下村镇银行的股东资格并没有与当地有密切联系的限制和要求,现实中外地投资者众,也就从根本上削弱了村镇银行与当地的资本和情感联系,故此制度必须改变。就股权结构而言,我国村镇银行当下立法要求除主发起银行外的单一投资主体持股不能超过10%,与Bendigo社区银行的做法异曲同工,也符合公司法中股权制衡的一般理论,可予以保留。

(三)村镇银行股东投票权、分红限制与社区回馈

Bendigo社区银行的股东实行的是一人一票,有典型的合作性质。在股东分红上,也强制性的要求银行利润必须有一定的比例无偿回馈给社区后,才能对股东进行分红。我国村镇银行在引入银行商业特许经营模式后,在此问题上不能照搬。一股一票是典型的合作金融的特征,从中华人民共和国成立到现在,实行一股一票的合作金融在我国日渐衰落,农村信用社、城市信用社纷纷变身为资本多数决的商业银行,农村资金互助社步履维艰,都一再证明合作金融及其一人一票机制在我国确实不具有生存土壤。故我们还是遵从资本本性,以资本多寡来定话语权,与其他的商业银行一样奉行一股一票更为现实。在分红限制方面,我国公司社会责任理论倡导多年,依然停留在提倡阶段,故在巨无霸型商业银行尚难以做到社会回馈和分红限制的当下,强行要求处于银行金字塔底层的村镇银行“兼济天下”,实在是勉为其难,故在分红限制和社会回馈方面,还是要求村镇银行“独善其身”,尊重资本的逐利本性更为现实。

(四)董事选择与公司治理的完善

Bendigo社区银行的董事全部由当地居民中具有相关知识背景者担任,且不领取薪酬。在此问题上,我国村镇银行在引入商业特许经营模式后,也无法照搬。银行业本就是专业性强的特殊行业,其董事必须具有与履职相适应的知识、经验和能力,囿于我国县域内居民

的整体受教育水平和金融、经济从业经验,要求村镇银行的董事完全当地化并不现实。一元制下的 Bendigo 社区银行公司治理还是相当完善的,反观之下我国村镇银行公司治理方面则显得过于弹性随意,其董事会和监事会均为任意设置机构,在一定程度上,这种规定与我国公司法是直接悖反的,公司法规定只有股权人数较少或规模较小的公司,治理结构才能适当简化,但村镇银行无论从哪方面衡量,显然都不属于此列,再兼银行业本就是高负债的风险行业,其公司治理尤其需要严谨,故将村镇银行公司治理与其他商业银行统一标准是应有之举。

七、结　　语

农村金融难题或者说低收入区域和阶层的金融难题,并不是我国独有的现象,世界各国无论是发展中国家还是发达国家,均存在类似的问题。为解决此难题,各国在本国语境下摸索出了各自的求解模式且其中不乏成绩斐然者:如孟加拉国的乡村银行模式、美国的社区银行模式、澳大利亚 Bendigo 社区银行所创制的银行商业特许经营模式等。我国在破除农村金融困境的道路上,也历经了几十年的不断尝试探索:从中华人民共和国成立初的农村信用社,到后来的农村合作基金会,再到当下的村镇银行,然而一路走来坎坷不断,农村信用社不断变身,农村合作基金会因其乱象被取缔,村镇银行发展十年收效甚微。在各国成功的模式中澳大利亚 Bendigo 社区银行所创制的银行商业特许经营模式与我国当下力推的村镇银行存在多维度的契合而最为类似,Bendigo 社区银行 20 年的丰硕成果也与我国村镇银行 10 年来的困境不断形成鲜明对比。而万物的发展均是困则求变,故移植银行商业特许经营模式,废除我国村镇银行中当下屡受诟病的主发起行制度,以达到一定评级的大型成熟银行采用商业特许经营模式来进行制度替代,或可一试。至于具体构建,在股东资格、股权配置、股东权利、分红和社区贡献、董事选择、董事会职权、村镇银行与特许行之间特许经营权利义务分配等方面,对 Bendigo 社区银行加以借鉴并结合本土金融文化加以选择性吸纳,或许可以开启我国村镇银行走出发展困境并惠及广大农村地区之路。

(原载于《法学评论》2017 年第 5 期)

共享经济属性的回归与网约车监管思路的选择

郭传凯*

传统出租车行业长期实行特许经营制度。〔1〕然而,利益格局的固化和垄断体制的形成使得“打车难”的问题愈演愈烈。《公共服务蓝皮书:中国城市基本公共服务力评价(2011-2012)》认为,打车难的确已经成为人们生活中较为普遍的问题。巡游模式下,53.77%的人打车需要10分钟以上,只有11.68%的人等待时间在5分钟以内。〔2〕供需矛盾的激化使取代传统垄断经营模式的新兴服务应运而生。互联网技术的发展与共享经济的推广,为新兴出行服务提供了高效的经营模式。共享经济模式与传统巡游模式存在较大差异,这从根本上决定了网约车市场准入监管不得沿用传统的行政审批思路。《网络预约出租汽车经营管理暂行办法》(以下简称《暂行办法》)及地方法规将网约车服务定位于出租车行业之中并作出户籍限制等不当规定,导致网约车共享经济属性逐渐褪去。追溯网约车的本来面貌、回归共享经济的本质、探索合理高效的准入监管思路迫在眉睫。

一、传统出租车行业利益樊篱下新兴服务的出现

传统出租车行业难以充分满足消费者的出行需求是新兴服务产生的主要原因。供需矛盾的背后,是传统出租车行业过度的准入管制和早已形成的利益樊篱。出租车行业准入确有监管必要。出租车传统的巡游经营模式“很难克服信息不对称等市场失灵问题,导致较高的价格磋商成本”。〔3〕盲目降低市场准入标准不仅无法解决乘客的出行需求,更会造

* 郭传凯,山东大学法学院助理研究员,法学博士。

〔1〕根据我国《行政许可法》以及《国务院对确需保留的行政审批项目设定行政许可的决定》的规定,出租汽车经营资格证、车辆运营证和驾驶员客运资格证核发由县级以上地方人民政府出租汽车行政主管部门依法实施行政许可。

〔2〕参见侯惠勤等主编:《公共服务蓝皮书:中国城市基本公共服务力评价(2011-2012)》,社会科学文献出版社2012年版。

〔3〕唐清利:《专车类共享经济的规制路径》,载《中国法学》2015年第4期。

成车辆空载、大气污染、道路交通资源紧张等社会问题。国务院办公厅2000年在《关于切实加强出租汽车行业管理有关问题的通知》中明确规定："地方各级出租汽车管理机构要通过对出租汽车营运规模的总量控制，提高出租汽车营运效率"，"要根据城市公共客运交通规划，调控行业发展规模，严格市场准入制度"。然而，实践中市场准入监管却演变为千篇一律的行政审批。"一刀切"式的行政审批不利于维护乘客的出行利益和出租车司机的经营收入。

地方政府有关部门主要通过以下方式实现对出租车经营权的管制。首先，通过国有化的方式限制民营资本在出租车行业的投资经营，对国有企业、私人投资的企业和个体司机实行明确的区别对待。[1] 20世纪50～80年代，以北京首都出租汽车公司、北京北汽出租公司为代表的出租车公司依靠政府投资起家。20世纪90年代以后，北京市出租车行业才进入了私有化阶段。而依据经济学理论，只有准公共物品才有必要由政府与市场混合提供。出租汽车行业是城市公共交通的重要组成部分，是重要基础性行业，但不能因其基础性、服务性特征就盲目将其定性为准公共物品。无论是传统的巡游模式还是新兴的网约车模式，其服务在消费时具备极强的竞争性、拥挤性，通过付费的方式该服务亦具备消费的排他性，因此属于私人物品的范畴。出租车公司虽然在资本结构上已经私有化，但地方政府不当干预出租车公司经营活动的历史并未终结。一些地区的交通管理部门以监管的名义要求出租车公司与官方合作研发统一的电召平台。"大量的官方打车软件应运而生，这些官方的软件和平台不断参与市场竞争，与民争利"。[2] 这种做法不仅与"简政放权""鼓励发展民营经济"的大政方针相违背，更扰乱了市场经济秩序、滋生行政垄断和寻租行为。地方政府部门既是参与者又是监管者，这与基本的法治要求相悖。

其次，交管部门通过特许经营的方式对出租车经营牌照数量进行直接的限制。以青岛市为例：1996年4月，青岛市推行出租车经营权有偿使用制度。5月28日，市政府首次对新投入的315个出租车经营牌照进行公开拍卖，拍卖价格被炒到近十万元。2004年，出于减轻经营者负担和维护行业稳定的考虑，国务院办公厅下发国办发〔2004〕81号文件，要求"所有城市一律不得新出台出租汽车经营权有偿出让政策"，有效遏制了经营权有偿使用的做法。但在81号文件出台之前，许多地市经营牌照一度被炒至30余万元。2008年，浙江省温州市一张出租车经营证（牌照）已经升值到140万元[3]；在深圳，牌照从最初的1.9万

---

〔1〕 20世纪80年代出租车业起步阶段，经营出租车业务的仅限于国有企业、集体企业和个体户，私人不得组建出租车企业。1992年北京出租车业大发展，允许私人以"挂靠"方式投资设立出租车企业，但必须以挂靠的主管单位的名义申请设立，且工商登记中"经济成分"一栏也要注明"集体所有制"。对于个体司机，由于政府部门担心不好管理，一直采取的是一种限制政策，个体司机申请牌照获得批准的很少，且只允许单车经营，营运车辆不得转租或转让。从北京市出租车营运情况的统计来看，个体户营运的出租汽车在营运车辆中所占的比例是非常小的，而且1997年以后，政府实际上停止了对个体出租汽车的审批。

〔2〕 马钰朋：《强制收编打车软件小心权力越位》，载《法制日报》2014年3月21日，第7版。

〔3〕 李娟、高永钰：《一张出租车牌照如何炒到140万元》，载《第一财经日报》2009年8月4日，第A11版。

元到2011年涨幅最高已达143.7倍，以每月7000元管理费计算，一张牌照25年可获利210万元。[1]

出租车数量控制缺乏合理依据。出租车总量控制之下，私家车数量不断增加，道路拥挤问题依旧存在。如果以资源占用或污染环境为由进行管制，那么地方政府部门应对一切可能占用公共道路、造成环境污染的车辆实施数量管控。不仅如此，数量控制也未做到充分的定量分析，牌照发放数量往往由地方政府有关部门“拍脑袋”作出决定。从消费者“打车难”的角度来看，总量控制则显得更加难以接受。出租车服务短缺更在一定程度上导致黑车泛滥。种种迹象表明，数量控制不仅造成利益樊篱，更剥夺了其他民众从事城市客运服务的发展权与参与权，进而使其无法分享特许经营带来的丰厚经济利益，造成既有权利与发展权利的冲突。[2] 公共福利是衡量利益分配、解决权利冲突的准绳，当既有权利的行使违背社会整体福利最大化的目标时，政策的制定与实施应当将发展权利置于既有权利之上，引导法律制度顺应经济发展而不断进化。

出租车经营权不当管制造成的利益樊篱和权利冲突极大损害了社会整体福利。其对社会福利的侵害超过出租车经营本身的负外部性，迫使地方政府部门反思完善传统出租车的准入监管。打破利益樊篱应当扬弃行政审批的思路，对遵循市场经济规律、提升社会整体福利的服务应当准许其进入市场进行竞争。目前，国务院办公厅《关于深化改革推进出租汽车行业健康发展的指导意见》明确提出，出租车经营权管理制度应进行改革，各地市亦针对行政审批制度展开试点立法。[3] 然而，出租车经营权特许制度并未完全废除，[4]新的行政许可在网约车新规中又被创设，[5]“京车京籍”“沪车沪籍”的规定合法性遭受严重质疑，网约车的监管恐落入行政审批的窠臼之中。政策制定过程从来都是社会价值权威性分配的过程，且渗透着利益博弈——政策制定者既要满足既得利益者的需求，又要顾全代表社会整体福利的发展权利。“一方面通过向不同的势力集团提供不同的产权，获取租金最

[1] 傅盛宁：《的士牌照20年升值逾百倍：目前深圳出租车牌照过户最高价已约100万元，该投资门槛较高且机会难觅》，载《深圳商报》2011年9月5日，第B01版。

[2] 张东：《法治如何促进大众创新创业——基于专车服务微观样本的分析》，载《法学》2016年第3期。

[3] 浙江义乌市出台《出租汽车行业改革工作方案》，取消出租车营运权使用费，有序开放市场准入和数量管控，实现资源配置的市场化；上海市组建出租汽车信息服务平台，试点专车合法化，探索出租车管理的上海方案；浙江宁波市允许社会力量从事传统出租车和网络约车业务，出租车营运权将无偿使用，同时引入竞争激励机制，建立严格规范的营运权退出机制；湖北武汉市已将《武汉市客运出租汽车管理条例（草案）》提交市人大常委会审议。参见栾笑语：《变“两头难”为“两头甜”》，载《经济日报》2015年5月15日，第9版；胡弦、祖宣：《创新监管放专车一条生路》，载《湖北日报》2015年5月20日，第8版；沈文敏、刘志强：《上海首试专车合法化》，载《人民日报》2015年10月9日，第16版；李剑平：《允许社会力量从事传统出租车和网络约车业务宁波出租车营运权将无偿使用》，载《中国青年报》2015年12月29日，第1版。

[4] 其存在也有一定的合理性，“如果简单地取消出租车公司现有的管理模式，放任出租车采用纯粹的市场逐利行为，很可能导致大量的投机行为，使大众对公共交通的需求得不到满足，并可能影响社会稳定”。参见唐清利：《专车类共享经济的规制路径》，载《中国法学》2015年第4期。

[5] 参见《暂行规定》第8条、第13条、第15条。

大化,另一方面却又要试图降低交易费用来推动社会产出的最大化,从而增加国家税收,而这两个目标经常处于相互冲突的状态”。[1] 出行领域的政策制定体现了这一矛盾:政策制定者既要契合“互联网+”的国家战略,促进大众创新和国民经济的发展;又不得不兼顾传统出租车行业的利益。网约车政策既承认该服务模式的积极意义和对市场经济发展的推动作用,又试图将网约车服务拉入传统出租车的监管模式中,进而抹杀共享经济的属性。政策制定的逻辑决定了仅依靠政策制定者自我批判无法实现对出租车不当经营体制和利益樊篱的修正,新兴服务的出现以及监管思路的创新成为城市客运市场准入制度变革的重要推动力量。

二、网约车共享经济属性的嬗变与回归

学界对网约车内部运营结构的界定大致分为以下几种:一是“租赁车+代驾”模式,即利用租车公司的自有车辆,再通过劳务公司配备司机提供“专车”出行服务[2];二是社会车辆加盟模式,即“专车”平台公司发挥信息、资源整合作用,通过协议连接起互联网技术,将社会车辆、第三方劳务公司的驾驶员和用户四方来提供出行服务[3];三是“‘专车’公司与车辆租赁公司直接合作,车辆和司机都由后者提供”[4];四是“‘专车’公司与租赁公司合作,但由私人从租赁公司承包一辆车,每月交给租赁公司一定的份子钱”[5];五是“‘专车’公司直接和私家车合作,私家车主从专车平台接单子”。还有观点将其运营结构分为以下两类并将第一类排除出网约车的范畴:一类是的士司机使用手机网络进行的预约出租车服务;另一类是软件企业与汽车租赁公司和劳务派遣公司合作,来提供网络预约出租车服务。即负责提供平台的软件企业、负责提供运营车辆的汽车租赁公司、负责提供司机的劳务派遣公司以及乘客这四方之间进行的预约出租车活动。[6] 无论经营结构的界定结果为何,网约车法律结构均涉及以下四方主体:司机提供方、车辆提供方、平台公司、乘客。

网约车服务的共享经济属性的嬗变值得考察。学界多将网约车服务的属性界定为共享经济,但网约车新规出台后,共享经济的属性存在很大疑问。共享经济最早于1978年提出[7],但共享经济现象却是在最近几年互联网技术的支持下才日渐流行。该经济模式依托

[1] [美]诺斯:《对政治和经济的历史发展的交易成本分析》,孙经纬译,上海财经大学出版社1998年版,第301页。

[2] 吴晓灵等:《互联网专车如何规范发展》,载《第一财经日报》2015年10月14日,第A15版。

[3] 同上。

[4] 栾晓娜:《出租汽车信息服务平台今上线,沪下一步探索专车监管新路》,载《东方早报》2015年6月1日,第A02版。

[5] 同上。

[6] 金自宁:《直面我国网络约租车的合法性问题》,载《宏观质量研究》2015年第4期。

[7] 周向红:《多重逻辑下的专车治理困境研究》,载《公共管理学报》2016年第4期。

于一个由第三方创建的、以信息技术为基础的市场平台。这个第三方可以是商业机构、组织或者政府。个体借助这些平台,交换闲置物品,分享自己的知识、经验,或者向企业、某个创新项目筹集资金。其中,闲置资源使用权的暂时性转移是该经济模式的主要特征,该转移以物品的重复交易和高效利用为特点。共享经济模式有利于满足交易双方需求,实现社会福利的最大化,并为优化监管提供契机。共享经济优越性学界多有探讨,在此不赘。

优步作为网约车服务的先驱者,其出现是共享经济思潮在出行领域创新性应用的结果。平台公司在交易撮合的过程中实际上形成了双方代理,供需双方均需要与平台公司订立电子合同——"司机要想进入平台就要接受并满足其单方提供的合同中对车辆新旧、价格、保险、责任以及司机驾龄等方面的条件;乘客要获得平台服务也必须接受其在合同中对价格、合同履行、违约责任等方面的条件。此外,平台公司还设计了专门的处罚条款保障双方履行合同和进行适时监管"。[1] 最初在网约车运营尚未引起有关部门重视的阶段,私人闲置车辆接入平台展开经营的情况大量存在。然而,在交通部坚决打击私家车接入平台的政策出台后,四方协议的模式被普遍采用。汽车租赁公司自有(自购或自租)的车辆主要分为两类:挂靠私家车(人车一体)和自行购买车辆后从劳务派遣公司招募司机。这些车辆中有不少保持着兼职经营的属性。交通部网约车新规取消了原征求意见稿中的道路运输证、道路交通从业人员从业资格的限制,并在车辆报废上取消了八年强制报废的规定,允许司机接入多个平台并与平台公司签订多种形式的协议。该新规被视为兼职司机从事网约车的"春天"。

但好景不长,各大城市出台的网约车新规实施细则给兼职司机带来了"灭顶之灾"。北京、上海、广州率先对车辆、司机的户籍进行了限制,并对车辆的型号、排量、轴距等指标作出了硬性要求[2]。诸多限制性规定使大多数兼职司机难以继续从事网约车经营,原有汽车租赁模式难以为继。[3] 在严苛的地方规定下,滴滴等网约车出行企业也做出了较大调整,购入大量车辆,参与到出租车、城市公共交通的运营中,广州市交通部门则借机购入大量车辆、成立公司参与到网约车的经营。[4] 随着网约车经营门槛的提高,大量兼职司机退出网

[1] 唐清利:《专车类共享经济的规制路径》,载《中国法学》2015 年第 4 期。

[2] 详见《北京市网络预约出租汽车经营服务管理实施细则》第 8 条、第 9 条。

[3] 北京管理实施细则发布后的一周,某汽车租赁公司公司的 1.2 万名司机中每天出车的人数在 800 人左右,而此前这一数字可以达到两三千人,即司机总数的六分之一到五分之一。限制车型最直接的影响莫过于自己公司买的车"用不上"了,"我们前期购买的雪铁龙 C5,轴距达标,却是 1.6L 排量。购置时我们还在探讨,国家鼓励低碳环保的政策不会变。"参见《汽车租赁企业老板:网约车新政让我们遭遇灭顶之灾》,载山东省价格监测预警网:http://finance.people.com.cn/n1/2016/1025/c1004-28804438.html,最后访问日期:2016 年 12 月 1 日。

[4] 广州市成立首家官方网约车平台"如约的士",标志着共享经济不再是专车经营的本质特征。参见刘冉冉:《专车"广州模式"探讨:滴滴加价厉害如约价稳质高》,载中国法学网:http://gz.ifeng.com/zaobanche/detail_2015_11/16/4558202_0.shtml,最后访问日期:2016 年 12 月 1 日。

约车经营、滴滴公司业务向其他领域扩展[1],网约车经营的共享经济属性已经基本褪去,专职司机成为行业经营的常态。目前的网约车仅具有网络平台撮合交易的外观,并没有共享经济调动闲散资源的本质特征。《暂行办法》中新创设的行政许可和地方立法的授权,实际是地方政府部门将网约车拉入传统出租车监管模式的根源。闲置资源高效共享被行政审批和准入门槛下的专职经营取代,网约车最终被视为出租车服务的一种类型。[2] 长此以往,错误的运营模式和监管思路将在网约车领域得到固化,新的利益樊篱将被筑起,互联网共享经济将失去发展的空间。

三、网约车监管思路的选择

共享经济模式不仅实现了社会闲散资源的充分利用和社会整体福利的提高,还为取消原有的审批体制提供了出路。但高效灵活的经营模式存在许多监管漏洞,网络技术的引入和经营模式的创新容易造成新的市场失灵。

基于共享经济模式,平台公司不需自购车辆、自雇劳动者即可经营,低程度的资产专用性和资本经营风险降低了营运成本。由于行政审批的取消,平台公司在利益的不当激励下并不一定比原有的行政审批更能确保网约车运营的安全性,不安装 GPS 行车记录仪等设备的现象在中国时有发生。准入审核的缺乏让网约车的车辆状况、司机资质和责任险的购买存在不确定性,软、硬件标准的降低让网约车得以较低的价格向乘客提供服务。有限理性使消费者仅仅关注服务收费,却忽略了车况、驾驶员资质和保险等不确定性所蕴含的风险,安全标准降低所产生的潜在风险向全社会转移,内部成本被外部化。此外,目前互联网出行领域普遍享有资本密集的优势,大量的补贴行为极易引发不正当竞争行为。滴滴与优步公司的合并表明互联网垄断格局已经初现端倪,平台公司的壮大将形成对司机、乘客的垄断优势,其程度不亚于传统出租车公司对司机、乘客的垄断。新兴服务的税费问题、与传统出租车的利益冲突问题、特殊群体用车问题、供给过度造成的交通拥堵问题,都需要在共享经济的模式下予以解决。

在共享经济模式下,网约车的经营并不以行政审批为前提,经营者与乘客共同追求高效经营。资源配置的分散化和交易信息匹配的集中化并存,极大程度地满足了乘客需求、降低了交易成本。资源配置的分散化导致监管部门极难获得充足的监管信息,强行对车辆

---

〔1〕 滴滴曾经宣称,自己平台上的司机数量达到 1500 万,如果按照 5% ~10% 的合规率计算,新规之后只有 75 万 ~150 万的车辆供给,再减去不愿意转变营运性质的人群、兼职人群,数量会更少,新规的影响可见一斑。参见《订单暴跌、司机退车,滴滴公司:我们要死了》,载搜狐新闻:http://news.sohu.com/20161021/n470913337.shtml,最后访问日期 2016 年 12 月 1 日。

〔2〕《国务院办公厅关于深化改革推进出租汽车行业健康发展的指导意见》(国办发〔2016〕58 号)中已明确规定网约车是出租车行业的组成部分。

和司机进行准入监管容易沦为“一刀切”式的行政审批，且难以调动闲散资源提供出行服务，平台公司的自律监管成为必然之选。交易信息匹配的集中化决定了平台公司较低的信息获取成本和较高的监管收益，但不当的利益激励可能导致平台公司自律监管的失灵。因此，政府部门应对平台公司自律监管进行再监管，同时在信息披露、标准制定上进行必要的直接干预。在城市公共交通一体化的过程中，政府部门应当集中优势资源实现公共交通服务的提升。

从业者“摆脱困境的上上之选，不是沿袭惯性思维，想方设法吁请政府保护，而是应以主动的姿态，寻求在与新技术的合作中再生”。[1] 网约车平台公司必须发挥自律监管的职能，实现对政府行政审批的替代。

1. 监管主体的确定。无论是私家车接入平台还是四方协议模式，平台公司均发挥了信息撮合和与供需双方订立合同的功能。表面上看，平台公司仅是法律关系中普通的一环，但实际上平台公司是共享经济结构的核心。从信息收集和利用的角度，平台公司可以采用大数据获取市场需求的整体情况和具体细节，整合闲散的车辆资源。以充分的信息为基础，平台公司可以确定不同情形下消费者对车辆条件及其运营状况的不同要求，进而制定多元化的车辆审核需求，确定出行服务的价格，及时处理网约车运营过程中的突发问题。因此，对车辆、司机的准入资格应当交由平台公司结合实践经验予以确定，而非采取单一的行政审批。在车辆、司机准入条件确定过程中，在符合国家法律规范最低限度要求的基础上，依照各地不同情况，制定契合市场情形的差异化标准。目前，户籍限制和过高的车辆条件要求缺乏科学合理的论证，相应决策应当在考察网约车运营负外部性基础上作出。未经充分论证不得制定和实施户籍、车辆条件等限制性规定。

平台公司准入监管应当加强与其他社会主体的合作。平台公司对车辆、司机资格的审查应当借鉴出租车公司的经验，两者合作可以充分利用各自掌握的数据资源，实现信息资源的高效整合，有助于传统出租车行业的经营创新，缓解双方的利益冲突，推动经济形态的平稳过渡。2016年4月26日，光明食品集团所属上海海博出租汽车有限公司（以下简称海博）与滴滴出行签署了战略协议，双方将在出租车、专车、巴士业务以及汽车后市场等领域展开深入合作。根据框架协议，海博和滴滴双方共同出资成立合资公司，在上海地区及其他城市开展网络约租车业务，海博拥有丰富的线下车队管理和驾驶员管理经验，滴滴则充分发挥线上优势，双方合作共赢，逐步把成功经验推向全国。同时，海博也可以输出管理经验，为滴滴在其他地区的线下管理提供培训。此外，平台公司监管标准的制定应当加强与汽车租赁企业的合作沟通。地方户籍限制的出台导致很多汽车租赁企业遭遇巨大亏损，网约车新规中却对汽车租赁企业只字未提。平台企业准入监管与汽车租赁公司的沟通，不仅有助于维护租赁公司利益，更有助于调动租赁公司协助平台企业实现实时监管和资料的更

---

〔1〕 高云君：《从“专车之争”看监管转型》，载《四川日报》2015年5月12日，第6版。

新。最后,平台公司应与消费者组织加强合作,共同解决弱势群体乘车难、道路交通资源紧张、环境保护、消费者隐私的收集与维护等问题。

2. 监管手段的选择。依照传统出租车的监管思路,"三证"即出租车经营资格证、车辆运营证以及驾驶员客运资格证许可制度是出租车准入管制的主要手段。网约车新规中的许可制度实际与传统出租车规制思路一致。使网约车回归共享经济的本质,必须探索新的监管手段,取代僵化的行政许可。依据国外监管经验〔1〕,结合中国实际情况,政府部门对网约车的监管可以分类为准入监管、价格监管、服务质量和安全监管三类,事前审批常常导致对事中价格、服务、安全监管的忽视。平台公司可设定灵活多元的准入标准,在经营过程中加强事中动态监管。动态监管的落实反过来可以促进事前标准的不断完善,两者相互促进互为补充。

事中监管的手段主要有基于行政权力的限制或禁止、信息披露、标准化。信息披露具有"对私权的规制力度弱,更尊重市场;规制成本低,因不涉及公权也就没有执法成本等;作为事前规制工具,具有良好纠纷预防效果;不会产生公共机构参与所可能产生的负面影响,如权力寻租等"〔2〕的优势,但同时也面临虚假信息披露、信息披露范围不确定、披露对象复杂化、信息披露激励不足等问题。上述问题可采取以下方式予以解决:"一是采用强制信息披露制度,供应者有义务提供有关商品、服务有关价格、身份、质量等方面的信息;二是控制错误或误导的信息"。〔3〕 强制信息披露实则是建立在平台公司对行业运营状况整体把握基础之上,确保以较低的披露成本披露有价值的信息,克服披露范围不确定、披露成本过高的问题。信息披露范围的确定在一定程度上也有助于克服虚假信息、降低甄别成本。平台公司对价格、身份、数量或质量可以指定强制的信息披露标准,并规定违规处罚。对虚假信息的克服,主要针对平台公司收集的信息。首先,平台公司自身收集信息时应确保履行一定的注意义务,注意义务可通过政府部门规定最低要求和平台公司自我约束进行规定。其次,对消费者和司机提供的信息及时甄别,并建立信用评估系统,对多次提供错误信息的市场主体予以警告、限制市场活动的处罚。

标准化的规制手段应当区别目标标准、性能标准、规格标准。〔4〕 目标标准的制定体现为监管部门与网约车经营者协商确定的经营目标与方向:发挥共享经济的优势,将网约车安置于城市公共交通服务体系之中,实现闲散资源最大化利用与出行需求最大化的满足。

---

〔1〕 贝斯利提出,出租汽车行业的经济规制主要包括三类,即特许经营权、进入条件和价格规制。其中特许经营权主要是指,经营者的专营权和特许"扬招"类服务形式;进入条件主要包括规定特定生产要素、控制数量。其中,特定生产要素主要包括车型规制、出租汽车司机标准等;数量控制主要包括出租汽车数量限制和司机执照限制两类。参见陈明艺:《国外出租车市场规制研究综述及其启示》,载《外国经济与管理》2006 年第 8 期。

〔2〕 应飞虎、涂永前:《公共规制中的信息工具》,载《中国社会科学》2010 年第 4 期。

〔3〕 [英]安东尼·奥格斯:《规制:法律形式与经济学理论》,骆梅英译,中国人民大学出版社 2009 年版,第 123 页。

〔4〕 同上书,第 153 页。

性能标准展现了网约车与传统出租车服务的不同,针对不同车辆的状况满足不同层次消费者的需求。特别在中高端消费领域,性能标准的制定有利于开拓高端市场,充分利用更多闲散资源满足社会出行需求。该标准目前应以平台公司制定为主。规格标准主要体现了政府对公共利益的考量而制定的强制性要求,《暂行办法》中的网络安全标准体现了政府规格标准的制定。

四、结　论

传统出租车的监管体制不仅造成出行供需矛盾的激化,更导致行业利益樊篱和准入壁垒。在此背景下,新兴服务以共享经济模式为依托应运而生。交通部及地方网约车新规的出台使网约车共享经济的属性逐渐褪去,因循守旧的监管思路将网约车拉入传统出租车的监管框架,共享经济失去了应有的发展空间。回归共享经济的本质,创新监管思路成为必然选择。依据市场化的监管思维,平台公司的自律监管与政府监管的转型是创新监管思路的核心内容。平台自律监管应当加强与其他市场主体的合作,并完善信息披露和标准化的监管手段。政府监管在必要的微观领域和宏观层面上发挥重要作用。最新出台的《网络预约出租汽车经营服务管理暂行办法》行政干预色彩依然浓重。车辆资质和司机资格的行政审批很可能异化为新的数量管制和利益樊篱。地方规定中对户籍的限制和对车辆条件过高的要求缺乏合理依据。监管思路的创新必须变革不当的法律规范,为平台与政府的双重监管提供合法性依据。

(原载于《山东大学学报(哲学社会科学版)》2017年第3期)

对《劳动法解释四》竞业限制相关规定的几点思考

李长勇*

一、《劳动法解释四》之前的竞业限制制度

(一)竞业限制的概念和基础

竞业限制,亦称竞业禁止或竞业避止,指的是用人单位为了保护自身利益,防止劳动者离职后泄露其商业秘密或其离职后到具有竞争关系企业工作的一种措施。实际上,以对劳动者的就业选择自由加以限制为主要内容的竞业限制制度,亦非劳动法上的独有。我国公司法上也有类似制度[1],但该制度与劳动法上的竞业限制制度不同,前者主要源自相关人员的所谓“忠实义务”。而劳动法上的竞业限制制度从其概念以及制度实践来看,是与劳动关系中的保密制度联系在一起的,以保护用人单位的商业秘密为目的,竞业限制义务主要源自相关人员的“保密义务”。

(二)我国《劳动合同法》之前的竞业限制制度

我国劳动法上的竞业限制制度,并没有直接出现在 1994 年的《劳动法》中,我国 1994 年《劳动法》第 22 条规定:“劳动合同当事人可以在劳动合同中约定保守用人单位商业秘密的有关事项。”该条并没有对用人单位和劳动者之间保守商业秘密的期限作出限制,也就是说,用人单位和劳动者约定的保密义务既可以在劳动关系存续之中,也可以延续至劳动关系结束之后,而竞业限制就是其中的措施和形式之一。但竞业限制制度毕竟还没有成为一种直接而明确的制度出现,做如此规定和理解在实践中缺乏可操作性,甚至导致用人单位

---

* 李长勇,山东大学法学院副教授。

〔1〕 1993 年通过的《公司法》在 2005 年修订前,曾在第 61 条第 1 款中规定:“董事、经理不得自营或者为他人经营与其所任职公司同类的营业或者从事损害本公司利益的活动。从事上述营业或者活动的,所得收入应当归公司所有。”而在 2005 年修订后,在第 149 条第 1 款中规定:“董事、高级管理人员不得有下列行为:……(五)未经股东会或者股东大会同意,利用职务便利为自己或者他人谋取属于公司的商业机会,自营或者为他人经营与所任职公司同类的业务。”

滥用该制度侵犯劳动者的就业自由和其他劳动权利。

作为国家层面的规制是原劳动部在1996年公布的《关于企业职工流动若干问题的通知》中第2条的规定。除劳动行政部门外,原国家科学技术委员会在1997年出台的《关于加强科技人员流动中技术秘密管理的若干意见》中第7条也规定了竞业限制制度,且更加详细。

据此,国家层面的竞业限制制度基本形成,但仍过于宽泛。竞业限制的主体、期限、范围、经济补偿等问题构成了该制度的基本框架,而经济补偿的支付方式、数额以及违约金、赔偿金等问题,都没有做详细规定。

针对上述问题,不少地方出台了较为具体的相关规定,一定程度上增强了该制度的可操作性。这些地方性规定多数对竞业限制的期限、补偿标准以及竞业限制的解除做了具体规定,还有的对竞业限制进行了概念解释。从不同地方的具体规定来看[1],除了竞业限制义务主体与国家层面的规定相同,限制为知悉或者可能知悉技术秘密的员工之外,一般还具备以下内容:竞业限制的最长期限一般限制为3年,也有的地方规定为2~5年;竞业限制的补偿费的最低标准,按年计算一般为上一年度该员工离职前在该企业内获得的年报酬总额的1/2,也有的地方规定40%、2/3等不同比例;竞业限制的就职企业范围和地域、补偿费用的支付方式、违约责任等问题,一般要求在竞业限制协议中必须明确约定。同时,很多地方性规定还列举了竞业限制协议自行失效、劳动者无须承担竞业限制违约责任的几种情形,如秘密已经公开、企业违反劳动合同提前解雇员工、企业不支付或者无正当理由拖欠补偿费,等等。

(三)我国《劳动合同法》上的竞业限制制度

2007年我国公布《劳动合同法》,相比1994年《劳动法》对竞业限制制度的"默认"立场,《劳动合同法》在第23条和第24条中旗帜鲜明地规定了竞业限制制度,但在此后的《劳动合同法实施条例》中,未对该制度做进一步细化。

因此在《劳动法解释四》出台前,我国法律层面的竞业限制制度包含以下内容:

1. 竞业限制的目的

根据《劳动合同法》第23条、第24条规定,对负有保密义务的劳动者,用人单位可以在劳动合同或者保密协议中约定竞业限制条款。因此,竞业限制制度显然是服务于用人单位的保密目的,而劳动者的竞业限制义务与其保密义务相联系。

---

[1] 例如2009年修订的《深圳经济特区企业技术秘密保护条例(1995年)》第14条至第19条;1997年《珠海市企业技术秘密保护条例》第18条至第25条;1998年《广东省技术秘密保护条例》第13条、第14条;2000年《宁波市企业技术秘密保护条例》第14条至第18条;2002年《宁波市劳动合同条例实施细则》第9条;等等。

2. 竞业限制义务性质

竞业限制义务属于劳动合同特定当事人之间的约定义务、合同义务，而非法定义务。这一点区别于《公司法》上对董事和高级管理人员规定的竞业限制义务。《公司法》上的竞业限制义务是特定主体的法定义务，即使在当事人的相关合同或者规则中未明确出现，也可以根据《公司法》要求其履行竞业限制义务。而《劳动合同法》上虽然规定了竞业限制义务，但用人单位与负有保密义务的劳动者之间，非经明示协议确定双方的平等自愿协商一致的约定内容，不得成为双方之间的劳动合同义务。

3. 竞业限制的主体

《劳动合同法》规定的竞业限制协议，其主体之间必须首先存在劳动关系。在此基础上，受到竞业限制的劳动者一方，是在劳动关系中"负有保密义务"的劳动者。显然，在劳动关系中没有涉密的劳动者不能成为竞业限制义务主体，同时与涉密的程度和重要性相对应，受到竞业限制的程度也应有所区分，否则都将构成用人单位对竞业限制的滥用。如《瑞士债法典》第 340 条第 2 款明确规定："竞业禁止仅适用于劳务关系[1]中雇员能够知悉客户网络、雇主的制造或者商业上的秘密，该种知识的运用将给雇主造成重大损害的情形。"

对于保密义务的劳动者的具体范围，《劳动合同法》第 24 条第 1 款明确规定，用人单位的高级管理人员、高级技术人员是当然的负有保密义务的劳动者，是主要承担竞业限制义务的人员。

(四)竞业限制的内容

竞业限制的具体内容是指劳动者在进行新的就业选择时受到的范围、地域、期限等限制。竞业限制的内容可以由双方当事人约定。但这种约定实际上仍有法律明示或者暗示的限制，如关于竞业限制的期限最长不得超过2年。而根据同款规定可以认为，用人单位对劳动者的竞业限制，应限于在存在"竞争关系"的其他用人单位的就职行为或者劳动者的自营业行为。

(五)竞业限制双方的经济责任竞业限制协议是一种双务合同，用人单位在向劳动者施加竞业限制的同时，也许承担一定的义务，就是对履行竞业限制协议的劳动者进行按月给予经济补偿。而劳动者一旦违法竞业限制协议，则应按照约定向用人单位支付违约金，给用人单位造成损失的，还应当承担赔偿责任。

二、《劳动法解释四》对竞业限制的规定

由于劳动关系内容的复杂以及劳动关系双方利益之争激烈，《劳动合同法》制定过程中

[1] 译文中使用了"劳务关系"一词，但根据该法条规定的主体和内容来看，系对应我国劳动法上的"劳动关系"。

本身争议就比较大,留有比较多的余地,而且该法实施之后,也出现了不少新的问题,因此《劳动法解释四》有5个条文,即第6条至第10条,对《劳动合同法》规定的竞业限制作了进一步细化。

(一)关于经济补偿的标准

劳动合同当事人之间有竞业限制协议,但协议中没有约定竞业限制的经济补偿标准的,经济补偿标准为劳动者在劳动合同解除或者终止前12个月平均工资的30%,并且不得低于劳动合同履行地最低工资标准。(《劳动法解释四》第6条)

(二)关于竞业限制协议的合同性

劳动法上的竞业限制协议是以当事人之间存在劳动关系并且劳动者有保密义务为前提的。但竞业限制协议作为劳动关系主体之间就保密及竞业限制问题专门进行的约定,具有合同属性,因此该协议并不以劳动合同的解除和终止而解除和终止。也就是说,竞业限制协议与原劳动合同之间并没有绝对的依附关系。甚至,“不论是用人单位还是劳动者违法解除合同,都不必然导致竞业限制的约定失效”。(《劳动法解释四》第7条)

(三)关于经济补偿的延迟支付

竞业限制协议具有双务合同属性,用人单位应根据法律规定和合同约定向劳动者支付经济补偿。如果劳动者与用人单位在劳动合同或者保密协议中约定了竞业限制和经济补偿,但用人单位在劳动合同解除或者终止后,由于自身原因3个月未支付经济补偿的,劳动者可以解除竞业限制协议。(《劳动法解释四》第8条)

(四)关于竞业限制协议的解除

在竞业限制期限届满之前,用人单位解除竞业限制协议。但与此相对应,用人单位解除竞业限制协议时,劳动者有权请求用人单位额外支付3个月的竞业限制经济补偿。(《劳动法解释四》第9条)

(五)关于违约金的后果

劳动者违反竞业限制协议,应向用人单位支付约定的违约金。但违约金的支付,并不当然免除劳动者的竞业限制义务。用人单位要求劳动者继续履行竞业限制协议的,劳动者在支付违约金后仍应继续履行竞业限制义务。

三、对《劳动法解释四》的竞业限制制度的几点思考——以一起案例为例

《劳动法解释四》无疑对《劳动合同法》上的竞业限制制度做出了比较大的补充性规定，但通过如下的案例，笔者认为《劳动法解释四》仍然存在一定的不足，甚至现有解释有不合理之处。

2004 年 12 月 16 日，李某与 A 保险公司签订了无固定期限劳动合同，在该公司担任省内某地方分公司的副总经理一职。2007 年 6 月 30 日，A 保险公司与李某签订了《竞业避止协议》约定：李某在劳动合同期以及与 A 保险公司解除或者终止劳动合同关系后的一年内，不得直接或者间接地为其他保险公司或者 A 保险公司的竞争对手工作；如李某遵守协议约定，A 保险公司将于竞业避止期满后向其支付经济补偿金，数额为前一年度薪金总额的 1/4；如有违约，A 保险公司违反该协议时，则李某无须履行该协议义务，而李某违反该协议时，则需向 A 保险公司支付违约金，数额为前述经济补偿金的两倍。

2008 年 6 月 24 日，李某辞职并依法办理了与 A 保险公司解除劳动合同的相关手续。2008 年 9 月 17 日，李某经由原保险监督管理委员会核准，出任 B 保险公司在同一地方的地方分公司总经理一职。而 A 保险公司则为李某办理了到 B 保险公司工作的档案、养老保险以及党员关系等一系列相关手续的转移工作后，向有关劳动争议仲裁委员会提起劳动争议仲裁，要求李某按照竞业避止协议支付违约金。

李某先后以：第一，双方竞业避止协议中约定的违约金和经济补偿金数额不对等，故该协议有违公平原则应属无效合同；第二，A 保险公司为其办理了向 B 保险公司转移相关档案关系的手续的行为，应视为是对其新的就职行为的同意，因此不构成对竞业避止协议的单方违约等理由进行抗辩，拒绝承担违约责任。但在劳动争议仲裁以及由此引发的一审、二审诉讼中，劳动争议仲裁委员会和人民法院最终均支持了 A 保险公司的主张。

就上述案例而言，双方就签订的竞业限制协议是否合法有效，争议的焦点主要集中在：首先，A 保险公司对李某的经济补偿金数额仅为李某对该公司违约金的一半，是否构成双方义务的不对等、不公平；其次，A 保险公司在李某辞职后协助其办理在 B 保险公司就职的相关手续的行为，是否是对李某新的就职行为的默许，继而成为李某不承担竞业限制违约责任的理由。另外，在该案处理过程中，由于案件发生在《劳动法解释四》之前，双方当事人及案件负责人都回避了本案中经济补偿支付方式的法律效力问题。

以上问题结合《劳动法解释四》来看，答案仍有可质疑之处。

（一）竞业限制立法的宗旨

竞业限制协议是劳动关系当事人就保密事项做出的一项约定，因此竞业限制协议也具

有合同性质。但就竞业限制协议进行立法或者解释,能否完全按照民事合同的理论进行呢?

显然,竞业限制协议是以双方当事人存在劳动关系并且涉及劳动秘密事项为前提的,而且实践中,竞业限制协议多数是在劳动关系存续期间或者解除、终止劳动合同的当时签订的,鲜有劳动关系解除或者终止后双方再就竞业限制问题补充签订类似协议。姑且不论劳动关系存续中的双方事实上的不平等关系,即使是在劳动合同解除或者终止的过程中,由于涉及经济补偿、工作关系交接、离职手续等的利益影响,双方当事人尤其是劳动者一方事实上很难出于与用人单位的平等地位上来展开竞业限制协议的谈判和签署。

以牺牲劳动者的利益乃至生存权来实现雇主的经济利益,也是有违现代法律公平正义精神的。竞业限制协议的立法可以以追求劳动者就业自由和用人单位的秘密保护之间的平衡,但从双方事实上的不平等关系来看,应当侧重防止用人单位的权力滥用,救助处于弱势地位的劳动者。这也是无论大陆法系还是英美法系国家均通过立法或者司法判例对竞业限制协议进行合理性限制的原因所在。

《劳动法解释四》中要求用人单位在解除竞业限制协议时额外支付3个月的竞业限制补偿的规定,显然借鉴了劳动合同解除时的做法。因此在竞业限制协议的合同属性上,该解释显得摇摆不定。[1]

(二)竞业限制协议双方的核心利益和义务

竞业限制协议是以劳动者与用人单位在劳动关系结束后的一定期限内,劳动者的就业选择自由在一定限度内受到限制为内容的。以此限制为目的,原用人单位需要向劳动者支付一定的经济补偿金,而劳动者在违反约定的情况下在要向原用人单位支付违约金。那么竞业限制双方的根本利益是否就是协议中约定的相应数额的金钱呢?其实不然。

结合《劳动合同法》的相关规定来看,竞业限制是用人单位保密制度的一种措施和手段。那么,可以认为竞业限制协议的中心内容是对劳动过程中涉及的相关秘密的保守。因此,该协议不同于大多数的劳动合同是以劳动者的权利为中心的,而是以劳动者保守相关秘密的义务为中心。协议中约定的一定数额的金额,仅仅是双方核心利益的一种体现或者保障,这种体现不一定是具有对价性的。

具体而言,竞业限制协议中用人单位的权利是在劳动关系终止后,对应当重新享有就业自由的劳动者仍施以一定限制的"权力",其前提条件是该劳动者在劳动关系存续过程中涉及了该用人单位的相关商业秘密和技术秘密,其核心利益显然就是通过竞业限制协议要

〔1〕 该规定也有令人难免产生担忧之处:竞业限制解除时需要支付额外支付经济补偿,是否会对当事人合法提前解除竞业限制产生阻碍?而且,该规定实际上是改变了《劳动合同法》规定的利益分配,增加了用人单位的解约成本和负担,创设了一种新的义务,这是否有违司法解释的权限?并且在一定程度上也对用人单位的利益造成了损害呢?

保护的"秘密"。相应地,其义务就是要对竞业限制期间的劳动者的收入损失及生活负担进行一定的补偿和照顾。此时,劳动者的权利表现为获得原用人单位的经济补偿金,但这种权利是以劳动者履行保密义务、遵守竞业限制的约定为前提的。

也就是说,竞业限制协议的核心利益是劳动秘密的保守,而不是简单的经济补偿金的支付与取得关系。因此,类似本文案例中李某需承担的违约金是A保险公司向李某支付的经济补偿金的两倍、两者数额不对等的约定,并不影响竞业限制协议的成立和效力。原因就是竞业限制协议所要保护的用人单位的秘密,很难用一定数量的金钱来衡量。

(三)竞业限制协议的经济补偿金和违约金标准

如前所述,有关竞业限制协议中经济补偿金和违约金的标准问题,在《劳动合同法》中并没有明确规定,而仅在有关劳动合同和技术保密事项的个别地方立法中有所涉及。

笔者认为,关于用人单位向劳动者支付的经济补偿金的标准问题尚易确定,毕竟该经济补偿金的主要目的是解决劳动者在竞业限制期间就业选择受限而导致的劳动收入减少部分的补偿问题。因此可以以劳动者在双方劳动关系终止前一年的平均月收入为标准基数,规定经济补偿金的上限和下限。上限不超过该标准基数,下限以不低于最低工资标准同时不低于标准基数的1/2或者2/3为宜。

而劳动者向用人单位支付的违约金的标准问题则较为复杂。基于用人单位涉及的商业秘密和技术秘密价值难以确定的事实,立法上既不能将其与向劳动者支付的经济补偿金之间确立一种简单的对价关系,也很难对其进行具体数额范围的界定。但是在劳动者发生违反竞业限制义务的情况下,经济补偿金支付的停止以及追偿应当是用人单位拥有的最后权利。

笔者认为,《劳动法解释四》应当在经济补偿和违约金之间关系的问题上,采用《劳动合同法》处理用人单位专项培训费用与劳动者服务期违约金之间关系的类似的立法技术,设置两者之间的比例关系。作为对用人单位利益的保护,劳动者支付的违约金不足以弥补原用人单位的实际损失的,可以由劳动者和新的用人单位进一步承担连带赔偿责任。

联系前述案例,较为直接的两个问题是:其一,用人单位能否约定较经济补偿金数额为高的违约金;其二,用人单位能否同时主张以及如何主张违约金与赔偿金。

从《劳动合同法》第90条"劳动者违反本法规定解除劳动合同,或者违反劳动合同中约定的保密义务或者竞业限制,给用人单位造成损失的,应当承担赔偿责任"的规定来看,竞业限制协议中双方关于违约金的约定,并不能取代劳动者的损失赔偿责任。即是在特定情况下,《劳动合同法》对用人单位同时主张劳动者的违约责任和赔偿责任是持支持态度的。

因此,用人单位的核心利益就有了双重保护,在劳动者违反竞业限制义务的情况下,如果没有给用人单位造成损失,那么用人单位可以要求劳动者承担违约金;而在劳动者给用人单位造成损失时,用人单位还可以根据损失情况要求劳动者支付赔偿金。

笔者认为,在此基础上可以说用人单位的利益已经得到了较为充分的保障。如果竞业限制协议中对劳动者违约金数额约定过高,则有对于劳动者而言过于苛刻甚至不公,影响劳动者的就业选择自由。因此,关于劳动者支付的违约金数额的标准,以用人单位支付的经济补偿金总额的一倍至两倍为宜。

另外,关于劳动者违反竞业限制义务的劳动所得,是否可以借鉴《公司法》第149条的关于"归入权"[1]的规定,由用人单位所有的问题,有学者持肯定态度,笔者认为不能一概而论。原则上,如果劳动者违反竞业限制协议就业的劳动所得超过用人单位的损失数额,则可以考虑赋予用人单位归入权;反之,如果劳动者的劳动所得不超过用人单位的损失数额,由于劳动者需要赔偿用人单位的损失,同时《劳动合同法》并没有规定劳动者向用人单位赔偿损失以其劳动所得和经济补偿金所得为限,那么可以认为,归入权由损失赔偿所吸收。也就是说,归入权不得与赔偿权并用。毕竟竞业限制协议的违反往往涉及用人单位商业秘密和技术秘密的不当使用问题,而结合我国《反不正当竞争法》第10条、第20条的规定,新的用人单位也可能对原用人单位承担赔偿责任。

(四)竞业限制协议的履行和终止

在竞业限制协议的双方按照约定的履行协议的情况下,表现为劳动者在一定范围内就业的回避和用人单位向劳动者支付经济补偿金。劳动者的履约行为是一种消极的不作为(不从事与原用人单位相竞争的行业或者职业),而用人单位的履约行为则是一种积极的作为(按约定支付经济补偿金)。

那么,需要关注的问题是,这种积极作为是一种约定义务行为还是法定义务行为。从《劳动合同法》的规定看,应该是一种法定义务行为,但《劳动法解释四》却将其定义为一种约定义务行为。因此该解释有与法律相冲突而越权、无效之嫌。

前述案例的竞业限制协议约定,A保险公司将于竞业避止期满后向李某支付经济补偿金,也就是说,用人单位是在竞业限制协议期满后支付和一次性支付。目前关于原用人单位没有按月支付经济补偿金的情况下,劳动者的竞业限制义务效力如何的问题存在争议,有意见认为劳动者可以行使同时履行抗辩权,不受竞业限制义务的约束;另有意见认为劳动者并不享有立即解除竞业限制协议的权利,而是可以要求原用人单位支付经济补偿金。

笔者认为案例中事后、总括支付的约定不仅违反了《劳动合同法》的规定,也违背了经济补偿金的本意。理由如下:

其一,根据《劳动合同法》的规定,约定劳动者向用人单位支付违约金的情形,用人单位

---

〔1〕 我国《公司法》(2005年修订)第149条第5项及第149条第2款规定:"董事、高级管理人员不得……未经股东会或者股东大会同意,利用职务便利为自己或者他人谋取属于公司的商业机会,自营或者为他人经营与所任职公司同类的业务……违反前款规定所得的收入应当归公司所有。"此即为公司的"归入权"。

的需要向劳动者支付的有可能涉及“专项培训费用”和“保密费”。这两项费用与竞业限制中的经济补偿金一样,都没有规定数额标准。但后者与前两者不同的是,前两者也没有规定支付的形式和时间,而与此相反,《劳动合同法》第23条第2款对用人单位支付竞业限制经济补偿金的作为方式作了规定,即“在竞业限制期限内按月给予劳动者经济补偿”。

其二,约定用人单位向劳动者支付经济补偿金的目的是弥补劳动者因竞业限制而遭受到的收入损失,这种弥补是对工资减少的一种补偿,起到了替代工资的作用。而一次性支付甚至竞业限制期满后支付的方式,不对劳动者生活产生影响的前提是劳动者自身能够维持竞业限制期限内的生存需要,如此,经济补偿金则失去了补偿的意义。

其三,经济补偿金的按月支付,同时也是对履行竞业限制协议状态的一种监督手段和对价手段。对用人单位而言,如果劳动者违约,则用人单位可以停止支付经济补偿金。对劳动者而言,如果用人单位违约,即不支付经济补偿金,则劳动者可以不受协议的限制而自由就业。因此,如果约定期满后支付经济补偿金的话,对不履行竞业限制协议的一方来说另一方则失去了一种对抗的手段。原国家科委1997年《关于加强科技人员流动中技术秘密管理的若干意见》第7条第2款规定:“单位违反竞业禁止条款,不支付或无正当理由拖欠补偿费的,竞业禁止条款自行终止。”经济补偿金显然必须是按月支付或者在竞业禁止期限内支付,后支付是没有意义的。

另外,关于竞业限制协议效力的解除,笔者认为,《劳动法解释四》要求劳动者在用人单位单方3个月未支付经济补偿的情况下才可以解除竞业限制协议,有过度保护用人单位之嫌。而且《劳动法解释四》的相关规定有可能放纵某些用人单位突破《劳动合同法》规定的经济补偿必须按月支付的法定方式。

(五)补遗

前述案例中李某到B保险公司工作,有两点值得关注:一是A保险公司也得知了此信息(表现为为其办理了档案、养老保险以及党员关系等一系列相关手续的转移工作);二是李某的任职得到了原保险监督管理委员会的核准,那么上述情形能否引起竞业限制协议效力的变化呢?笔者持否定态度。

如果A保险公司明示通知李某可以到B保险公司就职,则可以视为双方对竞业限制协议终止的协议变更或者解除,李某当然不承担相应的违约责任。但A保险公司内部为其办理相关手续的行为,并不等同于对李某就职的明示同意。原因是根据《劳动合同法》第50条的规定,该行为属于A保险公司的法定后合同义务的一部分。A保险公司的行为不是对李某的竞业限制权利(个别权利)的放弃,而是对自己的针对不特定劳动者的法定义务(普遍义务)的履行。这种行为恰恰证明了A保险公司对法律的严守。

另外,本案中涉及的原保险监督管理委员会,是根据国务院授权履行行政管理职能的部门,有权对全国保险市场进行监督管理。这种监督管理不仅涵盖了保险公司的市场运营行为，也涵盖了其组织行为，也就是说，保监会不仅有责任审核保险公司的设立、变更、终止及业务范围，也有责任审查其高级管理人员任职资格，甚至制定保险从业人员的基本资格标准。[1] 显然，这种审查仅局限于候选人（劳动者）是否满足新的用人单位或者新的职务的相关任职资格条件。因此上级主管部门的核准甚至任命程序，并不能改变该劳动者与原用人单位之间的权利义务内容，免除相应的义务。

笔者认为，可以考虑借鉴原国家科委1997年颁布的《关于加强科技人员流动中技术秘密管理的若干意见》中第8条的规定，对新旧用人单位分别赋予防范违反竞业限制义务的形式审查责任。即原用人单位在于劳动者解除劳动关系办理相关手续时，以书面或者口头形式向该劳动者重申其保密义务和竞业限制义务，并应当向其新任职的单位通报该人员在原用人单位所承担的保密义务和竞业限制义务。新用人单位在与劳动者缔结劳动关系或者办理入职手续时，应当主动了解该劳动者在原用人单位所承担的保密义务和竞业限制义务，并自觉尊重该义务。新用人单位明知该劳动者负有保密义务和竞业限制义务，而已获取相关技术秘密为目的故意录用该劳动者的，应当承担相应法律责任。

同时，上级主管部门在对相关候选人进行资格审查时，也可以对其一定时期内的劳动关系状况进行了解，并可以将该候选人将要建立的劳动关系中的开始时间、工作场所、工作职务内容等可能涉及竞业限制义务的部分内容，通知原用人单位。

四、结　　语

笔者认为，《劳动法解释四》规定的竞业限制制度仍有可完善的空间，如竞业限制协议解除和无效的情形、竞业限制终止的情形、双方在对方怠于履行义务的情况下在解除竞业限制约定时是否有提醒义务等。

（原载于《社会法学研究》2014年第1辑）

---

〔1〕 参见原保险监督管理委员会官方网站关于其职责范围的相关信息。

金融举报者激励和反报复保护法律制度研究

——以美国萨班斯法案和多德－弗兰克法案为核心

马　一*

无论愿意承认与否，当下我国资本市场乱象纷呈早已是不争的事实，非法集资、财务造假、内幕交易、违规减持、欺诈发行、虚假信息披露、操纵股价等层出不穷且呈蔓延之势，而相应的被严厉查处追责的则是冰山一角。金融乱象野蛮滋长，究其根由，严刑峻法没有建立、法律不完备是其一，但更重要的恐怕是监管的失职与不力，其对违法违规行为能否及时发现也即违法违规行为发现机制、发现后执法力度如何直接决定了监管是否有效。然而现实中监管层的孱弱表现在一定程度上甚至让人怀疑其对各种违法违规现象的发现能力严重滞后乏力，以致陷入了视而不见、见而不查、查而不纠、纠而不止的恶性循环。面对无处不在的各种金融乱象，有学者通过研究发现"举报是检测证券欺诈的最有效的方法"。[1] 据注册舞弊核查师协会（Association of Certified Fraud Examiners）统计，全球43％的上市公司舞弊案件都是由举报者揭发出来，由于举报者是内部人士，有利于"更好、更早地获得有关公司欺诈的信息"。统计发现，在美国被发现的上市公司欺诈案件中40％是由于举报者提供了线索。[2] 另据研究表明内部人发现上市公司欺诈的可能性比外部审计师高出13倍。[3] 同时也有研究表明，允许举报者得到法律保护可使上市公司治理得到长足进步——被发现的可能会促使上市公司建立专门部门以坚持合规审查，这种合规文化的养成，将督

* 马一，山东大学法学院副教授。

〔1〕 Geoffrey Christopher Rapp, "Mutiny by the Bounties? The Attempt To Reform Wall Street by the New Whistleblower Provisions of the Dodd-Frank Act", *BYU L. REv*. 73(110), 2012.

〔2〕 Ibid.

〔3〕 参见注册舞弊核查师协会向美国国会的报告，See ASSOCIATION OF CERTIFIED FRAUD EXAMINERS, REPORT TO THE NATIONS(2010)。

促上市公司在商业决策时顾及法律和道德的要求,并最终减少上市公司的违法行为。[1] 与此同时,研究也同样表明,在82%的情况下员工举报自己的公司,其会遭遇报复如:被终止劳动合同、被胁迫或显著改变工作内容等。这项研究还发现,许多员工举报者公司后,他们被迫迁移到另一个行业或甚至是另一个城镇,以避免骚扰。"[2] 专项调查也显示,员工不想举报公司证券违法最重要的原因也正是这种一系列的报复,报复可能体现在社会排斥的各种方面,如丢失社会身份、业界负面口碑、就业损失、破坏未来事业等。

尽管如此,研究也发现对举报者的奖励能够有效激励举报者。通过对1996~2004年美国企业的诈骗案件进行研究(样本包括216例涉嫌舞弊,包括安然、世通、HealthSouth等知名企业,涉及违法行为的资产规模在7.5万亿美元),发现在健康医疗领域,41%的欺诈由举报者举报;在其他政府采购领域,14%的欺诈是由举报者举报。总体而言在216个证券欺诈案例中,26件是上市公司员工举报,占18.3%从而排名第一,专家分析师发现24件,占16.9%,媒体发现22件,占15.5%,行业管理机构和行业协会发现20件,占14.1%,审计师发现16件,占11.3%,美国证监会倒数第一发现10件,占7%。[3] 激励机制下金融举报者的举报积极性、重要性和有效性由此可见一斑。

一、美国金融举报者激励和保护立法的源起

(一)源起英格兰:美国"举报者分享"立法的起源

为激励举报者而与举报者分享罚金的历史可以追溯到中世纪英格兰。1318年,当举报者成功举报政府官员兼职做酒商,爱德华二世国王提供了1/3的罚款作为奖赏以激励举报者。[4] 其后法院发布了告发分享令状"writ Qui Tam",即自然人个人协助国王起诉,他可以接收全部或部分罚款作为奖励。该令状的名字来源于一句拉丁语 *qui tam pro domino rege quam pro se ipso in hac parte sequitur* 的缩写,意为"为此事,谁为国王提起诉讼,这也为了他自己"。

1951年英格兰和威尔士的法院废止了告发分享令状"writ Qui Tam",代之以《统一举报行为法》。后来,美利坚合众国的缔造者把"政府将赔偿分成给举报者"的想法带到了马萨诸塞州,那里的"面包欺诈,对举报者将分发1/3的罚款金,欺诈犯罪的发生地镇将受益

---

〔1〕 James A. Fanto, *Surveillant and Counselor: A Reorientation Compliance for Financial Firms*, Social Science Electronic Publishing, 2013, pp. 4-8, 41-42.

〔2〕 Alexander Dyck & Luigi Zingales, "Who Blows the Whistle on Corporate Fraud?", The Journal of Finance 65, 2010, pp. 2213-2253.

〔3〕 Luigi Zingales et al., *Who Blows the Whistle on Corporate Fraud? I.* Univ. of Chicago Booth Sch. of Bus., Working Paper No. 08-22, 2008, available at http://ssrn.com/abstract=891482.

〔4〕 C. Doyle, writing for the Congressional Research Service (2009): "Qui Tam: The False Claims Act and Related Federal Statutes".

罚金的其余部分。"[1]此后在康涅狄格州、弗吉尼亚州和南卡罗来纳州等也开始出现类似立法。该法律制度后来被美国《虚假索赔法》所沿用,允许举报者用对诈骗联邦政府的行为的知悉,协助联邦政府提出索赔诉讼,并取得诉讼赔偿金额的一部分作为奖励。

(二)美国举报者保护立法起源于通用汽车公司对消费者维权领头人的迫害

美国保护举报者法案的起点其实来源于在消费者运动中通用汽车公司对汽车消费者维权领头人的各种信用诋毁行为。拉尔夫·纳德博士(Ralph Nader)是美国著名的消费者维权家,毕业后开始写关于消费者安全问题的文章。他首先在1959年的一篇文章中批评汽车行业称"不安全的汽车你不能买",1965年纳德在其专著《任何速度都是不安全的》中声称,许多美国汽车都是不安全的。纳德将超过100起与通用汽车相关的事故诉讼联系到一起,并开始对这些诉讼中关涉的通用汽车的安全进行调查。[2] 1966年年初通用汽车公司试图诋毁纳德,雇用私人侦探挖掘调查他的过去,并雇用妓女向他下套,逼迫他妥协。[3] 纳德起诉通用汽车公司侵犯其隐私权,并最终以425,000美元和解解决了这一案件。纳德起诉通用汽车一案,最终通过纽约上诉法院的决定,将侵权法的保护范围扩展至"过度监督"。[4] 随后,纳德用通用公司赔偿的钱成立了一个消费者权益保护法律研究中心。纳德的"任何速度都是不安全"的汽车安全宣传,以及不断升级的全国交通死亡人数,促进国会在1966年通过了《全国交通和汽车安全法》,该法案建立了国家公路交通安全管理局,标志着汽车安全的责任从消费者到政府的历史性转变。而美国民众也开始意识到,举报者已经不那么可恨和需要躲藏,举报者不但是正义的,同时还是对抗社会欺诈和不法行为的重要力量。1983年美国最高法院在判决中引入了所谓的"举报者",并采用了一个非常形象的专门称谓"吹哨人"(the whistleblower),关于举报者的法律格局开始改变。

(三)"举报者分享罚金"的《美国虚假索赔法案》

1986年美国《虚假索赔法》(False Claims Act,FCA)是一部美国联邦法律对公司(通常是联邦承包商)和个人欺骗政府的责任追索立法,是联邦政府打击针对政府的欺诈的主要工具。[5] 在通过1986年美国《虚假索赔法》之前,对举报者没有法律上的有效保障措施以

---

[1] C. Doyle, writing for the Congressional Research Service (2009): "Qui Tam: The False Claims Act and Related Federal Statutes".

[2] Diana T. Kurylko, "Nader Damned Chevy's Corvair and Sparked a Safety Revolution," *Automotive News* 70, 1996.

[3] Alan Kucinich, President Dwight D, Eisenhower and the Federal Role in Highway Safety: Epilogue—The Changing Federal Role, Federal Highway Administration 47 (May 7, 2005).

[4] Nader v. General Motors Corp., 307 N. Y. S. 2d 647 (N. Y. 1970).

[5] United States ex rel. Steury v. Cardinal Health, Inc., 625 F. 3d 262, 267 (5th Cir. 2010). ("The FCA is the Government's primary litigation tool for recovering losses resulting from fraud.")

激励这些举报者能够勇敢向前。[1] 1986年美国《虚假索赔法》对举报者的奖励和激励进行了革命性的提升,该法律规定:允许不隶属于政府的告发人(在法律上称为“关系人”),代表政府利益,与政府一起协同一致,向欺诈政府的另一方提出诉讼。如果诉讼后政府能够获赔,那么该“关系人”可以获得一部分(通常约15% ~25%)损害赔偿作为奖励。

美国《虚假索赔法》所确立的主要制度如下:第一,强制立法必须给举报者奖励,而以前国会认为是否给予举报者奖励属于他们的自由裁量;第二,出台了“反报复”的立法规定,赋予了举报者“反报复”的权利,如起诉雇主报复,用实际权利对抗雇主的报复;第三,规定了雇主的损害赔偿条款,如果雇主报复雇员,造成的损害需要两倍到三倍的赔偿;第四,在针对欺诈政府行为的诉讼中给予了举报者更多的参与权和控制权,甚至政府的索赔金额,由举报者来指导;[2]第五,专门开辟出财政资金,为作为原告的举报者提供律师费。由此在诉讼中,律师使用该法给予的政策,大规模向欺诈政府的相对方索赔。

1986~2012年,在所有的联邦政府的反欺诈行案件中,70%是由举报者依据美国《虚假索赔法》完成的。这些案件通常涉及医疗保健、军事或其他政府支出领域,尤其是在政府的药品采购领域,举报者提出诉讼是政府对抗欺诈的最常手段,占据了绝大多数索赔案件。美国《虚假索赔法》诞生后的1987年到2013年,美国政府收回389亿美元赔偿金,这一数额的70%,即272亿美元是举报者参与政府对欺诈政府行为的索赔案件追回的。[3]

二、美国《萨班斯法案》开始了对金融举报者的全面保护

(一)旨在打破员工沉默的萨班斯法

21世纪初公司欺诈和贪婪导致两大跨国集团安然和世通的垮台。巨大的丑闻引起了公众、公司、华尔街和国会几乎前所未有的关注。高薪的管理层是欺诈者,但公司员工、投资者和退休人却是这种欺诈事件的主要受害者,他们在公司的欺诈行为和公司最终的崩溃中遭受了最大的损失,这显然是非常不公平的。

国会对这些证券欺诈问题的调查显示,这些公司的某些员工早就发现了问题所在,但这些员工并没有告发,最终欺诈行为导致企业毁灭。然而由于对举报者的法律保护不周,这些雇员往往不愿意用自己的职业生涯冒险。愿意揭露公司舞弊的员工是如此之少,以至于当公司内部人员冒着自己的职业生涯风险进行举报,以此试图纠正舞弊时,会被2002年

---

〔1〕 PHILLIPS & COHEN LLP,“False Claims Act History”, Accessed May 12,2013, http://www.phillipsandcohen.com/False-Claims-Act-History.

〔2〕 Joseph M. Makalusky,“Blowing the Whistle on the Need to Claim and Correct the Massachusetts False Claims Act”,94 *MASS. L. Rev.* 41,2012, pp. 45-46.

〔3〕 Ibid.

的《时代周刊》奉为封面人物和时代英雄。[1] 为应对来自公众的强烈抗议，美国国会迅速采取行动，2002 年颁布了美国《公共企业改革和投资者保护法》(Sarbanes-Oxley Act，俗称萨班斯－奥克斯利法案，以下简称《萨班斯法案》)，为举报公司欺诈的公司员工提供全面的法律保护，该法旨在打破企业员工沉默的僵局，给予公司举报者以综合法律保护，以促进知情员工举报。

(二)《萨班斯法案》中的 806 条款

通观《萨班斯法案》，对金融举报者的基本问题与范围的确定如下：

1. 举报者是公开交易的公司的员工；

2. 被举报的对象限于公开交易的公司，具体范围包括：一、1934 的《证券交易法案》第 12 条下注册的发行证券的公司(15 U. S. C. 781)，二、或根据第 15(d)1934 的《证券交易法案》[15 U. S. C. 78o(D)]报告所需的文件的公司，以及这些公司的官员、雇员、承包商、分包商或代理；

3. 以下行为属于举报者举报：a. 提供信息或以其他方式协助调查；b. 或者提交文件、导致提交文件、证明、参与、或以其他方式协助提交或即将提交的文件(利用对雇主的任何知悉)；

4. 公司以下行为可以被举报：员工合理地认为，a. 构成违反本法 1341 条款、1343 条款、1344 条款或 1348 条款，b. 任何监管的证券交易委员会规则，c. 或任何有关的联邦法律对股东的欺诈行为；

5. 具体向以下机构提供信息或协助进行调查属于举报行为：(a)联邦监管机构或执法机构；(b)任何一个国会或任何一个国会委员会的成员；或(c)有监督管理权的人(或其他有权调查、发现或终止不当行为的雇主)的人；[2]

2002 的《萨班斯法案》806 条款创造了一个新的联邦反报复公司举报者的保护体系。过去，劳动行政部门的审查委员会(ARB)和联邦法院认为举报者必须报告“明确具体”违反金融立法的行为，才能够得到“举报者身份”。《萨班斯法案》后 ARB 抛弃了这种做法，认为举报者“合理相信”上市公司涉及违反金融法规，对该行为进行举报，无论是否“明确具体”，都可以得到举报者保护条款的保护。[3]

---

[1] 2002 年 12 月 22 日出版的美国《时代周刊》杂志封面。世通公司的员工 Cynthia Cooper、联邦调查局的员工科琳·罗利以及安然公司的员工 Sherron Watkins 三人当选为该杂志评选的“年度风云人物”。《时代周刊》杂志评选的理由是“她们冒着巨大的职业及个人危险去揭露世通公司、联邦调查局以及安然公司的事实真相”。

[2] THE SARBANES-OXLEY ACT OF 2002 Section 806—Protection for Employees of Publicly Traded Companies Who Provide Evidence of Fraud.

[3] The Scope of Protected Activity Under Section 806 Of SOXArticle in Fordham law review/edited by Fordham law students 80(5) · January 2011.

(三)《萨班斯法案》下举报者的举报渠道

1. 强制公开交易公司建立“第三方接听”匿名举报渠道

《萨班斯法案》的另一个显著部分是匿名举报渠道的要求。《萨班斯法案》301 条款要求受保护公司审计委员会建立检举流程,使得所有员工都可以匿名提交关于可疑的会计或审计事项的问题。此外,它要求委员会必须有程序保留和处理报告,为保障这一要求的实现,其要求公开交易公司与一家独立的第三方公司签订合同,以让独立第三方证明收到报告。

2. 举报者保护立法不保护直接向媒体爆料的员工

举报者必须向联邦监管机构或执法机构,或向国会的任何成员或委员会提供信息,才能得到保护。《萨班斯法案》不保护向媒体直接爆料的举报者,因为如果员工直接向媒体爆料,许多信息是未经查实的,会引起公开交易公司的巨大震动,这种行为被认为是“不负责任”。当然美国也存在相反的观点持有者,他们认为这些举报者和其他举报者一样是负责任的。但是立法者并没有采纳这种观点。

(四)行政申诉与反报复民事索赔权:对金融举报者的双重保护

《萨班斯法案》禁止对公司举报者进行报复,集中体现在 806 条款中规定的反报复条款。该节采用了独特的双轨道执法制度。公司的举报者可以向职业安全和健康委员会(Occupational Safety & Health Administration,OSHA)进行行政投诉,该委员会会派出调查员进行调查并出具调查结果,如果行政投诉后的 180 日内委员会没有给出结果,且这样的延误并不是由于申请人不诚信的行为导致的,则《萨班斯法案》允许申诉人向联邦法院起诉。《萨班斯法案》规定,在这种情况下无论在争议金额大小,举报者都有权在适当的联邦地区法院提起“重新审查诉讼”。[1] 这使联邦法院体系可以保护举报者,从而解决了职业安全和健康委员会行政投诉有时需要几年时间的弊端。OSHA 曾经向联邦地区法庭提交过动议,认为这样两个层级的国家力量在进行同一个案件的审理,这对国家权威是一个损害。但是联邦法院坚持在《萨班斯法案》下超过 180 日即可受理的规定,认为:在联邦法院体系介入前,行政体系已经得到了合理的时间去解决,如果未能解决,联邦法院可以进行全新的

---

〔1〕 Hanna v. WCI Communities, Inc. ,348 F. Supp. 2d 1322, 1329 (S. D. Fla. 2004). The court examined whether it could ignore the plain meaning of the statutory language and stated this should be done only if the language is ambiguous, there is clear evidence of contrary legislative intent, or it would lead to an absurd result. The first two did not apply and it used the absurd result standard. The court presumed that Congress passed the statute as a spur to the DOL to give timely relief to SOX plaintiffs. It found no reason to penalize the plaintiff for what may be an unrealistic timetable imposed by Congress.

(从头到尾的)司法审查。[1] 由于OSHA常常未能及时地保护举报者,这种双轨道也是一种改进。

截至2007年,学者研究表明《萨班斯法案》后举报者向OSHA提起的申诉共361个,但只有13个胜利,换言之在OSHA的申诉,仅3.6%的成功率。[2] 2007年至2011年12月31日只有10多人在OSHA的申诉获得成功。从《萨班斯法案》生效至2011年年底,1260例的OSHA申诉中仅有1.8%的胜率。OSHA对举报者的保护总体失败,原因有以下:(1)《萨班斯法案》对原告的举证责任保护还是比较倾斜的,但是OSHA并没有很恰当的运用;(2)OSHA人手不够,申诉案件太多;(3)OSHA是管理劳动关系的政府部门,对于金融案件的复杂性,其知识不够等。[3] 因此,联邦法院的民事索赔权对举报者来说,是必不可少的。

《萨班斯法案》对原告和被告规定了不同的举证责任。在大多数民事诉讼中,原告和被告必须证明他们的证据是处于"优势"的证据,即法官或陪审员发现一方的证据比另一方的证据更可能是真的。在《萨班斯法案》中对处于原告地位的举报者,只适用于相对较轻的"优势"举证责任。相反被告必须通过"清晰和有说服力的"证据来证明他们没有对原告进行报复,[4]这是一个比"优势"标准更重的负担,虽然没有达到"排除合理怀疑"这一在刑事案件中使用的标准,但是无疑要被告证明自己没有实施报复行为的证据要求是非常高的。以Welch案件为例:原告是一家小银行的首席财务官,他告发了对潜在的金融诈骗的担忧。当原告说除非他的律师在场,否则拒绝与该银行谈论他的疑虑时,银行终止了他的工作。法官裁定原告证明的证据占优势,他在报告一个真诚的信念与坚信的事件,但被告银行没有令人信服的证据证明其在原告不配合银行的调查的时候就终止原告工作的原因。[5]

在《萨班斯法案》下,报复定义为包括解职、降职、停职、威胁、骚扰,或以任何其他方式歧视举报者,这是一个广泛的定义,这种范围较之以往要严格得多。因此,这种双规机制,给了举报者一个行政、司法双重高级别的法律保障。这也使得在《萨班斯法案》实施后,对金融举报者的权利保护更加具有体系性。

---

〔1〕 The court went on to reject the argument that plaintiff had to exhaust his administrative remedies before he could file suit in district court and the argument of collateral estoppel. Id. At 1330 – 31. In Bechtel v. Competitive Technologies, Inc. ,448 F3d 469,474(2nd Cir. 2006),the court noted:Given these successive levels of review,the absence of federal judicial power to enforce preliminary orders reasonably could serve to ensure that appeals work their way through the administrative system before the federal courts become involved. Moreover,if the result changes from one level of review to the next,immediate enforcement at each level could cause a rapid sequence of reinstatement and discharge and a generally ridiculous state of affairs.

〔2〕 Richard E. Moberly,Unfulfilled Expectations:An Empirical Analysis of Why Sarbanes-Oxley Whistleblowers Rarely Win,49 WM. & MARY L. REv. 65,67,9 95(2007).

〔3〕 Richard Moberly,Sarbanes-Oxley's Whistleblower Provisions:Ten Years Later,64 S. CL.. Rev. 1,4(2012); Terry Morehead Dworkin,SOX and Whistle blowing,105 MICH. L. Rev. 1757,1764 – 65(2007) Valerie Watnick,Whistleblower Protections Under the Sarbanes-Oxley Act:A Primer and a Critique,12 FORDHAM. Corp. & FINL.. 8 31,833(2007).

〔4〕 Stone & Webster Eng' g Corp. v. Herman,115 F. 3d 1568,1572(1lth Cir. 1997).

〔5〕 Welch,2003 – SOX – 15,at 3,15(AJ Jan. 28,2004).

(五)《萨班斯法案》将报复举报者行为责任刑事化

在《萨班斯法案》下的雇主,包括公开上市的公司和他们的承包商、分包商、代理商,禁止打击报复员工举报涉嫌舞弊或其他违法行为。《萨班斯法案》下的举报者保护范围仅限于公开交易的公司的雇员,但是把报复员工的责任刑事化严格化——如果报复员工,责任人就需要承担刑事责任。《萨班斯法案》规定,公司员工向执法人员提供有关该公司行为的真实信息或任何可能构成联邦罪行的行为的任何真实信息,任何人明知而故意进行报复,采取任何对举报人有害的行为,包括对举报人的合法就业或生计的干扰等,将被处以罚款或不超过10年的监禁,或者两者并罚。[1]

(六)2014年美国法院对《萨班斯法案》适用范围的扩展——公开交易公司合同相对方的员工

2014年3月4日,美国最高法院在Lawson v. FMR LLC案中,法院裁定《萨班斯法案》806条款禁止打击报复举报者的规定,不仅适用于公开交易公司的员工,而且公开交易公司的承包商和分包商的员工也受萨班斯法案保护,显著扩大了法案的覆盖面。

本案大概案情如下:Lawson即原告是私人公司FMR LLC的雇员,该私人公司为公开交易的共同基金提供顾问服务,当劳森提出了对共同基金的成本会计方法的关注时,他们遭受了FMR LLC的报复包括开除等。最高法院认为:《萨班斯法案》的反报复禁止应作狭义的理解,认为它仅适用于对公共(上市)企业的雇员的报复,劳森作为一个私人承包商的雇员,不可能适用《萨班斯法案》举报者反报复的规定。但最高法院作了一个更广义的解释,其认为向公众公司提供服务的私人合同公司员工可以受到《萨班斯法案》下反报复条款的保护。最高法院分析了806条款的立法历史,包括安然丑闻产生的事实(当安然公司的两名雇员和外部会计师事务所的雇员试图报告公司不当行为时,都遭到报复),最高法院以历史分析的方式解析了安然事件后,认为安然事件后国会应当允许公共上市公司的合同公司的雇员也能够享受《萨班斯法案》保护,这样越多的专业人士参与,上市公司的欺诈行为会受到越多的阻止。最高法院的意见明确指出,律师事务所、投资顾问、会计师事务所等可能的雇员也受《萨班斯法案》保护,这一裁决大大扩大了举报者诉讼的范围。

三、《多德–弗兰克法案》对金融举报者激励和保护的全面升级

在2008~2009年国际金融危机期间,以伯纳德·麦道夫的庞氏骗局为代表的诸多丑闻

---

〔1〕 See Sarbanes-Oxley Act of 2002.

暴露出了金融监管体系的薄弱，金融市场信心崩溃〔1〕；火上浇油的是衍生品专家 Harry Markopolos 撰写了严厉的证词向国会作证，从 2000～2008 年，他五次写报告警告政府麦道夫可能出事，但是政府置之不理。〔2〕 美国证券交易委员会（以下简称美国证监会）对这种举报没有处理，最终导致丑闻事件，在公众的质疑中，美国证监会非常尴尬。〔3〕 这些事件刺激了大萧条以来最重要的金融改革。〔4〕 国会意识到美国的部分监管结构，包括美国证监会、合规检查办公室（OCIE）和美国金融业监管局（FINRA），都需要帮助以识别财务欺诈。政府决定给举报者扩大财政补偿金额，同时政府承认自己需要帮助。1933 年国会通过了第一部联邦证券法，但发展到当代金融行业变得更加复杂。美国证监会目前监督超过 35,000 个证券注册人，这还不包括一万家公众的公司、78,000 个共同基金、54,000 名经纪人和 600 家支付中介。为应对这种复杂性，美国证监会有聘请资深经纪人、交易员和后台人员进行调查的需要。美国证监会自身一直也在思考，到底应该聘请来自行业的专家以确定欺诈，还是应该外包这个功能。

2010 年 7 月奥巴马总统签署了《多德－弗兰克华尔街改革和消费者保护法》（以下简称《多德－弗兰克法案》），对举报者的法律保护进一步完善并强化。该法立法目的之一便是“奖励举报不法行为，保护举报者”。〔5〕 为了提高其发现违法行为的专业技术水平，监管机构可以聘请资深专家。通过对具有专业知识的外部信息持有者提供举报奖励，美国证监会可以接收和获取到更有效率、有价值的信息，能够更好地部署其审查人员和执法人员。

（一）《多德－弗兰克法案》922（a）条款

在《多德－弗兰克法案》之前，1988 年《内幕交易和证券欺诈行为法案》允许美国证监会奖励向其提供内幕交易信息的个人。在 2010 年 7 月之前，美国证监会执法的 21 年间，仅向 5 个举报者颁发了 16 万美元的奖励。〔6〕 2010 年 3 月，美国证监会监察长发表了一份报告，直接批评美国证监会的奖金太少。〔7〕 1988 年的美国《内幕交易法》规定只提供“不超过

〔1〕 Statement by Timothy F. Geithner, U. S. Secretary of the Treasury, before the Committee on Financial Services U. S. House of Representatives 7－8 (Mar. 26, 2009), available at http://www. house. gov/appsilist/hearingIfinancialsvcsde-migeithnero32609. pdf.

〔2〕 Harry M. Markopolos, CFA, was the 2002－2003 President of the Boston Security Analysts Society. Past Presidents, BOSTON SEC. ANALYSIS Soc. http//www. bsas. org/BSAS_About/AO3. asp(last visited Mar. 6, 2011).

〔3〕 See Madoff Ponzi Scheme: Hearing Before the H. Comm. on Fin. Ser's., 111th Cong. 10 (2009), http://online. wsj. com/public/resources/documents/MarkopolosTestimony20090203. pdf.

〔4〕 See Damian Paletta & Aaron Lucchetti, Law Remakes U. S. Financial Landscape, WALL ST. J., July 16, 2010.

〔5〕 Shruti Shah & Robert N. Walton, The SEC's Tricky Balancing Act, FCPA BLOG(Nov. 8, 2010, 7:28 AM), http:// fcpablog. squarespace. com/blog/201O/ll/8/the-secs-tricky-balancing-act. html.

〔6〕 U. S. SEC Awards $1 Million Bounty for Information Leading to an Insider Trading Action, GIBSON DUNN(July 27, 2010), http://www. gibsondunn. com/publications/pages/SECAwardslMillionDollarBounty-InsiderTradingAction. aspx.

〔7〕 OFFICE OF AUDITS, U. S. SEC. & EXCH. COMM'N, REPORT No. 474, Assessment of the Sec's Bounty Program(2010), available athttp://www. sec-oig. gov/reports/auditsinspections/2010/474. pdf.

10%"的奖金,这意味着即使是举报者,美国证监会也有自由裁量权不奖赏金。在2010年《多德-弗兰克法案》之前,美国证监会几乎以轻蔑的态度对待举报者,仅在有限的案件中(如内幕交易案)为线人提供赏金。但事实证明,对举报者的奖励比监管调查更能带来有效的、更持续的效果,严重的欺诈行为可能因为举报者的存在而得到缓解和纠正,从而降低社会成本。

2010年《多德-弗兰克法案》对前述不利的规定进行了修正,其规定在所有司法或行政行动中,如果有一个或多个举报人能够提供源泉性信息,使美国证监会能够成功执法,那么举报者可以得到罚款10%~30%的奖励。第922节(a)定义了本法的"司法或行政行为"是:"证券法下任何可以带来超过一百万美元的货币制裁的司法或行政行为"。至于到底给10%还是30%,美国证监会考虑的因素包括:(1)举报者提供的信息对司法或行政行为的成功具有的重要意义;(2)举报者和举报者的法律代表(举报者本人可以请代表协助美国证监会执法)对执法提供帮助的程度;(3)举报者提供的信息能否阻止证券违法行为的发生和进行;(4)其他美国证监会可能通过规则或法规确认的相关因素。[1]

同时,《多德-弗兰克法案》扩大了奖励范围,使奖励范围超出诈骗政府的行为,"对私人投资者或金融市场的欺诈"也可以触发赏金奖励。此外较之萨班斯法,《多德-弗兰克法案》对举报者提供了更广泛更有力度的保护。[2]

(二)《多德-弗兰克法案》对举报者"源泉性信息"的界定

关于提供哪些信息的举报者可以有资格取得奖励,《多德-弗兰克法案》规则21f-4(b)规定:(1)"原始信息"来自举报者的"独立的知识"或"独立分析";(2)举报者是信息的源头,美国证监会没有获得该信息的其他来源;(3)不完全是来源于司法或行政听证的指控、政府报告、听证、审计、调查或新闻媒体;(4)在《多德-弗兰克法案》颁布日期后,第一次提供给美国证监会。《多德-弗兰克法案》定义的"独立知识"是"举报者知悉的,不是从公开渠道获得的真实的信息","独立分析"则意味着举报者的"自己的思考评价分析结果,但它揭示了一般不知道或公众不能分析出来的信息。"

(三)《多德-弗兰克法案》的反报复规定

《多德-弗兰克法案》规定举报者只有领取奖金的时候才明确自己的身份。第922节甚至允许对参与诈骗的员工免除追究其责任,以使其没有后顾之忧和潜在恐惧。而与此同时,根据该法案企业如果采取报复措施,则将承受严重的后果。通过消除报复的恐惧和相

---

〔1〕 Dodd-Frank Act § 922(a).

〔2〕 Dodd-Frank Act, Pub. L. No. 111-203, 124 Star. 1376, 1376(2010); see also Henry Klehm II et al., Securities Enforcement Has Crossed the Border Regulation Authorities Respond to the Financial Crisis with a Call for Greater International Cooperation, but Where Will that Lead?, 13 U_ PA. J. Bus. L. 927, 936(2011).

关的负面影响,《多德-弗兰克法案》确保了举报者更容易举报且不受报复。如果举报者因为举报而被雇主终止工作,该法规定必须给举报者复职,同时解雇的期间,需要奖励其双倍工资,并报销其律师费用。此外《多德-弗兰克法案》还为举报者延长了诉讼时效,从报复发生之日起计算,反报复索赔6年之内都可以提起。[1]

(四)《多德-弗兰克法案》中的具体实施机制

1. 建立专门的举报者办公室OWB及汇报机制

《多德-弗兰克法案》第924节(d)要求美国证监会在委员会内部建立一个单独的举报者办公室(Office of the Whistleblower,OWB)专门负责举报者事务,办公室的使命是:有力管理举报者事务,帮助美国证监会识别和阻止欺诈,从而加强法律规定的执行,从早期减少投资者的损失。为确保举报者奖金支付及时,国会设立了一个单独的基金——投资者保护基金,对符合法律规定的举报者的奖金将从基金中支付。[2]

同时《多德-弗兰克法案》要求OWB每年向国会报告,美国证监会也必须向国会提交年度报告说明以下问题:(1)本财政年度举报者奖励计划,包括授予奖项的数量和案件类型;(2)上一财政年度开始前的基金结余;(3)上一财政年度存入保护举报者基金的金额;(4)上一财政年度期间从基金中支付给举报者的金额;(5)上一财政年度末的基金结余;(6)一套完整的经审计的财务报表,包括资产负债表、损益表和现金流量分析。

在2014年,为了增加索赔的透明度,美国证监会创建了一个单独的网页,[3]所有最终由美国证监会发出的奖励或拒绝奖励都在此以裁定的形式发布。[4] OWB的网站还包含一个链接到执行财务报告和审计小组的网页,其目的是让举报者能够识别和起诉违反证券法等的财务报告和审计作假行为,为举报者提供正在控诉的样本,使举报者知悉什么样的东西可以举报及如何控诉。

2. OWB建立举报者专线并对举报者身份保密

自2011年5月OWB创建举报热线来回应来自举报者的问题,该热线由执法人员在24小时内回复。在2014年办公室回访了超过2731个电话,这些电话大都涉及到来电者应该如何提交线索以获得奖励。除了通过热线与举报者沟通,办公室还提交额外的信息提示与举报者定期交流。作为与举报者交流的纽带,OWB还为员工组织培训,专门应对和加强与举报者的沟通能力。培训课程包括:根据《多德-弗兰克法案》主动告知员工有关委员会的权限,以及打击报复举报者的执法行动。2014年6月16日美国证监会首次对报复举报者

---

〔1〕 Bruce Carton. Pitfalls Emerge in Dodd-Frank Bounty Provision, COMPLIANCE WK., Oct. 2010, at 22, 22.

〔2〕 Implementing the Dodd-Frank Wall Street Reform and Consumer Protection Act, U. S. SEC. & EXCH. COMM'N, http://www.sec.gov/spotlight/dodd-frank.shtmil(last visited Aug. 21, 2014).

〔3〕 https://www.sec.gov/about/offices/owb/owb-final-orders.shtml.

〔4〕 https://www.sec.gov/rules/other/2016/34-78025.pdf.

的行为开罚，一个对冲基金的首席交易员曾向美国证监会举报其佣金收费的违法行为而遭到报复，美国证监会对这个对冲基金进行了严格的处罚。此外美国证监会还开发了举报、投诉和线索的收集和分辨率系统，即 Tips，Complaints，and Referrals Intake and Resolution System（TCR System），举报者选择 TCR 发送信息采集表单，TCR 系统对举报信息可适当审查、分配和跟踪。

由此美国证监会收到了越来越多的举报者的举报。2011 年 8 月以来，证监会共收到 10，193 个举报者的举报，仅在 2014 财政年度，就收到 3620 份举报。举报者计划开始以来，向美国证监会举报逐年增加：2011 年收到 334 份举报，2012 年收到 3001 份举报，2013 年收到 3238 份举报，2014 年收到 3620 份举报。[1] 2014 财年，美国证监会收到的最常见的举报者举报类型包括：公司披露和财务（16.9%）、诈骗（16%）、证券市场操纵（15.5%）。[2] 通过对 2012 年、2013 年、2014 年的每年的举报类型分析，公司披露及财务问题、欺诈发行、操纵股价是举报者举报最多且逐年增加的项目。[3]

从实施《多德－弗兰克法案》以来，美国证监会已在美国以外的 83 个国家收到举报者的举报。在 2014 财年，美国证监会收到了来自国外 60 个国家提交的举报信息。除美国外，2014 年举报者最多的分别来自英国、印度、加拿大、中国和澳大利亚。2014 财年意义重大，举报者超过 3600 个，美国证监会还给出了一个破纪录的举报奖励数额——3000 万美元，这是 2013 年全年奖励的一倍。从 2016 年最新的执行情况来说，美国证监会发出的奖励数额越来越大。[4]

日期	发出的奖励额度
2016 年 6 月 9 日	1700 万美元奖励
2016 年 5 月 20 日	45 万美元奖励
2016 年 5 月 17 日	500 万美元奖励
2016 年 5 月 13 日	350 万美元奖励

总体而言，奖励金融举报取得了巨大的成功，80% 的举报者都有过先向公司内控部门举报的经历，但上市公司不改变这些金融违法行为，他们才向美国证监会举报。[5] 美国证监会前主席 L. Schapiro 表示："尽管美国证监会有接受高容量的建议和投诉的历史，但从《多德－弗兰克法案》开始，我们收到的举报的质量变得更好。"[6] 实践证明，美国《多德－弗兰克法案》极大地打击了证券欺诈犯罪，提高了上市公司整体的内部治理水平。

---

〔1〕 2014 ANNUAL REPORT TO CONGRESS ON THE Dodd-Frank Whistleblower Program.

〔2〕 参见美国 SEC 举报者保护办公室向国会 2014 年提交的报告。

〔3〕 2014 ANNUAL REPORT TO CONGRESS ON THE Dodd-Frank Whistleblower Program.

〔4〕 https://www. sec. gov/whistleblower.

〔5〕 Ben Protess & Nathaniel Popper，Hazy Future for Thriving S. E. C. Whistle-Blower Effort. N. Y. TiMES.

〔6〕 Press Release. SEC，SEC Adopts Rules To Establish Whisttleblower Program（May 25，2011），available at http://www. sec-gov/news/press/2011/2011－116himt.

(五)《多德－弗兰克法案》不仅强化了举报者保护还促进了公司治理

《多德－弗兰克法案》通过缓和举报者参与的紧张情绪、激励和保护举报者,不仅极大地影响了公司员工、公司和美国证券交易委员会,而且还直接促进了公司治理的完善和改进。[1]

由于立法为举报者员工创造出了更多的货币激励,举报者更容易决定挺身而出——强有力的保护和货币奖励将使它更容易和更诱人。《多德－弗兰克法案》提供货币奖励给举报者的赏金计划,已经开始产生比以往更多的举报者。在该法案通过后的几个月,在律师事务所在咨询举报者事宜的数量急剧上升。[2] 在过去的几年中,许多公司已被判犯有欺诈罪,这与举报者法律保护的强化不可分割。这些公司被迫向政府或监管机构支付数百万美元的罚金,由此举报者收益颇丰,这促进了更多人参与举报。最近对公司的罚款与历史处罚相比,增幅巨大。美国证监会近期开出的几个巨额罚款包括:8 亿美元(西门子)、5.75 亿美元(KBR 公司)和 1.85 亿美元(戴姆勒)等,这些都与举报者有关。

强化公司治理监管的另一个后果是增强了员工的反欺诈意识——由于该法案对举报者的激励和保护,员工会更倾向于寻找欺诈。迹象显示《多德－弗兰克法案》虽不会完全消除舞弊,但至少有一点,这些规定会间接迫使公司改变他们的公司治理方式。[3] 公司会主动增加公司治理方面的支出,并密切关注预防欺诈,以避免美国证监会潜在的巨额罚金。对于公司而言《多德－弗兰克法案》迫使他们再次对公司治理做出重大改进。[4]

与此同时,企业将面临新的挑战,因为一个内部错误可能最终耗资数百万美元——随着员工举报数量的有可能增加,公司将增加显著的成本来检视自身以保护自己。故企业更可能把钱花在前期,通过改善其公司治理系统,从而尽量减少欺诈处罚。除了应付越来越多的举报者,[5]公司还有可能面对员工的反报复索赔,这也是很多公司增加的成本。根据《多德－弗兰克法案》,举报者可以针对公司的报复行动提起索赔,公司也越来越多的被迫辩护自己没有报复举报者。因此企业必须改变他们的政策限制和防止报复性行动,因为要证明自己没有实施报复行为的责任相对较重。如果处理得当,欺诈和反报复索赔都可以通

---

〔1〕 Eugene A. Ludwig, Assessment of Dodd-Frank Financial Regulator Reform: Strengths, Challenges, and Opportunities for a Stronger Regulatory System, 29 YALE J. ON REG. 181, 183 (2012).

〔2〕 Kevin LaCroix, The Dodd-Frank Whistleblower Provisions: Some Other Things to Worry About, THE D&O DIARY (Nov. 2, 2010), http://www.dandodiary.com/2010/11/articles/securities-litigation/the-doddfrank-whistleblower-provisions.

〔3〕 Oversight of Dodd-Frank Act Implementation, COMM. ON FMN SERVS, http://financialservices.house.gov/dodd-frank! (last visited Aug. 21, 2014).

〔4〕 Mike Koehler, Will Dodd-Frank's Whistleblower Provisions Be Exported?, CORP. COMP. INSIGHTS (Oct. 20, 2010).

〔5〕 Murray v. UBS Securities, LLC, No. 12 Civ. 5914 (JMF), 2013 WL 2190084, at *7 (S. D. N. Y. May21, 2013); Genbeig v. Porter, 935 F. Supp. 2d 1094, 1105－07 (D. Colo－2013); Kramer v. Trans-Lux Corp. No. 3: tlCV1424 (SRU), 2012 WL 4444820, at *4－5 (D. Conn. Sept. 25, 2012); Nollner v. S. BaptistConvention, hic., 852 F. Supp. 2d 986, 997 (M. D. Tenn. 2012); Egan v. TradingScreen, Inc., No. 10 Civ. 8202 (LBS), 2011 WL 1672066, at *6 (S. D. N. Y. May 4, 2011).

过适当的内部公司治理来控制和防止,这些都直接督促了公司治理的自律和规范化。[1]

四、我国金融举报者激励和保护制度现状与检视

我国在食品药品、职务犯罪、支付结算违法违规行为及价格违法行为等方面都有着对举报人奖励的制度,[2]但通观我国《国家食品药品监督管理局关于印发食品药品违法行为举报奖励办法的通知》《最高人民检察院、公安部 财政部关于保护、奖励职务犯罪举报人的若干规定》《支付结算违法违规行为举报奖励办法》《价格违法行为举报奖励办法》等立法,奖励额度低下,对举报人保护极度不力几乎等同于空白是不争的事实。这也是知情人举报积极性低、挺身而出的举报人被常态性的打击报复甚至丧命的重要原因。

在金融证券领域,证监会2014年6月颁布的《证券期货违法违规行为举报工作暂行规定》也确立了我国的金融举报及其奖励制度,全文短短25个条款,对举报奖励和举报人保护规定如下:

表1 我国对金融举报的奖励及保护

举报人奖励	举报人保护
第14条 举报奖励限于举报下列违法违规行为的实名举报: (一)内幕交易或利用未公开信息交易; (二)操纵证券、期货市场; (三)信息披露违法违规; (四)欺诈发行证券。 第15条 举报事实清楚、线索明确,经调查属实,已依法作出行政处罚且罚没款金额在10万元以上的,按罚没款金额的1%对举报人进行奖励;已依法移送司法机关后作出生效的有罪判决的,酌情给予奖励。奖励金额不超过10万元。对于举报在全国有重大影响,或涉案数额巨大的案件线索,经调查属实的,奖励金额不受前款规定的限制,但最高不超过30万元	第21条 打击报复举报人,或利用举报故意捏造事实、伪造证据、诬告陷害他人的,依法承担法律责任。

从以上规定可以看出,我国对金融举报人的奖励仅限于对4种违法行为的实名举报,奖励范围严格受限,众多的其他类型的金融违法行为,无论其危害性多大都无从得到奖励;金融举报的奖励绝大部分在10万元以下,这个数额同举报人有可能面对的一系列报复相比严重偏低,故举报成本异常高昂,这也就严重抑制了潜在举报人的举报积极性;在举报人保护方面,也仅只有一条宣示性规定,没有任何有力的保护措施,更不要奢望系统的保护制度和

---

[1] Jeffery M. Cross et al., Corporate Legal Compliance Handbook (Frederick Z. Banks & Theodore L. Banks eds., Supp. 2008.

[2] 具体参见《国家食品药品监督管理局关于印发食品药品违法行为举报奖励办法的通知》《最高人民检察院、公安部 财政部关于保护、奖励职务犯罪举报人的若干规定》《支付结算违法违规行为举报奖励办法》《价格违法行为举报奖励办法》等。

体系,反报复保护的缺位也使得金融举报人望而却步。举报人奖励和反报复保护这些致命性的制度欠缺,注定了我国的金融举报机制的低效,甚至无效。

关于该制度具体实施的统计数据,笔者未能查阅到官方数据,笔者查阅到的最新的、公开的新闻报道也是两年前的数据,即截至 2014 年 7 月 13 日,举报中心收到各类举报 494 件,其中网络举报 400 件,信函举报 24 件,电话举报 66 件,来访举报 4 件。其中反映上市公司信息披露、内部交易、操纵市场、欺诈发行违法违规事项分别是 75 件、25 件、45 件、2 件,70% 的举报并不属于举报范围。〔1〕 而关于举报奖励的数据,笔者从公开资料尚未查找到任何有关信息。

五、金融举报者制度下中美证监会执法现状之比较

如前文所述,我国和美国有着各自的举报者保护和激励制度,那么该制度之下中美在金融市场违法行为的发现机制和发现效果、执法力度、执法效果、案件类型等的比较也就有其必要性。

2013 年我国证监会新增立案 190 件,在办案件 79 起,结案 153 起;2014 年证监会立案 205 件,在办案件 66 起,结案 217 件;2015 年度,证监会系统共受理违法违规有效线索 723 件,较上年增长明显,新增立案案件共计 345 件,同比增长 68%;新增涉外案件 139 起,同比增长 28%;办结立案案件 334 件,同比增长 54%,涉及罚没款金额 54 亿余元,超过此前 10 年罚没款总和的 1.5 倍。〔2〕

表 2　我国证监会近 3 年执法案件汇总

年份	新增立案	在办案件	办结案件
2013	190	79	153
2014	205	66	217
2015	345	77	334

在案件类型结构上,我们以 2015 年我国证监会全年执法案件为分析对象。2015 年 1 ~ 12 月,证监会对内幕交易、利用未公开信息交易立案调查共计 85 起,对超比例持股立案调查 53 起,对信息披露违规及证券期货服务机构违法违规立案调查共计 61 起,占比 18%,同比增长 53%。对操纵市场案件立案调查共计 71 起,案件数量创下近 3 年来新高,占比达到 21%,同比增长 373%,其中又以信息操纵、滥用程序化交易操纵、滥用融资融券操纵等新型

〔1〕 证监会:《举报中心收到各类举报 494 件 70% 的材料不属于稽查案件的调查事项》,载中证网:http://www.cs.com.cn/sylm/jsbd/201407/t20140718_4452378.html,最后访问日期:2016 年 8 月 23 日。

〔2〕 参见《中国证监会 2015 年稽查执法情况通报》,载 http://www.csrc.gov.cn/pub/newsite/jcj/gzdt/201601/t20160122_290097.html。

操纵案件为重点。对非法经营证券业务、非法咨询立案调查24件。首次将编造、传播虚假信息、证券公司新三板违规开户、私募基金违法违规等类型案件纳入执法视野。(2015年立案案件类型结构见下图)。[1]

表3 2015年我国证监会立案案件类型结构

案由	案件数量	所占比例
内幕交易、老鼠仓	85	25%
操纵市场	71	21%
违规信息披露	61	18%
超比例持股	53	15%
新三板违规开户及其他	27	8%
非法经营和咨询	24	7%
编造虚假信息	13	4%
私募违法违规	7	2%

2012年美国证监会共有734次执法行动,获得总额达31亿美元的非法所得和罚款;2013年美国证监会共有686次执法行动,获得总额达34亿美元的非法所得和罚款;2014年由于新的调查方法和数据分析工具的创新使用,该年的执法更为强劲有力。截至2014年9月的财政年度,美国证监会备案了755次执法行动,执法覆盖了范围非常广的违法行为,并获得总额达41.6亿美元的非法所得和罚款。在对金融举报人全面有力的保护下,美国证监会在通过金融举报系统对违法违规行为信息的获取量和获取面上,表现出色:

表4 近年美国证监会接到的举报案件类型与数量[2]

年度	公司披露及财务	公开发行新股	操纵市场	内幕交易	交易行为及价格	海外行贿	未获批发行新股	市场事件	市政债券和养老金	其他
2012	547	465	457	190	144	115	100	85	64	703
2013	557	553	525	196	168	149	105	89	48	764
2014	610	581	563	256	144	159	102	139	58	911

通过以上对中美证监会执法现状的比较,我们不难发现,从执法数量上,美国证监会执法远远大过中国证监会执法;从处罚力度上,美国证监会更为严厉,其罚款近3年达到117.5亿美元,远高于我国。中美证监会在执法数量和执法力度上的显著差异,而这种差异的成

---

〔1〕 参见《中国证监会2015年稽查执法情况通报》,载http://www.csrc.gov.cn/pub/newsite/jcj/gzdt/201601/t20160122_290097.html。

〔2〕 2014 Annual Report to Congress on the Dodd-Frank Whistleblower Program.

因只能有两种可能：(1)要么中国证券市场远比美国规范，而这显然不是事实；(2)要么我国证监会的案件发现机制、发现能力、执法能力与执法力度等与美国证监会相差太多，大多数案件并没有被发现和发掘。我国证监会在违规信息获取方面表现的孱弱，深思背后的原因，不外乎以下：(1)缺失举报者奖励和反报复保护机制，导致众多案件尤其是巨额案件隐匿金融市场难以浮出水面，执法大多数仅局限于小额内幕交易；(2)罚款数额太少，并由此带来的举报者奖励缺乏；(3)缺乏资金聘请外部经验丰富的专门人才发现违法行为；(4)人手不足或者专业经验不足，无法及时应对案件处理。这些都从反面凸显了我国强化金融举报人激励和保护制度的必要性和迫切性。

六、本土化借鉴下我国金融举报者激励与反报复保护制度之建构

资本市场法律制度由于其营利性和技术性，较之其他法律部门，其国际性和普适性更为明显，在制度借鉴和移植时也就较少受到当地的政治、传统和文化等因素的影响，其移植后的适应性和成功率也远高于其他法律部门。所以纵观我国金融市场现有的众多法律制度，从发达经济体借鉴移植的制度不胜枚举，虽其中有不尽人意者，但运行稳健效果斐然的也不在少数。故对美国金融举报者激励和反报复制度进行移植，再结合我国国情进行本土化改造是可行的。金融举报是非常重要的金融市场违法违规行为的发现途径和发现机制，尤其是在金融违法行为日益隐蔽化专业化的现代。我国证监会与美国证监会执法状况的巨大差距凸显了强化我国金融举报者激励和保护制度的必要性和重要性。笔者认为建构我国的金融举报者激励和保护体系应当包括以下方面的努力和配合：

(一)第一道防线：金融违法违规行为惩处的立法、执法和司法要从“弱法治”到“强法治”

我国金融市场各种违法违规行为处罚的立法规定较轻和执法严重不力是不容否认的事实。关于我国金融市场违法行为责任承担的立法规定，主要见于我国的《证券法》、《证券投资基金法》和《刑法》等。我国各类金融违法行为猖獗多年，但综观我国现行立法，对金融违法违规行为的追责中，重行政责任，轻民事责任和刑事责任的倾向却异常明显：截至目前我国各类金融违法行为中，能够被追究民事责任要求其进行民事赔偿的依然仅限于证券市场虚假陈述，内幕交易、“老鼠仓”等众多祸害甚重甚广的行为，到现在依然无法对其进行民事索赔，业界也曾有过努力，曾有受害股民对内幕交易提起民事索赔诉讼，但被法官以无法证明其损失由内幕交易引起而驳回[1]。各界要求对内幕交易、操纵市场、证券欺诈、违法信

---

〔1〕 秦昊：《民事赔偿司法解释缺位股民诉黄光裕内幕交易案败诉》，载《成都商报》2012年12月21日。

息披露等出台司法赔偿司法解释的呼声也持续多年,然多年过去,立法依然故步自封无丝毫进步。在刑事责任追究立法方面,2009年《刑法修正案(七)》新增了"利用未公开信息交易罪"的罪名,弥补了内幕交易罪涵盖范围的不足,由此基金"老鼠仓"亦需承担刑事责任,2012年《关于办理内幕交易、泄露内幕信息刑事案件具体应用法律若干问题的解释》出台,刑事立法虽进一步完善,但各类金融市场违法违规行为入罪的尚远远不够,且刑期和罚金都严重偏低。违法收益巨大而违法成本低下,如此反差之下,金融违法违规行为势必猖獗不衰。

立法规定问责从轻已是极大的漏洞,再兼实际行政执法和司法量刑现实对金融违法行为并未进行严惩,相反徒有虚名的"严惩"倒为数众多,更进一步纵容了金融违法违规的肆意:

在行政执法方面,执法受干扰几为常态,证监会执法受阻严重,"只抓小偷,不擒大贼"的"无牙老虎"弊端明显,对此证监会主席肖钢曾毫不讳言在《求是》上发表署名文章称证监会每年立案调查110件,但能够顺利做出行政处罚的平均不到60件,平均每年移送的涉刑案件30多件,但最终不了了之的超过一半。至于这种执法严重不力的原因,其也一根见血,指出证监会在执法中既有人情世故的原因,也有不敢碰硬、不坚持原则的原因。在处罚力度上,我国当前资本市场相关的法律法规有1200件左右,其中规定的追责条款有200多个,但这些规定中,无论是民事赔偿责任、行政责任还是刑事责任,没有启用过的条款超过2/3〔1〕,以致法律规则失灵严重。证监会执法独立性不足早已是个老问题,且多年来变化不大,背后昭示的更深层的问题令人深思,也让人无奈。

在司法审判方面,对各种金融违法行为量刑偏轻也饱受各界抨击。如在资产管理领域,危害甚重的"老鼠仓"量刑过轻就一直备受各界诟病,杀鸡不能儆猴〔2〕,以致老鼠仓前仆后继屡禁不止。以国内最大的"老鼠仓"案,但也只是冰山中一角的马乐案为例,其累计成交金额10.5亿余元,非法获利约1883万元,一审和二审均判处有期徒刑3年,缓刑5年,并处罚金1884万元,以致深圳市检察院、广东省检察院和最高人民检察院均认为决法律适用错误,量刑明显不当从而抗诉,最终最高院再审才改判为有期徒刑3年。〔3〕

可以说,当下对金融违法违规行为的惩处,无论是立法、执法还是司法,都处于"弱法治"的状态,而这种"弱法治"直接打击了金融举报者的积极性,也直接加大了金融举报者的风险——对于金融举报者而言,即使自己奋不顾身挺身而出进行了举报,该行为被不被查尚在两可,即使被查处了,惩处的鞭子也是轻轻落下,举报人自身反倒极可能陷入各种被报复的危险,如此成本高昂而收益微小,如此严重失衡的得不偿失,对潜在的金融举报者而言是致命的抑制和打击。所以要从根源上鼓励金融举报者,必须对各种金融违法行为用下"重典",且必须从民事赔偿责任、行政执法和处罚力度以及刑事责任三方面对金融违法行

〔1〕 周芬棉:《证监会执法难避人情干扰 涉刑案件过半不了了之》,载《法制日报》2013年8月7日。

〔2〕 吴广德:《资管反腐进行时 老鼠仓量刑或过轻杀鸡不能儆猴》,载《时代周报》2014年9月10日。

〔3〕 李微敖:《最大老鼠仓马乐案再审改判三年》,载《南方周末》2015年12月11日。

为进行严惩,甚至在一定程度上"以刑治市"都不为过——香港证监会对金融违法行为的执法理念就是"刑事检控先行",其次才考虑罚款和民事赔偿,以增强阻吓之效[1]。没有"强法治"的资本市场必然是无序且可怕的,"强法治"是金融举报者的第一道护身符,也是建立金融举报者信心的根本。

(二)专门立法:以金融举报者激励和反报复保护为核心

鉴于我国金融市场的各种乱象,极有必要对金融举报者激励和保护进行专门的立法,提升其立法层级,改变仅在《证券期货违法违规行为举报工作暂行规定》中加以规定的做法。倘若立法对其都不加以重视,无"硬法"可依,失去了这个根本,对金融市场违法行为的有效发现和有效规制也就无从谈起。

美国最新的奖励举报者数据都是巨额的奖励,重赏之下才有勇夫。而我国的奖励制度在10万元以内,匿名举报奖励为零,且没有兑现数据。知情人员不愿意用自己的执业生命去冒险,后果就是没有有效的举报,举报线索的质量差,制度无法产生有效效果。故专门立法中必须凸显举报激励和反报复两个核心点,举报奖励必须改变当下奖励额度低下的现状,大幅度提升奖励额度,与举报者共享罚金,同时也必须强化对举报者的反报复保护,借鉴美国的反报复措施,从对各种报复行为在立法中明令禁止,举报人在遭遇报复后有权利寻求多途径救济和保护,包括行政申诉和进行民事诉讼索赔,与此同时,也必须对各种报复行为进行严惩,将其中一部分性质严重的报复行为追究其刑事责任,在举证责任上要实行举证责任倒置,由报复者证明自身没有为报复行为,证明自身行为的正当性,如此给予金融举报者高度保护,使得金融违法行为主体即使是知悉谁是举报者也不敢轻举妄动轻易报复,从而给金融举报者以全面有力的保护。

反报复报复制度的全面确立方可消除举报者的后顾之忧。举报激励和反报复保护两大关键制度缺一不可,任何一个制度的缺失和低效都会直接削弱整个体系低效甚至失效。在这些方面,美国对金融举报人的激励和保护制度的变迁和现行规定,为我们提供了很好的借鉴范本。

(三)具体金融举报体系建构:多方面入手

1. 在证监会专门成立一个部门进行"举报者"保护、线索归类与奖励

美国证监会在《多德－弗兰克法案》后,在美国证监会成立了专门的办公室OWB以实施该法案。专门的部门、专门的人员是一个制度能够实现的根本保证。在我国,举报接受、分析和奖励没有形成一个强有力的独立部门,专门从事举报者保护和激励,这也是为何我

---

〔1〕《港证监会主席豪言"打虎不手软":处理案件刑检先行》,载凤凰财经综合:http://finance.ifeng.com/a/20130805/10347992_0.shtml,最后访问日期:2016年10月30日。

国举报者协助执法不积极的一个重要原因。

2. 为金融举报者提供举报线索"归类电子平台"

一旦证监会开启完善的举报系统，那么信息将是海量的，需要有归类、跟踪、回访、协助、奖励、允许对奖励申诉等一条龙的配合执法流程。已如前述，美国的举报者就有专门的"举报、投诉和线索的收集和分辨率系统"（TCR System）可以使用。我们可以预见到举报者的内容和线索千差万别，需要一个有力的电子系统来进行跟进。举报平台做过技术处理，在线填报模式下，他人不可侦测，其保护举报者的身份也被严格保密。

3. 扩大举报奖励范围

根据我国现行规定，当下举报者能够获得奖励的案件严格受限，主要集中在交易和发行领域：内幕交易、利用未公开信息交易、操证券期货市场、信息披露违法违规、欺诈发行证券等。这也反映出了执法者对各中违法违规行为的重视和偏好程度——其对财务造假、"守门人"行为、法律文件造假、证券公司行为、资产重组或处置、关联交易、大股东占款、隐形担保、损害小股东利益等众多违法违规行为并没有足够的重视。违法成本低，收益大，导致众多违法行为频出，而这些也许是侵害散户利益最严重的行为，这种状况必须改变。任何案件无论其案由如何，案件类型如何，只要是违法违规行为，都理应纳入举报奖励范围，而不应有别。

4. 及时公开处罚进程和处罚结果

美国美国证监会对处罚的进程的公开是及时的，2016 年 6 月 30 日的处罚，7 月 10 日前马上就公开，指导性非常强。同时其"举报者要求奖金渠道"，允许所有对这个处罚有贡献的举报者（举报者很可能不是一个，其相互也不知道有几个）提交自己的请求，最终由美国证监会在 3 个月的时间内，决定给每个举报者多少奖励。[1] 如果有举报者不服，认为自己的举报"对案件处罚有贡献"，那么他们可以向美国证监会申诉，美国证监会作出最终裁决，判断该"举报是否有价值"。[2] 这种做法值得我们借鉴和引入。

综上，作为金融市场违法行为重要发现机制的金融举报人制度，在我国并没有良好的立法和制度保障，金融举报人也没有得到良好的激励和保护，因此证监会也就缺失了一个至关重要的案件发现机制和途径，随之也就缺失了一件应对金融违法犯罪的有效武器，执法效果差也是情理之中。建立一个有力的、健全的保护举报者体系，对中国金融市场的健康发展意义重大。虽然中美之间文化差异导致对举报者保护不一，但是美国通过《萨班斯法案》和《多德－弗兰克法案》对金融举报者进行全面提升保护，用15年的时间提升了举报者的举报质量，加大了对举报者的奖励和保护力度，最终使得美国证券监管执法能够有效运行，这种经验我们不能无视。

（原载于《比较法研究》2017 年第 2 期）

---

〔1〕 Claim an Award Whistleblower https://www.sec.gov/about/offices/owb/owb-awards.shtml.

〔2〕 Final Orders Whistleblower https://www.sec.gov/about/offices/owb/owb-final-orders.shtml.

中国的影子银行风险及规制工具选择

沈　伟*

一、影子银行的定义和全球新近的发展

对于肇始于2008年的全球金融危机产生的原因，至少有两个学派的解释。全球储蓄过剩理论认为，高额的储蓄刺激更多的资金流向新兴市场，同时又将长期利率水平推低至谷底，进而导致了美国与其他发达国家的资产泡沫。[1] 全球信贷过剩理论则将金融危机产生的原因归结为流动性过剩，而影子银行则在传统银行信贷系统之外推波助澜。理论界和实务界对影子银行定义并无定论。在国际上，根据金融稳定理事会(FSB)于2011年11月发布的报告，"影子银行"被定义为"银行体系之外，从事实体以及非实体活动的信用中介机构"。[2] 世界银行将"影子银行"或"非正规金融"定义为未被中央银行或监管当局所控制的金融活动。国外有学者认为，"影子银行"既可以包括"杠杆化且非银行的投资导管、载体和结构形成的字母缩写组合整体"，又可以指代"从事到期、信贷和流动性转化而无法获得中央银行流动性或者公共部门信用担保的金融中介机构"。[3] 在国内，IMF于2011年发布的《中国金融系统稳定评估报告》以列举式的方法界定了我国影子银行的范围，主要包括非正规金融部门(典当行、信用担保公司、小额贷款公司和地下金融中介)、私募和理财产品三类。国务院2013年发布的《关于加强影子银行监管有关问题的通知》(以下简称107号文)也将我国的影子银行界定为三类：一是不持有金融牌照而完全不受监管的信用中介机构；

---

* 沈伟，山东大学法学院教授、博士研究生导师。

〔1〕 Gary Gorton, *Slapped by the Invisible Hand: The Panic of* 2007, Oxford University Press, 2007; Jason Hsu and Max Moroz, "Shadow Banks and the Financial Crisis of 2007 and 2008" (2010), Accessed April 28, 2014, http://ssrn.com/abstract=1574970.

〔2〕 普遍接受的观点是信贷中介(credit intermediation)的概念包括了到期、信贷、流动性转换(liquidity transformation)，这些中介极大地减少了与直接借贷有关的成本。Zoltan Pozsar, Tobias Adrian, Adam Ashcraft and Hayley Boesky, "Shadow Banking", 2010, Accessed April 28, 2014, http://ssrn.com/abstract=1645337.

〔3〕 [美]斯蒂文·施瓦茨：《监管影子银行系统》，张洁莹等译，沈伟译校，载《交大法学》2013年第3期。

二是持有金融牌照但监管不足或规避监管的业务；三是不持有金融牌照，存在监管但监管不足的信用中介机构。按照107号文的分类，人人贷是典型的第一类影子银行，理财产品属于第二类，担保公司、贷款公司等中介机构属于第三类。[1] 我国学界对影子银行定义异见纷呈：有的认为应列举式地定义我国的影子银行，主要包括从事银行理财业务和信托业务的非银行金融机构等，[2]有的则认为应采用FSB概括式定义。[3] 综观官方的文件和学者的研究，在界定影子银行概念的时候要么采用概括式方法，要么采用列举式方法，对影子银行定义的界定标准宽严不一。从监管的角度来看，扩大影子银行概念的外延有助于风险控制。广义上的影子银行不仅涵盖银行之外提供资金的载体，也包括在银行之外提供的融资服务或产品。但是过宽地定义影子银行有可能导致过度监管，扼杀金融创新。所以，如何定义影子银行不单单是一个纯学理问题，也是市场规律与政府干预的博弈难题。

然而，无论如何定义和确定具体的内涵，与传统银行相比，影子银行具有两个明显的特质。其一，金融"脱媒性"。无论具体形式如何，影子银行的核心特质是"脱媒"性，即借贷双方不再依靠银行贷款融资，而通过特殊目的实体、货币市场、融资机构等非银行渠道获取资金。借款人对金融服务的需求，从信贷资金转变为非信贷型金融服务。影子银行体系中的资金绕开传统的银行体系，直接从资金拥有者输送到资金需求者。这种资金的体系外循环降低了传统商业银行的重要性，促使"它融资"逐步向"自融资"转变。其二，业务表外性。[4] 正是因为金融脱媒性的存在，影子银行涉及资金的流动不再是传统银行业规管的资金流动，融资贷款业务不再受传统的银行监管体系的控制。即便是传统银行参与到影子银行业务中，此种业务从传统表内业务转向于表外业务，不反映到银行的资产负债表中。这两个基本特质是界定影子银行的核心标准，也是解决影子银行系统性风险，设计规制工具的切入点。此外，传统银行的运作方式是向储户吸收存款、向客户发放贷款，从而赚取存贷款之间的利息差额，其实质上是一种债权关系，而影子银行的运作方式则相对较为复杂，既包括债权式的运作模式，也包括资产证券化的运作模式。有观点认为，影子银行的实质是资产证券化。[5] 这种定性解释仅仅对部分理财产品等较为复杂的影子银行形态才适用。

---

[1] FSB报告指出，由于影子银行体系的信用中介链可以被切割成多个环节，并在不同的监管框架下有不同的形式，因此在识别影子银行时，应当注重其金融实质，而不是机构的法律形式。参见佚名：《"影子银行"的法律涵义及在我国的具体表现形式》，载《金融发展评论》2011年第9期。实质性标准是该文总结我国影子银行表现形式所采用的标准。这种形态划分的目的是便于进而分析影子银行的风险和规制，是一种不完全的列举。

[2] 巴曙松：《应从金融结构演进角度客观评估影子银行》，载《经济纵横》2013年第4期。

[3] 潘静、柴振国：《中国影子银行的金融监管研究——运用市场约束优化政府监管》，载《现代法学》2013年第5期。

[4] 原银监会2011年颁布的《商业银行表外业务风险管理指引》第2条规定："表外业务是指商业银行从事的，按照现行的会计准则不计入资产负债表内，不形成现实资产负债，但有可能引起损益变动的业务，包括担保类、部分承诺类两种类型的业务"。

[5] 吴云峰：《后危机时代我国金融创新监管的法律因应之道——以美国次贷危机为视点》，载《北方法学》2011年第4期。

其他诸如人人贷[1]和民间金融等影子银行形态未必涉及资产证券化,其基本法律关系仍然是债权债务关系。

欧美国家的影子银行主要从事类似公司买卖、对冲基金、风险投资基金等业务,或是一些普通企业利用投资者的资金和大额融资,聘请银行交易员从事直接贷款业务以摆脱传统的银行监管。从这个意义上说,影子银行也可能包括保险基金、私募股权基金和养老基金,因为这些基金在某些情况下可以为实体经济提供更为迫切的资金支持。影子银行主要建立在衍生品、证券化和再证券化等复杂工具的基础之上,存在于一条复杂的交易链中,这条交易链一般始于证券资产的借贷或回购,止于资产价值大幅下跌。因此,影子银行在某些方面具有类似银行的属性。例如,利用短期存款发放长期贷款,即"期限转换"。这也是影子银行的监管模式和工具选择主要参照银行业监管的主要原因。

在过去的几十年中,影子银行的发展主要得益于科技创新以及监管制度的变革。传统银行的发展一直受制于金融监管部门的管制,主要依靠货币市场资金、证券以及债券的回购获取更多利润。[2] 而影子银行在某种程度上融合并发展了各种新形式的资金,比较典型的有衍生金融工具、资产负债表外工具、证券以及其他债务类工具。过去几年的金融监管格局是优先重建银行资本,而影子银行在货币银行信用的基础上所进行的以市场为基础的证券信用创造放大了整个金融体系对货币银行信用的创造。就规模而言,以市场为基础的信用资源(如企业债券和对冲基金的直接贷款量),占整个传统银行业近一半的比重。[3] 非存款机构(如私人股本资金和对冲基金投资者)开始更多地参与传统投资领域,通过使用银行借款购买船只,再投资于萧条的航运业即是此例。[4]

影子银行的体系非常复杂,它不仅涉及结构性投资工具,还包括货币市场基金以及关联性工具的运用。在此意义上,影子银行已经不是传统意义上的"贷款给自己",而是"通过贷款来贷款"以填补信贷紧缩的差额。举例来说,公司可以通过证券投资组合构建一个影子银行,并通过影子银行借贷资金,最后再通过这些资金进行再贷款。通过信用创新、所有权交易和对冲基金连接起来的整个资金链占了全球资金流的大部分。影子银行的产生与

---

〔1〕 有观点认为人人贷实质上是债权资产证券化。参见冯果、蒋莎莎:《论我国 P2P 网络贷款平台的异化及其监管》,载《法商研究》2013 年第 5 期。资产证券化的特征之一是发行可交易证券。但是 P2P 平台通常仅仅只承担居间人的角色,为投融资双方提供撮合服务,并没有作为支撑资产证券化的基础资产。所以,P2P 并不涉及资产证券化。

〔2〕 Gary Gorton and Andrew Metrick, "Regulating the Shadow Banking System", 2010, Accessed April 28, 2014, http://ssrn.com/abstract=1676947.

〔3〕 Brooke Masters, "Call to Rein in 'Shadow Banking'", *Financial Times*, 16 January, 2012, p. 1.

〔4〕 Henny Sender, "Shadow Banks Tap into Distressed Shipping", *Financial Times*, 1 January, 2013 (online). 金融危机以后监管部门对银行业的兴趣与日俱增。私募机构现在更加愿意通过打赌银行会为了获得政府援助或达到更加严格的资本要求而被迫以折扣价处理资产从而获得零售银行挤压的收益。比如,欧洲的银行资产现在比其他地方的银行资产更有吸引力,因为这些资产交易价值低,而且监管部门并没有对私募机构持有银行股份比例规定上限。银行回报和价值会被更加高的资本要求和低利率打压,最后会得到恢复。参见 Jennifer Thompson, Anne-Sylvaine Chassany and Patrick Jenkins, "Private Equity Bets on Retail Banking", *Financial Times*, 4 January, 2013 (online)。

流行源于资金多样化的覆盖面:每一位投资者都在寻找使自己的金钱不断增值的投资方式,而监管压力及投资成本可能促使投资者寻找一种更为明智的方式来绕开法律规则的限制。影子银行在引入高风险的金融投资工具的同时,也要求该投资能有更高的回报率以对冲未来可能发生的风险损失。撇开影子银行的诸多缺点不论,其优势在于提供了多样化的金融投资建议以及灵活的风险应变能力。从消费者的角度来看,影子银行可以提供更多的投资选择,并为顾客和企业提供更合理有效的定价。

据相关报告显示,在2002年到2007年的5年间,全球影子银行体系增加了33万亿美元,资产规模从27万亿美元增加至67万亿美元。[1] 美国同期经常账户赤字总额达3.9万亿美元,而影子银行当年的资产规模远超其8.5倍。据估计,影子银行体系总资产额约占全球金融体系总资产额的25% ~30%,同时占全球银行总资产额的50%。[2] 2008年全球金融危机爆发之后,由于缺乏有效监管,影子银行规模持续扩大,系统性风险日益凸显。

二、中国影子银行的主要形态及其风险[3]

在中国,影子银行因银行业特质和银行监管体制的复杂性而生。中国的影子银行可以指那些提供贷款但又游离于银行监管体系之外的信用中介体系,主要包括银行的资产负债表外工具、商业票据、委托贷款、个人地下贷款以及理财工具等,而信托与券商正成为影子银行的新类型。[4] 尽管中国政府严格控制信贷规模,但仍然有近81亿元人民币的银行存贷与影子银行的信贷网络裹缠在一起,而难以完全条理化和透明化。同时,由于传统银行业的准入门槛较高,非银行业资产难以进入传统银行业,迫使这个市值高达2000亿元人民币的影子银行系统(约占国内生产总值5%)[5]不得不寻求高利贷资金,以应对中小企业对资金的需求。[6] 在过去的几年中,影子银行业规模增加了近一倍,达25.6万亿元人民币,

---

〔1〕 Reuters,"Regulators Aim to Shine Light on Shadow Banking", *South China Morning Post*, 28 January, 2013 (online).这基本上相当于二十国集团和FSB统计所涵盖的欧元区国家的总金融资产的1/4,或者是这些国家总国民生产总值的111%。参见"Shadow Banking-Under the Spotlight", *Financial Times*, 19 November, 2012(online)。

〔2〕 Andrew Sheng,"Left Unregulated, the Shadow Banking Sector is a Financial Disaster to Come", *South China Morning Post*, 12 November, 2011, A13.

〔3〕 国内法学界关于影子银行的讨论主要集中于国际监管的讨论。另外对影子银行的讨论一般限于风险控制,而且是从经济和管理的角度加以分析。参见何德旭、郑联盛:《影子银行体系与金融体系稳定性》,载《经济管理》2009年第11期。

〔4〕 Simon Rabinovitch,"Surge in Chinese Credit Raises Fears", *Financial Times*, 8 February, 2013(online).

〔5〕 Henny Sender,"China Groups Fuel Shadow Banking", *Financial Times*, 7 September, 2011, p.18.有国内学者将影子银行扩展到证券公司、信托投资公司、抵押担保公司、贷款公司、典当行等非银行类的金融机构。如果将这些包括其中,影子银行提供的信用规模占到全社会融资总量的四成。参见李建军、田光宁:《影子银行体系监管改革的顶层设计问题探析》,载《宏观经济研究》2011年第8期。

〔6〕 Reuters,"Shadow Bank Reform Needed to Fight Bubbles", *South China Morning Post*, 12 January, 2012, B3.

超过贷款总额的1/3。[1] 此外,中国的影子银行还投资了近一半的新型证券产品。[2] 如果政府在此时挤压资产泡沫(尤其是在房地产市场),那么中国的影子银行问题可能会更加突出。众所周知,金融证券产品的创新与泡沫式的投资行为促成了美国的金融危机。在中国,影子银行的潜在风险和危机正不断动摇着传统的金融系统。

由于影子银行涉及不同产品、服务或金融主体,对影子银行的讨论,必须因具体产品、服务或所涉金融主体不同而进行区分。因此,研究影子银行的前提是对影子银行的范围有准确界定,对具体形态有合理分类,以便有利于对具体属性、风险、形成原因和规制对策作出更加精准的分析。根据国务院107号文对影子银行的界定,我国影子银行的典型表现形式可以分为以下几类:

(一)人人贷(P2P)及其风险

P2P网络借贷("个人对个人平台")是影子银行的一种,也是互联网金融(或金融互联网)的一种。[3] 它主要由私人企业提供信用中介服务,其他的互联网金融还包括众筹。在美国的众筹网站,已经有将近40%的项目获得投资,参与人数达到几十万之众。关于中国P2P市场的规模和现状没有官方的数据。[4]

"人人贷"的称法是原银监会和小额信贷联盟的公文《中国银监会办公厅关于人人贷有关风险提示的通知》提出的正式译法。P2P贷款不需要金融机构作为中间人,贷款人与借款人之间的业务往来都在网络平台上完成,网络作为第三方平台将小额度的资金聚集,并向有资金需求的人群流动。本质上,人人贷是"网络版"的民间借贷。许多企业之所以广泛应用P2P,主要是因为中小企业大多缺乏资金却难以从国有银行低成本融资,而在"网络"借贷市场入市门槛低、贷款难度相对较小、成本相对较低,出借方操作成本低、操作技术简单,故P2P融资被小微企业广泛运用。金融危机以后,金融抑制造成社会融资困难,推动了

〔1〕 Reuters,"Too Big To Fail? China's Wealth Management Products Stir Debate",*South China Morning Post*,20. December,2012(online).一些研究报告指出此处的价值可以达到300亿元,相当于银行总贷款量的25%。Ray Chan and George Chen,"Beijing Urged to Take Quick Action on Shadow Banking",*South China Morning Post*,29 January,2013(online).社科院金融法律与金融监管研究基地于2013年10月8日发布了最新的《中国金融监管报告2013》,报告称2012年年底中国影子银行体系规模达到14.6万亿元(基于官方数据)或20.5万亿元(基于市场数据)。前者占到GDP的29%与银行业总资产的11%,后者占到GDP的40%与银行业总资产的16%。参见http://www.zhongguoxintuo.com/xthyyj/3595.html,最后访问日期:2014年4月27日。

〔2〕 "Keeping China's Fragilities in Check",*Financial Times*,10 April,2013(online).

〔3〕 严格来讲,金融互联网和互联网金融有所区别,但未厘清。随着互联网技术的深入应用,银行创造出全新的电子渠道。传统银行的电子银行业户分流率达到了70%。这种银行产品线上化的方式,可以称为金融互联网。与之相对,充分利用互联网技术对金融业务进行变革的金融业态,是互联网金融。由于数字化的运用,也可以将两者统称为"数字化金融"。无论如何表述,这些金融媒介的特点是资金信息化。

〔4〕 最新的调查报告显示,这两年进入P2P行业的投资者远远超过前几年,投资者大多分布在经济发达区域,25%的人年收入在5万元以下;60%的人在10万元以下,投资者多为大众群体。该调查报告由《每日经济新闻》报社和《网贷之家》联合发起。载财经网:http://stock.caijing.com.cn/2013-10-16/113426043.html,最后访问日期:2013年10月17日。

民间借贷的发展,人人贷的便利性也使它受到资金供求双方的追捧。此外,人人贷的存在也得益于全球性金融脱媒化的发展。由于金融监管的加剧,资金有“反中介化”的动向,趋于绕开商业银行体系和金融监管,形成与银行体系平行的间接资金流动链。以第三方支付为代表的互联网企业不断从非金融领域向金融领域渗透,对银行和银行业务形成一定的压力。相当一部分客户转向电商或网络融资平台,银行和客户的联系反而有所隔断。另外,互联网金融还覆盖了传统银行业的一些盲点。例如,有些 P2P 平台开始提供供应链金融服务,为股东或者合作伙伴的上下游企业提供融资服务;有些平台尝试用股权加债权的方式,为小微企业提供综合融资服务。

然而,P2P 平台蕴藏了相当的风险。首先,P2P 公司可能会不断扩张,这会涉及非法集资并可能违反原银监会的规定。网络借贷平台一般都不是商业银行或金融机构,而是资金寄存的第三方支付平台。由于我国的金融管理体系只允许银行等金融机构吸收公众资金,作为网络借贷平台的电子商务公司聚集大众资金,可能一定程度上构成“非法吸收公众存款或者变相吸收公众存款”。[1] 其次,从银行获得的资金将会更容易地通过 P2P 流入地下借贷市场,加剧系统风险。据估计,仅江苏与浙江两省,至少有 3 万亿元人民币的银行贷款已经转入地下借贷市场。[2] 再次,通过 P2P 的私人贷款将大量转入房地产市场以及高耗能产业,而这些行业都被中国政府严格控制,任何政府政策的变化都可能导致系统风险的增加。最后,网络借贷平台本身不是金融机构,因此不具有承担借贷风险的能力。本质上,由于网络借贷平台仅仅撮合借款人和出借人之间的借贷交易,“在借贷关系中,仅起联系、介绍作用的人,不承担保证责任”,[3] 人人贷中间的资金流动和管理风险处于真空状态。[4] 中国信用体系不完善,P2P 平台也就担负了比国外平台更大的风险。一些网络借贷平台为了降低本金保障风险,纷纷与银行等金融机构建立资金链。

原银监会已经就这一新兴 P2P 平台所蕴藏的风险发出了警告。银监会要求银行业金融机构“建立与人人贷中介公司之间的‘防火墙’……”[5] 采取更加谨慎的措施加强内部管控,通过“防火墙”的设计使自己绝缘于 P2P 公司。“防火墙”制度旨在切断不良贷款流入传

---

〔1〕 参见《最高人民法院关于审理非法集资刑事案件具体应用法律若干问题的解释》;《中国银监会办公厅关于人人贷有关风险提示的通知》。

〔2〕 Jane Cai,“Banks Warned on Risk of Underground Lending”, *South China Morning Post*, 15 September, 2011, B3.

〔3〕 《最高人民法院关于人民法院审理借贷案件的若干意见》于 1991 年通过,距今已有 20 多年,作为网络时代远未到来时出台的司法解释,对于网络借贷这种新兴事物究竟是否还有应然意义上的参考价值,值得考虑和争论。另外,以“人人贷”为例,该网络融资平台通过风险备用金账户、信用认证、机构担保等一系列措施降低借、贷风险,对于其意义和功能,恐怕无法将其简单视为“撮合借款人和出借人之间的借贷交易”“仅起联系、介绍作用”,而其风险备用金账户的设立,也表明其具有一定的“承担风险能力”。

〔4〕 《合同法》第 425 条中关于居间人损害赔偿责任的认定也仅限于“故意隐瞒与订立合同有关的重要事实或者提供虚假情况”。此外,这个真空状态的形成还有部分原因是因为我国缺少个人信用体系,网络信用平台无法进入银行征信系统。

〔5〕 参见《中国银监会办公厅关于人人贷有关风险提示的通知》。

统银行系统的渠道——借款人往往是在地下市场无法偿还贷款的情况下,转而向传统银行筹借贷款以偿还债务。通过这些措施,原银监会正试图通过消灭灰色市场以打击中间借贷。

(二)理财产品及其风险

1. 理财产品市场的新近发展

2012 年,中国银行系统外的贷款较之银行贷款增速更快,银行未偿还贷款增速有所缓和,但未偿还贷款的比例仍以每年 16% 的速度增长。然而,正规银行系统以外的信贷,包括信托贷款和企业贷款,都大量涌入理财工具市场而不是投资于银行存款,因为前者可以提供更高的利率。[1] 最高人民法院倾向把涉及信托和委托理财产品的案件定性为"影子银行"类的金融案件。[2]

现实中,理财产品的数量从五年前的几百个激增到 2012 年的 29,000 个左右。[3] 这些产品在 2012 年第三季度末的总发行额为 6.7 万亿元人民币。[4] 已公开发行并售出的理财产品价值在 2012 年年底达到 7.6 万亿元。[5] 这些产品的管理资产额相当于银行基础存款的 1/10,而在 2010 年年初这个比例仅为 2%。[6] 规模越小的银行越主动地发行理财产品,其中一些已经接近银行发行理财产品占比存款不超过 20% 的上限。[7] 在大多数情况下,银行只是作为资金需求方即借款人的代表,充当中间人向投资者发出这些产品。理财产品在过去的五年里变得越来越受欢迎,部分原因在于投资者缺乏有价值的投资机会,尤其是在 2008 年国际金融危机股票市场崩溃后,有价值的投资机会就更少了。投资者在疲软的股票市场和实际存款利率为负的投资环境中,只能寻求理财产品等更有价值的投资方式以赚取利润。投资到理财产品的大量资金流通到影子银行体系内,引起了监管者和政策制定者的关注。

2. 理财产品信息不对称

理财产品内在风险的起因之一是金融机构和个人投资者(金融产品的个人消费者)之间存在的严重的信息不对称。一方面,这是由金融产品的复杂性和个人投资者对复杂信息

〔1〕 Simon Rabinovitch,"China's Forex Reserves Reach $3.4tn",*Financial Times*,11 April,2013(online).

〔2〕 "最高法:稳妥审理影子银行案件 防范金融风险",载搜狐新闻网:http://news.sohu.com/20131003/n387586865.shtml,最后访问日期:2014 年 4 月 28 日。

〔3〕 See Reuters,"Too Big To Fail? China's Wealth Management Products Stir Debate",South China Morning Post,20. December,2012(online).

〔4〕 Simon Rabinovitch,"China Investment Products Draw Complaints",*Financial Times*,27 December,2012(online).

〔5〕 Kanis Li,"Small Lenders Battered by Wealth Product Rules",*South China Morning Post*,29 March,2013(online).

〔6〕 "China Bank Results:Off the Money",*Financial Times*,25 March,2013(online).

〔7〕 Simon Rabinovitch,"China to Tighten Shadow Banking Rules",*Financial Times*,26 February,2013(online).值得说明的是,原银监会考虑将银行发售的理财产品上限控制在其拥有储蓄规模的 20% 这一举措,只是外媒"援引知情人士"的报道,这一措施并未得到证监会的证实。

消化吸收能力的有限性所决定的。金融消费者很难准确理解理财资金的运作模式、投资方向和收益情况;[1]另一方面,金融机构的销售活动存在诸多不当行为,[2]而消费者的投资活动也有非理性行为。[3] 金融消费者权益受到侵害也就不是偶然事件。信息不对称继而导致市场失灵,市场无法有效率地分配金融资源,金融市场出现“劣币驱逐良币”的“逆向选择”现象,[4]最终影响金融消费者的权益。中国金融业“一行三会”的分业监管架构难以确定统一的监管目标,金融产品的复杂性、金融机构的跨业经营和分业监管有限性之间的矛盾很容易产生监管真空。对个人和机构投资者不加区分和对金融消费者保护不力又造成了金融市场的萎缩和民间金融市场的混乱。由于理财产品的特殊性和购买者作为金融消费者的特殊性,金融监管的路径应当将存款人和投保人等传统金融消费者同投资者加以区别,并予以针对性的保护,避免投资经验参差不齐的金融消费者的不理性行为对金融市场秩序的破坏。

3. 理财产品的系统性风险

投资者被银行提供的高于存款基准利率[5]的理财产品所吸引,通过理财产品这一表外工具直接参与到借贷活动中来,从而获得一个高于普通存款利率的收益。银行则可以获得更多的资金,并通过安排交易得到一部分酬金。因此,在中国市场,理财产品越来越受欢迎。例如,在2012年第三季度,理财产品占银行存款总额的比率从2010年年末的7%增长到10%。[6] 这些数据显示了资本的逐利性。因此,广受欢迎的表外理财产品可能会侵蚀传统中国银行的利润支柱。这种改变带来的危险是更多的资金离开“正常”的金融监管系统。更重要的是,这些产品通过杠杆作用进而增加了金融系统内部隐藏的风险,最终可能引发金融危机。因为,如果投资者拒绝接受这些理财产品的固有风险,则银行可能不得不介入并承担所有的损失和风险,即投资者的风险最终会转嫁到银行的头上。理财产品在银行市场上的广泛应用可能引发更多的违约风险,而这在市场上还未得到重视。在监管层面,商业银行被要求向银行监管机构登记注册理财产品。尽管如此,商业银行的雇员更愿

---

[1] 投资者如果想要完全了解金融产品的信息,除了阅读产品说明书和合同之外,还需要掌握金融和法律知识,必要的时候可能还需要聘请专业人士进行讲解和介绍。这就是说投资者需要在购买成本之外支付信息成本。

[2] 这类不当行为在现实中主要表现为金融机构的误导性销售,比如夸大某种理财产品的收益率、做出明确的收益保证等。

[3] 关于投资者理性行为的诸多分析,参见沈伟:《复杂结构金融产品的规制及其改进路径——以香港雷曼兄弟迷你债券事件为切入点》,载《中外法学》2012年第6期。

[4] [美]罗伯特·S. 平狄克、丹尼尔·L. 鲁宾费尔德:《微观经济学》(第6版),王世磊等译,中国人民大学出版社2006年版,第616页。

[5] 低利率未必增加信贷的供给。抗风险和资本高回报会鼓励银行把贷款用在购买政府债券或房地产市场。美国的情况真是如此,银行持有更多的现金和政府债券,而不是商业和工业贷款的未偿还部分。

[6] Tom Orlik, “Margin Call for Chinese Banks”, *Wall Street Journal*, 1 February 2012, p. 28. 2009年市场上几乎没有理财产品。参见 Simon Rabinovitch, “China to Tighten Shadow Banking Rules”, Financial Times, 26 February, 2013 (online)。

意通过销售更多的理财产品而确保获得丰厚的佣金。[1] 所以,违约风险并没有因理财产品推行注册制度而降低。

近年来中国的储户纷纷涌入理财产品市场,并使之成为中国快速成长的投资工具。这些产品的流行在很大程度上基于这样一个事实,即中国的通胀率剧增超过了官方利率,公众投资者只能通过投资到更有利可图的产品来寻求更高的回报,而不是存到银行中贬值。随着银行展开激烈的竞争,长达10年之久的利率管制正被市场力量弱化,此类产品被视为替代普通银行存款的高收益的金融产品。这些产品增加了低收益存款的竞争,监管者最初容许这些产品的供应和销售从而支持放宽利率管制。然而银行很快滥用了监管者的宽容,为了继续放贷将理财产品计入存款来满足存贷比率。大多数理财产品是由第三方创立并通过银行发行的短期存款工具。发行这些所谓的理财产品可以帮助银行规避官方利率上限。规模较小的银行是这类产品的主要卖家,同时更短期限的产品也在不断增加。这些产品投资到股票和货币市场,并承诺4%至5%的收益率,比存款利率上限高出大约1%。3个月到期产品被用于投资房地产和基础设施项目,部分理财产品可以提供两位数的收益率,而这些项目需要更长的时间来完成。

商业银行的理财产品大致可以分为固定收益类理财产品、保本浮动收益理财产品、非保本浮动收益理财产品和商业银行承销理财产品。[2] 与前两类保本型理财产品更加接近储蓄的性质不同,非保本浮动收益和商业银行承销理财产品主要与衍生产品、银信结合产品、银基结合产品、QDII基金挂钩,是虚拟化程度较高的风险型产品,银行在产品销售过程中扮演承销商角色,对风险不承担责任。然而,一旦产品出现亏损,本金和利息可能得不到保证。这些类别的理财产品是国外影子银行复杂金融工具和业务的简易版。比如,商业银行承销的理财产品类似于货币市场存款账户,挂钩产品接近于结构化金融工具,信贷产品相当于简易型的信贷资产支持票据。即使是前两类保本型理财产品也具有私募基金的性质。

大多数理财产品是表外业务。这主要是因为具体理财产品在整个金融机构或上一级业务部门的层面不被视为传统银行业务。这些产品缺少有价值的资产或担保人的支持。由于没有特定公司资产或者抵押资产,具有较高的风险,甚至具有一定的赌博性,最终可能引起系统性风险。70%左右的理财产品与股票和货币市场绑定,通过销售这些产品所获得资金可能投资到从信托贷款到信用证期限不匹配的非流动性资产,甚至可能被用来支付其他到期产品。这种拆东墙补西墙的做法相当危险——由银行提供的主要担保产品必须依靠银行的资产负债表,[3]这意味着银行要负责其担保的流通中大约15%的产品。从技术

---

〔1〕 Daniel Ren,"Loan Scheme at Shanghai, Pudong Branch Deepens CreitWorries", *South China Morning Post*, 15 January, 2013(online).

〔2〕 潘修平、王卫国:《商业银行理财产品若干法律问题探讨》,载《现代法学》2009年第4期。

〔3〕 现实情况是,许多资产和责任是在表外的。错误的披露制度加剧了这样的情况。

上讲,这些产品被比作债务抵押债券(CDO),[1]已经被广泛应用于复杂金融结构产品。在美国房产业泡沫破裂之前,CDOs和资本市场的其他部分向美国的消费者和企业提供了一半以上的信贷,同时向欧洲提供了很大一部分的信贷。[2] 在金融危机之前,雷曼迷你债券也在香港和新加坡市场占有一席之地。这类产品通过资产证券化等方式反复组合,叠加产品复杂性和风险性。当其他投资者停止购买CDOs或业主违约时,银行可能会自己消化它们销售不出去的理财产品。这种"资产负债不匹配"显然是一个值得关注的问题,中国经济放缓和股市大幅下跌情况可能会因此而变得更加糟糕。当理财产品泡沫破灭,银行将被期望承担损失并向投资者支付本利。然而,银行无法帮助所有的产品摆脱困境。由于理财产品作为金融衍生品,大部分是通过募集方式进行资金筹集和管理,一家商业银行理财产品出现危机会引起系统性风险。

银行产品的违约风险将上升,因为信托和理财产品与商业银行提供的较低存款利率不同,它们对高风险的项目,例如,地方政府支持的基础设施和信贷绑定的房地产开发商,提供两位数的收益率。而这些高风险项目可能会破产或者给予投资者的回报低于预期。但是,目前系统流动性紧缩的风险似乎降低了,主要原因有以下三点:一是银行系统仍由高额居民储蓄支持;二是诸如集团信托产品等高风险理财产品仅是一小部分;三是现在一些银行采取不恰当的方式用理财产品创建资产池,即用新投资者的流入资金偿还老投资者以掩盖失败的投资,这是违约风险不可避免的主因。[3] 监管当局应当允许相对小规模的违约,否则散户投资者可能会固执地相信,银行提供的理财产品会带来有保证的回报,而不利于风险意识的树立和加强。原银监会的"不介入"监管方法一定程度上反映了满足帕累托改善的、以自愿为基础的、以同意原则为核心的契合市场交易的监管取向。从法经济学的角度来看,政府监管和规范逻辑过于依赖和追求效率。金融监管需要对银行和金融消费者之间的权利义务进行再分配,以期降低交易成本,实现效益最大化。

(三)民间金融和"跑路危机"

1. 民间金融所涉领域的转变

温州闻名于以家庭作坊为基础建立起来的私营经济,也因之成为私营企业的"中心"和企业家精神的摇篮。2011年,温州又吸引了世人的目光:影子银行系统在繁荣私营经济的过程中扮演了非常重要的角色。因为小企业所能提供的抵押物有限,违约风险较之国有企

---

〔1〕 CDOs是由指定参考企业发行的传统证券担保的债务证券,使用债务违约置换以减少抵押池的行为。这个抵押贷款的混合池或者其他产生收益的资产是由特殊目的的公司拥有的。参见Steven L. Schwarcz,"Protecting Financial Markets:Lessons from the Subprime Mortgage Meltdown",*Minnesota Law Review*,2008,pp. 4–5。

〔2〕 Aline van Duyn,"SEC Charges Reveal More on Practices in Structured Finance",*Financial Times*,24 June,2010,p. 25.

〔3〕 Simon Rabinovitch,"China to Tighten Shadow Banking Rules",*Financial Times*,26 February,2013(online).

业更大,公司治理又缺少健全的财务体系,真实经营状况无法通过财务报表的方式体现,国有银行基于交易成本(包括尽职调查)和履约风险的考量,自然不愿意贷款给私营企业。而当地政府对于民间借贷的管控较为宽松,所以私营企业多借助于影子银行进行融资。然而,在温州地下银行系统中的系统性风险已经变成了一个所谓的“跑路”债务危机——在2012年年初,至少有80%的商人被报道消失在公众视线中,他们或者自杀,或者宣布破产,原因是借款人无法偿还贷款或者地下钱庄经营者无法返还储户存款。[1] 这次债务危机凸显了私营经济部门金融的脆弱性和在整个国家中未被良好监管的金融系统的不稳定性。

金融危机使资金供求产生扭曲。银行系统的信贷门槛高,信贷准入条件高,私营企业由于海外市场萎缩外销受挫,资金链断裂或无法偿还银行贷款而无法持续地获得国有商业银行的信贷支持。越来越多的私营企业发现从银行融资存在难度,便试着在当地的地下借贷市场进行融资。私人储户和闲散的民间资金为寻找和拓展投资渠道,放弃了提供低利率甚至是负利率的官方银行,选择在地下借贷市场投资结构性票据和其他能有高利率回报的影子银行产品。这部分的资金成为民间融资的主要来源。这类借贷活动不经国家金融主管部门的批准或许可,依照合同约定进行资金借贷和流转,属于一种民事或商事活动。中国商人有从亲友资金池中借钱的传统:非正式的借贷市场哺育了许多的创业型企业,特别是民营企业或者小微企业;因为按照银行的标准,他们的信誉度低,几乎不可能从银行融资。在中国的法律制度下,这些资金池的合法性取决于资金的来源和利率安排。这些资金池中的资金不断更新发展,他们把新进入的存款作为利息支付给早期的投资者。早期的民间借贷主要是解决生活困难,现在则主要是进行生产性或投资性融资,大量民间资金进入生产领域。

2. 民间金融的合理性及风险

从法经济学的角度来看,民间借贷在扭曲的金融市场里有存在合理性。同正规的银行融资渠道相比,民间借贷在一手借贷环节交易双方信息高度对称,因为借贷双方可能彼此熟悉,可以根据具体情况决定借贷期限和利率。[2] 目前,商业银行的贷款利率并不是完全由市场的供需关系决定的,而是以央行的基准利率为基础经过适当浮动后确定的。民间借贷的利率反而是由市场因素和供求关系决定的,反映了稀缺资本在资源配置中的市场价值。由于是面对面或熟人交易,民间借贷手续简便,交易方式灵活,可以有效降低交易成本。此外,信誉成本在交易中可能有效扮演担保的功效,为交易提供了本息担保保障。这也间接或部分说明民间借贷存在贷款人不要求担保而继续提供贷款的原因。由于民间借贷的合理性和市场性,民间融资和借贷的规模自2004年开始不断扩大,在金融危机时期有膨胀的趋势,目前已经具有了一定的规模。

---

〔1〕 Jane Cai,“Bad Loan Rate Adds to Woes in Wenzhou”,*South China Morning Post*,5 November,2011,B3.

〔2〕 民间借贷的信息对称其实只限于一手借贷环节,多次转手后借贷双方已无“信息对称”可言,反而显示出信息不对称性。

但民间金融并非无风险或低风险的。尽管民间金融是体外资金循环,但在金融链断裂的时候,正规的银行体系里的资金就会被用来救市,因此民间金融业也会产生不良贷款,给整个金融体系的稳定带来负面影响。除了对金融体系的潜在危险之外,民间融资和借贷行为对商事关系的稳定和发展也有阻碍作用。尽管当事人双方更贴近市场、信息对称平衡、交易过程透明度高,但是趋利行为更加促使盲目的投资活动,使之处于无序不定的状态。由于民间金融不受国家货币政策和产业政策的约束,它对宏观经济调控造成隐形障碍。

地下借贷市场比一般的银行贷款具有更大的系统性风险。在普通的借贷中,系统性风险更容易被控制,因为从贷款人到客户的现金流都可以被预见。而在非正式借贷市场,款项放出之后,贷款人将失去对现金流的控制,因为贷款有可能继续从一个借款人流动到其他借款人手中,这将是一个很长的债务链。

任何借款人资金链的断裂都可能导致多米诺骨牌效应,进而影响到整个债务链。此外,在一个非正式的贷款业务里,借款人之间建立互锁的信贷,并且通常是当地居民或企业,他们怀着套取贷款利率的目的从银行及其他私人借贷者那里借钱。这些贷款者只追求更高的回报率。地下贷款人的年利率通常为20%到40%或更高,而很多时候官方贷款年利率仅为6.56%。民间借贷的利率水平普遍高于正规金融体系的存贷款利率:年综合利率为25%,有的高达40%至50%。[1] 当新的银行贷款减少时,利率甚至可能如火箭般快速上升。为了偿还贷款,借款人可能被迫借新的贷款来支付"滚雪球式"增长的利息和本金。

向官方银行融资难,而企业资金需求旺盛以及闲置资金的投资需求等市场反应促使了地下贷款的流行。中国其他地区也发生了类似温州的问题,因为民营企业的运营严重依赖地下借贷。据估计,中国民营企业贷款约为40,000亿元,或占中国贷款总额的8%左右。[2] 当房地产市场的严厉政策出台后,该情况可能会变得更加危险。因为大多数非正式贷款促成了全国性房地产投资热潮,而且表露出了经济增长减缓的迹象,非正式贷款人和贷款人之间的不信任的增加可能导致信贷紧缩,并最终使小企业破产蔓延开来。

根据政府的统计,温州地下钱庄未偿还贷款总额约为1100亿元人民币。[3] 高额的未偿还贷款总额给温州地下借贷市场带来巨大的资金压力。温州地方金融机构的不良贷款余额在2011年10月达到约11亿元人民币。[4] 在过去10年中,这种本月相对上个月的不良贷款率的回升,表明了私营企业遇到了很大的困难,它们要承受不断上涨的融资成本(包

---

〔1〕 民间借贷利率因为交易对象的不同而有差别。自然人之间的借贷月利率一般为15%～20%,少数为30%;企业内部集资或自然人和法人之间的借贷月利率一般在20%以下;中介机构放贷月利率平均为20%～50%;部分用途急、融资期限较短的资金月利率可以达到50%～60%。

〔2〕 Bloomberg,"A City Built on Borrowed Time",*South China Morning Post*,11 November,2011,B10.

〔3〕 Daniel Ren,"Zhejiang Helps Lenders Aid Small Firms",*South China Morning Post*,9 November,2011,B1.资料显示,2009年全国民间借贷的规模已经超过1万亿元。参见黄琳霖:《中小企业民间融资探析》,载《合作经济与科技》2009年第13期。

〔4〕 Jane Cai,"Bad Loan Rate Adds to Woes in Wenzhou",*South China Morning Post*,5 November,2011,B3.

括黑市利率飙升)、运营成本暴涨(包括租金、原材料价格以及劳动力成本上涨[1])、人民币升值、外部需求放缓(美国和欧洲的出口下降)以及中国政府货币政策的突然收紧等压力。这些因素是地下钱庄系统崩溃的根本原因。由于出口的急剧下降和经济增速放缓,情况可能会变得更糟。当借款人拖欠贷款,宣告破产或者干脆消失时,私营银行体系便受到严重打击。由于地下银行系统本质上依赖的是个人储户或私人投资者的私人网络,恶化的形势将使债务问题升级并陷入混乱,最终威胁到社会的稳定。

3. 监管措施的模糊性

民间金融的合法性一直存疑。市场一般将这类民间金融定性为"灰色金融"或"地下金融",主要是因为法律对此设有许多限制,没有提供足够的规范和保护,也不以契约自由原则对此类商事行为加以保护。此外,民间金融通常与高利贷、金融诈骗、非法集资等负面新闻纠结在一起,因此常给人以具有破坏性的印象。《中国人民银行关于取缔地下钱庄及打击高利贷行为的通知》规定,民间个人借贷由借贷双方协商确定,但双方协商的利率不得超过中国人民银行公布的金融机构同期、同档次贷款利率(不含浮动)的4倍。[2] 最高人民法院1991年7月2日通过的《关于人民法院审理借贷案件的若干意见》规定,"民间借贷的利率可以适当高于银行的利率,各地人民法院可根据本地区的实际情况具体掌握,但最高不超过银行同类贷款利率的4倍(包含利率本数)。超出此限度的,超出部分的利息不予保护。"但是,没有法律或者司法解释对此处提及的"银行同类贷款利率"应该如何确定加以明确,[3]也没有规定该利率可否参照借款人的社会平均利润率。特别是,央行2004年的《关于调整金融机构存、贷款利率的通知》[银发(2004)251号]规定,自2004年10月29日开始,金融机构贷款利率(城乡信用社除外)不再设定上限。这个规定事实上已经使最高人民法院要求的以"银行同类贷款利率"为参照系确定高利贷的做法失去了可操作性。此外,这些规定基本上是以商事法或合同法调控为主。这两个规定透露的基本信息是,民间融资并非全然无效。法院认定的是高利贷违法,不会保护债权人的一部分利息收益。

法院对民间借贷合同被认定无效之后的本金利息处理也不尽相同。根据《最高人民法院关于企业相互借贷的合同出借方尚未取得约定利息人民法院应当如何裁决问题的解答》[法复(1996)2号]以及《最高人民法院关于对企业借贷合同借款方预期不归还借款的应如

---

[1] 高通胀率给出口型企业和产业造成巨大压力。上升的劳动成本、租金和原材料价格使得制造型企业可以轻易地承担10%到20%的损失。广东的一些出口型地区碰到了相似的问题:出口受阻、利润减少、增长缓慢。参见He Huifeng and Fiona Tam,"Slowdown in Shenzhen Mirrors National Gloom",*South China Morning Post*,29 March,2012,A7。

[2] 近年来,民间金融有被刑法化的趋势。由于刑法没有严格区分非法吸收存款和合法民间融资的区别,一些民间融资活动被定性为"非法集资"。这个定性的法律依据是国务院于1998年7月13日制定的《非法金融机构和非法金融业务活动取缔办法》、《最高人民法院关于审理非法集资刑事案件具体应用法律若干问题的解释》、《刑法》的第221条、第225条、第230条和第231条以及《刑法修正案(七)》对《刑法》第225条第3项增加的"或者非法从事资金支付结算业务行为"。

[3] 银行的贷款品种对于贷款用途有严格规定,类别也相应确定,因此民间借贷很难和银行贷款类别相对应。这个规定过于陈旧,现在银行业普遍都用"同期、同档次"的说法,这样也更有参考意义。

何处理问题的批复》[法复(1996)15号],一旦企业间借贷合同被判无效之后,除本金可以返还外,对贷款方已经取得或者约定取得的利息将予收缴,对借款方则处以相当于银行贷款利息的罚款。不过有些地方法院不再对利息予以收缴,而是要求借款方支付利息。《广东省高级人民法院关于审理几类金融纠纷案件的若干意见》规定:"对企业之间的非法借贷纠纷案件……当事人除返还本金外,还应支付占用该款期间的利息,但利息全部按中国人民银行规定的同期贷款利率计算。同时,对出借方已取得的超出银行同期贷款利息部分的款项,应冲抵本金或未付的利息。"浙江省高级人民法院《金融纠纷案件若干问题讨论纪要》提出:"企业之间借款合同所形成的合法债权关系,受法律保护"。实体处理是可判令债务人归还本金并赔偿相应的银行利息损失。至于相应的银行利息损失的范围,应不高于同期贷款基准利率水平,具体根据个案情况裁量。但这些变通的做法又忽视了民间借贷利率的上限是银行同类贷款利率的4倍的规定。

民间借贷体系的崩溃和一波小规模的破产潮动摇了社会的稳定,而社会稳定是中国政府最关心的问题。虽然私营企业的个体规模或经济意义较小,但他们的确生产了60%的国内生产总值,而且吸收了80%的就业。因此拯救私营企业,使之免于崩溃对中国经济具有极为重要的意义。

三、中国影子银行体系的成因

企业债券和信用债务等影子银行系统融资的大幅上升,已经大大减弱了政府的宏观经济政策、央行货币政策和外汇管理的有效性。监管机构尝试限制官方银行的借贷,以及控制前述各种融资平台的规模,防止它们绕过银行系统的借贷监管。中国影子银行体系的成因归结起来主要有以下几点。

(一)中国"投资导向型"的经济结构

中国的影子金融市场是中国金融体系的一个病态"症状"。这个结果产生于地下金融的高速增长、国有银行中缺乏监管的资产负债表外的借贷以及此种信贷的飞速增长。此外,影子贷款泛滥的一个更深层次的原因是中国扭曲的经济结构——国有企业和上市公司所占有的优势或主导地位。[1] 中国的经济增长在很大程度上是由国有部门的大量投资推

---

〔1〕 中国国有企业在市场上的垄断或优势地位可以由中国大型国企的收益得到印证。中石油或中国移动在过去10年间的获利翻了10倍,是国家经济增长率的2倍。参见"China's Leadership-Appearance and Reality",*Financial Times*,16 November,2012(online)。国有企业在市场上拥有优势地位的同时,民企通过营销和技术革新增加它们在市场上的份额。Millward Brown研究表明,私企的品牌价值比国企的品牌价值增加得更快。在50个大陆品牌中,非国企品牌的市场份额增长了27%。这个计算是基于35,000个大陆消费者、金融数据和市场信息统计而得的。参见Celine Sun,"Private Mainland Brands Accelerate Growth,Report Finds",*South China Morning Post*,5 December,2012(online)。

动的,由此导致了人为的低利率。中国的银行信贷通过发放捆绑式储蓄存款的方式进行,贷款利率几乎不高于通胀率,[1]大型国有企业更经常被认为是违约风险小的优质借款人。国有部门严重依赖从国有银行中获得廉价贷款的特权。与之相反,创造中国60%的GDP的中小型企业,仅享有30%的融资份额,它们是宏观经济下行这一背景下的首要受害者。[2]

市场主导地位帮助国有企业或者上市公司以较低的利率从商业银行获得资金,而没有受到优待的借款人只能依靠非正式的贷款市场获得较高利率的融资,甚至在非正式的贷款市场中,银行也常常对私营借贷者采用更加严格的标准——他们被要求用个人财产提供保证或者用不成比例的土地和设备来做抵押。在一些非常极端的案例中,借款者必须把他所获得的一半贷款以较低的存款利率重新存入该银行。[3] 此外,借款人在准备相关文件和提交审批流程中,还付出了大量的交易成本。由此,借款人最后承受了比严格监管的贷款利率高7%或者8%的利率。这类借款事例进一步挤压了私营企业的生存空间,[4]却加强了国有企业的市场支配地位。

(二)国有企业涉足影子银行业务

据报道,90%的影子贷款人为现金充裕的国有企业,而且国有企业比民营企业更有能力规避严格的监管要求。大型的国有企业,如中国移动、中国石化、中国铁路集团、中粮集团和扬子江造船控股集团等,都在利用它们充足的现金流直接贷款给其他公司。[5] 这些国有企业常常有多种金融工具,例如贷款公司或者信托公司等。中国移动在2011年8月宣布,它会成立一个贷款公司经营贷款业务,而这些贷款本身是它从官方银行部门以2.2%的利率贷出的。香港联交所的备案披露,中国移动会给这个金融杠杆注资50亿元人民币。中石化同样有许多的影子银行部门:一个资产管理公司、一个信托银行、一个商业银行以及一个内部融资部门。作为中国最大的钢铁企业,宝钢也在华宝信托拥有98%的股份。大多数的国有企业能够从影子银行业务中攫取巨大的利润。例如,在新加坡上市的扬子江造船控股,其2011年第二季度盈利主要来自非核心业务——放贷。扬子江造船控股公司所披露的财务报表包括被多家商业银行和信托公司注资的财富管理产品在内的近100亿元资产,这

---

[1] 据估计,过去7年间12个月存款的真正回报率平均是负0.5%。存款人已经改变了存款行为,因为存款意味着损失。参见 Tom Holland,“Reformers Aiming to Achieve Bank Liberalization by Stealth”,*South China Morning Post*,3 April,2012,B8。

[2] Henny Sender,“Monetary Tightening by China to be Felt across Globe”,*Financial Times*,7 January,2011,p. 20.

[3] “Cutback on Lending Puts Chinese Businesses in a Bind”,*International Herald Tribune*,9 November,2011,p. 14.

[4] 大多数的私企或民企处于挣扎的境地。在某些行业,国企并不大。比如,在电信产业,腾讯的收益翻了580倍。参见“China's Leadership-Appearance and Reality”,*Financial Times*,16 November,2012(online)。

[5] Brooke Masters,Henny Sender and Dan McCrum,“'Shadow Banks' Move in amid Regulatory Push”,*Financial Times*,9 September,2011,p. 15; Henny Sender,“China Groups Fuel Shadow Banking”,*Financial Times*,7 September,2011,p. 18.

占据了扬子江造船控股总资产的1/3。这些产品很大程度上是非流动性贷款,可接受支票和债券。从2009年的初期到2011年的第一季度,扬子江造船控股锁定了10亿元的税前利润。在大多数情况下,贷款业务在短期内都是以财产或股份作为抵押品。这些投资能带来10% ~15%的收入,高于从银行存款中获得的真实利息收入。[1] 正如《中国经济日报》报道的,从2010年到2011年8月底,64个非金融上市公司总共借出了总量为169亿元的贷款,超过了这段时期贷款总额的38.2%。事实上,国有企业和上市公司不是把现金存到银行,而是为了获得更高的回报,把更多的金钱投入到影子银行。前述64个上市公司中有35个给出了更高的利率,甚至高出标准银行利率所确定的24.5%的最高年利率。[2]

(三)银行业务监管疏漏

银行业务分散化(表现为向其他产业和领域扩展)以及银行从业人员违背职业道德等,都成为影子银行急剧增长的推手。中国金融业目前实施的是分业经营、分业监管模式。影子银行的跨行业性、经营业务的联动性和风险的传染性改变了银行主导模式下金融监管的集中监管效果。商业银行深度参与投资银行的资产证券化与结构性投资使资产及其运作方式游离于资产负债表之外,规避监管以银行业为中心的监管网络成为可能,也给分业监管体系带来巨大压力。中国的分业监管无法控制事实上的混业经营,增大了监管成本和系统风险的滋生。

四、全球影子银行的监管态势

从监管者的角度来看,影子银行所衍生的金融工具突破了金融体系中机构和市场之间的传统边界,使以纵向分业、横向分割为框架的监管体系无法应对。[3] 从技术层面上来看,影子银行不在传统的银行货币体系、央行货币政策调控范围和银行监管部门监管网络之内,并不受严格的资本及流动性规则管制,总体上游离于银行监管体系之外。例如,《多德-弗兰克法案》旨在推动更多的银行交易业务进入一个监管相对弱化的环境。[4] 从这个意义上来说,影子银行与跨国银行都构成了系统风险的来源。在影子银行系统中,大多数交易是通过衍生金融工具、资产负债表外的远期与掉期交易完成的。信贷创造离岸资产以及通过资产负债表获得的结构性投资工具,都不会被国家的国际收支平衡数据所采纳。因

〔1〕 Brooke Masters, Henny Sender and Dan McCrum, "'Shadow Banks' Move in amid Regulatory Push", *Financial Times*, 9 September, 2011, p. 15; Henny Sender, "China Groups Fuel Shadow Banking", *Financial Times*, 7 September, 2011, p. 18.

〔2〕 Ibid.

〔3〕 袁增霆:《中外影子银行体系的本质与监管》,载《中国金融》2011年第1期。

〔4〕 Gary Gorton and Andrew Metrick, "Regulating the Shadow Banking System", 2010, Accessed April 28, 2014, http://ssrn.com/abstract=1676947.

此,影子银行所引发的监管困境可能比想象中的更加严重。传统银行通常扮演影子银行衍生金融品的一级经纪人角色,传统银行的金融创新和内生分化使投资银行、货币市场基金、对冲基金、证券化机构等非银行金融机构和传统银行发生紧密联系,既提供金融工具,又提供流动性支持;既是交易者,又是信用中介。这种复杂关系造成的后果是影子银行的失败会引发连锁反应,导致传统银行遭受损失。尽管如此,关于资本充足率和其他改革的《巴塞尔协议Ⅲ》,并没有采取合理的措施来解决这些潜在的问题。

2009 年,"二十国集团"委托金融稳定理事会(FSB)带头进行全球银行改革。2010 年,"二十国集团"首尔峰会首次提出加强监管影子银行体系,并赋予 FSB 和其他国际标准制定机构实施规则的权力。FSB 被指派了一系列任务,其中包括防止 2008 年国际金融危机的复发,扩大对影子银行的监管网络,例如,针对投资银行和特殊金融工具,以及其与传统银行之间的竞争。尽管 FSB 并不是强制授权的监管机构,但是它的决定是基于 G20 领导的一致决议。从某种程度上讲,FSB 已经获得了与巴塞尔委员会在银行业监督中同样的影响力,FSB 的许多会员也在巴塞尔委员会任职,这些决策可能在未来具有国际性的影响力。FSB 主席、英国央行行长 MarkCarney(前加拿大银行行长)在接受《金融时报》的采访时表示,金融改革的目的是促使影子银行业成为一个更加稳定的金融系统中一个有价值的部分,而不是一个击之即溃的威胁。FSB 于 2011 年推出了影子银行体系的国际监管框架,对影子银行实行"类银行化"的监管方式,将采用一些类似于银行监管的措施,来加强对影子银行的监管。[1] 例如,FSB 计划为非银行建立全球基金和流动性标准,对这些资金征收类似于银行的可维持恒定净资产值,以满足更严格的资本与流动性要求。新的监管规则还包括,如何解决资产证券化、短期贷款以及再抵押(发生于托管人或经纪人将他们本来持有的资产借给其他人的时候)的问题。此外,监管机构也会作出一些指引,例如如何区分创新产品与普通金融产品。[2] 最富争议的提案可能就是计划设置最低的折扣,以便在以紧缩资产泡沫为目的的回购市场安全借贷。[3] 鉴于影子银行的规模以及其与一般银行系统的复杂联系,监管机构必须采取一些引导措施与规则以解决可能在影子银行出现的系统性风险。银行业可能通过影子银行来规避全球化影响,以期运用此种方式将系统风险最小化。但是,目前并没有一个合适的监管机制,这使得在 2008 年国际金融危机中过多的超额贷款和资产价值起伏回落的现象可能在缺乏监控的领域再次出现。此外,影子银行同样会在缺乏政府监管下受到银行挤兑的影响。然而,值得注意的是,这些规则可能造成意想不到的经济周期性影响,例如,遏制影子银行对实体经济的压抑作用。FSB 试图在未来两年内彻底完成金融监管改革。

---

〔1〕 FSB 分别于 2011 年 4 月和 10 月推出两份关于影子银行监管的报告,即《影子银行:问题的范围》和《影子银行:加强监督和监管》,试图对影子银行作出界定,并制定检测方法和监管措施。

〔2〕 Brooke Masters,"FSB Seeks to Tame Shadow Banking", *Financial Times*, 18 November, 2012(online).

〔3〕 对于可以被再投资的证券借贷的抵押数额存在一定的限制。

五、影子银行规制工具选择及其合理性考量

关于监管的路径选择，一种观点认为，通过对金融服务法律关系的统合，对金融商品、金融服务、金融机构及其行为进行统合规制，将监管延展到包括私募股权投资的各类私募投资产品、民间集资、互联网借贷、场外期货等金融衍生品。[1] 这种路径沿袭了传统的“大而全”的“跨业”金融治理模式。稳定性和全面性是这个路径可以预期的结果。但是，这种路径可以预期的另一个结果是遏制了金融市场的开放性和创造力，特别是影子银行的信用创造功能和转移传统银行信用规模和信用风险的积极效应。另一种路径更为“宏观”，组建专门针对影子银行的金融监管协作委员会，由三大金融监管机构共同委任专家组成协作委员会，按照功能监管模式设计监管职能部门，包括风险监测、信用控制、产品统计、机构统计、违规惩处等部门，与传统金融监管体系形成影子和实体“双元结构”。[2] 这个监管制度设计欠缺可操作性，因为设计思路是合业管理的路径。此外，这一设计从监管层面实质上承认了影子银行体系的合理性，但对形成影子银行的源头没有提出有效的针对性措施。

影子银行的“脱媒性”和表外性导致了信息失灵、代理失灵和监管失灵。由于投资者的逐利性和“有限理性”，导致了对金融产品和信息的误读和误判，而金融产品的供应方和购买方之间的信息不对称造成了对金融产品和服务信息的过度依赖或依赖不足。矫正信息失灵需要包括增加信息披露的力度和范围在内的针对信息失灵的规制工具。信息失灵是金融市场失灵和金融监管失灵的一个主因。由于影子银行的“脱媒性”和表外性，银行作为经济实体的代理问题就扩展到了非银行实体和非传统融资平台。银行的代理问题由于金融监管和公司治理而得到适度矫治，但非银行实体和非传统融资平台的代理问题不受金融治理和银行公司治理规则的限制，出现了“虚拟语境”中的代理失灵。影子银行还带来明显的外部性问题。影子银行的交易扩大了系统性风险，给交易外的主体造成了成本。银行的审慎监管和存款保险对影子银行风险不具有适用性和可控性，造成市场运作或监管机制的失灵。这种外部性的本质是监管失灵，即监管机构缺位或监管功能失效。由于这三个失灵制造与膨胀了影子银行的系统性风险，为了避免或减少影子银行带来的系统性风险，这三个失灵应该是影子银行治理路径和规制工具选择的着眼点。

比较可行的监管路径是根据不同种类的影子银行，由同这类影子银行最密切的监管部门进行针对性的监管。这个监管路径已经被国务院2013年107号文所采纳。在对影子银行进行规制时需要重点关注两类影子银行业务：一种是在银行柜台就能提供的高回报的资产管理产品，另一种是复杂的信托投资产品。此外，监管工具的选择可以针对导致影子银

---

〔1〕 杨东：《论金融法的重构》，载《清华法学》2013年第4期。

〔2〕 参见李建军、田光宁：《影子银行体系监管改革的顶层设计问题探析》，载《宏观经济研究》2011年第8期。

行兴起的诸如中小企业融资困难等推动因素对症下药，去除产生影子银行的叠加因素。

（一）渐进解决资产负债表外业务的系统性风险问题

监管不断增加的表外业务风险是监管机构的一项艰巨任务。但是在中国的背景下，影子银行系统发挥了至关重要的作用，不仅让资金饥渴的私营部门能够债务融资，也让贷款者能够赚取高于传统银行存款的利息。这些非正式的信贷市场给私营经济提供融资，也是市场规律作用的结果。[1] 因此，现实情况是，对可能从传统银行流向影子银行的资金，监管者采取了有所区别的宽松立场，监管机构采取的监管策略似乎只集中在审查银行分支机构出售的第三方产品来加强对影子银行的监管，要求银行披露更多的资产负债表以外的项目信息。政府没有采取雷霆手段，而是渐进引导，以此凸显影子银行体系的正面效应。

之所以要渐进式解决资产负债表外业务问题，主要原因有二：

首先，表外业务发展迅速，规模庞大，如果对表外业务的治理过于强调速度和力度，可能对金融市场造成巨大冲击。原银监会于2012年12月14日签发的《关于银行业金融机构代销业务风险排查的通知》要求，各银行业金融机构要加强内部管理，对本行代理销售的第三方产品（主要是信托、保险和投资基金）的业务流程进行全面风险排查，包括是否建立对被代理机构的审慎尽职调查和全行统一的内部审批制度及流程、是否建立持续性跟踪评价机制、是否对违规行为和重大风险的被代理机构建立退出机制等。该通知还要求，各银行业金融机构总行及分支网点，应在30日内向对口监管部门报送自查报告和代销产品清单明细，原银监会及其派出机构将在此基础上，通过明察暗访的形式抽查辖内各银行业金融机构网点，并于抽查工作结束后的30日内向原银监会提交抽查报告。这种监管方法既符合监管部门对理财产品的宽容态度，也具有解决信息失灵和监管失灵问题的针对性。在监管者眼中，理财产品提供了另类投资的机会并将信贷引入有需求的行业中。

其次，投资者风险意识的培养尚需时日。大众投资者并无太强的风险意识，不了解资本市场的本质在于“风险定价”，坚信所谓的“刚性兑付”。国务院于2014年5月8日印发《关于进一步促进资本市场健康发展的若干意见》明确指出：“加强投资者教育，引导投资者培育理性投资理念，自担风险、自负盈亏，增强风险意识和自我保护能力。”由于投资者的风险教育并不能一蹴而就，过激地解决表外业务，势必会对投资者根深蒂固的“刚性兑付”观念造成冲击，影响社会稳定。监管者有限度地在小范围内允许违约事件的发生，并逐步扩大违约范围是比较合理的治理工具。至于这种监管方式应持续多久并在多大范围内进行，也应从表外业务对金融体系的冲击和违约事件对社会稳定的影响两方面进行评估。

解决系统性风险的一个途径是去除影子银行产品或服务与传统银行业务的相互关联

---

〔1〕 Franklin Allen, Juan Qian and Meijun Qian, “Law, Finance, and Economic Growth in China”, *Journal of Financial Economics* 77, 2005, pp. 57 – 116.

性和彼此渗透性。原银监会2014年7月11日发布《关于完善银行理财业务组织管理体系有关事项的通知》,其中的“风险隔离”条款就是切断风险关联性的规制设计:银行理财业务与信贷业务分离;银行自营业务与代客业务分离;银行理财产品与银行代销的第三方机构理财产品相分离;银行理财产品之间分离;银行理财业务操作与银行其他业务操作分离。如果这些风险隔离要求落实到位,理财产品的系统性风险就可能得到有效控制。

(二)适度承认民间借贷的合法性

民间借贷的合法性以及是否应当受金融监管当局监管的讨论归结点在于政府在市场经济中扮演的角色。政府和法院的思维定式是“借贷属于金融业务,因此非金融机构的企业之间不得相互借贷”。这个政策取向的考量是“企业间的借贷活动,不仅不能繁荣我国的市场经济,相反会扰乱正常的金融秩序,干扰国家信贷政策、计划的贯彻执行,削弱国家对投资规模的监控,造成经济秩序的紊乱。……是违反国家法律和政策的,应认定无效”。[1]

民间借贷是否涉嫌参与金融业务,继而扰乱金融秩序是值得讨论的问题。银行活动的核心是吸收公众存款,因为只有存款业务会涉及社会公共利益。民间借贷在大多数情况下只是闲散资金流动,不构成狭义的“经营金融业务”,因此也就没有理由受到类似于银行业务的金融监管。部分影子银行业务不具有商业银行的信贷、信用和货币创造功能,只涉及存量货币的所有权或使用权变动。尽管这些活动具有一定的风险,并在某种情况下该风险也可能蔓延和扩展,但是适用于商业银行的监管不能不加区分地完全适用于影子银行。对影子银行进行全方位监管的治理路径仍然带有计划经济的经济管制印记,出发点是政府主导和行政许可。

以维护金融秩序或国家利益为出发点对影子银行实行全面监管,反映了以保护商业银行既得利益为主轴,维护金融业的国家垄断地位,在财产权保护方面对银行和其他市场主体实行差别待遇的思路。然而,国家经济宏观调控和经济秩序治理对私人商业活动仅具有指导意义,不能全然否定后者的合法性和自治性。事实上,一定数量和规模的银行业务(在一定程度上包括影子银行)的兴起能够繁荣金融市场和国家经济。另一方面,影子银行系统带来的危害迫使中国政府通过改革借贷系统来提供更多的贷款,从而创造出能管制的债券和其他金融产品。例如,中国政府开始通过限制地方政府获取金融资源的方式来管控影子银行。[2] 为了应对最近低迷的经济局势,中国人民银行开始实施有差别的存款准备金率,小银行适用16.5%的存款准备金率,而大银行适用20%的存款准备金率。[3] 中国人民

---

〔1〕 参见《中国人民银行关于对企业间借贷问题的答复》(银条法[1998]13号,1998年3月16日)。

〔2〕 Simon Rabinovitch,“Surge in Chinese Credit Raises Fears”,*Financial Times*,8 February,2013(online).

〔3〕 存款准备金率的最近一次调整是2012年5月18日。调整后大中型金融机构的存款准备金率是20%,中小型金融机构的存款准备金率是16.5%。此次调整存款准备金率的原因是为了稳定经济、补充流动性。

银行的政策是为了鼓励小银行在向脆弱的中小企业贷款方面发挥更大的作用。[1] 降低私营企业从正规银行系统获得融资的成本可以减少形成影子银行的动因，客观上减少影子银行存在和发展的必要性。这可以是监管者开发监管工具的思路。

（三）培育并健全公司债券市场

培育一个有活力的公司债券市场对于避免银行系统性风险来说至关重要。这样，私人资金能够在未来几年投资到新兴战略行业。其他的政策选择还有：将私人长期储蓄、共有基金、养老金市场和标准统一的证券市场的功能合理化。尽管中国政府有计划地遏制影子银行和投机资金，但据估计，债券销售额已经创历史新高，达到两万亿元。[2] 相比将钱投到私人市场的信托公司，短期债券市场的投资回报更有吸引力。与影子银行相比，债券市场可以带来更高的透明度，可以一定程度地解决信息失灵问题。政府努力加强证券融资市场的基础设施建设可以降低发行成本，也可以吸引更多的投资者。

针对日益膨胀的地方债，允许一些省市发行地方债券是一种可行的救济手段。地方政府债券也称为“市政债券”。凡属地方政府发行的公债称为“地方债”。它是作为地方政府筹措财政收入的一种形式而发行的，其收入例如地方政府预算，由地方政府安排调度。地方政府债券一般用于交通、通信、住宅、教育等设施的建设，一般也以当地政府的税收能力作为还本付息的担保。我国的地方债券是相对于国债而言的，以地方政府作为发行主体。20 世纪 90 年代初期之前，地方政府为了筹集资金修路建桥而发行过地方债券，在 1993 年被制止。《预算法》第 28 条明确规定：“除法律和国务院另有规定外，地方政府不得发行地方政府债券”。2011 年 10 月，国务院批准上海、浙江、广东和深圳首批开展地方政府自行发债试点，试点发行的政府债券为记账式固定利率附息债券，采用单一利率发债定价机制确定债券发行利率。经国务院批准，2014 年京、广、沪等 10 省区市试点地方政府债券自发自还。[3] 地方债的发行也会改变地方政府的债务结构，地方政府可能减少直接从银行的举债，而投向公开的债券市场。2012 年，地方政府融资平台通过发行 401 个债券而筹集了 47 亿元之多的人民币资金。[4] 但是，由中国人民银行于 2007 年指定的监管银行间债券、货币和黄金市场的中国银行间市场交易商协会，不得已中止了省级以下地方政府的发行申请。[5] 地方政府发行债券，银行可能是最终的买家，一些资金充裕的国有企业也可能是潜在的买家。如果银行是买家，结果是风险还是由银行承担。

---

〔1〕 Kwong Man-ki, “PBOC Sets Loan Reserve Ratios for Small Banks”, 3 November, 2012 (online).

〔2〕 Bloomberg, “Wen's Curbs on Shadow Banking to Boost Bonds”, *South China Morning Post*, 1 February, 2012, B3. 报道说，根据中国人民银行统计显示，非金融机构销售的债券总额在 2011 年达到了 1.37 千亿元。

〔3〕 财政部《2014 年地方政府债券自发自还试点办法》。

〔4〕 Jane Cai, “Beijing Curbs Bond Issues on Default Fears”, *South China Morning Post*, 7 November, 2012 (online).

〔5〕 Ibid.

监管部门需要考量依赖债券市场作为治理方式的有效性问题。首先,遏制地方债的道德风险,将政府担保或隐形担保的债务体现在公共部门的资产负债表上是比较有效果的财政机制,有助于识别真实的金融风险。其次,财政机制也要立法化,即以法律形式规定地方政府债务的规模和资金用途,聚焦于资本性项目而非经常性项目。其中,立法需要明确中央政府对于地方债不承担责任,这样就可以在市场上建立政府不救市托底的预期,打破债券市场对隐形担保的预期,使得地方债市场的定价能够比较准确地反映地方债务的风险。再者,还需要引进"守门人",比如信用评级机构,对地方债提供可信的评级。此外,中央审计部门也需要负责对地方政府公布的财政收支、资产负债表的偿债能力数据进行真实性的审核。最后,中央政府也应该考虑对地方下放一些自主的税权,完善一般性转移支付公式。构建地方资产负债表的过程也是完善依法行政和依法治国的过程。在提高财政与政府施政的透明度的同时,可以有利于民众对地方财政的参与,并发挥地方人大在预算过程的监督作用。解决地方债问题需要改变直接投资的思路,通过证券化形式引入民间资本,在政府监管下实现以远期现金流填补现实融资压力。扩大民间投资渠道可以疏导民间资本流动,压抑影子银行的趋利功能。

(四)构建包容民间资金的金融体系

随着改革的推进,国内的融资环境正在慢慢发生改变。商业活动将更少地依赖银行贷款,更多地从资本市场筹措资金。这个转变所提供的监管路径是向民间资金开放正规金融体系,使民间资本"正规化"或"合法化",以便使这部分资金接受金融监管的治理约束。因此,这个路径也就是对影子银行"去影子化"。但是,对影子银行或民间融资活动进行监管又变相地干预了一些没有危害性的商事活动,国家公权力和司法权可能会不当介入。因此,对此类融资活动的监管应当有限度,而不是过度监管,增加交易方的交易成本。比如,通过许可或市场准入的方式进行监管不是有效率的监管选项。相反,在利率上进行一定程度的限制或者建立一定的浮动规则可能是比较有效的规制方式。另外,合同救济以及当事人意思自治仍然应该在大多数的情况下得到保护。此外,对影子银行监管可以依赖市场和自律,通过"市场守门人"等社会中介进行,尊重意思自治,鼓励金融创新也是改进监管的方式。基于买方信用的供应链融资模式是可行的方式:应收账款是可以让企业获得融资的资源,而小微企业可以利用赊销手段,把产品和服务销售出去。

构建包容的民间金融体系所要坚持的是"负面清单"治理模式,只要不触碰政策和禁止性法律的红线,不存在诱发系统性风险的可能,那些处于灰色地带的金融现象与行为并不需要强力监管。例如《国务院办公厅关于金融服务"三农"发展的若干意见》(国办发〔2014〕17 号)第 34 条规定:"地方人民政府要按照监管规则和要求,切实担负起对小额贷款公司、担保公司、典当行、农村资金互助合作组织的监管责任,层层落实突发金融风险事件处置的组织职责,制定完善风险应对预案,守住底线。"构建包容民间金融体系的终极目的是利用市场力量解决外部性问题,将原来监管失灵的外部性问题转换为市场内部性问题,避免监管机构的责任缺失。

(五)有效处理中小企业融资困境

金融监管机构应该将重心从大型国有企业转移到面临更大融资困难的中小企业身上。如果将工资单上少于2000人的企业定义为中小型企业,中国的中小企业数量已经激增到了6000万家。中国税收收入的一半以及60%的国民生产总值都是由这些企业创造的。[1] 然而,中小型企业却在竞争激烈且有破坏性的经济中挣扎,得不到国有银行的融资支持。根据亚洲发展银行的数据,中国的中小型企业平均寿命是3.7年,远远低于美国的8.2年。由于商业银行更倾向于借贷给国有企业,所以中国的中小企业在创业之初和扩张之时总会面临严重的融资问题。如果金融政策能向中小企业倾斜,不仅可以改善竞争环境,而且可以通过推动经济发展来创造税收和就业机会。

为了支持中小企业,这些企业可以适用5%不良贷款率。这些试验性的措施有效地将地下借贷市场合法化,让它变得更加透明公开。通过将影子银行合法化,更多的市场力量可以被引入我国的金融领域。这样,为了和其他的借贷机构竞争存款,国有银行不得不改变它们的借贷业务——国有银行需要牺牲掉效率不高但关系很好的国有企业客户,以市场为导向收取贷款利息,将钱贷给更多民间机构,进而有利于平衡我国的经济增长。

我国的商业银行从2013年起适用更加严格的世界银行资金准则(美国要推迟实施),也就是《巴塞尔协议Ⅲ》。根据2012年6月8日刚刚通过的《商业银行资金规则》(试验版),我国银行将积极制定中国版的《巴塞尔协议Ⅲ》。这些措施包括取得更好的贷款质量、加大对中小型企业的贷款支持和在计算银行资金比率的时候降低额外给中小型企业的那部分贷款的风险。[2] 然而,实施这些对中小型企业宽松的规则就和《巴塞尔协议Ⅲ》的原则直接相冲突。该协议认为,银行要想增加资金就必须让一般公司贷款达到大约平均30%的水平,但由于中小型企业的贷款风险过高,要停止向它们贷款。[3] 随着经济增速放缓,通货膨胀加剧,中国经济面临下行风险。为了应对此种风险,政府采取的应对措施是私人投资者优先政策。由于中央和地方政府都没有更大的融资能力投资建设基础设施和发展经济,民间力量被视为促进国民经济增长的新引擎。2010年5月13日,国务院出台《关于鼓励和引导民间投资健康发展的若干意见》,对拓展民间投资的领域和范围作出了详细的规

[1] Ray Chan,"Bankers Call for SME Funding Reform",*South China Morning Post*,3 April,2013(online).

[2] Simon Rabinovitch,"Beijing Puts Back Date for Enforcing Basel Ⅲ",*Financial Times*,7 June,2012,Accessed April 28,2014. http://www.ftchinese.com/story/001044938/en/?print=y.

[3] 有报道称,大多数中国银行已经超过了《巴塞尔协议Ⅲ》要求的资本充足率。《巴塞尔协议Ⅲ》规定,系统性重要的银行资本充足率需要达到11.5%,而其他银行是10.5%。参见 Kwong Man-ki,"Capital Rules Put Pressure on Banks",*South China Morning Post*,14 November,2012(online)。

定。随后17个部委颁布部门规章,向民间投资者开放银行、能源、医疗和基础设施等领域,而在以前国家是严格限制民间投资者进入这些领域的。

减少国有企业在金融领域的特殊优势地位可以加速形成更加公平的市场竞争格局,加速市场机制的形成。面对失控的债务危机,监管部门应该对中小企业的不良贷款采取更加宽容的态度。[1] 政府动用50亿元应急资金帮助温州急需资金的中小企业就是这种思路的具体化。[2] 浙江省已经采取实质性举措来放宽对小额贷款公司的限制,鼓励向资金紧缺的小公司贷款,从而帮助他们在更健康的金融系统里正常运转。

(六)鼓励地方性"治疗"措施和试验

影子银行的多元化形态决定了统一的规范化、正规化和合法化规制路径不是最优选项。比如,法律和司法实践对民间金融具有惩罚和保护的双重功能,这种复杂性决定了刑法治理路径会遏制金融创新和金融交易自治。影子银行的多样性和风险的差异性要求和激发更为活跃的法域竞争和地方性试验。

地方性试验的核心应该强调制度优化,引入更多市场机制优化金融资源配置,改变过度依赖禁止、限制、打击等命令控制型法律治理模式。[3] 地方性试验具有很强的地方性特点,更加具有针对性。市场化机制特别需要考虑民间金融交易的信息约束条件,引入激励性规制手段,在市场准入、税收减免、信息保护等方面构建差异化、多样性的规制机制。这种地方性试验也有利于促进金融自由化,形成"溢出"效应,尽可能为区外影子银行的治理提供借鉴经验。

温州率先建设金融特区,探寻民间融资合法化的具体路径。2013年11月22日,浙江省第十二届人民代表大会常务委员会第六次会议审议通过《温州市民间融资管理条例》(以下简称《条例》),是我国首部专门规范民间金融的地方性法规。《条例》首次通过立法确认企业因生产经营需要,可以以非公开方式向合格投资者进行定向债务融资,民间金融管理企业可以以非公开方式向合格投资者募集定向集合资金。《条例》于2014年3月1日起施行,由于《条例》的粗线条规定,实际适用效果尚有待检验。

温州金融实验可能采取的其他政策选项还可以包括鼓励当地企业家创办小型金融公司来缓和资金压力;买入当地银行或是投资像私人证券公司这样的金融企业;[4] 将民间资本通过正规的小型信贷公司注入当地企业,以遏制大量的不良贷款;尝试让个人直接以人民币进行海外投资,提供更简便的银行贷款;通过设定温州当地的私人借贷利率的上限来

---

[1] Simon Rabinovitch, "Chinese Banks Face Scrutiny Over Profits", *Financial Times*, 31 October, 2012 (online).

[2] 2011年10月4日,温家宝总理在温州调研的时候就曾强烈呼吁要对困难企业进行资金扶持。参见Jane Cai, "Bad Loan Rate Adds to Woes in Wenzhou", *South China Morning Post*, 5 November, 2011, B3。

[3] 岳彩申:《民间借贷的激励性法律规制》,载《中国社会科学》2013年第10期。

[4] Daniel Ren, "Fears Wenzhou Reforms Could Increase Risks", *South China Morning Post*, 30 April, 2012, B3.

打压高利贷等。建立金融交易平台,引进一批中介机构入驻,提供民间借贷登记、合约公证、资产评估登记等服务的举措是引导民间融资阳光化、规范化,弥补信息、代理和监管失灵的试验性安排。

温州的实验将帮助中国快速地将私人借贷合法化。这些措施有些类似欧盟现在采取的措施,包括瑞士银行和苏格兰皇家银行在内的一些欧盟银行都在探讨银行怎样将特别贷款贷给公司。考虑到欧盟的银行快速减债的可能性,银行也只能扮演中介机构。换言之,这些银行将为资金提供惠及中小企业贷款产品的帮助,同时提供信用评估并收取最高达到3%的费用。然后,为了在希望低融资代价的借方公司和希望高回报的贷方基金之间达成妥协,贷款基金会向中小企业提供一种合成产品。这种产品是优先债务和高价位的夹层贷款的结合体。[1]

六、结　　语

起始于20世纪70年代末的以市场为基础的开放型和流动性的金融系统得到了快速发展,改变了中国金融业的面貌。在以市场为基础的金融系统里,影子银行引领市场走向成熟,提高了信用和资产流动性,是正规银行业的重要补充。但是,由于缺少来自央行的流动资金和公共信用担保,影子银行比正规银行更加脆弱。和西方国家的影子银行不同,中国的影子银行还处于初级阶段,存在于相对比较简单的形式,尚未嵌入长长的金融中介链条中去。中国影子银行体系依赖的是私人集资。由于这个集资网络与大范围和复杂型的证券化和担保资金技术隔绝,针对影子银行的调整措施相比较更高级的金融市场来说反而更简单一些。但是在中国的国情下,影子银行系统的简单化也带来了另一层面的复杂性——由于集资的来源是普通居民,所以对影子银行的规制调控势必会影响到大量的私人出资者。和其他国家不同,我国的影子银行不提供额外利率较低的贷款给家庭和公司,而是提供利率更高的贷款。考虑到私人企业急需投资资金,我国的影子银行成熟度和信用的变化也会对住宅和商业地产市场的资产泡沫产生深远的影响。

影子银行的深度金融创新、无限的信贷扩张、缺陷性的信息披露、高杠杆操作、业务界限突破和规避金融监管的众多与传统银行业不同的属性必然并且已经给金融体系带来了负面影响,但是它仍然没有得到有效监管。影子银行这些属性对金融结构、市场机理和制度规范提出了深刻的挑战和更高层次的要求。在中国的国情下采取监管调整的举措需要更周全的考虑。首先,私营企业融资很难完全脱离影子银行。考虑到私人企业在我国推动经济发展和创造就业岗位方面的重要作用,政府需要对影子银行有序规范化,而不应完全

---

〔1〕 Daniel Schafer and Patrick Jenkins,"Banks Look to Farm out Portion of SME Loans",*Financial Times*,4 May,2012,p.13.

遏制其发展。其次,由于社会稳定是中国监管语境中的重要问题,所以监管部门不能采取过于严格的监管举措而迫使私人投资者破产。因此,在其他国家和地区可行的,诸如在担保物和政府担保的存款保险上制定严格的指导原则等规制措施在中国可能并不可行。[1]由于影子银行具有系统性风险,会传输到传统银行,对影子银行的规制是必要的。

金融发展需要良好的法制环境和监管体系。影子银行的发展规律、属性、风险需要有针对性的治理和规制方案,而影子银行的复杂性也需要差别化的监管标准和规制工具。除了具有概括性和预测性的法律之外,可以按照影子银行具体类型、功能和风险的不同实行更审慎的功能监管。国务院于2014年6月24日发布的《关于加强金融监管防范金融风险工作情况的报告》就指出,"对一些跨市场、交叉性的新产品、新业务要通过金融监管协调机制,按'实质重于形式'的原则及时予以监管,防止监管空白和监管套利。"在坚持功能监管模式的同时,监管部门的规制重心是将影子银行的表外业务表内化。[2] 我国目前的"行业分管"的金融监管模式决定了银行监管部门发布规定的有效性取决于避免系统性风险从银行向保险公司和经纪人的转移,这就需要银行、保险和证券监管机构之间的协调。金融监管部门应把对影子银行的调控和金融业改革结合起来,构建网状金融监管体系,削弱银行在融资渠道中的主导地位,鼓励民间资本参与金融机构重组,[3]将利率自由化和开放证券等资本市场纳入有选择性的中期改革规划,最终重塑中国金融市场和监管形态。法院在进行金融司法审判时,可以适度控制裁判民间融资活动的刑事法边界;[4]有步骤地调整和修改遏制和惩戒民间金融活动的司法解释;在严守法教义学适用法条解决金融纠纷时,克制和有所选择地推进行政部门制定的公共政策;[5]对民间金融活动逐步采取鼓励性的司法取向。对立法机关而言,对包括《证券法》在内的重要金融法进行适度修改并且制定和通过《期货法》等金融法是对快速发展和转型的金融市场进行的针对性回应,可以事先规范金融活动,并抑制金融市场和交易的系统性风险。同时,地方立法机关的立法活动可以进行有效的立法创新,面向地方性问题进行立法规制,激发地方金融活力。从这个意义上说,《温州市民间融资管理条例》是极具价值的地方性立法试验,对调节温州金融市场、优化金融资

---

[1] Gary Gorton and Andrew Metrick, "Regulating the Shadow Banking System", 2010, Accessed April 28, 2014, http://ssrn.com/abstract=1676947.

[2] 原银监会于2013年3月25日下发的《关于规范商业银行理财业务投资运作有关问题的通知》要求商业银行应合理控制理财资金投资非标准化债权资产的总额,理财资金投资非标准化债权资产的余额在任何时点均以理财产品余额的35%与商业银行上一年度审计报告披露总资产的4%之间孰低者为上限。这些规定的目的是通过减少和收缩理财产品可投资的资产范围以限制影子银行涉足于这些投资领域,同时牵制银行假借理财产品的名义挪动表外信贷。该规定可以限制未来资金进入影子银行系统,并迫使表外资金投入低风险的投资,从而减缓影子银行的增长。超过这个限制的银行可能不得不出售这些资产,或将这些产品计入资产负债表,或以理财产品为基础发行更多的流动资产。

[3] 参见国务院2013年《关于金融支持经济结构调整和转型升级的指导意见》。

[4] 张东平、张宁:《民间融资的立法规制梯度及刑事法边界——以类型化的融资风险等级划分为依托》,载《政治与法律》2014年第4期。

[5] 最高人民法院2008年《为维护国家金融安全和经济全面协调可持续发展提供司法保障和法律服务的若干意见》;2009年《关于应对国际金融危机做好当前执行工作的若干意见》。

源配置和深化温州金融综合改革实验区改革具有事前安排性质的治理设计。有效的地方性立法和司法试验会起到信号和示范作用,进而优化更大范围的金融监管和规制体系。

(原载于《中国法学》2014 年第 4 期)

论上海自贸区金融宏观审慎监管政策

宿　营*

中国经济改革步入深水区，设立上海自贸区，以开放倒逼改革，体现了中国实现“中国梦”的坚定信念。法治创新是建设中国上海自贸区的前提和基础[1]，金融制度创新是自贸区试验成败的关键[2]，而风险防范无疑是金融创新成功的保障。暂停法律、推进开放、鼓励创新，自贸区金融政策成为中国金融制度改革破冰的关键。但是，由未知引起的担忧，随之产生。长期处于襁褓中的中国金融业，一旦面朝世界，能否确保国家金融安全？金融为经济之核心，银行是金融业的基石。一向受到重重保护的国有银行，“安全阀”拆除后，能否继续保持优势竞争力？外资银行准入门槛的调整，能否冲击中国金融业安全？系统性风险将成为金融改革后，银行机构的首要风险。中国目前以指标监管为核心的监管制度，加之原银监会提出的建立“相对独立”的监管模式，难以达到央行实施“金融宏观审慎管理”的要求。次贷危机后，宏观审慎监管成为各国银行法改革的主流方向。以上海自贸区为桥头堡，探索中国银行业宏观审慎监管的制度模式，形成“可复制、可推广”的经验，对确保中国金融市场长久稳定，当有助益。

一、上海自贸区金融改革措施评析

（一）总体要求

国务院批准的《中国（上海）自由贸易试验区总体方案》（以下简称《方案》）中，明确提出推进金融领域开放创新。通过“全面提升事中、事后监管水平”，实现“监管高效便

* 宿营，山东大学法学院讲师，法学博士。

〔1〕 沈国明：《法治创新：建设上海自贸区的基础要求》，载《东方法学》2013 年第 6 期。

〔2〕 季卫东：《金融改革与“法律特区”——关于上海自贸区研究的一点刍议》，载《东方法学》2014 年第 1 期。

捷”。[1] 就具体金融制度而言,《方案》提出“人民币资本项目可兑换、金融市场利率市场化、人民币跨境使用、面向国际的外汇管理改革试点”[2]四点核心任务。[3] 由此可见,自贸区金融改革的基本方向是国际化、自由化,改革目标是建立与上海国际金融中心建设的联动机制。[4] 一旦这些措施改革措施落实,上海自贸区内金融市场将全面开放。

(二)市场准入

《方案》提出,“探索建立投资准入前国民待遇和负面清单管理模式”。该模式是国际上有关外资准入的普遍做法。“准入前国民待遇”主要是指在企业设立阶段给予外国投资者及其投资不低于本国投资者及其投资的待遇。[5] “准入前”是国内学者对 Pre-establishment 的意译,外资在此阶段可以行使“准入权”和“设立权”,并享有国民待遇。[6] 所谓“负面清单”是指,凡是针对外资的与国民待遇、最惠国待遇不符的管理措施,或业绩要求、高管要求等方面的管理措施,均需以清单方式列明。[7] “负面清单”是英文 Negative listings 的直译,在投资协定中通常是“不符措施”的代称,即在外资市场准入(设立)阶段不适用国民待遇原则的特别管理措施规定的总汇。[8] 金融领域开放亦遵循上述模式。根据《方案》附件规定,外资银行可采用独资或中外合资形式创立,针对商业银行风险分类建立有限牌照银行。国内银行在有效监管的前提下,允许开办离岸业务。《中国(上海)自由贸易试验区外商投资准入特别管理措施(负面清单)》对金融业开列了限制清单。其中,限制设立“投资银行、财务公司、信托公司、货币经纪公司;限制设立“投资保险公司、保险中介机构、保险资产管理公司”;对投资证券公司、证券投资基金管理公司的外资参股比例和经营范围均做出了限制;并对小额贷款公司、融资性担保公司、投资融资租赁公司的设立条件进行了特殊规定。从负面清单规定来看,中国开放幅度最大的是银行业,而由于中国目前资本项目较严格的外汇管制,证券、保险业开放极其有限。

(三)改革措施

服务贸易自由化,是现阶段自贸区金融改革的基本方向。距离建设国际金融中心所需的法制条件,尚有一定距离。考察现行发布的一系列金融立法文件,自贸区金融改革的具

---

[1] 国务院:《关于印发中国(上海)自由贸易试验区总体方案的通知》。

[2] 同上。

[3] Stefan Walter, *Basel Ⅲ and Financial Stability*, 2010, p. 91.

[4] 上海市人民政府:《中国(上海)自由贸易试验区管理办法》(市政府令第 7 号)第 19 条。

[5] 钟磊:《论上海自贸区对我国国际经济法制的潜在影响》,载《中国商贸》2013 年第 30 期。

[6] 龚柏华:《中国(上海)自由贸易试验区外资准入“负面清单”模式法律分析》,载《世界贸易组织动态与研究》2013 年第 6 期。

[7] 商舒:《中国上海自由贸易试验区外资准入的负面清单》,载《法学》2014 年第 1 期。

[8] 龚柏华:《中国(上海)自由贸易试验区外资准入“负面清单”模式法律分析》,载《世界贸易组织动态与研究》2013 年第 6 期。

体措施包括以下几个方面：

一是资本项目可兑换。长期以来，中国一直施行严格的外汇管制。1996年12月1日起，中国开始接受《国际货币基金组织协定》第8条义务，实现经常项目可兑换。尽管如此，1994年后，中国在经常项目结算中一直施行强制结售汇，直至2008年《外汇管理条例》修订第13条出台，才在法律上取消了该规定，但实践中则一直延续到2012年。〔1〕中国对资本项目一直存在较严格的管制。自贸区金融政策在推进人民币资本项目可兑换方面，也遵循了渐进的方式，提出“在风险可控的前提下，通过分账核算方式，创新业务和管理模式。”〔2〕但是，由于证券市场并未开放，因而资本项目可兑换将成为一项长期目标。

二是利率市场化。利率市场化是将利率的决策权交给金融机构，将利率形成机制归还市场。“培育金融机构自主定价机制，逐步推进利率市场化改革”〔3〕，能够发挥金融机构内部风险管理的能动性，促进资本市场充分竞争。利率政策是央行调整货币供求的主要手段，中国人民银行有关利率的决定，需报国务院批准后执行。〔4〕《商业银行法》对利率存在诸多限制，存贷款利率的上下限均需按照人民银行的规定，且不得违反规定提高或者降低利率以及采用其他不正当手段，吸收存款，发放贷款。〔5〕但是，“金融深化理论”认为，利率管制将导致金融抑制，将影响利率均衡水平，妨碍资金有效配置，扭曲金融机构行为。利率市场化成为金融市场开放过程中的必经步骤。但是，加速实现利率市场化，将加剧利率波动、恶化银行竞争、降低银行资产质量，严重时还将引发金融危机。例如，美国1981《Q条例》取消后银行破产倒闭风波，以及日本、阿根廷等国在利率市场化进程中遭遇的经济动荡。因而，人民银行提出从完善贸易账户定价监测机制、发行大额可转让存单、放开一般账户小额外币存款利率上限等方面〔6〕，稳步推进利率市场化。

三是跨境投融资服务。投资和贸易便利化是自贸区改革的主要任务，但这离不开金融政策的相应支持。在贸易金融政策上，银行业通过提高“大宗商品贸易融资、全供应链贸易融资、离岸船舶融资”，能够缓解企业贸易活动的资金压力；通过“现代服务业金融支持、外保内贷、商业票据”等业务，能够保障国际贸易中的资金融通。在投资金融政策上，通过开展“跨境并购贷款、项目贷款、跨境资产管理、财富管理业务、房地产信托投资基金”〔7〕等业务，有助于帮助中国企业利用直接投资和资本市场走向国际。但是，目前相关金融支持措

〔1〕强制结售汇制度在1994年中国人民银行《结汇、售汇及付汇管理暂行规定》首先规定，并为1996年国务院发布的《外汇管理条例》确定，直至2008年《外汇管理条例》修订于第13条规定，“常项目外汇收入，可以按照国家有关规定保留或者卖给经营结汇、售汇业务的金融机构。”2012年4月16日，国家外汇管理局刊文指出，涉及强制结售汇的规范性文件被宣布废止、失效或修订。目前，强制结售汇政策法规均已失去效力，实践中不再执行。

〔2〕上海市人民政府：《中国（上海）自由贸易试验区管理办法》（市政府令第7号）第20条。

〔3〕同上文，第21条。

〔4〕《中国人民银行法》第5条。

〔5〕《商业银行法》第31条、第38条、第47条。

〔6〕《中国人民银行关于金融支持中国（上海）自由贸易试验区建设的意见》第17～20条。

〔7〕《中国银监会关于中国（上海）自由贸易试验区银行业监管有关问题的通知》第5条。

施品种尚显单一,应当进一步鼓励金融创新加大支持。

四是离岸金融业务。离岸金融一般是指不具有金融市场所在国国籍的当事人在金融市场上从事的货币或证券交易行为。[1] 自贸区“允许符合条件的中资银行在区内开展离岸银行业务”。[2] 有专家认为,上海自贸区的金融形态,事实上就是境内的离岸金融。[3] 离岸金融市场是国际资金流动的重要渠道,极大地提高了国际金融市场的自由化和一体化。建设离岸金融市场,对我国参与国际金融竞争,争取国际金融秩序话语权至为关键。但是,离岸市场金融交易的虚拟性和监管的多头性,对有效监管提出了前所未有的挑战。离岸金融导致的巨额国际资金流动,对国际金融体系和各国金融秩序的稳定会产生强大的冲击。[4] 金融稳定论坛(FSF)认为,虽然没有证据显示离岸金融中心是制造系统性金融危机的主要原因,但是已发生的一些金融危机确实与离岸金融中心有密切的联系。[5] 离岸金融“两头在外”的特点,决定了必须通过构建宏观审慎框架,维护金融市场稳定。

二、上海自贸区金融改革对宏观审慎监管的挑战

现代金融市场具有高度关联性,往往牵一发动全身,任何单一风险处置不当,都可能引发金融系统动荡。上海自贸区金融改革标志着中国金融业全面走向开放,将对中国金融市场监管带来一系列挑战。中国金融产业一直处于政府干预和垄断经营的双重保护之下。在完全市场化的运营机制下,以往政策性导向的监管策略,面对系统性风险、利率市场化风险、流动性风险等多种风险的冲击,构建宏观审慎监管框架成为监管当局必须考虑的问题。

(一)系统性风险

所谓系统性风险是指一家银行倒闭引起其他银行连锁倒闭,并进而殃及和损害整个金融体系,引发金融危机的风险。[6] 系统性风险一旦爆发将对整个金融体系造成严重地破坏,并将造成金融机构的巨额损失、实体经济衰退、金融市场市值挥发等一系列连锁性恶劣经济后果。[7] 传统上,中国金融业一直是闭合体系,系统性风险并不是金融监管的主要对象。资本项目的严格管制,限制了中国金融企业参与国际金融市场的自由度。“分业经营、分业监管”,亦在银行、证券、保险行业间筑起隔离风险的防火墙。但是,上海自贸区建立,

---

〔1〕 罗国强:《离岸金融法研究》,法律出版社 2008 年版,第 9 页。

〔2〕 《中国银监会关于中国(上海)自由贸易试验区银行业监管有关问题的通知》第 6 条。

〔3〕 于舰:《交通银行首席经济学家连平解读上海自贸区金融改革前景:上海自贸区就是离岸金融区》,载《第一财经日报》2013 年 9 月 9 日,第 A10 版。

〔4〕 韩龙:《离岸金融的法律问题研究》,法律出版社 2001 年版,第 1 页。

〔5〕 潘英丽等:《国际金融中心历史经验与未来中国》(上卷),格致出版社、上海人民出版社 2009 年版,第 144 页。

〔6〕 韩龙:《国际金融法要论》,人民出版社 2008 年版,第 43 ~ 44 页。

〔7〕 Steven L. Schwarcz. “Systemic Risk”, *Georgetown Law Journa*l, 2008, p. 198.

打开了中国金融市场面向世界的窗口,疏通了国内金融市场外在联系的渠道。随着外资金融机构进入,中国金融市场的国际化程度将极大提高;资本项目可兑换,将使大额资本流动更为频繁;离岸金融中心的建立,会产生大量游离国内金融系统外的外部金融业务,使国内监管机构无法有效衡量和控制金融市场风险状况。上述金融改革措施,增大了诱发系统性风险的可能性。

系统性风险是金融系统的内生性风险,是金融市场活动的必然结果。金融系统本身的脆弱性,导致系统性风险具有突发性。例如,危机爆发前,整个金融界和监管部门都沉浸在市场非理性繁荣的玫瑰色光辉中,〔1〕对于这场不期而至的全球金融风暴,毫无察觉。突然爆发的危机,使全球金融体系瞬间崩溃,世界经济随之从峰巅坠入谷底。〔2〕 中国多年以指标监管为基础的微观审慎监管制度,根本无法应对系统性风险的冲击。"一行三会"的监管模式,使各监管当局相对隔离,无法有效沟通监管信息,唯一的监管协调机制是"联席会议"制度。作为临时性的协调机制,"联席会议"仅召开过两次例会,松散机制使其无法实现有效监管。〔3〕 "三定方案"确立了人民银行负责"金融监管部门的统筹协调"的主导性地位,其职责是"完善金融宏观调控体系,负责防范、化解系统性金融风险,维护国家金融稳定与安全"。〔4〕 目前,人民银行金融稳定局具体负责系统风险应对工作,但是其职责仅是"综合分析和评估系统性金融风险,提出防范和化解系统性金融风险的政策建议"〔5〕,面对自贸区这一金融改革试点区域,明显缺乏执行力。而且,原银监会提出"建立符合区内银行业实际的相对独立的银行业监管体制"〔6〕,也将对宏观审慎监管的统一性和有效性造成一定影响。

(二)利率市场化风险

利率市场化是自贸区金融改革的重要举措。一旦放开央行的干预,利率水平将完全由市场供求决定。在人民币跨境使用的背景下,居民、非居民的供给和需求共同决定了人民币的价格。〔7〕 利率市场化可以优化金融市场上的资金配置,增强金融机构调整资产、负债结构的自主性。但是,实行利率市场化后,习惯于享受垄断价格政策红利的国有商业银行,必须自主面对市场竞争,其结果必然是存贷款利差缩小,银行利润空间迅速收窄。〔8〕 缺乏利率市场化管理经验的中国银行,在利率放开管制的初期,必然面临诸多金融风险。

---

〔1〕 Markus Brunnermeier, Andrew Crocket, Charles Goodhart etc, "The Fundamental Principles of Financial Regulation", *Geneva Reports on the World Economy* 11, 2009, p. 16.

〔2〕 Chris Brummer, *How International Financial Law Works*, 2010, http://ssrn.com/abstract=1542829.

〔3〕 于永宁:《"一行三会"监管协调机制的有效性问题》,载《山东大学学报》(哲学社会科学版)2012 年第 4 期。

〔4〕 国务院办公厅:《中国人民银行主要职责内设机构和人员编制规定》(国办发〔2008〕83 号,2008 年 7 月 10 日)。

〔5〕 同上。

〔6〕《中国银监会关于中国(上海)自由贸易试验区银行业监管有关问题的通知》第 8 条。

〔7〕 宋晓燕:《上海自贸区金融改革对宏观审慎监管的挑战》,载《东方法学》2014 年第 1 期。

〔8〕 同上。

一是信用风险。由于长期政府干预,我国利率水平受到一定压制,市场化后,银行为吸收存款竞相揽储,利率必然大幅度升高。银行业竞争加剧,容易诱发“逆向选择”问题。1981年,Stiglitz 和 Weiss 提出“逆向选择”理论,解释中小企业信贷配给现象。该理论认为,银行与贷款申请者间存在信息不对称,银行为实现收益最大化,倾向于提高利率,这导致低风险偏好企业退出信贷市场,贷款企业整体风险上升〔1〕。最终造成违约风险最高的融资者,获得贷款。目前商业银行适用的粗放式的信贷风险评估标准,根本无法应对利率市场化后,借款人复杂的信用状况。

二是利率风险。市场化改革使利率波动性加剧,催生利率风险。所谓利率风险,是指利率的不利变动给银行财务状况带来的风险。〔2〕 巴塞尔委员会认为,利率风险包括重新定价风险、收益率曲线风险、基准风险、期权性风险四种。〔3〕 利率风险贯穿于商业银行业务经营活动的全过程。利率市场化后,商业银行利率自主决定空间加大,但是利率形成主要靠市场机制作用,稳定性低,可预测性差。利率风险控制不当,会对银行的收益和资本基础构成严重威胁。一方面,利率变动将改变银行的净利息收入和其他利息敏感性收入,影响银行的当期收益;另一方面,利率变化将改变银行资产、负债和表外工具的价值,影响银行远期资产结构。长期处于利率管制下的中国商业银行,既缺乏应对利率风险的经验,又没有适当的规避利率风险的工具。在自贸区利率市场化的进程中,需要逐步建立利率风险的管理框架。

(三)流动性风险

流动性是指银行实现资产增值、履行到期债务的能力。商业银行所提供的服务,实质上就是一种流动性的转换。流动性风险爆发,往往会使银行陷入经营困境,严重时甚至会导致银行破产。〔4〕 流动性风险被认为是“商业银行最致命的风险”,通常是指商业银行虽有清偿能力但无法获得或无法以合理成本获得充足的资金以应对资产增值或到期债务支付的风险。〔5〕 自贸区金融改革的目标之一是促进人民币跨境使用,最终实现人民币国际化。随着资本项目开放和国际清算中心的建立,自贸区内的大额资本流动将日益频繁,流动性风险不容忽视。

其一,有限牌照银行制度,将限制自贸区内银行机构吸收人民币存款的能力,无法通过零售存款获取流动性,必然需要转向资本市场进行融资。在国际金融市场上通过负债获取

〔1〕 付俊文、李琪:《信用担保与逆向选择:中小企业融资问题研究》,载《数量经济技术经济研究》2004年第8期。

〔2〕 巴塞尔银行监管委员会:《利率风险管理与监督原则》(2004)第11段。

〔3〕 同上文,第13~16段。

〔4〕 谢丽红:《商业银行如何应对流动性风险》,载《广西农村金融研究》2007年第4期。

〔5〕 流动性风险可以分为融资流动性风险和市场流动性风险两种。前者是指商业银行在不影响日常经营或财务状况的情况下,无法有效满足资金需求的风险;后者是指由于市场深度不足或市场动荡,商业银行无法以合理的市场价格出售资产以获得资金的风险。

流动性,具有不确定性。例如,次贷危机爆发后,市场信心崩溃,曾引发全球金融市场流动性冻结,英国北岩银行因此出现挤兑,遭遇流动性危机。

其二,利率市场化后,银行存贷款利差缩小,导致银行通过拓展表外业务,确保盈利。但事实上,庞大的理财产品通过信托绝大部分流入房地产行业;银行、券商和保险公司的资产管理公司,以及基金公司所设计、发行的大部分非标准化产品也流向房地产行业。[1] 中国房地产泡沫一旦刺破,金融业资金链条也将断裂。

三、上海自贸区金融宏观审慎监管制度构建

(一)宏观审慎监管的国际经验借鉴

次贷危机后,引入宏观审慎监管制度,成为各国金融监管改革的主要方向。二十国集团首脑会议公报反复强调,应在保持微观审慎的基础上,进行有效的宏观审慎监管。[2] 宏观审慎也成为国际银行资本监管规则《巴塞尔协议Ⅲ》修订的重要理论基石。金融监管理念分为限制性监管和审慎性监管两类。[3] 防范和控制风险是审慎监管的核心内容。传统微观审慎认为,确保每家单一金融机构稳健,即可实现金融体系稳定。[4] 次贷危机的爆发和蔓延表明,确立宏观审慎监管理念,有效监测金融市场中潜在的系统性风险,势在必行。

所谓宏观审慎是指为维护金融体系的整体稳定,以识别和预防系统性风险的为首要目标,以监测和应对金融市场"亲经济周期性"和金融机构行为"合成谬误"为主要任务,综合考虑经济政策和宏观经济环境变化对金融监管造成的影响,对金融系统进行整体性监管的审慎监管理念。宏观审慎监管具有以下特点:第一,宏观审慎的监管目标是确保金融系统的整体稳定,从而避免金融危机对宏观经济造成严重损失;第二,宏观审慎的监管对象是防范系统性风险,这种风险并不是金融系统内各单一金融风险的简单汇总[5],还包括其相互作用产生的集合风险;第三,宏观审慎的监管重点是系统重要性金融机构,除一些对金融系统影响较大的金融机构外,并不过分关注具体的、单一金融机构的稳健情况;[6]第四,宏观审慎监管的方法是自上而下的,它从金融系统的整体角度监测总体风险情况,不仅关注金融风险随经济周期的起伏变化,而且重视各金融机构之间风险的相互影响。

---

〔1〕 宋晓燕:《上海自贸区金融改革对宏观审慎监管的挑战》,载《东方法学》2014年第1期。

〔2〕 巴曙松、邢毓静、朱元倩等:《金融危机中的巴塞尔新资本协议:挑战与改进》,中国金融出版社2010年版,第193页。

〔3〕 同上。

〔4〕 Claudio Borio,"Towards a Macroprudential Framework for Financial Supervision and Regulation?", *BIS Working Papers* 128,2003,p.3.

〔5〕 巴曙松、邢毓静、朱元倩等:《金融危机中的巴塞尔新资本协议:挑战与改进》,中国金融出版社2010年版,第194页。

〔6〕 成家军:《宏观审慎监管:概念、特点与政策框架》,载《内蒙古金融研究》2009年第7期。

作为一种自上而下的全局性监管方法,构建一套科学可行的监管框架,是实现宏观审慎监管从理念到制度转变的关键。宏观审慎监管的法律框架可以分为两个层次:一是预警系统,即通过构建详细的监测指标体系,实现对系统性风险的识别和防范。合理的预警监测指标体系是宏观审慎监管的基础。世界银行、国际货币基金组织、欧洲中央银行、七国集团、十国集团等国际金融机构,以及美国、英国、芬兰、瑞典、挪威等国都致力于金融体系稳健性的宏观审慎指标建设,[1]但尚未形成公认的国际标准。二是监管制度,具体包括时间维度和跨行业维度两个方面,前者用于监管金融系统的亲经济周期性,后者用于监管金融机构间的关联性。2003 年 2 月,巴塞尔委员会在《构建金融监管的宏观审慎框架》(Towards A Macroprudential Framework for Financial Supervision and Regulation)中首次确立了这一框架模式,目前已获得普遍认同,代表了未来宏观审慎监管制度框架的发展方向。时间维度方面,制度构建的重点是通过设立应急资本、提高贷款准备金、引入杠杆比率、加强流动性风险管理等方法,建立反周期性资本缓冲框架。跨行业维度方面的重点是加强系统重要性金融机构的监管,化解"大而不倒"难题。

(二)上海自贸区宏观审慎监管的制度框架

宏观审慎监管代表了后危机时代国际金融法制变革的走向,《"十二五"规划纲要》将构建逆周期的金融宏观审慎管理制度框架放在金融改革的首要位置。为确保上海自贸区建立后中国金融市场的稳定,人民银行提出在"区内实施金融宏观审慎管理"。[2] 但是,无论国际还是国内层面,宏观审慎仍然停留在理念层面,远未落实。对中国而言,金融市场多年闭锁,金融机构多年依靠政策优惠,金融监管当局缺乏外部监管经验。如果不能建立宽严适度的宏观审慎监管体系,单纯依靠金融机构自我风险管理,容易导致监管套利(Regulatory Arbitrage),诱发系统性风险。

1. 监管模式选择

上海自贸区监管模式选择,是该区域宏观审慎制度设计的首要问题。原银监会提出"建立符合区内银行业实际的相对独立的银行业监管体制"[3],人民银行要求在"区内实施金融宏观审慎监管"。将上海自贸区作为"法律特区"区别对待,还是将其纳入我国宏观审慎制度框架整体考虑?将自贸区金融监管制度作为一个试点,还是使其成为中国金融法制改革的有机组成部分?这些问题,在现行发布的中央、地方文件中都无法找到明确的答案。从中国实际来看,全面推行金融改革阻力和风险都很大,因而需要寻找"突破口"或"试验田"。

---

〔1〕[美]欧文·伊文斯等:《金融体系稳健性的宏观审慎指标》,肖亦华、杨学铁译,中国金融出版社 2001 年版,第 2 页;闫海:《后金融危机时代的宏观审慎监管工具创新》,载《财经科学》2010 年第 10 期。

〔2〕《中国人民银行关于金融支持中国(上海)自由贸易试验区建设的意见》第 29 条。

〔3〕《中国银监会关于中国(上海)自由贸易试验区银行业监管有关问题的通知》第 8 条。

"相对独立"只能解读为"特别对待",并不应使自贸区成为脱离金融管制的"政策洼地"。宏观审慎监管的对象是系统性风险,需要在全面监测金融系统内各种风险的基础上,综合考虑宏观经济变化的影响。自贸区内,国务院暂停了三资企业、海运、征信、娱乐等方面的相关立法[1],并停止实施10件行政法规的部分规定、1件国务院文件的部分规定,在试验区实施11项国务院依法专项决定的政策措施。[2] 上述法律法规集中在贸易、投资领域,与此不同,金融市场的整体性和金融产品的关联性,决定上海自贸区不可能游离与中国金融监管体制之外。自贸区金融改革后,中国的金融市场将更为开放,金融机构必然面临更多的风险。从历史角度来考察,任何风险管理不善都可能诱发金融危机。例如,美国储贷危机是由于信用风险、巴林银行倒闭是由于操作风险、墨西哥金融危机是由于利率风险、英镑危机和亚洲金融危机是由于货币兑换风险,次贷危机暴露出流动性风险和系统性风险。而且,西方发达国家金融市场已进入混业化时代,外资金融机构进入自贸区后即使"在岸业务"遵循中国分业经营的要求,在具体业务中仍然难免关联。银行、证券、保险业之间由于复杂金融产品购买和清算业务需要,相互勾连、利益交织,一旦风险失控就将会导致"多米诺骨牌"效应。因此,在金融领域,"自由化"决不应意味着"去管制化"。放开金融业务,必须辅之以严格、完备的监管制度。"一线开放""二线管住",这是上海自贸区金融业运行的底线,也是生命线。在自贸区内进行金融改革试验是大势所趋,但必须将之纳入统一宏观审慎监管,并加以重点对待。

2. 监管制度设计

宏观审慎究竟是一时镇痛的安慰剂(Placebo),还是包治百病的万灵药(Panacea)[3],关键在于实现从理念到制度的飞跃。在上海自贸区宏观审慎制度方面,人民银行仅笼统地提出,"区内实施金融宏观审慎管理。人民银行可根据形势判断,加强对试验区短期投机性资本流动的监管,直至采取临时性管制措施。加强与其他金融监管部门的沟通协调,保证信息的及时充分共享。"如何使宏观审慎制度更具操作性,成为困扰各国监管当局的世界性难题。[4] 必须承认,宏观审慎监测指标的确定,需要经过模型设计、压力测试、运行评估等验证步骤,具体制度设计更有赖于多学科的协同创新。本文仅管窥对上海自贸区宏观审慎监管制度创设中可能涉及的部分理论问题。

其一,宏观审慎应当建立在微观审慎基础上。微观审慎是宏观审慎实施的基础,宏观审慎是微观审慎的重要补充。微观审慎关注单一金融机构,宏观审慎注重宏观经济政策变

---

〔1〕《国务院关于在中国(上海)自由贸易试验区内暂时调整有关行政法规和国务院文件规定的行政审批或者准入特别管理措施的决定》(国发〔2013〕51号)。

〔2〕沈国明:《法治创新:建设上海自贸区的基础要求》,载《东方法学》2013年第6期。

〔3〕Dan Awrey, "Macro-Prudential Financial Regulation Panacea or Placebo", *amsterdamlawforum VU University Amsterdam* 1(3),2009,pp.17-18.

〔4〕《中国人民银行关于金融支持中国(上海)自由贸易试验区建设的意见》第29条。

化,二者最终目的都是维护金融市场的长久稳定。宏观审慎和微观审慎如同调色板中的黑色和白色,尽管色差明显,但相互调和却能产生令人赏心悦目的灰色。尽管理论上确有区别,但在监管实践中却很难将两者进行完全地区分,通常它们共存于监管框架的灰色阴影中。[1]

上海自贸区金融改革虽已包含"资本项目可兑换""离岸金融""有限牌照银行"等制度创新,但并未出台具体监管法规。在初创阶段,尽快完善微观审慎层面的监管规则是当务之急。以开放尺度最大的银行业为例,自贸区"相对独立"的监管制度,无疑应建立在现行规定基础上。《中国商业银行法》的基础是《1988 年巴塞尔协议》(Basel Ⅰ),基本制度是风险加权为基础的资本充足率要求和风险指标控制;以"三大支柱"为核心的《巴塞尔新资本协议》(Basel Ⅱ)未及实施,次贷危机即在全球爆发。客观地讲,以全球标准衡量,我国银行法规在微观审慎层面都未达标。2012 年《商业银行资本管理办法(试行)》出台,以宏观审慎为指导理念,全面引入 Basel Ⅲ相关规定,巴塞尔委员会《监管一致性评估计划》(RCAP)肯定了我国资本监管规则与 Basel Ⅲ 全球标准高度吻合。但该评估计划仅涉及中国国内资本规则的一致性问题,并未对监管框架功能和审慎结果进行评估。[2] 可见,中国宏观审慎监管制度尚待完善,上海自贸区的相关制度建设,也将是逐步完善的过程。

宏观审慎不是空中楼阁,需要在现有制度基础上逐步发展和完善。"并表监管"作为跨国银行监管的重要原则,应当宏观审慎监管框架的有机组成部分。并表监管(Consolidated Supervision),又称合并监管,是指在单一法人监管的基础上,对银行集团的资本、财务以及风险进行全面和持续的监管,识别、计量、监控和评估银行集团的总体风险状况。[3] 上海自贸区银行监管制度"相对独立",可以"分账核算"[4],但不能游离于"并表监管"之外。在宏观审慎理念指导下,通过并表监管评估自贸区内银行集团风险状况时,不仅要关注各分支机构特有风险类型,还要从集团整体出发自上而下地考虑其对整个金融业风险状况的影响。一方面,应实质性提高并表监管中有关资本监管的标准。未来自贸区并表监管实施中,应重新界定银行资本构成,提高核心一级资本的权重,简化二级资本、取消三级资本,并尽快制定国际银行资本计提的统一标准。另一方面,应拓宽并表监管的风险覆盖范围,尽快完善有关流动性风险的评估规则。一直以来,并表监管关注的重点是括银行的清偿力、资本充足率、大额风险暴露、内部风险控制等内容,并未对流动性风险给予充分关注。巴塞尔委员会已明确提出引入全球流动性标准,作为资本监管的补充,[5]并制定了"流动性覆盖

---

〔1〕 Claudio Borio,"Towards a Macroprudential Framework for Financial Supervision and Regulation?",*BIS Working Papers* 128,2003,p. 2.

〔2〕 Basel Committee on Banking Supervision. "Regulatory Consisten". 4cy Assessment Programme(RCAP) Assessment of Basel Ⅲ regulations—China. 2013,p. 2.

〔3〕《银行并表监管指引(试行)》第 3 条。

〔4〕 上海市人民政府:《中国(上海)自由贸易试验区管理办法》(市政府令第 7 号)第 20 条。

〔5〕 Stefan Walter. *Basel Ⅲ and Financial Stability*. 2010,pp. 2 – 3.

率”和“净稳定资金比率”[1]两项评估标准。尽快在并表监管实践中,引入这些标准,将有助于客观、全面地评估银行集团的整体风险。

其二,宏观审慎有赖于有效的风险预警系统。金融危机周期性爆发,且存在一定时间前置期的特征,决定了建立宏观审慎预警系统预防系统性风险,具有理论可行性。风险预警系统是自贸区宏观审慎框架构建的关键。要使自贸区宏观审慎监管真正具有操作性,关键在于科学设计监测指标。

上海自贸区特色指标体系的建立,应当充分借鉴国际经验,并考虑区域内监管制度实际。IMF《金融体系稳定的宏观审慎指标》(Macroprudential Indicators of Financial System Soundness)认为,宏观审慎指标分为两类:一是微观审慎指标的汇总,具体包括资本充足、资产质量、管理稳健性、盈利状况、流动性、对市场风险的灵敏度,通过这6项指标的综合评定,能够有效地分析单一金融机构的经营状况。二是宏观经济指标,具体包括经济增长、收支平衡、通货膨胀、利率和汇率、贷款和资产价格泡沫、传染效果等。[2] 但是,再全面的指数清单也难免挂一漏万,都需要根据客观经济情况的变化不断调整。上海自贸区可以借鉴现有指标,逐渐探索具有实效的监测指标体系。

宏观审慎监测指标体系是宏观审慎监管的基础。观审慎政策正是通过分析一系列宏观审慎指标,来评估金融系统的优点和脆弱性的。[3] 上海自贸区内宏观审慎监测指标的构建应当注意以下问题:一是将自贸区作为全国宏观审慎监管的有机部分,通盘考虑。既要评估自贸区内金融机构的风险状况,也要将其同全国金融系统和宏观经济的总体性变化相联系。二是在预警指标体系中尽量全面地涵盖所有可能影响金融稳定的指标,但是也不能过于复杂、烦琐,应建立,简明、灵敏的指标体系,便于监管当局执行。三是监测指标应包括可量化的指标和不可量化的指标,前者的实行更多地依赖统计数据的获取和监测模型的构建,而后者应更多地依赖监管当局的理性判断。四是监测指标的设定应当坚持多样化、灵活化的原则,并随着宏观经济环境和金融监管实践的变化及时调整,避免“古德哈特定律”(Goodhart's Law)问题。[4]

3. 监管机构设置

金融监管是平衡的艺术,实质上寻求的是金融机构、监管当局、市场参与者三方力量的制衡。自由主义理论倡导的“放松管制”无法保障金融市场稳定,次贷危机的爆发亦说明“不监管”绝不是“最好的监管”。资本的逐利性决定,没有外部监管鞭策,金融机构内部管

---

〔1〕 所谓流动性覆盖率(Liquidity Coverage Ratio,LCR),是指优质流动性资产储备与未来30日的资金净流出量之间的比率,该比率应大于或等于100%;所谓净稳定资金比率(the Net Stable Funding Ratio,NSFR),是指可用的稳定资金与业务所需的稳定资金之比,该项比率应大于100%。

〔2〕 Park Yung Chul. *A Macroprudential Approach to Financial Supervision and Regulation: Conceptual and Operational Issues*, 2006, p. 2.

〔3〕 Ibid.

〔4〕 陈科武:《魏昌盛.宏观审慎监管——概念和政策框架》,载《商场现代化》2010年第3期。

理,明显缺乏动力。上海自贸区宏观审慎监管规则,需要通过适当的监管机构实施。监管当局的设置直接影响宏观审慎的实施效果。

从全球层面来看,G20伦敦峰会上,各国领导人创设了金融稳定委员会,作为全球宏观审慎实施机构,负责协调国际金融监管规则的制定。欧盟也成立了系统风险委员会(European Systemic Risk Board,ESRB)作为宏观审慎监管部门,负责系统性风险的防范。各国金融监管当局也根据各自金融监管体制的差异,设置了国内的宏观审慎监管机构。基本模式有两种:

一是专门机构模式。美国《多德－弗兰克华尔街改革和消费者保护法》(以下简称《多德－弗兰克法案》)规定,成立金融稳定监管委员会(Financial Stability Oversight Council,以下简称委员会),负责监测和应对金融体系的系统性风险。在机构设置上,委员会独立于美联储,办事机构设在财政部,作为咨询性机构,为国会及其他金融监管机构提供咨询意见及信息交流。[1] 从职责上看,委员会在信息收集、规则制定、监督检查等方面具有相当的独立性。例如,要求美联储监管官委员会对出现实质性融资困境,将给美国金融稳定造成威胁的非银行金融机构进行监管;检查证券交易委员会等规章制定机构先行的会计原则、标准和程序规定,并适当地提供建议。在成员构成上,遵循多元性确保权利制衡,包括财政部部长(任委员会主席)、联邦储备系统监管官委员会主席、货币监理署主任、消费者金融保护局局长、证券交易委员会主席、联邦存款保险公司主席、商品期货交易委员会主席、联邦住房金融局局长、国家信贷联盟署主任、一名具有保险业专门知识的独立成员(由总统委任,并经参议院建议)[2]。各成员方享有同等的投票权,而且还纳入一定数量的无投票权机构实现代表性。[3]

二是中央银行负责模式。1997年英国成立了金融服务局(Financial Service Authority,FSA)负责统一监管,并通过《财政部、英格兰银行和金融服务局之间的谅解备忘录》协调三方职责分工。但是,次贷危机中英国诺森洛克银行、哈利法克斯苏格兰银行等大型银行相继倒闭,暴露了三方协调机制职责重叠、分工不细、效率欠佳的问题。为此,英国颁布了《2009年银行法案》,明确了英格兰银行在维护金融稳定工作中的核心地位,并在英格兰银行理事会下面成立金融稳定委员会(Financial Stability Committee,FSC)专司宏观审慎监管。FSC具体职权包括建议权和监督权。前者旨在为英格兰银行董事会提供执行金融稳定政策方面的建议;后者重点是监督英格兰银行行使稳定权力、履行银行同业支付系统的功能。[4] 比照上述模式,中国目前的宏观审慎机构设置应属中央银行负责模式。人民银行主导宏观审慎监管,人民银行金融稳定局具体负责实施。根据"三定方案",金融稳定局具体

---

〔1〕 李金泽:《梅明华.美国政府应对金融危机的监管改革方案及其启示》,载《河北法学》2009年第11期。

〔2〕 Dodd-Frank Wall Street Reform and Consumer Protection Act, Sec. 111(b)(1).

〔3〕 Dodd-Frank Wall Street Reform and Consumer Protection Act, Sec. 111(b)(2).

〔4〕 Banking Act 2009, p. 2, 2B(2).

职责包括：一是建议权。对系统性风险、重大金融并购活动等问题，进行综合分析和评估，并提出政策建议。二是监测权。研究拟订负责金融控股公司和交叉性金融工具的监管标准，进行监测。三是审查权。承办涉及运用中央银行最终支付手段的金融企业重组方案的论证和审查工作。四是资产管理权。管理中国人民银行与金融风险处置或金融重组有关的资产。五是监督权。对中央银行提供风险救助资金进行检查监督，并参与有关机构市场退出的清算或机构重组等工作。但是，从上述规定来看，金融稳定局的监督权明显缺乏执行力。实质上，如果金融稳定局的工作仅停留在研究、建议层面，缺乏必要的监管权力和监管手段，就会造成中国宏观审慎监管机构的虚设。应当确立金融稳定局敦促宏观审慎监管实施的稳定机制，将相关监管政策落到实处。

中国金融业遵循分业监管的模式，而宏观审慎要求的是汇总信息、统一监管。目前，我国金融监管当局的协调是通过“联席会议”制度进行的。在机构设置上，联席会议是临时性机构。除了2003年、2004年的两次会议外，再没有举行过联席会议。可以仿效英国经验，在“中央银行法”中将协调机构的构成、规则、程序等问题固定下来。至少应当通过《谅解备忘录》的形式的加以明确。在成员构成上，联席会议目前仅包括原银监会、原证监会、原保监会三个部门的主席，代表性明显不足。人民银行作为中国宏观审慎监管的牵头机构，应当参与并起主导作用。除了“银行三会”，中国金融市场上，财政部、国家发改委、原国家审计署都在各自领域内承担一定的监管职责。[1] 议事协调机制应最大限度地涵盖相关监管部门。尽管我国不是美国式的联邦制国家，但是为了确保信息的准确性和灵敏性，必要时也可扩大吸纳一部分地方监管部门参与。

在此基础上，还应考虑在上海自贸区内设了专门的宏观监管机构。根据现行体制安排，可以考虑由人民银行金融稳定局派出“特派机构”的方式。该机构由金融稳定局垂直领导，与人民银行上海分行平行设置。在具体职责上，该机构负责自贸区内金融机构整体风险的监管；负责收集、分析、研究宏观审慎所需的评估信息；负责制定和评估区域内宏观审慎监测指标；并负责与相关监管部门协同进行监督检查。

四、结　　语

金融法制改革的突破，成为处在十字路口的中国经济成功转型的关键。纵观历史，任何改革成功的前提，无疑是正视现实、直面问题。中国金融机构目前的良好业绩，是政府支

〔1〕 例如，在财政部的职能中，其有权制定国家金融战略规划和决策，财政税收政策监督、会计准则规定，国债的发行；国家发展和改革委员会有权批准企业债的发行、参与财政金融政策的制定，创投基金的备案；原国家审计署负责审计中国人民银行的财务收支，以及对中央国有企业和金融机构、国务院规定的中央国有资本占控股或主导地位的企业和金融机构的资产、负债和损益审计。参见于永宁：《“一行三会”监管协调机制的有效性问题》，载《山东大学学报》（哲学社会科学版）2012年第4期。

持和垄断政策的必然产物。但是,一旦上海自贸区为中国金融业打开面向世界的窗口,迎面而来的不仅有外国金融机构的激烈竞争,更无可避免地需要面对全球金融市场带来的系统性风险。客观评析,中国尚未建立宏观审慎监管框架,即使微观层面的监管制度亦有待完善。在相关监管制度成熟之前,上海自贸区内的金融改革措施应当保持相对独立,在形成稳定经验后再推广全国。因此,从理论上前瞻性地构建上海自贸区宏观审慎监管政策,对于确保中国金融法制改革的成功,意义深远。

(原载于《政法论丛》2014 年第 4 期)

循环经济促进法律责任研究

徐伟敏*

引　言

目前,我国各界对发展循环经济的必要性、紧迫性已达成共识,国家也已经颁布了《循环经济促进法》《清洁生产法》《节约能源法》等相关法律,但是政府、企业和个人在循环经济促进方面的责任与义务等规定仍欠明确,可操作性较差,推动循环经济发展的外部动力和内部激励机制没有真正建立。资源节约、环境友好型社会的形成不仅取决于人们思想观念的转变,更重要的是一切社会成员在生产、流通、消费、决策过程中的具体行为都要符合循环经济的要求。由于自愿履行具有较大的不确定性,法律制度对于增进人类交往中的相互信赖和合作、抑制任意和机会主义具有不可替代的作用,通过立法合理界定法律关系主体的循环经济促进义务与责任,对于推进循环经济发展具有重要意义。

本文重点对循环经济促进法律责任的含义、理论依据、具体内容等若干基本问题进行了研究,进而深入法律责任配置的微观领域,对新兴的"延伸生产者责任"之合理性与限度进行了探讨。

一、循环经济促进法律责任的基本含义

(一)循环经济促进法律责任是一种法定义务

对于法律责任有广义和狭义的理解。广义的法律责任,是一般意义的法律义务的同义词,即第一性义务,包括法定的作为不作为义务。狭义的法律责任则是指违法行为引起的不利法律后果。[1] 本文主要在前一种意义上使用法律责任的概念,即主体基于特定身份负

---

* 徐伟敏,山东大学法学院副教授。

〔1〕 张文显主编:《法理学》,高等教育出版社、北京大学出版社1999年版,第121页。

担的角色义务以及对特定事项的发生、发展、变化及成果负有的积极助长义务。

笔者认为,循环经济促进法律关系是法律规范调整与循环经济促进有关的生产、流通、消费、管理活动而形成的人与人之间的权利义务关系。循环经济促进法律关系的主体包括生产者、销售者、回收利用者、消费者、中央和地方政府等。循环经济促进法律责任则是指这些主体基于不同身份对循环经济负有不同的积极助长义务。

(二)循环经济促进法律责任是共同而有区别的责任

发展循环经济需要政府、企业和消费者分担积极助长义务,各自承担角色责任。主体的身份、职能、优势不同,承担的循环经济促进法律责任内容就不同。从主体角度看,循环经济促进法律责任不仅包括生产者责任、销售者责任、回收利用者责任等企业责任,还包括国家责任、消费者责任。

国家、企业、消费者并存于一个社会共同体,对发展循环经济共同负有不可推卸的积极义务。“相关力量之共同合作、相关当事人之共同负责及共同参与环境保护的事务才能达到个人自由及社会需求一定的平衡关系。”[1]发展循环经济,实现人与自然的和谐共存,是一个长期的艰巨的系统工程,涉及生产、流通、消费、回收利用和处置各个环节,需要利害关系各方的广泛参与、协作和共同努力。要注重发挥政府、企业和公众等主体在发展循环经济中的积极性,形成推进循环经济发展的整体合力。

国外发展循环经济的成功范例也表明各利益群体共同履行责任、分工合作的重要性。在德国,由生产者、销售者、生产者责任组织、再生利用和处理业者、消费者、地方政府回收利用机构、政府主管当局共同参与的废物管理体制,既节约了管制成本,又降低了原材料消耗和污染物排放、提高了废物管理效率。欧盟国家在总体上虽然一直强势推行延伸生产者责任,但产品导向环境政策总体上仍然是经济刺激和命令—控制手段的混合体,产品环境责任被视为一种分担的责任。

(三)循环经济促进法律责任以清洁生产、能源节约、生态设计、可持续消费和环境友好的废物管理为主要内容

循环经济促进法律责任体现为主体在生产、流通、消费、政策制定等各种活动中为推进循环经济履行积极助长义务。虽然产品整个生命周期环境影响控制始终是循环经济促进的主要内容,但是参与人类经济系统循环的不仅仅是产品,还有其他物质和能量,如政府制定法律法规、进行消费者教育、节约能源和资源的活动、开发生态住宅、发展生态农业、居民为生活垃圾支付处理费等活动,这些未必与产品直接有关。因此循环经济法律责任不应以产品责任为限,其内容应涵盖更广义的资源节约、清洁生产、废物管理、绿色消费活动。有

---

〔1〕 陈慈阳:《环境法总论》,中国政法大学出版社2003年版,第189页。

学者认为,循环经济立法主要应调整六个方面的社会关系,包括“资源综合利用、清洁生产、废料回收与再生利用、绿色消费、循环经济产业园区、循环农业”。[1]

二、循环经济促进法律责任设计的理论依据

环境的外部性及其内部化理论是制定环境政策的重要经济学理论基础,循环经济促进法律责任设计也应当以它为逻辑起点,从中吸取理论的营养。环境法基本原则对循环经济促进法律责任配置也具有重要指导意义。

(一)经济学理论基础——环境外部性及其内部化理论

1. 环境外部性理论

外部性是指在生产或消费过程中所产生的外溢效应,即当事人的行为对旁观者福利的影响。好的、积极的影响为正外部性,坏的、消极的影响为负外部性。外部性产生的原因是私人成本或收益与社会成本或收益的差异。外部效应会导致价格扭曲,信息传递失真和经济效率的损失。企业或个人进行决策的时候,总是将私人实际承担的成本和收益进行比较。如果无须对外溢成本进行赔偿,就会倾向于过度从事此类活动,如果不能为外溢收益获得补偿,就会倾向于减少此类活动。环境污染是负外部性的典型范例。

2. 外部性内部化的思路

西方经济学认为,在市场经济条件下,市场和政府是解决外部性问题的两种主要力量,但都有其局限性。环境政策的目标是实现社会最佳污染水平——减少一个单位的污染或废物的边际社会收益等于减少它的边际社会成本,从而实现经济效率和社会总体福利最大化。环境政策工具的选择需要成本收益分析的支持,如果因为某些原因不能维持最有效率的环境外部性水平,至少应当选择能以最低成本达成目标的手段。

(二)环境法基本原则

1. 预防优先原则

一般认为,环境预防行为有三个层次:对具体环境损害风险的抵抗、对环境危险行为的预防、对未来环境的预先保护。循环经济促进法律制度强调废弃物管理遵循抑制产生、减少产生、再利用、资源化、热回收、无害化处置的先后次序,体现了“资源预防”的精神。

2. 环境合作原则

政府、社会公众、企业等所有环境使用者,都负有保护环境的责任,国家与社会力量在环境保护领域必须共同合作。循环经济促进法律责任强调分工协作,就是这一原则的集中

---

[1] 王灿发、李俊红:《我国循环经济立法现状及相关问题探讨》,载《中国发展观察》2007年第8期。

体现。

3. 环境责任原则

(1)污染者负担。强调环境使用者自行负担成本,积极避免对环境产生污染和排除对环境造成的负担。(2)共同负担。如果环境污染和损害无法确定地归属于某一主体,则以整个社会的费用来负担预防、整治责任,此时国家、社会公众成为责任主体。(3)集体负担。环境污染和损害的成本与费用可以由造成同一污染类型的污染者全体负担,以弥补个别污染者负担能力的不足。[1]

污染者负担是环境责任的基本原则,但在污染者不明、赔偿能力不足等情形,共同负担和集体负担有其价值。各国循环经济促进法律中政府责任、企业责任和公众责任的配置,都体现了环境责任原则。

三、循环经济促进法律责任的内容

循环经济促进法律责任主要包括国家责任、企业责任和消费者责任,下面以《德国循环经济与废物管理法》和《日本循环型社会形成推进基本法》及相关立法为例,对其内容作简要说明。

(一)国家的循环经济促进法律责任

传统的废物管理体制是由纳税人付费、政府运作的,制造商产品的环境影响外部化为社会成本,造成社会福利损失。发展循环经济、节约资源和保护环境具有公益性特点,产生外溢收益。国家干预是外部性内部化的重要途径,国家应发挥在循环经济促进中的主导作用,对于负外部性予以抑制,对于正外部性进行补偿,充分利用强制、促导、参与等手段,引导和规范传统经济向循环经济的范式转换。

国家责任的具体内容是:

1. 制定并监督实施符合循环经济要求的基本法律、政策、标准和要求

国家作为公共利益的天然代表者,在推进循环经济发展中应发挥其优势,制定相应的法律、法规、政策、标准,并监督实施。

《德国循环经济与废物管理法》和《日本循环型社会形成推进基本法》都规定,国家有责任按照推进循环型社会的原则制定基本的法律法规、政策、回收和循环利用的标准并强制执行。

2. 直接管制和间接诱导措施相结合,确保企业、国民履行循环经济促进义务

再利用和再生利用的成本往往高于利用原生材料,由此形成循环经济的成本障碍。国

---

〔1〕 陈慈阳:《环境法总论》,中国政法大学出版社2003年版,第186~191页。

家应积极运用直接管制和间接诱导进行约束和激励。如国家通过命令—控制环境管制迫使经济主体放弃传统的高消耗、高污染的经济行为，运用经济激励、示范、信息提供、环境教育等手段鼓励低消耗、低污染的经济活动，对私人履行提供必要的帮助，鼓励社会自我管制。

《日本循环型社会形成推进基本法》规定，国家有责任采取管制的或其他必要措施，确保企业履行抑制废弃物产生、采用环境友好设计、提供必要环境信息、回收和循环利用资源的义务，并为企业产品环境负荷的事前评估提供技术支持和帮助。当循环利用和处置产生环境保全上的妨害时，国家将采取措施要求所涉企业排除妨害、恢复原状并承担费用。设立一个由企业出资的基金，以解决企业无力负担时的费用承担问题。国家还有责任采取必要措施，确保公众履行抑制废弃物产生、使用再生利用制品、协助政府和企业循环利用资源的义务。国家还应确保地方政府制定、实施正确的建立循环型社会的政策。

3. 直接履行废物管理者责任

企业责任和消费者责任固然可以使外部性内部化，但是有时缺乏效率和可行性。对于废物的清除，市政部门的作用是必不可少的，通常由其承担一般生活垃圾的清除以及无主的、不能利用、产生者不打算利用的废弃物收集、运输、处理的行动责任。国家建设废弃物收集、处理基础设施，是为社会提供公共产品和服务。国家在履行这一责任时，虽然可以委托私人企业为之，但是仍由国家承担最终责任。如《德国循环经济与废物管理法》规定，公共清除人负担最终清除责任。

4. 履行作为环境资源、产品的消费者的责任

国家机关是最大的消费者，也要承担消费者责任，尤其是国家机关的守法对于私人有强烈示范作用，因此在诸如政府采购等活动中要力行资源节约、绿色消费、循环利用的义务要求。

《德国循环经济与废物管理法》规定，政府、公共机构在制定规章、政府采购、发包工程、签订合同等活动中，优先考虑采用或购买符合循环经济要求的经久耐用、易于修理、可重复使用、可再生利用、少污染的产品或者用再生材料制造的产品。

（二）企业的循环经济促进法律责任

企业的循环经济促进法律责任主要围绕产品生命周期各个阶段的环境影响设定。

在资源—产品—废物—再生资源的经济循环中，产品无疑起着承上启下的作用。企业的循环经济促进法律责任是以生产者责任为中心的。因为生产者最有能力了解产品的环境风险、控制产品环境影响，将研发、回收、再生利用的成本计入产品价格，转移给最终消费者负担。生产者决定产品设计，能够在源头减少产品的环境影响。“以生产者作为切入点引入外部激励，可以保证激励信号更为顺畅地在产品链上下游传播，更好地起到减少废弃

物、鼓励再生利用的作用。”〔1〕

生产者责任的具体内容是：

1. 采用无毒、易降解、能耗少、耐用、便于回收和再生利用的环境友好产品设计，减少不必要的包装。

2. 采用清洁能源，采用资源和能源消耗少的清洁生产技术、工艺、设备，对生产过程的废料、余热等综合利用或提供给其他企业利用。

3. 回收利用消费者使用后废弃的产品。

4. 提供关于产品成分、耐用性以及产品生命周期的各阶段环境影响的信息。

《德国循环经济与废物管理法》规定的生产者责任内容包括：设计、制造、销售的产品必须可重复使用、经久耐用、使用后能够安全地再生利用或以环境安全的方式处理；在产品制造过程优先使用再生废料；产品标签标明污染物、再使用和再生利用的接收、押金支付安排等信息；接受回收的产品和使用后的残余废物，进行再生利用或处置。

为缓解不可再生资源的消耗，1989 年的《英国电力法》规定了可再生能源供电配额制。以法律形式要求每一个地区电力公司承担“非矿物燃料义务”(Non-Fossil Fuel Obligation)，即提供一定比例的用非矿物燃料(如风力、太阳能、沼气、生产生活垃圾、潮汐、地热)生产的电力。〔2〕

(三) 消费者的循环经济促进法律责任

产品交付后即处于消费者实际占有控制之下，消费者对产品的使用和处置方式对资源节约、回收、循环利用具有决定性影响。消费者的选择决定着生产的方向、规模和程度。消费者可以通过“绿色购买”影响市场竞争，从而间接影响生产者行为，成为法律责任之外促使生产者改进设计和清洁生产的一大推动力。另外，国家和企业履行其各自的循环经济促进责任需要消费者的参与和协助。没有消费者的协助，生产者难以顺利回收自己的报废产品。

消费者责任的具体内容是：

1. 消费者通过支付价格为产品的环境影响承担经济责任。

2. 消费者有义务协助生产者收集、分类、循环利用废物，遵守相关集中收集、处理的法律规定。

3. 可持续消费义务

2001 年实施的《日本家电回收法》规定消费者有回收和循环利用废弃家电以及负担部

---

〔1〕 张晓华、刘滨：《“扩大生产者责任”原则及其在循环经济发展中的作用》，载《中国人口、资源与环境》2005 年第 2 期。

〔2〕 王俊豪等：《中国垄断性产业结构重组分类管制与协调政策》，商务印书馆 2005 年版，第 219 页。

分费用的义务。奥地利、德国等国通过实施押金—返还制度促使最终消费者缴回废弃物。《日本循环型社会形成推进基本法》规定公众有责任抑制产品变为废弃物、促进产品适当循环利用;遵守国家或地方政府的适当处置产品的有关政策和措施,尽可能长久使用产品和再生利用产品。

四、循环经济促进法律责任配置——以产品废弃后管理为例

国家、企业、消费者的循环经济促进法律责任的内容前文已经述及,但各方法律责任的妥当配置仍需根据具体国情衡量,尤其是产品废弃后的管理,对于其收集、分类、再利用和再生利用的有关法律责任、行动责任、经济责任如何在主体间分配,关乎社会公平、经济效率和各方利益,需要进一步探讨。

(一)欧美的分歧——延伸生产者责任 vs. 延伸产品责任

1990年瑞典的经济学家 Thomas Lindhqvist 提出延伸生产者责任(extended product responsibility,EPR),迅速风靡欧洲和整个世界。EPR 主张产品使用废弃后的管理责任应从以往的政府和一般纳税人转向生产者,从而使原有的生产者责任向产品生产过程的上游和下游延伸,由生产者负担其产品整个生命周期环境影响控制的主要责任,包括行动责任、经济责任、信息责任、赔偿责任等。

20世纪90年代以后,欧盟通过有关包装物、汽车、废旧电子电器等多个指令强势推行EPR,使之成为其产品导向环境政策的指导原则。

在美国 EPR 受到部分学者和环保主义者的支持,但也遭遇了产业界的顽强抵制和一些人士的批评。有人担心制造商因此成为垃圾回收专家而忽视产品的消费品质。因为仅仅从环境因素考虑产品设计,生产者就可能因为金属更易于回收而弃用塑料,罔顾后者便于加工和消费者使用的优点。还有人担心实施 EPR 可能会与反垄断法产生潜在冲突。由于规模经济的需要,欧洲实施回收利用的生产者责任组织都是全国范围的私人垄断。如德国的双重体制 DSD,拥有遍布全国的回收网络,非 DSD 合同方的承运人和再生利用厂商的生意难以为继,纷纷破产,废物产业高度集中,再生利用行业的有效竞争受到阻碍。这种经营者的联营因为其反竞争效果为美国传统的反托拉斯法所禁止。[1]

1996年美国总统可持续发展顾问委员会提出“延伸产品责任”(extended product responsibility,又称 product stewardship)的概念,认为控制产品整个生命周期环境影响的责任应当由消费者、零售商、地方政府、制造商等产业链上所有成员分担,而不应单独强加给

---

〔1〕 Amy Halpert. “Germany's Solid Waste Disposal System: Shifting the Responsibility”, *Georgetown International Environmental Law Review* 14, 2001, p. 151.

生产者。“延伸产品责任”的责任方式较之EPR更灵活多样，可以是经济责任、行动责任，也可以是仅仅提供消费教育——告诉人们如何循环利用产品。延伸产品责任和欧盟的延伸生产者责任最大的不同是产品环境责任由产业链上所有成员分担而不仅是由生产者承担，倡导建立企业自愿的、符合成本收益的回收利用体系。

美国联邦环保局认为，“单独让生产者承担责任不能产生根本性改变，只有包括销售者、消费者、现有的废物管理机构在内的共同努力才能寻求一个可行的符合成本效益的解决方案。”[1]有学者认为，“延伸产品责任”是欧洲EPR制度的分支或改进。虽然生产者在经济上和技术上较之产品链上的其余主体在降低产品各个生命周期环境影响方面总是处于最佳位置，强调分担的责任而不是完全的生产者责任，可以获得更广泛的接受。[2]

2003年《美国加州电子废弃物再生利用法》就是这种理念的集中体现。它规定，消费者在购买新电脑、电视机等产品时预付6~10美元的处理费，由零售商负责收取费用并上缴到指定政府账户，政府利用这一资金去组织、补贴再生利用行动。生产者仅负责提供产品标签上的环境影响信息、提交关于产品所含有毒物质淘汰、再生利用改进的年度报告。

欧美在认识上实践上的分歧，究其原因在于，美国幅员辽阔、资源丰富、人口密度低，建立全国一体化的回收网络不像欧洲国家那样具有可行性。[3] 由于可以低成本取得纸、塑料、金属等原材料的供应且废物处理空间相对充裕，加强环境管制的需求不像欧洲那样紧迫。加之美国的政策文化强调个人主义和自由，产业集团往往能够通过选战、游说国会等强力影响环境决策，所以美国至今没有制定联邦层次的EPR立法，也没有建立全国性的回收利用网络，而是希望通过消费者教育、提高环境意识，鼓励生产者、销售者和政府合作等自愿方式而非强制方式促进循环经济发展。欧盟国家则相反，人口稠密国土面积小，缺乏充足的废物处理空间。加之欧盟委员会技术专家治理的特点，在政治上较超脱，不易受利益集团的影响。欧洲政策文化强调等级、权威、服从，因此EPR立法得以在欧盟各成员方顺利推行。

（二）关于EPR的限度与妥当性的探讨

EPR贯彻了污染者负担，推动了环境政策从关注污染排放等生产过程的外部性转向关注产品本身的外部性的转变。生产者承担产品全生命周期环境影响责任，能减轻政府废物管理部门的经济负担，激励生产者减少资源消耗、使用再生原料、采用生态友好产品设计，无疑具有进步意义。欧盟国家通过推行EPR，的确达到了降低废弃物填埋污染和提高循环

---

〔1〕 http://www.epa.gov/epaoswer/non-hw/reduce/epr/about/index.htm#content#content.

〔2〕 Gary A. Davis, Catherine A. Wilt, “Extended Product Responsibility: A New Principle for Product-oriented Pollution Prevention”, http://www.epa.gov/epaoswer/non-hw/reduce/epr/docs/eprn.pdf.

〔3〕 Steven P. Reynolds, “The German Recycling Experiment and Its Lessons for United States Policy”, *Villanova Environmental Law Journal* 6, 1995, p. 67.

利用率的目的。但是EPR目标的实现,要求满足一定先决条件,这些条件包括:既符合成本效益又可以高质量回收利用的产品设计;销售回收产品的旧货市场的发展;回收体系的建立;所有决策者都能获得充分信息。如果这些条件不能满足,EPR的效果就要打折扣。有学者指出,对一些复杂产品而言,欧盟的EPR项目并没有提供预期的生态设计诱因,政府监督成本也增加了。[1]

1. EPR改进产品设计的效果难以达成

主要原因是EPR面临个别责任和集体责任方式的两难选择。

在实施EPR时,企业实际回收、拆解、循环利用自己的产品,或者企业按自己产品的实际处理成本和环境影响承担废物管理的经济责任,称为个别责任方式。同行业企业委托生产者责任组织代为履行回收利用行动责任,按产品类别、市场份额,而不是根据各自产品的环境影响付费,称为集体责任方式。

EPR的效果高度依赖产品链末端的价格信号和反馈会改变设计和生产决定,因此,个别责任是其有效性的前提。但个别责任在实践中很难推行,因为追踪、分类不同生产者的数以百万计的产品、评估每个产品处理成本的交易成本巨大。对于电子电器等复杂产品,EPR的交易成本,包括生产者单独收集、跟踪管理废物、拆解与处置等,很可能超过这些产品的环境利益。为解决个别责任的高成本、“搭便车”和无人负责的孤儿产品问题,许多欧洲国家实行按市场份额付费的集体责任体制。较之个别责任,集体责任能形成规模经济,较为经济可行,但冲淡了必要的价格信号,降低了采用环境友好设计的激励。“如果集体责任是实施EPR的主要机制,指望EPR带来一个环境友好设计的时代,改善产品的环境表现很可能只是一厢情愿。”[2]

2. EPR不能保证可持续消费

有学者认为发达国家的高消费水平才是加速能源和原材料消耗、全球环境退化的首要驱动力。而EPR把重点放在生产者责任或增加循环利用上,不能遏制消费者不可持续的消费方式。消费者或许会选择更少包装的产品,但从长期看这并不会减少消费本身,因此,这种针对消费的环境影响的技术和政策是舍本逐末的。[3]

3. EPR导致了政府管制的加强,存在管理可行性障碍

EPR看上去似乎是一个市场导向的环境政策,但实质上导致了政府管制的强化。EPR立法在诸如标签、报告、回收、再生利用、材料选择、产品设计等事项上都包括了实质性的政府干预。

---

〔1〕 Noah Sachs,“Planning the Funeral at the Birth: Extended Producer Responsibility in the European Union and the United States”, *Harvard Environmental Law Review* 30, 2006, p. 68.

〔2〕 Ibid., p. 81.

〔3〕 Noah Sachs,“Planning the Funeral at the Birth: Extended Producer Responsibility in the European Union and the United States”, *Harvard Environmental Law Review* 30, 2006, p. 74.

欧盟在颁布 WEEE 指令之外,又颁布了 ROHS 指令,要求强制性从产品中移除有毒物质,这表明单靠生产者责任不足以促使生产者从产品中完全移除危险物质。这样看来,是传统的"命令—控制"型的禁令而不是 EPR 促进了电子产品制造业的全球性改变。"ROHS 直接把政府塞进制造商的研发实验室,在产品设计改进方面似乎是更强有力的推进者。"[1]

推行 EPR,管制者很可能面临监督和处罚违法者方面的巨大监管成本。这对人口众多、幅员辽阔的国家来说,难以忽略不计。把责任配置给生产者,然后政府监督执行,可能是得不偿失的。基于管理可行性考虑,EPR 的适用是有限度的。

4. EPR 偏离了经济资源分配与运用的公平性

谁是污染者?生产者生产的是产品而不是废物,产品的外部性(如废物的处理成本和环境影响)是由消费者的消费决定引起的,不是生产者的生产决定引起的,一定意义上说消费者才是污染者,不能简单地把责任全部归于生产者。

(三)EPR 的替代选择

与 EPR 有类似的上下游利益但是交易成本较低的替代政策工具,包括预付回收利用费、押金—返还、循环利用补贴等,理应得到足够重视。

预付回收利用费(Advance Recovery Fee,ARF)是要求消费者在购买产品时,向国家支付额外的费用来资助循环利用。收费标准取决于产品体积、重量、类型、成分和环境影响。ARF 还为企业保留了创建自己单独的回收利用系统的可能,它是一种"行动或付费"(play-or-pay)的选择性体制,除了付费外,公司如果认为创建单独的回收利用系统更有效益或能提高竞争力的,可以选择自己行动而免于付费。ARF 的优越性在于,一方面有利于实现个别责任,从而促进产品生态设计;另一方面为政府建设、运营废物管理基础设施提供了稳定的资金来源。此外,还有助于消费者了解产品的环境成本和处理成本。

(四)笔者的初步结论

1. 循环经济促进法律责任的配置应注重成本收益分析

从经济效率的角度出发,责任应当分配给产品链上能以最低成本避免污染发生的人,即考虑不同责任配置的交易成本。生产者责任的成本收益应当与政府责任、零售商、消费者责任的成本收益相比较。EPR 的制度价值还需要根据不同产品类型评估。即便有生产者责任的强烈的理论根据,考虑到实施问题,可能需要作出次佳选择。

2. 循环经济法律责任的配置要考虑具体国情

美国、欧盟国家不同的国情决定了它们对 EPR 的态度分歧。我国的循环经济促进必须

[1] Noah Sachs,"Planning the Funeral at the Birth:Extended Producer Responsibility in the European Union and the United States",*Harvard Environmental Law Review* 30,2006,p. 82.

从实际出发,注重发挥政府、企业和公众等主体在推进循环经济中的作用,形成推进循环经济发展的整体合力。笔者认为,生产者应当负担对其产品整个生命周期环境影响控制的主要责任;同时,政府对循环经济的引导、持续的促进、保障必不可少;消费者履行可持续消费义务、积极参与和协助企业与政府的循环利用行动至关重要。仅仅延伸生产者责任,不能解决所有的问题。与EPR具有类似的上下游利益但是交易成本较低的替代的政策工具的研究应当加强。

3. 循环经济促进法律责任的承担应当强制与自愿相结合

过多的环境管制带来巨大的管制成本,固然不受欢迎,但是过分强调自愿遵守也是行不通的。德国的经验告诉我们,“在废物管理方面,依靠企业自愿履行只有在符合成本收益或至少是有竞争利益时才是可行的。没有适度强制,私人和企业一般不会情愿承担循环利用成本。”[1]在市场经济、解除管制的大环境中,国家一方面应当通过经济激励诱导社会自我管制,另一方面还应为私人经济主体的自由决定设限,以保证公益的实现。

结　　语

循环经济促进法律责任的设计不是孤立的、任意的,必须放在解决环境外部性的一揽子对策中综合衡量,不断探索创新更有效的制度安排。

(原载于《中国人口·资源与环境》2008年第6期)

〔1〕 徐伟敏:《德国废物管理立法的制度特色与启示》,载《中国人口、资源与环境》2007年第5期。

我国影子银行监管法律制度的反思与重构

——美国的经验及其借鉴

于永宁*

一、问题的提出

影子银行是一个运行良久却直到最近才被广泛关注的经济问题。资产证券化一类的期限转换工具的出现和应用，将非金融企业发放的贷款证券化，使原本不具有流动性或流动性差的资产富有流动性，激发了新型金融体系的发展，[1]并成为一个规模庞大、甚至超过银行体系的信用中介系统。[2] 影子银行是一种“金融创新”，但是趋利避害的天性让“创新”变成了“规避监管”的代名词。在金融全球化的背景下，资本跨国流动为规避监管和监管套利活动提供了广阔的机会。面对虚拟经济日渐超过并开始控制实体经济的现实，以往实体经济条件下形成的市场约束法律机制在虚拟经济面前显的无能为力，金融危机的发生也在所难免。[3]

自由的市场不等于无监管的市场，如何解决对影子银行的有效监管这一问题已迫在眉睫。随着我国金融改革进入深水区，在中国共产党十八届三中全会报告中，我们党明确提

---

* 于永宁，山东大学法学院副教授。

〔1〕 参见[英]阿代尔·特纳：《影子银行与金融不稳定》，徐菁译，载《比较》，中信出版社 2012 年版，第 180 页。

〔2〕 根据美联储纽约分行的 Pozsar、Adrain、Ashcraft、Boesky 等人的研究，在金融危机爆发时的 2008 年，美国影子银行规模高达 20 万亿美元，再加上抵押品再抵押，则该规模超过 25 万亿美元。而到 2011 年 12 月，这个数字已经达到 60 万亿美元。在欧洲，Bouveret 认为 2011 年欧洲影子银行的规模约 13 万亿美元。See Zoltan Porsar and Manmohan Singh, “The Nonbank-Bank Nexus and the Shadow Banking System”, *IMF Working Paper* ,2011, p. 289; Philip Halstrick, “Tighter Bank Rules Give Fillip to Shadow Banks”, Accessed Dec. 20, 2011, http://uk. reuters. com//2011/12/20/uk-regulation-shadow-banking-idUKLNE7BJ00T20111220; Anotoine Bouveret, *An assessment of the Shadow Banking Sector in Europe*, European Securities and Market Authority, 2011.

〔3〕 罗培新：《美国新自由主义金融监管路径失败的背后——以美国证券监管失利的法律与政治成因分析为视角》，载《法学评论》2011 年第 3 期。

出将“防范区域性、系统性风险，稳定市场预期，实现经济持续健康发展”作为“转变政府职能”的目标。〔1〕 2015年国务院政府工作报告中也提到“创新金融监管，防范和化解金融风险。大力发展普惠金融，让所有市场主体都能分享金融服务的雨露甘霖。”本文基于“金融创新”和“有效监管”的平衡关系，探索如何在保持金融促进实体经济发展的前提下依法开展影子银行业务，以影子银行运行机制为切入点比较中国和美国影子银行的异同，提炼美国影子银行监管法制方面有益经验，从监管原则和监管制度两方面，提出我国影子银行监管法律的改革路径。

二、影子银行监管的法理基础

讨论为什么对影子银行这种非银行金融机构或业务进行严格监管，其法理基础应当从影子银行与商业银行的关系入手，即影子银行与商业银行在哪些方面相同或类似，决定了对影子银行实施与商业银行同等严格程度的金融监管。

（一）银行的光与影：影子银行复制银行功能

银行本身是一个非常广义的概念，其外延包含了中央银行、商业银行、投资银行、政策性银行等，但各类银行通常又有明确的功能与地位的区分。一般认为，商业银行（传统银行）是办理存款、贷款、汇兑、结算等业务的金融机构，在金融系统中承担货币创造、信用转换、期限转换、流动性转换的功能。商业银行与其他种类银行的区别也主要反映在功能的不同上。但是影子银行的出现，颠覆了传统理论对银行的认知，一套并未使用“银行”名称的金融体系却恰恰复制了商业银行的功能。

首先，影子银行与银行一样创造信用（货币）。创造信用是银行的本职工作，而影子银行的出现复制了银行的这一功能。影子银行通过大量吸收短期资金的方式为长期投资活动提供信用，并以显著高于基准利率回报的手段保持信用供给连续。面对银行信贷供给不足、利率非市场化的现实，我国影子银行的主要功能就是为难获资金的小微企业创造信用。〔2〕 同时，由于脱离银行资产负债表，使央行无法通过监控货币存量实现监管，削弱央行制定和执行货币政策的基础。〔3〕

其次，影子银行可以提供流动性。流动性是一种资产属性，它代表了某种资产转换为

〔1〕 刘庆飞：《系统性金融风险监管的立法完善》，载《法学》2013年第10期。

〔2〕 巴曙松：《“影子银行”部分实现金融改革目标》，载《经济》2012年第1期。

〔3〕 李扬、殷剑峰：《影子银行体系：创新源泉监管重点》，载《中国外汇》2011年第16期。

支付清偿手段的难易程度,表现为资产的融资工具的转换、财富增长与规避风险的能力。[1]抵押贷款证券化作为资产证券化当中最基本的业务,起到期限转换的功能,将银行长期类资产通过拆分发售,吸收市场流动性,从而增加银行的流动性,进而通过不同流动性的转换来进行信用扩张。从抵押贷款证券化开始,到后来的资产证券化,各种衍生出的担保债务凭证、信用违约互换及其他结构性投资工具都是建立在提供流动性的目的上,并创造了流动性市场的繁荣。

(二)不受监管:影子银行内涵及外延的界定混乱

界定影子银行的内涵和外延,其作用是让监管者明确何种机构或业务属于严格监管的对象。但当前实务界与学术界在影子银行的界定、规模和风险上尚难以达成共识,导致在影子银行的判断、跟踪和监管方式混乱,进而难以建立对影子银行的监管规则和法律体系,导致监管缺失。

在域外,金融业普遍认同纽约联邦储备银行在其影子银行监管报告中的定义,即影子银行是通过大量的资产证券化活动将储蓄资金转化为投资资金的这样一类专业金融机构。[2] 该定义是以传统银行为参照得出,两者业务相同、功能相同,之所以叫作影子银行,是因为监管缺失或者监管不当,进而由其触发的风险可能导致金融不稳定。[3] 金融稳定理事会将影子银行体系定义为非商业银行的信用中介系统,该系统中既包括金融中介机构,也包括各机构相互之间以及和商业银行间的交易行为,由于该系统主要以“借短投长”模式进行期限转换和流动性转换,且杠杆率极高,又因为不受监管而存在监管套利,将信用风险实体部门转移,从而引发金融不稳定甚至出现系统性风险。另外,在影子银行体系外延的范围问题上,耶鲁大学的戈顿和麦崔克两位教授将包括货币基金、投资银行等金融衍生品交易市场上的各类金融机构纳入影子银行体系中,他们认为这个体系在银行体系(银行资产负债表)之外,分流储户存款,并不受监管。[4]

在国内,现有法律、行政法规和监管机构规范性文件均没有对影子银行作出明确的定

---

[1] Lippman 和 McCall 认为,若某资产能以可预期的价格迅速出售,则该资产就具有“流动性”。既然流动性是资产的属性,它既是与投资者的效用与信心市场交易制度、市场环境密切相关的变量,也是与资产的安全性、盈利性等属性密切相关的属性。因此,“流动性”同样是与资产评估、杠杆化及风险不可分离的属性。参见易宪容、王国刚:《美国次贷危机的流动性传导机制的金融分析》,载《金融研究》2010 年第 5 期。

[2] See Tobias Adrian, Adam B. Ashcraft, “Shadow Banking Regulation[EB/OL], Federal Reserve Bank of New York Staff Reports, Staff Report No. 559 ”2012, Accessed August 17, 2013, http://ssrn.com/abstract=2043153.

[3] 美联储董事会董事丹尼尔·塔鲁洛认同这种定义,将其界定为全部或部分游离于银行体系之外的,从事或促进杠杆转换和期限转换活动的信用中介。参见[美]Daniel K. Tarullo:《金融危机后的影子银行》,载《金融发展评论》2012 年第 8 期。

[4] See Gary Gordon, Andrew Metrick, “Securitized Banking and the Run on Repo”, *Journal of Financial Economics* 104(3), 2012.

义,监管部门、实务界和学术界对影子银行的概念众说纷纭。[1] 这也反映出定义影子银行不仅属于学术理论问题,更是一个市场监管者和市场规律之间的博弈难题。[2] 定义的宽窄导致在厘定影子银行体系外延问题上存在争论,进一步影响了对影子银行监管的覆盖范围。学术界对影子银行的定义最为宽泛,如袁达松教授将影子银行定义为,涉及传统银行体系之外的实体及业务的信用中介体系,涵盖传统银行之外各类金融机构,以及使用非银行经营手段但发挥银行功能的影子银行交易工具或产品。[3] 而在外延上,中国社科院部分学者认为,影子银行也包括传统银行参与但不受监管的证券化交易行为活动,像委托贷款、理财产品,还包括非银行金融机构,如信托公司、小贷公司、融资性担保公司、融资租赁公司、企业内部财务公司以及典当行、地下钱庄、网络贷款平台公司,都是影子银行系统的组成部分。[4]

而实务部门倾向采用金融稳定理事会对影子银行的界定。[5] 其理由在于:第一,现有我国的银行信托合作、银行理财产品等业务并非没有监管。原银监会参照商业银行表内业务,采用现场检查、非现场监测、风险提示、责令纠正以及行政处罚等各项监管手段对银行理财产品、银信合作产品实施监管,因此与金融稳定理事会关于影子银行不受监管的定义不符。第二,影子银行的规模在国内金融业中规模占比并不高。[6] 笼统地将贷款从社会融资总量中排除而界定影子银行规模,以及仅以银行表内业务和其他所有业务作为区分传统银行与影子银行的标准都是不科学的,更不能等同域外复杂的影子银行体系。

(三)影子银行蕴含系统性风险

现代银行理论中,银行的风险主要是单个金融机构所要面临的各类风险。[7] 而与之相对应的,是以单个金融机构的安全性为监管目标的监管理念和方式,这被称为微观审慎监管。而在此次金融危机之后,监管实务部门与学术界都认识到,一些重要的金融机构由于其自身在金融体系中的重要地位,单个金融机构的风险还可能引发全系统的金融风险,即

---

〔1〕 黎四奇:《对后危机时代影子银行监管的冷思考》,载《暨南学报》(哲学社会科学版)2014年第8期。

〔2〕 沈伟:《中国的影子银行风险及规制工具选择》,载《中国法学》2014年第4期。

〔3〕 袁达松:《对影子银行加强监管的国际金融法制改革》,载《法学研究》2012年第2期。

〔4〕 廉薇、熊静、黄涓:《"影子银行"的界定与风险评估》,载《21世纪经济报道》2012年12月17日。

〔5〕 央行、原银监会等部门负责人都表示过信托公司、财务公司、汽车金融公司、金融租赁公司、货币经纪公司、消费金融公司六类非银行金融机构绝非"影子银行",对它们银监会已经建立完整的监管体系。参见《2011年中国银行业监督管理委员会年报》,载银监会:http://zhuanti.cbrc.gov.cn/subject/subject/nianbao2011/2011zwzz.pdf;苗燕:《监管机构明确:信托、理财等业务均非影子银行》,载《上海证券报》2013年1月18日。

〔6〕 根据原银监会统计,截至2012年11月末,全国银行业金融机构理财业务余额为7.61万亿元。另据国际货币基金组织(IMF)全球金融稳定报告,IMF判断中国的理财产品存量到2012年第三季度末为8万~9万亿元,大约是存款规模的10%,占中国GDP的17%~19%,以及FSB公布的中国影子银行规模仅为2.5万亿元。

〔7〕 银行的风险主要包括信用风险、流动性风险、利率风险、汇率风险、市场风险、经验风险、管理风险、法律风险、国家风险等,这些风险都是单个银行面临的风险,而并非系统性风险。

系统性风险。[1] 但这种认识还没有真正落实到现有以微观审慎监管理念为指导的具体监管规则当中,金融机构虽然按照监管者要求履行了审慎经营的义务,通过风险转移的方式降低自身风险,但并未真正消除金融风险,导致风险在金融系统中不断扩散和积累。前英国金融服务局主席特纳爵士也承认,以往金融监管者更加关注的是单个金融机构的风险防控,这种个案防范的思路忽视了金融风险的网络性和系统性。[2]

影子银行业务本身交易涉及多方主体,加上利用资产证券化工具,将交易风险不断的向外传递和扩散。因此金融危机之后,加强影子银行的系统性风险管控成为监管的重要目标,而"宏观审慎监管"理念也应运而生。该监管理念在于强调微观审慎监管与宏观调控政策的协调统一,中央银行、政府财政部门、金融监管机构相互配合,使用宏观检测工具,识别和发现系统风险。[3] 其目标是"为实现金融系统稳定的目的,控制金融体系的系统性风险,降低由金融危机引发全面经济风险的可能性"。[4] 包括金融稳定理事会、美联储、《巴塞尔协议Ⅲ》等政府组织或文件对宏观审慎监管理念加以确认和采纳,加强应对影子银行系统性防范。

三、美国影子银行的运作实践与监管制度

作为全球金融最发达的国家,美国的影子银行形成时间最早,其体系和运作方式最为复杂,监管也存在诸多问题和漏洞,也最终导致2008年金融危机的全面爆发。考察美国影子银行体系的目的在于进一步认清影子银行的本质,检讨金融监管法制的问题,并从危机之后的监管制度革新中获得对中国影子银行监管的启示。

(一)运作机制:以真实信用中介系统为主体的复杂金融体系

自格林斯潘时代以来,美联储长期奉行低储蓄利率政策,由于通货膨胀率始终居高不下,加上20世纪70年代以前美联储Q条款对银行存款利率的管制,存款实际利率长期为负。[5] 与此同时,货币市场基金由于具备了活期存款的许多特征,例如小额存储、方便提现,提供转账结算,转换其他基金等,尽管属于投资范畴但风险较小,因此成为银行存款的

[1] 阳建勋:《大而不倒、利益冲突与权义平衡——系统重要性金融机构监管制度的法理构造》,载《现代法学》2014年第5期。

[2] See Adair Turner,"The Turner Review:A Regulatory Response to the Global Banking Crisis[EB]",p.55.

[3] 参见于永宁:《后危机时代的金融监管变革之道》,法律出版社2013年版,第115~118页。

[4] See Andrew Crockett,"Marring the Micro-and Macro-Prudential Dimensions of Financial Stability,Bank for International Settlements,Base,2000",Accessed July 12,2014,http://www.bis.org/review/rr000921b.pdf.

[5] 根据Q条款的规定,联邦储备委员会的会员银行对它所吸收的储蓄存款和定期存款必须严格遵守美联储制定的利率上限。由于该利率水平长期处于低位,与市场利率脱节严重,导致大规模资金从银行体系流出,出现了"脱媒"现象。

最大替代者。为了有效应对存款搬家导致的生存危机，商业银行也尝试扩展中间业务和资产负债表以外的金融业务，并在1999年《美国金融服务现代化法》后，通过成立银行控股公司或金融控股公司的形式，逐步主动将表内资产转移到表外。

除了商业银行和货币市场共同基金，资产证券化交易市场中还有大量的机构投资者，比如养老金、企业年金、保险基金、大型企业的财务部门或公司。这些非金融机构持有大量现金，希望找到回报率较高的投资项目或产品，但是又期望保持良好的资金流动性。虽然银行活期存款、短期美国国债或其他短期政府担保的投资产品具备期限短、流动性好以及安全性高的优点，但受到Q条款限制的银行利率和存款保险上限的限制，导致机构投资者出于效率和安全的双重考虑不愿意将大量资金交给商业银行。[1] 所以，机构投资者将投资转向流动性很高的资产支持证券以及用安全资产做抵押的回购协议市场，这些市场上的金融产品往往名义上也能够获得AAA评级、安全性也较高，但正是由影子银行体系所创造出来的。

美国影子银行是通过资产证券化的方式实现传统银行的“存款——放贷”这一信用中介功能，但从外观上看，这种融资方式比商业银行融资模式要复杂得多，呈现为“发起——出售”的形态。在这一过程中，融资不是仅在一个金融中介机构中完成，而是制定有一套非常细致的步骤，通过一系列垂直分布的非银行金融中介机构并依靠相互交易关系完成（见图1）。[2]

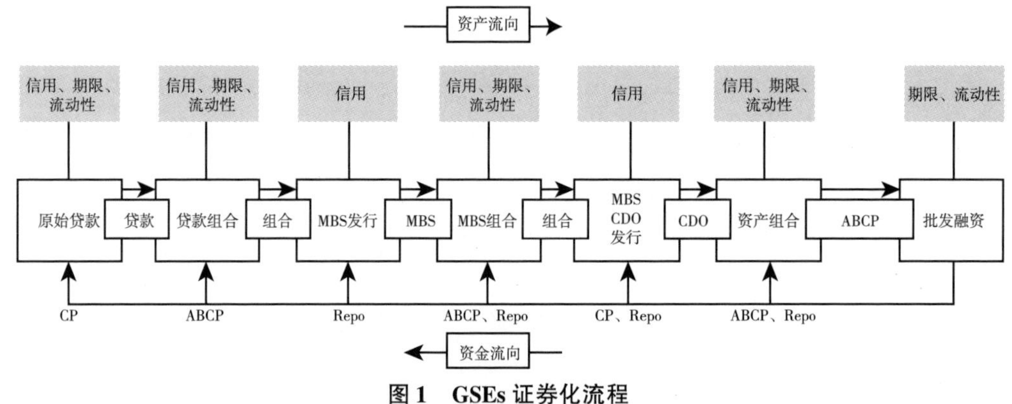

图1 GSEs证券化流程

资料来源：FED，东方证券研究所

美国影子银行是真实存在、完全独立于商业银行运作之外的“平行银行”体系，这一体

---

〔1〕 根据美国《联邦存款保险法》的规定，对于保险金的上限为25万美元，相比机构投资者动辄上亿的流动性资金，很难对这些资金的安全提供最好的法律保障。

〔2〕 这一些操作程序主要包括：(1)发起贷款，金融机构通过商业票据或中期票据发放初始贷款；(2)贮藏贷款，影子银行通过资产支持商业票据在货币市场融资，进而购买初始贷款，形成资产包；(3)发行资产支持证券，主要通过两房或经纪交易商发起的特殊目的实体完成；(4)贮藏资产支持证券，影子银行通过Repo进行短期资金融资，并使ABS形成新的资产包；(5)发行以资产支持证券为基础的债务担保凭证，影子银行通过特殊目的实体将ABS资产包进一步包装成CDO，以进行信用风险的重新分配；(6)资产支持证券“中介业务”，影子银行在ABCP、Repo等货币市场资金支持下筹集资金；(7)批发性融资，影子银行系统将包装的异常复杂的证券批发出售给不同的投资者，如商业银行、投资银行、保险公司、共同基金、对冲基金等。载东方证券研究所，http://www.dfzq.com.cn/dfzq/public/infoDetail.jsp?infoId=7498433，最后访问日期：2013年8月13日。

系克隆了银行的功能。其运作机制是将“借款人——商业银行——存款人”的银行经营业务转换为“资金需求部门——影子银行系统——批发融资部门”证券化业务，同时将银行信用中介活动进行“垂直切块”，参与其中的不是一个影子银行而是多个影子银行，每个机构负责其中一个或几个证券化业务步骤。在这一过程中，风险性较高的各类信贷资产被打包并再次分割，逐步转化为表面上看是低风险，甚至无风险的短期货币化工具，从而达到信用转换的目的。同时证券化交易过程将影子银行系统连接成一个网络。〔1〕 而实质上，利用影子银行系统最终产生的金融衍生产品，表面上资产价值稳定又可以随时购入或赎回，如同银行储蓄和取款一样，但是其背后却像次级抵押贷款这样风险较高的长期债务，它仅是风险传递工具而不是消灭风险。

（二）金融危机前美国影子银行监管法制检讨

影子银行不断地发展壮大，一方面有金融创新的因素，另一方面与美国政府对影子银行的态度一直处于宽松和放任的状态有直接关系，导致美国影子银行监管法制在实际应用中被规避而没有起到有效监管的作用。

首先，美国法律没有对投资银行各类证券化业务制定必要监管。作为影子银行业务的卖方，投资银行应按照《美国证券交易法》的规定在美国证券交易委员会注册为“经纪人”或“交易商”并接受监管。但是根据 1940 年《美国投资公司法》第 3 条的规定，若该投资银行系某商业银行控股公司，或者某全能银行的投资部门，则可以豁免向证券交易委员会注册和信息披露监管。〔2〕 因此该条款被当作投资银行规避监管的方式，通过 1999 年《美国金融服务现代化法》由银行控股公司控股而成为监管之外的对象。

其次，对冲基金等市场主体的交易活动监管存在漏洞。按照 1933 年《美国证券法》规定，公开发行证券必须在美国证券交易委员会完成注册并完成信息披露后才能发行证券，但对非公开发行的证券并非一定要求披露相关信息。例如，当发行证券是面向特定“合格投资者”进行时则可以豁免相关信息披露义务。一般来说，合格投资者的资产要求明显高于一般投资者，其在风险承受能力和信息不对称等方面较一般投资者具有优势，因此监管法律对策采取宽松策略属于权责一致。但随着对冲基金投资要求的逐步降低，普通投资者也成为对冲基金的主要认购者，可是依照前述监管法案中关于信息披露豁免监管的内容，普通投资者无法充分了解对冲基金的交易内容，其知情权并未得到保证。

最后，市场信用评级机构的评级也没有得到有效监管。证券化信用表现为日益复杂的结构化形式，通过分层技术从较低信用评级的贷款中提取出 AAA 级债券，以便于养老金、

〔1〕 李将军：《我国信托业是影子银行吗？——兼论我国信托业的经济逻辑和价值》，载《中央财经大学学报》2012 年第 3 期。

〔2〕 秦岭：《美国“影子银行”的风险与监管》，载《金融法苑》2009 年总第 79 卷。

保险基金符合投资监管要求。因此信用评级机构在影子银行体系中扮演者举足轻重的决策信息供给角色,其评级结果直接影响着投资者选择市场和交易与否。但是评级机构的服务报酬是由证券发行者提供的,这种从证券发行人那里获得报酬对其所发行证券进行评级的行为,显然中立性不足,存在利益冲突,因为信用评级机构可能为谋取更多利益而倾斜性地对证券发行者所发行证券以更高的评级。原本证券发行者与证券投资者之间的信息不对称,被信用评级机构的再一次蒙蔽活动导致更加的不对称,而投资者无所适从的结局则是盲目从众:因没有得到足够的信息披露,又被信用评级机构操控产品信用等级,投资者在参与某个金融衍生产品的交易过程中,只要评级高就就会决定买入,而不再考虑背后风险的问题。

(三)金融危机后美国银子银行监管的理念与制度革新

保罗·克鲁格曼对影子银行长期游离在监管之外问题提出了质疑,他认为影子银行与银行业务性质几乎一致,并且在发生金融危机时获得美联储和财政部的救助,那么对其监管也应当至少是上升到与传统银行一样的程度。[1] 在金融危机后,美国先后作出多项涉及影子银行监管的法律制度改革:在监管者层面,通过授权美联储建立宏观审慎监管框架,并由其负责检测整个金融系统的风险传递和积累问题;在被监管者层面,不以银行或非银行金融机构的自身性质作为区分标准,凡是可能对金融稳定产生影响系统性重要金融机构全部纳入宏观审慎监管范围。

首先,从会计方面,将商业银行表外金融业务纳入表内。根据2009年美国财务会计准则委员会制定最终规则,商业银行的资产证券化产品或其他结构性融资工具等各类金融资产,应并入主办银行的资产负债表之内。

其次,在资本监管方面,加强非银行金融机构资产负债表外的资本充足率管理。2013年7月美联储批准《巴塞尔协议Ⅲ》在美国国内实施,对冲基金、信用保险公司、金融资产管理公司等非银行金融机构的表外金融资产应纳入资本充足率计算,从而限制非银行金融机构的流动性,实施去杠杆化监管,降低影子银行系统性风险。

再次,建立更加透明的信息披露制度,美国通过2010年《多德-弗兰克华尔街改革和消费者保护法》废除1940年《投资顾问》法的注册豁免条例,要求私募基金(管理资产15,000万美元以上)作为投资顾问需向美国证券交易委员会注册,对私募基金的杠杆、资产类型和管理额、交易投资头寸、估值方法等内容履行信息披露义务。

最后,美联储联合美国财政部、美国证券交易委员会等多个部门建立信息互联互通机制。由于影子银行系统跨越传统金融业分类,对它的监管需要至少采取机构间合作而不是

---

〔1〕 参见[美]保罗·克鲁格曼:《萧条经济学的回归和2008年经济危机》,刘波译,中信出版社2009年版,第154页。

以往的金融监管方法。[1] 美联储有权评估金融机构的流动性以及有关活动对整体金融稳定的影响,[2]并根据监测数据,向各协调机构适时发布宏观经济运行数据和可能导致金融不稳定的微观金融机构数据,提示相应监管者加强对该金融机构的监管,做到宏观审慎监管和微观审慎监管的综合运用。

四、中国影子银行的运行机制与监管制度反思

在我国被称之为影子银行的,主要是指非传统银行信贷业务。我国金融管制的严苛程度远远超过发达国家,因此,金融创新动力并不充分,影子银行的产生和发展更多是出于利率的非市场化,以及规避法律或监管规则对传统银行信贷业务的管控。

(一)虚实之间:作为"银行之友"的中国影子银行

事实上,我国影子银行并不同于美国影子银行那样真实的独立交易体系,而是当商业银行因政策或监管法律影响不能为特定对象提供融资时起到替代性融资功能,或者说,它是我国商业银行如影随形的朋友,"银行"仅是虚名,实质上仅作为银行资金的"通道"。影子银行某种程度上迎合了社会投融资需求,反映了我国未来融资渠道多元化的发展方向。判断影子银行的标准不应当以国内金融监管机构的事权划分作为判断依据,即不宜采用是否存在监管作为划分标准,而应把监管是否适当、是否有效作为现实依据。前述关于国内影子银行内涵和外延界定的争论,也反映了这一判断标准的客观性。因此,本文认为,从金融安全和稳定的目的出发,对于我国影子银行的界定不易过窄。我国影子银行可以定义为,具有类似存贷款功能的非银行金融业务,包括非银行金融机构提供的结构性投资工具、不规范的商业银行理财产品,及其他监管不足的信托业务、融资性担保、小额贷款、民间融资等。

以当前金融业争议最大的商业银行理财产品是否属于影子银行为例。如果严格套用前述原银监会或金融稳定理事会对影子银行的界定,我国理财产品、非银行类金融公司或业务中的大部分不构成影子银行,因为这些业务或机构并非没有监管,不属于监管缺失。从业务性质上看,商业银行理财产品不是独立于银行资产负债表外的业务部门或单独获得金融许可的金融机构,它是由银行联合其内部多个部门开发的一条金融产品生产线。但是从业务操作和交易流程上看,理财产品的开发设计由银行金融市场部(代表融资方)负责,产品销售和结算由银行对公金融部和个人金融部(代表投资方)负责,其他部门(如资金托管)也负责该交易流程中的某些环节,但由于都处于银行内部而当然受到原银监会的监管。

---

〔1〕 [美]斯蒂文·施瓦茨:《监管影子银行系统》,张洁莹、姬晴柔译,载《交大法学》2013年第3期。

〔2〕 See The Department of The Treasury, *Blueprint For A Modernized Financial Regulatory Structure*, pp. 75 – 83.

(见图2)〔1〕商业银行调用多个部门,不惧烦琐的开发理财产品,最终却实现的依然是商业银行的基本存贷款功能,反面印证了银行监管的客观存在与规避监管的真实目的。〔2〕即发售理财产品一方面替换商业银行已经发放的信贷资产,实现债权转让,回收银行流动性;另一方面可以不以银行的名义向某些行业发放贷款,不受监管限制的同时还获取高额报酬。

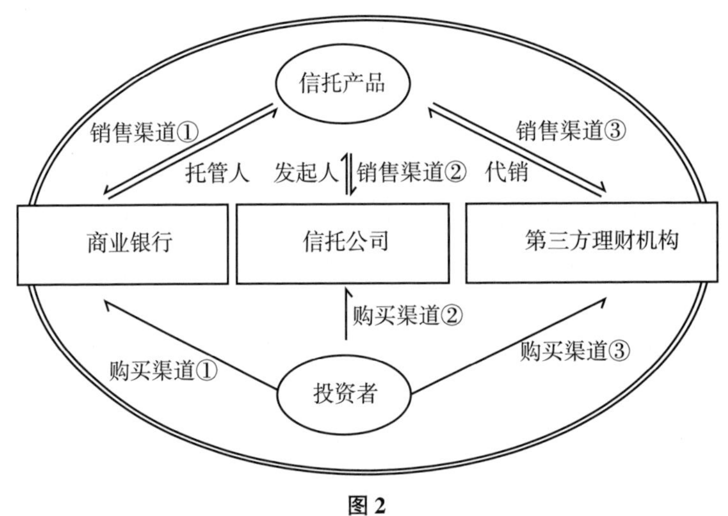

图2

虽然银行理财部门隶属于其所在的商业银行,但原银监会不是整个金融系统的唯一监管者,同时,由于银行理财是本质上是监管体制内的机构所从事的监管体制之外的业务,在此种情形下需要一个宏观视角监测金融系统的监管者。由于市场准入方面的原因,我国金融系统中并没有像美国影子银行那样独立的投资银行、对冲基金,但这并没有影响银行理财产品或其他金融机构理财产品发挥类似功能。〔3〕目前商业银行、证券公司、保险公司在其客户的资金账户中都开设有投资性质的理财账户,将储蓄资金、交易保证金、保费吸收进入独立的投资账户。金融机构在与客户的委托合同中约定,为客户提供理财顾问服务,并代理参与金融交易,或者直接同时代理交易双方撮合交易。另外,尽管目前我国信贷资产证券化业务和规模在监管部门的严格控制之下,但是分业经营和分业监管的弊端,让银行发行理财产品这种证券发行活动始终脱离央行、证监会的监管。虽然原银监会持续出台限制银证合作、银信合作等业务规范条例、通知,目的是限制银行资产证券化规模扩张。〔4〕但法无禁止即自由,银监会对理财业务的监管指引难以做到证监会对证券发行的信息披露要求和监管威慑,促使理财产品向规模化、复杂化发展,在银行内部实现了金融"脱媒"。

因此,将是否存在监管作为划分影子银行的标准并不符合现实,银行理财、银信合作业

---

〔1〕图片来源自吴辉:《第三方理财——影子银行的风险推手》,载《投资与理财》2013年第2期。

〔2〕参见张明、高海红等:《透视中国影子银行体系》,中国社会科学出版社2014年版,第6页。

〔3〕袁增霆:《中外影子银行的体系与监管》,载《中国金融》2011年第1期。

〔4〕潘静、柴振国:《中国影子银行的金融监管研究——运用市场约束优化政府监管》,载《现代法学》2013年第5期。

务或非银行金融机构都应当归属于影子银行或影子银行体系。尽管这样一来影子银行的规模变得十分庞大,但相对而言国内影子银行的业务结构还比较简单,很多金融工具如银信合作理财产品,还是通过银行代为销售的,因此在数据获得和规模控制上比较容易实现监管和风险控制。

(二)现有影子银行监管制度检讨

1. 尝试界定影子银行的国务院107号文

2014年1月7日,经国务院同意,国务院办公厅以其名义向各省、自治区直辖市人民政府,国务院各部委、直属机构发出通知,第一次对影子银行问题提出监管。该文件名为《关于加强影子银行业务若干问题的通知》(国办发〔2013〕第107号,以下简称第107号文),实际是围绕"影子银行"提出监管原则、监管分工和监管方法的"纲领性"法律文件。第107号文第一部分"正确把握影子银行的发展与监管"中界定了影子银行的外延:第一种影子银行是"未经颁发金融许可证也没有对应金融监管机构的信用中介组织,例如,互联网金融公司、第三方理财机构等",其性质应属于非法经营;第二种影子银行是"未经颁发金融许可证,但是有对应金融监管机构的信用中介组织。包括小额贷款公司、融资性担保公司",其性质属于合法经营但监管不足;第三种影子银行是"已经颁发金融许可证,但存在规避监管手段的信用中介组织,包括货币市场基金、资产证券化、部分理财业务等",其性质属于虽具有合法经营资格但经营手段存有较大风险。

在监管者之间的分工与事权划分上,我国法定的"分业经营、分业监管"原则在107号文中进一步落实。向前述第二种和第三种影子银行都有对应的批准许可机构,本着各司其职的原则,由批设机构对各信用中介组织实施统一归口监督管理,例如货币市场基金、私募股权基金、证券投资基金由证监会归口监管,商业银行理财产品及业务、小额贷款公司、融资新担保公司由原银监会归口管理,保险公司投连险等理财业务由原保监会归口管理。中国人民银行作为宏观调控者,在微观监管方面主要对跨市场金融业务、第三方支付业务实施监管。

同时107号文还在金融监管协调方面做了部署,要求国务院监管部门加强合作,落实影子银行监管主体,通过监管协调来杜绝监管真空现象。另外,该通知还提出在影子银行监管上建立"中央与地方统分结合机制",这实际上是对于明确前述第一种信用中介组织的监管者具有重要指导意义。从小额贷款公司监管开始,我国金融行业的监管权开始从中央向地方下放,考虑到目前我国民间融资市场的区域性特征,这代表了未来影子银行监管的一种发展方向:对于非全国性信用中介组织,其监管权将通过国务院监管部门和地方金融监管部门共同实施监管。

2. 107号文的制度缺陷

107号文的重要性不言自明,但仅靠这份文件来构建全面影子银行监管体系的想法却难以实现,因为它既没有正视监管对象的复杂性,也没用有针对性的“有效监管”举措,仍试图将影子银行监管纳入现有监管模式中,这主要表现在如下两个方面:

第一,我国金融监管部门对影子银行界定仍不清晰,导致风险识别不清、监管思路不明。作为一项旨在规范影子银行监管的纲领性文件,第107号文应明确回答这样几个问题:影子银行的内涵与外延、影子银行的风险种类、影子银行的监管机构与分工、影子银行的监管方式与方法。[1] 对影子银行边界的厘定,是为了清楚识别何种机构和业务应当接受监管,防止监管真空;划定风险种类,是在风险积累阶段有效利用监测工具识别风险,并及时公布风险程度;明确监管机构,是根据影子银行的具体业务来区分不同监管机构的权责;监管方法是在确定监管机构之后,由监管机构采用何种方式来实施有效监管。但遗憾的是,这份文件并没有对上述4个问题给出正式的答案。[2] 这反映出在我国对于影子银行监管方面还存有很多理论尚待明确的问题,国家虽然已经意识到影子银行脱实就虚的风险,但暂时只能就事论事。

第二,对影子银行的监管模式仍是多头监管,对金融机构的监管仍是微观审慎监管阶段,没有确立宏观审慎监管理念。如前所述,第107号文在划定监管机构以对于被监管主体时按照“合理分工”“谁批设机构谁负责”的原则。以往划定监管分工和事权的原则,在影子银行这一新兴金融领域得以继续适用,其实质仍然是实行“多头监管”模式,既往监管模糊地带将继续存在。[3] 原因在于,我国现有“一行三会”金融监管部门,包括在各地下辖的分支机构,多年的体系变迁和调整形成了庞杂的多头管理格局,像银行理财产品等本身不是没有监管,而是监管不适当。一旦出现银行理财产品的经营风险,更多的是采用“刚性兑付”的维稳手段,而不是采用科学的监管方式来规范理财产品经营活动,从源头保障投资者权益。第107号文没有明确监管者应从哪些方式上提升监管水平,监管漏洞继续存在,影子银行的监管套利行为无法有效遏制。而像互联网金融、非标资产证券化等业务的监管主体,第107号文也没有明确,更没有授权中国人民银行有权协同各部门组建“宏观审慎监管”机制,对影子银行的系统性风险进行监管。

---

〔1〕 第107号文中并未给出影子银行的内涵,只是罗列了我国影子银行的三大类。这一划分的实际意义也不大,因为按照这一划分,所有缺乏监管的金融机构、金融业务都属于影子银行。同时,也没有区分什么机构是缺乏监管、什么机构是没有监管的。

〔2〕 关于影子银行的风险,第107号文中专门有一节要求做好影子银行的风险防控。这部分要求要深入排查风险隐患,加强监督检查,并加大违法违规行为查处力度。但是,影子银行的风险究竟在什么地方,文中却只字未提。

〔3〕 刘迎霜:《论我国中央银行金融监管职能的法制化——以宏观审慎监管为视角》,载《当代法学》2014年第3期。

五、中国影子银行监管制度的重构

（一）影子银行的监管原则

金融资本的自我膨胀式发展，必然导致金融和实体经济两相分离的矛盾日益突出。为此，金融危机之后发达国家重新就金融和实体之间的关系再次形成了“实体经济是国民经济的基础和支撑”的共识。[1] 应当说，金融业包括影子银行都能够为实体经济发展起到促进作用，尤其是中国影子银行，因为国内影子银行的资金大多流入实体经济，填补商业银行信贷业务的供给不足。这符合中央和国务院关于金融支持实体经济的精神，也是金融经济和实体经济相互支持的现实路径。[2] 但是目前我国处于经济下行周期，国内金融和产业资本也出现了“脱实向虚”的倾向，如果不能及时将金融资本有效导入实体经济，同样会出现域外部分国家实体经济萎缩和金融泡沫的产生。应当确保对影子银行良性发展的有效监管，防止金融风险，实现金融稳定发展。

因此，我国影子银行的监管原则，应该采取理性的、建设性的法律与政策态度，注重风险控制，提高风险识别能力，进一步完善影子银行的监管法律制度。在风险控制方面，一是由原银监会严格监控银行资金流向，防止信贷资金流入影子银行体系；二是建设性地完善对这些融资活动的风险识别、控制和法律监管体系。从这个角度出发，制定差异化地针对不同影子银行业务活动进行引导和规范，有针对性地实施差别化的监管。例如，银行理财产品，法律监管的重点在于关注理财业务是否清晰，是否划定权利义务边界避免银行承担过多担保责任，投资者的银行理财资金和其他账户资金是否分户管理，理财产品的期限错配是否有完善的流动性风险控制，理财产品中金融机构和客户之间法律关系是否足够明确，产品收益和损失分担是否在合同中有准确约定，等等。

（二）影子银行的监管制度完善

借鉴前述美国影子银行的监管理念变革经验，并考虑到影子银行在国内的运行规模和国内金融体系蕴含的潜在风险，我国影子银行监管制度应当重新做出设计和完善：

第一，监管政策从微观审慎监管向宏观审慎监管转变，并实现两种监管手段的综合运用以防范系统性风险。对商业银行的审慎监管法律一直以来被看作传统的数量政策（规范存款准备金率、信贷管理、央行票据等），而此类监管措施属于对商业银行存贷比的直接规

〔1〕 参见陈雨露、马勇：《大金融论纲》，中国人民大学出版社2013年版，第48页。

〔2〕 王建文、刘灏：《影子银行的法律规制：金融自由与金融安全的平衡》，载《西部法学评论》2014年第2期。

制,而影子银行的发展恰恰是绕开了这些政策手段。[1] 而宏观审慎监管的核心是监控金融机构表内外资产/负债并表后的资产负债表,尤其是关注并表后的杠杆率,这可以有效监测到单纯微观监管所看不到的"影子"。所以,影子银行监管应当从宏观审慎监管和微观审慎监管两大方面同时着手。宏观审慎监管中,将影子银行逐步从场外交易向标准合约金融工具模式靠拢,并进行中央清算交易。[2] 在微观审慎监管中,各影子银行机构应当在资本比例、保证金和职业操守等方面接受监管。在分工上,微观审慎监管由机构及业务的对应监管者负责,而宏观审慎监管应当由中国人民银行牵头负责,会同原银监会、证监会、原保监会,以及财政部、发展和改革委共同参与。

第二,构建金融监管部门之间的信息共享平台。信息披露不充分、不透明是国内影子银行很像"影子"的直接原因,因此对我国影子银行监管的基础,必须建立统一、及时、完整的信息收集和处理系统,保证获取充分、及时的信息,从而明确监管标准和量化监管细则。一种适合我国监管的路径是:由人民银行牵头,统一金融数据的监控标准核算口径。[3] 原银监会、证监会、原保监会、银行间交易市场、证券交易所及各行业协会,就相关数据定期汇总上报至人民银行,人民银行搭建金融市场数据信息预警平台,公开发布市场各类统计数据,让金融消费者、投资者、影子银行交易参与各方充分了解相关信息。[4] 除了场内的标准化数据,针对场外交易的信息披露也要逐步建立起监控制度,减少非标准化信息给市场交易各方带来的信息不对称,降低交易成本。

第三,将影子银行纳入与商业银行资本充足率、流动性监管一致的常规监管体系。资本充足率是反映金融机构是否存在破产可能性的重要金融指标,无论是商业银行,还是公募私募基金、证券公司,或者商业银行表外业务,都应当建立资本充足率监管制度。除美国之外,像欧洲议会在2011年通过的《另类投资基金经理人监管指令》中,欧盟对私募股权基金、对冲基金、房地产基金、货币基金一律采用核准登记制,并提出最低启动资本和维持资本的要求,从而实现对影子银行的资本充足率监管。[5] 另外,在《巴塞尔协议Ⅲ》中,巴塞尔委员会除了要求金融机构应该保持较高的资本充足率外,将银行的核心一级资本定义为普通股和留存收益,非股份公司型银行也要求达到同等要求。核心一级资本是吸收损失能力最强的资本,是决定债权人权利能否得到保障的关键指标。在银子银行出现风险时,核心一级资本能够直接用来偿付债权人损失,最大限度地保障债权人利益。因此,影子银行

---

〔1〕 我国影子银行的产生的主要原因除了规避监管外,信贷利率非市场化是促使其发展壮大的另一推手,因此在影响影子银行方面,使用价格来规制比数量规制更加有效。参见李扬、殷剑锋:《影子银行体系:创新的源泉、监管的重点》,载《中国外汇》2011年第16期。

〔2〕 黎四奇:《对后危机时代金融监管体制创新的检讨与反思:分立与统一的视角》,载《现代法学》2013年第5期。

〔3〕 阎庆民、李建华:《中国影子银行监管研究》,中国人民大学出版社2014年版,第287页。

〔4〕 陆岷峰、张惠:《我国影子银行体系问题及管理对策研究》,载《西部金融》2012年第6期。

〔5〕 See "On Alternative Investment Fund Managers and amending Directives and Regulations", Accessed July 12, 2014, http://eur-lex.europa.eu/LexUriServ/LexUriServ.do?uri=OJ:L:2011:174:0001:01:EN:PDF.

应当同样按照商业银行核心一级资本的要求,即影子银行如果采用公司形式的,其核心一级资本只能是来自股东出资认购的普通股或公司未分配利润;如果采用非公司形式,其核心一级资本只能是出资人认购的资产份额和机构未分配利润。

金融机构的流动性反映了金融机构资产的变现能力和偿付能力,金融危机证明单一金融机构的流动性不足可能对整个金融系统产生负面影响,从而引发系统性风险的可能性。鉴于金融机构流动性枯竭而导致的信用违约,目前像美国、英国、德国、新西兰等一些国家制定了适合本国的流动性风险管理指引或计量标准。[1] 巴塞尔委员会在其《流动性风险测量的国际框架、标准和监测》文件中,建议引入两个国际性统一的定量监管标准,即流动性覆盖率和静稳定融资比例,并得到了包括我国监管部门在内的各国重视。[2] 目前,我国银监会对商业银行的流动性监管实施的是统一确定性比例要求,考虑到影子银行的经营模式、客户目标差异和业务创新发展等因素,对影子银行的流动性监管应该更多元化、多层次化。例如,增加动态指标,通过对流动性缺口、流动性指数等相关指标的观测判断流动性的动态趋势;采用资产负债匹配管理的方式加强对期限错配的监管,以期限对称和利率对称的要求来不断调整其资产结构和负债结构,从而提高流动性管理水平,避免信用违约。

总体来说,对影子银行的监管应本着服务实体经济的目标,鼓励金融创新,并本着有效监管的理念改革监管方式,防范金融风险。从监管原则上,采取理性的、建设性的法律与政策态度,注重风险控制,引导风险识别。在监管法律制度上,从微观审慎监管向宏观审慎监管转变,重新为影子银行设计信息披露机制,提高金融业务和金融市场的透明度,加强对影子银行的资本充足率监管、流动性监管,将我国影子银行全面纳入金融监管体系,积极健康的发挥影子银行的投融资作用。

(原载于《法商研究》2015 年第 4 期)

[1] 袁达松:《系统重要性金融机构监管的国际法制构建与中国回应》,载《法学研究》2013 年第 2 期。

[2] 流动性覆盖率用来监测金融机构的短期流动性风险,其优质流动性资产储备量不得少于为了 30 天的资金流出量;净稳定融资比例用来调整期限错配、稳定资金来源,要求 1 年内其可用的稳定资金与业务所需稳定资金保持至少 1∶1的比例。具体内容,参见银监会发布的《商业银行流动性风险管理办法(试行)》,载中国业监督管理委员会:http://www.cbrc.gov.cn/chinese/home/docDOC_ReadView/806AB6E2D2C74CCE9E4E9B9C2BE8637E.html,最后访问日期:2014 年 5 月 12 日。

环保法庭的困境与出路

——以环保法庭的受案范围为视角

张式军*

近年来，伴随经济的高速发展，我国的环境形势日趋严重，由此产生的环境纠纷和环境群体性事件也与日俱增，以"预期更好地启动司法力量解决现实中严峻环境问题"[1]为目的的环保法庭[2]应运而生。2007年11月，我国第一个环保法庭——贵州省清镇市人民法院环保法庭成立。随后，各地环保法庭相继设立。2014年7月3日，最高人民法院对外正式宣布成立专门的环境资源审判庭。据不完全统计，截至2014年7月，全国共有20个省(市、自治区)设立了环境资源审判庭、合议庭或者巡回法庭，合计150个。[3] 正如中国政法大学环境资源法研究所所长王灿发教授所说："环境法庭的设立是在国家生态文明建设的大背景下，加强环境保护和管理，通过环境司法的专门化来提高环境司法能力建设的一大举措。"然而，被寄予厚望的环保法庭自成立以来，与预期中的理想效果相差甚远，多地法庭均遭遇了无案可审、"等米下锅"的尴尬，以2013年的办案情况为例，有14个省区市的环境资源审判机构的年度结案量为零。[4] 只有找到阻碍环境纠纷进入司法程序的症结并"对症下药"，才能真正解决"案少"这一环保法庭面临的窘境，充分发挥环保法庭在环境纠纷解决中的作用，也正因如此，明确并拓宽环保法庭的受案范围对于环保法庭未来的建设与发展意义重大。

---

* 张式军，山东大学法学院教授、博士研究生导师。

〔1〕 刘超：《反思环保法庭的制度逻辑》，载《法学评论》2010年第1期。

〔2〕 本文所称的环境法庭，是指各种专门审理环境(资源、生态)纠纷案件的司法机关，是各种环境保护法庭、生态法庭与环境资源法庭的总称。

〔3〕 参见中国法院网：http://www.chinacourt.org/article/detail/2014/07/id/1339942.shtml，最后访问日期：2015年3月15日。

〔4〕 参见《多地环保法庭"无米下锅"》，载《工人日报》2014年10月25日，第1版。

一、问题——处于探索中的环保法庭

(一)受案标准各不相同

目前,各地环保法庭的受案范围各不相同。以影响力较大的贵阳、无锡、昆明的环保法庭为例,贵阳、无锡环保法庭采用"四审合一"(民事、刑事、行政、执行)模式,昆明环保法庭则采用"三审合一"(民事、刑事、行政)模式。江苏的环保法庭受案范围全面覆盖环境与资源领域,将原来分散于民事、刑事、行政审判庭的案件集中于环保法庭,统一受理;环境行政诉讼方面,受案范围较为广泛,将环境行政许可、行政处罚、强制措施、不作为、非诉执行案件以及环境信息公开案件一并纳入受案范围。云南法院环保法庭的受案范围包括生态环境和生活环境案件,但是,与江苏法院不同的是,云南法院将涉及资源类的民事案件和行政案件排除在环保法庭的受案范围之外。

环境公益诉讼方面,江苏环保法庭的受案范围仅包括环境民事公益诉讼。云南环保法庭的受案范围不仅包括环境民事公益诉讼,还包括环境行政公益诉讼。与前两个法院相比,贵州环保法庭对环境公益诉讼的规定更加细致也更具可操作性,其受案范围不仅包含环境民事公益诉讼,也包含环境行政公益诉讼,甚至以司法审查的形式保障公民对政府涉及生态文明的重大决策的参与权与监督权。[1]

同时,程序规则地方化趋势明显。环保法庭的受案范围大多以各地的规范性文件确立,这些规范性文件多是地方政府规章或者上级法院的内部文件,效力层级不高。例如,无锡市环保法庭成立后,通过无锡市中级人民法院出台的《关于涉环保类案件管辖若干意见》和与无锡市检察院会签的锡检会[2008]2号《关于办理环境民事公益诉讼案件的试行规定》等文件,明确地列举了受理环境公益诉讼案件的范围。贵阳环保法庭通过《贵阳市中级人民法院关于设立环境保护法庭的实施方案》和《贵阳市人民法院环境保护审判庭、清镇市人民法院环境保护法庭案件受理范围的规定》规定环保"两庭"负责审理涉及"两湖一库"水资源保护及因涉及生态环境和生活环境保护而产生的一、二审刑事、民事、行政案件和相关执行案件。[2] 在国家制定法尚未出台的情况下,这些地方性规范文件在一定程度上解决了"我国环境公害诉讼司法实践缺乏规范依据的困境,具有为国家立法提供参考的价值"[3],然而,各地不同的立案标准带来了实践中的困境,即具有相同诉讼资格的主体,在不同的法院和不同的地区提起诉讼却面临不同的处理结果,这显然有损环境司法的公信力。

---

〔1〕 参见《环保法庭陷"少米下锅"尴尬》,载《法制日报》2014年9月24日,第4版。

〔2〕 参见黄莎:《我国环境法庭司法实践的困境及出路》,载《法律适用》2010年第6期。

〔3〕 杨武松:《尝试抑或突破:我国环境公害诉讼司法实践实证分析》,载《河北法学》2013年第4期。

(二)受案范围过于狭窄

环保法庭受案范围的局限性还体现在受案范围过窄。受传统环境侵权理论的影响,无论是“三审合一”还是“四审合一”模式,在确定环保法庭的受案范围时,仍然偏重于环境污染方面的刑事、行政案件以及环境侵权赔偿案件,生态破坏与自然资源纠纷类案件相对较少涉及;设置受案范围时具体思维仍然停留在传统三大部门的思维路径中,环境法思维和理论吸收较少;环保法庭设立与运作至今,受理的案件多为行政非诉执行案件和检察机关提起的刑事诉讼案件,相比之下,环境公益诉讼案件数量较少,部分法庭甚至出现“零公益诉讼”的尴尬境地。此外,对于是否将环境行政公益诉讼纳入环保法庭的受案范围仍然存在分歧。[1]

受案范围狭窄且缺乏统一性规范,使现实生活中一些新型的环境纠纷无法通过诉讼途径予以解决,这显然有违环保法庭“构建一种长效机制以处理频繁涌现的多种多样的环境纠纷”[2]的初衷。

二、质疑——环保法庭受案范围局限性的成因分析

受案范围的局限性和单一性导致大量的环境资源纠纷不能被纳入诉讼机制予以解决,其背后既有环保法庭的“天生性”缺陷,也有外部的影响因素。

(一)内生性约束——环保法庭设立基础薄弱

各地环保法庭自成立以来,就因为“无法律的明确授权”而受到广泛质疑。实践中,多数地区环保法庭的设立都是借助于重大环境污染事件的“推波助澜”。2007 年 11 月,作为贵阳市 300 余万人主要饮用水源的“两湖一库”(红枫湖、百花湖和阿哈水库)的水质恶化,饮用水安全面临危机,这直接促成了贵阳中院环境保护审判庭、清镇人民法院环境保护法庭的成立,从提上议事日程到正式设立环保法庭,仅仅历时 68 天。太湖被认为是中国污染最严重的三个湖泊之一,江苏的两个环保法庭都设在太湖附近,2007 年 5 月太湖蓝藻事件引发的“水生态危机”登上了世界各地新闻的头版头条,也直接催生了无锡的环保法庭。云南昆明和玉溪环保法庭则是在阳宗海重大砷污染事故的风口浪尖上成立的,后来拟推广建立环保法庭的重点区域 9 大高原湖泊中,就有 6 个是已经被污染的区域。[3] 可以说,大多数环保法庭的设置均带有明显的危机应对色彩,是在“穷尽其他救济路径依然效果不佳、苦

---

〔1〕 参见《环保法庭陷“少米下锅”尴尬》,载《法制日报》2014 年 9 月 24 日,第 4 版。

〔2〕 黄莎、李广兵:《环保法庭的合法性和正当性论证》,载《法学评论》2010 年第 5 期。

〔3〕 参见高洁:《环境公益诉讼与环保法庭的生命力——中国环保法庭的发展与未来》,载《人民法院报》2010 年 1 月 29 日,第 5 版。

思无计、难有出路的窘境下,呼应更好地解决环境问题的现实需求而进行的司法制度创新",[1]被学者们称为"应景而生"的环保法庭也就存在难以消解的"内生性困境"。[2]

近年来,许多学者基于"能动司法"理论对环保法庭设立的合法性与正当性做了诸多探讨,有学者认为"能动司法的本质是回应型法律,即法律应作为一种回应各种社会需求和愿望的便利工具;能动司法是架接环境法庭与法律正当性的桥梁"。[3] 也有学者认为"在性质和设立原因上与环保法庭类似的知识产权审判庭、税务法庭等早已突破了现有法律的规定;以《人民法院组织法》的规定作为否定环保法庭存在正当性的理由确实比较牵强"。[4]

未来,随着相关法律的修改与司法解释的出台,环保法庭的合法性与正当性问题终会得到解决。但不可否认的是,由于环保法庭设置之初均属于"回应性"的司法措施,既缺乏坚实的法理支持,也没有专门的环境诉讼机制及相应制度的支撑,多数环保法庭的设立难免沦为"应景之作",甚至成为有些地方政府和法院变相宣扬政绩的工具。这种伴随着环保法庭发展起来的"天生性"缺陷正是造成多地环保法庭受案范围局限性和单一性的重要原因。[5]

(二)制度性缺陷——环境公益诉讼适格原告过少

作为环保法庭生命力的环境公益诉讼一直是近些年来理论界和实务界研究和关注的重点,2012年修正的《民事诉讼法》和2014年修订的《环境保护法》均对环境公益诉讼作了规定,然而,大量的理论研究成果并未被立法所吸收,两法关于原告资格的确立只是原则性的规定,对于关键的适格原告、程序制度等问题依然付之阙如,很难对环境公益诉讼的实践提供有力的法律支持。2015年1月,最高人民法院发布《关于审理环境民事公益诉讼案件适用法律若干问题的解释》(以下简称《解释》),《解释》对环境民事公益诉讼的起诉条件、原告的主体资格等进一步作出了详细规定,[6]使新《民事诉讼法》第55条以及新《环境保

---

〔1〕 刘超:《环境侵权救济诉求下的环保法庭研究》,武汉大学出版社2013年版,第398页。

〔2〕 刘超:《反思环保法庭的制度逻辑——以贵阳市环保审判庭和清镇市环保法庭为考察对象》,载《法学评论》2010年第1期。

〔3〕 参见孟春阳:《环境法庭的正当性分析——以能动司法为视角》,载《河南司法警官职业学院学报》2011年第3期。

〔4〕 参见杨帆、李建国:《对我国设立环保法庭的几点法律思考》,载《法学杂志》2013年第11期。

〔5〕 参见魏佳等:《环保法庭设立的困境与出路——以司法专门化设计为视角》,载《学术论坛》2014年第5期。

〔6〕 《最高人民法院关于审理环境民事公益诉讼案件适用法律若干问题的解释》(法释〔2015〕1号)对与公益诉讼组织起诉资格密切相关的问题作了进一步的规定。如第2条:依照法律、法规的规定,在设区的市级以上人民政府民政部门登记的社会团体、民办非企业单位以及基金会等,可以认定为环境保护法第58条规定的社会组织。第3条:设区的市,自治州、盟、地区,不设区的地级市,直辖市的区以上人民政府民政部门,可以认定为环境保护法第58条规定的"设区的市级以上人民政府民政部门"。第4条:社会组织章程确定的宗旨和主要业务范围是维护社会公共利益,且从事环境保护公益活动的,可以认定为环境保护法第58条规定的"专门从事环境保护公益活动"。社会组织提起的诉讼所涉及的社会公共利益,应与其宗旨和业务范围具有关联性。第5条:社会组织在提起诉讼前五年内未因从事业务活动违反法律、法规的规定受过行政、刑事处罚的,可以认定为环境保护法第58条规定的"无违法记录"。

护法》第58条关于环境民事公益诉讼的抽象规定更加具有可操作性。然而,《解释》对于哪些"法律规定的机关"有权提起环境公益诉讼仍然没有给出令人满意的解释;对社会组织提起环境民事公益诉讼的条件并没有实质性的放开;公民个人的诉讼资格依然没有得到承认。[1] 现行法律对环境公益诉讼的主体资格限定范围依然过窄,从而导致了许多公益诉讼案件因"起诉人不具备原告资格"被挡在司法审查的大门之外,环境民事公益诉讼制度的作用无法得以充分发挥。

(三)现实掣肘——环保法庭的无序增长

从2007年11月我国第一个地方环境法庭贵阳市人民法院清镇环保法庭成立,到2014年7月最高人民法院宣布成立环境资源审判庭,近7年的时间里,全国已设立了环境资源审判庭、合议庭、巡回法庭300余个,其中福建省基层人民法院的环境审判庭达40个,江苏省基层人民法院的环境保护合议庭有29个,[2]环保法庭数量急剧增长之势下,环境案件的实际受案量却屈指可数,以2013年的办案情况为例,河北11个环境资源审判机构一年环境案件结案总量为24件,江苏省5个环境资源审判机构一年共结案5件,浙江2个环境资源审判机构一年结案3件,有14个省区市的环境资源审判机构2013年度结案量甚至为零。[3] 由于案源不足,"许多环保法庭逐渐异化为非专业性的审判机构",[4]部分环保法庭只得承办一些与环境纠纷无关联的民事、刑事类案件。

环境纠纷与日俱增,环保法庭却门庭冷落。环保法庭的出现充满了更多的象征意义,其"更大的功效不在于审理环境纠纷,更多地在于宣示有了专门的环境纠纷的审理机构,"[5]成为地方法院提高自身权威的一种方式。然而,超出实际审判需要的跟风式设立带来的是长期无案可审的尴尬处境,进而导致机构臃肿,人浮于事。环保法庭的不合理设置不仅是对司法资源的极大浪费,也有违司法的效率原则。

实践中还常常出现环保法庭与其他审判庭争夺案源的事例,多数法院的刑庭和行政庭不愿放权,民庭负责的资源、海洋等环境案件,也不愿意移交给环境资源庭,这就使新成立的环境资源审判庭管辖的案件范围过窄,这也是环境资源审判庭案源过少的原因之一。[6]

---

〔1〕 参见颜运秋、余彦:《我们究竟需要什么样的环境民事公益诉讼——最高院环境民事公益诉讼解释〈征求意见稿〉评析》,载《法治研究》2015年第1期。

〔2〕 参见张宝:《中国环境保护审判组织概览》,载 http://ahlawyers. fyfz. cn/b/172083,最后访问日期:2015年4月12日。

〔3〕 参见卢越:《多地环保法庭"无米下锅"》,载《工人日报》2014年10月25日,第1版。

〔4〕 宋宗宇、陈丹:《环境司法专门化在中国的机制障碍与路向转换》,载《重庆大学学报》2013年第6期。

〔5〕 丁岩林:《超前抑或滞后:环保法庭的现实困境及应对》,载《南京大学法律评论》2012年第3期。

〔6〕 参见孙佑海:《对当前环境资源审判若干问题的分析和对策建议》,载《人民法院报》2014年9月17日,第8版。

三、规划——我国环保法庭的未来之路

现实中环保法庭“遍地开花”与“门可罗雀”的落差告诉我们,仅设置专门的环境法庭并不能解决司法途径在解决环境侵权纠纷中的困境,关键是“环保法庭所适用的机制要有助于现实中的环境侵权纠纷能依法转换成环境侵权案件”。[1]

(一)统一并拓宽环保法庭的受案范围

受案范围过窄且缺乏统一性规范标准是造成多地环保法庭“无案可审”的重要原因,因而采取有效的措施扩大受案范围,让更多的环保纠纷通过司法的途径加以解决,将在一定程度上缓解当前环保法庭门庭冷落的尴尬境地。

1. 统一受案标准

环保法庭作为环境司法专门化的产物,“其设立不应是简单的组织结构的创设,而应是在环境司法法治化的进程中建立‘有名有实’的环保法庭,适用同样的程序和法律规则”。[2] 目前,各地标准不一的受案范围既带来司法实践中的混乱状态,也不利于环境司法公信力的维护。2014 年 11 月,最高人民法院审判委员会通过了《最高人民法院关于北京、上海、广州知识产权法院案件管辖的规定》,以此明确北京、上海、广州知识产权法院的案件管辖,笔者建议,针对目前各地环保法庭受案范围的混乱状态,最高人民法院也应当尽快出台类似的司法解释对环保法庭的审级、管辖、受案范围等方面设立具体统一的标准。

2. 拓宽受案范围

首先,“凡是违反了环境法律规范的(行为)都应纳入环境审判制度体系内”,[3] 这是改变当前环境司法困境的关键突破点。

传统环境侵权救济机制的基本思路仍然是将环境侵权行为定位为特殊的民事侵权行为,依据侵权责任的违法性构成要件,行为人只对损害他人人身和财产的违法行为承担责任;[4] 在我国侵权相关法律规定中,环境侵权行为即为“环境污染造成他人损害”[5] 的行为,此种思维模式下,包括生态破坏在内的诸多环境侵害行为均难以进入环保法庭的司法救济范围,结果也必然难以尽如人意。

---

〔1〕 刘超:《掣制与突围:法院受理环境公益诉讼案件动力机制的缺陷与重塑》,载《河北法学》2012 年第 6 期。

〔2〕 鄢奥:《我国环保法庭存在的正当性及合法性研究——以清镇环保法庭为例》,湖南师范大学 2014 年硕士学位论文,第 39 页。

〔3〕 杨帆、李建国:《对我国设立环保法庭的几点法律思考》,载《法学杂志》2013 年第 11 期。

〔4〕 民法学界关于侵权责任构成要件的“四要件”说认为,侵权责任的一般构成要件包括:行为的违法性(侵害行为)、损害事实、因果关系和主观过错 4 个因素。参见杨立新:《侵权法论》(上),吉林人民出版社 1998 年版,第 176 页。

〔5〕 《侵权责任法》第 65 条规定:“因污染环境造成损害的,污染者应当承担侵权责任。”

法院是“维护环境法治、环境法律权威和环境公平正义的基本的、有效的、最终的保障”。[1] 环境案件本身又具有侵害对象不特定、因果关系复杂、科学技术性强等特征,只有将这些专业性的环境纠纷放在专门的环境审判机构里审判,才能最大限度地整合有限的司法资源,在降低司法成本,提高司法效率的同时,取得“案结事了”的效果。因此,未来在确定环保法庭的受案范围时,应当突破传统环境侵权理论的局限性,不再拘泥于该行为是否符合行为违法性的要求,重点考察该行为是否侵害了公民的环境权益,是否造成了现实的生态环境损害与破坏,将受案范围从环境污染拓宽至自然资源的保护和可持续利用,从环境污染防治拓宽至生态保护防治。

其次,在环境公益诉讼方面,由环境民事公益诉讼拓宽至环境行政公益诉讼,在不断完善环境公益民事诉讼制度的同时,积极推动环境行政公益诉讼的建立与发展。

环境行政公益诉讼是指“公民、法人或者其他组织认为行政机关的具体环境行政行为违法,且有可能造成或已经造成重大环境损害后果,依法提起诉讼,要求法院确认特定环境行政行为无效或相关行政机关怠于履行特定行政职责的诉讼形式”。[2] 根据我国现行《行政诉讼法》的规定,公益诉讼并不在行政诉讼的受案范围之内,新近修改的《行政诉讼法》依然回避了这个问题。但在西方国家,建立环境行政公益诉讼制度并逐步拓宽原告资格已成为多数国家的通行做法。例如,在美国,如果环保行政机构举措不当,或对环境违法行为没有及时采取制止或者制裁措施的,公民或民间团体可以向法院提起行政诉讼。[3] 2006年,通过《德国环境法律救济法》扩大了环境行政公益诉讼的范围,该法规定任何违反环境法律的行政决定或行政不作为均可成为诉讼对象,尤其是对于工业设施、垃圾焚烧设施,或者能源生产设施的建立等行为。[4]

我国首例环境行政公益诉讼案件——中华环保联合会诉清镇市国土资源管理局行政不作为一案。[5] 作为环境行政公益诉讼的“破冰之旅”,该案件督促相关行政职能部门履行了拖延近15年的行政职责,环境行政公益诉讼的功能初步显现。[6] 行政机关对社会公共利益负有监管和保障之责,公益诉讼的产生,与行政机关的履职状况往往相关。环境问题背后往往涉及作为环境监管机关的环保部门的行政失职。因此应当以环境民事公益诉

---

〔1〕 蔡守秋:《论加强环境法庭的建设》,载《中国环境法治》(2012年卷·上),法律出版社2012年版,第29页。

〔2〕 曹和平、尚永昕:《西方环境行政公益诉讼制度研究》,载《人民论坛》2010年第29期。

〔3〕 Steven Ferry, *Environmental law: Examples and Explanations*, New York, Aspen Publisher Inc., 2003, p. 105.

〔4〕 参见陶建国:《德国环境行政公益诉讼制度及其对我国的启示》,载《德国研究》2013年第2期。

〔5〕 2009年7月8日,中华环保联合会向贵州省清镇市国土资源局发出律师函,建议清镇市国土资源局在收到律师函10日内收回李万先在百花湖风景区内享有的800平方米土地使用权及地上建筑或其他附属物,并消除该建筑对百花湖风景区环境造成的潜在危害。同年7月27日,因该局仍未履行职责,中华环保联合会以清镇市国土资源局不履行收回土地使用权法定职责为由,向贵州省清镇市法院提起行政公益诉讼,请求法院判决清镇市国土资源局收回与李万先签订的土地合同中出让的4号宗地的土地使用权及地块上附属建筑,庭审中,原告以被告已作出收回第三人土地使用权为由提出撤诉申请,法院经审查裁定准许原告撤回起诉。

〔6〕 高洁:《环境公益诉讼与环保法庭的生命力》,载《人民法院报》2010年1月29日,第8版。

讼制度的确立为契机,积极推动环境行政公益诉讼的建立与发展,以实现不同领域环境公益的救济。

基于以上论述,笔者建议,在确定环保法庭的具体受案范围时,可以考虑包括以下内容:

以诉讼的内容与形式划分,环保法庭的受案范围可以考虑包括以下案件:(1)因环境损害引起的各类民事诉讼与执行案件;(2)因严重破坏环境资源引发的各类刑事案件;(3)针对环保行政机关具体环境行政行为(包括环境行政许可、处罚、强制措施、不作为、信息公开等)提起的各类行政诉讼案件;(4)环境行政非诉执行案件;(5)对有关环境规划与环境保护等行政决定的司法审查;(6)环境公益诉讼案件(包括环境民事公益诉讼与环境行政公益诉讼)。

以环境纠纷的类型划分,环保法庭的受案范围包括:(1)环境污染案件,除了传统"四害"造成的"四污"案件[1]外,还应当纳入放射性、核辐射、电磁辐射、化学品等污染物所造成的各种污染案件;(2)自然资源保护案件,这类案件具体包括水资源纠纷、土地资源纠纷、矿产资源纠纷、能源纠纷、森林纠纷、草原纠纷、海事纠纷、渔业资源纠纷、大气资源(包括气象资源)纠纷、旅游资源纠纷等;(3)生态破坏型环境侵害案件,具体包括:破坏森林生态、草原生态、土地生态、河流湖泊生态、湿地生态的纠纷案件,造成水土流失、土地退化(包括土地沙化、荒漠化、沙漠化等)的案件,破坏生物多样性(包括野生动植物、水生动植物、珍贵稀有野生动植物等)的案件,破坏自然人文遗迹(包括自然保护区、历史文物古迹、风景名胜区、森林公园等)的案件。[2]

(二)扩大环境公益诉讼适格原告资格

在当下的司法语境下,理想的环境法治图景是,"通过广泛设置环保法庭来受理环境公益诉讼案件以加大诉讼途径解决环境侵权纠纷的范围和力度"。[3] 因而环境公益诉讼是环保法庭的生命力所在,拓宽环境公益诉讼的原告主体资格,是"环保法庭实现本旨意义的必然出路"。[4] 实践中,各地为支持环保法庭的发展均不同程度地扩大了环境公益诉讼的原告范围,如昆明市中级人民法院、人民检察院于2010年10月25日发布了《关于办理环境民事公益诉讼案件若干问题的意见(试行)》明确规定:"公民、法人和其他组织危害环境,给社会公共环境利益造成危害的,人民检察院、环保机构、环保社团组织有权对其提起环境民事

〔1〕"四害"是指废水、废气、废渣、噪声;"四污"案件是指大气污染、水污染、海洋污染和土壤污染。

〔2〕参见蔡守秋:《论加强环境法庭的建设》,载《中国环境法治》(2012年卷·上),法律出版社2012年版,第27~28页;蔡守秋:《环境资源法教程》,高等教育出版社2010年版,第326页。

〔3〕刘超:《环保法庭在突破环境侵权诉讼困局中的挣扎与困境》,载《武汉大学学报》2012年第4期。

〔4〕鄢奥:《我国环保法庭存在的正当性及合法性研究——以清镇环保法庭为例》,湖南师范大学2014年硕士学位论文,第20页。

公益诉讼”。[1] 2015年颁布的《审理环境民事公益诉讼案件适用法律若干问题的司法解释》也对社会组织提起环境民事公益诉讼的条件有了适当放宽。

笔者认为,应当通过立法适当扩大环境公益诉讼适格原告的主体资格。明确检察机关、环境行政机关的环境民事公益诉讼起诉权;同时将尽可能多的社会组织纳入环境民事公益诉讼的适格原告范围之中,充分发挥环保民间组织在环境公益诉讼中的积极作用;至于公民个人的诉讼资格,尽管目前我国尚不具备将公民个人纳入环境民事公益诉讼原告范围之内的成熟条件,但是“问题的解决方法总比问题本身多”,[2]“滥用诉权”的现实担忧不能成为我们一味怀疑和否定公民个人环境公益起诉权的理由,权利滥用的问题可以通过制度设计来约束,不可因噎废食。随着环境权及环境诉权理论的不断完善,通过吸收借鉴发达国家的成熟制度,辅之必要的起诉条件和诉讼程序,在不远的将来,赋予公民个人环境公益诉讼的资格也未尝不可。只有建立多元化的环境公益诉讼原告体系,才能使环境公益诉讼成为“改进自身生存环境质量,保障环境权益的重要手段”。[3]

(三)合理有序设置环保法庭

2010年6月最高人民法院发布《关于为加快经济发展方式转变提供司法境保障和务的若干意见》规定:“在环境保护纠纷案件数量较多的法院可以设立环保法庭,实行环境保护案件专业化审判,提高环境保护司法水平”。[4] 从目前的情况来看,各地的经济社会发展程度与环境污染和生态破坏等状况各不相一,因而环保法庭的设立要因地制宜,循序渐进、按需设立,没有必要在各个行政辖区内都设立环保法庭,除了最高人民法院设立环境资源审判庭以及各省高级人民法院设立环保法庭外,中级人民法院及基层人民法院在设立环保法庭之前,应当对当地的生态环境状况、经济发展需求等进行充分的前期调研和专题论证,看其有无设立的必要性和可行性,[5]同时,最高人民法院的环境资源审判庭应当对全国环保法庭的设立和运行状况进行充分把握,明确环保法庭的设立标准和审批程序,以实现资源与效率的合理配置。

(四)培育专业化的审判队伍

环境法庭的案件范围再多再宽,如果审理案件的法官缺乏主动性与积极性,也可能会将告到门的环境案件拒之门外或束之高阁。环境案件具有专业性、技术性和科学性强的特征,一旦法官面临复杂的专业性问题,往往缺乏处理相关纠纷的动力。与此同时,环境案件

---

〔1〕 参见云南法院网:http://www.gy.yn.gov.cn/Article/xwgj/xwgc/201011/20926.html,最后访问日期:2015年4月28日。

〔2〕 杨帆、李建国:《对我国设立环保法庭的几点法律思考——实践、质疑、反思与展望》,载《法学杂志》2013年第11期。

〔3〕 刘超:《掣制与突围:法院受理环境公益诉讼案件动力机制的缺陷与重塑》,载《河北法学》2012年第6期。

〔4〕 参见最高人民法院《关于为加快经济发展方式转变提供司法保障和服务的若干意见》(法发〔2010〕18号)。

〔5〕 李新亮:《环保法庭设立应遵循什么原则?》,载《中国环境报》2014年10月8日,第2版。

的审理不仅是简单的环境纠纷解决，还是通过环境案件的审理过程向公众宣传与倡导一种环境法治理念，正如澳大利亚新南威尔士州高等法院资深法官 Paul L. Stein 所说："法庭所做出的决定对环境和受该决定影响的社会来说可能具有更广泛的影响"。[1]

为了应对此问题，应当加强对环境法庭法官的专业培训，通过专题培训、讲座、进修等方式对环保法庭的法官进行专业培训，提高他们环境与资源保护法律方面的专业知识以及与之相适应的环境案件审理技能；同时，设立环境保护审判专家咨询委员会制度，吸收环境科学等专业人士参与环境诉讼的审判。国外的环保法庭也昭示了这一经验，比如，澳大利亚新南威尔士州土地与环境法院就设有专门的委员会，委员会由 1 名高级委员，8 名专职委员和 16 名兼职委员组成，这些委员必须符合《土地和环境法院法案》(1979)第 12 条第 2 款所列举的资格要求，同时要参加法院每年定期举办的专业研讨会，委员的专业特长对于土地和环境法院案件的合理解决起到了至关重要的作用。[2] 专家委员应是多领域的，包括但不限于环境保护、环境科学、环境评估、自然资源管理、城市规划、土地评估等领域具有专业知识和丰富经验的人员[3]以及环境法方面的专业律师。只有建设一批具有先进环境法律理念、环境科学知识和良好的刑事、民事、行政审判技能的复合型法官队伍，才能真正实现环境资源案件的专业化审判。

四、结　　语

环保法庭设立至今，一直毁誉并存。作为环境司法专门化的产物，环保法庭在解决环境纠纷，加强环境执法，推动环境公益诉讼制度发展等方面均发挥了重要的作用。但是，受目前司法制度本身局限性和社会经济制度的制约，环保法庭的纠纷解决实效却并不如理想预期。加强环境法庭建设的当务之急是要明确和拓宽环境法庭的受案范围，只有明确和拓宽环境法庭的受案范围，让更多的环境纠纷得以通过司法程序有效解决，才能凸显环境法庭的功能。然而，环保法庭无案可审的尴尬局面可能并不会单纯地因为受案范围的扩大就获得可喜的改观，其背后还需要一系列的内在法理更新和配套制度建设，这也在提醒我们，只要真正运用法治思维，环保法庭就不会无案可审。

（原载于《法学论坛》2016 年第 2 期）

---

〔1〕 Paul L. Stein, *Major Issues Confronting the Judiciary in the Adjudication of Cases in the Areas of Environment and Development*. 转引自王曦：《国际环境法与比较环境法评论》，法律出版社 2005 年版，第 272 页。

〔2〕 Brian J. Preston, "Operating an Environment Court: The Experience of the Land and Environment Court of New South Wales and 12 benefits of judicial specialization in environmental law", *Environmental and Planning Law Journal* 25, 2008, pp. 6 – 7.

〔3〕 参见刘超：《环境侵权救济诉求下的环保法庭研究》，武汉大学出版社 2013 年版，第 389 页。

国际法学

Investments in the energy sector of Central Asia: corruption risk and policy implications

Liu Junxia *

1. Introduction

As the heaviest economic resource, energy is a strategic factor affecting the development of the world economy (Zhang et al., 2018). In recent years, the demand for energy has been increasing as a result of industrialization and modernization. The world total final consumption of energy has doubled over the past decades, rising from 4,661 Mtoe (million tons of oil equivalent) in 1973 to 9,555 Mtoe in 2016 (IEA, 2018). To ensure sufficient and stable energy supply is essential to guarantee energy security under the current international energy situation (Liu, 2009). However, due to the geographically uneven distribution of energies, many countries are facing rapidly growing energy risks such as insufficient total energy resources and unbalanced energy reserves. Under these circumstances, exploiting the energy markets of other countries through foreign direct investment (FDI) has become an important choice (Yang and Wang, 2018).

Central Asia, including Kazakhstan, Uzbekistan, Turkmenistan, Tajikistan, and Kyrgyzstan, is located in the center of Eurasia. It has a total area of approximately 4 million square kilometers and a population of about 60 million. Geologically, the whole Central Asian area is rich in energy resources, consisting of both traditional energy (such as oil, natural gas, coal, gold, and uranium) and renewable energy (such as wind energy, solar energy, bioenergy and

* 刘俊霞，山东大学法学院副教授。

hydro energy). The coastal region of the Caspian Sea, the Aral Sea Basin, the Fergana Basin and the Karakum Desert are the most famous oil and gas sedimentary areas in the world (Mao, 2013). With energy being the most abundant and valuable natural resource, energy production and exploitation constitute the pillar industries of this region, supporting the economic development as a backbone. While Central Asia is richly endowed with ample resources, there are other countries facing severe energy shortages. As a result, Central Asia has attracted the interest of the global community, and unsurprisingly become the destination of many foreign direct investments (Dorian, 2006). For example, the top five countries by total primary energy supply, that is, China, the United States (US), India, Russia, and Japan, all import energies from Central Asia to satisfy their domestic needs (IEA, 2018).

It is unavoidable that overseas investment will encounter a variety of risks. The biggest concern for foreign investors in Central Asia, especially in energy sectors, is corruption. The World Bank (WB) has performed a number of comparative studies on the quality of governance and corruption around the world, two of which concluded that corruption was widespread throughout Central Asia (Mark et al., 2007). Also, a report published by the Transparency International (TI)—a global advocate of the fight against corruption—observed that the energy sector was the third bribery-prone sector amongst the 19 sectors surveyed (Al-Kasim et al., 2013). During the process of international energy investment, foreign investors sometimes have to resort to corruption to oil the wheels (Kalyuzhnova and Nygaard, 2008), because it might be more convenient and less troublesome than strictly following the legal procedures (Yang and Xia, 2017). Nevertheless, when disputes occur, the details of corruption will inevitably be brought to light by one or both of the parties, either as the basis for claims or as a defense. Nowadays corruption has become a highly concerned issue in international investment disputes.

This paper has strong policy implications for government regulators, policy makers, and foreign investors. To date, articles and books about the relationship between corruption and international energy investment are quite limited, let alone those regarding the specific region of Central Asia. Contributing to the literatures on corruption and international energy investment respectively, this paper aims to study the influence of corruption on international energy investment using Central Asia as an example and provide corresponding policy implications.

The remainder of this paper is organized as follows: the second section introduces the employed research methods. The third section analyses the risk of corruption for foreign investments in energy sectors. The dilemma that the above two sections brings to foreign investors is explored in the fourth section. On this basis, the fifth section proposes feasible countermeasures for the corruption risk. Finally, the sixth section concludes this paper.

2. Methodology

In terms of research methodology, this paper is generally based on previous studies regarding corruption, energy and international investment.

For the purpose of being accurate and convincing, relevant statistics are collected during the analysis. For example, some data are quoted from the Key World Energy Statistics by International Energy Agency (IEA) and the Statistical Review of World Energy by BP plc to exhibit the serious energy situation of the world and the abundance of energy resources in Central Asia. The overall corruption situation in the five Central Asian countries is supported by the Corruption Perceptions Index (CPI) of TI. The Ease of Doing Business index is also used to provide a broader description of the business climate in Central Asia.

In order to further demonstrate the corruption risk for energy investments in Central Asia, the author went through all international investment arbitration cases with the five Central Asian countries as the Respondents from the website ofthe International Centre for Settlement of Investment Disputes (ICSID) and the website of ITALAW, and sorted out the cases involving corruption in the energy sector. Besides calculating the proportion of corruption cases in different investment industries, the author summarized several characteristics of the corruption cases based on the detailed facts of these cases so as to propose some solutions.

3. Corruption risk for energy investments in Central Asia

3.1. Corruption risk

As members of the Former Soviet Union, the five countries of Central Asia had been deeply influenced in the aspect of the ruling pattern. Most government indicators are notably negative. In particular, corruption is exerting major impacts on the economic fields. The CPI of TI has ranked the five countries as those with high perceived levels of corruption in recent years (TI, 2018). With the scale of 0 to 100 (where 0 is highly corrupt and 100 is very clean), the overwhelming majority of the indexes of the five countries have not exceeded 30 in at least the past 5 years (Fig. 1). The rankings have remained in the last one-third or even quarter of the countries surveyed each year. Similarly, The WB's Global Governance Indicators also place four of the five Central Asian states in the bottom 10th percentile, while Kazakhstan ranks in the bottom 20th (Cooley and Sharman, 2015). As the Chairman of the Social and Political Scientists Association of Kazakhstan pointed out at a round table conference on the role of the civil class in combatting corruption, one in every two persons in Kazakhstan was suspected of paying bribes. Those who took bribes include government officials from lower to higher levels. On the whole, corruption has been a part of the social trend of thought(Xinjiang Daily, 2018).

The degree of risk that corruption brings for the energy sector is much higher than for other sectors. Energy resources are usually controlled by the government—this monopolistic feature increases the opportunities for rent-seeking and abuse of power. Many officials in government departments of different levels request monetary inducements to perform their jobs, including approving investments (International Business Council, 2005). In fact, some investment agreements or operation licenses could only be obtained with money getting through the relationship. It is very likely that the unfair competition caused by corruption would bring unfair and illegal treatments to foreign investment enterprises. Investors who have been deeply plagued might have no choice but to resort to international investment arbitration.

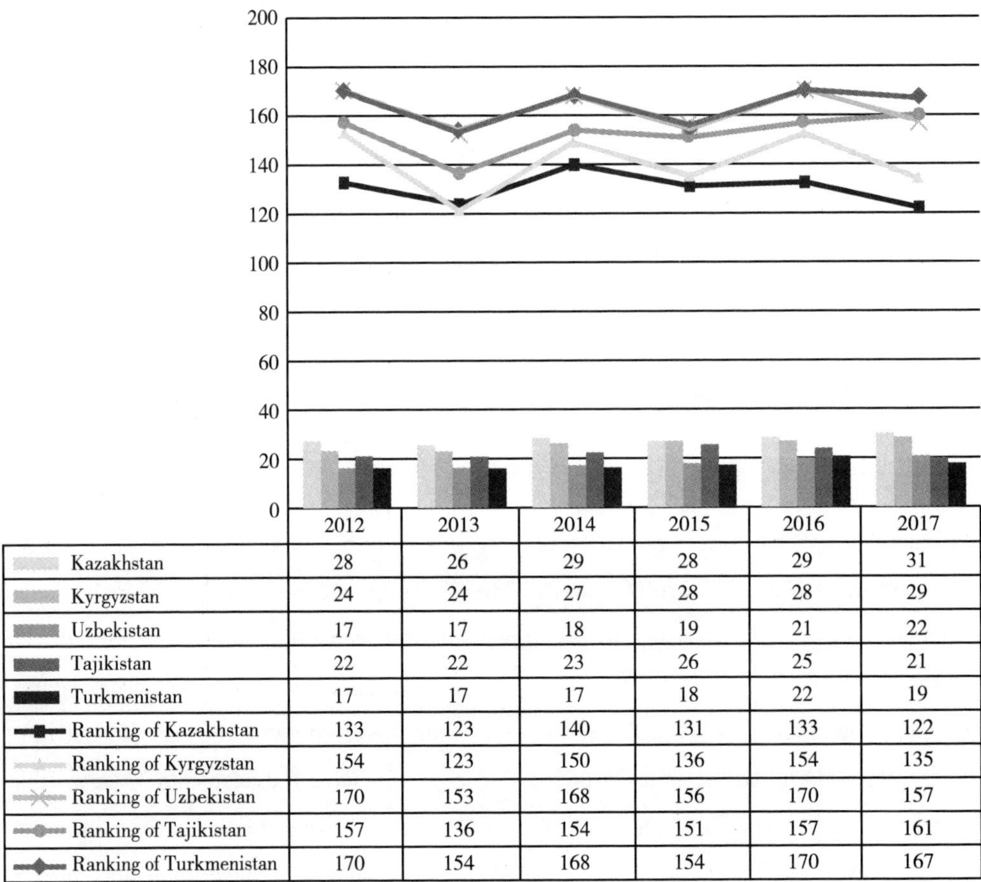

	2012	2013	2014	2015	2016	2017
Kazakhstan	28	26	29	28	29	31
Kyrgyzstan	24	24	27	28	28	29
Uzbekistan	17	17	18	19	21	22
Tajikistan	22	22	23	26	25	21
Turkmenistan	17	17	17	18	22	19
Ranking of Kazakhstan	133	123	140	131	133	122
Ranking of Kyrgyzstan	154	123	150	136	154	135
Ranking of Uzbekistan	170	153	168	156	170	157
Ranking of Tajikistan	157	136	154	151	157	161
Ranking of Turkmenistan	170	154	168	154	170	167

Fig. 1. Corruption Perceptions Index and rankings of Central Asian countries(2012 – 2017)[1]

〔1〕 Source: www.transparency.org.

The statistics of international investment arbitration cases carefully reflect the corruption situation in Central Asia. According to the data from the official website of the ICSID, until 31 July 2017, there are 19 cases with the five Central Asian countries as the Respondents. Amongst them, 57.9% of the cases involve corruption, mainly covering the areas of energy, infrastructure, banking industry and agriculture. The energy field has attracted the most foreign investment, since Central Asia is rich with resources of oil, gas and metallic minerals. The energy field accordingly has the highest occurrence of disputes, accounting for 42.1% of all cases. The proportion of cases with corruption in this field is also the highest, up to 75%.[1] The second place is infrastructure, accounting for 31.6% of all cases, including highway construction, architectural engineering and telecommunications, in which the percentage of corruption cases is 66.6%.[2] Investment disputes also happen in the banking industry and agricultural field, but the amount is relatively low. The banking industry has two cases,[3] with one of them pertaining to corruption. With regard to the three cases concerning poultry and crop supplies,[4] no corruption is involved (Fig. 2).

[1] There are 8 Cases in the energy field: Caratube International Oil Company v. Kazakhstan, ICSID Case No. ARB/08/12; Liman Caspian Oil BV and NCL Dutch Investment BV v. Kazakhstan, ICSID Case No. ARB/07/14; Anatolie Static, Gabriel Stati, Ascom Group S. A., Terra Raf Trans Traiding Ltd. v. Kazakhstan, SCC Case No. V (116/2010); CCL v. Republic of Kazakhstan, SCC Case 122/2001; Petrobart Limited. v. Kyrgyz, SCC Case No. 126/2003; Metal-Tech Ltd. v. Uzbekistan, ICSID Case No. ARB/10/3; Oxus Gold v. Uzbekistan, UNCITRAL; Mohammad Ammar Al-Bahloul v. The Republic of Tajikistan, SCC Case No. V (064/2008).

[2] There are 6 cases under this category: Rumeli Telekom A. S. & Telsim Mobil Telekomikasyon Hizmetleri A. S. v. Kazakhstan, ICSID Case No. ARB/05/16; Sistem Muhendislik Inssat Sanayi Ve Ticaret A. S. v. Kyrgyz, ICSID Case No. ARB (AF)/06/01; Vladislav Kim and others v. Republic of Uzbekistan, ICSID Case No. ARB/13/6; Garanti Koza LLP v. Turkmenistan, ICSID Case No. ARB/11/20; İçkale İnşat Limited Şirketi v. Turkmenistan, ICSID Case No. ARB/10/24; Kilic Insaat Ithalat Ihracat Sanayi Ve Ticaret Anonim Sirketi v. Turkmenistan, ICSID Case No. ARB/10/1.

[3] The two cases of the bank industry are: KT Asia Investment Group B. V. v. Republic of Kazakhstan, ICSID Case No. ARB/09/8; Valeri Belokon v. Kyrgyz, UNCITRAL.

[4] They are: Ruby Roz Agricol and Kaseem Omar v. Kazakhstan, UNCITRAL; Romak S. A. (Switzerland) v. The Republic of Uzbekistan, UNCITRAL, PCA Case No. AA280; Adem Dogan v. Turkmenistan, ICSID Case No. ARB/09/9.

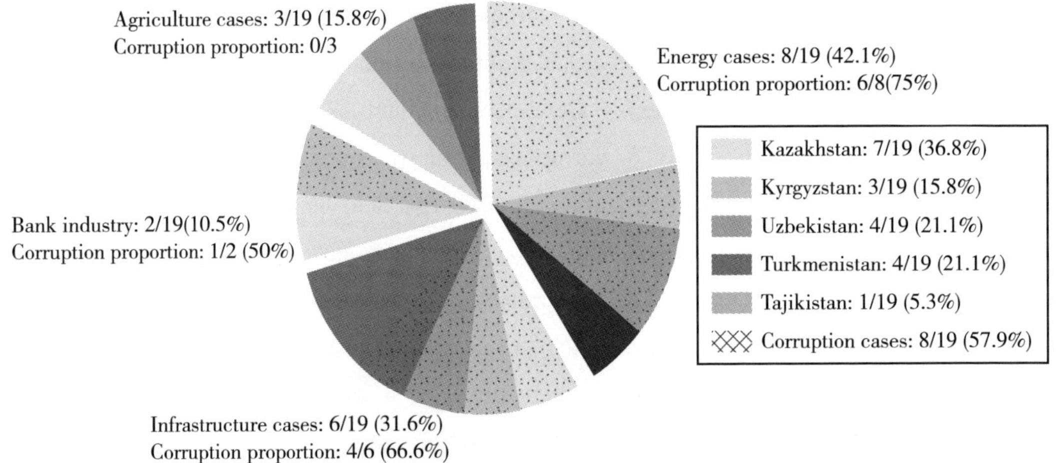

Fig. 2. Number, field and proportion of Corrupt Cases in international investment.

Source: icsid. worldbank. org.

3.2. Features of corruption

A closer examination of the details of corruption in typical energy cases would be helpful to further understand the corruption situation in Central Asia. The corruption cases can be roughly divided into two categories based on which party took the initiative to commit corruption. On the one hand, government officials or judges of the host state might solicit bribes. Taking *Rumeli v. Kazakhstan* for example, the Claimants in this case offered a witness testifying that a judge from the local court had requested from him EUR 400,000 to rule in the Claimants' favour. Later a judge of the Supreme Court also solicited a bribe as a condition to determine the appeal in the Claimants' favour (ICSID, 2008). On the other hand, investors might also take the initiative to offer bribes. In *Metal-Tech v. Uzbekistan*, the Claimant Metal-Tech Company—an Israeli manufacturer of molybdenum products—bribed the President's brother, a government official and another person with approximately USD 4,000,000 under the cover of sham consultancy contracts in order to ensure the establishment of investment by using their positions or the relationship with government officials (ICSID, 2010b). Although both investors and host states are possible to commit corruption, the number of cases that the former accuses the latter is 1.5 times of vice versa, showing the high risky position of foreign investors.

In light of the collected 19 energy investment cases, three points of features can be generally summarized with regard to corruption. (1) The stage when corruption occurs. Corruption is most likely to happen in two stages. The first is during the establishment of investment, such as the situation of *Metal-Tech v. Uzbekistan*. In this case bribery may be considered as a matter of expediency to show friendliness to the host country in exchange for a friendly, long-term, and co-operative relationship (Miles 2012). The second stage is when seeking local remedies, such as the cases of *Liman v. Kazakhstan* and *Rumeli v. Kazakhstan*. The purpose at this phase is in pursuit of favourable court decisions. (2) Proof of corruption. Proving corruption is significantly difficult for the party filing corruption claims. Among the 19 collected cases, there are six cases in which the investors accuse the host country of corruption. Four of them have investors noting the particular situations, such as a local official or judge soliciting bribes. While in the other two cases, the investors only point out the general corrupt environment in Central Asia without reference to specific behaviours. (3) Corruption investigations carried out by the host states. Host states sometimes will instruct their domestic anti-corruption departments to investigate foreign investors and then, if possible, use the result of the investigation as evidence to prove investors' bribery in international investment arbitration. In this situation, it seems doubtful that the judicial authority of the host state would stay fair and neutral.

4. Dilemma analysis: to invest or not to invest?

4.1. A negative obstacle: corruption

The widespread corruption in Central Asia makes the prospect of energy investment in this are a prohibitively risky because of the consequences caused by corruption, such as low transparency, poor accountability and weak governance. It is quite possible that corruption would lead foreign investors to unfair situations and jeopardize their investments. The impacts of corruption on energy investment not only cover the decision of initial market entries but also the subsequent investment expansions. Investors who have encountered rent-seeking requirements of government officials or witnessed other competitors getting market advantages through bribery by influencing contracts, rules and even laws might hesitate when making investment related decisions.

Furthermore, corruption could lead to ineffective protections of investors' human rights. For example, once a Turkish investor in Turkmenistan submitted a compliant to the United Nations Human Rights Committee, claiming that he was charged with economic offences when he refused to pay a bribe, detained, held in degrading and humiliating conditions and subjected to court proceedings conducted in the Turkmen language which he did not understand (ICSID, 2010a). All of the above situations might undermine the confidence in foreign investors.

4.2. Positive attractions: abundant energy resources and anti-corruption reform

The main attraction of Central Asia is the plentiful energy, which is irresistible for foreign investors. This region has abundant natural resources particularly large reserves of oil and gas that can be placed on a par with the Persian Gulf. There are also different kinds of metal deposits, almost covering all the elements in Periodic Table of the Elements (Lu, 2018). Among the five countries, Kazakhstan is the most prominent one in many aspects. It has significant oil and gas reserves as well as various mineral resources, including lead, copper, zinc, iron ore, manganese, chromium, titanium, and uranium. The reserves of oil and gas in Kazakhstan are in the top 10 countries of the world (Mark et al., 2007). Until the end of 2016, the proved reserve of oil was 30 billion barrels and that of natural gas was 34 trillion cubic feet (BP, 2017). Besides, the tungsten ore in Kazakhstan ranks the first in the world, the phosphate ore the second and the iron ore the third. In Uzbekistan, the energy resources are mainly oil, natural gas and coal. The proven reserves are respectively 600 million barrels, 38.3 trillion cubic feet and 1,375 million tons. Uzbekistan is listed as the 10th largest mining country of natural gas in the world (BP, 2017). The gold reserves are the fourth largest and the uranium reserves the seventh in the world. As to Turkmenistan, it is an important oil and gas producing country. The natural gas reserves are as high as 17.5 trillion cubic meters, the first in Central Asia and the fourth in the world. The oil reserves are about 600 million barrels, similar to that of Uzbekistan (BP, 2017). Kyrgyzstan has significant deposits of gold and coal which form a substantial part of its economy. Gold extraction has been the biggest contributor to the Kyrgyz economy. The fifth country of Central Asia, Tajikistan, has considerable reserves of silver and coal. It hosts one of the largest silver deposits in the world-the Bolshoi Konemansur deposit (EITI, 2018).

In addition to the above conventional energies, Central Asia also has great renewable potential of wind, solar, biomass and hydro power. Kazakhstan, Turkmenistan and Kyrgyzstan are all endowed with rich wind resources (Dorian et al., 1999; Barnsley et al., 2015; Karatayev and Clarke, 2016). Solar energy is sufficiently available in all the five countries, with the most favorable conditions in Tajikistan, Turkmenistan and Uzbekistan. Biomass energy is the least developed energy source in this region, with Kyrgyzstan being the only one that has proper places for the implementation right now (Gubaidullina et al., 2017).

In response to the corruption risk, the Central Asian countries have shown their determination to prevent corruption from being an impediment to foreign investment. In 2003, the United Kingdom (UK) launched the Extractive Industries Transparency Initiative (EITI), the aim of which is to establish the global standards of transparency in extractive industries (Mark et al., 2007). Being a member to the EITI means openness, stability and ease of business, which are all important considerations of foreign investors. The EITI membership also represents credibility to investors and may legitimize the operations of multinational companies even if the government of the host country is authoritarian and corrupt (Öge, 2016). Of the five Central Asian countries, Kazakhstan was the first to announce its commitment to the EITI in 2005, followed by Tajikistan and the Kyrgyzstan. The rest two are still constantly making their efforts. The application for the EITI membership is a gesture of the Central Asian countries to consolidate their international prestige as eager reformers to change the domestic investment environment.

Moreover, certain liberalization policies have recently been adopted in some of the five countries (WB, 2019). For instance, Kazakhstan simplified or cut post-registration procedures such as tax registration, social security registration and licensing. Decisions rendered in commercial cases are also made publicly available in Kazakhstan. Two countries, Kazakhstan and Uzbekistan, made trading across borders easier by introducing an electronic customs declaration system. Kyrgyzstan enacted laws that regulate all aspects of mediation as an alternative dispute resolution mechanism. All of these measures would contribute to reducing the chances for corruption in various degrees.

4.3. Energy benefits outweigh corruption risks

With regard to the energy investment in Central Asia, corruption among all the factors is certainly a negative one which might prevent investors from taking Central Asia as an investment destination. However, resource potential is a key indicator for measuring the feasibility of investing in the resource countries. For states with severe energy situations, the attractiveness of energy resources far exceeds the potential risk of corruption. To quote data as support, the weight of energy resources is approximately 9 times of that of corruption (Duan et al., 2018). Particularly, in countries where the energy shortage is the bottleneck of the economic development, energy security has to enjoy the highest priority, overriding all the negative factors, be it corruption, policy inconsistency, government instability, democratic unaccountability, environment constraints, economic risk, etc. In fact, besides the corruption issue, investors also need to check other factors such as geopolitical convenience, political trust, policy support and so on. For example, in the WB's Ease of Doing Business index, the Central Asian countries have much better rankings compared to the CPI, and Kazakhstan even ranks first in protecting minority investors (WB, 2019).[1] Therefore, investors should take into consideration various indicators from different perspectives to have a comprehensive understanding of the business climate of host states. Some of them may be discouraging, but others may help to build the confidence. As such, choosing Central Asia as the target region of investment is a decision made after weighing both the benefits and risks. Obviously the main impetus is to establish resource-based investment, with the purpose of the interconnection and complementation of the global energies (Dunning, 1998).

With this rationale, many countries have invested in the energy sectors of Central Asia despite the corrupt situation. For example, Russia has maintained a dominant position in the energy network of this area due to the traditional connections in history (Russian International Affairs Commission, 2014). The exploitation and transportation of a considerable part of energies in Kazakhstan, Turkmenistan and Uzbekistan has also been under the control of Russia (Ye, 2016). The US developed the new Great Central Asia project, aiming to improve the investment environment of this region and strengthen mutually beneficial cooperation regarding trade, transport, energy and transit. And energy cooperation is intended to be the breakthrough of this strategy (Jia and Bi, 2017). As the country that launched the "Belt and Road Initiative", China has kept a friendly investment cooperation with the five important partners in Central Asia. Over the past years, China's FDI stock in Central Asia has shown an obvious upward trend, among which the energy investment occupies a fair proportion (MOC et al., 2016). For the European Union (EU) and Japan, Central Asia is an unavoidable focus in their energy strategies. In order to reduce the high dependence on fossil fuels, both EU and Japan take Central Asia as the first choice to achieve the diversification of energy use (Wang, 2016).

With the major economic entities of the world investing in Central Asia even against the backdrop of corruption, the necessity to study the countermeasures is therefore particularly highlighted.

5. Policy implications

5.1. Adjust bilateral investment treaties

Firstly, more comprehensive treatments need to be granted to foreign investors in bilateral

[1] The Ease of Doing Business index ranks Kazakhstan 28, Kyrgyzstan 70, Uzbekistan 76 and Tajikistan 126 out of 190 economies (Turkmenistan is not included in the list). This result is reached based on the following 11 indicators: starting a business, dealing with construction permits, getting electricity, registering property, getting credit, protecting minority investors, paying taxes, trading across borders, enforcing contracts, resolving insolvency and labor market regulation.

investment treaties (BITs). With the advancement of the economic and legal system, the old generation of BITs cannot fit the current situation and need to be adjusted. Taking China as an example, China signed BITs with the five Central Asian countries in the 1990s, until now only the China-Uzbekistan BIT has been revised. The other four still retain their old ways, in which the treatments of investors are rather limited and ambiguous.[1] There is only one article overgeneralising the most favoured nation treatment (MFNT) and fair and equitable treatment (FET).[2] With the abundant energy resources but limited financial support, the Central Asian countries are mainly capital-importing countries. More detailed protections will guarantee a greater sense of safety for foreign investors. Since the influence of corruption on foreign energy investment may find its foothold in substantive clauses in BITs, the essential foundation for investors to get favourable conditions is to improve the treatments in BITs.

Secondly, modify dispute settlement clause for the submission of disputes to international forums. As previously noted in 3. 1, the energy field has the greatest possibility to occur disputes. The old BITs only allow "disputes relating to expropriation compensation amounts" to be submitted to international arbitration, indicating that other issues have to exhaust domestic remedies first.[3] For foreign investors in the energy field, however, the preferable forum of dispute settlement is investment treaty arbitration. It is because the corruption in Central Asia has infiltrated into judiciary authorities and investors have already been suspicious of the impartiality of local courts. Submitting investment disputes to international forums instead of local courts can, to a large extent, save foreign investors from the dilemma of whether to pay bribes in exchange for a fair judgment in local judicial procedures.

Thirdly, incorporate anti-corruption provision. In the World Investment Report of 2017, there are a few states clearly regulating the issue of corruption in international investment agreements in response to the reform of sustainable development oriented international investment treaties. For example, the Morocco-Nigeria BIT and the Brazil-Peru BIT require investors to refrain from offering bribes to public officials. Meanwhile, states are entitled to deny substantive protections to investments established or operating therefrom (UNCTAD, 2018). The Iran-Slovak BIT allows exceptions for national treatment (NT) and MFNT for measures

[1] The List of BITs signed between China and other countries is available in https://tfs. mofcom. gov. cn/article/Nocategory/201111/20111107819474. shtml.

[2] For example, article 3 of the China-Turkmenistan BIT. http://tfs. mofcom. gov. cn/aarticle/h/at/200212/20021200058376. html (accessed 10 June 2019).

[3] For example, article 9 of the China-Kazakhstan BIT. http://tfs. mofcom. gov. cn/aarticle/h/at/200212/20021200058381. html (accessed 10 June 2019).

implemented in pursuit of a legitimate public purpose such as the elimination of bribery and corruption. Tribunals are tasked to dismiss claims of investors where the investment was made through corruption (UNCTAD, 2018). With such concrete anti-corruption clauses, the combat against corruption will have direct legal basis, no longer solely depending on the approach of treaty interpretation or international public policy.

Fourthly, add transparency clause. The requirement of transparency mainly includes two aspects. From a general perspective, laws, policies, regulations, procedures, administrative rulings and adjudicatory decisions respecting investment should be promptly published or made publicly available. When it comes to specific measures, interested parties should be afforded a reasonable opportunity if possible to present arguments in support of their positions prior to the final administrative decision. The establishment and operation of energy investment often have to go through arduous bureaucratic procedures and administrative hurdles. In these processes, transparency requirements help toreduce uncertainties and risks, decrease the possibility of bribery, and build a fair, open and stable investment environment.

5.2. Urge Central Asian countries to improve legal framework

The current legal environment in Central Asia is not satisfactory for investment, considering the inconsistent laws and policies, incomplete legal framework, frequent change of laws, and arbitrary interpretation in law enforcement. Such environment will decrease the credibility and predictability of laws, result in poor transparency of government information and bring uncertainty to energy investment. Besides, presidential decrees and government documents sometimes are signed to replace existing legislations, which further undermine the credibility and authority of law and increase the risk of foreign investment involving corruption. Thus, it is necessary to urge Central Asian countries to upgrade the level of rule of law and legislate special Foreign Investment Law, possibly through diplomatic channels or regional coordination mechanism. A clear and comprehensive legal and regulatory framework is the key to get rid of the government intervention and bureaucratic barriers, reduce opportunities for corruption and promote stable long-term investment.

5.3. Adopt investment facilitation measures

Investment facilitation aims to create a good environment for international investment through simplifying investment procedures, improving policy transparency, standardizing infrastructure construction, and coordinating relevant standards and regulations (Zhang and Fan, 2016). In the past few years, investment facilitation has become a major element of newly adopted investment policy measures. In Central Asian countries, the border management procedures are complicated and lack of standardized process; the port management is inefficient; the continuity and stability of policies are difficult to guarantee, which just provide the soil for corruption (Zhang and Fan, 2016). The starting point of foreign investors to commit corruption sometimes is simply to bypass the unreasonable institutional or legal obstacles in host countries, hoping to ensure the smooth establishment and operation of the investment. The introduction of investment facilitation measures can to a large extent achieve the same result, thus effectively reducing corruption.

Specifically, the feasible measures may include: (1) Introduce online business registration system, to speed up and streamline the process of corporate establishment. (2) Set up a one-stop shop, the tasks of which are to facilitate investment by providing information and issue various certificates, permits, licenses or notifications in relation to the investment. (3) Build an investment committee to monitor the consistency and stability of investment policies and improve the accuracy of investment laws. (4) Establish an ombudsman to facilitate the settling of grievances of foreign investors (UNCTAD, 2018).

5.4. Enhance self-discipline and self-protection of investors

Firstly, investors should establish legal compliance departments. Compliance management is the precautionary principle of legal risks. The main function of the legal compliance department is to supervise investors to strictly discipline themselves in international investment activities and abide by laws and regulations, especially those pertaining to anti-commercial bribery, anti-interest transfer, anti-monopoly and anti-unfair competition.

Secondly, investors should set up a guidance mechanism equipped with professionals for consultancy and supportive information, including the overseas investment market, the competition environment, the updating of energy policies, tax rules, foreign exchange, labor services, legal guidance for the conclusion and execution of contracts, etc. In the stages of project procurement, implementation, bidding and other links, professional consultancy is particularly needed for the prevention and control of potential risks (Yang and Xia, 2017).

Thirdly, add the stable clause in investment contracts. Energy investment is usually established through concession agreements. When designing the terms of the agreements, investors should incorporate the stable clause to enhance the predictability of the law and protect their legitimate expectation. In Central Asian countries, the laws and policies relatively lack consistency and have high risks of modification. For instance, the Investment Law of Kazakhstan had been amended 4 times from 1991 to 2005, and the Law on Underground Resources and their

Utilization 3 times from 2004 to 2007. The stable clause can function to reduce host government's intervention under the guise of legislative power and stabilize the legal system related to investment.

5.5. Strengthen investment guarantee system

Guarantees are particularly important for international investment, especially energy resource oriented investment. On the one hand, investors should attach importance to the role of international investment guarantee institutions because they can effectively predict risks of overseas investment, reduce losses arising therefrom and provide useful guidance for the construction and operation of international investment. Among them, Multilateral Investment Guarantee Agency (MIGA) is a typical example, which guarantees eligible investments against losses resulting from risks like currency transfer, expropriation and similar measures, breach of contract, war and civil disturbance, etc. On the other hand, investors' home state also need to establish a complete and reliable overseas investment insurance system. Extensive insurance coverage, high undertaking capacity, suitable overseas investment insurance products that meet the demands of international market can help to avoid the risks of overseas investment and maximize the profits of projects. Active cooperation with international guarantee institutions in co-insurance and sub-insurance is also a good way to improve the business skills of domestic insurance enterprises.

6. Conclusion

Corruption poses a major risk for foreign investors in Central Asia. Typical political risk analyses rank Central Asia poorly, such as the TI's Corruption Perceptions Index and WB's Global Governance Indicators. An empirical study of international investment arbitration cases with the five Central Asian countries as the Respondent shows that the proportion of corruption cases is pretty high, and the energy industry turns out the most corrupt. Nevertheless, the hesitation caused by corruption does not exceed the attraction of energy, which explains why so many foreign companies regularly bid and compete for rights to the energy sectors of Central Asia despite the corruption situation. After all, corruption, though quite influential, is just one of many factors impacting investor's decisions. For countries with serious energy shortage, the need to satisfy the energy demands is much more decisive than the corruption risk. The determination to invest in Central Asia is obviously resource-oriented, striving to ensure the safety of energy supply through exploiting and utilizing international energy markets.

Under this circumstance, for investors making energy investment in Central Asia, suggestions are provided as follows. It is important to incorporate in bilateral investment treaties more comprehensive treatments for foreign investors, dispute settlement clause for the submission of disputes to international forums, anti-corruption provisions and transparency clause. To strengthen the role of law instead of bureaucratic procedures, the Central Asian countries need to be urged to level up the legal framework through diplomatic channels or regional coordination mechanism. Besides, investment facilitation measures also assist to mitigate the influence of corruption by simplifying investment procedures, regulations and systems. For investors, they should establish legal compliance departments and guidance mechanism in their enterprises and add the stable clause when concluding investment contracts. Finally, international investment guarantee institutions and overseas investment insurance system are also helpful to protect investors against various risks. Generally, it can be seen that the combat of corruption requires the joint efforts from host states, home states, policy makers, and investors.

Admittedly, this study has some limitations, mainly in that the 19 cases might not be sufficient to draw a conclusion. This means that the findings of this paper is only tentative, despite the consistency with the results of previous researches. The purpose of this paper is to present the result based on the data and cases available at the current state and propose some policy implications accordingly. Future study should be continued with more cases from the practice of international investment.

（原载于 Energy Policy 第 133 卷,2019 年 10 月）

China's Diplomatic Strategy towards Climate Change Negotiations in the Post-Paris Agreement Era

TAI Tsung-Han*, XU Bin, KAO Shih-Ming and CHANG Yen-Chiang

Ⅰ. Background

The United Nations Framework Convention on Climate Change (UNFCCC)[1] convened 196 Parties and two observer states at the 21st Conference of Parties (COP21) held in Paris from 30 November to 12 December 2015. Some of the major outcomes of COP21 include the adoption of the "Paris Decision" (Decision 1/CP. 21) and the accompanying agreement (the Paris Agreement). Specifically, the Paris Agreement provides new and binding commitments to the Parties at the post-2020 stage, while the "Paris Decision" outlines actions to be taken pre-2020.[2] With its signing and ratification of the Paris Agreement, China, as a major emitter in today's world, is not only obliged to communicate its nationally determined contributions (NDCs) every five years,[3] but is also required to contribute further inputs for

* 戴宗翰，山东大学法学院副教授。

〔1〕 The United Nations Framework Convention on Climate Change (UNFCCC) entered into force on 21 March 1994 and has 197 parties (comprising 196 States and the European Union). For the full text of the Convention, see United Nations Framework Convention on Climate Change (UNFCCC), "United Nations Framework Convention on Climate Change", Accessed 11 February 2020. http://unfccc.int/files/essential_background/background_publications_htmlpdf/application/pdf/conveng.pdf.

〔2〕 UNFCCC, "Decision 1/CP. 21" (Adoption of the Paris Agreement), Accessed 11, February, 2020 <http://unfccc.int/files/home/application/pdf/decision1cp21.pdf>.

〔3〕 UNFCCC, "China's INDC—on June 30, 2015", Accessed 11 February 2020. http://www4.unfccc.int/Submissions/INDC/Published%20Documents/China/1/China's%20INDC%20-%20on%2030%20June%202015.pdf; INDC denotes intended nationally determined contributions.

implementations. As such, China needs to adjust its low-carbon roadmap and policy at the domestic level. Furthermore, at the international level, China should also integrate itself into the international community and participate in international cooperation to promote the aims envisioned in the UNFCCC and the Paris Agreement.

This article aims to broach the following two issues: first, the legal status and effects of the Paris Agreement and China's relationship to the UNFCCC, and second, China's response in domestic policymaking to the fight against climate change and its participation in international negotiations after the Paris Agreement enters into force. To this end, the second section of this article presents a research framework analysing the aforementioned two issues for an enhanced understanding of the functioning mechanism of the Paris Agreement. The third section discusses the implication of the Paris Agreement on China's climate diplomacy. The fourth section examines China's new policy, namely "China's National Plan on Implementation of the 2030 Agendafor Sustainable Development" (China's 2030 Agenda),[1] which adopts the Paris Agreement's approach of "mitigation, adaptation, loss and damage, financial support, capacity-building and technical facilitation"—an indication of China's efforts to develop a clear road map on climate change and a feedback channel for the post-Paris Agreement era.

Ⅱ. Legal Status of the Paris Agreement

The failure of the Kyoto Protocol to deliver the objectives of the UNFCCC[2] led to the preference for a new climate agreement with global binding force (i. e. the 2015 Paris Agreement) over a protocol that was linked to the UNFCCC, which was considered a consensus shared by all participants of the Conference of the Parties (COP). Such a preference has been especially supported among the States since the COP15 held in Copenhagen in 2009.[3] Since then, negotiations for the Paris Agreement have remained a top priority on the meeting agenda of the subsequent COPs. Another lesson drawn from the Kyoto Protocol is the change of paradigm from the previous top-down mandatory emission reduction targets to a bottom-up mechanism which requires the Parties to communicate their intended nationally determined contributions

〔1〕 The Ministry of Foreign Affairs of the People's Republic of China (PRC), "China's National Plan on Implementation of the 2030 Agenda for Sustainable Development" (China's 2030 Agenda), September 2016, Accessed 11 February 2020. https://www.fmprc.gov.cn/mfa_eng/zxxx_662805/W020161014332600482185.pdf>.

〔2〕 UNFCCC, "Kyoto Protocol to the United Nations Framework Convention on Climate Change", 1998, Accessed 11 February 2020. http://unfccc.int/resource/docs/convkp/kpeng.pdf.

〔3〕 David Hunter, "Implications of the Copenhagen Accord for Global Climate Governance", *Sustainable Development Law & Policy* 10(2), 2010, pp. 5-6.

(INDCs) to the UNFCCC in demonstration of their commitments to combating climate change and this has allowed the Parties' flexibility in performance.[1] As of 13 August 2018, 165 INDCs were submitted, covering 197 Parties to the UNFCCC.[2]

In terms of relationships between legal instruments, the Paris Agreement is recognised as an implementation agreement under the UNFCCC.[3] In other words, the Paris Agreement is an independent legal instrument under the framework of the UNFCCC rather than a supplementary one thereto. Such a status should, with the best intentions, be able to help the Paris Agreement avert the same path of failure of the Kyoto Protocol, which was deemed a typical supplementary instrument of the UNFCCC. Pieces of evidence are manifested in the Paris Agreement text, emphasising and reiterating its independence from the UNFCCC:

(Ⅰ) The Agreement Title: Unlike previous practices, the new instrument uses the term "Agreement" rather than "Protocol". The term "protocol", legally speaking, implies a revision or an amendment to the original Convention within the legal regime, called a "framework convention". However, the term "Agreement", at least to a certain degree, demonstrates that it is an independent legal instrument in nature.

(Ⅱ) Signature: Article 20 (1) of the Paris Agreement stipulates that it is only "open for signature by Parties to the UNFCCC".[4] In other words, a Party to the UNFCCC is not automatically a Party to the Paris Agreement, suggesting that the latter is a legal instrument requiring independent signature and ratification. Article 16 (2) of the Paris Agreement also provides that Parties to the UNFCCC that do not sign the Paris Agreement may participate as observers in the proceedings of any meeting of COPs in the Paris Agreement, thereby connecting the remaining parties of the UNFCCC to the Paris Agreement.[5]

(Ⅲ) Mechanism to facilitate implementations: The Paris Agreement has devised a concrete mechanism to facilitate implementations, a striking contrast to the Kyoto Protocol in which an

---

〔1〕 As a cornerstone of the Paris Agreement, the intended nationally determined contributions that are to be communicated by the Parties have devised a bottom-up emissions reduction mechanism under which the Parties propose their respective emissions reduction contribution objectives based on their willingness and capability.

〔2〕 UNFCCC, "INDCs as Communicated by Parties", Accessed 11 February 2020. http://www4. unfccc. int/submissions/indc/Submission%20Pages/submissions. aspx.

〔3〕 In terms of legal status, the UNFCCC secretariat specified, during the negotiation on the draft Paris Decision, that the 2015 Paris Agreement is an implementation agreement under the Convention. Such wording was removed from the final text of the Paris Agreement by the Parties to the Convention as an emphasis of the Agreement's independent character.

〔4〕 The Paris Agreement Article 20(1) states: "This Agreement shall be open for signature and subject to ratification, acceptance or approval by States and regional economic integration organizations that are Parties to the Convention...".

〔5〕 The Paris Agreement Article 16(2) states: "Parties to the Convention that are not Parties to this Agreement may participate as observers in the proceedings of any session of the Conference of the Parties...".

enforcement body was absent. Specifically, Article 15 (1) of the Paris Agreement provides for the establishment of a mechanism to "facilitate implementation of and promote compliance with the provisions of the Paris Agreement".[1] Article 16 (4) further allows the possibility of creating subsidiary bodies necessary for implementation,[2] the functions to be exercised by which, pursuant to Article 19(1), are to be specified by the COP serving as the meeting of the Parties (MOP) to the Paris Agreement.[3] The aforementioned "mechanism to facilitate implementation" aims to contribute follow-up negotiations for the implementation of the Paris Agreement, such as reviewing the NDCs. More importantly, the new global measures to address climate change, after the conclusion of the first commitment period, will be determined by Parties to the Paris Agreement rather than the COP of the UNFCCC. Thus, this is further evidence of the independence of the Paris Agreement outside the framework of the UNFCCC.

With regards to the rights and obligations conferred to the Parties, the Paris Agreement stipulates unilateral measures for emission reduction, where developed countries are obliged to assist developing countries through, including but not limiting, financial support (Article 9),[4] technology development and transfer (Article 10),[5] capacity building (Article 11),[6] and a transparency framework for actions (Article 13),[7] with the principle of equity and common but differentiated responsibilities (CBDR) as a premise. Lastly, regarding the arrangement for the entry into force of the Paris Agreement, Article 20 provides that the Paris Agreement shall be open for signature for one year from 22 Apr. 2016.[8] The independent ratification procedure further indicates that the Paris Agreement possesses the form of a legally-binding instrument

---

[1] The Paris Agreement Article 15(1) states: "A mechanism to facilitate implementation of and promote compliance with the provisions of this Agreement is hereby established".

[2] The Paris Agreement Article 16(4)(a) states that it can "establish such subsidiary bodies as deemed necessary for the implementation of this Agreement; and..."

[3] The Paris Agreement Article 19(1) states: "... The Conference of the Parties serving as the meeting of the Parties to the Paris Agreement shall specify the functions to be exercised by such subsidiary bodies or arrangements".

[4] The Paris Agreement Article 9 (1) states: "Developed country Parties shall provide financial resources to assist developing country Parties with respect to both mitigation and adaptation in continuation of their existing obligations under the Convention".

[5] The Paris Agreement Article 10(6) states: "Support, including financial support, shall be provided to developing country Parties for the implementation of this Article, including for strengthening cooperative action on technology development and transfer at different stages of the technology cycle...".

[6] The Paris Agreement Article 11 (3) states: "... Developed country Parties should enhance support for capacity-building actions in developing country Parties".

[7] The Paris Agreement Article 13(15) states: "Support shall also be provided for the building of transparency-related capacity of developing country Parties on a continuous basis".

[8] The Paris Agreement Article 20(1) states: "This Agreement shall be open for signature and subject to ratification, acceptance or approval by States and regional economic integration organizations that are Parties to the Convention. It shall be open for signature at the United Nations Headquarters in New York from 22 April 2016 to 21 April 2017...".

produced by the treaty-conclusion procedures under international law.

In light of the above analysis, the Paris Agreement is not meant to be merely a supplementary instrument to the UNFCCC. In other words, while the UNFCCC is the parent instrument to the Kyoto Protocol, it may, however, not necessarily be a parent instrument to the Paris Agreement in a strict sense. Despite this, given the fact that the Paris Agreement was negotiated under the framework of the UNFCCC and it ultimately aims to facilitate the implementation of the latter, it is inherently related to the UNFCCC. This can be demonstrated by the application of the definitions stipulated in Article 1 of the UNFCCC to the Paris Agreement, including "mitigation", "adaptation" and "loss and damage",〔1〕 as well as the application of Article 14 of the UNFCCC mutatis mutandis to Parties of the Paris regarding the dispute settlement Agreement stipulated in Article 24 of the Paris Agreement.〔2〕

In short, the UNFCCC and the Paris Agreement are mutually independent and parallel legal instruments with binding force. Yet, due to the inherent connections in their formulation and purpose, the latter is in nature an implementing agreement under the former, and is analogous to the relationship between the 1982 United Nations Convention on the Law of the Sea (UNCLOS) and the 1995 United Nations Agreement for the Implementation of the Provisions of the United Nations Convention on the Law of the Sea of 10 December 1982 relating to the Conservation and Management of Straddling Fish Stocks and Highly Migratory Fish Stocks (UNFSA).

Ⅲ. The Paris Agreement Enters Into Force: its Implications for China' S Climate Diplomacy

Unlike most of other international instruments which only compute the number of ratifications, the threshold level for the entry into force of the Paris Agreement is calculated in a very different way. An integrated calculation model, in which the number of ratifications is supplemented by the amount of greenhouse gas emissions, is used to determine whether the Paris Agreement has "entered into force". For example, assuming that ratification by one third or more of the signatories is the threshold level for the entry into force of the Agreement, a further prerequisite requires the calculation of the aggregated emission reduction from the NDCs communicated by the ratifying countries to achieve the goal to sufficiently keep the global

〔1〕 The Paris Agreement Article 1 states: "For the purpose of this Agreement, the definitions contained in Article 1 of the Convention shall apply...".

〔2〕 The Paris Agreement Article 24 states: "The provisions of Article 14 of the Convention on settlement of disputes shall apply *mutatis mutandis* to this Agreement".

temperature rise target to below 1.5 or 2 degrees Celsius. Therefore, the instrument will enter into force only when both the number of ratifications and the prescribed emission requirement from ratified States are satisfied at the same time. To be precise, this is the model adopted in the final text of the Paris Agreement.

As stated in Article 21(1), the Paris Agreement shall enter into force on the 30th day after the date on which at least 55 Parties to the UNFCCC have deposited their instruments of ratification, acceptance, approval or accession, on the condition that the ratifying Parties account in total for at least an estimated 55 per cent of the total global greenhouse gas emissions. This is also the same model stipulated in Article 25 of the Kyoto Protocol.[1] Advantages of such a model include respecting sovereign equality of each State, giving more weight to minor emitting States for the entry into force of the Agreement which would encourage them to sign and ratify the Agreement, and holding major emitting States responsible for overall emission reductions. By contrast, the disadvantage of this mechanism is the relatively complicated calculation needed to achieve the final balance.[2]

Just after the Paris Agreement was open for signature on 17 April 2016, a highlevel signing ceremony was held at the United Nations Headquarters in New York, on 22 April 2016, to celebrate this tremendous achievement to address climate change. Thereafter, in accordance with Article 20, the Paris Agreement was open for signature from 22 April 2016 to 21 April 2017 by States and regional economic integration organisations that are Parties to the UNFCCC. As to China's responses, former Chinese Vice Premier Zhang Gaoli, the special envoy of Chinese President Xi Jinping, attended the ceremony and signed the Paris Agreement on behalf of China. The Standing Committee of the National People's Congress (NPC) later ratified the Paris Agreement on 3 September 2016.[3]

In October 2016, then UN Secretary-General Ban Ki-moon announced that the aforementioned threshold number or level had been achieved, with 74 Parties ratifying the Agreement and their total carbon dioxide (CO_2) emissions amounting to 58.82 per cent of the

---

[1] The Kyoto Protocol Article 25(1) states: "This Protocol shall enter into force on the ninetieth day after the date on which not less than 55 Parties to the Convention, incorporating Parties included in Annex I which accounted in total for at least 55 per cent of the total carbon dioxide emissions for 1990 of the Parties included in Annex I, have deposited their instruments of ratification, acceptance, approval or accession".

[2] Tai Tsung-Han, "Analysis the Legal Status and Effect of Legal Instruments under the UNFCCC" (in Chinese), *Chinese Review of International Law* 1, 2017, p. 103.

[3] "NPC Standing Committee Ratifies the Paris Agreement" (in Chinese), 3 September 2016, Xinhua Net, Accessed 11 February 2020. http://news.xinhuanet.com/politics/2016-09/03/c_129268519.htm.

global emissions. Accordingly, the Paris Agreement entered into force on 4 November 2016,[1] before the COP22 convened from 7 to 18 November 2016 in Marrakesh, Morocco. As of 3 May 2020, 189 States had ratified the Paris Agreement and become its contracting Parties.[2] In short, the Paris Agreement, which was originally considered an "impossible agreement", was not only adopted but also became one of the international agreements that had an expedited process of entering into force in UN history, taking only less than a year from its adoption to entry into force.[3] Politically speaking, this also signifies the success of the COP21 and the unprecedented consensus from mankind to combat alarming climate change.[4]

With regard to China's influence in the Paris Agreement, according to a survey conducted by the World Resources Institute, there are three most likely scenarios (Figure 1) that explain the factors of the entry into force of the Paris Agreement and they would inevitably involve at least two of the "big four" major emitting States, namely China, the United States, the European Union and Russia, in order to meet the so-called "55 per cent requirement". Moreover, two of the potential scenario combinations would depend on China's participation. In other words, as the largest CO2 emitter in the world, China's signature and ratification are critical to the entry into force of the Paris Agreement and to its steering at the helm of global climate diplomacy. This explains former Chinese Vice Premier Zhang Gaoli's declaration that China would finalise its domestic legal procedures to ratify the Agreement before the G20 Hangzhou Summit in his speech at the opening of the high-level signatory ceremony on 22 April 2016.[5] In contrast to the United States' withdrawal from the Paris Agreement announced by US President Donald Trump on 1 June 2017, China's positive attitude in supporting the Paris Agreement has served a forceful impetus to its entry into force.[6]

As a matter of fact, Trump's nomination of Scott Pruitt as the administrator of the Environmental Protection Agency (EPA) became the harbinger to Trump's intention to with

---

〔1〕 The United Nations, "Paris Agreement Enters into Force", Accessed 11 February 2020. https://treaties.un.org/doc/Publication/CN/2016/CN.735.2016-Eng.pdf.

〔2〕 UNFCCC, "Paris Agreement—Status of Ratification", Accessed 4 May 2020. https://unfccc.int/process/the-paris-agreement/status-of-ratification.

〔3〕 Lu Zhi, Zhang Xiaoquan, Ma Jian and Tang Caifu, eds., *Forest Carbon Practices and Low Carbon Development in China*, Peking, Peking University Press, 2015, p. 7.

〔4〕 UNFCCC, "22nd Conference of the Parties to the UNFCCC (COP 22)", Accessed 11 February 2020. https://unfccc.int/process-and-meetings/conferences/past-conferences/marrakech-climate-change-conference-november-2016/cop-22.

〔5〕 The State Council of the People's Republic of China, "Zhang Gaoli Speaks on the High-Level Signing Ceremony of the Paris Agreement" (in Chinese), 23 April 2016, Accessed 11 February 2020. http://www.gov.cn/guowuyuan/2016-04/23/content_5067099.htm.

〔6〕 Christoph Bals and Katharina Hierl, *The Last Battle of the Fossil Lobby: An Analysis of Donald Trump's Speech in the White House*, Bonn, Germanwatch eV., 2017, p. 3.

draw from the Paris Agreement. Scott Pruitt's appointment as the administrator of EPA was confirmed by the United States Senate on 17 February 2017. Friendly to the fossil-fuel industry, Pruitt initiated 14 lawsuits against the EPA during his tenure as the Attorney General of Oklahoma, challenging EPA regulations on coal-burning power plants. In other words, Pruitt supports traditional energy rather than renewables. Pruitt, as EPA chief, aligned himself with Trump on their sceptical stance to climate change and global warming. This had triggered strong concerns from various environmental groups, as well as current or former officials of the EPA alike. Pruitt's appointment had also led to the common understanding between the Democrats and Republicans that the United States should be seen to take a less visible role in combating climate change in the future, and that the United States would be unlikely to achieve the goals prescribed by the UNFCCC.[1]

Xie Zhen-hua, Chinese special representative for climate change, commented on Trump's withdrawal from the Paris Agreement "A wise political leader should take policy stances that conform to global trends. If they resist this trend, I don't think they will win the support of their people, and their country's economic and social progress will also be affected".[2] Therefore, on 1 June 2017, US President Donald Trump announced that the United States would cease all participation in the 2015 Paris Agreement on climate change mitigation,[3] but one might safely conclude that under the current provision, the Paris Agreement will still be effective and legally binding, regardless of the United States' participation. China, as a major emitting Party, has firmly stood by the UNFCCC and the Paris Agreement and become an instrumental player in achieving the goals of the UNFCCC and the Paris Agreement to combat global warming. In the prospect of the US announcement of its withdrawal, China has to assume greater obligations and influence over the future COPs and meetings of the Parties to the Paris Agreement. To this end, nevertheless, China inevitably has to comply with the global trend towards energy reform which will greatly affect its domestic policy in sustainable development.

---

[1] Bals and Hierl, *The Last Battle of the Fossil Lobby*, pp. 5 – 31

[2] "Xie Zhenhua talks on Trump Plan to Exit the Paris Agreement" (in Chinese), 1 November 2016, *China News*, Accessed 11 February 2020. http://www.chinanews.com/cj/2016/11 – 01/8049962.shtml

[3] Trump's presidential campaign website and election speeches indicate that his basic stance on climate change is the rejection of scientific evidence supporting climate change and withdrawal from the Paris Agreement. Certainly, not all of his stances enunciated during the election campaign would necessarily be put into action. In addition, the Paris Agreement stipulates that withdrawal is only possible after three years from the Agreement's entry into force, and effective upon expiry of one year from the receipt of the notification of withdrawal. As such, the United States would not be able to withdraw from the Paris Agreement in the four years after its entry into force. Nevertheless, if the United States intends to withdraw from the UNFCCC, which only takes one year, it will be considered as having also withdrawn from the Paris Agreement.

Ⅳ. China's new National Policy in Addressing Climate Change

Even though the adoption of the Paris Agreement is a major breakthrough in the international environmental legal regime, the implementation of the Agreement is left relatively unaddressed by many States in their energy reform, particularly the developing ones. This is primarily due to the lack of resources and environmental conditions for those developing States to achieve their modernisation which would require them to immediately switch from the so-called "high-carbon developing path" supported by fossil fuels to a "green and low-carbon sustainable development path".

The Paris Agreement pledges near-zero CO2 emissions will be achieved and temperature rise will be limited to below 2 degrees Celsius in the long run. However, the thorny and complex issue pertains to the approach of achieving the fundamental transformation of energy systems to one dominated by new and renewable energy in the 21st century.[1]

Trump announced his "new deal" when the COP22 of the UNFCCC took place in 2016 in Marrakech, Morocco. In terms of energy policy, Trump advocates "energy independence while ensuring clean air" by lifting existing restrictions on the fossil fuel industry and allowing large-scale exploitation of the untapped shale oil, shale gas, natural gas and the so-called "clean coal reserves".[2] With its plan to gain energy independence and given its passive and inactive approach to the reduction of CO2 emissions, the United States would practically drop out of the Paris Agreement. It is foreseeable that the United States' withdrawal from the Paris Agreement may have some implications—i. e. other States may be reluctant to implement requirements stipulated in the Agreement; some may comply with perfunctory enforcement; or some may even back out from the activities. India is a case in point as it is reluctant to commit to emission reductions in the short term "before Indian people's living standard catches up with the United

[1] He Jian-kun, "China's INDC and Non-Fossil Energy Development", *Advances in Climate Change Research* 6, 2015, pp. 211 -212.

[2] Bals and Hierl, *The Last Battle of the Fossil Lobby*, pp. 3 -30.

States and Europe".[1]

These issues—the United States' changing attitudes in terms of its domestic energy policy and its participation in international initiatives on climate change—can be seen as watershed events that have implications to the outcome of the Paris Agreement. Without US participation, it is reasonable to expect that the lack of leadership and direction from developed States has led to this temporary chaotic situation. Also, diverse opinions of different groups of States vouching support for China and the United States respectively may create a window of opportunity for China to lead climate diplomacy to support CO2 emission reduction and the use of carbon-free energy. Compared to Trump's sceptical climate stance, the key to China's conversion to green energy and technology could be attributed to China's enthusiasm and endeavour on energy transition and the global promotion thereof. To this end, China had affirmed its stance to support energy transition as early as 29 September 2015, as evident in Chinese President Xi Jinping's address at the UN Sustainable Development Summit where he proposed the establishment of a global energy network to facilitate efforts to meet the global power demand with clean and green alternatives.

Another positive observation pointing to China's commitment to clean energy is the establishment of the Global Energy Interconnection Development and Cooperation Organisation (GEIDCO), a Chinese-proposed non-governmental organisation (NGO) founded by 80 members from 14 States in five continents. GEIDCO, operational in March 2016, is dedicated to the global promotion of clean energy development, transmission and utilisation.[2] In addition, Xi reiterated in his speech that China is ready to work and cooperate with other relevant Parties to propel the implementation of the Belt and Road Initiative B&R, and to set up the Asian Infrastructure Investment Bank and the New Development Bank for the BRICS (Brazil, Russia, India, China and South Africa) countries, which at the early stage of operation had aimed to promote economic growth and well-being of people from developing States.

As such, China has officially combined the implementation of the B&R with the "global

---

[1] After the Paris Agreement had entered into force, all Parties were required to set their long-term reduction targets, but India did not announce a target year for its carbon emission to peak. India's total emission allowances beyond 2030 vary greatly from 71 – 119 $GtCO_2$eq (staged approaches) to 303 $GtCO_2$eq (equal cumulative per capita emissions). However, if emission levels (the median) in 2030 are projected beyond 2030, then India's remaining allowances would run out before 2080 under RCP2.6 (representative concentration pathway), except for equality (before 2090) and equal cumulative per capita emissions (before 2095). Pan Xunzhang, Michel den Elzen, Niklas Höhne, Teng Fei and Wang Lining, "Exploring Fair and Ambitious Mitigation Contributions under the Paris Agreement Goals", *Environmental Science and Policy* 74, 2017, p. 53.

[2] GEIDCO, *Global Energy Interconnection Development and Outlook* 2017 (in Chinese), Beijing, Global Energy Interconnection Development and Cooperation Organization, 2017, preface.

energy interconnection". For example, GEIDCO's three objectives of implementing "global energy interconnection" entail (i) the construction of interstate and intercontinental electric power transmission paths along with global electrical grid; (ii) the development of clean energy;[1] and (iii) gradual conversion of fossil fuel and natural gas consumption to renewable and clean energy in emerging economies.[2] In the context of global endeavours to mitigate climate change, China's conception of "global energy interconnection" is not only an adaptation to the needs of global energy reform and national economic development but also a mutually supplementary means to the B&R.

Given the high correlation between global energy interconnection and the B&R, findings have shown that China has planned its strategy to incorporate "global energy interconnection" in the B&R as a part of China's global energy reform and as the expansion of scope of the entire electrical grid worldwide. Beginning with Chinese domestic efforts, the "global energy interconnection" could thus be achieved through gradual expansion from China to the entire Asian continent and then to other continents. Meanwhile, the "global energy interconnection" concept also opens an avenue for China's foreign aid as a foreign policy tool in areas such as the purchase and construction of "green industries".[3] Such a foreign policy not only expedites China's goal towards the "global energy interconnection" but also reduces reliance on the so-called "non-green industries" that are energy inefficient and cause serious environmental pollution.[4]

Accordingly, China's approach and efforts are consistent both with the spirit envisioned in

---

[1] Clean energies are referred to as technologies not emitting greenhouse gases. The Article 2 of *Renewable Energy Law of People's Republic of China* (*Zhonghua renmin gongheguo ke zaisheng nengyuan fa*) explicitly recognises a host of technologies considered as clean, including renewables such as wind, solar, water power, biomass energy and ocean energy technologies as well as non-fossil fuel energy. "Renewable Energy Law of People's Republic of China" (in Chinese), *Lawinfo China*, Accessed 11 February 2020. http://www.lawinfochina.com/display.aspx? lib = law&id = 3942.

[2] GEIDCO, *Global Energy Interconnection Development and Outlook* 2017 (in Chinese), p. 131.

[3] While there is no single definition of green industries, OECD-Eurostat have defined the environmental industry as "the environmental goods and services industry of activities which produce goods and services to measure, prevent, limit, minimize or correct environmental damage to water, air and soil, as well as problems related to waste, noise and eco-systems". The US Bureau of Labor Statistics defines it as "businesses that produce goods or provide services that benefit the environment or conserve national resources". This article is based on part five of the "13th Five-Year Plan of China's National Strategy regarding Newly Industries Development" (Shisan wu guojia zhanlüe xingxinxing chanye fazhan guihua) as it defines green industries as those that are involved in the environmentally friendly forms of production and development of alternative energy, including solar, wind, hydrothermal, biomass energy, ocean energy and nuclear power plants.

[4] Park Jeong-Il and Lee Sugie, "Examining the Spatial Patterns of Green Industries and the Role of Government Policies in South Korea: Application of a Panel Regression Model (2006 – 2012)", *Renewable and Sustainable Energy Review* 78, 2017: 614 – 23; the State Council of the PRC, "13th Five-Year Plan of China's National Strategy regarding Newly Industries Development" (in Chinese), Accessed 11 February 2020. http://www.gov.cn/zhengce/content/2016 – 12/19/content_5150090.htm.

the UNFCCC and the Paris Agreement to fulfil its obligations under international law, and also with the objective of reviving the domestic economy. As a consequence, this could promote the internationalisation of the renminbi in global markets and reduce the dominance of the US dollar in the global currency system. In its cooperative partnership with developing States in the B&R, China finances the implementation of renewable energy, energy efficiency and other clean energy and green infrastructure projects through a coalition of green banks which holds the so-called "green capital". China's contribution in the "green capital" in the green bank coalition as well as in the Green Climate Fund (GCF)[1] could be seen to fill the potential financing gap from the Official Development Assistance (ODA), if the United States or developed countries could not fulfil their commitment[2] under the "Addis Ababa Action Agenda".[3] China's moves are anticipated to have considerably strengthened its leadership and influence in issues pertaining to climate change and to the global economy.

V. The Six Key Points in China's Implementation of the Paris Agreement

To combat climate change, the Paris Agreement includes six key points, namely "mitigation, adaptation, loss and damage, finance, capacity-building and technology development and transfer". However, the Paris Agreement does not clearly stipulate how those six key points

---

[1] As a milestone of climate negotiations, the 2009 Copenhagen Summit proposed to establish the Green Climate Fund (GCF). Developed countries agreed to mobilise US $100 billion per year "new" and "additional" funds by 2020 to help developing countries address the climate change issues.

[2] The US Mission to the Third Committee Meeting on the 2030 Agenda announced in a general statement, which expressed the view that the "Addis Ababa Action Agenda is [one of several] non-binding documents that do not create rights or obligations under international law…However, each country has its own development priorities, and we emphasize that countries must work toward implementation in accordance with their own national policies and priorities…The United States notes that our President announced his intention to withdraw from the Paris Agreement…While our climate policy is under review, we must note our concerns with language related to the Paris Agreement across many of the resolutions this committee is considering…"; see "General Statement at Third Committee Meeting on the 2030 Agenda", *United States Mission to the United Nations*, Accessed 4 March 2020. https://usun.usmission.gov/general-statement-at-third-committee-meeting-on-the-2030-agenda/.

[3] Achieving the sustainable development goals will require moving from billions of dollars in Official Development Assistance (ODA) to trillions of dollars in investment of all kinds. To meet the requirement, 193 UN member states reached consensus on the "Addis Ababa Action Agenda" at the Third International Conference on Financing for Development, held on July 2015. The agreement encourages developed countries to implement fully their ODA commitments, including the commitment by many developed countries to achieve the target of 0.7 per cent of gross national income for official development assistance (ODA/GNI) to developing countries and 0.15 to 0.20 per cent of ODA/GNI to least developed countries. See UN Department of Economic and Social Affairs, "Countries Reach Historic Agreement to Generate Financing for New Sustainable Development Agenda", Accessed 11 February 2020. http://www.un.org/esa/ffd/ffd3/press-release/countries-reach-historic-agreement.html.

should be implemented. Therefore, the subsequent COPs to the UNFCCC and meetings of the Parties to the Paris Agreement had focused the main agenda on implementation, as evident in COP22 that convened in November 2016 to discuss implementation efforts to be accomplished before 2020.

To fulfil the objectives outlined in the Paris Agreement, China announced its National Plan titled "China's National Plan on Implementation of the 2030 Agenda for Sustainable Development" (China's 2030 Agenda) in September 2016 for its 2030 low carbon roadmap to combat climate change. The following analyses the contents of the six key points in the Paris Agreement and the strategies stipulated in China's 2030 Agenda to accomplish the targets:

(Ⅰ) Mitigation

Article 4 of the Paris Agreement provides relevant regulations for mitigation, which requires Parties to reach the peak of their greenhouse gas emissions as soon as possible, to communicate NDCs among parties and to formulate and communicate long-term low greenhouse gas emission development strategies. Based on the INDCs communicated on 30 June 2016, China aims: (i) to achieve the peak of carbon dioxide emissions around 2030 and strive to peak early; (ii) to lower carbon dioxide emissions per unit of GDP by 60 to 65 per cent from the 2005 level; (iii) to increase the share of non-fossil fuels in primary energy consumption to around 20 per cent; and (iv) to increase the forest stock volume by around 4.5 billion cubic metres at the 2005 level.[1] To reach the commitment of mitigation, China will further promote the process of its energy production and consumption revolution, and effectively cut emissions of conventional pollutants such as SO2, NOX, and dust on top of reducing CO2 emissions.[2] As stated in the seventh goal of China's 2030 Agenda, China plans to optimise its energy structure and develop low-carbon industry transition by 2030, by formulating province/region-specific plans with consideration of the priorities and needs (e. g. certain regions may be better suited to solar power, while other regions, to wind power or hydropower).[3] With regard to international cooperation, China will promote investments in energy infrastructure and clean energy technology, such as engagement in bilateral and multilateral cooperation on sustainable energy and strengthening cooperation with the United Nations, the International Energy Forum, the International Energy Agency (IEA) and the International Renewable Energy Agency. Moreover, China will assist the Sub-Saharan Africa and Asia-Pacific developing States to expand infrastructure and upgrade technology for

[1] UNFCCC, "China's INDC—on June 30, 2015", p. 4.

[2] Ernest Tambo, Wang Duo-Quan and Zhou Xiao-Nong, "Tackling Air Pollution and Extreme Climate Changes in China: Implementing the Paris Climate Change Agreement", *Environmental International* 95, 2016, pp. 152 – 156.

[3] He, "China's INDC and Non-Fossil Energy Development", pp. 214 – 215.

renewable energy according to their respective programmes, in line with the scope of the OBOR initiative.[1]

(Ⅱ) Adaptation

Article 7 of the Paris Agreement gives the Parties recognition for their efforts towards the global goal of enhancing adaptive capacity, strengthening resilience, and reducing the susceptibility to climate change. By 2030, China is anticipated to promote appropriate legislations, policies and actions that are aimed at adapting to the environmental, social and economic impacts of climate change. The first goal of China's 2030 Agenda aims to eradicate poverty and hunger in the world. By 2020, China is anticipated to lift over 50 million people living in the rural areas of China out of poverty. By 2030, China is expected to strengthen the resilience of the poor in vulnerable communities and ensure their equitable access to economic resources in order to reduce the economic, social and environmental impacts of climate change on the poor.[2] The fifth goal of China's 2030 Agenda targets to reduce inequality in China is to be achieved through the revisions and implementations of the Law on the Protection of Women's Rights and Interests (Funü quanyi baozhang fa), Employment Promotion Law (Jiuye chujin fa), Marriage Law (Hunyin fa), Labour Contract Law (Laodong hetong fa) and other relevant laws in order to eradicate all forms of discriminations and to strengthen the capability of minorities inherently disadvantageous to adapt to the changing environment as well.[3] The sixth goal of China's 2030 Agenda aims to provide a sustainable water supply and to create safe water resources. In 2015, China proposed the "Water Pollution Prevention and Control Action Plan" (Shui wuran fangzhi xingdong jihua) to reduce pollution and to increase water use efficiency across all sectors.[4] By 2020, China targets to increase effective uses of irrigation water nationwide to an coefficient above 0.55, and reduce water consumption per RMB10,000 of GDP by 23 per cent and per RMB10,000 of industrial value added by 20 per cent, compared to 2015.[5]

(Ⅲ) Loss and damage

Article 8 of the Paris Agreement states that Parties recognise the importance of averting, minimising and addressing loss and damage and compensation associated with the adverse

---

[1] "China's 2030 Agenda", pp. 34-35.

[2] "China's 2030 Agenda", pp. 34-35.

[3] "China's 2030 Agenda", pp. 5, 30-32.

[4] For example, to establish a water efficiency assessment system such as water consumption quantity per RMB10,000 of GDP.

[5] "China's 2030 Agenda", pp. 43-46.

effects of climate change. The 11th goal of China's 2030 Agenda highlights the imperative to build safe, resilient and sustainable cities and human settlements. China has enacted laws and regulations such as the Emergency Response Law (Tufa shijianyindui fa), Regulation on the Prevention and Control of Geologic Disasters (Dizhi zaihai fangzhi tiaoli), Meteorology Law (Qixiang fa), Regulation on Forest Fire Prevention (Senlin fanghuo tiaoli) and Road Traffic Safety Law (Daolu jiaotong anquan fa) to reduce people's property loss and damage by providing social and economic relief measures. The objective is to strengthen China's resistance capacity to climate risks in agriculture, forestry, water resources and other key fields, as well as in cities, coastal regions and ecologically vulnerable areas. China has planned for this eventuality: to establish a forecast, warning, and disaster prevention and reduction system, accelerate the full coverage of meteorological early warnings, and strengthen climate resilience.[1]

(Ⅳ) Finance

Article 9, paragraph 3 of the Paris Agreement, pertaining to mobilisation of climate finance, states that Parties that are developed States should provide financial support to Parties that are developing States for mitigation of climate change and adaptation of the Agreement. As reported in recent international climate summits, the Green Climate Fund (GCF) faced problems of insufficient financing, particularly after the United States' withdrawal from climate finance and exit from the GCF, hence this had significantly increased the burden of other donor Parties. For example, the contribution share of the European Union was estimated to increase by nearly 14 per cent; Japan by 3.68 per cent and the United Kingdom by 4.46 per cent.[2]

Based on the 13th goal of China's 2030 Agenda, China has proposed and urged developed States to formulate a road map and timetable that will mobilise US $ 100 billion annually by 2020 to address the climate-related needs of developing countries, as well as to push for the GCF to be fully operational through its capitalisation. Meanwhile, the "ability to pay" concept is also used to share the financing burden.[3] On the condition of fully respecting the will of recipient States, China asserts that it will work with other multilateral and bilateral assistance providers to prudently promote triangular cooperation for greater complementarities, diversified assistance methods and improved assistance results. In addition, China will also encourage the private

[1] "China's 2030 Agenda", pp. 32 – 34.

[2] Cui Lian-Biao and Huang Yu-ran, "Exploring the Schemes for Green Climate Fund Financing: International Lessons", *World Development* 101, 2018, pp. 183.

[3] "China's 2030 Agenda", p. 51; UNFCCC, "Decision 1/CP. 21", para. 53, p. 8.

sector, civil society, philanthropic groups and other stakeholders to play a bigger role on this matter.[1]

(V) Capacity-building

Article 11, paragraph 1 of the Paris Agreement interprets capacity-building as enhancing the capacity and ability of developing State Parties to take effective actions against climate change, in particular States with the least capacity such as the least developed States and small island developing States that are particularly vulnerable to the adverse effects of climate change. To this end, COP21 decided to establish the Paris Committee on Capacity-building as an authority for managing and overseeing the work plan for the 2016 – 20 period in order, inter alia, to foster global, regional, national and subnational cooperation.[2] To highlight the importance of international cooperation, China will fulfil its international obligations by providing more resources, both tangible and intangible, for global development, and by promoting platforms such as the Assistance Fund for South-South Cooperation, the China-UN Peace and Development Fund, the Asian Infrastructure Investment Bank and the New Development Bank to assist other developing States to implement the 2030 agenda for sustainable development. China also strengthens international cooperation in industrial capacity through construction of "global energy interconnection" under the B&R to achieve greater complementarities.[3] Furthermore, the fourth goal of China's 2030 Agenda advocates public education to increase awareness of the impact of climate change. By 2030, China will universalise its nine-year free compulsory education nationwide to ensure all students acquire knowledge and skills needed to promote sustainable development and sustainable lifestyles to build adaptive capacity.[4]

(VI) Technology facilitation mechanism

Technology development and transfer could effectively strengthen countries' resilience to combat climate change and reduce greenhouse gas emissions. Accordingly, Article 10, paragraph 3 of the Paris Agreement states that the technology mechanism established under the UNFCCC is also relevant to the Paris Agreement. To achieve the 17th goal of China's 2030 Agenda, China has called for global efforts to implement the "Addis Ababa Action Agenda", encouraging developed States to fully implement their ODA commitments based on relevant timetables and road maps, as well as providing assistance to developing States in the form of capital, technology and capacity-building. To facilitate technology development, China had established additional

[1] "China's 2030 Agenda", p. 17.

[2] UNFCCC, Decision 1/CP. 21, pp. 10 – 11.

[3] "China's 2030 Agenda", p. 17.

[4] "China's 2030 Agenda", pp. 27 – 30.

sources of financial resources for developing countries, e. g. technology banks as a two-way platform or mechanism. These mechanisms may facilitate China's green technology support or transfer to developing States. Capitalising on technology innovation, China has established its carbon trading markets in collaboration with developed countries and mastered the emission reduction technologies.[1]

Ⅵ. Conclusions

The UNFCCC and the Paris Agreement, known to be two independent and legally binding international instruments, are essentially of parallel nature. Nevertheless, due to the inherent connection in their formulation, the Paris Agreement can be seen as an implementing agreement within the framework of the UNFCCC sharing common goals against climate change.

Promoting non-fossil energy development is a necessary path for China—a major CO2 emitter in the world—to attain its INDC commitment. In 2015, Chinese President Xi Jinping proposed the "global energy interconnection" concept, which dovetails the State's needs for global energy reform and national economic development with its B&R. China's 2030 Agenda which was proposed during the post Paris Agreement era in response to China's low carbon road map policy in fact echoes the Paris Agreement. Furthermore, China has affirmed its commitment to implement China's 2030 Agenda, which would be integrated into the "13th Five-Year Plan for Economic and Social Development" (13th Five-Year Plan).[2] On a final note, the 17 goals set forth in China's 2030 Agenda could be envisaged as a clear roadmap on China's strategy on climate change by 2030 through domestic and overseas schemes. All of the 17 goals have targets to meet the requirements and approaches, namely mitigation, adaptation, loss and damage, financial support, capacity-building and technical facilitation, set forth in the Paris Agreement.

(原载于 China:An International Journal,第 18 卷第 2 期,2020 年 5 月)

---

〔1〕 "China's 2030 Agenda", pp. 59 – 64.

〔2〕 "China's Progress Report on Implementation of the 2030 Agenda for Sustainable Development", September 2019, pp. 1, 55, Accessed11 February 2020. at https://www. fmprc. gov. cn/mfa _ eng/topics _ 665678/2030kcxfzyc/P020190924780823323749. pdf.

Globalization and Indigenization: Legal Transplant of a Universal TRIPs Regime in a Multicultural World

Wei Shi *

Ⅰ. Introduction

The emergence of the World Trade Organization (WTO) Agreement on Trade Related Aspects of Intellectual Property Rights (TRIPs)[1] has revolutionized the conventional attributes of intellectual property rights (IPR) and triggered rapid evolution of the political ecology of the North-South relations. Since then, the IPR protection has been managed in an accelerated standardization process across the world, with developing nations being ardent participators. The transplantation of intellectual property law via the WTO has posed as a unique model of legal transplant imposed by industrialized nations in the context of neoliberal globalization.

Substantial emphasis has been placed on the concept of legal transplant in the context of comparative law[2]; very little scholarship, however, has been devoted to the significance of the legal transplant of TRIPs as an important international treaty.[3] This article attempts to shed light on the interaction between IPR harmonization and local adaptation in the context of

* 石巍,曾在山东大学法学院工作,现任英国班戈大学(Bangor University) Lecturer in Law.

〔1〕 Agreement on Trade-Related Aspects of Intellectual Property Rights, Apr. 15, 1994, Marrakesh Agreement Establishing the World Trade Organisation, Annex 1C, 33 I. L. M. 1197 (1994).

〔2〕 See, e. g., Alan Watson, Legal Transplants: An Approach to Comparative Law, 1993, pp. 21 – 30 (examining the concept of legal transplant in a context of Roman law, comparative law, and legal history).

〔3〕 See, e. g., Andres Moncayo von Hase, The Application and Interpretation of the Agreement on Trade-Related Aspects of Intellectual Property Rights, in INTELLECTUAL PROPERTY AND INTERNATIONAL TRADE: THE TRIPs AGREEMENT 98 (Carlos M. Correa & Abdulqawi A. Yusuf eds., 2008) (discussing the non-self-executing nature of TRIPs as a modern international treaty).

comparative law and legal transplant.

As a general discussion, while divergence between the optimists and skeptics of the theory remains, more scholars tend to agree on the transferability of foreign laws, provided that a "fitting-in" process, which makes the importing legal system adaptive and receptive to a different socioeconomic environment, is optimized.[1] This fitting-in process is a key step in ensuring that a foreign law takes root in indigenous soil and, to this end, requires necessary flexibility for countries with varied social, economic, and cultural conditions. However, in light of the global enforcement of IPR, TRIPs adopts a universal standard of harmonization of intellectual property and does not define standards and procedures to be followed on an ad hoc basis. Under such circumstances, developing countries may hesitate to achieve the international standard before domestic adaptation takes place. It is therefore not surprising that, while the transplant of TRIPs has ostensibly been embraced by almost all the countries, there still remain unresolved tensions as to the legal reform in light of law and development.[2]

Legal transplant is a complex topic and a comprehensive discussion of the theory is beyond the scope of this article. This article considers the harmonizing effect of TRIPs and the global enforcement of IPR through a discussion of legal transplantation and cultural adaptation. Part I examines the harmonizing effect of TRIPs and its implications to the countries at different development levels, particularly countries in the process of industrialization. It argues that the peripheral role of the developing countries from participation to assimilation in the process of globalization has exemplified the significant harmonizing effect of the TRIPs Agreement. Apart from focusing on the global intellectual property regime, Part II seeks to demystify the cultural facets of East Asian countries in the process of legal harmonization, taking specific account of Confucianism as a dominant philosophy that underpins attitudes toward legal reform. Having examined the harmonizing effect of the TRIPs Agreement and the distinctive cultural traits of the Confucianized region, Parts III-V provide case studies of three countries—Japan, Korea, and China—that have emerged in East Asia and have transplanted international IPR norms into their national legal systems during their modernization process. I argue that the involvement of the pre-industrial countries in the global economy illustrates their strategic reorientation and concludes that legal assimilation is an inevitable cost of the participation in the global trading

---

〔1〕 See infra notes 20, 21 and accompanying text.

〔2〕 See, e. g., Yusuf A. Abdulqawi, "TRIPs: Background, Principles and General Provisions", in Carlos M. Correa & Abdulqawi A. Yusuf eds., *Intellectual Property and International Trade: The TRIPs Agreement* 6, 2008 (noting that tension between uniformation of IPR standard and maximization of public interest "is a perennial issue which exists at both the national and international level").

system.

Ⅱ. The Transplant of TRIPs: a prismatic lens

Upon the emergence of the TRIPs regime, the global protection of IPR has been embodied in, and implemented by, a regulatory framework within the WTO that has prompted tremendous efforts of the participating nations to bring their national laws into line with the international standard. However, local adaptation during the legal transplantation process requires effort beyond legal domain and, ultimately, cultural reception plays a crucial role in determining the effectiveness and success of the transplantation process.

A. From Participation to Assimilation: The Harmonizing Effect of TRIPs and the New Policy for Developing Countries

Over the past two decades or so, developing countries have made a dramatic turn toward market-oriented policies.[1] As Susan Sell has observed, some years ago developing nations were engaged in pressing for a New International Economic Order (NIEO)[2] based on economic nationalism, import substitution, and the rejection of comparative advantage and global liberalism.[3] Today, democratization and globalization have had a significant impact on "increase[ing] the number of legal transplants" and, as a consequence, "most major legislation [in developing countries] now has a foreign component."[4] As a notable instance, the establishment of the TRIPs regime has changed the scene of the IPR of the developing world beyond recognition and aroused energetic legislative zeal that makes it rather difficult to keep pace with.[5] What has occasioned these changes?

The energetic legislative zeal in the developing world reflects an interesting phenomenon

---

[1] See Susan K. Sell, "Power and Ideas: North-south Politics of Intellectual Property and Antitrust", *American Political Science Review* 93, 1999, p. 175.

[2] The New International Economic Order, a broad model for restructuring the world economy, first put forward at a summit meeting of the nonaligned movement in the early 1970s where developing nations voiced their opinions on enhanced economic opportunities. See Robert Gilpin, "Global Political Economy: Understanding the International Economic Order", *International Affairs* 77(4), 2001, pp. 3 – 24.

[3] Susan K. Sell, "Power and Ideas: North-south Politics of Intellectual Property and Antitrust", *American Political Science Review* 93, 1999, p. 175.

[4] See Jonathan M. Miller, "A Typology of Legal Transplants: Using Sociology, Legal History and Argentine Examples to Explain the Transplant Process", *American Journal of Comparative Law* 51(4), 2003, p. 839 (discussing the impelling force behind legal transplants).

[5] Christopher Heath, Intellectual Property Rights in Asia-Projects, Programmes and Developments, Max Planck Institute for Intellectual Property, Competition and Tax Law (2003) (on file with author).

that developing countries have retreated from adhering to the NIEO and reoriented their foreign policy as a strategy to avoid being marginalized in the global trading system. As Gunther Teubner describes, the invisible social networks, invisible professional communities, and invisible trans-border markets have transcended territorial boundaries, making the global law of business transactions visible.[1] In such an increasingly open global economy, it is inevitable for developing countries to respond to the multinational treaties and to harmonize the participating countries' laws.[2] In addition, these countries are fully aware that there would be no way of claiming good records in areas such as international human rights and protection of the environment without importing some foreign or international models; similarly, there would be no way of engaging in the global market or expecting foreign investment without moving their legal regimes toward international commercial standards.[3] As an unavoidable consequence, upon the establishment of the WTO, the obligations to impose a series of international legal standards extended rapidly to the whole world trade community.[4]

Earlier legal transplants, including the reception of Roman law in Europe, the enactment of the Chinese codes in Eastern and Southeastern Asia, and the introduction of Spanish and Portuguese laws to Latin America, have been carried on as ubiquitous practice for centuries.[5] Substantial literature has been devoted to the concept of legal transplants in the context of comparative law.[6] However, research to date leads to substantial divergence that is mainly embedded in bifurcated propositions of optimists and skeptics of the theory.[7] As noted by

---

[1] Gunther Teubner, Global Bukowina: Legal Pluralism in the World Society, in Gunther Teubner ed., Global Law Without A State, 1997, p. 3 – 7.

[2] See Jonathan M. Miller, "A Typology of Legal Transplants: Using Sociology, Legal History and Argentine Examples to Explain the Transplant Process", *American Journal of Comparative Law* 51 (4), p. 840. (discussing how economic globalization has influenced the political will of the participating countries toward domestic legal changes). See also Vernon Valentine Palmer ed., *Louisiana: Microcosm of A Mixed Jurisdiction* 4, 1999 (asserting that "there doesn't exist in the modern world a pure judicial system formed without exterior influence"). Similar analysis can also be found in William Twining, Globalization and Legal Theory (2000) (exploring globalization and its implications for legal theory).

[3] See Jonathan M. Miller, "A Typology of Legal Transplants: Using Sociology, Legal History and Argentine Examples to Explain the Transplant Process", *American Journal of Comparative Law* 51 (4), 2003, p. 840.

[4] Ibid.

[5] Daniel Berkowitz et al., "The Transplant Effect", *American Journal of Comparative Law* 51, 2003, p. 172.

[6] See Alan Watson, "Legal Transplants: An Approach to Comparative Law", 1993, pp. 21 – 30 (examining the concept of legal transplant in a context of Roman law, comparative law, and legal history).

[7] The contrastingly different views reflecting optimists and skeptics of the theory are represented by Watson who suggests the feasibility of legal transplant and Legrand who vigorously argues against the former's view. See Alan Watson, "Legal Transplants: An Approach to Comparative Law", 1993, p. 95 (maintaining that legal transplant is "the most fertile source" of legal change). But see Pierre Legrand, The Impossibility of "Legal Transplants," *Maastricht Journal of European and Comparative Law* 4, 1997, p. 113 (arguing that Watson's view is "a most impoverished explanation of interactions across legal systems").

Richard Small, in essence, the debate over this point "revolves around the question of whether and to what extent law is transferable between nations under different cultural environments."[1] While scholars such as Pierre Legrand link the fundamental differences between legal systems and cultural values in a strict sense, casting doubt over the possibility of legal transplant,[2] Alan Watson emphasizes the autonomous nature of law, maintaining that there is no inherent association between law and the society in which it operates.[3] The theory put forward by Watson characterizes the proposition that legal transplants are socially feasible[4]; nevertheless, many commentators have emphasized that a successful legal change through transplantation requires a certain level of domestic adaptation in an economic, political, and cultural context.[5] During the transplanting process, legality can only be determined by the ability of a recipient country "to give meaning to the transplanted formal legal order and to apply it within the context of its own socioeconomic conditions."[6] It may be true that, while the

---

[1] See Richard G. Small, Towards a Theory of Contextual Transplants, 19 EMORY INT'L L. REV. 1431, 1431 (2005) (arguing that the "context" serves as the decisive factor that determines the effectiveness of the legal transplants).

[2] Pierre Legrand, "The Impossibility of 'Legal Transplants'," *Maastricht Journal of European and Comparative Law* 4, 1997, p. 114.

[3] Alan Watson, "Comparative Law and Legal Change", Cambridge Law Journal 37 (2), 1978, pp. 313 - 314 (mentioning that "[t]here is no exact, fixed, close, complete, or necessary correlation between social, economic, or political circumstances and a system of rules of private law"); Alan Watson, "The Evolution of Law" 1, 119 (1985) (stating that "[l]aw is treated as existing in its own right [and...] has to be justified in its own terms [...]. These two features make law inherently conservative"). For a detailed introduction to Watson's work and his theories, see William Ewald, "Comparative Jurisprudence (II): The Logic of Legal Transplants", *American Journal of Comparative Law* 43, 1995, pp. 489 - 510.

[4] WATSON, Alan Watson, "Legal Transplants: An Approach to Comparative Law", 1993, p. 7.

[5] See, e. g., Otto Kahn-Freund, "On Uses and Misuses of Comparative Law", *MOD. L. REV.* 37(1), 1974, pp. 12 - 13. (discussing the compatibility and transferability of the importing laws in a political context); Ugo Mattei, "Efficiency in Legal Transplants: An Essay in Comparative Law and Economics", *INT' L REV. L. & ECON* 14(16), 1994, p. 19 (concluding that how likely a legal doctrine will survive a transplant depends largely on its economic efficiency). See also William Ewald, "Comparative Jurisprudence (II): The Logic of Legal Transplants", *American Journal of Comparative Law* 43, 1995, p. 489. (emphasizing the causal link between law and society); Nicholas H. D. Foster, "Transmigration and Transferability of Commercial Law in a Globalized World", in Andrew Harding & Esin Orucu eds., *Comparative Law in the 21st Century* 55, 2002, pp. 58 - 59 (summarizing the debate between "culturalists" and "transferists" and explaining the tendency toward the gradual convergence of the two perceptions). The interaction between law and culture has drawn particular attention from scholars and commentators. Friedman has demonstrated that "legal systems [...] reflect what is happening in their own societies." According to Friedman, legal systems "assume the shape of these societies, like a glove that molds itself to the shape of a person's hand." See Lawrence M. Friedman, "On the Emerging Sociology of Transnational Law", *STAN. J. INT' L L.* 32, 1996, p. 72. Tamanaha gives another metaphor, stating that law is generally understood to be a mirror of society. See Brian Z. Tamanaha, "A General Jurisprudence Of Law And Society", 2005. As noted by Hernandez-Truyol, the relationship between law and culture is mutual or reciprocal. See Berta Esperanza Hernandez-Truyol, "Glocalizing Law and Culture: Towards a Cross-Constitutive Paradigm", *ALB. L. REV.* 67, 2003, pp. 621 - 623 (examining "a cross-constitutive paradigm of law and culture" and asserting that, in some circumstances, law can change culture but in other circumstances, "cultural norms can withstand, survive and effectively reject legal change").

[6] Daniel Berkowitz et al., "The Transplant Effect", *American Journal of Comparative Law* 51, 2003, p. 179.

transferability is compelling, a fitting-in process is indispensible to ensure effectiveness of a transplant in a unique socioeconomic environment. As Francis Cardinal George describes, neglecting the cultural reception process in legal transplantation under different social and ethical profiles amounts to "viewing law as the engine driving the cultural train" and is destined to fail.[1] Legal transplant is feasible, but cultural adaptation is essential. It is only when IPR is consistent with social and cultural realities that enforcement becomes reliable.

In this context, the enthusiastic and energetic legal transplant that take place in developing countries are often, if not always, consequences of political expediency—developing countries accept these laws as part of a process of participation in international affairs. As a result, in many circumstances, developing countries initiate "transplants whose acceptance is motivated by a desire to please foreign states, individuals or entities" and to "facilitate international commerce."[2] It is unsurprising that developing countries may have transplanted a full panoply of Western-style legal regimes without going through the necessary adaptation process.

B. Transplantation Without a Counterpart: Is the TRIPs Standard a Hijacked Issue?

As a medical term, transplantation refers to a surgical procedure by which a living tissue or organ is removed and implanted in a corresponding part, either from another part of the body or from another individual.[3] As a legal term, however, transplantation is defined as any legal provision or legal rule which is transferred from the "source body" of law in one jurisdiction and incorporated to the "host body" of law in another jurisdiction. Similar to the medical transplant where immunological compatibility between the donor and recipient of an organ determines transferability, a successful legal transplant requires cultural compatibility between the source body of law and its counterpart. Immune rejection leads to failure of organ transplant; cultural intolerance poses a major barrier to the success of legal transplants. Legal transplants have been identified as being actionable in virtually all areas of law.[4] However, the harmonization of intellectual property appears to be a radically new form of legal transplant because, unlike transplants in other legal areas, transplantation in intellectual property law usually operates in an

---

[1] Francis Cardinal George, "Law and Culture", *Ave Maria Law Review* 1, 2003, p. 6.

[2] See Jonathan M. Miller, "A Typology of Legal Transplants: Using Sociology, Legal History and Argentine Examples to Explain the Transplant Process", *American Journal of Comparative Law* 51(4), 2003, p. 847.

[3] See Donald Venes ed., *Taber' S Cyclopedic Medical Dictionary*, 20th Ed, 2005, p. 2225.

[4] See Jonathan M. Miller, "A Typology of Legal Transplants: Using Sociology, Legal History and Argentine Examples to Explain the Transplant Process", *American Journal of Comparative Law* 51(4), 2003, p. 841.

unprecedented manner and has no counterpart in the indigenous legal traditions of the participating states. In other words, legal transplant of intellectual property law is predominantly characterized by "inoculation" rather than "substitution."

Indeed, upon emergence of the TRIPs regime, the harmonized IPR global network, which had been owned exclusively by developed countries, extended to the developing world, including many developing countries whose previous commitments to IPR protection were "nonexistent or at best equivocal."[1] The transplantation of intellectual property law via the WTO has become one of the most visible and radical fields of legal reform imposed by industrialized nations in the context of neoliberal globalization advocated as the "Washington Consensus."[2] This adds more complexity and uncertainty to the legal transplant of intellectual property law. Thus, the lack of a counterpart in the indigenous legal traditions of the recipient nations amounts to grafting the gills of a fish onto a mammal, where an organ is transplanted to a body without an etheric template, upon which cell growth is based. This characteristic eliminates the transplant ability of intellectual property law and renders the process of transplant variable and unforeseeable. In this circumstance, any transplanted intellectual property structure may only function properly after recasting the indigenous cultural varieties of that imported law in the image of its original model. An overriding concern here is that this fitting-in process in launching a substantial set of intellectual property protection system is usually lengthy and costly, but developed countries have a tendency to be geared toward pragmatism and a desire for prompt returns. As Assafa Endeshaw observed, the "universal templates" created in the international lawmaking process are modeled after laws in developed countries and fail to take into consideration the socioeconomic circumstances of developing and less-developed countries.[3] It should not be unexpected that, in their implementation of TRIPs, developing countries may be reluctant to exceed the minimum necessary to achieve compliance and gain protection against possible retaliation from their trading partners. In this connection, any effective implementation of an imported provision will inevitably require domestic legislation. It is therefore not surprising that, while the transplant of

---

[1] Laurence R. Helfer, "Regime Shifting: The TRIPs Agreement and New Dynamic of International Intellectual property Lawmaking", *YaleJournal of International Law* 29, 2004, p. 23.

[2] The phrase "Washington Consensus" is a concept synonymous with "neoliberalism" or "neoliberal globalization" in the context of trade and development. It was initially expressed in late 1980s by John Williamson who coined the ideology for globalization. For a comprehensive account of the phrase, see Tamara Lothian, "The Democratized Market Economy in Latin America (and Elsewhere): An Exercise in Institutional Thinking within Law and Political Economy", *Cornell International Law Journal* 28, 1995, pp. 175 – 179.

[3] Assafa Endeshaw, "The Paradox of Intellectual Property Lawmaking in the New Millennium: Universal Templates as Terms of Surrender for Non-industrial Nations; Piracy as an Offshoot", *Cardozo Journal of International and Comparative Law* 10, 2002, p. 75.

TRIPs has ostensibly been embraced by almost all the countries, the harmonized norms are exotic and are apt to provoke repellency.

Indeed, in the arena of world trade and intellectual property, many developing countries adopted high standards of IPR due to the coercive demand of developed countries.[1] As Nick Foster has demonstrated, the manner of a recipient may affect, if not determine, the effectiveness of an importing law—if, for instance, a law is received unprecedentedly and implemented passively through "imposition by a colonial power," this law may lack natural affinity, and the attitude toward enforcing it may be contrastingly different from law adopted actively and willingly.[2] Legal reform toward IPR protection, in this context, has been depicted as "externally dictated transplants" for developing countries.[3]

Although the degree of external pressure may affect acceptance of a transplanted intellectual property law, the real success of a transplant depends on the extent of the participation of the recipient in the transplanting process and the genuine interests of the state to strengthen its protection mechanism. An externally dictated transplant during its initial phase tends to fail if the domestic incentives or external coercions disappear[4]; however, as has been demonstrated, "one clear motivation for a legal transplant is the presence in the receiving country of individuals interested in investing in the transplanted legal structure so that they can obtain political or economic benefits from their investment."[5] Otherwise, the advocates are doing little more than breeding disrespect for laws that are perceived by the recipients as "out of touch" with reality, making the laws colorful but unenforceable.[6] Thus, applying a one-size-fits-all approach to countries of widely differing stages of development and innovation capacities is not likely to yield the best result.[7] At the point where the new concept of IPR is slowly filtering into people's minds, and sufficient individuals such as inventors, authors, and other IPR appropriators are tempted toward an improved IPR standard, the legal transplant may take root

---

[1] See Jonathan M. Miller, "A Typology of Legal Transplants: Using Sociology, Legal History and Argentine Examples to Explain the Transplant Process", *American Journal of Comparative Law* 51(4), 2003, p. 848.

[2] Nicholas H. D. Foster, "Company Law Theory in Comparative Perspective: England and France", *American Journal of Comparative Law* 48, 2000, p. 612.

[3] See Jonathan M. Miller, "A Typology of Legal Transplants: Using Sociology, Legal History and Argentine Examples to Explain the Transplant Process", *American Journal of Comparative Law* 51(4), 2003, p. 847.

[4] Ibid., p. 868.

[5] This theory creates legal base for what has been described as "entrepreneurial transplants." Ibid., p. 850.

[6] Francis Cardinal George, "Law and Culture", *Ave Maria Law Review* 1, 2003, p. 6.

[7] See Daniel L. M. Kennedy & James D. Southwick eds. *The Political Economy of International Trade Law (essays in honour of robert e. hudec)*, 2002, pp. 296 – 327 (suggesting that "there is a dearth of empirical research" on this area because it is probably too early for assessment; however, "[t]he evidence that does exist suggests that payoffs thus far have been limited at bet").

during the process of local adaptation and become domestically assimilated and gradually indigenized.

In this context, from an objective perspective, TRIPs may well deserve criticism for its potentially asymmetric effects across countries despite the praise it has enjoyed as a milestone in the process of the world IPR harmonization.[1] As Professor Vincent Chiappetta has commented, the current international harmonization effort is "ill-conceived and unsupportable."[2] By attracting or forcing countries to adopt "universal" standards that are nonexistent in the participating countries, the unprecedented harmonization could "mark 'progress' along an ill-defined path prematurely taken, or indeed the wrong path entirely."[3] Not only is there no international consensus regarding the inherent superiority of a market economics approach to IPR, "much work remains to be done regarding the related distributional inequities" it generates to ensure developing countries genuinely benefit from refocusing and implementing the core mission of the world trading system.[4] For these reasons, the TRIPs transplantation process did not generate sufficient legitimacy in favor of higher IPR protection standards that some observers had anticipated. Instead, as noted by Helfer, it fostered a growing belief, at least in the developing world, that "TRIPs was a coerced agreement" that should be at best impeded rather than embraced.[5]

---

[1] Ibid., pp. 296 – 327. (arguing that "[t]he relationship to trade is minimal and, indeed, often negative, so the term 'Trade-Related-Intellectual-Property' is close to being an oxymoron"); John F. Duffy, "Harmony and Diversity in Global Patent Law", *Berkeley Technology Law Journal* 17, 2002, p. 686. (acknowledging the value of certain harmonization at national level, author argues that "uniformity [...] makes the law unresponsive to local variations, eliminates interjurisdictional competition and decreases the possibilities for legal experimentation"); Marci Hamilton, "The TRIPs Agreement: Imperialistic, Outdated, and Overprotective", *Vanderbilt Journal ofTransnational Law* 29, 1996, pp. 614 – 615, 633 – 634 (arguing that the TRIPs Agreement imposes a western-styled intellectual property legal regime, which is not necessarily the Ideal Paradigm for the developing world); Jerome H. Reichman, "Intellectual Property in International Trade: Opportunities and Risks of a GATT Connection", *Vanderbilt Journal of Transnational Law* 22, 1989, pp. 747 – 891 (discussing the violation of principle of economic sovereignty and deriving a set of analytical propositions to guide a TRIPs negotiation conducted in the spirit of cooperation and good faith). See also T. N. Srinivasan, The TRIPs Agreement: A Comment Inspired by Frederick Abbott's Presentation (Nov. 2000), available at http://www.econ.yale.edu/srinivas/TRIPs.pdf (arguing that "it was a colossal mistake to have included TRIPs in the WTO, as one of the agreements that was part of the single-undertaking framework of the Uruguay Round agreement, for at least two reasons: First, whatever be the merits of strengthening IPR protection around the world, incorporating IPR in the WTO framework by merely asserting that such protection is trade-related, seems primarily for the purpose of legitimizing the use of trade policy instruments to enforce IPR protection").

[2] Vincent Chiappetta, TRIP-ping Over Business Method Patents, *Vanderbilt Journal of Transnational Law* 37, 2004, pp. 181 – 182.

[3] Ibid.

[4] Ibid.

[5] Laurence R. Helfer, "Regime Shifting: The TRIPs Agreement and New Dynamic of International Intellectual property Lawmaking", *Yale Journal of International Law* 29, 2004, p. 24.

C. The Ideology and Diplomacy of IPR Transplant: Is TRIPs a Tool to Consolidate Global Hegemony?

The international protection of IPR refers, in large part, to the protection between developed and developing countries. As analyzed previously, developed countries normally bear the brunt of policies toward IPR transplantation and harmonization, while developing countries are exposed as far more passive, vulnerable, and sentimental. In the political realm, legal transplant of the universal TRIPs standards has been in some way depicted as a lever that allows developed countries to maximize their interests in the global marketplace. By contrast, developing nations have been sensitive to the standard of IPR protection set by TRIPs and the tendency to extend this bilaterally.[1]

1. TRIPs Transplantation: Added Leverage

Different commentators present different ideological and epistemological stances toward the justification of TRIPs. David Demiray points out that a key motivation behind the introduction of TRIPs was a desire of developed states to protect their accrued competitive technological advantage in the face of the threats and opportunities of globalization.[2] A harmonized IPR regime serves as a powerful tool, enabling transnational corporations to internationalize the different phases of production without jeopardizing IPR protection.[3] As noted by Jerome Reichman, the actual objective of TRIPs is merely to establish a global regime for proprietary rights regardless of the "anti-competitive effects than the hybrid regimes of exclusive property rights proliferating in the developed countries."[4] In this sense, the functional outcome of TRIPs is, to some extent, to consolidate the global hegemony of a few developed nations.[5] By challenging the political limits of national sovereignty, TRIPs provisions require that member

---

[1] Typically, developing countries maintain that different economic sophistication calls for different level of IPR protection. These countries claim that, under the new norms set by TRIPs, something should be done to enable marginalized developing countries to lessen the heavy social cost imposed by the TRIPs standards and increase the gains accruing from higher international IPR protection. See, e. g., Hamilton, Marci Hamilton, "The TRIPs Agreement: Imperialistic, Outdated, and Overprotective", *Vanderbilt Journal of Transnational Law* 29, 1996, p. 613.; A. Samuel Oddi, TRIPs Natural Rights and a "Polite Form of Economic Imperialism," *Vanderbilt Journal of Transnational Law* 29, 1996, p. 459..

[2] A. David Demiray, "Intellectual Property and the External Power of the European Community: The New Extension", *MICH. J. INT' L L.* 16, 1994, p. 200.

[3] Kim Nayyer, "Globalization of Information: Intellectual Property Law Implications", 7 FIRST MONDAY 7, 2002. http://131.193.153.231/www/issues/issue7_1/nayyer/index.html.

[4] Jerome H. Reichman, "From Free Riders to Fair Followers: Global Competition under the TRIPs Agreement", *N. Y. U. J. INT' L L. & POL.* 29, 1996, p. 27.

[5] Eric Allen Engle, "When is Fair Use Fair?: A Comparison of E. U. and U. S. Intellectual Property Law", 15 *TRANS' L L.* 15, 2002, p. 189.

states provide higher protection for IPR, thus providing a point of leverage for developed states to enhance standards under bilateral negotiations, which has been viewed "as a drive to overcome pre-existing territorial limitations on intellectual property rights." [1]

A case in point is the United States. The percentage value of U. S. intellectual property exports skyrocketed in the second half of the twentieth century, and thus the United States was increasingly concerned about the erosion of its competitiveness caused by the widespread "free riding" occurring in developing countries. [2] By reducing this unfair practice, the United States would "receive stolen rents from developing countries for the use of patented technology." [3]

For example, over the past two decades or so, the United States has launched WTO dispute settlement proceedings against Sweden, Ireland, Denmark, Greece, and the European Union. [4] In 1998, the United States announced the initiation of WTO dispute settlement proceedings against Greece concerning rampant television piracy in the country and their failure to comply with the enforcement provisions of the TRIPs Agreement. [5] To address such concerns, Greece swiftly enacted legislation that provided additional administrative measures and procedures to strengthen its IPR enforcement mechanism. [6] Similarly, in responding to external pressure from the United States, Sweden amended its intellectual property laws in late 1999 to put in place prompt and effective provisional relief in civil enforcement proceedings. [7] In February 1998, Ireland committed to enact comprehensive copyright reform legislation and, in June 1998, passed expedited legislation increasing criminal penalties for copyright infringement and addressing

---

[1] See Jerome H. Reichman, "The Establishment of Minimum Standards", In Anthony D' Amato & Doris Estelle Long eds, *International Intellectual Property Law*, 1998, p. 237 (examining the implications of the TRIPs Agreement for developing countries).

[2] Donald P. Harris, "TRIPs Rebound: An Historical Analysis of How the TRIPs Agreement Can Ricochet Back Against the United States", *NW. J. INT' L L. & BUS.* 25, 2004, p. 109.

[3] Ibid., p. 139 (pointing out that TRIPs was designed to remedy trade deficit resulting from piracy).

[4] Among the early WTO complaints, the cases involving Sweden and Denmark were brought for failure to provide ex parte civil remedies, in violation of Article 50 of TRIPs, while the cases against Ireland and Greece (the latter for television piracy) were brought for violations of Articles 41 and 61. See IIPA Paper on Copyright Enforcement under the TRIPs Agreement, Oct. 2004, IIPA, available at http://www.iipa.com/rbi/2004_Oct19_TRIPs.pdf. The WTO complaint against China in April 2007 was a recent case which has been discussed elsewhere. See, e. g., Wei Shi & Robert Weatherley, "Harmony or Coercion: China-EU Trade Dispute Involving Intellectual Property Enforcement", *WIS. INT' LL. J.* 25, 2007, pp. 439 - 490.

[5] See Consulate General of the United States in Hong Kong & Macau, 2000 Special 301 Report (2000), available at http://hongkong.usconsulate.gov/usinfo_301.html (follow "2000 Special 301 Report" hyperlink).

[6] Ibid.

[7] Jay Ziegler, USTU Announces Results of Special 301 Annual Review, USTR Press Releases (May 1, 1998), at 22, available at http://hongkong.usconsulate.gov/usinfo_301.html (follow "USTU Announces Results of Special 301 Annual Review" hyperlink).

other enforcement issues.[1] In a similar circumstance, Denmark duly established a Special Legislative Committee to deal with the issues addressed by the United States and proposed options for amending its law to strengthen provisional remedies available to IPR holders.[2]

2. Stimulation Versus Suppression: Is TRIPs a Double-Edged Sword?

Despite the prolonged controversies in the realm of international IPR, it is perhaps true that the emerging global IPR system, like the double-edged sword, comes with dual effect of stimulation and suppression to the society. As suggested in the Report of the Commission on Intellectual Property Rights,[3] the crucial issue here is not whether it benefits growth, but how it fosters or hinders gaining access to technological and cultural resources for development.[4]

Both growth and development are associated with sustainability. Growth refers to getting biggerFa quantitative increase, and development refers to getting better Fa qualitative change.[5] In an effort to facilitate economic development, a community should have to pursue growth at some point in the development. However, it also has to allocate the benefits of growth to the ends of development rather than enriching domestic vested interests. In this regard, free trade undermines the grip of local monopolies operating on government license, but does the TRIPs Agreement merely replace internal monopolies with external ones? Economic development requires not only an increase in wealth, but increased diversity in its allocation and attention to the quality of the consequences.

IPR rules are inherently and fundamentally interacted with the attainment of sustainable development, which itself represents a process of cultural adaptation. These rules can influence the technology dissemination between the developed and developing world, impact the control that communities have over their traditional knowledge, and affect the access to essential

---

[1] Consulate General of the United States in Hong Kong & Macau, 2000 Special 301 Report (2000), available at http://hongkong. usconsulate. gov/usinfo_301. html.

[2] Jay Ziegler, USTU Announces Results of Special 301 Annual Review, USTR Press Releases (May 1, 1998), at 7, 23, available at http://hongkong. usconsulate. gov/usinfo_301. html.

[3] Integrating Intellectual Property Rights and Development Policy, Report of the Commission on Intellectual Property Rights (CIPR), Sept. 2002, available at http://www. iprcommission. org/graphic/documents/final_report. htm. For a detailed introduction to the CIPR, see the official Web site of the Commission, Accessed Feb. 25, 2010. http://www. iprcommission. org.

[4] Ibid.

[5] Ralph Nader & Jerry Brown, *The Case Against Free Trade: Gatt, Nafta, And The Globalization Of Corporate Power*, Berkeley, Earth Island Press, 1993, p. 132 (illustrating that growth is "quantitative increase in physical size" whereas development is "qualitative change, realisation of potentialities, transition to a fuller or better state").

medicines,[1] which constitute parts of the fabric of our culture. The TRIPs Agreement is also seen as an attempt to develop a new frontier for patent protection toward life forms and biological materials that have given rise to concerns over the impact of genetically modified organisms on the environment, basic food and public health, traditional knowledge, and biodiversity management.[2] In this connection, IPR transplantation in a global environment calls for domestic cultural adaptation. Developing countries may implement the TRIPs Agreement in light of their own legal and cultural diversities, taking into account public interests as well as the overall community development.

In connection with sustainable development, the implementation of TRIPs without adequate flexibility may limit the freedom of the developing members to shape their IPR strategies in accordance with their socioeconomic conditions and ultimately impede development.[3] From this perspective, sustainable development and intellectual property are intimately connected, particularly in the context of the Doha Development Agenda, which highlights the expected contribution of trade toward achieving sustainable development.

Indeed, there is a growing concern that the strength of industry influence over developed state policy positions on IPR undermines the safeguarding of other rights, which have less prominence in the domestic politics of developed states, but are crucial to the policy priorities of developing states.[4] As noted by some commentators, the universal protection of IPR under the TRIPs Agreement "presents a paradox in that it runs against the basic tenets of liberalization and favors monopoly restriction."[5] Within the global IPR regime, abuse of the monopoly power may lead to undesirable or even disastrous social consequences if such essential matters as human health or access to food were "held hostage."[6] While the role of the TRIPs Agreement in the global trading system is under debate, there is no ground for pessimism toward the future of the WTO. It is expected, however, that the WTO is to be refocused on its long-term mission to tackle poverty and difference, and sustainable development reflects a prominent element of

---

[1] Addendum to Accreditation of Non-Governmental Organization, Standing Committee on the Law of Patents, Tenth Session, Geneva, May 10 – 14, 2004, World Intellectual Property Organization, Geneva, available at http://www.wipo.int/edocs/mdocs/scp/en/scp_10/scp_10_7_ add-annex1.pdf.

[2] See World Bank Et Al., *Gender In Agriculture Sourcebook*, 2008, p. 476.

[3] See South Centre, *The TRIPs Agreement: A Guide For The South, The Uruguay Round Agreement On Trade-Related Intellectual Property Rights*, 1997, p. 33.

[4] Ibid.

[5] Joseph Oloka-Onyango & Deepika Udagama, Health, Intellectual Property & Human Rights, *South Bulletin* 9, 2001, pp, 3 – 4 (asserting that "the protection of IPR under TRIPs presents a paradox for international economic law").

[6] Chakravarthi Raghavan, "Ensure More Definitive Rendering of TRIPs Exceptions", Say Jurists (Aug. 8, 2001), available at http://www.twnside.org.sg/title/jurists.htm.

that mission. For example, according to the principles of the WTO, the trading system "should be more beneficial for less developed countries, giving them more time to adjust, greater flexibility, and special privileges."[1]

3. Offer by "Top-Up": Avaricious Extortion or Propitious Compensation?

Notwithstanding the numerous international conventions, and related specialized organizations, the TRIPs Agreement is enforceable within the framework of the WTO, "a forum lacking a tradition of work in the field of IPR."[2] TRIPs transplantation is thus unbalanced in its orientation. As Carlos Correa has pointed out, the "TRIPs Agreement was not merely conceived as an instrument to combat counterfeiting and piracy, an objective that most developing countries would have shared,"[3] but also as a regulatory mechanism which aims to "universalize[ ] standards of protection that are suitable for industrialized countries."[4] This debate has been polarized since the global trade regime emerged. However, without a natural alliance between IPR and the level of domestic adaptation, the enforcement of these unsolicited provisions is likely to be sporadic and spurious.[5] This causation may, in turn, shatter the expectations of TRIPs advocates and make it imperative for developed countries to set a more realistic and moderate target for IPR protection. There is considerable doubt as to whether developing countries could overcome the inherent incompatibility of the IPR system with their indigenous conditions merely through a process of adaptation or adoption of that system.[6] It is neither reasonable nor sustainable to set forth the same standard for two nations at different stages of development. Figuratively, they are boxers from different heavyweight divisions. This gives credence to the view that the interests of developing countries would best be served by rejecting the international IPR system as inapplicable until they can pass through the necessary stage of industrialization and scientific and technological advance[7]; however, these developing countries cannot afford to be isolated within the existing global trade system.

Because the TRIPs Agreement as a "service package" has been accepted by the international

[1] WTO, "Principles of the Trading System", in Understanding the WTO, WTO Publications, 4th ed., 2008, p. 10.

[2] See South Centre, *The TRIPs Agreement: A Guide For The South, the Uruguay Round Agreement on Trade-Related Intellectual Property Rights*, 1997, p. 33.

[3] Carlos M. Correa, *Intellectual Property Rights, the WTO, and Developing Countries: the TRIPs Agreement and Policy Options*, Zed Books, 2000, p. 5.

[4] Ibid.

[5] Stefan Kirchanski, "Protection of US Patent Rights in Developing Countries: US Efforts to Enforce Pharmaceutical Patents in Thailand", *LOY. L. A. INT' L & COMP. L. REV.* 16, 1994, p. 598.

[6] Carlos M. Correa & Abdulqawi A. Yusuf eds., *Intellectual Property and International Trade: the TRIPs Agreement*, Kluwer Law International BV, 2008, p. 3..

[7] See Assafa Endeshaw, *Intellectual Property Policy for Non-Industrial Countries*, DARTMOUTH, 1996, p. 116.

community, it appears unrealistic to unwind the TRIPs norms at present and in the foreseeable future. Any bargaining mode between developed and developing countries can only be conceived and implemented within the existing TRIPs framework. In light of capacity building, the most strategic and pragmatic policy for the developed countries is to formulate long-term strategies and to conceive a "top-up" scheme to those developing countries that have made firm commitments to implementation of TRIPs minimum standards. As a reciprocal deal, developed countries could in turn "go a long way towards raising enthusiasm for TRIPs if they would actively implement their 'best efforts' commitments to encouraging technology transfer to the least developed countries and to provide technical and financial assistance for developing countries."[1] Only in this way can developing countries overcome cultural incompatibilities and surpass the fitting-in process of IPR transplantation.

As suggested by Lai and Qiu, developed nations should compensate developing nations in an appropriate way and on a reasonable scale as a price for the promotion and harmonization of the IPR standards.[2] This is reasonably deserved compensation for the cost of cultural and social adaptation incurred by developing countries during the process of TRIPs transplantation. There would be no exaggeration in assuming that, if the extra surplus generated from strengthened IPR protection benefited developed nations solely, developing countries should under no circumstances have implemented and enforced the IPR willingly and effectively.[3]

In the meantime, developing countries may continue to leverage all possible flexibility within the present TRIPs infrastructure before the necessary revision of the agreement were to be made. Developing countries are advised to operate at the lower limits of the TRIPs standard.[4] In addition, the fact that TRIPs is subject to periodic review gives developing countries the opportunity to coordinate their negotiation positions, taking into account their own development objectives. Making full use of this flexibility to find a dynamic balancing of interests will be beneficial not only to developing nations, but also, in the long term, to developed nations.

---

[1] See World Bank, *Intellectual Property: Balancing Incentives with Competitive Access*, *Global Economic Prospects*, 2002, p. 147.

[2] Edwin L.-C. Lai & Larry D. Qiu, "The North's Intellectual Property Rights Standard for the South", *J. INT'L ECON.* 59, 2003, p. 203 (demonstrating, "[t]o make the TRIPs Agreement incentivecompatible for the South, the North, which is the beneficiary region, has to compensate the South[ ]... for its increase in IPR protection").

[3] Ibid.

[4] See World Bank, *Intellectual Property: Balancing Incentives with Competitive Access*, *Global Economic Prospects*, 2002, p. 147.

Ⅲ. When Neoliberalism Meets Confucianism: IPR Harmonization in East Asia

Confucianism has long been acknowledged as the foundational philosophy in East Asia which has over the past few decades witnessed phenomenal economic prosperity in this region. In the process of the economic integration, it is of both theoretical and practical significance to examine the response of Japan, Korea, and China to TRIPs compliance in the context of cultural interaction in order to assess the extent to which Confucian values influence the transplantation of IPR and the correlation between the initiatives in IPR enforcement and the socioeconomic environment in which the initiatives operate.

A. Cultural Traits in the Confucianized Region

Confucianism is a Chinese ethical and philosophical code of conduct embraced by the population in much of the neighboring Far Eastern region, including Japan and Korea, and has shaped the Confucian perceptions, which have been fostered and developed over two millennia.[1] As a systematic code of interpersonal behavior consisting of practical, political, philosophical, and social doctrines, Confucianism has been cultivated from the treatises and sermons attributed to the Chinese thinker and philosopher Confucius (551 – 479 B. C. E.)[2] who is best credited with the Confucian classic, The Analects.[3]

Confucian thought promotes personal sincerity, governmental morality, and social harmony, in connection with which the rituals of Confucianism evolved over time and matured into the four forms: li—ritual; xiao—filial piety; Zhong—loyalty; ren—humaneness.[4] As one of Confucius's most important doctrines, it is presented that there is a proper order to all things in

〔1〕 See Xinzhong Yao, *An Introduction to Confucianism*, 2000, pp. 38 – 39.

〔2〕 The Chinese name of Confucius was Master Kong (Kung Futze/Kong Fuzi), which was Latinized to Confucius by Italian Jesuit Matteo Ricci (1552 – 1610) in order to portray Chinese society to Europeans. See Xinzhong Yao, *An Introduction to Confucianism*, 2000, pp. 1 – 2, 21 – 22. For a brief biography of Confucius, see Patricia Buckley Ebrey, *The Cambridge Illustrated History Of China*, 1996, p. 42.

〔3〕 Compiled by his followers during the Han Dynasty (206 B. C. E. – 24 C. E.), The Analects is considered as the chief text of Confucianism, which contains sayings and conversations between the Teacher and his disciples. For a full text and comprehensive interpretation of The Analects, see Confucius, *The Analects*, 1993.

〔4〕 See Hyung Kim, *Fundamental Legal Concepts Of China And The West: A Comparative Study*, 1982, pp. 30 – 31.

the universe, including human society, which is described as "harmony."[1] Through the definition of "five cardinal relationships", which reflect a hierarchical order based on a set of norms and virtues,[2] Confucius provided a simple guide for classifying the family and society.[3] As Confucius emphasized, within and throughout this traditional order, harmony can be achieved if every person respects the established hierarchy and plays an appropriate role in society.[4] Confucianism governs people's proper etiquette with regard to interactions between internal attitude and external behavior and, as such, fosters the sense of community in harmony.[5] Interestingly, Confucian philosophy expresses the essential norm which is roughly analogous to the Western concept of natural law,[6] whereas the natural law itself has its ethical origin and addresses absolute moral values.[7] In this context, the theory of Confucianism is broadly comparable and akin to the concept of natural law.[8] While the theory of property is inherently associated with the philosophy of natural law,[9] Confucianism reflects the natural order of society and emphasizes the social structure sustaining and underpinning it.

B. East Asian Paradigm: How Does Confucianism Accommodate Private Rights?

East Asian countries have enjoyed a remarkable history of technological invention and entrepreneurial innovation. The famous four great inventions of ancient China, namely papermaking, typography, the compass, and gunpowder, have had a considerable impact on the

---

[1] In Confucianism, "harmony" is viewed as "the highest virtue", which is closely attributed to nature, politics, and ethics, and is regarded as a moral standard to cultivate order and peace internally and externally. See Xinzhong Yao, An Introduction to Confucianism, 2000, p. 172.

[2] Ibid.; see also Ronald J. Troyer, "Chinese Thinking about Crime and Social Control", in Ronald J. Troyer et al. eds., *Social Control in the People's Republic of China*, 1989, pp. 51 – 52 (stating that Confucian philosophy has designated the social position of particular actors in society by placing the state first, the collective second, and the individuals last).

[3] The five moral disciplines that govern the five cardinal relationships are: (1) justice and righteousness should mark the relations between sovereign and subject, (2) a proper rapport should be maintained between father and son, (3) division of duties between husband and wife, (4) the younger should give precedence to the elder, and (5) faith and trust should reign over relationships between friends. See Xinzhong Yao ed., Routledge Curzon Encyclopedia of Confucianism, 2003, pp. 501 – 503.

[4] Ibid., p. 501.

[5] See Confucius, *The Analects*, 1993, pp. 44 – 45.

[6] See Xinzhong Yao, An Introduction to Confucianism, 2000, p. 149.

[7] Norberto Bobbio, *Thomas Hobbes And The Natural Law Tradition*, 1993, p. 125.

[8] See Hyung Kim, *Fundamental Legal Concepts of China and the West: A Comparative Study*, 1981, pp. 30 – 31.

[9] Ellis Washington, "Excluding the Exclusionary Rule: Natural Law vs. Judicial Personal Policy Preferences", *Deakin Law Review*, 10, 2005, p. 775.

world economy and human culture.[1] The wood-type typography was developed to movable metal type by ancient Korea in the thirteenth century and was soon introduced from the East to the West.[2] Five-color printing was in use in China in the sixteenth century and widespread in both China and Japan as early as the seventeenth and eighteenth centuries.[3]

In addition, East Asian countries have a long history of protecting intangible properties. Trademarks in China can be traced back to the Tang Dynasty (618 – 907 C. E.), when traders started using brand names and logos to distinguish goods in the ancient marketplace.[4] During the Ming (1368 – 1644 C. E.) and Qing (1644 – 1911 C. E.) Dynasties, trademarks received legislative attention through an "informal system of guild registration."[5] In the neighboring state of Japan, trademark law was originated in the feudal regime of Edo Bakufu, which was established in the early seventeenth century and was considered a pre-modern patent and trademark system, although modern intellectual property did not take shape until the Meiji Period (1868 – 1912 C. E.).[6] Not surprisingly, the historical record dealing with intellectual property in East Asian countries appeared very early.

Confucianism has been credited with being the foundational philosophy upon which oriental civilization and culture are based.[7] In contrast to most Western societies, where IPR was born out of a predominantly Western concept of private property rights and individualism,[8] Confucian philosophy is characterized by a collection of "individuals" and their "interconnections and interdependencies."[9] Fueled by the collectivist orientation, Confucianism appears to emphasize social harmony and thus exhibits inherent insensibility to the norms based on proprietary rights of individuals, although it does place value on the concept of communal

---

〔1〕 For a detailed introduction of the Chinese innovations, see generally Joseph Needham, "Science and China's Influence on the World", in Raymond Dawson ed., *The Legacy of China*, 1971, p. 234; for Chinese Four Great Inventions, see Robert K. G. Temple, *The Genius of China*: 3, 000 *Years of Science, Discovery, and Invention*, 1986, pp. 81 – 84, 110 – 116, 224 – 229, 149 – 151.

〔2〕 See Andre Gunder Frank, *Reorient*: *Global Economy in the Asian Age*, 1998, p. 200.

〔3〕 Ibid.

〔4〕 Hamideh Ramjerdi & Anthony D'Amato, "The Intellectual Property Rights Laws of The People's Republic of China", *N. C. J. INT'L L. & COM. REG.* 21, 1995, p. 172.

〔5〕 Charles Baum, "Trade Sanctions and the Rule of Law: Lessons from China", *STAN. J. E. ASIAN AFF.* 1, 2001, p. 51.

〔6〕 Brent T. Yonehara, "Landoftherisingsun. co. jp: A Review of Japan's Protection of Domain Names against Cybersquatting", *IDEA* 43, 2003, pp. 207 – 212.

〔7〕 See Hyung Kim, *Fundamental Legal Concepts of China and the West*: *A Comparative Study*, 1981, pp. 30 – 31.

〔8〕 Eric M. Griffin, "Stop Relying on Uncle Sam! FA Proactive Approach to Copyright Protection in the People's Republic of China", *TEX. INTELL. PROP. L. J.* 6, 1998, p. 182.

〔9〕 Ming-Jer Chen, *Inside Chinese Business*: *A Guide for Managers Worldwide*, 2001, p. 72.

property.[1]

Thus, at first sight, Confucianism is quite alien to the notion of private rights. However, Confucianism is not a simple compilation of the literatures; rather, it is a set of norms and standards with a pronounced pragmatic orientation and can be adopted strategically and instrumentally. Confucian values may have both facilitative and obstructive effects, depending on how they are determined and preserved. While conventional Confucianism could be an obstructive factor to the economic modernization in one way or another, once the policies favoring the development are adopted and fitted in domestic circumstances, selected Confucian values become responsive and supportive throughout the economic development process.[2] Confucian philosophy has reasonable elasticity and resonance. For instance, at the initial stage of development, where national economy is immature, economic interests are likely to be prioritized and the cultural factors are apt to give way to, and create ethical underpinning of, the economic development.

Indeed, as the development trajectories of the East Asian nations have demonstrated, the unique Confucian philosophy has played a positive role in nurturing entrepreneurship and strengthening competitiveness in this region and has thus provided an East Asian paradigm: accommodating private rights in a collectivist philosophy. As will be discussed in some detail in the following sections, Japan has been successful in creating a remarkable synthesis of "morality" and "economics."[3] Since the 1960s, Korea followed the Japanese example and developed into one of the "Four Mini Dragons". Now China is on its way to reshaping its cultural identity and striving to become a dominant force in the world economy. Confucianism does not reject personal rights, but affords protection through a different yet effective approach. Its emphasis on "personal development, in contrast to personal gain, helped create a culture in which the individual was viewed as quite important, but primarily so because of his or her contribution to society".[4] Thus, contrary to the popular belief, it would be incorrect, or at least inaccurate, to claim that Confucianism has served to be a cultural barrier to economic development and technological innovation.[5]

---

[1] See Hyung Kim, *Fundamental Legal Concepts of China and the West: A Comparative Study*, 1981, p. 90 (1981).

[2] Gregory K. Ornatowski, "Confucian Ethics and Economic Development: A Study of the Adaptation of Confucian Values to Modern Japanese Economic Ideology and Institutions", *J. SOC-ECON.* 25, 1996, p. 573.

[3] Ibid., p. 587.

[4] John R. Allison & Lianlian Lin, "The Evolution of Chinese Attitudes Toward Property Rights Invention and Discovery", *U. PA. J. INT' L ECON. L.* 20, 1999, p. 744.

[5] See generally David J. Thorpe, "Some Practical Points about Starting a Business in Singapore", *CREIGHTON L. REV.* 27, 1994, p. 1039.

C. Confucianism: A Convenient Scapegoat?

When it comes to the problems of counterfeiting and piracy in China and other Asian countries, Confucianism is commonly identified as the cultural predisposition leading to a lack of consciousness of intellectual property.[1] This mainstream perception paints a fundamentally misleading picture for the initial phase of the debate. One acerbic commentator adds fuel to the fire by asserting that "[t]he twisted Confucian philosophy passed on by generations has played a damnable role in denting Asian creative thinking", and maintaining that it is time to "deconstruct Confucius".[2]

One important reason that had given rise to the misapprehension of Confucian values is the consciously or unconsciously misattributed proposition "to steal a book is an elegant offense" (qie shu bu suan tou). This phrase was unattributable to Confucianism and was only recognized and popularized with the 1919 publication of the fictional Kong Yiji,[3] written by Lu Xun,[4] arguably the founder of modern Chinese literature[5] and a revolutionary pioneer acclaimed by Chinese Communists.[6] In his fiction, Lu Xun attempts to condemn the hypocritical and brutal educational system and exemplifies his hypothesis that literature should be pragmatically meaningful and avoid the archaisms and cliche's of classical fantasy that, in his view, had acted as a spiritual and emotional shackle for generations. In Lu Xun's portrayal, Kong Yiji was depicted as "the only long-gowned customer who used to drink his wine standing",[7] and was ridiculed like a poor harlequin by everybody around him. As a failed scholar, he earned a living from copying manuscripts for rich patrons and sometimes took books out to trade for wine. He was crippled from beating by fellow gentry for his thievery.[8] To steal a book is an elegant

[1] Brent T. Yonehara, "Enter the Dragon: China's WTO Accession, Film Piracy and Prospects for Enforcement of Copyright Laws", *DEPAUL-LCA J. ART & ENT. L.* 22, 2002, pp. 74 – 80 (ascribing China's IPR enforcement problem to cultural and historical predispositions).

[2] Sin-ming Shaw, It's True. Asians Can't Think, TIME INT'L, May 31, 1999, p. 23.

[3] Lu Xun, "Kong Yiji", in *NA HAN*[OUTCRY], 1973, pp. 20 – 25.

[4] Lu Xun (1881 – 1936), pseudonym of Zhou Shuren, was a short-story writer, essayist, critic, and literary theorist. For a comprehensive introduction to his work, see James Reeve Pusey, *Lu Xun and Evolution*, 1998, pp. 86 – 130; for a precise bibliography of Lu Xun, see ibid., pp. 166 – 172.

[5] See, e.g., Joseph S. M. Lau & Howard Goldblatt, *The Columbia Anthology of Modern Chinese Literature xxii*, 2007 (claiming that "the modern Chinese literature begins with Lu Xun").

[6] Eva Shan Shou, *Learning to Read Lu Xun*, 1918 – 1923: *The Emergence of a Readership*, CHINA Q. 2002, p. 1045 (stating that Lu Xun was "the most prominent writer of his time, a standing he retained for the remainder of his life as well as posthumously, with some official boosting by Mao Zedong and 50 years of state sponsorship").

[7] Joseph S. M. Lau & Howard Goldblatt, The Columbia Anthology of Modern Chinese Literature xxii, 2007, p. 18.

[8] Eva Shan Shou, *Learning to Read Lu Xun*, 1918 – 1923: *The Emergence of a Readership*, CHINA Q., 2002, p. 1044.

offense was his pallid response and limp argument when he was taunted.[1] Apparently, he was otherworldly and his way of thinking is incongruous with Confucian values. Ironically, he shares the same Chinese surname with Confucius (Kong), and this contributed to perpetuating conceivable prejudice in the popular mind. Indeed, the phrase "to steal a book is an elegant offense" remained unknown to Chinese until Lu Xun's fiction exerted a profound influence on the public in the early twentieth century and, intriguingly, it remained unfamiliar to foreigners until Professor Alford's book made its debut in the mid 1990s.[2] The historical picture to be sketched seems to suggest that Confucius has been a convenient scapegoat of a paradoxical theory. There is little doubt, therefore, that it is not the time to "deconstruct Confucius", but rather the time to rehabilitate Confucianism and examine how the unique Asian philosophy and intellectual property could be coexisted and interacted in a context of legal transplantation and modernization.

Ⅳ. Experience of Japan

East and Southeast Asian countries are heavily influenced by Confucian values and have also been the "scene of a tremendous shift of technology and wealth from West to East".[3] Accordingly, this section draws on the experience of regional states, which not only share the same, or similar, cultural values, but have also introduced and developed domestic standards of IPR. Of these, Japan, Korea, and China are notable for their cultural similarities and their economic development trajectories. On the one hand, Confucian norms of social harmony and ethical precepts have permeated the intellectual life of citizens and have played a pivotal role in molding a Confucian culture as it exists today; on the other hand, the economic development trajectories of the region are significantly characterized by their variable intellectual property policies in accordance to different stages of development.

[1] Joseph S. M. Lau & Howard Goldblatt, The Columbia Anthology of Modern Chinese Literature xxii, 2007, p. 18 (indicating that Kong Yiji consoled himself with the excuse that "[t]aking books... for a scholar... can't be counted as stealing")

[2] William P. Alford, *To Steal A Book Is An Elegant Offense: Intellectual Property Law In Chinese Civilization*, 1995, p. 236.

[3] See Richard E. Vaughan, "Defining Terms in the Intellectual Property Protection Debate: Are the North and South Arguing Past Each Other When We Say 'Property'? A Lockean, Confucian, and Islamic Comparison", *ILSA J. INT'L & COMP. L.* 2, 1996, p. 346 (summarizing piracy in Asia and taking Japan as a case study).

A. We Will Have Patents to be a Greatest Nation: The Driving Force for the IPR Protection in Japan

Japan's rapid economic development has been associated from the very beginning to the importation of industrial technologies.[1] As soon as the Meiji regime was established in 1868, the government discarded the feudal system and launched a comprehensive program of reform that significantly altered the political ecology and institutional landscape of Japanese society.[2] During the Meiji Restoration, a revolution in Japan that restored imperial rule and transformed Japan from a feudal state into a modern state, educational models, legal systems, sciences, and technology were primarily learned from Western Europe and North America.[3] In the initial phase of the Westernization process, Japan enacted its first patent law in 1885.[4] As in Europe and America, for a Japanese invention to be patentable, it must be deemed to be novel and nonobvious, and it must by industrially applicable.[5] The explosive economic expansion of the 1960s was made possible by the introduction of foreign technology,[6] which contributed to the conversion of the state into a developed country in the early 1970s.[7]

Japan established its contemporary intellectual property regime, in particular its modern patent system, in a pattern similar to that of developing countries, despite the fact that it had earned a First World status.[8] Unsurprisingly, the Japanese legal system for protecting IPR was far from comprehensive and effective despite its impressive economic expansion. To some

〔1〕 Christopher Heath, Intellectual Property Rights in Asia-Projects, Programmes and Developments, Max Planck Institute for Intellectual Property, Competition and Tax Law, 2003. See also Toshiko Takenaka, "Does a Cultural Barrier to Intellectual Property Trade Exist? The Japanese Example", *N. Y. U. J. INT' L L. & POL.* 29, 1997, pp. 165 - 166 (arguing that "[s]ince Meiji period, the Japanese government's R&D policy has centered around the application of transferred technologies, rather than the creation of new technologies").

〔2〕 Toshiko Takenaka, "Does a Cultural Barrier to Intellectual Property Trade Exist? The Japanese Example", *N. Y. U. J. INT' L L. & POL.* 29, 1997, p. 157 (stating that "students and engineers in the Meiji era learned about American and European technology by copying imported products.").

〔3〕 Carol Gluck, *Japan's Modern Myths, Ideology in the Late Meiji Period*, 1985, pp. 17 - 23.

〔4〕 Brian P. Biddinger, "Limiting the Business Method Patent: A Comparison and Proposed Alignment of the European, Japanese, and United States Patent Law", *Fordham Law Review* 69, 2001, p. 2539.

〔5〕 Ibid., pp. 2539 - 2540.

〔6〕 See Michio Morishima, *Why Has Japan "Succeeded"? Western Technology and The Japanese Ethos*, 1982, pp. 58 - 63, 160 - 167 (stating that, since the Meiji Restoration, Japan has had extensive contacts with the European countries, through which Japan "broke with a long history of isolationism and paved the way for the adoption of western technologies").

〔7〕 Yoshio Kawamura & Zhan Jin, "WTO/FTA and the Issues of Regional Disparity", p. 6 (Afrasian Centre for Peace and Development Studies, Working Paper No. 4, 2006), available at http://www.afrasia.ryukoku.ac.jp/eng/research/res_01.php?type=download&id=70&imgid=1.

〔8〕 Toshiko Takenaka, "Success or Failure?: Japan's National Strategy on Intellectual Property and Evaluation of Its Impact from the Comparative Law Perspective", *WASH. U. GLOBAL STUD. L. REV.* 8, 2009, p. 379.

extent, the Japanese IPR system was not designed to promote innovation but to accommodate apprenticeship and facilitate entrepreneurship. In view of the legislation, although Japan has enjoyed the longest tradition of IPR in Asia, it only serves to illustrate the early development of the Japanese economy.[1] It is not surprising that Japan's IPR legal regime had long been characterized as a diffusion of knowledge rather than a stimulating innovation.[2] The Japanese national universities and laboratories established by the Meiji government were also characterized by a distinguishing tradition of imitation.[3]

The first Director-General of the Japanese Trademark Registration and the Japanese Patent Office (JPO), Korekiyo Takahashi, who became the twentieth Prime Minister in 1921, noted in his autobiography during an official visit to the U. S. Patent Office in Washington DC, around the year 1900: "We have looked about us to see what nations are the greatest, so that we can be like them. We said: 'What is it that makes the United States such a great nation? ['] And we investigated and found that it was patents and so we will have patents".[4] Interestingly, the major driving force for developing a Western-style IPR legal system in Japan was to facilitate the country into "a greatest nation". However, due to the lack of socioeconomic foundation, the nationwide transplantation of an exotic intellectual property system in Japan was virtually widespread simulation reflected by a cultural instinct of imitation.

Due to the lack of economic underpinnings for a strong IPR protection, during the early phase of economic development, compulsory licensing was frequently required for a patent holder and, until 1938, a patent was liable to expire in practice if it was not in use by the patent holder.[5] In 1960s, the U. S. Patent Office normally approved or disapproved an application for

---

[1] Christopher Heath, *Intellectual Property Rights in Asia-Projects, Programmes and Developments, Max Planck Institute for Intellectual Property, Competition and Tax Law*, 2003.

[2] Koichi Hamada, Protection of Intellectual Property Rights in Japan 1 (Council on Foreign Relations, Working Paper No. 01/00, Apr. 1996) (on file with author) (maintaining that Japan's IPR related legal system emphasized the "diffusion of foreign knowledge rather than creating its own").

[3] Toshiko Takenaka, "Does a Cultural Barrier to Intellectual Property Trade Exist? The Japanese Example", *N. Y. U. J. INT' L L. & POL.* 29, 1997, p. 164.

[4] David Vaver, The Future of Intellectual Property Law: Japanese and European Perspectives Compared, 1 (Oxford IP Research Centre, Working Paper No. 09/99, Apr. 13, 1999), available at http://www. oiprc. ox. ac. uk/EJWP0999. pdf. See also Intellectual Property Policy Outline, Strategic Council on Intellectual Property (July 3, 2002), available at http://www. kantei. go. jp/foreign/policy/titeki/kettei/020703taikou _ e. html (demonstrating that ambitions and strategies of Japanese government are to make Japan "a nation built on intellectual property").

[5] Koichi Hamada, "Protection of Intellectual Property Rights in Japan", p. 124 (Council on Foreign Relations, Working Paper No. 01/00, Apr. 1996).

a patent within eighteen months.[1] By contrast, it took the JPO an average of five to seven years,[2] with the Kilby patent case being a typical example.[3] Also, the JPO required "full disclosure of the technology submitted in the application for the accommodation of imitation".[4] In addition, although Japan signed on to both the Paris Union for the Protection of Industrial Property and the Berne Union for the Protection of Literary and Artistic Works at the end of the nineteenth century,[5] as recent as in 1990s, the duration of patent in Japan was less than twenty years, which is the minimum duration set out in the TRIPs Agreement.[6] Similarly, it was not until 1994 that the patent law was amended and improved to guarantee at least twenty years after the application for the patent.[7] In this sense, it was only recently that Japan substantially came into harmony with the international standards and embarked on a national undertaking with a view to participation in the global economy and construction of a nation built on intellectual property.[8] Japan's involvement in the global economy provided a conceptual framework for the systemic legislation indicating that IPR play an indispensable role in the country's national industrialization and cultural renaissance.

---

〔1〕 Richard E. Vaughan, "Defining Terms in the Intellectual Property Protection Debate: Are the North and South Arguing Past Each Other When We Say "Property"? A Lockean, Confucian, and Islamic Comparison", *ILSA J. INT'L & COMP. L.* 2, 1996, p. 347.

〔2〕 Ibid.

〔3〕 In 1961, the electronic giant Texas Instruments obtained the basic patent in Japan covering the integrated circuit, known as the "Kilby patent" under the name of Nobel laureate Jack St. Clair Kilby. Texas Instruments was then required by the JPO that the application be divided into fourteen segments of which twelve were ultimately rejected. It took approximately seventeen years for the first patent to be granted after it was filed, "during which time the Japanese semiconductor industry copied and export large quantities of chip products, earning billions of dollars in profit". For a substantive introduction to and comment on the Kilby case, see Dana Rohrabacher & Paul Crilly, "The Case for a Strong Patent System", *HARV. J. L. & TECH.* 8, 1995, p. 265.

〔4〕 Richard E. Vaughan, Defining Terms in the Intellectual Property Protection Debate: Are the North and South Arguing Past Each Other When We Say "Property"? A Lockean, Confucian, and Islamic Comparison, *ILSA J. INT'L & COMP. L.* 2, 1996, p. 347.

〔5〕 Consensus on an appropriate international mechanism to enable this was initiated in the last quarter of the nineteenth century with the main pillars being the Paris Convention for the Protection of Industrial Property (originally signed in 1883) and the Berne Convention for the Protection of Literary and Artistic Work (originally signed in 1886). See Paris Convention for the Protection of Industrial Property, July 14, 1967, 21 U. S. T. 1583; Berne Convention for the Protection of Literary and Artistic Works, Sept. 9, 1886, 25 U. S. T. 1341, 828 U. N. T. S. 211 (last revised at Paris, July 24, 1971). For a detailed introduction to these two unions, see Robert J. Pechman, Seeking Multilateral Protection for Intellectual Property: The United States "TRIPs" Over Special 301, *MINN. J. GLOBAL TRADE* 7, 1998, pp. 181 – 184.

〔6〕 Koichi Hamada, Protection of Intellectual Property Rights in Japan, p. 1 (Council on Foreign Relations, Working Paper No. 01/00, Apr. 1996).

〔7〕 Ibid.

〔8〕 See Intellectual Property Policy Outline, Strategic Council on Intellectual Property (July 3, 2002), available at http://www.kantei.go.jp/foreign/policy/titeki/kettei/020703taikou_e.html; Strategic Program for the Creation, Protection and Exploitation of Intellectual Property, Intellectual Property Policy Headquarters, July 8, 2003, available at http://unpan1.un.org/intradoc/groups/public/documents/APCITY/UNPAN017539.pdf.

B. Confucian Values and the Modern Japanese Society

The cultural evolution in Japan has illustrated a continuing vitality of Confucianism. In Japan, Confucianism tended to be overshadowed by Buddhism in early nineteenth century but soon regained its dominant ethical position.[1] While the Confucianism was marginalized upon the establishment of the new Meiji regime, "a backlash began to form against what was perceived as an over-Westernization in the area of moral and ethical learning."[2] The status of Confucianism was soon reconsolidated in an effort to promote economic development through standardization of the moral education and the institutionalization of a new form of meritocratic entrance examinations to schools and universities, which funneled the elite positions in society.[3] In the 1950s and 1960s, Confucianism was perceived as "an obstacle to modernization", but it reconfirmed its status as a "facilitator" in 1980s.[4]

In Japan today, people believe in a social and hierarchical order and collectivist ideology.[5] Although not adopted and practiced as a religion, Confucianism has deeply influenced Japanese culture and custom,[6] and these unique ethical values continue to permeate modern Japanese society and affect Japanese thinking.[7] As noted by Reischauer and Jansen, "[a]lmost no one considers himself a Confucianism today, but in a sense almost all Japanese are".[8] According to Reischauer and Jansen, while Japan has widely adopted democratic doctrines and embraced liberal values, strong Confucian traits still run deep in Japanese consciousness, and "Confucianism probably exerts more influence on Japanese than does any other of traditional religions or philosophies."[9] Confucian values have penetrated deep into such diverse fields of Japanese culture that the character of Confucianism is more significant than that in China.[10]

Indeed, in Japan, identifiable signs of Confucian values are widespread. For example, in

[1] Edwin O. Reischauer & Marius B. Jansen, *Japanese Today: Change and Continuity*, 1995, p. 204.

[2] Gregory K. Ornatowski, "Confucian Ethics and Economic Development: A Study of the Adaptation of Confucian Values to Modern Japanese Economic Ideology and Institutions", *J. SOC-ECON.* 25, 1996, pp. 574 – 575.

[3] Ibid.

[4] See Gavan McCormack & Yoshio Sugimoto eds., *The Japanese Trajectory: Modernization And Beyond*, 1988, p. 5.

[5] Ronald J. Troyer, "Chinese Thinking about Crime and Social Control", in Ronald J. Troyer et al. eds., *Social Control in the People's Republic of China*, 1989, pp. 51 – 52. See also Carol Gluck, *Japan's Modern Myths, Ideology in the Late Meiji Period*, 1985, pp. 258 – 259.

[6] See Ronald E. Dolan & Robert L. Worden eds., *Japan: A Country Study*, 1992, pp. 103 – 104.

[7] Edwin O. Reischauer & Marius B. Jansen, *Japanese Today: Change and Continuity*, 1995, p. 204.

[8] Ibid.

[9] Ibid.

[10] Carol Gluck, *Japan's Modern Myths, Ideology in the Late Meiji Period*, 1985.

Japan, an employer can be treated as the author of a work that is completed by an employee on the job, whereas in Europe this would be unbelievable.[1] The European employer will, as in Japan, usually own the copyright, but the status of author is reserved to the human being who creates the work rather than the entity which pays for the creation.[2] As Morishima has noted, the European view underscores the individual, rather than the organization to which he or she belongs,[3] but the "Japanese rule emphasizes the importance of the organization, cooperation [,] and teamwork, rather than the individual."[4] Confucian values have been deemed as a catalyst "to support communitarian rather than individualistically-based decision-making within economic organizations."[5] This is particularly so in the area of copyright. Unlike Western copyright law which affords authors a variety of exclusive rights from the outset, Japanese copyright law attempts to tread a middle line between individual inventors and the society, addressing the rights of the copyright owners on one side and, at the same time, taking into account sustainable exploration and development of the cultural products on the other.[6] Japan thus takes a unique approach that describes the author's rights and defines the fair use simultaneously.[7]

The secret of Japan's successful rise to challenge the American economic supremacy falls in, among other things, cultural traits such as work ethic and propensity for consensus.[8] The preference for collectivism versus individualism has, in large part, helped in shaping a unique work ethos and communitarian spirit.[9] It is worthwhile to note that Japanese culture values diligence and experience which may foster the incentives of amelioration and advancement

---

[1] David Vaver, The Future of Intellectual Property Law: Japanese and European Perspectives Compared, 1 (Oxford IP Research Centre, Working Paper No. 09/99, Apr. 13, 1999) available at http://www.oiprc.ox.ac.uk/EJWP0999.pdf.

[2] Ibid.

[3] Michio Morishima, Why Has Japan "Succeeded"? Western Technology and the Japanese Ethos, 1982, p. 5 (illustrating the weak reception of liberalism and individualism as an important factor of Japan's economic success).

[4] David Vaver, The Future of Intellectual Property Law: Japanese and European Perspectives Compared, 1 (Oxford IP Research Centre, Working Paper No. 09/99, Apr. 13, 1999) available at http://www.oiprc.ox.ac.uk/EJWP0999.pdf.

[5] Gregory K. Ornatowski, Confucian Ethics and Economic Development: A Study of the Adaptation of Confucian Values to Modern Japanese Economic Ideology and Institutions, 25 J. SOC-ECON. 25, 1996, 586 (1996).

[6] See Dan Rosen & Chikako Usui, "The Social Structure of Japanese Intellectual Property Law", *UCLA PAC. BASIN L. J.* 13, 1994, p. 35 (illustrating the unique role of Japanese copyright law in balancing interests between the proprietors and the public).

[7] Ibid., p. 36.

[8] See Stephen G. Bunker & Paul S. Ciccantell, *East Asia and the Global Economy: Japan's Ascent, with Implications for China's Future*, 2007, p. 9 (examining Japanese models of local business management and global expansion).

[9] See Dan Rosen & Chikako Usui, "The Social Structure of Japanese Intellectual Property Law", *UCLA PAC. BASIN L. J.* 13, 1994, p. 52 (discussing pros and cons of collectivism and individualism, comparing the social structures of Japan and the United States and their impact toward business performance).

rather than the creativity and originality.[1] In addition, Japan's technological tendency features adaptation rather than innovation.[2] Interestingly enough, each of the tendencies delineates a distinct logic shaped by the culture in which it is rooted; however, within the diversity of its culture, each economy attempts to reach the same goal by different routes. The infrastructure of Confucian philosophy, based on the cardinal relationship and hierarchical order, has played a significant role in Japanese economic development[3] and contributed substantially to its "economic miracle" subsequent to World War II.[4] What Japan's economic success demonstrates is that Confucian values can play, and have played, a positive role in its economic and cultural prosperity.[5] In other words, the success of the Japanese postwar economy was not only the consequence of capable political elites choosing policies applicable to Japan's local practice, but of cultural affinity impacting these choices to be dictated and appropriately implemented.[6]

C. Tolerant IPR Policy and the Economic Blooming Up

After World War II, a defeated Japan encountered unprecedented impediments and difficulties, having lost its empire in the Asia-Pacific region and its tremendous natural and human resources in the region.[7] In the devastating aftermath of war, Japan received foreign aid from Western Europe and the United States and had to rebuild its national economy. This aid as part of the Cold War efforts in Asia fueled rapid economic growth[8] and enabled Japan to obtain necessary investment and technology without having to build a sound intellectual property environment. Japan has "garnered the lion's share of this wealth" transfer from the West and has "accomplished this while in the course of converting itself from a country devastated by allied

---

〔1〕 Toshiko Takenaka, Does a Cultural Barrier to Intellectual Property Trade Exist? The Japanese Example, *N. Y. U. J. INT'L L. & POL.* 29, 1997, p. 165.

〔2〕 Ibid., p. 167.

〔3〕 See Carol Gluck, *Japan's Modern Myths, Ideology in The Late Meiji Period*, 1985, pp. 258 – 259, 286 (discussing the Japanese version of Confucianism and the ideological effort underpinning the Japanese society).

〔4〕 Michio Morishima, *Why Has Japan "Succeeded"? Western Technology and the Japanese Ethos*, 1982, p. 3 – 7.

〔5〕 See ibid. (explaining the importance of the role played in the creation of Japanese capitalism by Confucian ethical doctrines as transformed under Japanese circumstances, in particular, the Confucian ethics of complete loyalty to the firm and to the state to which an individual belongs).

〔6〕 Gregory K. Ornatowski, "Confucian Ethics and Economic Development: A Study of the Adaptation of Confucian Values to Modern Japanese Economic Ideology and Institutions", *J. SOC-ECON.* 25, 1996, p. 572.

〔7〕 See Stephen G. Bunker & Paul S. Ciccantell, *East Asia and the Global Economy: Japan's Ascent, with Implications for China's Future*, 2007, p. 1.

〔8〕 Ibid., p. 13.

bombing during World War II into an industrial giant. "[1] Based on this development model, Japan enjoyed a high level of economic sophistication by "providing cheap, high-quality, mass-produced products to the world", [2] in particular, semiconductor manufacturing. [3] Japan has "carefully orchestrated its economy to keep out foreign imports while encouraging the copying of Western technology. "[4]

Apparently, during the rehabilitation period, Japan's "meteoric technological rise was not based on Japanese innovation, but on the imitation of Western ideas, "[5] whereby sharing and disseminating were widespread. [6] Due to the prioritized development strategy, "the emphasis was on national strength, not the fortunes of any particular inventor or company. "[7] From the perspective of the United States, the Japanese phenomenal industrial prosperity after the war was attributable to unfair business practice associated with IPR infringement, which sharpened its edge in competing the American industry. [8]

Indeed, as recently as 1992, Japan's deficit in the balance of payments for intellectual property was $4.1 billion, in contrast with the $12.9 billion surplus in the United States. [9] Japan did not come into balance on payment until 1998, before which the Japanese patent provisions for the measurement of patent infringement damages reflected Japanese general tort

[1] See Richard E. Vaughan, "Defining Terms in the Intellectual Property Protection Debate: Are the North and South Arguing Past Each Other When We Say 'Property'? A Lockean, Confucian, and Islamic Comparison", *ILSA J. INT'L & COMP. L.* 2, 1996, p. 346 (tracing the development trajectory in postwar Japan characterized by a "tremendous shift of technology and wealth from West to East").

[2] See Intellectual Property Policy Outline, Strategic Council on Intellectual Property (July 3, 2002), available at http://www. kan tei. go. jp/foreign/policy/titeki/kettei/020703taikou _ e. html (noting that Japanese postwar economic prosperity was heavily attributed to the transfer of technologies from Europe and the United States and "the outstanding ability to carry out necessary adaptations" to the technologies).

[3] Toshiko Takenaka, "Does a Cultural Barrier to Intellectual Property Trade Exist? The Japanese Example", N. Y. U. J. INT'L L. & POL. 29, 1997, p. 159.

[4] See Richard E. Vaughan, "Defining Terms in the Intellectual Property Protection Debate: Are the North and South Arguing Past Each Other When We Say 'Property'? A Lockean, Confucian, and Islamic Comparison", *ILSA J. INT'L & COMP. L.* 2, 1996, p. 316.

[5] Ibid. p. 346.

[6] See Dan Rosen & Chikako Usui, "The Social Structure of Japanese Intellectual Property Law", *UCLA PAC. BASIN L. J.* 13, 1994, p. 50 (asserting that, during the early stage of development, national strength was prioritized in Japan and, as a consequence, "[t]echnology was something to be shared and distributed as widely and rapidly as possible").

[7] See ibid. p. 50 (summarizing that "[t]he need for sharing and distributing fit well with the national character and developed into today's practice of laying open technology").

[8] Toshiko Takenaka, Success or Failure?: Japan's National Strategy on Intellectual Property and Evaluation of Its Impact from the Comparative Law Perspective, *WASH. U. GLOBAL STUD. L. REV.* 8, 2009, p. 379.

[9] See Dan Rosen & Chikako Usui, The Social Structure of Japanese Intellectual Property Law, 13 UCLA PAC. BASIN L. J. 13, 1994, p. 51.

law, and thereby damages could not go beyond the compensatory amount.[1] Furthermore, counterfeit products were usually protected by the Registered Trademark and Design Law.[2] Not surprisingly, Japan's patent system was harshly criticized by American companies for its narrow scope of patentability.[3]

It was during that period that Japan seized a precious developmental opportunity. In 1953, less than a decade after the war, the Japanese were able to overcome the devastation of the war and exceed prewar levels of prosperity.[4] At the beginning of the 1960s, the Japanese Prime Minister Hayato Ikeda launched his ambitious "doubling the income" plan.[5] Then, at the centennial of the Meiji restoration, when China was under a violent storm of cultural revolution, Japan's GNP climbed dramatically to become the second largest in the world, surpassing West Germany.[6] By the early 1970s, Japan developed into one of the leading industrialized nations, dominating world trade in the most technologically sophisticated industries such as steel and automobile.[7] Even during the oil crises in 1973 and 1975, Japan outshone other developed economies and demonstrated exceptional resilience.[8] It comes as no surprise that Japan did nothing different than the United States in copying European technology in its early years.[9]

The era of Japan's economic miracle led to a transition toward stronger IPR protection in response to lobby groups within specific domestic sectors.[10] As a major example, Yoshida

---

[1] Toshiko Takenaka, "Patent Law and Policy SymposiumFRe-engineering Patent Law: The Challenge of New Technologies: Will Increased Patent Infringement Damage Awards Revive the Japanese Economy?", *WASH. U. J. L. & POL' Y* 2, 2000, pp. 320 - 321 (discussing the revision of the 1998 patent law and the increased damages introduced by the new provision).

[2] Koichi Hamada, Protection of Intellectual Property Rights in Japan, p. 1 (Council on Foreign Relations, Working Paper No. 01/00, Apr. 1996) (introducing the legal system of intellectual property rights in Japan).

[3] Toshiko Takenaka, "Success or Failure?: Japan's National Strategy on Intellectual Property and Evaluation of Its Impact from the Comparative Law Perspective", *WASH. U. GLOBAL STUD. L. REV.* 8, 2009, p. 379.

[4] Koichi Hamada, Protection of Intellectual Property Rights in Japan, p. 4 (Council on Foreign Relations, Working Paper No. 01/00, Apr. 1996) (introducing the postwar Japanese economic miracles).

[5] Ibid. p. 7.

[6] Ibid.

[7] See Stephen G. Bunker & Paul S. Ciccantell, *East Asia and the Global Economy: Japan's Ascent, with Implications for China's Future*, 2007, p. 19.

[8] See Edwin O. Reischauer, Japan: The Story of A Nation, 1989, pp. 270 - 275 (tracing the secret of the Japanese economic strength during the postwar global downturn).

[9] See Richard E. Vaughan, "Defining Terms in the Intellectual Property Protection Debate: Are the North and South Arguing Past Each Other When We Say 'Property'? A Lockean, Confucian, and Islamic Comparison", *ILSA J. INT' L & COMP. L.* 2, 1996, pp. 316 - 317.

[10] See Koichi Hamada, Protection of Intellectual Property Rights in Japan 1 (Council on Foreign Relations, Working Paper No. 01/00, Apr. 1996) (discussing that, since "Japan has reached the vicinity of technological frontiers, its emphasis is shifting to the position of a country that exports technology" through "case by case adjustments of ongoing domestic problems and case by case reactions to international pressures").

Kogyo KK, the famous maker of YKK zippers, discovered counterfeit YKK products imported from Korea and initiated a protracted six-year lawsuit against the infringers.[1] Although the Japanese plaintiff lost the case, the setback aroused enthusiasm for enhancing IPR protection. Since then, the Japanese government has organized the "Customs Information Centre", a "watchdog unit to monitor illicit copying" and to "combat IPR infringement".[2] This gradually became more pervasive, and counterfeits of Japanese origin had almost disappeared from the scene by 1970 due to the stringent efforts of the Japanese government to combat counterfeit and piracy.[3]

However, a period of reversal was noticeable in the mid 1970s when Japan "faced a resurgence of counterfeit goods that flooded into the Japanese market."[4] It is interesting to observe that the rebound phenomenon occurred during the recession, on the heels of the oil crisis in the 1970s. During this period, Japan received increasing external pressure from the United States who urged Japan to bring its IPR protection mechanism more in line with the American system.[5] Rather than transplanting the American model uncritically, Japan deliberated on an indigenous adaptation strategy so that the transplanted IPR standards would meet the local circumstances of the industry and society during the process of indigenization.[6] Indeed, it was not until after carrying through the deep recession did the Japanese government demonstrate its genuine political will to materialize the transplanted standards by means of the implementation of the National Strategy on Intellectual Property in 1997.[7] In this context, there had long been a disproportion between Japan's economic strength and its backward mechanisms for IPR protection-an economic superpower which has dominated the global economic landscape for decades and embarked on a harmonized IPR system only ten years ago. The National Strategy on Intellectual Property in 1997 served as a cornerstone of Japan's success in transplanting the

---

〔1〕 See Richard E. Vaughan, Defining Terms in the Intellectual Property Protection Debate: Are the North and South Arguing Past Each Other When We Say 'Property'? A Lockean, Confucian, and Islamic Comparison, 2 ILSA J. INT'L & COMP. L. 2, 1996, p. 349 (exemplifying the role of Japan shifting from an imitator to an innovator).

〔2〕 Ibid.

〔3〕 Masashi Kurose, Law Strengthened to Fight Flow of Counterfeit Goods, Managing Intellectual Property (Feb. 2004), at 12.

〔4〕 Ibid.

〔5〕 Toshiko Takenaka, "Success or Failure?: Japan's National Strategy on Intellectual Property and Evaluation of Its Impact from the Comparative Law Perspective", *WASH. U. GLOBAL STUD. L. REV.* 8, 2009, p. 389.

〔6〕 Ibid., p. 389.

〔7〕 Ibid., p. 379.

universal IPR standards and integrating them into its local practice.[1]

V. Experience of Korea

Similar to Japan, for centuries in Korea, Confucianism has been considered as a dominant philosophy, which plays a key role in shaping the typical Korean society. Unsurprisingly, the Japanese paradigm F the synthesis of "morality" and "economics" Fhas witnessed widespread adaptation and application in the "Eastern Decorum."

A. Industrialization in the Eastern Decorum

Confucianism was introduced into Korea during the era of the Three Kingdoms (57 B. C. E. -668 C. E.),[2] and became the official ideology of the Korean state with the establishment of the Yi dynasty (1392 - 1910 C. E.).[3] According to Slote and De Vos, Confucianism in Korea is a conservative tradition, which has strongly captured people's minds and imposed rules, models, and beliefs, while serving as a blueprint for integrating Koreans' social lives.[4]

1. My Life Does Not Belong to Me: Essence of the Moral Values in Korea

Like many other East Asian nations, Korea maintains a culture that retains a strictly observed Confucian element. The traditional Confucian social ethics, although evolving, are still prevalent in modern Korean society.[5] As Connor has pointed out, "nothing has shaped Korean society as much as Confucian philosophy."[6] According to Connor, children in Korea are educated before the age of ten that their lives do not belong to themselves but to their

---

[1] Ibid., pp. 379 - 380 (noting that, in 1997, Japan adopted its national strategy on intellectual property and, to this end, Japan enacted the Basic Law on Intellectual Property and began to overhaul its enforcement mechanism which had been lagging far behind.).

[2] In Korea, Confucianism has been integrated into Korean culture for a long time. The Three Kingdoms, Koguryo (37 B. C. E. -668 C. E.), Paekche (18 B. C. E. -660 C. E.) and Silla (57 B. C. E. -935 C. E.), all left records that indicate the early existence of Confucian influence. See Key P. Yang & Gregory Henderson, "An Outline History of Korean Confucianism: Part I: The Early Period and Yi Factionalism", *J. ASIAN STUD.* 18, 1958, pp. 82 - 84.

[3] The Confucianism which the Yi dynasty adopted is known as Neo-Confucianism. The Neo-Confucianism began in the period of the Song dynasty (960 - 1279 AD) in China. See Michael Dillon ed., *China: A Historical and Cultural Dictionary*, 1998, p. 230.

[4] Walter H. Slote & George A. De Vos, *Confucianism and the Family in An Interdisciplinary, Comparative Context*, 1998, p. 33. See Also Denise Potrzeba Lett, *In Pursuit Of Status: The Making Of South Korea' S "New" Urban Middle Class*, 1998, p. 14 (providing a detailed account on contemporary South Korean society in the context of Confucian traditions).

[5] See Kyu Ho Youm, "Libel Laws and Freedom of the Press: South Korea and Japan Reexamined", *B. U. INT' L L. J.* 8, 1990, p. 78 (describing Confucian ethics in Korea as still prevailing).

[6] Mary E. Connor, *The Koreas: A Global Studies Handbook*, 2002, p. 180.

families.[1] This perception can be impenetrable for those who appreciate the long-held belief that everybody is born free and equal. It is unusual and unacceptable for a young Korean to make a seemingly important decision without taking into account the opinions of his parents.[2] Confucianism has been accepted so earnestly and in such a stringent manner that the Chinese themselves regarded the Korean adherents as more virtuous than themselves.[3] The Chinese see Korea as the "country of Eastern decorum," referring to the "punctiliousness with which the Koreans observed all phases of the doctrinal ritual."[4]

As noted by Choong Soon Kim, Koreans value harmony, social stability, a respect for cultivation, and motivational force and tend to be obedient in hierarchical orders, which appear to be compatible with dynamic entrepreneurship in Korea.[5] Confucian philosophy provides comprehensive sets of moral standards by which social behavior is interpreted and evaluated in Korea.[6] As Chaihark Hahm points out, it is a common point of view in Korea that the deeply ingrained Confucian notion of social hierarchy and natural order is still a predominant factor in interpersonal relations, organizational structures, and economic life.[7] As a developing nation, Korea has obtained a positive response based on its accomplishment in retaining traditional values while establishing its domestic industries.[8] As Tu Wei-ming observes, it is an interesting and encouraging phenomenon that "the upsurge of interest in Confucian studies" in East Asia and beyond during the last few decades has been accompanied by a new dynamism in the Confucian intellectual tradition, paving the way for the emergence of the "'third epoch' of

---

[1] Mary E. Connor, *The Koreas: A Global Studies Handbook*, 2002, p. 180.

[2] Donald N. Clark, *Culture and Customs of Korea*, 2000, p. 32.

[3] See Andrew Selth, "Ancestors and Ideologues: Confucianism and Communism in Korea", *ASIAN STUD. REV.* 7 (2), 1983, p. 88 [quoting KOREAN INFORMATION SERVICE, A HANDBOOK OF KOREA 200 (1978)].

[4] Ibid.

[5] Choong Soon Kim, *The Culture of Korean Industry: An Ethnography of Poongsan Corporation*, 1992, pp. 57 – 59 (asserting, through an empirical study of Poongsan Corporation, that cultural characteristics of the Korean industrial success originate from Confucianism).

[6] Chaihark Hahm, "Law, Culture, and the Politics of Confucianism", *COLUM. J. ASIAN L.* 16, 2003, p. 268, p. 271 (concluding that Confucian values, which have constituted a part of Korean culture, are playing an active role in the modern Korean society).

[7] Ibid., pp. 267 – 270 (having demonstrated the decline and rejuvenation of Confucianism since the 1880s in Korea, Hahm alleged that "the persistence of the Confucian tradition is often noted as an important factor in describing or explaining contemporary Korean society").

[8] Ibid. p. 267 (noting that the Confucianism is "not only compatible with, but also positively advantageous for, economic development [in the East Asian region, including Korea]"). Statistics show that "four decades ago [gross domestic product per capita was comparable with levels in the poorer countries of Africa and Asia." See *Cia World Fact Book*, 2004, p. 297, p. 300. Today its GDP per capita is seven times India's, sixteen times North Korea, and is "comparable to the lesser economies of the EU." Ibid.

Confucian humanism."[1]

2. Appeasement Toward Piracy: A Strategic Development Policy

Although historians credit Koreans as the inventors of the movable metal type printing press in the thirteenth century,[2] Korea had hardly been a nation with an intellectual property notion in the modern sense.[3] Intellectual property that is conceived and developed in Korea had long been regarded as an entrepreneurial device to attract investment and transfer of technology, and similar to Japan, royalty payments had been a major element of the balance of payment.[4] As a result, the effectiveness of Korea's government in keeping the integrity of IPR had been incoherent. For example, the government required complex and specific product information in order to validate an application of IPR, and this information should have to remain contained.[5] In response to the request of the United States, Korean authorities adopted criminal provisions consisting of various escape clauses, so these provisions had little deterrent effect.[6]

Moreover, the Korean government has applied a flexible intellectual property policy of incorporation of imitation into its "national development" and for a long time has been considered as an example of a state in which "piracy" was regarded as merely a benign form of technology transfer.[7] Accordingly, similar to Japan, Korea did not establish its effective IPR enforcement mechanism until the late 1990s.[8] For example, during the 1960s and early 1970s,

---

[1] See Tu Wei-Ming, "The Confucian Tradition in Chinese History", In Paul S. Ropp et al. eds., *Heritage of China: Contemporary Perspectives on Chinese Civilization*, 1990, p. 136 (predicting an imminent Confucian renaissance in Asia and beyond).

[2] Ilhyung Lee, "Culturally-Based Copyright Systems?: The U. S. and Korea in Conflict", WASH. U. L. Q. 79, 2001, p. 1119.

[3] See Richard E. Vaughan, "Defining Terms in the Intellectual Property Protection Debate: Are the North and South Arguing Past Each Other When We Say 'Property'? A Lockean, Confucian, and Islamic Comparison", *ILSA J. INT'L & COMP. L.* 2, 1996, p. 335.

[4] Linsu Kim, "Technology Transfer and Intellectual Property Rights: The Korean Experience, in Intellectual Property Rights and Sustainable Development", 2003, available at http://ictsd.net/downloads/2008/06/CS_kim.pdf ("Korean firms entered the mature technology stage in the 1960s and 1970s by acquiring, assimilating, and improving generally available mature foreign technology through various mechanisms based on duplicative imitation, and evolved into the intermediate technology stage in the 1980s and 1990s through aggressive efforts to strengthen technological capabilities which enabled creative imitation").

[5] Ibid.

[6] See Sang-Hyun Song & Seong-Ki Kim, "The Impact of Multilateral Trade Negotiations on Intellectual Property Laws in Korea", *UCLA PAC. BASIN L. J.* 13, 1994, p. 134 (discussing recent development in the implementation and enforcement of intellectual property rights in Korea as a result of external pressure).

[7] Linsu Kim, "Technology Transfer and Intellectual Property Rights: The Korean Experience, in Intellectual Property Rights and Sustainable Development", 2003, available at http://ictsd.net/downloads/2008/06/CS_kim.pdf.

[8] Ibid.

Korea was almost entirely an importer of technology from developed countries, particularly from the United States, Japan, and Western Europe.[1] The excessive reliance on Japanese technology has resulted in the lopsided structure that Korea shares similar industrial advantages, such as the automobile and electronic industries.[2] Were it not for such tolerant IPR, it would not have been possible for local enterprises to have achieved such substantial results.[3] This practice has made significant contributions to Korea's economic transformation, which laid the groundwork for substantive legal reform.

3. Higher-Level IPR System: A Diplomatic Compromise

In a global environment of IPR protection, Korea has had a similar experience to Japan and both have been extensively criticized and blacklisted by the United States. In 1986, Korea and the United States reached common ground on higher IPR protection after tortuous negotiations.[4] Korea was elevated to the Priority Watch List in the 2003 Special 301 Report of the U. S. Trade Representatives, which highlighted a series of continued concerns regarding the lack of adequate enforcement of IPR, in particular the piracy of online music and motion pictures.[5] Under external pressure, Korea has seen a major overhaul of its IPR regulations influenced by the TRIPs Agreement and has furnished itself with reasonably strengthened enforcement mechanisms.[6]

B. From Breaching to Preaching: An Example of the Role Transformation

Similar to the experience of Japan, the incorporation of piracy into national development policies fostered domestic industrialization and market orientation in Korea. However, by accumulating sufficient indigenous capabilities with extensive infrastructures for science and technology, these two countries reached the later stage of the technological development where

---

〔1〕 Walter Arnold, "Science and Technology Development in Taiwan and South Korea", *ASIAN SURVEY* 28, 1988, p. 440.

〔2〕 See Linsu Kim, Technology Transfer and Intellectual Property Rights: The Korean Experience, in Intellectual Property Rights and Sustainable Development, 2003, p. 5., available at http://ictsd.net/downloads/2008/06/CS_kim.pdf (highlighting the fundamental industrial similarities between Japan and Korea).

〔3〕 Ibid.

〔4〕 Sang-Hyun Song & Seong-Ki Kim, "The Impact of Multilateral Trade Negotiations on Intellectual Property Laws in Korea", *UCLA PAC. BASIN L. J.* 13, 1994, pp. 122 – 123 (discussing and evaluating Korea's progress on IPR legislation and implementation in 1986).

〔5〕 United States Trade Representative Special 301 Priority Watch List, 2004, available at http://ustraderep.gov/Document_Library/Reports_Publications/2004/2004_Special_301/Special_301_ Priority_Watch_List.html.

〔6〕 Christopher Heath, *Intellectual Property Rights in Asia-Projects, Programmes and Developments, Max Planck Institute for Intellectual Property, Competition and Tax Law*, 2003.

IPR protection became economically advantageous to the domestic vested industries.[1] Japan and Korea "could not have achieved their current levels of technological sophistication if strong IPR regimes had been imposed on them during the early stage of their industrialization."[2] The same principle applied to the United States and Western Europe during their respective industrialization phases.[3]

Apart from the external coercion from the United States, another source of pressure for strengthened IPR protection was from domestic enterprises when local companies gradually increased their effort in innovation.[4] With the development of greater technological sophistication, more and more Korean companies consider IPR as an essential part of the successful commercialization of their products and have made considerable investments into research and development (R&D).[5] R&D investment has seen a quantum leap from $28.6 million in 1971 to $4.7 billion by 1990 and to $12.2 billion by 2000.[6] During this period, Korean was recognized as one of the world's fastest-growing emerging economies.[7] As a percentage of GDP, R&D increased from 0.32% to 2.68% during the same period, overtaking that of many Western European countries.[8]

Korean companies have acted as enthusiastic advocators and effective preachers for appropriate protection for IPR.[9] As soon as Samsung and LG became globally competitive in the technology sector, the Korean government found leverage to handle counterfeiting and piracy and to protect IPR through a vigorous enforcement mechanism. Korea, one of the global leaders in piracy practices, came to understand the pain of illegal copying and became a genuine believer and supporter of IPR.[10] Since then, Korea has geared up its efforts and has endeavored to establish a systemic mechanism of IPR protection.

---

[1] Linsu Kim, *Technology Transfer and Intellectual Property Rights: The Korean Experience, in Intellectual Property Rights and Sustainable Development*, 2003, p. 5., available at http://ictsd.net/downloads/2008/06/CS_kim.pdf.

[2] Ibid., p. 7.

[3] Ibid.

[4] See Sang-Hyun Song & Seong-Ki Kim, The Impact of Multilateral Trade Negotiations on Intellectual Property Laws in Korea, *UCLA PAC. BASIN L. J.* 13, 1994, p. 121.

[5] For example, for the last decade Samsung invested $35 billion on R&D. In 2005, Samsung launched an ambitious plan to spend $45 billion for five years on R&D. See World Business Briefing, "Asia: South Korea: Samsung Sets Sales Goal", *N. Y. TIMES* 9, 2005, p. 8.

[6] Linsu Kim, *Technology Transfer and Intellectual Property Rights: The Korean Experience, in Intellectual Property Rights and Sustainable Development*, 2003, p. 3, available at http://ictsd.net/downloads/2008/06/CS_kim.pdf.

[7] Ibid.

[8] Ibid.

[9] Alice H. Amsden, *Asia's Next Giant, South Korea and Late Industrialization*, 1992, pp. 3-5 (introducing Korea's conversion from a learner to an innovator during the process of the modernization).

[10] Ibid.

The intellectual property transplantation which took place in the process of industrialization in Korea reflected an interesting phenomenon of role transformation in IPR protection during the second half of the twentieth century and provided us with a refreshing paradigm for a successful transplant of the international IPR regime in a unique cultural environment. Korea has performed a miracle in both economic development and legal construction without "abandon [ing] its twisted Confucianism".[1] Indeed, at the early stage of economic development, economic interests are typically prioritized and the cultural factors are bound to become secondary. In this sense, the shift of this role relies mainly on the development of economic interests rather than cultural dynamics, which suggests that cultural values are less important than market forces at the initial phase of economic development, contrary to conventional wisdom. By examining Korea through a multifaceted lens, it provides a useful case for assessing the extent to which a developed economy is advanced or hindered by the culture of imitation and provides a valuable precedent for countries which may lead to a shortcut to the most direct and appropriate IPR management strategy.

C. Confucianism in East Asia: Why It Should Be Cherished and Not Abandoned

As discussed above, both Japan and Korea are countries heavily influenced by Confucian philosophy. Unlike Western values which advocate individual rights, Confucian values emphasize the virtue of austerity, hard work, teamwork, and submission to authority, all of which have contributed to the economic miracle in Japan and Korea.[2] Japanese and Koreans cherish the Confucian heritage because "it goes beyond a religion per se—It encapsulates a set of rules that govern daily life".[3] This practice of Confucian ethics has played a positive role in the modernization process of the Confucian zone in East Asia. It is therefore a dogmatic assertion that Confucianism and intellectual property cannot coexist or that Confucian philosophy is a devastating obstacle to the harmonization process of the IPR. Otherwise, it would be incomprehensible to explain why Japan and Korea lacked the Western concept of intellectual property for centuries but harmonized their IPR systems almost immediately.

It is nonetheless worthwhile to mention that the functionality of Confucian ethics in interacting with legal reforms depends largely on minimum standards of economic development in addition to the societal compliance and cultural reception of the imported laws. In other

---

[1] Sin-ming Shaw, It's True. Asians Can't Think, TIME INT'L, May 31, 1999, at 23.

[2] Gavan McCormack & Yoshio Sugimoto eds., *The Japanese Trajectory: Modernization And Beyond*, 1988, p. 5.

[3] Stan Mensik et al., Trends and Transitions in Japanese and Korean Approaches, Paper of the 7th International Conference on Global Business and Economic Development, Bangkok, Thailand, Jan. 8 – 11, 2003 (on file with author).

words, at the early stage of development, cultural effect is manifest above all in fostering domestic economic growth and this stage is always characterized by lax enforcement mechanisms and tolerance of piracy. This is not an isolated phenomenon limited to the Confucian states. Weak intellectual property policies are normally applied in almost every country in its immature economic development stage, regardless of economic character and cultural structure.[1]

Apparently, the hypothesis linking IPR violation to Confucian ethics fails to account for the current lower rates of counterfeiting and piracy in Japan and Korea which are equally, if not more, influenced by Confucian values than some other Confucian nations such as China. The key distinction is that both Japan and Korea have introduced stronger IPR regimes that have been recast under their indigenous tradition,[2] whereas China is on the track to achieve that goal.

Ⅵ. Experience of China

The contemporary Chinese legal system was not inherited from its traditional legal system but was a result of China's continuous legal reform notably commencing since the 1970s. Legal transplantation in China is an inevitable historical phenomenon and an important symbol in the process of its unprecedented industrialization and modernization campaign. However, Chinese cultural traits still survive and prevail in the national consciousness. The enigmatic cultural landscape has shaped a unique model of Chinese philosophies that have exercised comprehensive influence over the effectiveness of the transplantation, making the legal reform in China much more complicated and time consuming.

A. The Oriental Sleeping Lion Awoke: Destruction and Reconstruction

For centuries China has been described as an "oriental sleeping lion"[3] removed from the rest of the globe. China awoke from this complacent isolation during the last quarter of the

[1] See, e. g., Assafa Endeshaw, "A Critical Assessment of the US-China Conflict on Intellectual Property", *ALB. L. J. SCI. & TECH.* 6, 1996, p. 300. (demonstrating the fact that the industrializing countries usually "borrow, often without public acknowledgment, policies, technologies, as well as legal concepts" from the industrialized countries). See Richard E. Vaughan, Defining Terms in the Intellectual Property Protection Debate: Are the North and South Arguing Past Each Other When We Say "Property"? A Lockean, Confucian, and Islamic Comparison, *ILSA J. INT' L & COMP. L.* 2, 1996, pp. 308 – 310. (arguing that "it is only in the last decade that 'piracy,' or the illegal copying and selling of copywritten or patented material, has become a contentious issue in trade negotiations between the nations of the Northern and Southern Hemispheres").

[2] Thomas. G. Rawski, "Chinese Industrial Reform: Accomplishments, Prospects, and Implications", *AM. ECON. REV.* 84, 1994, p. 272 (stating that IPR protections are normally weaker in emerging markets than in developed markets).

[3] Justin Yifu Lin Et Al., *The China Miracle: Development Strategy And Economic Reform*, 2003, p. 11.

twentieth century and since then has gradually, but persistently, liberalized its trade and investment regimes to emerge as the nation with considerable potential for challenging the economic supremacy of the West.[1]

China's contemporary IPR legislation can be traced back to the 1920s. The precursor of China's intellectual property law was enacted in the first quarter of the twentieth century.[2] The Republic of China(ROC) promulgated the Trademark Law in 1923,[3] and a new version of the law was crafted subsequently in 1931.[4] The ROC enacted its Copyright Law in 1928[5] and Patent Law in 1944.[6] These intellectual property laws in the ROC constitute an integral part of the ROC's "Six Codes" (Liu Fa Quan Shu).[7]

As soon as the People's Republic of China(PRC) was established in 1949, the legal regime of the ROC reflected in the so-called "Six Codes" was purged entirely.[8] As a consequence, prior to the implementation of the PRC's reform program in late 1970s, China experienced a lengthy period of "legislative vacuum" and had no legal system in the modern sense. During that period, disputes between enterprises and individuals were normally resolved via administrative channels, as an integral part of the national planning system.[9]

China's ambitious program of reform, which commenced in the late 1970s, enabled "law to

---

[1] See Per Gahrton, China in the WTOFIn Whose Interests? European Parliament, Brussels, Belgium, Workshop of EU-China Programme in Antwerp at 1, May 2000(on file with author).

[2] Mingde Li, Dangdai Zhongguo de Zhihui Caichanquan Zhidu yu Shehui Fazhan[The Intellectual Property System in the Modern Chinese Social Development], Zhongguo Shehui Kexueyuan Faxue Yanjiu Suo[National Institute of Law, Chinese Academy of Social Science](Nov. 11, 2003), available at http://www.iolaw.org.cn/showArticle.asp?id=878.

[3] Prior to the Trademark Law, there was a Trial Regulations Trademark Registration introduced in 1904. See ibid.

[4] Ibid. For the full text of the trademark law in the version, see Quanguo Fagui Ziliaoku[Law & Regulations Database of The Republic of China], available at http://law.moj.gov.tw/PDACHT/FLAWDAT01.aspx? PCODE=J0070001.

[5] In 1910, the Qing government enacted China's first copyright law which had never been implemented due to the prompt overthrow of the Qing Dynasty(C. E. 1644 – 1911). See Mingde Li, Dangdai Zhongguo de Zhihui Caichanquan Zhidu yu Shehui Fazhan[The Intellectual Property System in the Modern Chinese Social Development], Zhongguo Shehui Kexueyuan Faxue Yanjiu Suo[National Institute of Law, Chinese Academy of Social Science](Nov. 11, 2003), available at http://www.iolaw.org.cn/showArticle.asp?id=878.

[6] Ibid.

[7] Since the beginning of the twentieth century, Chinese law evolved into a legal regime modeled upon modern Japanese law, which, interestingly, was transplanted from German law. China's intellectual property laws were included in the Code of Administrative Law which formed one "code" of the "Six Codes".

[8] Mingde Li, Dangdai Zhongguo de Zhihui Caichanquan Zhidu yu Shehui Fazhan[The Intellectual Property System in the Modern Chinese Social Development], Zhongguo Shehui Kexueyuan Faxue Yanjiu Suo[National Institute of Law, Chinese Academy of Social Science](Nov. 11, 2003), available at http://www.iolaw.org.cn/showArticle.asp?id=878.

[9] See Ramona L. Taylor, "Tearing Down the Great Wall: China's Road to WTO Accession", *IDEA* 41, 2001, p. 151. (examining China's response in the multilateral context of the WTO).

gain in unprecedented importance in Chinese society".[1] In 1978, Deng Xiaoping (Teng Hsiao-P'ing) was rehabilitated after being disgraced twice during the Cultural Revolution and returned to power.[2] Based on his belief that a comprehensive legal system was a prerequisite for political stability, social harmony, and economic recovery, Deng initiated "a major overhaul of the nation's legal system."[3]

Among a broad and complex array of legal reforms, the envisioned intellectual property legislation is a radically new legal transplantation because intellectual property in the modern sense bears no resemblance to the Communist collectivist ideology. After the Cultural Revolution, the government started introducing and implementing the first wave of legislation that laid the foundation for a comprehensive IPR regime whereby the legal guidelines on IPR took shape in the 1980s.[4] These included the Trademark Law (1982), the Patent Law (1984), and the Copyright Law (1990), representing "the backbone legislation governing IPR."[5] The State Council also enacted separate regulations on the implementation of the above laws.[6] In addition, the General Principles of the Civil Law in 1986,[7] a cornerstone of China's civil code,[8] "devotes an entire section to IPR under the chapter on civil rights," not only providing explicit recognition to the proprietary rights involving intangible properties, but also establishing equitable remedies for infringement.[9]

The 1990s saw a further wave of significant legal reform in China. This reflected the growing appeal to establish an effective legal basis from which to engage the global trading system and to accomplish the goal of accessing the WTO. The new Copyright Law was

---

[1] See Stanley Lubman, "Bird in a Cage: Chinese Law Reform after Twenty Years", *N W. J. I NT ' L L. & BUS.* 20, 2000, p. 383 (discussing China's legal reform since the opening of the state to the West in the late 1970s).

[2] Denis Twitchett & John K. Fairbank eds., 15 Cambridge History Of China, 1991, pp. 350 – 351.

[3] See Geoffrey T. Willard, "An Examination of China's Emerging Intellectual Property Regime: Historical Underpinnings, The Current System and Prospects for the Future", *IND. INT ' L & COMP. L. R EV.* 6, 1996, p. 420 (providing a historical overview of Chinese intellectual property law and its enforcement).

[4] Dittmer Lowell, *China Under Reform*, 1994, p. 91.

[5] See Meng Yan, IPR Protection Makes Steadfast Progress, CHINA DAILY, May 17, 2004, at 5 (demonstrating the phenomenal progress in Chinese intellectual property laws over the past two decades).

[6] Ibid.

[7] Zhonghua Renmin Gongheguo Minfa Tongze [General Principles of the Civil Law of the People's Republic of China] (1986). For full text of the General Principles of the Civil Law, see Laws & Legislations Databases, National People's Congress of China, available at http://www.npc.gov.cn/englishnpc/news/Legislation/node_2763.htm.

[8] China's first Civil Code is still being drafted and is expected to comprise around 1000 to 1500 articles, making it the most voluminous legislation in the country so far. It is expected to receive final approval by 2010. See Media News, China's First Draft Civil Code Submitted for Review, People's Daily, Dec. 24, 2002, available at http://english.people.com.cn/200212/23/eng20021223_108978.shtml.

[9] See Information Office of the State Council, New Progress in China's Protection of Intellectual Property Rights, Apr. 2005, available at http://www.gov.cn/english/official/2005-07/28/content_18131.htm.

legislated in 1990, and Patent and Trademark Laws were significantly amended in 1992 and 1993, respectively. During this period, China was also involved in active participation in IPR conventions and activities sponsored by related international organizations and considerably intensified its cooperation with various countries and nongovernmental organizations concerning IPR protection.[1] Furthermore, in order to fulfill China's treaty obligations, the National People's Congress enacted the Decision on IPR Protection in 1994, the Regulation on Customs Protection of Intellectual Property in July 1995, the Regulation on the Protection of New Plant Varieties in 1997, and the Regulation on the Protection of the Layout and Design of Integrated Circuits in 2001.[2] These multilevel provisions further strengthened the legal framework overseeing IPR.[3]

Since 2001, the Supreme People's Court released a series of judicial interpretations regarding cases brought under the Trademark Law.[4] While the legal system for IPR protection was established rather late in China,[5] within only two decades or so, a comprehensive and substantive legal system that covers a broad range of subjects and that is in line with international norms has taken shape.[6] This progress in implementing international IPR at domestic levels is extraordinary because it was accomplished within a relatively short period of time which had taken developed countries decades or centuries to achieve.[7] While deficiencies still remained, these cumulative changes brought China into conformity with global standards of IPR by the time it acceded to the WTO. What remained, however, was a subsequent fitting-in

---

〔1〕 Chronologically, China joined the World Intellectual Property Organization in 1980 and acceded to the Paris Convention for the Protection of Industrial Property in 1985; it signed the Treaty on Intellectual Property in Respect of Integrated Circuits in 1989 and the Madrid Agreement Concerning the International Deposit of Industrial Designs in 1989. China acceded to the Berne Convention for the Protection of Literary and Artistic Works in 1992, the Convention for the Protection of Producers of Phonograms Against Unauthorized Duplication of Their Phonograms in 1993, the Patent Cooperation Treaty in 1994, and the Nice Agreement Concerning the International Classification of Goods and Services for the Purposes of the Registration of Marks in 1995. It acceded to the Budapest Treaty on the International Recognition of the Deposit of Microorganisms for the Purposes of Patent Procedure in 1995 and applied for membership of Protocols of the Madrid Agreement Concerning the International Deposit of Industrial Designs, which made the agreement come into effect in 1995. China joined into the Locarno Agreement on Establishing an International Classification for Industrial Designs in 1996 and the Strasbourg Agreement Concerning the International Patent Classification in 1997. China participated in the entire TRIPs negotiations and initialed the final text, which has been effective since China's accession to the WTO. See Zhongguo Canjia de Duobian Guoji Gongyue [The Multilateral Agreements That China Has Ratified or Signed], Ministry of Foreign Affairs, http://www.mfa.gov.cn/chn/pds/ziliao/tytj/tyfg/ (last visited Apr. 25, 2010).

〔2〕 See Information Office of the State Council, New Progress in China's Protection of Intellectual Property Rights, Apr. 2005, available at http://www.gov.cn/english/official/2005-07/28/content_18131.htm.

〔3〕 See Meng Yan, IPR Protection Makes Steadfast Progress, CHINA DAILY, May 17, 2004, at 5.

〔4〕 Ibid.

〔5〕 Ibid.

〔6〕 Ibid.

〔7〕 Ibid.

period to allow implementation of domestic legislations and provisions to become fully compliant with international requirements.[1]

B. The Particularity of China Compared with Japan and Korea

Despite the cultural similarities across East Asia, there is a major difference between China and the two neighboring countries, Japan and Korea. First, like Japan, Korea has been "Americanized" to a certain degree since the end of World War II, and its legal regime, also like Japan, has long been influenced by Western civil code based on the "rule of law" tradition.[2] Second, culturally, the unilateral Confucian system in these two countries has developed into a hybrid system characterized by cultural pluralism. Interacted with the other elements of religious scene such as Shintoism and Buddhism, Confucianism in Japan has provided fundamental cultural capital in shaping modern Japanese society[3]; the Confucian system in Korea has also developed into a Confucian-Christian system under the multicultural ecology.[4] Understandably, the Westernization process may have made it much easier for these two countries to make necessary manipulation and adjustments.

While China shares the Confucian tradition with Japan and Korea, China's unique sociopolitical ecology makes intellectual property enforcement rather subtle and difficult. China has made arduous efforts toward gaining admittance into the international IPR community and has transplanted an elaborate IPR regime that turns out to be "a castle in the air". The harmonized legal system has been built without social foundation to strengthen its adequate enforcement. With enigmatic dilemmas that rival its economic prosperities, the potential effectiveness and eventual success of the enforcement mechanism depends, to a large extent, on the intention and volition of the Chinese pursue systemic reform. Despite the remarkable economic prosperity and applaudable legal construction, China's dilemma in its democratization

---

[1] See State Council, Outline of the National Intellectual Property Strategy, June 5, 2008, available at http://www.chinaipr.gov.cn/policy/documents/241260.shtml (indicating that the Chinese government is committed to "[p]romoting the cultivation of an intellectual property culture").

[2] See Pyong-Choon Hahm, "Korea's Initial Encounter With The Western Law, in Sang-Hyun Song ed.", *Korean Law In The Global Economy*, 1996, p. 61. (discussing cultural interactions between Korea and the West).

[3] John Berthrong, "Confucian Piety and the Religious Dimension of Japanese Confucianism (The Religious Dimension of Confucianism in Japan)", *PHIL. E. & W.* 48, 1998, p. 67. (arguing that, "[i]n short, Confucianism, along with all the other elements of the Japanese religious scene, provides cultural capital for the formation of modern Japan").

[4] See Kang-nam Oh, "Sagehood and Metanoia: The Confucian-Christian Encounter in Korea", *J. AM. ACAD. RELIG.* 61, 1993, p. 316 (arguing that Korea "can be considered a particularly favorable laboratory for the Confucian-Christian dialogue"). See also Young-Gwan Kim, "The Confucian Christian Context in Korean Christianity", *B. C. ASIAN REV.* 13, 2002, pp. 81 – 84 (noting that "Korean Christians tend to identify themselves as Christians, but paradoxically their practices in customs and ethics are based on Confucianism").

process has provided an institutional account for its weakness in IPR enforcement.

Nonetheless, it is of particular importance to point out that, from a practical point of view, any approach to effectively analyzing and clarifying IPR problems in China must rest on a delicate interplay of cultural fundamentals. In other words, the perpetual dilemma of reform has shaped an unique model of Chinese philosophies that have exercised indirect but decisive influence over the effectiveness of the social transformation and legal transplantation. Even if it reaches an appropriate stage of economic development and cultural adaptation, without these fundamentals, the established infrastructure of the transplantation will be endorsed neither by government nor by the cultural perception of the citizenries. It may be true that only when China has carried out its reform systemically will it be possible to ensure the endeavor goes further. In this context, there is no doubt that the dysfunctional institutional regime in China has increased complexity and added cost to the eventual attainment of the effective intellectual property protection system.

C. Cultural Adaptation in Legal Transplantation: What We Can Learn from the East

IPR infringement is a common phenomenon that occurs in almost every country and in every development stage.[1] It is incomprehensible that the Confucian system has frequently been credited when it comes to the inefficiency of the IPR enforcement. However, it is more coincidence than cause that many egregious counterfeits and piracies come from China with a Confucian cultural background,[2] as the comparison with Japan and Korea demonstrates.[3] No

---

〔1〕 See Richard E. Vaughan, "Defining Terms in the Intellectual Property Protection Debate: Are the North and South Arguing Past Each Other When We Say 'Property'? A Lockean, Confucian, and Islamic Comparison", *ILSA J. INT' L & COMP. L.* 2, 1996, pp. 308 – 310.

〔2〕 The "Confucianized" countries and regions were especially designated as Priority Foreign Countries and Regions or frequently named to the Priority Watch List. These vulnerable countries and regions include, but are not limited to, China (Confucian background), Korea (mixed Confucian-Christian), and Vietnam (Confucian background). For an overview of the placement of these countries and regions on the lists, see Historical Summary of Selected Countries' Placement for Copyright-Related Matters on the Special 301 Lists, at 38 – 39, 47 – 48, 49 – 50, 58, available at http://www.iipa.com/special301_TOCs/2002_SPEC301_TOC.html (last visited Feb. 28, 2010). For an account of cultural affiliation of these countries and regions, see Christopher Heath, *Intellectual Property Rights in Asia-Projects, Programmes and Developments, Max Planck Institute for Intellectual Property, Competition and Tax Law*, 2003 (categorizing East and Southeast Asian countries and regions based on cultural dimensions).

〔3〕 See Richard E. Vaughan, "Defining Terms in the Intellectual Property Protection Debate: Are the North and South Arguing Past Each Other When We Say 'Property'? A Lockean, Confucian, and Islamic Comparison", *ILSA J. INT' L & COMP. L.* 2, 1996, pp. 308 – 310.

evidence has been seen to establish causality. To overestimate or even misestimate the influence of Confucian values toward IPR enforcement can create a misleading stereotype and lead to cultural prejudice.

Although some drawbacks of Confucian ethics may still exist,[1] "Confucian elites have contributed to the social and political achievements of East Asian states such as Japan and Korea in the post-World War II era: rapid and relatively egalitarian economic growth, stable families, and crime-free streets."[2] Confucian ethics have made positive contributions, both in fostering domestic economic development and in maintaining intellectual property through unique approaches. The important thing is how to preserve the advantages of Confucian ethics while minimizing their shortfalls.[3]

The objective of establishing the WTO was to liberalize world trade and to harmonize trade policies to ensure fair access to world market.[4] While engaging in harmonization of national trade policies, the world trading system has promoted cultural harmonization simultaneously,[5] for example, through the transplantation of the TRIPs regime.[6] As has been demonstrated above, the enforceability and effectiveness of a transplanted law largely depend on how it is culturally filtered into people's minds and how it is adapted to the domestic circumstances.[7] The activation of IPR enforcement can hardly be achieved by legal means alone but through a

---

[1] As mentioned previously, while Confucianism demands loyalty, devotion, and honor to seniors and ancestors and advocates human interference to establish social harmony, these concerns in turn place a systemic pressure against argument and disobedience. As such, the role of critical thinking could be somewhat weakened. See Toshiko Takenaka, "Does a Cultural Barrier to Intellectual Property Trade Exist? The Japanese Example", *N. Y. U. J. INT' L L. & POL.* 29, 1997, p. 165.

[2] Daniel Bell, "The Making And Unmaking Of Boundaries: A Contemporary Confucian Perspective", In Allen Buchanan & Margaret Moore eds., *States, Nations, And Borders: The Ethics Of Making Boundaries*, 2003, pp. 57 – 85.

[3] Ibid.

[4] See Agreement on Trade-Related Aspects of Intellectual Property Rights, Apr. 15, 1994, Marrakesh Agreement Establishing the World Trade Organisation, Annex 1C, 33 I. L. M. 1125(1994).

[5] See Shin-yi Peng, "The WTO Legalistic Approach and East Asia: From the Legal Culture Perspective", *ASIAN-PAC. L. & POL' Y J.* 1, 2000, p. 16.

[6] See Agreement on Trade-Related Aspects of Intellectual Property Rights, Apr. 15, 1994, Marrakesh Agreement Establishing the World Trade Organisation, Annex 1C, 33 I. L. M. 1197(1994). As the most comprehensive intellectual property agreement ever, the TRIPs Agreement aims to promote harmonization and standardization of approach to IPR protection by providing minimum standards for the member states.

[7] See supra notes 15 – 24 and accompanying text.

complex interaction between law and culture.[1] In this context, cultural adaptation during legal transplantation requires much effort beyond the legal arena in the indigenous reception process.[2] Protection of IPR is more a matter of cultural diversity than a trade—related issue; however, TRIPs has gone beyond its duties within legal domain and encroached arbitrarily on the cultural sphere. As Shin-yi Peng has commented, under the TRIPs regime, a state initially pursues a variety of goals in addition to economic development, such as cultural autonomy, but the compelling rule-based international trade regime restricts the capacity of the nation to structure its own domestic laws, which often reflect the cultural values of that nation.[3] For this reason, it is worth emphasizing that, in a multicultural society, it may be an anachronism to strive for the intellectual property harmonization under an identical cultural environment.[4] Imposing a superseding international law in the name of trade harmonization tends to undermine the social values and cultural diversities reflected in domestic laws and, in turn, jeopardize the harmonizing effect.[5]

Like Western liberal values and democratic norms, which are widely shared by many East

---

[1] See, e. g., Otto Kahn-Freund, "On Uses and Misuses of Comparative Law", *MOD. L. REV.* 37(1), 1974, pp. 12 – 13. (discussing the compatibility and transferability of the importing laws in a political context); Ugo Mattei, "Efficiency in Legal Transplants: An Essay in Comparative Law and Economics", *INT' L REV. L. & ECON* 14(16), 1994, *p.* 19. (concluding that how likely a legal doctrine will survive a transplant depends largely on its economic efficiency). See also William Ewald, "Comparative Jurisprudence(II): The Logic of Legal Transplants", *American Journal of Comparative Law* 43, 1995, p. 489 (emphasizing the causal link between law and society); Nicholas H. D. Foster, "Transmigration and Transferability of Commercial Law in a Globalized World", in Andrew Harding & Esin Orucu eds., *Comparative Law in the 21st Century* 55, 2002, pp. 58 – 59 (summarizing the debate between "culturalists" and "transferists" and explaining the tendency toward the gradual convergence of the two perceptions). The interaction between law and culture has drawn particular attention from scholars and commentators. Friedman has demonstrated that "legal systems [...] reflect what is happening in their own societies." According to Friedman, legal systems "assume the shape of these societies, like a glove that molds itself to the shape of a person's hand." See Lawrence M. Friedman, "On the Emerging Sociology of Transnational Law", *STAN. J. INT' L L.* 32, 1996, p. 72. Tamanaha gives another metaphor, stating that law is generally understood to be a mirror of society. See Brian Z. Tamanaha, "A General Jurisprudence Of Law And Society", 2005. As noted by Hernandez-Truyol, the relationship between law and culture is mutual or reciprocal. See Berta Esperanza Hernandez-Truyol, "Glocalizing Law and Culture: Towards a Cross-Constitutive Paradigm", *ALB. L. REV.* 67, 2003, pp. 621 – 623 (examining "a cross-constitutive paradigm of law and culture" and asserting that, in some circumstances, law can change culture but in other circumstances, "cultural norms can withstand, survive and effectively reject legal change").

[2] See Francis Cardinal George, "Law and Culture", *AVE MARIA L. REV.* 1, 2003, p. 4 (pointing out that the relationship between law and culture is "fragile, more complex, and quite problematic").

[3] See Shin-yi Peng, The WTO Legalistic Approach and East Asia: From the Legal Culture Perspective, 1 ASIAN-PAC. L. & POL' Y J. 1, 2000, p. 13, p. 17. For an account of interaction between law and culture, see William Ewald, "Comparative Jurisprudence(II): The Logic of Legal Transplants", *AM. J. COMP. L.* 43, 1995, p. 489; Pierre Legrand, The Impossibility of "Legal Transplants", *Maastricht Journal of European and Comparative Law* 4, 1997, p. 123.

[4] Shin-yi Peng, "The WTO Legalistic Approach and East Asia: From the Legal Culture Perspective", *ASIAN-PAC. L. & POL' Y J.* 1, 2000, p. 16.

[5] Ibid.

Asian nations, "Confucian values and their political implications may well be applicable in non-Confucian societies that share similar political cultures and face similar political problems." [1] In concrete terms, it might be important to promote a worldwide conception for IPR protection, but it might be equally if not more important to preserve traditional ethics from which indigenous diversity and the intellectual knowledge are embedded and stabilized.

As has been discussed, in the developing world, the package of IPR under the confines of TRIPs is perceived as a mandatory obligation imposed by the interest of the West. Nevertheless, TRIPs provides a level of protection for domestic innovators that might not ordinarily have applied until a later stage in a country's development. This stage theory poses an interesting challenge to developing states as to when and how they should engage with international IPR norms while ensuring that legislation is appropriately balanced between the interests of local innovators and the needs of the societies of which they are a part.

By that logic, it indicates a conflict which not only exists between two different worlds, but one in which the appropriate balance in any one state moves along a continuum as a companion to development. The outstanding issue here is how this balance should be best adjusted with the prospect of accelerated development. The answer may well be that the major incentive to developing countries to enforce international IPR norms will be lobbies of domestic inventors, authors, or companies who would economically benefit from, and culturally appreciate, higher IPR enforcement, rather than external threats that may only generate intermittent effects. Both Japan and Korea have gone through such a turning point where higher-level IPR protection becomes a built-in stance. It seems China is within a stone's throw of this objective as well.

Ⅶ. Conclusion

Developing countries accepted the TRIPs Agreement with various policy goals. However, the new system is asymmetric in the sense that it mainly benefits industrialized countries. From a legal perspective, concern remains about the universal standard of harmonization which lacks flexibility for developing countries. In a context of comparative law, while there have been compelling cases for transferability of foreign legal systems, a fittingin process is always necessary to ensure the enforceability of a transplanted law in a unique socioeconomic environment. Legal transplant is feasible, whereas cultural adaptation is essential. Within the

---

〔1〕 Daniel Bell, The Making And Unmaking Of Boundaries: A Contemporary Confucian Perspective, In States, Nations, And Borders: The Ethics Of Making Boundaries 57 – 85.

global trading system, intellectual property law has proved to be a radically new form of legal transplant in developing countries; however, the success of a transplanted intellectual property structure depends largely on how the imported law is recast under an indigenous environment. In other words, the enforceability of a transplant depends on whether this foreign law finds appropriate soil sufficiently hospitable for its growth in an indigenous tradition. This reception and adaptation process in launching a brand-new legal system is, to a great extent, a process of indigenization of the foreign law, and this process cannot be simplified when a cultural gap is significant.

In this sense, the process of the globalization is simultaneously the process of indigenization-globalization is the cause of indigenization and indigenization is the cultural guarantee of globalization.

The TRIPs Agreement represents a successful culmination of several attempts by developed nations to consolidate their monopoly position over the global economy. The role of developing nations within the TRIPs regime has been vulnerable. Developing countries attempted to achieve a variety of goals in addition to participating in the global trading system. However, they have found the promise of long-term benefits elusive and the administrative costs and policy problems a significant burden. In this asymmetric regime, legal assimilation is an inevitable cost for the developing nations to participate in the global trading system and this process is irreversible. The concessions that developing countries have made should be remunerated in appropriate ways, which should be seen as propitious compensation rather than avaricious extortion.

Japan, Korea, and China are Eastern nations rooted in the Confucianized region, each having surpassed a different development stage in the indigenous adaptation process and introduced IPR regimes by means of legal transplants. It is dogmatic to assert that Confucian philosophy is a devastating obstacle to legal modernization; rather, it has played a unique role in fostering incentives of amelioration and has made positive contributions toward legal harmonization. Nevertheless, the fitting-in process in launching a brand-new intellectual property protection system in these culturally unique countries can be daunting and confusing. Experience and expedience are required to avoid fitting a square peg in a round hole.

（原载于 American Business Law Journal Volume 47, Issue 3, Fall 2010）

论跨国公司的人权责任

迟德强*

一、跨国公司人权责任问题的提出

作为全球化主要驱动力的跨国公司对世界经济发展,尤其是对发展中东道方的经济发展所发挥的积极作用已得到国际社会的普遍认可,跨国公司对经济的促进作用改善了人权享有的条件也已成为人们的共识。然而,对于跨国公司的活动或工作方法对于人权的消极影响却经常被人们所忽视。

其实,跨国公司对人权的侵犯可谓历史久远。最早期的跨国公司,如英国和荷兰的东印度公司,就已开始在亚洲、非洲和美洲滥用它们的权力,颠覆和破坏当地的政府,剥削当地的人民,攫取当地的资源。英国东印度公司还曾在中国、印度等亚洲国家大量贩卖鸦片,严重危害这些国家人民的健康。Teemu Ruskola 教授甚至将英国东印度公司称为世界上“最臭名昭著的公司”。这些公司的恶行引发了早期的消费者人权抗议运动,包括 17 世纪英国人民抗议东印度公司从事奴隶贸易,以及十八九世纪美国马萨诸塞州居民发起抵制从英国东印度公司进口茶叶等。[1]

第二次世界大战时期,除了德、日、意法西斯国家所从事的肆意践踏人权的罪行外,跨国公司也实施了大量侵犯人权的行为。第二次世界大战结束后成立的美国军事法庭所审理的 12 起案件中,有 3 起涉及跨国公司;英国战争法庭也审理了日本一家铁矿公司侵犯人权的案件。尽管这些法庭的管辖权仅及于个人,对公司法人不拥有管辖权,因而不能对这些跨国公司自身的责任做出裁决,但是法庭在裁定这些公司雇员对侵犯人权的罪行负有责任的判决中,均详细阐述了这些跨国公司在其雇员所实施的侵犯人权行为中所发挥的作用

---

* 迟德强,山东大学法学院副教授。

〔1〕 Beth Stephens, “The Amorality of Profit: Transnational Corporations and Human Rights”, *Berkley Journal of International Law* 20, 2002, p. 49.

(instrumentality)。法庭认为有足够的证据证明这些公司——作为法人实体,从事了战争罪、反人道罪等侵犯人权的罪行。不过,以上所提及的几个案例所追究的仅是个人责任而非公司责任,跨国公司所实施的侵犯人权行为以及从中受益的事实直到20世纪末才被揭露出来,并引起国际社会的广泛注意。一些国际知名的银行和保险公司(包括瑞士银行、欧洲的保险公司)在美国法院被起诉,这些金融公司被指控侵吞那些被纳粹屠杀家庭的存款,这些家庭或者被全部屠杀,或者其亲属不知道他们的银行账户,一些保险公司则被指控不兑现在第二次世界大战前签发的保单。[1] 1999年,在美国法院提起了一系列针对德国、奥地利和美国公司的诉讼,起诉书指控这些公司或其子公司在第二次世界大战期间使用奴隶劳动并从奴隶劳动中获益。根据调查显示,有超过400家德国公司在第二次世界大战中使用了纳粹所提供的奴隶劳工,所使用的奴隶劳工人数高达1000万人。这些公司无须向这些工人支付任何报酬,而且被书面许可使用这些劳工直至其死亡。被指控从奴隶劳动中获益的公司包括福特汽车公司、西门子电子公司、大众汽车公司、戴姆勒·奔驰公司以及IBM等世界著名的跨国公司。[2]

被认为是国际上第一起奴隶劳工诉讼的,是1998年在美国新泽西州纽渥克联邦地区法院提起的针对福特汽车公司的集团诉讼,即Iwanowa v. Ford Motor案。[3] 起诉书指控福特公司明知其在德国的子公司Ford Werke使用奴隶劳工(强迫劳动),却仍然从使用这些奴隶劳动所获得的利润中获取经济利益,Ford Werke公司作为共同被告参加了诉讼。起诉书指控Ford Werke公司故意在非人道的条件下使用强迫劳动并从中获取了大量利润,1943年该公司中有25%的劳动力是不需支付报酬的强迫劳工,1944年这一比例上升到50%。由于大量使用强迫劳工而无须支付报酬,Ford Werke公司的年利润在1943年增长了两倍。原告指责福特公司从其德国子公司因使用奴隶劳工而获得的快速增长中分得大量利润,要求福特公司"吐出"(dis-gorge)其从德国子公司得到的利润。尽管该案被法官以盟国与德国之间存在相关条约因而该案不具有可裁判性和国际礼让[4]为由驳回,但法官认定福特汽车公司在第二次世界大战期间确实使用了不支付报酬的强迫劳工,这明显违反了习惯国际法规则。除Iwanowa v. Ford Motor案外,在美国法院还提起了其他数十起指控德国和奥地利公司使用奴隶劳工的案件。[5] 此外,在美国还提起了一系列指控日本公司第二次世界大战时

[1] Beth Stephens, "The Amorality of Profit: Transnational Corporations and Human Rights", *Berkley Journal of International Law* 20, 2002, p. 50.

[2] Anita Ramasastry, "Corporate Complicity: From Nuremberg to Rangoon-An Examination of Forced Labor Cases and Their Impact on the Liability of Multinational Corporations", *Berkeley Journal of International Law* 20, 2002, p. 121.

[3] Elsa Iwanowa是原告方的代表,是一位比利时公民,她声称从1942年到1945年在Cologne工厂为福特汽车公司在纳粹德国的子公司从事强迫劳动,工厂的工作条件是非人道的,且从未支付工资。

[4] 1946年美国与其他17国签署的《巴黎赔偿公约》,规定针对公司的个人赔偿请求只通过政府间的协商解决。

[5] Anita Ramasastry, "Corporate Complicity: From Nuremberg to Rangoon—An Examination of Forced Labor Cases and Their Impact on the Liability of Multinational Corporations", *Berkeley Journal of International Law* 20, 2002, pp. 122-126.

期使用中国和朝鲜平民以及战俘作为奴隶劳工的案件。这些案件虽被以美国和日本之间存在的条约为理由而驳回,但这些针对日本公司的诉讼最终还是通过政治谈判达成和解,使受害者得到很小数额的补偿。

二、第二次世界大战后国际社会对跨国公司侵犯人权行为的关注

在20世纪50年代和70年代,美国联合果品公司和美国电报电话公司卷入推翻危地马拉和智利民选政府的丑闻被揭露后,引起国际社会特别是发展中国家对跨国公司活动的关注,并导致发展中国家展开对跨国公司国有化的运动。除此以外,跨国公司还在发展中国家大规模地从事攫取自然资源以及腐蚀民族国家政府的活动。为了在全球范围内追逐利润,跨国公司还经常与专制政府结成伙伴关系,从事大规模的侵犯人权活动,或者对这些专制政权所实施的大规模侵犯人权行为予以容忍、支持或帮助。

1995年南非真相与和解委员会(TRC)在其提交的最终报告中,披露了跨国公司在南非实行种族隔离制度中所扮演的角色:在种族隔离制度的建设中积极协作(一级卷入,first—order involvement);为镇压目的向南非种族主义政权提供商品和服务(二级卷入,second—order involvement);从种族主义的经济中获益(三级卷入,third—order involvement)。南非真相与和解委员会认为跨国公司对推行种族隔离政策的南非政府所赖以生存的经济方面发挥了重要作用,一些企业尤其是采矿企业积极卷入帮助南非政府设计和实施种族隔离政策,而其他一些企业则从与南非政府安全机构的合作中获益,大多数企业都从南非的种族主义制度中获得利益。[1] 2002年11月11日,一个名叫Khulamani的非政府组织代表南非的种族主义受害者向美国纽约联邦法院递交诉状,起诉包括花旗银行在内的21家欧美跨国公司,指控它们在前南非政府实施"种族隔离、种族灭绝、酷刑和非法拘禁等罪行"时给予其帮助,侵犯了受害者的人权,要求这些公司给予受害者以赔偿,赔偿金额达31亿~61亿美元。对瑞士联合银行、瑞士信贷银行、花旗银行和UBS银行等大型金融公司的指控涉及这些银行在当年南非白人种族主义政府遭受国际制裁,仍向该政府提供巨额贷款及进行涉资数十亿美元的其他业务交易,违反了联合国于1962年要求所有成员方与南非断绝外交、贸易及运输关系的决议;对IBM公司的指控则涉及IBM公司与其他一些美欧计算机公司为推行种族隔离制度的南非政府提供计算机技术,尽管这些公司明知这些技术将被南非政府用来侵犯人权,甚至是实行暴行;对荷兰皇家壳牌公司及埃克森-美孚等能源公司的指控则涉及这些公司违反了联合国对南非的禁运政策,对当时的南非政府提供资金和能源供

〔1〕 Nicoli Nattrass,"The Truth and Reconciliation Commission on Business and Apartheid: A Critical Evaluation", *African Affairs* 98,1999,p.375.

应,从而间接地侵害南非黑人的人权;对英美公司及德比尔斯公司的指控涉及这些公司剥削工人及工厂生产条件恶劣等。[1]

在推动跨国公司承担人权责任方面,非政府组织(NGO)一直充当重要角色。1999年人权观察"商业与人权"特别小组发表了两篇长篇报告,一篇指责安然公司与印度警察协作,使用暴力镇压反对开展能源项目的当地居民,另一篇则指责在尼日利亚经营的荷兰皇家壳牌石油公司、美孚石油公司以及其他一些国际石油公司与尼日利亚政府合作,镇压抗议这些公司环境和发展政策的活动家。[2] 在美国加利福尼亚联邦地区法院所受理的Doe v. Unocal案中,原告代表缅甸居民指控优尼科公司(Unocal)在建设石油管道项目中违反了国际人权法,这些居民声称受到酷刑、伤害、强奸、失去家庭和财产、强迫劳动以及其他人权的侵害。有的诉讼指控跨国公司对环境的损害,例如,美国德士古公司在厄瓜多尔、美国自由港迈克墨伦铜金矿公司在印度尼西亚、荷兰皇家壳牌公司在尼日利亚都被指控使用在欧洲和美国早已被禁止的破坏性实践。德士古公司被披露在厄瓜多尔泄漏了几百万加仑原油以及向水中和土壤里倾倒了几百万加仑未加处理的有毒盐水,使用过时的"前腊夫运河技术";[3]美国自由港迈克墨伦铜金矿公司被指控将成百上千吨有毒的矿物尾料倒入当地的水道中,破坏了当地的河流,淹没了周围的森林,污染了湖泊和地下水。[4]

此外,还有一些著名的跨国公司被指控违反劳工标准,侵犯劳工权利,包括不支付加班费、使用童工和强迫劳动、违反最低工资的规定、禁止成立工会、性别歧视以及危险的工作条件等。一些国际上著名的品牌,如耐克公司、迪士尼公司、沃尔玛公司等均曾因违反劳工权利而受到起诉。

在我国,跨国公司的人权责任问题同样引起关注。我国是世界上吸引外资最多的发展中国家,全球最大的500家跨国公司中有450余家在我国设有分支机构或地区总部,跨国公司的直接投资(FDI)对我国经济发展的促进作用以及融入世界市场可谓功不可没。然而21世纪初,一些在华跨国公司却相继爆发出滥用人权的丑闻,例如,肯德基被披露食品中含有苏丹红、雀巢奶粉中的碘超标、迪士尼公司因为在中国的玩具代工厂生产的玩具中含有有毒成分而在美国被起诉并被禁止出口、沃尔玛公司则被曝长期以来一直阻止工会的成立、耐克公司在广东的代工厂被控是"血汗工厂"(sweatshop)等。

---

〔1〕《被控帮助实施种族隔离,要求赔偿数十亿美元》,载人民网:http://www.people.com.cn/GB/guo-ji/25/96/20030610/1013414.html。

〔2〕"Human Rights Watch, The Enron Corporation: Corporate Complicity in Human Rights Violations", 1999; "The Price of Oil: Corporate Responsibility and Human Rights Violations in Nigeria's Oil Producing Communities", 1999. www.hrw.org/reports/1999/enron.

〔3〕所谓"腊夫运河技术"是一种典型的固体废弃物无控填埋污染方法。

〔4〕Beth Stephens, "The Amorality of Profit: Transnational Corporations and Human Rights", *Berkley Journal of International Law* 20, 2002, p. 49.

三、跨国公司侵犯人权的特殊形式——“公司同谋”

对于跨国公司侵犯人权的方式，Ratner 教授将其分为 3 种，一是跨国公司作为政府的代理人所实施的侵犯人权行为，二是跨国公司与实施侵犯人权行为的政府或政府机构同谋，三是跨国公司作为指挥者实施侵犯人权的行为。[1]

对于跨国公司直接从事侵犯人权的行为，一般比较容易理解。例如，跨国公司在其工厂里使用童工或强迫劳动，跨国公司向河流、湖泊倾倒有毒和危险废物等。但对于跨国公司卷入国家对人权的侵犯，即成为国家侵犯人权行为的同谋，理解起来则比较困难。在刑法领域，人们对同谋的概念并不陌生。但在国际人权领域，公司同谋（corporate complicity）则是一个全新的概念。在巴西举行的《全球契约》学习论坛上，公司代表们认为，公司同谋是公司经理层最难理解的概念，也是经理层最为关注的概念。[2] 随着越来越多的公司被指控为政府侵犯人权行为的同谋，对公司应承担人权责任的压力也越来越大。

最早提出公司同谋概念的是人权观察，该组织在 1999 年发表的两份关于跨国公司投资活动与侵犯人权关系的报告中，其中一份报告的题目是“安然公司：在侵犯人权中的公司同谋”。在联合国秘书长提议的《全球契约》所包含的 10 项原则中，第二项人权原则要求“企业应当确保它们自己的公司不在侵犯人权中同谋”。联合国促进和保护人权小组委员会在其拟定的《跨国公司和其他工商企业在人权方面的责任准则》第 1 条“一般义务”的评述中也提及公司同谋：“跨国公司和其他工商企业有义务适当地勤勉尽责，确保其活动不会直接或间接地助长侵犯人权的行为，不得直接或间接地从它们已经意识到或应该意识到的侵犯人权行为中谋利。跨国公司和其他工商企业应进一步避免从事可能破坏法制和损害政府及其他方面增进和确保尊重人权努力的活动，并应利用它们的影响力以帮助增进和确保对人权的尊重。跨国公司和其他工商企业应了解其主要活动和拟议中的重要活动对人权的影响，以便它们能够进一步避免成为侵犯人权行为的同谋”。[3]

然而，在国际人权领域并没有一个确定的公司同谋定义，有学者将公司同谋分为直接同谋、间接同谋和保持沉默的同谋。直接同谋是指公司明知他人正在实施侵犯人权的行为

---

〔1〕 Anita Ramasastry, “Corporate Complicity: From Nuremberg to Rangoon—An Examination of Forced Labor Cases and Their Impact on the Liability of Multinational Corporations”, *Berkeley Journal of International Law* 20, 2002, p. 100.

〔2〕 Anthony P. Ewing, “Understanding the Global Compact Human Rights Principles, in Embedding Human Rights in Business Practice”, *A joint publication of the United Nations Global Compact Office and the Office of the United Nations High Commissioner for Human Rights*, p. 40.

〔3〕 Commentary on the Norms on the responsibility of transnational corporations and other business enterprises with regard to human rights, UN Commission on Human Rights Sub—Commission on the Promotion and Protection of Human Rights, 2003, E/CN. 4/Sub. 2/2003/38/Rev. 2 26 Aug.

却予以协助或鼓励的行为。公司明知一国政府正在从事违反《世界人权宣言》所包含的习惯国际法原则的行为却对该国予以帮助,就构成了直接同谋。例如,公司促使或协助政府对居民实施违反国际法的强制迁移,那么该公司就构成该侵犯人权行为的直接同谋。[1] 再如,公司的承包商、合资伙伴、东道方政府为了公司的利益或在公司的积极协助或鼓励下实施侵犯人权的行为,则该公司构成在侵犯人权中的直接同谋。间接同谋又称从侵犯人权行为中获益的同谋(beneficial corporate complicity),是指公司从他人所实施的侵犯人权行为中获取利益,尽管该侵犯人权的行为并非公司授权、指挥或公司预先知悉该侵权行为。公司明知正在发生侵犯人权的行为,却从该侵犯人权的行为中获取直接的经济利益,并继续维持与东道方政府的伙伴关系,即构成间接同谋。例如,一个公司容忍其商业伙伴在推进双方共同的商业目标过程中所实施的侵犯人权行为,或故意对该侵犯人权的行为视而不见,则该公司即构成从中受益的同谋。再如,公司在出口加工区接受政府给予的财政激励,而在该出口加工区内,政府禁止成立工会或开展工会活动;公司从供应商手里购买原材料,而该供应商正在实施大规模侵犯人权的行为;公司容忍其供应链中对工人健康有害的工作条件等,均构成从中受益的同谋。[2]

保持沉默的同谋(silent complicity)是指跨国公司面对东道方政府侵犯人权的行为保持沉默或不作为。保持沉默的同谋的概念反映了人们对公司的期望,即公司应将有系统的或持续的侵犯人权行为提请权力当局予以关注。正如大赦国际(英国)商业协会主席Geoffrey Chandler先生所说的"沉默或不作为将被看成对专制政府的安慰,将可能被判定为共谋,沉默并非中立。不作为不是一种选择"。[3] 根据国际法,如果个人所处的地位和道德权威对侵犯人权的行为形成鼓励,那么该个人可以仅因为其存在(presence)而被认定构成侵犯人权行为的同谋。因此,跨国公司仅在发生严重侵犯人权国家的商业存在(commercial presence)即可构成保持沉默的同谋,例如,公司对雇佣法律中以种族或性别为理由的有系统的歧视不作为或予以容忍的行为可能导致被指控为保持沉默的同谋;公司未对其经营所在地所发生的侵犯人权行为提请所在地政府当局关注,也可构成保持沉默的同谋。[4]

在南非实行种族隔离时期,南非白人种族主义政府从事了大量侵犯人权的罪行,许多

---

[1] Andrew Clapham and Scott Jerbi, *Categories of Corporate Complicity in Human Rights Abuses*, New York, 21 – 22 Mar.

[2] Anthony P. Ewing, "Understanding the Global Compact Human Rights Principles, in Embedding Human Rights in Business Practice", *A joint publication of the United Nations Global Compact Office and the Office of the United Nations High Commissioner for Human Rights*, p. 40.

[3] Andrew Clapham and Scott Jerbi, *Categories of Corporate Complicity in Human Rights Abuses*, New York, 21 – 22 Mar.

[4] Anthony P. Ewing, "Understanding the Global Compact Human Rights Principles, in Embedding Human Rights in Business Practice", A joint publication of the United Nations Global Compact Office and the Office of the United Nations High Commissioner for Human Rights, p. 40.

公司因在南非投资和开展经营活动而受到批评。这些公司在南非的存在被指责为是对南非种族主义政权所实施的侵犯人权行为的鼓励和支持。一些人权非政府组织声称当跨国公司意识到东道方存在系统或持续的侵犯人权行为时,他们有义务向东道方政府提出这些问题并努力施加影响。沉默或不作为等于同谋,因为它在某种程度上隐含着对该政府侵犯人权行为的默许,而非仅仅是中立。跨国公司面对东道方政府侵犯人权的行为,应大声疾呼反对东道方政府对人权的侵犯,并要求东道方政府改变其行为和政策。[1] 企业不能再故意忽视其经营活动所在地所发生的侵犯人权的情形了,企业必须对这些情形有更多的意识和敏感性,并更加积极地采取行动影响人权。

四、联合国在促使跨国公司承担人权责任方面的立法尝试

从 20 世纪 90 年代中期开始,随着指控跨国公司侵犯人权诉讼的增多,以及越来越多的跨国公司被揭露大量从事侵犯人权、违反劳工标准、污染环境的活动或作为政府侵犯人权的同谋,跨国公司与人权的关系问题开始引起联合国的关注。联合国促进和保护人权小组委员会在 1994 年第四十六届会议第 37 号决议中,提请秘书长编写一份背景文件,对跨国公司的工作方法和活动与享受人权之间的关系问题进行研究。在这份背景文件中,秘书长指出,跨国公司的活动和工作方法关系到人民是否可有效享有一系列人权。[2] 为了研究跨国公司对享有人权的影响,联合国促进和保护人权小组委员会自 1995 年以来编写了大量的研究报告,探讨人权的享有与跨国公司之间的关系。

在上述报告的基础上,1999 年 1 月在达沃斯世界经济论坛会议上,联合国前秘书长科菲·阿南促请与会的工商界领袖们一起加入一项国际性倡议——“全球契约”,与联合国、劳工和市民社会一道支持普遍的环境和社会原则。2000 年 7 月 26 日,全球契约正式实施。全球契约力图通过集体行动的力量,塑造负责任的企业公民,使企业在解决全球化面临的竞争中发挥作用,以实现一个更具可持续发展和包容的全球经济。全球契约共包括人权、劳工、环境和反腐败领域的 10 项原则,明确要求企业界承担人权责任,支持和尊重国际社会的人权保护,确保企业自身不卷入对人权的侵犯,支持结社自由和有效承认集体谈判的权利,根除各种形式的强迫劳动,有效废除童工以及根除雇佣和职业中的歧视。截至目前,已

〔1〕 Anita Ramasastry,“Corporate Complicity:From Nuremberg to Rangoon-An Examination of Forced Labor Cases and Their Impact on the Liability of Multinational Corporations”,*Berkeley Journal of International Law* 20,2002,p. 104.

〔2〕 The relationship between the enjoyment of human rights,in particular,international labor and trade union rights,and the working methods and activities of transnational corporations,Commission on Human rights Sub-commission on Prevention of Discrimination and Protection of Minorities,E/CN. 4/Sub. 2/1995/11.

有来自130个国家的逾8000个商业组织和利益相关者申请加入了全球契约。[1] 申请加入的企业必须承诺将全球契约及其所包含的原则纳入其战略及日常经营活动中,使其成为企业文化的一部分,并在公司决策、公司治理中贯彻这些原则。尽管全球契约并非一个有法律约束力的文件,但是加入者必须履行其承诺,并在其年度报告(或专门的可持续发展报告)中披露履行这些原则的情况,否则可能被逐出全球契约,使企业名誉受到不利影响。[2]

在推动跨国公司承担人权责任的立法方面,联合国促进和保护人权小组委员会的活动令人瞩目。2003年8月13日,联合国促进和保护人权小组委员会通过决议批准了《跨国公司和其他工商企业在人权方面的责任准则》(以下简称准则)。准则的通过被认为是在认定跨国公司对侵犯人权负有责任的道路上的一个重要"里程碑"。[3] 准则对跨国公司活动所涉及的国际法原则进行了一次全面的论述,所涉范围涵盖人权、人道主义法、国际劳工法、环境法、消费者权益保护法、反腐败法等。准则列举了跨国公司和其他工商企业在人权方面所承担的责任和义务的国际法渊源,并明确指出尽管国家负有增进、保证实现、尊重、确保尊重和保护国际法和国内法承认的人权的首要责任(包括确保跨国公司和其他工商企业尊重人权),但跨国公司和其他工商企业在其各自的活动和影响范围内,也有义务增进、保证实现、尊重、确保尊重和保护国际法和国内法承认的人权,包括土著人民和其他易受伤害群体的权利和利益。[4] 然而,由于在实施机制方面所存在的分歧,该准则在最终提交联合国人权委员会表决时未获通过。

2006年联合国人权理事会设立后,有关商业与人权的关系问题被纳入人权理事会的讨论议题。2011年6月16日,人权理事会在第十七次会议上通过了《商业与人权指导原则:实施联合国"保护、尊重与救济"框架》。该指导原则包含国家保护人权义务的基础原则与实施原则、公司尊重人权责任的基础原则与实施原则以及人权救济途径的基础原则与实施原则三大支柱。第一,国家必须采取适宜措施,防止、调查、惩戒以及救济商业企业对人权的滥用,对于国家所有或控制的企业以及与国家从事商业交易的企业,国家应负有效监督之责以确保该等企业尊重人权;第二,企业应尊重人权,避免侵犯他人人权,评估及披露其活动对人权的影响,采取措施防止或减少由于其活动、产品或服务而对人权产生的消极影响;为此目标,企业应做出尊重人权的政策承诺以及制订并实施人权勤勉尽责程序(human rights due diligence);第三,国家必须采取适宜措施,包括立法、行政、司法或其他方式,确保对与商业有关的人权滥用的受害者提供有效救济,商业企业亦应建立或参与有效的实施层

---

〔1〕 参见http://www.unglobalcompact.org/HowToParticipate/Business Participatant。

〔2〕 截至2011年1月20日,共有2048个公司因未履行将全球契约及其10项原则在其战略及经营活动中予以贯彻而被驱逐出全球契约。参见http://www.unglobalcompact.org/news/95-01-20-2011。

〔3〕 "The Current Development on the Norms on the Responsibilities of Multinational Corporations and other Business Enterprises with regard to Human Rights", *The American Journal of International Law* 97, p. 905.

〔4〕 Carilin F. Hillemanns, "UN norms on the responsibilities of Transnational corporations and other business enterprises with regard to human rights", *German Law Journal* 4.

面的诉冤机制(grievance mechanism),以便为受其不利影响的个人和社区提供直接的救济。[1]

五、结　　语

目前,跨国公司应承担人权责任的观点尚未得到普遍认可,跨国公司对人权的消极影响往往被人们所忽视。国际人权文书也很少提及跨国公司,而有关人权的理论和实证研究也很少将跨国公司作为增进和保护人权的行为主体。传统观点认为政府或国家是侵犯人权的主要行为者,现代人权法的发展也主要是针对国家或政府大规模侵犯人权的行为所做出的反应。有关增进和保护人权的倡议以及对侵犯人权的调查主要是围绕着民族国家进行的,关于人权的政治学、人权的法律保护以及人权的哲学均将国家作为首要的行为主体进行研究,甚至认为只有国家才承担增进和保护人权的义务,因为对权利的承认和维护被认为纯粹属于公共主体(国家)的领域范围。[2] 国际人权文书也将承担侵犯人权的责任限制在国家缔约方。一些调整跨国公司活动的国际法文件,主要是将重点放在这些企业的经济影响以及跨国公司在东道方所享受的待遇和权利上,很少直接提及公司对人权的责任。然而,随着全球化的不断深入,原来被认为是"低端政治"的贸易和投资问题取代了战争和国家安全等"高端政治",一些非国家实体,尤其是跨国公司日益活跃在国际舞台的中心。跨国公司不但侵蚀民族国家的权力,而且日益影响到人们的日常生活。就人权而言,国家已不再是侵犯人权的唯一主体,跨国公司在其经营活动中对人权的侵犯已开始引起国际社会的广泛关注,联合国及其机构、各种人权非政府组织以及国际法学界开始研究跨国公司对人权的影响,尤其是随着联合国《全球契约》《跨国公司和其他工商企业在人权方面的责任准则》以及《商业与人权指导原则》的制定,反映了国际社会构建跨国公司人权责任体系的积极努力。

不过,值得注意的是,尽管有学者呼吁构建跨国公司人权责任体系,[3] 包括联合国、经合组织在内的有关国际组织以及非政府组织也都在为此一直不懈努力,但要真正在国际法层面建立跨国公司人权责任体系仍然任重道远。毕竟,国际法是主要调整国家之间关系的法律规范,跨国公司并不具有国际法上的主体资格,尚无法像国家一样直接承担国际人权法上的义务。因此,促使跨国公司承担人权责任首要的措施仍然是强化国家对跨国公司的

---

〔1〕 Guiding Principles on Business and Human Rights: Implementing the United Nations "Protect, Respect and Remedy" Framework. A/HRC/17/31.

〔2〕 William H. Meyer, "Human Rights and MNCs: Theory Versus Quantitative Analysis", *Human Rights Quaterly* 18, p. 370.

〔3〕 参见袁文全、赵学刚:《跨国公司社会责任的国际法规制》,载《法学评论》2007 年第 3 期;李良才:《跨国公司人权责任研究——人权法新发展及中国的应对机制》,载《安徽大学法律评论》2009 年第 1 辑。

监管。国家负有促进和保护人权的首要责任,包括确保跨国公司尊重和保护人权。无论是母国还是东道方,都应采取积极措施,通过健全和完善国内相关立法,督促跨国公司促进和保护人权;对于跨国公司滥用人权的行为,则追究跨国公司的责任并对受害者予以救济。这是目前促使跨国公司承担人权责任最为直接有效的方法。另外,依靠市民社会的力量督促跨国公司积极履行人权责任,尤其是人权非政府组织对跨国公司活动的监督,例如,全球报告倡议组织拟定的可持续发展报告指南,要求跨国公司对其履行人权责任、环境责任的情况予以披露;社会责任国际制定的 SA8000 标准对跨国公司及其商业伙伴履行人权责任的情况进行独立认证。此外,媒体的监督以及消费者运动、社会责任投资对跨国公司滥用人权的行为形成有力的制约。媒体不断曝光跨国公司侵犯人权的行为,对跨国公司的声誉和品牌形象构成巨大的压力,并有助于在全社会形成尊重人权的良好氛围;而消费者运动以及社会责任投资则是利用市场机制迫使跨国公司成为一个良好的“企业公民”,否则将会被逐出市场。

(原载于《法学评论》2012 年第 1 期)

国际航线联营和天空开放的借力融合与演变

高乐鑫*

在"一带一路"倡议下,理性扩大航权安排和探索国际航线联营业已成为中国民航深化改革和参与国际航空竞争的重要路径和实践。党的十九大宣告新时代到来,中国走到民族复兴和改革开放的新高点,进入社会发展与国际地位的新时代。[1] 在新时代,应妥善因应国际航空的新形势和新趋势。公私合力催生的国际航线联营业已演变为全球航空运输业转型的新动向,成为各国航空承运人开展国际商业合作的主流选择,中国亦已初步尝试但尚未全面适用。国际航线联营最早诞生于美国,现已遍布大西洋和太平洋沿线国家和地区。借助反垄断豁免授权法律体系之力,美国成功实现国际航线联营和天空开放的相互融合。天空开放关乎国家航空经济安全,贸然全面适用可能危害本国国际航空运输业,中国尚未适用天空开放,但是以扩大航权等方式与极少数国家和地区实现片段式准天空开放。适用国际航线联营必以天空开放为基石,此要求仅是美国经验还是逻辑必然?此问题的解决直接攸关中国后续推行国际航线联营和扩大航权的力度和深度。本文以美国国际航线联营和天空开放融合为研究基点,探索其梯度融合的缘由、历程和现状,进而根据国际航线联营和天空开放的特性,结合其他国家的实践,研究其相互融合是否为必然,最后对中国因应国际航线联营和天空开放的融合之势提出建议,以期了解两者真实法律逻辑和现实的差距,对中国国际航空运输业的发展有所裨益。

一、借力与被借力:国际航线联营与天空开放初步交汇

(一)天空开放的诞生

领空主权是国家主权的重要方面,早已演变为习惯国际法规则,并得到国际成文法的

---

* 高乐鑫,山东大学法学院助理研究员,法学博士。

[1] 何志鹏:《国际法在新时代中国的重要性探究》,载《清华法学》2018 年第 1 期。

承允,国际航空领域的宪章性文件——1944 年《国际民用航空公约》予以明文规定。[1] 国际航空运输市场的自由化程度由各国自行决定,为了实现国际航空运输的统一多边市场准入,各国在 1944 年和 1995 年先后制定《国际航空运输协定》和《服务贸易总协定》的《航空运输附件》,但多边体制均未建构成功,前者缔约国人数极其有限,截至目前只有 12 个国家,且主要航空大国均未参加或者短暂参加后退出,后者则未涉及关键的国际航空运输业务。[2] 长期以来,以双边《国际航空运输协定》为基础的航权交换体制是实现国际航空运输市场准入的关键所在。纵使强势国际航空承运人期冀可以在不受限制的情况下经营国际市场,但一般而言,传统的双边航空运输协定会彼此限制外国航空承运人提供的服务,通常是限制航线、经营航线的外国航空承运人数量、更改运价的权限、航班班次和运力。[3] 此类限制在保护本国航空承运人方面至关重要,但影响航空承运人响应国际市场需求的能力,并危及旅客获得最佳航空服务的机会。以美国为代表的航空运输强国一直希冀破除此其认为不合理的市场准入樊篱,寻求与外国达成升级版航空运输协定——天空开放协定,[4] 在自愿的基础上任何缔约国的航空承运人都能运营两国间的任何国际航线,航班数量不受限制,除非两国拒绝批准,承运人可以变更运价等。[5] 美国率先同欧洲国家商谈,在 1992 年终于如愿同荷兰签订其首份天空开放协定。[6] 允许美国的任何航空公司从美国的任何地点向荷兰的任何地点提供运输服务,并允许荷兰的任何航空公司以相同方式对等运营,而且不存在市场准入的任何法律、监管或者运营障碍,不允许两国单边限制运载量和航班班次。[7] 自此,美式天空开放协定正式确立,美国开始在全球范围内推广其主导的此升级版航空运输协定。

(二)国际航线联营初步借力天空开放

美荷天空开放协定为国际航空承运人间的商业合作预留国际法基础,在各方的协力下逐步演变为国际航线联营的法定基石。早在 1992 年 9 月 4 日,美国—荷兰天空开放协定的《协商备忘录》已就两国航空承运人间的合作作出规定:“(1)立基于天空开放协定文本内容,同情考虑美国和荷兰的航空承运人经由商业协议或者安排进行商业合作的概念及商业运营一体化,前提是这些协议或安排符合适用的反托拉斯法和竞争法;(2)对任何申请批准

---

〔1〕 董箫:《航权交换研究》,知识产权出版社 2010 年版,第 24 ~ 28 页。

〔2〕 王瀚、张超汉、孙玉超:《国际航空法专论》,法律出版社 2017 年版,第 42 ~ 50 页。

〔3〕 赵维田:《国际航空法》,社会科学文献出版社 2000 年版,第 94 ~ 140 页。

〔4〕 Open Skies,一般译为“天空开放”,亦可译为“开放天空”。

〔5〕 See Order 92 - 8 - 13, August 5, 1992.

〔6〕 Oum Tae Hoon, “Overview of regulatory changes in international air transport and Asian strategies towards the US open skies initiatives”, *Journal of Air Transport Management* 4(3), 1998, pp. 127 - 134.

〔7〕 黄涧秋:《国际航空法研究》,中国法制出版社 2007 年版,第 89 页。

和反垄断豁免授权的此类协议或者安排,应公平和迅速地予以处理。"[1]具体而言,缔约任何一方指定的航空承运人,如果其拥有适当权限,"可以在互惠的基础上,按照通常要求进行合作,如与另一拥有适当权限的航空承运人或者其他公司合作,如包机、代码共享或者租赁协议,前提是此类合作不包括国内载运权或收入公摊,除非缔约双方同意这种收入公摊。"[2]在美国和荷兰签订天空开放协定后不久,美国西北航空和荷兰皇家航空签订了《商业合作和一体化协议》,计划以类似单一承运人的形式运营相关国际航线的所有运输服务,两家航空公司签订一系列附属协议以实现运营一体化,如签订联合市场营销和协调航班时刻表的协议,计划协调定价和座位管理,共享或者公摊联合运输服务的收入等。[3] 美国运输部认为,反托拉斯法允许竞争对手开展商业合作,只要此合作能够提高竞争力和经济效益,并且不会不必要地限制竞争,并认定美国西北航空和荷兰皇家航空的一体化商业合作构成国际航线联营。[4] 在世界范围内,国际航线联营堪称最发达的商业合作形式,带动承运人提供更多的航空运输服务和降低票价。[5] 两家航空公司也正是以美国—荷兰天空开放协定为法源根据,向美国运输部申请 1958 年《美国联邦航空法》规定的批准和反垄断豁免授权。只有获得批准和反垄断豁免授权的国际航线联营,才能无法律风险地彻底践履落实,从纸面合作演变为实际运行。美国运输部也认为,拒绝国际航线联营并不契合天空开放的精神,授予国际航线联营反垄断豁免权反而表明美国兑现天空开放协定的精神,以换取自由的航空安排,不能仅坚持简单阅读协定规定的字面义务条款。[6] 美国西北航空和荷兰皇家航空实际上是借力天空开放作为国际航线联营的国际法基础,实现无障碍合作运营两国的国际航空市场。

(三)天空开放初步借力国际航线联营

天空开放和国际航线联营在历史同期相继诞生,时值美国政府在全球范围内推广其主导的天空开放范本,在被国际航线联营借力的同时,也需要借力前者的优势地位和经济效应拓展天空开放的适用空间,两者渐成相互借力之势。授予国际航线联营等航空联盟反垄

---

〔1〕 See Memorandum of Consultations, September 1 – 4, 1992, United States-Netherlands; See 92 – 11 – 27 Order to Show Cause, November 16, 1992, DOT – OST – 1995 – 579 – 0024; See Northwest Airlines, Inc. and KLM Royal Dutch Airlines-Approval and Antitrust Immunity of a Commercial Cooperation and Integration Agreement, September 9, 1992, DOT – OST – 1995 – 579 – 0001.

〔2〕 Ibid.

〔3〕 See Northwest Airlines, Inc. and KLM Royal Dutch Airlines-Approval and Antitrust Immunity of a Commercial Cooperation and Integration Agreement, September 9, 1992, DOT – OST – 1995 – 579 – 0001.

〔4〕 See 93 – 1 – 11 Final Order, January 11, 1993, DOT – OST – 1995 – 579 – 0034; See 92 – 11 – 27 Order to Show Cause, November 16, 1992, DOT – OST – 1995 – 579 – 0024.

〔5〕 See Gudmundsson, Sveinn Vidar. Mergers vs. Alliances: The Air France-KLM Story, Ref. C02/10/2014.

〔6〕 See 93 – 1 – 11 Final Order, January 11, 1993, DOT – OST – 1995 – 579 – 0034; See 92 – 11 – 27 Order to Show Cause, November 16, 1992, DOT – OST – 1995 – 579 – 0024.

断豁免权逐渐成为美国推动天空开放协定的谈判筹码。[1] 诚如美国西北航空和荷兰皇家航空所言,立基于开放天空市场,其他美国籍的航空承运人也可自由进入荷兰,并可利用国际航线联营等合作竞争策略。[2] 如果要引导其他国家探索天空开放体制,需了解其诱因和隐忧,其担忧和荷兰相比实则并无差异,均会寻求国际航线联营等商业合作的类似法定承诺,若美国不能在天空开放协定融入此类利益,将阻碍同其他欧洲国家的后续缔约。[3] 美国联合航空对上述解读提出异议,要求运输部推迟批准和授权程序,直至美国和荷兰达成谅解备忘录或者其他有约束力的协议,要求荷兰承诺保证和支持美国同所有其他欧共体成员方间的天空开放,至少必须强制荷兰在欧共体协调消除与美国—荷兰天空开放协定不符的所有规定。[4] 美国联合航空甚至认为,批准国际航线联营协议并不会鼓励美国和欧洲的航空自由化,其他欧共体成员方尚未表示有兴趣与美国达成天空开放协议,欧共体的工作人员也曾反对单个欧共体成员与美国达成此类协议。[5] 美国西北航空和荷兰皇家航空则予以反驳,认为此类承诺要求无疑是“构思不良,适得其反”,其观点亦得美国运输部认同,因为其明显违背美国—荷兰天空开放协定的具体承诺,此外,荷兰支持欧共体自由化不会有任何阻碍,因为市场力量已经释放,开放天空不可避免,天空开放协定和国际航线联营协议的结合更能说服其他欧洲国家开放市场,并不依赖荷兰的游说。[6] 天空开放借力国际航线联营得到官方认可和支持,纵使天空开放协定并未规定强制批准和授权义务,况且美国运输部认为对此国际航线联营的批准和反垄断豁免授权,与美国和荷兰签署的“天空开放协定”保持一致,故欠缺极强说服力理由予以拒绝,相反,美国的积极态度和伙伴关系将成为其对天空开放承诺的有力证明,预计并期待鼓励其他欧洲国家与美国达成自由化的航空运输协定。若拒绝批准或者要求荷兰附加条件,反而损害同荷兰的经贸关系,甚或引发合作伙伴质疑美国善意守约的信誉,连带传导至其他国家和地区,最终有损天空开放协定的认可和扩展。[7] 此外,天空开放将提高航空服务的质量,跨大西洋旅客从扩大的航空服务中受益,并确保航空公司不会收取超额竞争的票价,缘由在于美国到荷兰的航空服务的价格和服务质量将取决于市场力量而不再是限制性协议,美欧旅行者将有动力选择在从美国到荷兰等地航线上提供的航空服务,而不是其他美欧航线,此种需求的转变可能会说服其

〔1〕 刘伟民:《国际航空运输管理体制的发展趋势》(上),载《民航经济与技术》1998年第6期。

〔2〕 See 92 - 11 - 27 Order to Show Cause, November 16, 1992, DOT - OST - 1995 - 579 - 0024.

〔3〕 See Northwest Airlines, Inc. and KLM Royal Dutch Airlines-Approval and Antitrust Immunity of a Commercial Cooperation and Integration Agreement, September 9, 1992, DOT - OST - 1995 - 579 - 0001.

〔4〕 See 92 - 11 - 27 Order to Show Cause, November 16, 1992, DOT - OST - 1995 - 579 - 0024.

〔5〕 See 93 - 1 - 11 Final Order, January 11, 1993, DOT - OST - 1995 - 579 - 0034.

〔6〕 See 92 - 11 - 27 Order to Show Cause, November 16, 1992, DOT - OST - 1995 - 579 - 0024.

〔7〕 See 93 - 1 - 11 Final Order, January 11, 1993, DOT - OST - 1995 - 579 - 0034; See 92 - 11 - 27 Order to Show Cause, November 16, 1992, DOT - OST - 1995 - 579 - 0024; See 92 - 11 - 27 Order to Show Cause, November 16, 1992, DOT - OST - 1995 - 579 - 0024.

他国家同意与美国签订限制较少的双边协议。[1]“相互借力，相互受益”，国际航线联营和天空开放成功实现双赢，国际航线联营开始具备国际法基石，为后续在全球范围内运营和扩展奠定坚实法律基础，天空开放也因国际航线联营在世界范围内更具吸引力。

二、国际航线联营和天空开放全面动态融合

（一）国际航线联营和天空开放相互借力的扩张

在美国政府和航空承运人的合力推动下，其间虽历经曲折，但美国终与加拿大、德国、意大利、法国、澳大利亚和日本等航空大国均签订天空开放协定，签订数量越来越多，范围遍及大西洋和大平洋沿线，各国航空承运人间的国际航线联营合作数量亦随之大增。政府签订天空开放协定，相关航空承运人随即进行国际航线联营，成为此阶段国际航空商业合作的显著特征。反观缺失天空开放协定国家建构的国际航线联营，其合作程度有限且效果不佳。[2] 德国是首个与美国签订天空开放协定的欧洲大国，美国西北航空和荷兰皇家航空国际航线联营被授予反垄断豁免权的成功经验，鼓励德国寻求与美国建构自由化的天空开放制度，美国政府的态度则非常明确，以天空开放换取国际航线联营批准和反垄断豁免授权，在 1996 年 2 月 29 日，美国和德国最终签订天空开放协定。[3] 令人震惊的是，在缔约同日，美国联合航空和德国汉莎航空就双方签订的《联盟拓展协议》向美国运输部申请批准和反垄断豁免授权，国际航线联营是重要合作内容，诚如两大航空承运人所言，实现商业一体化运营的方式有并购和航线联营两种，并购因受严苛法律限制而难以进行，航线联营因灵活性和效果类似则成为首选。[4] 两国天空开放协定一经签订，美国联合航空和汉莎航空间的国际航线联营可谓神速，足见其对天空开放的依赖和渴望程度之高与急。1996 年 5 月 20 日，美国运输部对此合作予以正式批准和反垄断豁免授权。[5] 此外，国际航线联营因其经济优越性甚至演化为各国签订天空开放协定的先决条件，对行业经济高度开放的国际政策产生重大影响。2001 年前后，法国宣布愿意同美国签订天空开放协定，两国拟议的协定涵盖立即消除对航线、运力和指定承运人等所有的传统限制，但是法国亦明确表示，法国航空与其选定的美国伙伴间的商业联盟能够获得美国政府的批准和的反垄断豁免授权，将成为

---

〔1〕 See 92 - 11 - 27 Order to Show Cause, November 16, 1992, DOT - OST - 1995 - 579 - 0024.

〔2〕 Hedlund Daniel C., “Toward open skies: liberalizing trade in international airline services”, *Minn. J. Global Trade* 3 (2), 1994, p. 259.

〔3〕 吴建端：《航空法学》，中国民航出版社 2005 年版，第 295 页。

〔4〕 See United Air Lines, Inc and Deutsche Lufthansa, A. G. -Antitrust Immunity for an Expanded Alliance Agreement, February 29, 1996, DOT - OST - 1996 - 1116 - 0001.

〔5〕 See 96 - 5 - 27 Final Order, May 20, 1996, DOT - OST - 1996 - 1116 - 0026.

落实草签天空开放协定的先决条件。[1] 这是美国政府在全球推销天空开放效应的呈现,国际航线联营在客观上推动了天空开放的扩展。

随着越来越多国家的承允,国际航线联营的适用空间亦从双边迈向区域,天空开放协定恰逢升级更新阶段。美国先后在太平洋和大西洋两个跨区域层面采用诸边进路推动天空开放,力求形成"两洋模式",2001 年发起《跨太平洋国际航空运输自由化多边协定》,其实践效果不佳,韩国、日本、澳大利亚等亚太航空大国迄今没有加入此协定,而 2007 年签订、2010 年修订的《美国与欧盟及其成员国航空运输协定》则取得重大成功,在跨大西洋地区形成天空开放新格局,为全球航空运输自由化带来示范效应。[2] 美国和欧盟间的航空运输协定又称"天空开放 +"协定,欧盟航空一体化和欧盟籍航空承运人身份得以彰显和应用。美国的航空公司可运营至欧盟任何地点的国际航空服务并享有中间权和以远权,欧盟的航空公司则对等适用。[3] 美国和欧洲间的"天空开放 +"框架鼓励航空承运人提供更具竞争力的国际服务,缘由在于市场力量取代限制性协定,不再限制航空运输服务的运价、运力、运量和服务质量。[4] 立基于"天空开放 +"的巨大航权开放基础,美国和欧盟航空承运人间的商业合作范围和程度随之深化。备受瞩目的"天合联盟Ⅰ"和"天合联盟Ⅱ"的结果差异足以彰显"天空开放 +"协定基石地位的重要性。2004 年,天合联盟内的达美航空、美国西北航空、法国航空、荷兰皇家航空、意大利航空和捷克航空签订国际航线联营合作协议,向美国运输部申请批准和反垄断豁免授权,2005 年美国运输部以不能产生足够的市场利益为由予以否决,此案例被冠名"天合联盟Ⅰ"。[5] 2007 年,美欧间的"天空开放 +"协定签署后,在新形势下,天合联盟内的上述六大航空公司向美国运输部提出国际航线联营新申请,此案例被冠名"天合联盟Ⅱ"。[6] 美国运输部在审查时坦言,天空开放框架业已演变为授予国际航线联营反垄断豁免权的考量基础。[7] 美国愿意将即时性规定纳入"天合联盟Ⅱ",因为作为此国际航线联营合作伙伴的外国航空承运人的母国——捷克、法国、意大利和荷兰,亦是美国与欧盟及其成员方的"天空开放 +"协定的签署国。[8] "天合联盟Ⅰ"和

---

〔1〕 See Joint Application of Delta Air Lines, Inc. , Societe Air France, Alitalia-Linee Aeree Italiane-S. p. A. and Czech Airlines for Approval of and Antitrust Immunity for Alliance Agreements, August 15, 2001, DOT - OST - 2001 - 10429 - 0001.

〔2〕 周亚光:《美国航空运输协定的模式演进及我国的借鉴》,载《法商研究》2017 年第 4 期。

〔3〕 张焱:《欧洲的"天空开放":航权交换区域合作模式的新发展》,载《华东政法大学学报》2017 年第 3 期。

〔4〕 Button Kenneth, "The impact of US-EU 'Open Skies' agreement on airline market structures and airline networks", *Journal of Air Transport Management* 15(2), 2009, pp. 59 - 71.

〔5〕 See Joint Application of Alitalia-Linee Aeree Italiane-S. p. A. , Czech Airlines, Delta Air Lines, Inc. , KLM Royal Dutch Airlines, Northwest Airlines, Inc. , Societe Air France, for Approval of and Antitrust Immunity for Alliance Agreements, September 24, 2004, DOT - OST - 2004 - 19214 - 0001 - 0001.

〔6〕 See Joint Application for Approval of and Antitrust Immunity for Alliance Agreements (Public Version), June 28, 2007, DOT - OST - 2007 - 28644 - 0001 - 0001.

〔7〕 See 2008 - 5 - 32 Final Order, May 22, 2008, DOT - OST - 2007 - 28644 - 0185; See 2008 - 4 - 17 Show Cause Order, April 9, 2008, DOT - OST - 2007 - 28644 - 0174.

〔8〕 See 2008 - 4 - 17 Show Cause Order, April 9, 2008, DOT - OST - 2007 - 28644 - 0174.

“天合联盟Ⅱ”的一项重大区别在于2004年仅存在美国和欧盟成员方间的分散天空开放协定，缺少至关重要的美国和欧盟整体身份的协定。纵使天空开放监管框架成为考虑授予反垄断豁免权的前提，但这种框架的存在并不能保证豁免权的直接获取，相反，应根据每个案件的具体事实和具体情形作出决定，一般而言，对国际航线联营协议的竞争性评估和公共利益分析必不可少，若拟议的联营协议在总体上利于竞争和消费者，并符合其国际航空竞争政策，则考虑给予豁免。[1] 美国运输部认为，“天合联盟Ⅱ”契合上述规定，最终批准并授予其国际航线联营的反垄断豁免权。[2] 因此，天空开放协定虽不能直接决定国际航线联营的反垄断豁免授权，但作为美国运输部的考量基础和前提，可影响竞争性评估和公共利益分析，进而影响最终结果。

(二)国际航线联营和天空开放的借力融合效应

历经借力与被借力的多次反复实践，国际航线联营和天空开放动态融合的效果逐步清晰显现。天空开放业已成为美国政府的主流航空运输协定模式，据美国国务院统计，截至2017年12月28日，美国已经对外签订120多个天空开放协定，覆盖全球范围内各层次经济发展水平的国家和地区。[3] 为保持内容和形式的一致性，美国制定天空开放协定范本并及时更新，现行版本在2012年发布，供与其缔约的国家和地区参考适用。与此同时，国际航线联营也成为美国籍航空公司参与天合联盟、星空联盟和寰宇一家全球航空联盟的最高端和最前沿的商业合作方式，达美航空、美国航空和美国联合航空等主要的美国籍国际航空承运人在太平洋和印度洋沿线已建构和适用大量国际航线联营，其合作伙伴覆盖汉莎航空、英国航空、澳洲航空和日本航空等全球范围内的知名航空公司。国际航线联营合伙伙伴亦深化合作深度，由收益公摊迈向利润公摊。[4] 国际航线联营和天空开放的相互融合产生示范效应，影响范围遍布全球各地，欧盟、澳大利亚和日本等地区和国家均选择将天空开放作为其最新的对外航空运输政策。为因应美国天空开放对欧洲国家各个击破的策略，欧盟分三阶段率先完成内部天空开放，形成欧洲单一天空，并以欧盟身份对外更新其成员方原对外签订的航空运输协定。[5] 时至今日，在美国，国际航线联营和天空开放早已各自茁壮发展，俨然已具各自独立的特征和趋势，但实则其相互融合未曾退减。纵使美国已对外缔结120余项天空开放协定，天空开放的普世性和认知度早已非1992年前后所能比，但其仍未完全攻克中国等航空大国的国际空运市场，在国际航线联营气势如虹的当今时代，美

---

[1] See 2008 -4 -17 Show Cause Order, April 9, 2008, DOT - OST -2007 -28644 -0174.

[2] See 2008 -5 -32 Final Order, May 22, 2008, DOT - OST -2007 -28644 -0185.

[3] See US Department of State, "Air Service/Open Skies Agreements", Accessed January 3, 2018. https://www.state.gov/e/eb/tra/ata/,

[4] Corcut Helen, "EU competition law developments in the aviation sector from July 2010 to 15 April 2011", *Air and space law* 36(4 &5), 2011, pp. 305 -334.

[5] 魏亚波:《民用航空法实务》,国防工业出版社2014年版,第223~225页。

国依旧需要继续借力推广天空开放,进而以天空开放为范本建构更广区域乃至全球统一的国际航空自由运输国际法秩序。在另一层面,虽较之其他商业合作方式,国际航线联营更受承运人青睐和喜爱,业已成为各方承运人开展国际合作的热门路径,也早已取得各方政府的认可并摆脱非法存在的嫌疑身份,但是在美国,其天空开放基石持续屹立不倒。自1992年起,美国运输部确立在天空开放协定所有内容能被承运人适用前,不得考虑授予任何商业合作反垄断豁免权,其作为长期政策并延续至今。[1] 众所周知,获得反垄断豁免授权是国际航线联营的生命线,而反垄断豁免权又与天空开放相捆绑,致使国际航线联营借力天空开放的传统未有任何变更。因此,历经20余载公私合力,在美国,国际航线联营和天空开放已实现全面动态融合。

三、国际航线联营和天空开放融合的逻辑分离与演变

(一)国际航线联营和天空开放的循序逻辑分离

在美国,国际航线联营和天空开放的全面融合之势已成常态,但将眼光放之全球,其他国家对两者融合的态度则未尽一致。随着国际航线联营的纵深发展,尤其是金属中立国际航线联营的诞生,[2] 国际航空承运人对此趋之若鹜,也早已得到各方政府的明示或者默示认可,演变为全球国际航空商业合作的主流模式。反观天空开放,其涉及领空主权和航空经济安全,不切实际的盲目开放则有损域内航空运输业的全球竞争力,甚或导致本土国际航空业的全面破产,时至今日仍有部分国家和地区对天空开放持保留态度,只是为了进入美国市场而独与其签订天空开放协定,并未扩展至其他国家。热衷国际航线联营而漠视天空开放势必引发对美国主导的借力融合现状和策略的质疑与挑战。立基于国际航线联营,其核心在于各方航空承运人在其可执飞的些许而非全部国际航线进行商务合作,在天空开放背景下亦如此,因为航空承运人是挑选合适的合作伙伴以更大程度盈利,而不是完全捆绑,实则是甲航空公司在A航线选择与乙航空公司合作,在B航线则与丙航空公司合作,另外实现航空公司全部国际航线的融合也难过反垄断法审查关口。传统航空运输协定下指定的航空承运人在指定航线进行国际航线联营也不无可能,只是挑选合作伙伴和航线的灵活性不如天空开放。换言之,在不具备天空开放的背景下,航空承运人亦可开展国际航线联营,从而打破美国塑造的结构传统,实现国际航线联营和天空开放的分离。在另一层面,美国运输部的反垄断豁免授权作为连接国际航线联营和天空开放的重要纽带,其对天空开放的实际推动已发挥巨大作用,但是代码共享等其他商业合作模式同样需要获取反垄断豁

---

〔1〕 See 2016 - 11 - 2 Order To Show Cause, November 4, 2016, DOT - OST - 2015 - 0070 - 0074; See Order 92 - 8 - 13, August 5, 1992.

〔2〕 Mifsud Paul V., "Metal neutrality and the nation-bound airline industry", *Air and space law* 36(2), 2011, pp. 117 - 130.

免授权，同样会推动天空开放的拓展，只是力度和效果逊于国际航线联营。因此，国际航线联营和天空开放的融合是美国外交政策和反托拉斯法保驾护航的产物，并不存在必然的逻辑勾连，其他国家和地区的合理移植和有序改造并不以两者融合为前提。依此逻辑，在当时未与法国、新加坡、新西兰、澳大利亚和欧盟等相关国家和地区签订天空开放协定的前提下，中国的航空承运人业已开始尝试国际航线联营。中国南方航空、中国东方航空和中国国际航空等大型国际公司均已与外国的航空公司建构成功国际航线联营合作业务。[1]

面对国际航线联营和天空开放融合的破裂局面，美国亦调整其国际政策，授予国际航线联营反垄断豁免权不再要求必须具备天空开放协定之名，只需具备天空开放之实。2015年3月，达美航空和墨西哥航空就其国际航线联营向美国运输部申请批准和反垄断豁免授权，申请阶段美国和墨西哥仅达成新版航空运输协定的倡议，截至2015年12月18日，两国最终达成新版航空运输协定，但非天空开放协定，纵使达美航空和墨西哥航空声称两国的新协定涵盖天空开放协定的全部内容，但捷蓝航空和夏威夷航空等公司对此持反对意见，认为墨西哥城国际机场和肯尼迪机场等仍潜存市场准入壁垒。美国运输部经审查认为两国的航空运输协定已经具备天空开放的全部内容，第五航权已经涵盖其中，两国民航主管机关已经由换文解决全部模糊之处，经后续合理审查，2016年12月13日最终授予此国际航线联营反垄断豁免权。[2] 美国的上述突破也是为了因应进入未与其签订天空开放协定国家和地区的国际航空市场，便于其航空承运人在更广空域开展商业合作。此外，中美间并无天空开放协定，只是存在具备部分天空开放实质内容的航空运输协定。[3] 两国承运人若探索国际航线联营亦可向美国运输部申请反垄断豁免。实践经验足以证明，国际航线联营和天空开放在法律逻辑上的融合与分离往往取决于当事国的态度，融合并不是必然选择，美国所谓融合标准的调低亦是全球国际航线联营迅猛发展的产物。

（二）国际航线联营和天空开放融合破裂的遗产

诚然国际航线联营和天空开放的逻辑分离可成必然，但是依旧不能否定和低估传统航空运输协定的闭锁性限制商业合作的问题，如上所言，国际航线联营合作伙伴的选择性和灵活性受限，譬如各方指定的航空承运人可能不是同一国际航空战略联盟的成员，彼此并不熟悉，相互间合作的概率较小，反而影响国际航线联营的持续推进。相反，天空开放覆盖的自由航权安排和衍生的灵活选择权更受国际航线联营合作伙伴的青睐，天空开放促进国际航线联营的既成事实亦不容否认，目前世界范围内绝大多数国际航线联营皆以天空开放

---

〔1〕 中国南方航空与法国航空、中国东方航空和澳洲航空、中国国际航空与汉莎集团等均已实施国际航线联营业务。

〔2〕 See 2016－11－2 Order To Show Cause, November 4, 2016, DOT－OST－2015－0070－0074; See 2016－12－13 Final Order, December 14, 2016, DOT－OST－2015－0070－0096.

〔3〕 秦菊波、肖华锋、易申波：《航空事业管理概论》，航空工业出版社2010年版，第119～120页。

为航权基础。但灵活自由的实现可并不仰赖制度性的天空开放协定形式，当事国可先经由扩大航权开放等方式达成，赋予国际航空承运人更大的合作空间和选择权，进而可在相关国际航线实现天空开放或者所谓的实质天空开放。在试验国际航线联营成功后，为了后续在更广范围和更深层次拓展国际航空运输市场，中国以谅解备忘录的形式已同澳大利亚、英国、卢森堡、巴西、西班牙和葡萄牙等国家扩大航权安排，大幅扩大运力安排，增加指定航空承运人，或者全面的第三和第四航权以及适格的第五航权涵盖其中。此外，在2016年12月，中国又专门同澳大利亚签订天空开放协定，但是中国却避讳天空开放字眼，称其为高度开放的航权安排协议，而包含澳大利亚在内的其他国家则均称天空开放协定。[1] 2017年12月，中国和欧盟草签《中华人民共和国政府和欧洲联盟关于航班若干方面的协定草案》，将中国与欧盟27个成员方已签署的双边航空运输协定中的传统指定条款替换为欧盟承运人条款，此举将极其扩大航空承运人的指定范围，如若最终成功则极利于承运人拓展国际航线联营。[2] 因此，天空开放促进国际航空运输自由化的核心内容亦可以其他形式呈现并演变为国际航线联营的航权基石。

四、对中国的启示

在当前中国，新时代呼吁全面深化经济体制改革，航空经济的转型成功与否攸关行业的后续国际竞争水平，探索和拓展国际航线联营和航权扩大是航空业顺应时代需求的两大重要战略支点。在全球航空运输业结构转型的关键时期，中国绝不能落伍，亦不应盲目自信而被倒逼改革，而应以积极的态度了解、参与乃至引领，但任何改革和试验均应立足中国国情，以国家利益为重。国际航线联营和天空开放融合的西式模式并不契合中国现行国际航空运输业的整体趋势，且已被中国实践证实存在逻辑结构冲突，但中国仍可借鉴并移植其有益成分，经内化改造成为中国特色的产业新模式。

（一）全面认知国际航线联营

面对国际航线联营在全球澎湃的新形势，中国应当鼓励其航空承运人予以全面认知和积极参与，航空承运人可结合全球航线战略布局、商业合作伙伴类别和盈亏评估机制等现实因素有选择地参与一体化程度各异的国际航线联营。国际航线联营一般指两家或两家以上的航空承运人在批准的国际航线上建立包括共同制定价格、编排航班、收益管理、开发市场、组织营销等全方位合作，并且共享收入、共摊成本，航空承运人摆脱航权限制，实现彼

---

〔1〕 参见胡进：《中澳航空市场天空开放政策影响研究》，载《空运商务》2017年第2期；Australian Aviation, "Australia signs open skies agreement with China", Accessed January 20, 2018. http://australianaviation.com.au/2016/12/australia-signs-open-a-skies-agreement-with-china/。

〔2〕 匿名：《中欧就加强民航领域合作签署会议纪要》，载《中国民航报》2017年12月13日，第1版。

此之间的“虚拟融合”。[1] 国际航线联营一般并不涉及投资或者股权转移事宜,更完全不会设立具备独立法律地位的合作机构,各承运人仍保持独立法人地位,只是在具体航线上,其相互间表现得更像一个整体。[2] 便利的商业合作模式,省去传统并购的烦琐法律程序,更利于国有企业居多的中国籍航空承运人积极参与。现行的国际航线联营,主要存在于星空联盟、天合联盟和寰宇一家三大战略性航空联盟,联盟内部相互选择航空承运人合作,因此国际航线联盟又被称为“联盟内联盟”。[3] 2012 年,加拿大航空总裁兼首席执行官 Calin Rovinescu 接受“Air and Space Lawyer”杂志专访时强调,航线联营是星空联盟深化合作的最新方式。早在 2010 年 11 月,欧盟委员会和美国运输部联合发布《跨大西洋航空联盟:竞争问题和规制路径》报告,指出国际航线联营是国际航空联盟的高级合作形态。目前,中国籍航空承运人参与的国际航线联营亦主要是立基于三大航空联盟内部。然而,欧盟反垄断审查和美国反垄断豁免授权实践则愈来愈彰显国际航线联营的独立性地位。欧盟委员会直接以国际航线联营为诉由启动反垄断调查程序。[4] 越来越多的国际航空承运人签订国际航线联营协议,向美国运输部申请反垄断豁免授权,其申请书的标题虽命名为联合商业合作或者联盟,但是申请书正文部分确重点介绍国际航线联营协议,美国运输部最终也以航线联营认定其合作。[5] 即便在申请书上全面回避航线联营字眼,但只要其符合国际航线联营基本要件,美国运输部审查后也直接将其认定为国际航线联营。[6] 随着国际航线联营的深入发展,国际航线联营协议涉及内容越来越多,已经超越纯粹的航线范畴,扩展至代码共享、联合销售与营销协调、补充产品开发和服务水平提高、机场共用和联合采购等领域。[7] 代码共享和航线联营等均是国际航空联盟的重要合作方式,现在国际航线联营开始涵盖代码共享等传统手段,进一步彰显其独立性,足以与国际航空联盟相抗衡。另外,不可否认的是,鉴于国际航线联营的巨大优势和受欢迎程度,其亦可在传统三大联盟外独立适用,在实践中已经扩展至捷星航空等低成本航空承运人,一般航空与低成本航空承运人合

---

〔1〕 米国良:《航空承运人国际航线联营合作模式发展研究》,载《综合运输》2014 年第 11 期。

〔2〕 郑少霖:《航空联盟反垄断豁免法律问题研究》,武汉大学 2010 年博士学位论文,第 8 ~9 页。

〔3〕 Havel, Brian F & Sanchez Gabriel S, *The Principles and Practice of International Aviation Law*, Cambridge University Press, 2014, pp. 161.

〔4〕 See EU Case 39.964 - AF - KL/DL/AZ.

〔5〕 See 2013 - 9 - 14 Final Order, September 23, 2013, DOT - OST - 2013 - 0068 - 0030; See Joint Delta and Virgin Atlantic Application for Approval of and Antitrust Immunity for Alliance Agreements, April 8, 2013, DOT - OST - 2013 - 0068 - 0001.

〔6〕 See 2017 - 4 - 6 Final Order, April 10, 2017, DOT - OST - 2015 - 0070 - 0167; See Joint Delta and Aeromexico Application for Approval 0f and Antitrust Immunity for Alliance Agreements, March 31, 2015, DOT - OST - 2015 - 0070 - 0001.

〔7〕 See Joint Delta and Virgin Atlantic Application for Approval of and Antitrust Immunity for Alliance Agreements, April 8, 2013, DOT - OST - 2013 - 0068 - 0001.

作建立国际航线联营[1],彻底打破联盟的界限,从"联盟内联盟"延展至"联盟外适用"。因此,中国籍航空承运人应以开阔视野,从现实出发,理性选择国际航线联营的合作伙伴,不必局限于各自参与的全球联盟内部。

(二)理性试行和适用天空开放

在关乎国际航线联营活力的航权开放领域,纵使天空开放已是大势所趋,但中国亦不能一蹴而就。中国则应继续保持现行的航空运输协定模式,经双边或者区域谈判,在全球航线竞争或者布局的重要航线,率先与相关国家扩大航权开放,增加航班班次和通航机场,扩大指定航空承运人数量,从而拓展航空承运人参与国际航线联营的选择空间和灵活性,实现准天空开放。纵使中国业已同东盟及其成员方、澳大利亚等地区和国家尝试天空开放,但对第六和第七等航权仍予以保留。[2] 实现全面天空开放应结合国际航空运输市场和中国航空承运人的全球航空竞争实力,循序渐进式适用。东南亚和澳大利亚是亚太地区重要的航空市场,东南亚是中国近邻,对中国而言,目前中澳航线已成为仅次于中美的第二大远程国际航空运输市场,中国的航空公司在东南亚和澳大利亚均具备相对国际竞争力,天空开放对中国明显有利。反之,若中国采用美国策略全球推广天空开放,则中国的国际航空运输市场则可能被其他全球性国际航空公司进一步挤占,影响具有战略性的中国航空运输业的可持续发展,反而有损中国航空运输业的健康发展。[3] 异于美国捆绑天空开放和国际航线联营的作法,澳大利亚等国家虽已对外执行天空开放,天空开放协定也涵盖于其航空运输协定之中,但是在国际航线联营反垄断豁免授权审查进程中,澳大利亚竞争和消费者委员会有意"无视"天空开放和国际航线联营的关系,主要是审查国际航线联营是否契合其反垄断法律体系。2016年澳大利亚竞争和消费者委员会审查维珍澳大利亚航空和新加坡航空国际航线联营案,仅在"规制环境"简单介绍澳大利亚和新加坡的天空开放协定,在其他方面则再无提及。[4] 换言之,澳大利亚并不认为国际航线联营和天空开放存在因果关系,纵使天空开放事实上最有利于国际航线联营,其做法实际上是杜绝因天空开放因素而否定国际航线联营的不合理操作。此方式可谓灵活处理国际航线联营和天空开放关系的有益经验,中国可积极借鉴,其航权开放应当合理有序逐步推进,率先以签订谅解备忘录形式扩大航权安排,继而立基于实际探索天空开放,切莫为推广国际航线联营而盲目天空开放,最终产生威胁国际航空经济的安全大局的恶果。

---

[1] See Notice of Decision Issued by Competition Commission Of Singapore (CCS) Notification for Decision by Qantas Airways and Jetstar Airways, September 5, 2013, Case Number: CCS 400/002/12.

[2] 刘翀晓:《中国—东盟航权开放法律问题研究》,西南政法大学2011年硕士学位论文.

[3] 李艳伟、郑兴无:《"天空开放"背景下我国民航运输产业成长路径研究》,载《南京航空航天大学学报》(社会科学版)2014年第2期。

[4] See final determination of Application for revocation of A91267 & A91268 and the substitution of authorisations A91539 & A91540, September 23, 2016, Authorisation numbers: A91539 & A91540.

（三）在"一带一路"沿线国家推引适用国际航线联营

"一带一路"是中国推出的重大国际合作倡议，已对全球经济合作产生重大影响。国际航空业作为重要的经济产业亦积极参与和深化"一带一路"合作。中国民航已与43个"一带一路"沿线国家实现空中直航，每周共有约4200个航班，国航、南航、东航等国内航空公司加大对"一带一路"沿线市场的运力投放，新开辟沿线国家航线240条，近年来，"一带一路"国际客运量在国际旅客中的占比呈逐年提升的态势，已从2015年的39.8%提升到2017年1～4月的47.1%。〔1〕中国已与120多个国家和地区签署了政府间航空运输协定，其中，"一带一路"沿线国家占62个，2014～2016年，中国与"一带一路"沿线21个国家举行了双边航空会谈，扩大了与上述国家的航权安排。〔2〕因此，中国与"一带一路"沿线国家扩大航权已成事实和必然，中国籍的航空承运人亦在此区域积极拓展国际业务。然而，鉴于"一带一路"沿线国家多数属于发展中国家，尚未接触国际航线联营。在中国尝试国际航线联营的进程中，除了与欧盟和澳大利亚等发达国家和地区合作适用，尚应结合"一带一路"倡议，结合扩大航权的便利条件，挑选"一带一路"沿线国家的适当的航空承运人试水国际航线联营。既贯彻和因应"一带一路"倡议，又契合中国航空的国际化趋向。

（四）完善中国的反垄断法律体系

国际航线联营无论是作为横向垄断协议，还是可能造成经营者集中，不可避免的涉及反垄断议题。垄断问题是任何营利企业必须考虑规避的议题，一旦因经营疏失涉嫌垄断，尤其在欧美地区，往往面临反垄断机构的高额罚款甚或刑罚措施。规制国际航线联营的现行反垄断法模式有两种：一种是事前的反垄断豁免授权，参与联营的航空公司事前取得反垄断机构的豁免授权，则后续实施联营无垄断问题；另一种是事后的反垄断调查，航空公司签订联营协议后可径自执行，但是其间可能面临反垄断执法机构的调查。根据中国《发垄断法》的规定，中国目前实施的事后反垄断调查模式。近年来，中国亦在思考完善事后的反垄断调查模式，尤其是在垄断协议领域。2016年，起草《国务院反垄断委员会关于垄断协议豁免一般性条件和程序的指南（征求意见稿）》，探讨引入事后反垄断调查的豁免制度，反垄断执法机构对涉嫌达成或者实施垄断协议的行为进行调查后，在反垄断执法机构作出决定前，经营者或者行业协会依据《反垄断法》相关规定，向反垄断执法机构申请豁免。〔3〕立基于国外的反垄断执法经验，国际航线联营协议无疑构成垄断协议，以上述征求意见稿为法

---

〔1〕梁士斌：《我国与43个"一带一路"沿线国家实现空中直航》，载中国法院网：https://www.chinacourt.org/article/detail/2017/05/id/2863881.shtml，最后访问日期：2018年5月25日。

〔2〕同上。

〔3〕事前的反垄断豁免授权与事后反垄断调查豁免并不相同，前者在事前，后者在事后，时间点不一致，是两种不同的法律制度。

源基础,中国民用航空局和国际航协亦联合召开反垄断研讨会,中国航空运输协会专门组织航空联营反垄断豁免审查专题研讨会,探索适合中国民航的反垄断规制模式。随着中国参与国际航线联营的实践扩张,自然亦须对此予以反垄断规制,不能只依赖外国反垄断机构的裁决,因此中国需要修改完善反垄断法律体系,修订现行的事后审查模式,均应将国际航线联营有效纳入,为行业整体发展保驾护航。

(原载于《武大国际法评论》2018 年第 4 期)

投资协定“征收补偿款额仲裁条款”的解释分歧及中国应对

黄世席*

2017年6月30日，根据中国—蒙古双边投资条约（BIT）组成的仲裁庭裁定驳回中国黑龙江国际经济技术合作公司等三家投资者的诉求，认为根据中国—蒙古BIT的征收补偿款额仲裁条款，仲裁庭不对是否发生征收行为享有管辖权。[1] 该裁决与2017年5月31日裁定的北京城建诉也门案[2]享有管辖权的结果完全相反，对其他试图根据类似BIT中的征收补偿款额仲裁条款提起仲裁诉求的中国投资者而言不是一个利好消息。另外，这两个案件是最新的有关中国投资条约中的“征收补偿款额仲裁条款”解释的最新案例。事实上，到2017年12月底，根据中国投资条约已经提起的投资仲裁争端共有9例，除了不涉及征收补偿款额仲裁条款的4例争端外，[3]其余5例争端均涉及相关BIT规定的征收补偿款额仲裁

* 黄世席，山东大学法学院教授、博士研究生导师。

〔1〕 See China Heilongjiang International Economic & Technical Cooperative Corp., Beijing Shougang Mining Investment Company Ltd., and Qinhuangdaoshi Qinlong International Industrial Co. Ltd. v. Mongolia, UNCITRAL, PCA, Award, 30 June 2017, paras. 423 - 452.

〔2〕 该案争议源于北京城建与也门政府签订的1亿美元的萨那国际机场航站楼建设合同。申请人认为其1.14亿美元的投资被东道方政府征收，根据1998年中国也门BIT向ICSID提起仲裁诉求。该BIT第10(2)条规定了征收补偿款额仲裁条款，即“缔约任何一方对有关征收补偿款额的争议提交该仲裁程序均给予不可撤销的同意”。仲裁庭裁定第10条适用于实际上是否发生征收的争议，因此对申请人的征收诉求享有管辖权。参见Beijing Urban Construction Group Co. Ltd. v. Republic of Yemen, ICSID Case No. ARB/14/30, Decision on Jurisdiction, 31 May 2017。

〔3〕 即中国平安诉比利时案、Ansung诉中国案和德国海乐诉中国案。See Ping An Life Insurance Company, Limited and Ping An Insurance (Group) Company, Limited v. The Government of Belgium, ICSID Case No. ARB/12/29, Award, 30 Apr. 2015; Ansung Housing Co., Ltd. v. People's Republic of China, ICSID Case No. ARB/14/25, Award, 9 March 2017; Hela Schwarz GmbH v. People's Republic of China, ICSID Case No. ARB/17/19, pending.

条款的解释和适用。[1] 其中根据中国—马来西亚 BIT 提起的伊桂兰案因为当事人和解而无从查找仲裁庭对相关条款的解释意见,因此目前根据中国投资条约中的征收补偿款额仲裁条款做出裁决的只有 4 个案例。[2] 另外,此类管辖权条款不仅出现在中国在 20 世纪八九十年代签订的许多投资条约中,而且也出现在俄罗斯以及若干东欧国家签订的条约中,并出现了一些相关的仲裁裁决。

由于历史的原因,国际投资条约中的征收补偿款额仲裁条款曾经是一些社会主义国家维护自己主权和反对国际仲裁的工具,但是近些年因为间接征收的增加也引起了不少争论,主要是仲裁庭的解释是狭义(仅限制在征收补偿款额争端)还是广义(包括征收补偿款额争端和是否发生征收的问题),对该条款的不同解释将会对当事人带来完全不同的影响。国际投资仲裁实践中出现了一些完全不同的裁决,同样根据中国投资条约中的类似条款也有不同的结论,为此,需要在分析国际投资条约发展尤其是征收补偿款额仲裁条款的发展演变的基础上,探讨国际投资仲裁庭对该条款的不同解释意见,同时针对中国投资条约中的类似条款的解释实践,提出中国政府和投资者应对征收补偿款额仲裁条款的策略建议。另外,类似中国—蒙古 BIT 中的"征收补偿款额仲裁"也出现在许多与非洲和拉美国家签订的投资条约中,而这些发展中国家曾经并且仍然是中国对外投资的重要地区,因此也有对此类条款进行研究的实际必要。

一、中外投资协定中的征收补偿款额仲裁条款的发展及改革必要性

国际投资协定中的征收补偿款额仲裁条款是作为投资者—国家争端解决机制的一部分而存在的,是在国际投资争端解决机制发展早期,一些社会主义国家和西方国家角力的一种妥协产物,因此原则上只存在于苏联/俄罗斯和中国以及东欧一些国家签订的投资协定中。其是特定历史时期的产物,随着时代的发展也出现了一些问题,因此迫切需要改革。

(一)中国双边投资条约及征收补偿款额仲裁条款的发展

自 1982 年与瑞典政府签署第一个双边投资条约以来,根据联合国贸发会(UNCTAD)

---

[1] 即马来西亚 Ekran 公司诉中国案,香港居民 Tza Yap Shum 诉秘鲁案、黑龙江科技公司等诉蒙古案、澳门 Sanum 公司诉老挝案以及北京城建诉也门案。参见 Ekran Berhad v. People's Republic of China, ICSID Case No. ARB/11/15, Settled; See Tza Yap Shum v. Republic of Peru, ICSID Case No. ARB/07/6, Decision on Jurisdiction and Competence, 19 June 2009; China Heilongjiang International Economic & Technical Cooperative Corp., Beijing Shougang Mining Investment Company Ltd., and Qinhuangdaoshi Qinlong International Industrial Co. Ltd. v. Mongolia, UNCITRAL, PCA, Award, 30 June 2017; Sanum Investments Limited v. Lao People's Democratic Republic, ICSID Case No. ADHOC/17/1, Award on Jurisdiction, 13 Dec. 2013; and Beijing Urban Construction Group Co. Ltd. v. Republic of Yemen, ICSID Case No. ARB/14/30, Decision on Jurisdiction, 31 May 2017。

[2] 即 Tza Yap Shum 诉秘鲁案、Sanum 公司诉老挝案、北京城建诉也门案以及黑龙江国际经济公司等诉蒙古案。

统计,经过近35年的发展,中国已经签订了145个双边投资条约,1个中、日、韩三边投资协定以及20多个含有投资保护条款的贸易协定。目前生效的中国双边投资条约有111个(包括中、日、韩三边投资协定),含有投资保护的贸易协定16个,因此可以认为目前中国签订并生效的国际投资协定约有130个,是世界上签署此类投资协定最多的国家之一。[1] 但从中国投资条约中投资者—国家争端解决机制的文本规定来讲,大约可以分为4个阶段,即1982年到1984年没有规定投资者—国家争端解决机制;1984年到1997年规定有限制的争端解决机制即只有征收补偿款额争议才能提交仲裁;1998年至2012年全面接受投资者—国家仲裁机制;2012年后在加强国家监管权的同时详细规定投资者—国家争端解决机制的程序问题。其中时间段的划分并不是绝对的,一些1984年以后签订的投资条约仍然没有规定投资者—国家争端解决机制,譬如,1985年中国—泰国BIT和1992年中国—土库曼斯坦BIT。而且即使一些1998年后签订的投资协定,也并不是全部规定投资争端的仲裁解决机制,譬如,1999年中国—卡塔尔BIT和中国—巴林BIT。

中国作为发展中国家,在20世纪80年代改革开放之后开始和外国商谈缔结双边投资条约时,经济发展较为落后,政府制定相关国内立法的目的主要是引进和保护外国投资,以及维护中国作为资本输入国的主权国家的利益,譬如1979年《中外合资经营企业法》以及1982年《宪法》第18条。[2] 但是中国政府当时已经意识到,仅仅国内立法的变化是不够的,还需要通过双边协定的方式商谈和签订投资条约,消除一些人根深蒂固的不信任情绪,让政府承担国际义务,以便赢得外国投资者的信任和信心。[3] 故为吸引外资,早期中国双边投资条约的缔约对象主要是欧洲的一些工业化或资本输出国国家,譬如瑞典、德国、法国和芬兰等。此外,随着中国海外投资的增加和保护需要以及诸如"南南合作"等政治上的需求,1992年之后中国和发展中国家签订的BIT日益增多。但是毫无疑问,当时中国投资条约的政策重点是保护和促进资本输入而非资本输出。

在具体政策上,中国坚持国家主权利益至上,在争端解决中也坚持国家主权绝对豁免。中国认为,根据国际法,中国作为一个主权国家享有国家豁免,中国本身及财产不受任何外国法院的强制性管辖。在司法实践中,中国法院从未受理过以外国国家及政府为被告或针对外国国家及政府财产的案件。当然中国也不接受外国法院以中国国家及政府为被告,或

---

〔1〕 See UNCTAD, "International Investment Agreements Navigator: China", Accessed June 14, 2017 http://investmentpolicyhub.unctad.org/IIA/CountryBits/42#iiaInnerMenu.

〔2〕 1982年《宪法》第18条规定:"中华人民共和国允许外国的企业和其他经济组织或者个人依照中华人民共和国法律的规定在中国投资,同中国的企业或者其他经济组织进行各种形式的经济合作。在中国境内的外国企业和其他外国经济组织以及中外合资经营的企业,都必须遵守中华人民共和国的法律。它们的合法的权利和利益受中华人民共和国法律的保护。"

〔3〕 参见单文华、娜拉-伽拉赫:《中外投资条约研究》,魏艳茹、李庆灵译,法律出版社2015年版,第36页。

针对中国国家及政府财产的案件的管辖权。[1] 据此可以认为，除非中国政府同意，原则上中国政府不能在国际性的仲裁机构作为被申诉方，涉及国家之间的争端主要是通过双方谈判和协商解决，故在20世纪80年代早期的一些中外双边投资条约中，很多条约仅规定缔约国之间争端的解决方法，而没有规定投资者与国家之间的争端解决条款。[2] 尤其是不能接受外国投资者将东道方政府诉至专设仲裁庭的做法，认为其无异于放弃国家主权豁免的行为。而且，中国政府认为在其境内的财产所有权的认定问题，只能由中国的法院或主管行政部门解决，外国的裁判机构没有管辖权。其体现就是较早的中国投资条约中，有些明确规定投资者与东道方政府之间的争端在一段期间内未能和解解决的，投资者可以向接受投资缔约一方的主管行政当局或有管辖权的法院提起申诉。[3]

但是在国际投资关系中，国际投资政策由1980年以前强化投资保护开始转向促进投资自由化，尤其是在20世纪90年代之后，追求投资自由化成为当时国际投资条约的新目标，其主要特征包括国际投资条约开始确认征收应当予以充分、有效和及时补偿的标准，并且允许外国投资者自由地将与投资有关的争端诉诸国际性的争端解决机构等。但当时，中国还处在改革开放的初期，基于100多年来的沉痛历史教训，中国对于事关国家司法主权的涉外争端管辖权部分地向外“让渡”的问题，仍然不得不秉持十分严肃认真和慎之又慎的态度。[4] 而且，鉴于中国签订双边投资条约的目的主要是保护外来投资以及东道方主权利益，故在不损害国家司法主权的基础上，紧跟国际投资条约的新发展，开始采纳一种妥协的方法，即在投资条约中规定“征收补偿款额”的仲裁条款，并设立各种提交仲裁的前置条件，譬如把是否构成征收的决定权交给缔约国，发生争端后东道方法院有优先管辖权。具体来讲，1984年到1998年中国签订的双边投资条约的争端解决机制的主要特点是规定投资者—国家争端的协商和解程序；有关征收补偿款额的争议，在争端提出之日起若干期间内（通常为6个月）未能解决的可以提交东道方国内的法院或主管行政部门，或者规定向专设仲裁庭提起仲裁诉请；至于国内法院和专设仲裁庭的关系，通常规定在投资者诉至东道方国内法院一定期间后，就不能再提起国际仲裁。但因为用词模糊，涉及“征收补偿款额仲裁条款”的解释可能会引起大的分歧，而且不同条约对于“征收补偿款额争端”享有管辖权的东道方法院诉讼和国际仲裁之间的关系规定不明，尤其是对东道方法院救济能否前置问题

---

〔1〕 参见段洁龙主编：《中国国际法实践与案例》，法律出版社2011年版，第2页。但是中国香港特别行政区法院曾经受理过以外国主权国家为被告、要求执行相关投资仲裁裁决的案件，香港最高法院以国家豁免为由驳回当事人诉求。参见 FG Hemisphere Associates LLC v. Democratic Republic of the Congo, FACV Nos 5, 6 & 7/2010 (On appeal from CACV 373/2008 & 43/2009)。

〔2〕 譬如1982年中国—瑞典BIT、1983年中国—德国BIT、1984年中国—芬兰BIT、1985年中国—泰国BIT、1992年中国—土库曼斯坦BIT均对缔约方与另一缔约方的投资者之间的争端未作任何规定。

〔3〕 参见1984年中国—法国BIT第8条；1984年中国—比卢联盟BIT第10(2)条；1984年中国—挪威BIT议定书第3条；1985年中国—意大利BIT第5(1)条；1985年中国—荷兰BIT第9(2)条；1985年中国—丹麦BIT第9(2)条；等等。

〔4〕 参见陈安主编：《国际投资法的新发展与中国投资条约的新实践》，复旦大学出版社2007年版，第362页。

的规定比较模糊,容易引起争议。

中国投资条约中“征收补偿款额仲裁条款”的规定,也与中国谈判和加入 ICSID 公约的态度密切相关。尽管 ICSID 公约于 1965 年制定并且在 1966 年生效,但是中国直到 1990 年 2 月 9 日才签署该公约,1992 年 7 月 1 日全国人大批准加入公约,1993 年 1 月 7 日交存批准加入书,同年 2 月 6 日起才对中国生效,此时距离中国签署第一份双边投资条约已经过了近十年。中国除了在批准 ICSID 公约方面非常谨慎外,还在加入该公约的批准书中对“征收补偿款额”的争端解决问题做了专门解释,声明“中国政府允许提交 ICISD 仲裁的案件目前仅限于关于征收、国有化补偿款额的争议。”〔1〕该批准书可以视为中国加入该公约的保留,即除缔约国另有约定外,提交 ICSID 解决的争端仅限关于征收补偿款额的争议。另外,公约序言规定也表明,“不能仅由于缔约国批准、接受或核准本公约这一事实而不经其同意就认为该缔约国具有将任何特定的争端交付调解或仲裁的义务”,因此加入该公约并不意味着 ICSID 对缔约国所有投资争议都有管辖权。根据中国加入时的声明,当时中国政府允许提交 ICSID 仲裁的案件仅限于关于征收或国有化补偿款额的争议。但是在 ICSID 官方公布的消息中,中国批准书中的提交仲裁的相关争端为“征收或国有化引起的补偿争端”,〔2〕而不是中文中的“征收或国有化引起的补偿款额争端”,缺少了“amount”这个词,这是一个在解释时可能会对中国政府不利的表述。

中国批准 ICSID 公约时做出“只有征收补偿款额可以提交仲裁”的声明的主要目的是保护国家的经济发展主权,虽然有点保守,但又是当时中国经济发展所必需的。而投资条约中首先由东道方相关机构裁定是否发生征收的规定则将投资者—东道方争端最终演变成国家与国家之间的争端,重新回到了外交保护的轨道,这是在 ICSID 公约通过前许多投资者不得不依赖的方式。〔3〕但自 1998 年中国巴巴多斯 BIT 之后,中国签订的大多数国际投资条约中都规定缔约国一方投资者和缔约国另一方之间的因为投资而产生的所有争端都可以提交国际仲裁,而且不限于 ICSID 仲裁。这种自由化的争端解决机制不仅出现在中国与发展中国家签订的投资条约中,而且出现在与发达国家之间签订的投资条约中,尤其是与一些发达国家签订的投资条约经过修改后规定了类似的争端解决条款。〔4〕中国自 1998 年开始采取的这种“全面同意”投资争端仲裁的方式的转变,可能与 1998 年前后我国开始实施“走出去”战略的需要和为我国的对外投资“保驾护航”有关,同时也可以通过确立

---

〔1〕 See J. Y. Willems, “The Settlement of Investor State Disputes and China: New Developments on ICSID Jurisdiction”, *S. C. J. Int' l L. & Bus.* 8, 2011.

〔2〕 See“ICSID News, China Ratifies the ICSID Convention”, *NEWS FROM ICSID* 10(1), 1993, p. 1. Accessed June 19, 2017. https://icsid.worldbank.org/en/Documents/resources/vol%2010%20winter%201993.pdf.

〔3〕 参见单文华、娜拉-伽拉赫:《中外投资条约研究》,魏艳茹、李庆灵译,法律出版社 2015 年版,第 35 页。

〔4〕 譬如 2003 年中国—德国 BIT 第 9 条;2005 年中国—比利时卢森堡 BIT 第 8 条;2007 年中国—法国 BIT 第 7 条。

高标准的保护水平增加我国对外资的吸引力。[1]

进入21世纪后,中国海外投资开始迅速增长,截至目前已经成为世界上最重要的资本输出国和输入国之一。[2] 海外投资成为现阶段中国经济发展的新常态和重要引擎,同等保护本国的海外投资和资本输入国的公共利益应当成为当前双边投资条约的重要目标。中国签订的投资条约也开始顺应这一趋势,在实体标准和争端解决机制方面作出了重大改革,其中最为明显的就是2012年的中国—加拿大BIT。[3] 此外,欧盟在对外投资条约谈判中也抛出了"国际投资法院"(International Investment Court)的概念,[4]并希望用于与其他国家签订的投资条约,包括中国—欧盟BIT。这种创新性的国际投资争端解决机制能否适用于中国—欧盟BIT以及其他的投资条约,除了需要实力强大的讨价还价能力外,还需要学术界的理论论证。

尽管如此,考虑到目前生效的含有征收补偿款额仲裁条款的中国双边投资条约仍然有70个(其中与欧洲国家签订的BIT有22个[5],与非洲国家签订有10个BIT[6],与美洲国家签订有7个[7],与亚洲和大洋洲国家签订有31个BIT[8]),尤其是除了传统的一些中国投资者海外投资的目的地亚非拉国家外,还有近些年中国投资者广泛涉足的欧洲地区。中国海外投资的增加也提高了中国投资者与东道方之间发生投资争端的概率,故也有必要对

〔1〕 参见陈安主编:《国际投资法的新发展与中国投资条约的新实践》,复旦大学出版社2007年版,第410页。

〔2〕 譬如,根据2017年《世界投资报告》,中国是2016年世界上排名第2的对外直接投资大国,同时也是世界上利用外资存量排名第3的国家。参见UNCTAD, *World Investment Report* 2017, Geneva: United Nations, pp. 12-14。

〔3〕 中加BIT中的投资者—国家争端解决机制最重要的特征首先就是内容非常详细,争端解决程序具体到诉请提起仲裁的前提条件、地点、同意仲裁的方式、仲裁员的选任和同意、合并仲裁、非争端当事方的参与、公众参与、准据法、临时措施和裁决的效力等13个条款,远远超过了以往大多数投资条约用1个条款规定投资者国家争端解决机制的情况参见《中国加拿大BIT》第20~32条。

〔4〕 参见黄世席:《欧盟国际投资仲裁法庭制度的缘起与因应》,载《法商研究》2016年第4期。

〔5〕 这些BIT分别是:中国挪威BIT议定书(1984);中国意大利BIT议定书(1985);中国丹麦BIT(1985);中国奥地利BIT(1985);中国英国BIT(1986);中国波兰BIT(1988);中国保加利亚BIT(1989);中国匈牙利BIT(1991);中国捷克斯洛伐克BIT(1991);中国希腊BIT(1992);中国乌克兰BIT(1992);中国摩尔多瓦BIT(1992);中国白俄罗斯BIT(1993);中国阿尔巴尼亚BIT(1993);中国克罗地亚BIT(1993);中国爱沙尼亚BIT(1993);中国斯洛文尼亚BIT(1993);中国立陶宛BIT(1993);中国冰岛BIT(1994);中国南斯拉夫BIT(1995);中国马其顿BIT(1997);以及中国塞浦路斯BIT(2001)。

〔6〕 即中国加纳BIT(1989);中国埃及BIT(1994);中国摩洛哥BIT(1995);中国毛里求斯BIT(1996);中国津巴布韦BIT(1996);中国阿尔及利亚BIT(1996);中国加蓬BIT(1997);中国苏丹BIT(1997);中国佛得角BIT(1998);以及中国埃塞俄比亚BIT(1998)。

〔7〕 即中国玻利维亚BIT(1992);中国阿根廷BIT(1992);中国乌拉圭BIT(1993);中国厄瓜多尔BIT(1994);中国智利BIT(1994);中国秘鲁BIT(1994);以及中国牙买加BIT(1994)。

〔8〕 即中国新加坡BIT(1985);中国科威特BIT(1985);中国斯里兰卡BIT(1986);中国日本BIT(1988);中国马来西亚BIT(1988);中国巴基斯坦BIT(1989);中国土耳其BIT(1990);中国—蒙古BIT(1991);中国吉尔吉斯斯坦BIT(1992);中国亚美尼亚BIT(1992);中国菲律宾BIT(1992);中国哈萨克斯坦BIT(1992);中国越南BIT(1992);中国老挝BIT(1993);中国塔吉克斯坦BIT(1994);中国格鲁吉亚BIT(1993);中国阿联酋BIT(1993);中国阿塞拜疆BIT(1994);中国印度尼西亚BIT(1994);中国阿曼BIT(1994);中国以色列BIT(1995);中国沙特阿拉伯BIT(1996);中国黎巴嫩BIT(1996);中国柬埔寨BIT(1996);中国叙利亚BIT(1996);中国也门BIT(1998);中国卡塔尔BIT(1999);中国巴林BIT(1999);大洋洲:中国澳大利亚BIT(1988);中国新西兰BIT(1988);以及中国巴布亚新几内亚BIT(1991)。

相关的投资争端解决机制进行研究。

（二）中国双向投资大国地位之确立及投资政策改革之必要性

前已述及，中国较早签订的双边投资条约的主要目的是保护到中国的外国直接投资，后来因为中国对外投资的增长和政治需要，中国也和一些亚非拉的发展中国家签订了投资保护条约，但是总体上的对外投资规模并不是太大。进入21世纪后，全球化进程的加速以及中国作为生产型经济体规模的扩张，对海外资源的需求不断提升，对外直接投资在过去几年的增速显著快于外商直接投资。另外，新全球化进程中，除了输出中国资本以换取资源外，中国的对外直接投资还负责实施以“一带一路”为代表的国家倡议任务，因此，在直接投资领域，随着对外基础设施、产能和资本输出等项目投资的蓬勃发展，对外投资的规模已经超过外国直接投资，中国也已经从直接投资净输入国变为输出国。譬如，2016年年底商务部指出，2016年中国吸收外资将约达7850亿元人民币，连续25年居发展中国家首位；同时，中国对外投资继续快速增长，连续5年居世界三甲之列。[1] 双向投资的快速发展，促进了中国与世界的共同发展，当然也对投资的政策规制包括争端解决提出了新的问题。

另外，根据UNCTAD近几年出版的《世界投资报告》公布的数据可以看出（见表1），无论是对外投资还是引入外资，中国近5年的资本输出总量都居世界前三，尤其是2016年，中国对外投资的总额首次超过中国引入的外资，中国开始成为资本净输出国。中国双向投资大国尤其是资本净输出国地位的确立意味着中国的对外和对内投资政策和法律规制也要跟上实践需要，及时对国内法律制度和国际投资条约进行起草、制定和修改的工作。国内立法方面，首先，20世纪七八十年代为引进外国资本和技术而颁布的《中外合资经营企业法》、《外商独资企业法》以及《中外合作经营企业法》三法并行的局面存在了数十年，截至21世纪已经开始慢慢显示出其“与时不俱进”的缺点，在一定程度上限制了政府引入和监管外国资本的问题。尤其是我国要进一步减少外商投资准入的限制性措施，积极引导鼓励外商投资于新型的产业，继续完善投资环境，以进一步增强外资对华投资信心，并把利用外资同转变经济发展方式和调整产业结构等紧密结合起来。为此，商务部提出了加强外商投资法律体系建设和拟订外国投资法草案的建议，并于2015年年初公布了《外国投资法（草案征求意见稿）》，规定准入前国民待遇加负面清单的管理模式，确立“有限许可加全面报告”的管理制度，完善外资国家安全审查制度，以进一步深化体制改革，为外国投资者来华投资创造稳定、透明和可预见性的法律环境。

---

〔1〕 参见邱海峰：《吸引外资有魅力对外投资利全球：中国双向投资迈向新阶段》，载《人民日报》（海外版）2016年12月27日，第3版。

表 1　2012 ~ 2016 年度中国吸引外资和对外投资总量和排名

时间	中国引进外资		中国对外投资	
	总量(亿美元)	世界排名	总量(亿美元)	世界排名
2012[1]	1210	2	880	3
2013[2]	1240	2	1010	3
2014[3]	1290	1	1230(1160)[4]	3
2015[5]	1360	3	1280	3
2016[6]	1340	3	1830	2

在对外投资的条约保护方面,中国签订的近 130 个有效的国际投资条约为中国海外投资提供了进一步的法律保障,但是在目前国际投资的法治化改革和可持续发展等背景下,也需要进一步修改和完善中国双边投资条约,废除传统投资条约中过度保护投资自由化和投资者东道方权益失衡的国际投资机制,承认和加强东道方对公共利益的监管权,同时改革国际投资争端解决机制。尤其是,20 世纪八九十年代制定的包括“征收补偿款额仲裁条款”的中国双边投资条约,在当前中国“双边投资大国”的背景下,亟须改革或重订。

二、国际投资仲裁实践对征收补偿款额仲裁条款的解释

除了中国在许多投资条约规定了不同形式的“征收补偿款额仲裁条款”外,俄罗斯和一些东欧国家也签订了许多含有类似条款的投资条约。此类条款是仲裁庭能否根据相关投资条约中的实体保护标准裁定投资争端的障碍,因为其前提是要首先裁定自己对相关的征收问题是否有管辖权。而在国际投资仲裁实践中,包括俄罗斯和捷克在内的一些国家都曾因为含有类似限制性仲裁条款的投资条约而被诉至仲裁机构,仲裁庭解决问题的关键是除了征收补偿款额外,能否对是否出现征收的问题也享有管辖权,对此基本上有广义和狭义两种观点。

---

〔1〕 See UNCTAD, *World Investment Report* 2014 – *Investing in SDGs Reform*: *An Action Plan*, Geneva, United Nations, 2014, p. 4 and p. 7.

〔2〕 Ibid.

〔3〕 See UNCTAD, *World Investment Report* 2015 – *Reforming International Investment Governance*, Geneva: United Nations, 2015, pp. 5, 8.

〔4〕 关于 2014 年中国对外投资总量,2016 年《世界投资报告》指出为 1230 亿美元,2015 年报告指出为 1160 亿美元,排名都是第三。

〔5〕 See UNCTAD, *World Investment Report* 2016 – *Investor Nationality*: *Policy Challenges*, Geneva, United Nations, 2016, pp. 5 – 6.

〔6〕 Ibid. , pp. 1, 14.

(一)广义解释

对"征收补偿款额仲裁条款"的广义解释意味着仲裁庭不仅对单独的征收补偿款额的争端享有管辖权,而且对东道方是否实际上进行了征收行为也享有管辖权。较早的由瑞典斯德哥尔摩商会仲裁院(SCC)于1998年作出的Franz Sedelmayer v. Russian案,[1]涉及1989年德国—苏联BIT第10条有关征收补偿的款额或支付方式的争议问题提交仲裁的规定。仲裁庭多数意见裁决俄罗斯政府行为构成征收,应当向申请人支付补偿,但其并没有在裁决中阐述自己是否有权裁定征收行为,而是以实际行动支持了广义解释。

2006年的Telenor v. Hungary案,仲裁庭认为根据匈牙利—挪威BIT约中的争端解决条款,其对是否实际上已经出现征收的行为享有管辖权。但是仲裁庭认为申请人没有能够证明有关争端是相关BIT规定的表面上证明确凿(a *prima facie* case)的征收案件,裁定对申请人根据相关BIT规定提起的征收诉求没有管辖权。[2] 无论如何,该案仲裁庭采纳的是一种广义的观点,即其对征收是否发生以及如何进行补偿的争端都享有管辖权,只是因为当事人没有提供足够的证据而驳回诉求。

2007年的Saipem v. Bangladesh案,[3]申请人根据1990年意大利—孟加拉国BIT提起仲裁诉求,认为自己和东道方石油公司的天然气管道建设合同争端的仲裁裁决没有得到被申诉国法院的承认和执行,损害了自己的投资权益。有关BIT规定,因为征收引起的补偿款额争议可以提起仲裁,但是仲裁庭在管辖权裁决中并没有就自己对是否发生征收的问题进行裁定,而是在最后的裁决中就有关被申请国的行为是否构成征收以及最后的补偿款额问题进行了裁判。该案的裁决过程可以看出,仲裁庭不但对征收补偿款额享有管辖权,而且对东道方政府的行为是否构成征收也有管辖权。

2007年的European Media Ventures SA v. The Czech案,仲裁庭指出首先需要解决的问题是根据1989年捷克—比卢联盟BIT第3条规定,对申请人提出的东道方征收的行为是否有管辖权。东道方认为有关条约明确将仲裁庭的管辖权限制在存在征收情况下的补偿款额争端,因此仲裁庭对是否存在征收行为无权管辖。东道方还指出,在1989年签订有关投资协定时,捷克属于捷克斯洛伐克,当时与所有的社会主义国家签订的投资协定都拒绝将征收和其他类似的法律责任问题的裁判权提交仲裁,而仅规定可以在确定责任以后,将补偿款额争端提交仲裁。而申请人认为将仲裁庭的管辖权限制在征收补偿款额争端有违相

---

〔1〕 Mr. Franz Sedelmayer v. The Russian Federation, SCC, Award, 7 July 1998.

〔2〕 See Telenor Mobile Communications A. S. v. The Republic of Hungary, ICSID Case No. ARB/04/15, Award, 13 September 2006, paras. 68 – 80.

〔3〕 See Saipem S. p. A. v. The People's Republic of Bangladesh, ICSID Case No. ARB/05/7, Decision on Jurisdiction and Recommendation on Provisional Measures, 21 March 2007, paras. 120 – 212.

关投资条约的简单语言规定和其目的和宗旨。[1] 仲裁庭从条约规定的征收定义与争端解决条款的关系、是否提交国内法院诉讼、条约语言规定以及条约序言和目的等方面进行了解释后,裁定其对是否存在合法征收的问题享有管辖权。[2]

该案当事人选择的仲裁地是伦敦,捷克在英国法院起诉要求撤销该管辖权裁决,但被驳回。法院在判决中指出"涉及补偿"的一般意义不能被解读为"与补偿款额有关","补偿"这个词语明显限制了仲裁庭的管辖权,其将仲裁庭的管辖权限制在征收的一个方面。然而,"涉及"一词是广义的,其类似于其他仲裁条款中通常规定的表述方法,譬如"有关"和"产生于"。其通常意义包括有关争端的所有问题,因此也包括补偿的权利和数量。但根据该词语和征收其他条款的相互关联性质,法院认为是仲裁庭的管辖权并不限制在征收中的一个单独问题,而涉及更广的权益问题。[3] 因此,英国法院也承认仲裁庭享有就是否发生征收进行裁定的管辖权。

Renta 4 案是由几个西班牙籍小股东根据西班牙—俄罗斯 BIT 向 SCC 提起的仲裁诉求,要求俄罗斯就投资的国有化支付补偿。该 BIT 第 10 条规定仲裁庭对"缔约国一方和另一缔约国的投资者之间根据本条约第 6 条产生的有关补偿款额或支付方式的争端"享有管辖权。2009 年 3 月,仲裁庭裁定该条规定允许仲裁庭不但对是否需要进行补偿(是否出现征收)享有管辖权,而且对征收补偿款额的裁定也享有管辖权。[4] 最后仲裁庭裁决俄罗斯应支付申请人 200 万美元和利息。[5] 尽管如此,俄罗斯在斯德哥尔摩地方法院提起撤销之诉,但在被驳回后又提起上诉,最后上诉法院判决仲裁庭的管辖权裁定无效,支持了俄罗斯政府的主张。上诉法院认为根据《维也纳条约法公约》规定进行解释时,条约用语明显限制了仲裁解决的实体问题的范围,其并没有授权仲裁庭可以解决所有的与投资条约有关的争议,其仅对根据第 6 条产生的"补偿款额或支付方式"的争端有管辖权。[6] 投资者上诉至瑞典最高法院,后者于 2017 年裁定不接受当事人上诉。至此,Renta 4 案裁决被正式撤销。[7]

---

[1] See European Media Ventures SA v. The Czech Republic, UNCITRAL, Award on Jurisdiction, 15 May 2007, paras. 40 - 43.

[2] Ibid., paras. 59 - 68.

[3] See Czech Republic v European Media Ventures SA, Judgment on Jurisdiction, 2007 EWHC 2851 (Comm), IIC 313 (2007), 5 December 2007, paras. 43 - 47.

[4] Renta 4 S. V. S. A. et al v. Russian Federation, SCC Case No. 024/2007, Award on Preliminary Objections, 20 March 2009.

[5] Renta 4 S. V. S. A. et al v. Russian Federation, SCC Case No. 024/2007, Award, 20 July 2012.

[6] Renta 4 S. V. S. A. et al v. Russian Federation, SCC Case No. 024/2007, Judgment of the Svea Court of Appeal-Svea Hovrätt, 18 January 2016.

[7] See Luke Eric Peterson, Swedish Supreme Court leaves in place lower court's declaration that Yukos arbitrators lacked jurisdiction over Spanish BIT case; set-aside of award now looks inevitable (Dec 16, 2016), Accessed June 21, 2017. https://www.iareporter.com/articles/swedish-supreme-court-leaves-in-place-lower-courts-declaration-that-yukos-arbitrators-lacked-jurisdiction-over-spanish-bit-case-set-aside-of-award-now-looks-inevitable/.

(二)狭义解释

一些仲裁庭认为征收补偿款额仲裁条款仅仅涉及征收补偿款额争端,而不包括是否出现征收的问题。譬如在斯德哥尔摩仲裁院2006年裁定的Berschader v. Russian案,比利时投资者援引的1989年苏联—比卢联盟BIT规定在就征收补偿款额或补偿方式发生争端的情况下可以提交仲裁。仲裁庭认为相关BIT的规定非常明确,根据《维也纳条约法公约》规定的上下文解释和条约的目的和宗旨,该条规定的一般意义就是只有那些涉及征收补偿款额或支付方式的争议才可以提交仲裁。该条用语明确将提交仲裁的争端种类限制在发生征收时予以补偿的款额或支付方式争端,是在已经确认征收的情况下,才能将有关补偿争端提交仲裁,排除了将实际上是否存在征收争端提交仲裁的可能性。[1] 因为在仲裁之前还没有确认是否出现征收问题,仲裁庭多数意见拒绝行使管辖权。仲裁庭的解释是,苏联在1989年和1990年签订的大多数投资条约都将提交争端的问题限制在征收补偿款额或支付方法的争端方面,是当时某些政治经济考虑因素的体现。[2] 该案表明,在东道方拒绝承认征收的情况下,限制性的征收补偿款额仲裁条款可能会实际上剥夺投资者诉至国际仲裁的机会。

2007年的RosInvest UK Ltd. v. Russian案,[3]东道方指出,根据英国—苏联BIT规定,仲裁庭的管辖权只能限制在与征收有关的补偿款额、方式或其他问题的争议,因此只有在首先确定存在征收的情况下,仲裁庭才对伴随征收发生的补偿款额或其他争端享有管辖权。[4] 仲裁庭指出,实践中非常肯定的意思就是仲裁庭对所有的征收问题都有管辖权。因此仲裁庭认为,有关征收补偿款额的管辖权条款所用语言并不包括对征收是否发生以及是否合法的管辖权。[5]

2009年裁定的Austrian Airlines v. Slovak案,相关BIT第8条规定投资者有权将征收的合法性争端提交实施征收的缔约方国内有管辖权的主管部门解决,将补偿款额和支付条件争端提交实施征收的缔约方国内有管辖权的主管部门或者根据第8条规定的仲裁机构解决。仲裁庭指出,根据上下文,第8条规定指出只有征收的补偿款额和支付条件争端可以提交仲裁,关于征收的原则问题不属于条约的管辖范围。这些因素足以得出如下结论,即第8条没有规定仲裁庭对申请人征收诉求的管辖权。仲裁庭还援引国际法院判决指出,“如果

[1] Vladimir Berschader and Moïse Berschader v. The Russian Federation, SCC Case No. 080/2004, Award, 21 April 2006, paras. 152 – 153.

[2] Ibid., para. 155.

[3] RosInvest Co UK Ltd v Russian Federation, SCC Case No 079/2005, Award on Jurisdiction, 1 October 2007.

[4] Ibid., paras. 77 – 78.

[5] Ibid., paras. 110 – 114.

某条约的相关用语的性质和一般意义在其上下文中是言之有理的,问题就结束了”。[1] 仲裁庭裁定对申请人的征收诉求没有管辖权。2012 年,根据同一个投资条约作出的 EURAM v. Slovak 案也对同一条款进行了解释,同样裁定仅对征收补偿款额或支付方式享有管辖权。[2]

(三)理论分析

关于征收补偿仲裁条款,苏联/俄罗斯包括一些东欧国家签订的投资条约通常使用“涉及/有关征收补偿款额或支付方式”的语言规定,其体现的明显是一种国家政策,尤其体现了20世纪80年代和90年代实行国家主权豁免的社会主义国家面对外来资本私人投资时采取的应对措施。譬如作为俄罗斯被继承国的苏联在1989年和1990年签订的绝大多数双边投资条约规定的仲裁条款的适用范围都是有限的,即缔约国同意提交仲裁的争端仅仅限于“与征收补偿款额或支付方式”有关的争端,譬如俄罗斯与比卢联盟、芬兰和西班牙签订的投资条约。也有一些投资条约将仲裁庭的管辖权限制在“征收补偿款额”争端,譬如俄罗斯与奥地利、瑞士、德国、韩国、荷兰和英国签订的投资协定。这种规定与苏联为代表的一些社会主义国家的豁免立场有关。在国家主权豁免问题上,苏联等国家一贯主张绝对豁免,主张国家及其机关,即使经营商业,原则上也享有管辖豁免,除非自愿放弃豁免。无论如何,苏联和东欧国家缔结的投资条约中规定的征收补偿款额和支付方式的仲裁条款是其国家政策尤其是在主权豁免和司法管辖权政策的体现,这些国家政策应当被认为是缔约国同意特定的双边投资条约的决定性因素之一。

实践中,俄罗斯是根据此类征收补偿款额仲裁条款被诉的主要东道方。但是针对俄罗斯的几起投资争端中,对类似条款提起仲裁诉求的结果却大相径庭,一些仲裁庭作出了对征收补偿款额和是否出现征收都享有管辖权的裁定,而根据同一仲裁机构规则组成的其他仲裁庭却作出了仅对征收补偿款额有管辖权的裁决。[3] 而且除了较早的 Berschader 案外,一些晚近的仲裁庭几乎都采纳了广义解释,认为仲裁庭对是否存在征收事实和如何进行合理补偿都有管辖权。事实上,虽然不同条约中有关征收补偿仲裁条款的规定是类似的,但是因为具体案情的不同,涉及相关条约的缔约国国情和缔约年代的不同,以及仲裁庭成员的不同文化背景,导致对类似问题的理解是不一致的,这在国际投资仲裁实践中是非常常见的。

另外,还需要理解的是征收补偿仲裁条款与最惠国条款的结合问题,即投资者能否通

---

〔1〕 Austrian Airlines v. The Slovak Republic, UNCITRAL Ad Hoc Arbitration, Final Award, 9 October 2009, paras. 98 – 99.

〔2〕 European American Investment Bank AG (EURAM) v. Slovak Republic, UNCITRAL, Award on Jurisdiction, 22 October 2012.

〔3〕 譬如,作出广义解释的 Franz Sedelmayer 案和 Rental 4 案,作出狭义解释的 Berschader 案和 RosInvest 案。

过利用双边投资条约中的最惠国条款援引利用其他投资条约中的更优惠的争端解决条款，进而扩展仲裁庭的管辖权，这是一个在国际投资仲裁实践中有争议的问题。关于该问题，国际投资仲裁的实践做法也不完全一致，〔1〕关键要看双边投资条约中的最惠国条款是如何描述的。就征收补偿款额仲裁条款而言，2007年的RosInvest案裁定不对是否发生征收行为享有管辖权，但其仍然根据英国俄罗斯BIT中的最惠国条款，援引丹麦—俄罗斯BIT中的仲裁条款，裁定自己对本案享有管辖权。该案申请人获得了成功。〔2〕但是Berschader案、Renta 4案以及后面讨论的Tza Yap Shum案仲裁庭都拒绝了申请人提出的利用最惠国条款扩大限制性的仲裁条款的诉求。〔3〕需要注意的是，尽管目前国际投资条约中有一种不得将最惠国条款适用于投资争端解决机制的趋势，但是有很多早期签订的没有对最惠国条款进行限制的条约仍然继续有效，而实践中似乎也仍然有一种将最惠国条款扩大适用于仲裁程序的趋势。

三、中国投资条约中征收补偿款额仲裁条款的解释

中国投资条约中的征收补偿款额条款主要出现在20世纪末期签订的双边投资条约中，虽然有关条款规定的主要内容是类似的，但是在一些具体的争端解决程序问题上，譬如“涉及”或“有关”的含义，“岔路口”条款以及国内救济前置等问题，相关BIT的规定也有些差别。针对中国投资条约中的征收补偿款额的仲裁问题，仲裁庭也没有一致的解释意见。另外，近几年涉及中外BIT中征收补偿款额仲裁条款的4个裁决中，〔4〕有三个仲裁裁决，即Tza Yap Shum案、Sanum案和北京城建案都对相关条款做了广义解释，认为仲裁庭可以裁决与征收有关的补偿款额和其他争议。因为国际投资仲裁实践对于类似条款的解释分歧，也需要根据具体案情对征收补偿仲裁条款进行解释。

（一）相关BIT中征收补偿款额条款的比较

目前，对中外投资条约中的征收补偿款额仲裁条款进行解释的4例案件的根据分别是中国—秘鲁BIT第8条、中国—老挝BIT第8条、中国—也门BIT第10条以及中国—蒙古BIT第8条。在对这些征收补偿款额仲裁条款进行比较的基础上（见表2），可以看到中

〔1〕 参见黄世席：《国际投资仲裁中最惠国条款的适用和管辖权的新发展》，载《法律科学》2013年第2期。

〔2〕 See RosInvestCo UK Ltd. v. Russian Federation, SCC Case No. Abr. V 079/2005, Award on Jurisdiction, 5 October 2007, paras. 73 – 74.

〔3〕 Vladimir Berschader and Moïse Berschader v. The Russian Federation, SCC Case No. 080/2004, Award, 21 April 2006, paras. 159 – 208; Renta 4 S. V. S. A. et al v. Russian Federation, SCC Case No. 024/2007, Award on Preliminary Objections, 20 March 2009, paras. 68 – 120; See Tza Yap Shum v. Republic of Peru, ICSID Case No. ARB/07/6, Decision on Jurisdiction and Competence, 19 June 2009, paras. 193 – 220.

〔4〕 即Tza Yap Shum案、Sanum案、北京城建案以及黑龙江国际经济技术合作公司案。

国—蒙古BIT、中国—老挝BIT和中国—秘鲁BIT第8条规定基本上是一样的，即投资者和缔约国一方的争端先协商解决；6个月内协商不成的将争端提交东道方法院；涉及征收补偿款额的争议，则可以提交专设仲裁庭（中国秘鲁BIT专门规定提交ICSID仲裁），但是已经提交国内法院的则不得提交仲裁。1998年签订的中国—也门BIT的规定稍微有些不同，即有关争端当事人协商6个月后仍然未能解决的，当事人可以将有关争端提交国内法院或ICSID仲裁，但是又规定涉及征收补偿款额的争议必须提交仲裁。中国也门BIT规定的是在若干期间内未能解决的可以提交东道方国内法院或ICSID仲裁，这是一个明显的“岔路口”条款。投资者在提起仲裁诉求时如何利用和分析相关的条款也往往成为仲裁庭是否裁定自己享有管辖权的关键。无论如何，该BIT并没有明确规定提交仲裁和国内法院诉讼之间的关系，条约规定不明确也是产生有关争论的主要原因。

表2　中国与蒙古、老挝、秘鲁和也门BIT中的“征收补偿款额”仲裁条款

<table>
<tr><th></th><th colspan="2">中国—蒙古
BIT（1991）</th><th>中国—老挝
BIT（1993）</th><th>中国—秘鲁
BIT（1994）</th><th>中国—也门
BIT（1998）</th></tr>
<tr><td>1.争端当事方友好协商解决</td><td colspan="2">√</td><td>√</td><td>√</td><td>√</td></tr>
<tr><td rowspan="2">2.6个月内未能协商解决</td><td>可以提交东道方国内法院</td><td>√</td><td>√</td><td>√</td><td></td></tr>
<tr><td>可以提交东道方国内法院或ICSID仲裁</td><td></td><td></td><td></td><td>√</td></tr>
<tr><td rowspan="2">3.征收补偿款额争议在协商程序后6个月内仍未能解决</td><td>可将争议提交专设仲裁庭</td><td>√</td><td>√</td><td>√</td><td>√</td></tr>
<tr><td>提交国内法院的，不得再提起仲裁</td><td>√</td><td>√</td><td>√</td><td></td></tr>
</table>

（二）相关案例中“征收补偿款额”仲裁条款的解释

2009年的Tza Yap Shum案是根据中国—秘鲁BIT第8(3)条“涉及征收补偿款额的争端”条款进行裁定的。[1] 仲裁庭认为，首先，当事人争议的核心是“涉及征收补偿款额”的解释问题，其是某些共产主义国家对民间资本投资的不信任或意识形态上的怀疑，也可能

〔1〕 中国—秘鲁BIT第8(3)条规定如下：如涉及征收补偿款额的争议，在诉诸本条第一款的程序后6个月内仍未能解决，可应任何一方的要求，将争议提交根据1965年3月18日在华盛顿签署的《关于解决国家和他国国民之间投资争端公约》设立的“解决投资争端国际中心”进行仲裁。缔约一方的投资者和缔约另一方之间有关其他事项的争议，经双方同意，可提交该中心。如有关投资者诉诸了本条第二款所规定的程序，本款规定不应适用。

是对无法控制或不太熟悉的国际仲裁机构的某些担忧。[1]其次,在根据《维也纳条约法公约》第31条规定的善意解释和上下文解释并考虑条约目的和宗旨的基础上,结合中国秘鲁BIT的相关条款以及专家证言等之后,仲裁庭认为"涉及"(involve)一词根据牛津字典可以解释为包括、卷入、包含等意义,因此对"涉及征收补偿款额"的解释不应对限制在补偿款额的确定,而且还包括任何其他的征收本身所特有的问题,譬如确定是否实际上出现了征收财产的行为,以及如果出现征收情况时补偿款额的确定问题。另外,从中国秘鲁BIT的序言中可以看到缔约国将争端提交ICSID仲裁的目的是促进投资,对"涉及"一词的限制性解释将意味着投资者将永远不可能提起仲裁。[2] 秘鲁政府提出撤销申请,但被撤销委员驳回。[3]

Sanum案仲裁庭紧追Tza Yap Shum案裁决,也对与中国秘鲁BIT第8(3)条规定非常雷同的中国老挝BIT第8(3)条做了广义解释。仲裁庭指出,第8(3)条规定的"涉及征收补偿款额的争端"似乎将仲裁庭的管辖权限制在征收补偿款额方面,然而,也可能有其他的解释,其并不仅指征收争端。"涉及"一词的含义比其他可能出现的术语更广,譬如如果缔约国意图将仲裁庭的管辖权专门限制在补偿款额方面就会用"限制"一词。"涉及"意味着"包括",其意思是包容性的而不是排外的。仲裁庭还指出,这种解释方法是与Tza Yap Shum案中国秘鲁BIT第8(3)条的类似规定是一致的。[4]

虽然该案当事人在仲裁庭作出管辖权裁决后达成了和解,但是老挝还是将其上诉到仲裁地新加坡的有关法院,认为只有征收补偿款额的争议可以提交到国际仲裁,要求撤销该仲裁裁决。[5] 2015年1月,新加坡最高法院高等法庭撤销了该裁决,裁定第8(3)条仅适用于征收补偿款额的争议,不包括投资人对老挝政府的征收诉求。[6] 这一判决也引发了很多争议,投资者上诉至最高法院上诉庭。2016年9月底,新加坡最高法院上诉法庭判决维持仲裁裁决。[7] 上诉庭指出,中国—老挝BIT第8(3)条中的"涉及"用语当然不能支持广义或狭义解释中的任何一种解释,无端指责该词语潜在的字典含义也无助于我们解释该条规定。[8] 在对有关的案例进行分析后,上诉庭认为结合该条特定的上下文,对该条款可以进

〔1〕 See Tza Yap Shum v. Republic of Peru, ICSID Case No. ARB/07/6, Decision on Jurisdiction and Competence, 19 June 2009, para. 145.

〔2〕 Ibid., paras. 146 – 154.

〔3〕 See Señor Tza Yap Shum v. The Republic of Peru, ICSID Case No. ARB/07/6, Decision on Annulemnt, 12 Feb. 2015, para. 113.

〔4〕 See Sanum Investments Limited v. Lao People's Democratic Republic, ICSID Case No. ADHOC/17/1, Award on Jurisdiction, 13 Dec. 2013, para. 329.

〔5〕 Sanum Investments Limited v. Lao People's Democratic Republic, 2015 S. G. H. C. 15, para. 17.

〔6〕 Government of the Lao People's Democratic Republic v. Sanum Investments Ltd, 2015 SGHC 15, Judgment, 20 January 2015.

〔7〕 Sanum Investments Ltd v Government of the Lao People's Democratic Republic, 2016 SGCA 57, Singapore Court of Appeal, 29 September 2016, Award.

〔8〕 Ibid., para. 126.

行广义的解释,并且广义解释也符合中国老挝 BIT 的目的和宗旨。[1]

2017 年 5 月底裁判的北京城建案所依据的中国也门 BIT 的相关条款规定,缔约一方和缔约另一方投资者之间有关投资的任何争议如果在书面提出解决之日起6 个月内不能由争议双方通过直接安排友好解决,该争议应按投资者的选择提交投资所在的缔约一方有管辖权的法院,或者 ICSID 仲裁;为此目的,缔约任何一方对有关征收补偿款额的争议提交该仲裁程序均给予不可撤销的同意。[2] 仲裁庭认为真正的问题是,即使承认对"有关补偿款额的争议"词语所做的广义解释是正确的,第 10(2)条的上下文也足以宽泛到支持仲裁庭对征收补偿的责任以及款额问题都享有管辖权,这是一个要求仲裁庭对争议词语出现的第 10 条的结构和上下文都要进行考察的问题。[3] 无论如何,仲裁庭认为仅仅根据"补偿款额"词语的范围和一般意义不能确定其是有利于广义解释还是狭义解释,因此有关解释应当依据上下文以及条约的目的和宗旨。[4]

关于条约的上下文,仲裁庭认为,也门政府的狭义解释将会导致否认条约的后果,申请人的广义解释将会避免这一命运。实际上,根据也门政府的解释观点,除非自己承担责任,否则投资者别无选择而只得诉至"缔约一方有管辖权的法院"。如果其不承认所谓的征收或责任,投资者也只能诉至也门法院进行裁定。然而,结合岔路口条款的规定,如果也门法院解决了补偿数量问题,投资者就不能诉至 ICSID 仲裁。[5] 换句话说,只有在也门首先承认自己责任并且在征收补偿数量方面限制当地法院裁判权的情况下,投资者才可以诉至 ICSID 仲裁。随后,仲裁庭援引 Tza Yap Shum 案和新加坡上诉法院作出的 Sanum 案判决,指出缔约国制定第 10 条的目的是为其投资者提供一种实在的而非虚幻的选择,对"有关征收补偿款额"词语的上下文解释应当包括是否发生征收的争端。[6]

至于条约的目的和宗旨解释,在援引中国学者的论文和 Rental 4 案裁决后,结合中国也门 BIT 序言中规定的条约的目的和宗旨,仲裁庭裁定同意东道方政府提出的解释有关用语的"平衡"方法,谨记不要用一般激励性的条约序言重写一个对投资者有利的狭义管辖权条款。既然有关条约的总体目的是促进外国投资的流动,东道方的狭义解释将会破坏条约的目的和宗旨的实现,而投资保护的缺乏将会阻碍投资,相关 BIT 也可能会被视为粗心投资者的陷阱,而不是鼓励其在"缔约另一方"投资的激励措施。[7]

---

〔1〕 Sanum Investments Ltd v Government of the Lao People's Democratic Republic, 2016 SGCA 57, Singapore Court of Appeal, 29 September 2016, Award, para. 150.

〔2〕 参见中国—也门 BIT(1998)第 10 条。

〔3〕 See Beijing Urban Construction Group Co. Ltd. v. Republic of Yemen, ICSID Case No. ARB/14/30, Decision on Jurisdiction, 31 May 2017, para. 69.

〔4〕 Ibid., para. 77.

〔5〕 Ibid., paras. 78 – 80.

〔6〕 Ibid., para. 87.

〔7〕 Ibid., paras. 88 – 92.

总体来说,对于中国投资条约中的征收补偿款额仲裁条款的解释,无论是广义还是狭义,Tza Yap Shum 案、Sanum 案以及北京城建案裁决都没有给出完全令人信服的解释理由。尽管这些仲裁裁决最后都支持了申请人主张的广义解释,但仲裁庭的解释并不完全合理,尤其是有关条约目的和宗旨的解释有违中国缔结双边投资条约的时代背景和真正意图。在目前仍然有众多生效的中国双边投资条约规定有征收补偿款额仲裁条款的情况下,仲裁庭对是否发生征收的争议能否享有管辖权变得难以确定,这对于中国投资者来说并不必然就是一个利好消息。到目前为止,与中国 BIT 有关的 4 个案件中有 3 个仲裁庭都对该条款做了广义解释,而且国际投资仲裁实践中仍然有很多支持广义解释的类似案例,这对中国投资者来说可能是有益的。不过,任何事物都有其两面性,对于东道方来说,对征收补偿款额仲裁条款的广义解释可能不是件"好事",因此如何在众多的国际投资仲裁裁决以及条约解释原则中找出支持自己的证据确实不是一件容易的事情,尤其是如何能说服仲裁庭接受自己的抗辩意见也就更加凸显其重要性了。

(三)相关仲裁裁决对未来争端的影响

除了已经作出管辖权裁决的 4 个争端外,目前还有 1 个正在受理的投资争端诉求涉及征收补偿款额仲裁条款的解释,即不满意和解协议而重新根据中国老挝 BIT 提起仲裁诉求的 Sanum Ⅱ案。[1] 该案仲裁庭会对相关条约中的征收补偿款额仲裁条款做如何解释呢?

从中国批准 ICSID 公约所作保留以及相关投资条约的规定来讲,只有涉及征收补偿款额的争端可以提交国际仲裁,但是,"涉及/有关征收补偿款额争议"的确切含义可能会产生分歧。在前述中国 BIT 的相关案例中,尽管申请人和东道方都做了详细的解释建议,但除黑龙江国际经济技术合作公司案外,其他案件的仲裁庭最终都采纳了申请人对"涉及补偿款额争议"的解释方法,裁定是否发生征收以及是否应当支付补偿等都享有管辖权。这一有利于投资者的广义解释是否合理还需要时间的检验。但是,即使根据中方批准 ICSID 公约时所作的声明,相关争端(譬如 Sanum Ⅱ案)仍然有可能纳入 ICSID 管辖权的范围,毕竟中国批准 ICSID 公约的英文声明中比中国官方公布的声明少了一个单词"款额"(amount),即中国提交的英文声明是"征收补偿争端可以提交仲裁"。如果将来有根据征收补偿款额仲裁条款提起针对中国政府的诉求,中国以该声明作为拒绝仲裁庭裁定征收问题的依据可能不会得到仲裁庭的支持。

需要注意的是,中国—蒙古 BIT 中没有专门规定 ICSID 仲裁,黑龙江国际经济技术合作公司案的申请人提起仲裁诉求适用的是 UNCITRAL 仲裁规则,但是仲裁庭仍然援引中国

---

〔1〕 Lao Holdings N. V. v. Lao People's Democratic Republic, ICSID Case No. ADHOC/17/1, pending.

批准ICSID公约的声明作为解释依据。[1] 另外，因为中国—蒙古BIT和中国老挝BIT都规定了征收补偿款额仲裁条款，而且Sanum案仲裁庭已经根据中国老挝BIT作出了对东道方不利的裁决，为此，基于道德方面的考虑，黑龙江国际经济技术合作公司案的原首席仲裁员Peter Tomka主动辞职，原因是前者所在的律所作为投资人的代理人之一参与了Sanum案，该案仲裁庭对相关投资条约中的征收补偿款额条款所做的广义解释引起了蒙古政府的担忧。尽管蒙古没有提出该仲裁员回避的请求，但该仲裁员最后还是主动提出辞去首席仲裁员职务。从相关信息可以看出，作为东道方的蒙古还是非常担心仲裁庭会就"征收补偿款额仲裁条款"做出对自己不利的广义解释，而首席仲裁员的替换无疑有助于自己最终的胜诉。

类似地，澳门特别行政区投资者就其在老挝的投资不满对方不执行和解协议而重新提起仲裁诉求，投资者当然希望仲裁庭能够做出广义的解释，可以就是否发生征收以及征收补偿款额享有管辖权。但是本案中的另一个问题是中国老挝BIT是否适用于澳门投资者。在新加坡最高法院就Sanum案做出确认有利于投资者的仲裁裁决的判决后，中国外交部新闻发言人指出，"中央政府对外缔结的投资协定原则上不适用于特区，除非在征询特区政府意见并同有关缔约方协商后另行作出安排"。[2] 而且，外交部条法司司长专门撰文指出，"新加坡法院的错误裁决也表明，确实仍然存在公众甚至法律界人士对中国关于条约适用港澳的法律和实践了解不够或理解不准确的情况，有必要采取措施予以进一步明确，以避免更多外国司法或仲裁机构误判。另外，如确有需要，中央政府亦可在征询特区政府意见后，决定将相关双边条约延伸适用于特区。"[3] 基于中国政府官方代言人发表的言论，将会大大降低中国老挝BIT适用于澳门Sanum公司的可能性，从而导致仲裁庭可能在管辖权阶段就驳回当事人的诉求，而不用过多考虑中国老挝BIT中征收补偿款额仲裁条款的解释是广义还是狭义的问题。

四、中国投资条约中征收补偿款额仲裁条款的未来应对方案

21世纪以来，随着经济全球化的迅猛扩张以及以"金砖国家"为代表的新兴经济体集体性崛起，第二次世界大战后建立的国际经济治理机制也面临调整和规则重构等问题。而2008年的经济危机严重挫伤了世界经济，国际经济治理改革的呼声日益高涨并走上前台。

[1] See China Heilongjiang International Economic & Technical Cooperative Corp., Beijing Shougang Mining Investment Company Ltd., and Qinhuangdaoshi Qinlong International Industrial Co. Ltd. v. Mongolia, UNCITRAL, PCA, Award, 30 June 2017, para. 261.

[2] 参见外交部：《新加坡法院关于中老投资协定适用于澳门特区的认定是错误的》，载《中国日报》中文网：http://cn.chinadaily.com.cn/2016-10/21/content_27134676.htm，最后访问日期：2017年6月28日。

[3] 徐宏：《国际条约适用香港和澳门特区的实践》，载《法制日报》2016年10月23日。

在此背景下,以中国为首的一批发展中国家和转型经济体开始在对外投资和吸引外资中占据越来越重要的地位,但是这些国家签订批准的投资条约也具有鲜明的"时代烙印"。在国际投资规则重构和双边投资急速增加的时代,以印度、南非和巴西为代表的国家开始对传统的投资条约进行改革,譬如通过国内立法修改投资管理政策,修改或终止原来的投资条约,[1]或起草和制定新型的投资协定;[2]等等。在此背景下,虽然中国也签订了一些符合时代发展的新的双边投资条约(譬如中国加拿大 BIT),但是更多的问题是原来签订的双边投资条约能否以及如何应对新出现的投资争端,尤其是那些规定有"征收补偿款额仲裁条款"的投资条约,作为外国直接投资接受国的中国以及对外直接投资的中国投资者,如何根据《维也纳条约法公约》规定的解释原则,找到合理的解释方法理解和适用相关 BIT 中的征收补偿款额仲裁条款,而这将是下一步需要解决的问题之一。

《维也纳条约法公约》第 31 条和第 32 条规定了条约解释的一般原则,即条约应按照其用语和上下文并参照条约目的和宗旨在内的通常意义进行解释,并应考虑全体当事国因缔结条约所订立与条约有关之任何协定,当事国嗣后所缔结的有关解释的协定或习惯做法,以及包括条约之准备工作和缔约情况在内的补充资料解释。几乎所有的投资仲裁庭在适用相关投资条约解决争端时都会根据《维也纳条约法公约》规定的解释规则做出自己的解释和法律适用选择,并根据条约法的解释原则对缔结条约的相关情况和条约文本对其进行解释。以中国投资条约中的征收补偿款额仲裁条款为例,不同的解释可能会导致仲裁庭做出不同的结果。

(一)中国政府的应对方案

中国缔结的目前仍然生效的 70 个 BIT 规定了"征收补偿款额仲裁条款",这是中国签订的以吸引外资为主要任务的第一代 BIT 的主要特点。实践中已经出现了 3 起外国投资者起诉中国政府的投资争端,但是其中的 2 个案例(Ansung 案和 Hela Schwarz 案)并不涉及征收补偿款额仲裁条款,而涉及相关条款的一个争端(Ekran 案)也因为双方和解而结案,故从现有案例中看不到中国政府对待征收补偿款额仲裁条款的立场。即使中国政府在 Sanum 案的相关争端解决过程中出具的意见,也仅是指出中国老挝 BIT 不适用于澳门特别行政区

---

〔1〕 譬如,南非自 2010 年后先后终止了与欧洲比利时、丹麦、德国、荷兰和瑞士等国家缔结的双边投资条约,并于 2015 年 12 月通过了《投资保护法》(Act No. 22 of 2015:Protection of Investment Act,2015),规定在南非的外国投资者与东道方政府之间的争端必须在用尽东道方的国内救济后(国内调解),才可以在东道方同意的情况下诉诸国际仲裁,而且这种仲裁是在投资者母国和南非政府之间进行的国际仲裁,并非投资者—国家仲裁。参见"Republic Of South Africa, Government Gazette", Vol. 606, No. 39514, 15 December 2015, Accessed June 25, 2017. https://www.thedti.gov.za/gazzettes/39514.pdf.

〔2〕 See Nitish Monebhurrun, "Novelty in International Investment Law: The Brazilian Agreement on Cooperation and Facilitation of Investments as a Different International Investment Agreement Model", *Journal of International Dispute Settlement* 8(1), 2017, p. 79.

投资者,而没有探讨该BIT中的征收补偿款额仲裁条款。[1] 鉴于此,较佳的解释中国政府对待征收补偿款额争端仲裁的态度只能是考察中国政府的缔约实践。

首先,中国政府应坚持传统观点,即只有涉及征收补偿款额的争端才能提交仲裁。基于20世纪后20年中国签订国际投资条约的时代背景以及中国政府坚持的国家主权尤其是司法管辖权的立场,在迎合国际投资实践缔结国际投资条约的同时,仅同意将征收补偿的款额争端提交仲裁,而将其先决问题即是否发生征收的争端按照传统保留给东道方的国内法院予以裁定。只有在东道方的国内裁判机构认定对外国投资者的财产实施的行为构成征收后,对因为补偿款额问题发生的争端才能提交外部的国际仲裁。中国政府所持有的这一立场也与中国批准ICSID公约时所做的声明一致。实践中,譬如黑龙江国际经济技术合作公司案,蒙古国在仲裁中提交了中国缔结第一代BIT时历史上通过法令或法规实施正式征收的相关证据。该案是第一个东道方在答辩时提出只有在缔约国正式宣布征收(proclaimed expropriations)之后才能把征收补偿款额争端诉至国际投资仲裁庭的案件。[2] 蒙古政府的抗辩立场得到了仲裁庭的支持。因此,中国政府可以在自己作为被诉国的投资者国家仲裁中坚持传统的观点,即根据20世纪八九十年代签订的含有征收补偿款额仲裁条款的投资条约以及相关国内立法,只有征收补偿款额争端才能提交国际仲裁,至于是否出现征收的争端则由东道方国内有管辖权的法院或行政部门决定。

中国这种将是否存在征收的争端由接受投资的国家法院或其他部门裁定的做法也和目前国际投资争端解决机制的最新发展趋势是一致的。经过数十年的发展,国际投资争端解决机制的弊端已经显现,主要表现就是投资者动辄就向国际投资仲裁机构提起东道方违反投资条约诉求的实践严重损害了东道方对于重大公共利益问题的监管权,其带来的"寒蝉效应"在一定程度上限制了东道方的主权。对此,一些国家开始终止、修改或重新制定新型的国际投资争端解决机制,譬如退出和终止含有传统的投资仲裁机制的投资条约(譬如,拉丁美洲一些国家[3]),制定新型的要求首先提交缔约国联合委员会后才能将争端提交国际仲裁的条约(譬如2016年尼日利亚摩洛哥BIT[4]),或者在新型的投资条约中放弃投资者—国家争端解决机制(譬如巴西[5])。

其次,适时对相关投资条约进行修改或废除,构建全方位的对外投资条约体系。目前,

---

[1] Sanum Investments Limited v. Lao People's Democratic Republic, UNCITRAL, PCA Case No. 2013 - 13, Statement of the Chinese Foreign Ministry on the Applicability of the China-Lao BIT to the the Region of Macau, 21 Oct. 2016.

[2] See China Heilongjiang International Economic & Technical Cooperative Corp., Beijing Shougang Mining Investment Company Ltd., and Qinhuangdaoshi Qinlong International Industrial Co. Ltd. v. Mongolia, UNCITRAL, PCA, Award, 30 June 2017, para. 254.

[3] See Alejandro Garcia Jiminez, On the Settlement of Investment Disputes between China and Latin America, 5 China Legal Sci. 34, 47 - 50(2017).

[4] See Art. 26, Morocco-Nigeria BIT(2016).

[5] See Joaquim P. Muniz, Kabir A. N. Duggal and Luis A. S. Peretti, "The New Brazilian BIT on Cooperation and Facilitation of Investments: A New Approach in Times of Change", *ICSID Review* 32(2), 2017, pp. 404 - 415.

中国签订的70个投资条约规定了征收补偿款额仲裁条款，占到目前生效的投资条约的数目的一半以上，因此其重要性毋庸置疑。事实上，中国已经陆续修改或重订了一些含有征收补偿款额仲裁条款的投资条约，譬如，2007年11月26日重新签订的中国法国BIT取代了1984年签订的含有征收补偿款额仲裁条款的旧协定。类似地，中国和荷兰以及瑞士等也签订了新的投资条约，以取代含有征收补偿款额仲裁条款的旧条约。鉴于中国在国际投资仲裁中被诉的实践，中国应当对现有的投资条约进行全面清理和修订，明确规定提起仲裁的投资争端的范围，可以在同意将所有投资争端提交国际仲裁的同时，规定公共利益或国家安全等例外条款，既扩大了国家对外国投资的管制权，也维护了国家在公共利益方面的主权管辖权。另外，基于中国对外投资不断扩大的事实，加大对外投资的条约保障，构建全方位对外投资条约体系，既加强由专门的双边投资协定及相关多边公约组成的"核心条约"建设，也重视经贸、司法协助、领事、军事等"辅助性条约"建设，从而形成完备的条约体系。[1]

最后，中国政府应当在谈判和签订投资条约时，规定投资者可以根据相关仲裁规则向中国常设仲裁机构提起投资仲裁，以减少对征收补偿款额仲裁条款的广义解释。同时鼓励具备条件的若干常设仲裁机构适当修改仲裁规则或者制定专门的投资条约仲裁规则，扩大仲裁庭受理案件的范围，在受理普通商事仲裁案件之外还可以受理投资者和东道方之间的投资条约仲裁案件。或者，在这方面可以借鉴的常设仲裁机构有瑞典的SCC，目前其受理了超过5%的全球投资争端诉求，一些国家签订的投资条约(如俄罗斯)和一些多边投资条约(如《能源宪章条约》)明确规定SCC是受理投资仲裁的机构之一。[2] 而且，SCC做出的一些有关征收补偿款额条款的仲裁裁决，也得到了瑞典法院的支持。目前，中国国际经济贸易仲裁委员会(CIETAC)专门制定了《国际投资争端仲裁规则》，中国深圳国际仲裁院2016年版《深圳国际仲裁院仲裁规则》第2(2)条规定"仲裁院受理一国政府与他国投资者之间的投资争议仲裁案件"，这意味着这两家仲裁机构可以受理东道方政府与他国投资者之间的投资纠纷。在中国政府"一带一路"倡议下，作为母国，随着对外投资增多、跨国公司实力增强，中国在"走出去"的过程中越发注重保护海外投资利益，但中国并未运用自己的经济权力来使得他国接受更多国际授权的争端解决机制。[3] 对外投资的增加会加强中国在条约制定方面的话语权，当然也可以在投资条约中规定解决争端的仲裁机构，CIETAC和深圳国际仲裁院无疑开创了一个很好的先例。

〔1〕 参见孙劲：《论构建中国全方位对外投资条约体系》，载《国际法研究》2017年第2期。

〔2〕 See Celeste E. Salinas Quero, "Investor-state disputes at the SCC", Accessed July 28, 2017. http://sccinstitute.com/media/178174/investor-state-disputes-at-scc-13022017-003.pdf.

〔3〕 参见陈兆源、田野、韩冬临：《双边投资协定中争端解决机制的形式选择——基于1982—2013年中国签订双边投资协定的定量研究》，载《世界经济与政治》2015年第3期。

(二)中国海外投资者的应对方案

任何事物都有其两面性,如果投资条约中的征收补偿款额仲裁条款的狭义解释和政府意图对东道方政府比较有利,那么对其本国的海外投资者就可能是一种不利条件。目前在中国资本越来越多地输出国外以及东道方为公共利益而越来越多地实施间接征收的情况下,这种限制性规定的仲裁条款的适用可能会对中国投资者带来伤害,而首当其冲的可能是那些其海外投资已经受到东道方政府行为负面影响的投资者。事实上,中国在这70个缔约对象的投资也将会越来越多,投资者能否利用其中的征收补偿款额仲裁条款为己服务或者如何规避此类条款也是一个关键问题。

首先,中国投资者在进行投资前应当对东道方与中国签订的投资条约中规定的争端解决机制有所了解,至少要知道其规定的是一种什么样的投资争端仲裁制度,明确仲裁庭的管辖权是包括所有的投资争端还是仅限于征收补偿款额的争端。如果是后者,投资者可以在进行投资前采取一些预防性的措施,譬如通过投资重组和国籍规划(nationality planning)而挑选对自己有利的条约(treaty shopping),从而达到规避含有限制性仲裁条款的投资条约的目的。[1] 即投资者可以通过在其他国家投资而创造一种能够适用该国签订的对自己更加有利的投资条约的连接根据,譬如通过在该国注册投资公司,成立管理中心,或者把住所设在该国,达到利用该国签订的投资条约的目的,以便在发生投资争端时可以利用其规定的投资仲裁机制维护自己的权益。[2] 在国际投资仲裁实践中,根据投资条约条款用语、实际联系要求、投资安排的时间以及投资公司的持股比例等,仲裁庭对于挑选条约的认定也有不同的解释。鉴于不同投资条约的保护规定的差异以及不同国家对于外国投资的法律规制的不同,投资者在进行海外投资前最好要征求专业人士的意见,对此问题有所了解,以便决定是否通过投资重组和国籍规划而进行有目的的投资。

其次,根据一般国际仲裁中仲裁庭享有的"自裁管辖权"理论,根据国际投资条约组成的投资仲裁庭也应当享有这种权利。[3] 因此,投资者在提起投资仲裁诉求时,可以坚称在投资条约明确规定的征收补偿款额争端之外,投资仲裁庭对是否发生征收的问题也享有管辖权,以达到接受自己诉求的目的。问题是在当前实践中,直接征收的案例是非

---

〔1〕 Nils Eliasson, Investor-State Arbitration and Chinese Investors: Recent Developments in Light of the Decision on Jurisdiction in the Case Mr. Tza Yap Shum v the Republic of Peru, 2(2) Contemp. Asia Arb. J. 347, 376(2009).

〔2〕 譬如,截至2013年年底,在荷兰投资者提起的61件(约占全球公开的投资争端总数的10%)投资争端诉求中,3/4的申请人的最后所有者并不是荷兰公司或自然人。并且在这些案件中,有2/3的外投资集团公司似乎并没有在荷兰境内从事任何实质性的经济活动。参见 UNCTAD/DIAE, Treaty-based ISDS cases brought under Dutch IIAs: An Overview, Accessed July 28, 2017. http://investmentpolicyhub. unctad. org/Upload/Documents/treaty-based-isds-cases-brought-under-dutch-iias-an-overview. pdf,

〔3〕 August Reinisch, How Narrow are Narrow Dispute Settlement Clauses in Investment Treaties? 2(1) Journal of International Dispute Settlement 115, 174(2011).

常罕见的,国家很少进行公开的征收行为。相反,当事人之间分歧较大的问题是东道方是否通过制定法律政策或采取实际行动而实施了间接征收。如果直接征收产生的唯一争端就是补偿数额,那么在间接征收的情况下,有关争端不再仅仅限于补偿的数额和支付方式,而且也包括东道方的行为或措施是否构成征收这个先决性的问题。因此,补偿数额的计算通常也就与东道方有关措施是否构成征收这一问题联系在一起了。是故,除非仲裁庭有权首先裁定自己对是否出现征收享有管辖权,否则征收补偿款额仲裁条款的存在没有任何意义。

最后,投资者在选择仲裁员时,应当对仲裁员的法学背景以及以往仲裁经历有所了解,尤其是要知道自己所选择的仲裁员关于征收补偿款额仲裁条款的解释和实践观点。如果有关仲裁员对类似投资条约中的限制性征收补偿条款做了狭义解释,就可能会影响自己被投资者选择为仲裁员的机会,相反有可能会被东道方指定为仲裁员。但是这种情形并不是绝对的,因为仲裁员的前后观点有时也可能会因为具体案情的不同而有所改变。无论如何,黑龙江国际经济技术合作公司等诉蒙古案中首席仲裁员的更换无疑是一个很好的例证。

五、结　　语

中国目前仍然有70来个含有征收补偿款额仲裁条款的投资条约还没有得到修改,在用尽东道方的国内救济后,投资仲裁仍然是在这些缔约国的中国投资者寻求征收补偿的唯一途径,但是可以预料的是,其将会遇到同样的狭义或者广义解释的问题。另外,因为晚近国家实践中直接征收现象的递减和仲裁庭对此的广义解释,这些条款的适用开始变得更加困难,给中国政府带来了较大的压力。在东道方对外国投资者进行直接征收的情况下,随后就有可能会发生围绕补偿款额和支付方式的争端,根据征收补偿款额仲裁条款,仲裁庭可以对此类问题行使管辖权,此类问题比较简单。但是在更多的情况下,征收并不是直接而是间接进行的,即东道方通过的一系列立法措施或政府行为间接侵害了投资者的权益或剥夺了投资者的财产,在此类情况下,征收补偿款额仲裁条款的适用就有可能就会产生问题,关键是仲裁庭能否对是否发生征收的问题享有管辖权,而东道方政府的解释和以往实践对于仲裁庭的裁量则相当重要。从东道方的角度来讲,中国政府应当用一种更加平衡的方法来解释相关的条约,尤其是条约的解释不能与其目的和宗旨相冲突。但是如果相关条约有更加明确具体的规定,譬如规定有征收补偿款额提交仲裁的条款,那么对条约目的和宗旨的考察就不能超越具体条款用语所表达的真正意义,在此对征收补偿款额仲裁条款的广义解释就有点牵强。

与中国投资者有关的4个征收补偿款额仲裁案,Tza Yap Shum案的仲裁庭裁定享有管辖权的根据并不是相关条约中的征收补偿款额仲裁条款,Sanum案的短暂胜诉也因为东道方拒不执行和解协议和重新提起仲裁诉求而失去其价值，黑龙江国际经济技术合作公司案的仲裁庭对相关条款的狭义解释而拒绝了投资者的诉求，只有北京城建诉案是首起中国大陆投资者在管辖权阶段赢得胜诉的投资仲裁案件，其是中国投资者正确运用国际投资仲裁工具解决投资争端的典型范例。无论如何，中国投资者在进行投资前应当了解相关投资条约和东道方外资立法的规定，或者通过合理的投资运作而规避可能做出狭义解释的征收补偿款额仲裁条款。中国投资者只有做到“知己知彼”，才能在未来可能出现的争端中做到“百战不殆”。唯有如此，才能保护自己的合法投资权益。

（原载于《法学》2019年第2期）

论《联合国国际货物销售合同公约》的动态解释及可参照资料

姜作利*

《联合国国际货物销售合同公约》(以下简称公约)作为当今世界最重要的国际商事法典或合同法领域的"公约性法典",在统一国际贸易合同法方面,取得了引人瞩目的成就。[1] 然而,由于公约存在诸多缺陷,特别是对公约解释时可参照的资料的规定含混不清,致使各国裁决机构在公约解释时不易确定公约用语在新形势下的新意,难以摆脱"恋家情结"(Homeward Trend)的困扰,经常适用国内法律来解释公约,严重影响了公约规定的统一适用目标的实现,[2]甚至导致公约被葬送的危险。[3] 面对如此困境,各国学者纷纷出谋献

* 姜作利,山东大学法学院教授、博士研究生导师。

〔1〕 Christopher Sheaffer, "The Failure of the United Nations Convention on Contracts for the International Saleof Goods and A Proposal for a New Uniform Global Code in International Sales Law", 15 *Cardozo Journal of International &Comparative Law* 461, 462 (2007); Stephanie M. Greene, Larry A. DiMatteo, Lucien J. Dhooge, Virginia G. Maurer and Marisa Anne Pagnattaro, "The Interpretive Turn in International Sales Law: An Analysis of Fifteen Years of CISG Jurisprudence", 24 *Northwestern Journal of International & Business* 299, 308 (2004).

〔2〕 Stephanie M. Greene, Larry A. DiMatteo, Lucien J. Dhooge, Virginia G. Maurer and Marisa Anne Pagnattaro, *Ibid*, p. 315; Frank Diedrich, "Maintaining Uniformity in International Uniform Law via Autonomous Interpretation: Software Contracts and the CISG", 8 *Pace International Law Review* 303, 304 (1996); Edita Ubartaite, "Application of the CISG in the United States", 7 *European Journal of Law* Reform 277, 281 (2005).

〔3〕 Philip Hackney, "Is the United Nations Convention on the International Sale of Goods Achieving Uniformity"? 61 *Louisiana Law Review* 472, 476 (2001); Paul B. Stephan, "The Futility of Unification and Harmonization in International Commercial Law", 39 *Virginia Journal of International Law* 743, 760 (1999); Steven Walt, "Novelty and the Risks of Uniform Sales Law", 39 *Virginia Journal of International Law* 671, 672 (1999); Aneta Spaic, "Approaching Uniformity in International Sales Law through Autonomous Interpretation", 11 *Vindobona Journal of International Commercial Law & Arbitration* 35, 38 (2007).

策,致使困境更加扑朔迷离,莫衷一是。[1] 考虑到当前经济全球化的发展形势逼人,国际公约又不可能像国内法那样随时进行修订,更无可能予以废除或立即设立国际最高法院统一管辖公约的解释,我们认为鼓励各国裁决机构采用动态解释方法来广泛使用可参照资料,有助于确定公约用语的新意,促进公约的统一解释和统一适用,[2] 从而实时解决经济全球化催生的形形色色新问题。[3]

一、公约解释中采用动态解释的合理性

条约解释大致上可以分为静态解释和动态解释两类。静态解释(static interpretation)基于严格解释原则,赋予约文不变的含义,相比之下,动态解释(dynamic interpretation)主张解释法律时,[4] 不仅要考虑法律的文本和历史背景,还要考虑其后嗣解释历史,包括法律的发展和解释时的社会环境。[5] 动态解释的最重要特征是强调法官不能受制于原始价值判断,反对条约的含义已经在条约颁布时雕刻在石头之上了的陈旧理念。[6] 也就是说,动态解释的基础是解释中认为条约不是抽象的、静止的,而是具体的、“活的”,是能够随着时间的流逝、根据事实或法律的变化而变化的。

---

〔1〕 有学者认为应该坚决排除适用国内法来解释公约(Franco Ferrari, “Uniform Interpretation of the 1980 Uniform Sales Law”, 24 *Georgia Journal of International & Comparative Law* 183, 200 (1994),有的主张尽快成立国际最高法院统一管辖公约的解释(Frank Diedrich, “Maintaining Uniformity in International Uniform Law via Autonomous Interpretation: Software Contracts and the CISG”, 8 *Pace International Law Review* 303, 304 (1996), p. 337),有的建议设立国际司法咨询机构等[V. Susanne Cook, “The Need for Uniform Interpretation of the 1980 United Nations Convention on Contracts for the International Sale of Goods”, 50 *University of Pittsburgh Law Review* 197, 200 (1998)],不一而足。

〔2〕 李巍:《联合国国际货物销售合同公约评释》,法律出版社2002年版,第32页。

〔3〕 公约被誉为当今世界最成功的国际贸易合同法法典,其成员已达90个,不仅囊括十大经济强国中的9个,越来越多的最不发达国家也已经或正在考虑批准,调整着世界贸易总量中的90%以上。[参见Ingeborg Schwenzer, “the CISG Advisory Council”, 22 *Vindobona Journal of International Commercial Law & Arbitration*, 1, 1 (2018);郑小雨:《中国法院适用联合国国际货物销售合同公约研究》,载《渭南师范学院学报》2018年1月第2期,第80页。]近年来,我国法院审理的由公约调整的国际贸易案件数量正急剧增加,涉及的问题也日趋增多。完全可以预料,随着“一带一路”和“人类命运共同体”倡议的迅速实施,我国的对外贸易的发展必定加快,公约的重要性也必然日益凸显。由于公约存在的诸多不足,自然会成为我国对外贸易发展的障碍。虽然我国对公约的研究较多,但是,尚未对适当采用动态解释来弥补公约的不足问题进行系统、深入的研究。因此,借此历史机遇,对该问题展开研究,有助于督促我国裁决机构在解释公约中适当注重动态解释方法来弥补其不足,从而实时抓住更多商机,促进我国对外贸易的发展。

〔4〕 国外有学者也称为“演化解释”(evolutionary interpretation)。考虑到“动态解释”和“演化解释”都指统一解释方法,二者之间并无实质性差别,本文恕不进行细分。

〔5〕 参见William N. Eskridge Jr., “Dynamic Statutory Interpretation”, 135 *University of Pennsylvania Law Review* 1479, 1479 (1987);吴卡:《国际条约演化解释理论与实践》,法律出版社2016年版,第15页。

〔6〕 See William N. Eskridge Jr. & Philip P. Frickey, “Statutory Interpretation as Practical Reasoning”, 42 *Stan. Law Review* 321, 353 (1990); Michael P. Van Alstine, “Dynamic Treaty Interpretation”, 146 *University of Pennsylvania Law Review* 687, 716 (1998). (本文作者认为公约的结构要求灵活性的解释“以适应于公约生效时没有预见到的情况”)

(一)国际社会的快速发展必然要求对公约进行动态解释

近年来,随着冷战的结束,国际社会开始了史无前例的快速发展,最有代表性的当属经济全球化席卷全球,势不可挡。当前的经济全球化促使国际贸易方式、科技(如电子信息和铁路技术的发展)及各国之间的竞争等发生了重大变化,致使陈旧的国际公约迅速滞后,同时催生了覆盖各个经济层面(如国际贸易合同、金融租赁、国际保理、汇票和本票、备用信用证、争端解决等)的国际条约。[1] 公约作为20世纪初各国相互妥协的产物,不可能完全适应日沔千里的经济全球化的发展,[2] 又不能像国内法那样进行及时修改,这就必然要求公约的解释者适当运用动态解释来确定公约用语的新意,使其适应瞬息万变的经济形势和社会变化,及时解决层出不穷的新问题。

(二)动态解释符合公约的目的和宗旨

一般来说,国际条约的目的和宗旨是条约动态解释的关键。根据公约序言的规定,联合国制定本公约的宗旨是减少国际贸易的法律障碍,促进国际贸易的发展。显而易见,该规定表明了公约的起草者已经意识到了国际社会的发展必然产生新的法律障碍的事实,默认了公约应随着国际社会的发展,不断完善自己,解决新问题,促进国际贸易的发展。因此,采用动态解释方法,广泛参照相关的资料,有助于减少国际贸易的法律障碍,符合公约目的和宗旨的要求。

(三)公约第7条的动态性特点不容置疑

公约第7条作为公约解释的最重要条款,彰显了不容置疑的动态性:公约的解释应采用基于公约“国际性质”的“自治解释”方法,即免除国内法律概念和术语的影响,不能采用国内的解释方法。关于促进国际贸易中的诚信的规定,表明公约的起草者认可了“诚信”概念在各国民法中的不确定性和动态性。为此,有学者指出,即使公约的解释者可能再次构建公约起草者的原意,但是,公约中并未表明起草者曾经刻意地将“诚信”等原则的含义冻结于公约生效之时。[3]

可见,公约第7条的规定具有明显的动态性,即相关概念的含义必然随着社会的发展而

---

〔1〕 Michael P. Van Alstine, “Dynamic Treaty Interpretation”, 146 *University of Pennsylvania Law Review* 687, 716 (1998), p. 689.

〔2〕 滞后性是法律的固有缺陷之一。与国内法相比,国际条约一经通过,由于随后加入的成员方没有参与起草及各国在政治、经济及法律等方面存在诸多差异等原因,很难对相关修改达成共识。这样,通过司法机关对条约进行适当动态的解释,就必然成为弥补条约滞后性的重要路径。

〔3〕 Michael P. Van Alstine, “Dynamic Treaty Interpretation”, 146 *University of Pennsylvania Law Review* 687, 716 (1998), p. 776.

变化。那种起草者的"原意"能够控制未来含义的规定,只不过是幻想罢了。[1] 曾有学者断然反对条约解释中教条呆板的原文主义,主张采用动态解释方法,形象地把法律解释比喻成航海:立法机关"建造了船舶并开始了航程",但是,"当前的航线必须由司法解释者——"法律之船"上的海员来定夺"。[2]

(四)《维也纳公约》第31~33条具有明显的动态性

如前所述,《维也纳公约》作为公认的习惯国际法,虽然其国际公法的性质并不完全适用于公约的解释,但是,可以作为公约第7条解释规则的补充加以运用。实际上,《维也纳公约》第31~33条规定了条约解释时应该考虑的诸多因素,几乎都彰显了条约解释的动态性:第31(1)条中规定了条约解释应该遵循诚信原则,但并未规定该原则的具体含义和外延;该条中也没有具体规定"通常含义"指条约生效时还是解释时的含义,这显然表明起草者默认了该词语"通常含义"可以随时间变化而变化,究竟词语如何随社会发展而发生变化,只能由解释者针对个案及变化了的情形做出解释。[3] 需要强调的是,第31(3)条中的"嗣后协定"(subsequent agreement)、"嗣后惯例"(subsequent practice)及"任何有关的国际法规则"(relevant rules of international law)对条约的动态解释至关重要,因为该规定明显表明了起草者期望条约的原文应该随社会发展而发展的意旨。[4] 正如著名的国际法专家李浩培教授指出的,多边条约解释时应注重条约所建立的法律、组织或制度的社会目的及其发展,从而对这些条约的解释可以超出缔约各方缔约时的意思。[5]

(五)动态解释的合理性得到诸多法理的支持

法律解释者和学者自古罗马法的文义解释开始,就注意到了法律解释的动态性,逐渐提出了诸多支持动态解释的理论,创设了比较解释、体系解释、客观目的解释等方法。格劳秀斯曾指出,条约的解释应当着重于确定约定者使用的用语的真实含义,但是,如果用语将导致荒谬或违法的结果,则可对用语的含义进行推测,以确定约定者的真实含义。[6] 爱思克里奇(Eskridge)从法官的能动性视角出发,认为法律解释绝非静止不变的,是动态的。法

---

〔1〕 Michael P. Van Alstine, "Dynamic Treaty Interpretation", 146 *University of Pennsylvania Law Review* 687, 716 (1998), p. 777.

〔2〕 See T. Alexander Aleinikoff, "Updating Statutory Interpretation", 87 *Mich. Law Review* 20, 21 (1988).

〔3〕 Zdenêk Nový, *Evolutionary Interpretation of International Treaties*, in *Czech Yearbook of International Law*, Vol. VIII. New York: Juris Publishing, 2017, p. 217.

〔4〕 See Panos Merkouris, *Temporal Considerations in the Interpretative Process of the VCLT: Do Treaties Endure, Perdure or Exdure?* in Netherlands Yearbook of International Law between Pragmatism and Predictability, Temporariness in International Law, 2014, p. 196; Sondre Torp Helmersen, "Evolutive Treaty Interpretation: Legality, Semantics and Distinctions", 6 *European Journal of Legal Studies* 127, 131 (2013).

〔5〕 李浩培:《条约法概论》,法律出版社2003年版,第361页。

〔6〕 参见黄东黎:《主张一定的灵活性——国际法条约解释理论与研究》,载《国际贸易》2005年第3期。

律解释不是考古发现,而是辩证的创新。[1] 著名的美国联邦法院大法官卡多佐(Cardozo)从法律的创造性方面出发,指出司法的性质是非确定性,不是客观的答案,该过程的最高境界不是发现,而是创新。[2] 20世纪初的法律现实主义者抨击了法律文本主义理论,强调语言是不确定的,不能仅从法条和规则的角度去理解法律体系,而是要考察法律体系在整个社会中是如何运行的。[3] 该理论的代表学者盖达莫(Gadamer)指出,对过去的文本的解释,是一个"融合"的过程,即读者将探究文本的过去和对现实条件的理解结合起来,得出综合的结论。也就是说,解释是当代解释者与文本和相关传统的对话。[4] 需要强调的是,世界知名法理学家德沃金(Dworkin)教授的整体性法律理论是支持法律动态解释的核心理论。德沃金在其不朽名著《法律帝国》中指出,法律属于实践性学科,须用建设性解释的整体性法律理论方能予以解释,即将他的成文解释理论与综合的法律理论融为一体。[5] 德沃金多次强调法律是一种解释性概念,赋予了法律解释极高的地位,指出整体性在审判中要求法官力图识别公民的权利和义务,集中于现在的情形,作出对其社会的政治结构和法律理论的最合理的建设性解释,以此去裁决疑难案件,充分彰显法律的公正与正义之间的和谐概念。[6] 以波斯纳(Posner)为代表的法经济学理论也支持法律动态解释。[7] 他曾强调指出,在多种情况下,法院的工作是对立法者可能的用意进行"创新性的构建"(imaginative reconstruction)。[8] 可见,法经济学理论视成文法为契约性交易,法院就应该拥有将交易针对变化了的情势进行调整的权力。[9] 此外,与上述法经济学理论相近的关系契约理论和世界公共秩序理论,也是支持法律动态解释的主要理论。[10]

---

〔1〕 William N. Eskridge Jr, "Dynamic Statutory Interpretation", 135 *University of Pennsylvania Law Review* 1479, 1479 (1987), p. 1484.

〔2〕 Ibid., p. 1506.

〔3〕 Hutchinson & Morgan, "The Semiology of Statutes (Book Review)", 21 *Harvard Journal on Legislation* 583, 592 (1984).

〔4〕 H. Gadamer, *Truth and Method*, G. Barden & J. Cumming Trans., 1975, p. 337.

〔5〕 William N. Eskridge Jr, "Dynamic Statutory Interpretation", 135 *University of Pennsylvania Law Review* 1479, 1479 (1987), p. 1550.

〔6〕 Ronald Dworkin, *Law's Impire*, Harvard University Press, 1986, p. 299.

〔7〕 William Landes & Richard Posner, "The Independent Judiciary in an Interest-Group Perspective", 18 *Journal of Law & Economics* 875, 878 (1975).

〔8〕 近年来,波斯纳以美国《谢尔曼法案》为例,指出了应该动态性地理解概括性的成文法的三个理由:一是通常缺乏相关的信息来确定原立法者的用意;二是这样的法律中宽泛的用意代表着已经默示地将立法权赋予了法院;三是这样的法律具有政策的性质。如果法院致力于确定原立法者的用意,不仅法院的努力会失败,国民经济也会因试图实现原立法者的期望而遭受损失。因此,法院在这种情况下,依据当代情形来解释成文法,是完全适当的。参见 Richard Posner, "Legal Formalism, Legal Realism, and the Interpretation of Statutes and the Constitution", 37 *Case Western Reserve Law Review* 179, 199 (1987); Richard Posner, "Statutory Interpretation—in the Classroom and in the Courtroom", 50 *University of Chicago Law Review* 800, 820 (1983)。

〔9〕 William N. Eskridge Jr, "Dynamic Statutory Interpretation", 135 *University of Pennsylvania Law Review* 1479, 1479 (1987), p. 1514.

〔10〕 See Nicholas S. Zeppos, "The Use of Authority in Statutory Interpretation: An Empirical Analysis", 70 *Texas Law Review* 1073, 1082 (1992);吴卡:《条约解释的新动向:当代意义解释对当时意义解释》,载《法学评论》2013年第2期。

(六)国际法院、WTO上诉机构及主要的国际商事仲裁机构经常采用动态解释方法

国际法院作为联合国体系中主要的司法裁决机构,在国际条约的解释方面,无疑发挥着重要的引领作用。[1] 一般来说,国际法院在早期案件中主要采用静态解释方法,即主要依据公约中相关约文在公约缔结时的含义作出裁决。[2] 随着国际社会的发展,国际法院发现一些约文在公约缔结时的含义往往与争端发生时的含义不同,开始采用动态解释方法来解释公约。国际法院最早的动态解释当属1970年应安理会请求,针对纳米比亚问题所提供的咨询司法建议(Namibia Advisory Opinion)。国际法院在解释《国际联盟盟约》第22条中的"现代世界的艰苦条件"及人民的"福祉及发展"词语时指出,这些词语的含义不是静态的,而是动态发展的。国际法院进一步指出,《国际联盟盟约》的当事方应该被认为已经接受了这些词语的动态性。[3] 至此以后,国际法院在1978年的"希腊诉土耳其大陆架案"(Greece v. Turkey regarding Aegean Sea Continental Shelf)、2009年的"哥斯达黎加诉尼加拉瓜航行权案"(Costa Rica v. Nicaragua regarding Navigational and Related Rights)、2014年的"澳大利亚诉日本北冰洋捕鲸案"(Australia v. Japan regarding Whaling in the Antarctic)等案件中,频频采用动态解释方法来解释国际公约。

国际法院的动态解释实践无疑彰显了国际公约的解释正走向动态解释的趋势。特别是,国际法院在审理"哥斯达黎加诉尼加拉瓜航行权"案中,针对如何界定当事方是否早已认可了相关词语的动态性,提出了两个标准:相关词语属于通用性(generic)的和相关条约的有效期较长或没有规定有效期。[4] 虽然国际法院提出的标准没有强制性,但是,国际法院的权威性和不可替代性自然要求公约的解释者在相关词语同时满足了这两个标准时,应该确认该词语的动态性,从而做出相应的解释。[5]

不可否认的是,法律解释的结果并不总是唯一的,有时甚至等同于创设新的规则。

---

〔1〕 Malgosia Fitzmaurice, *The Practical Working of the Law of Treaties*, *in International Law*, second edition, Oxford/New York, Malcolm Evans ed. ,2006, p. 199.

〔2〕 Ibid.

〔3〕 Legal Consequences for States of the Continued Presence of South Africa in Namibia (South West Africa) notwithstanding Security Council Resolution 276, I. C. J. Reports 1970 (Advisory Opinion), paragraph 54. http://www.icj-cij.org/docket/files/53/5595.pdf. ,2019年6月16日访问。

〔4〕 当然,这两项标准在司法实践中也存在诸多问题,例如,"通用性"一词指的是同类事物,而不指特别的事物。这样,这类词语可能被理解为含义模糊或模棱两可的词语。为了进行准确界定,有学者将"通用性"词语细分为"价值驱动"和"非价值驱动"两类:前者随其蕴含的价值的变化而变化,动态性较强,如人民的"福祉与发展""公平及平等待遇"等词;后者并不蕴含明显的价值,动态性较弱,如"商业""领土地位"等。Sondre Torp Helmersen, "Evolutive Treaty Interpretation: Legality, Semantics and Distinctions", 6 *European Journal of Legal Studies* 127, 131 (2013), p. 129.

〔5〕 Zdenêk Nový, *Evolutionary Interpretation of International Treaties*, *in Czech Yearbook of International Law*, Vol. VIII. New York: Juris Publishing, 2017, p. 227; Sondre Torp Helmersen, "Evolutive Treaty Interpretation: Legality, Semantics and Distinctions", 6 *European Journal of Legal Studies* 127, 131 (2013), p. 145.

WTO 作为当今世界最重要的多边贸易体制,其上诉机构在法律解释中经常采用动态解释法,代表了当今国际争端解决机构在条约解释方法上的最新趋势。[1] 例如,在“美国禁止进口吓和虾制品案”中,上诉机构明确指出,GATTs 第 20 条关于“环境例外”的规定是 50 多年前的产物,应根据现代社会的环保理念进行解释。对该条的解释不应是“静止的”,而应是“动态的”,应根据条约的“可持续发展”的目的“添加色彩、韵味和进行微调”。[2] 此外,上诉机构在“中美出版物市场准入案”中指出,本案中的“录音产品”和“分销”这些术语具有“充分的一般性”,这些术语使用的情形会随着时间的变化而变化。[3]

需要强调的是,除了国际法院、WTO 争端解决机构运用动态解释方法解释政治、经济、文化技术性国际公约外,国内法院和国际商事仲裁机构是公约解释的最重要司法机构。与国内法院比之,国际商事仲裁机构具有较大的独立性、灵活性和专业性,更适合解决公约争端,已经处理了几乎所有的大额国际贸易疑难争端。[4] 在运用动态方法解释公约可参照资料方面,国际商会国际仲裁院(ICC)和中国国际经济贸易仲裁委员会(CIETAC)的仲裁实践较有代表性。ICC 是国际性民间组织,已经成为具有较大世界影响力的专门致力于处理国际货物销售合同和许可证交易争端的仲裁机构。近年来,ICC 处理了大量的国际货物销售合同争端,经常参照相关资料来澄清公约用语的含义和填漏补缺。例如,ICC 早在 1999 年处理一个争端中,就参照另一国法院的判例来做出裁决,以达到公约关于“统一解释”和“统一适用”的要求,在国际上产生了较大影响。自此以后,ICC 经常参照外国判例、学者著述及国内法等资料来作出裁决。[5] CIETAC 作为我国成立的国际商事仲裁机构,经过 64 年的不懈努力和励精图治,以其独立、公正、高效的仲裁工作在国内外享有广泛的声誉,已经处理了大量国际贸易争端,成为世界上最重要的国际商事仲裁机构之一。[6] 由于公约存

---

〔1〕 齐飞:《WTO 争端解决机构的造法》,载《中国社会科学》2012 年第 2 期;曾令良:《从“中美出版物市场准入案”上诉机构裁决看条约解释的新趋势》,载《法学》2010 年第 8 期。

〔2〕 转引自翁国民、蒋奋:《论 WTO 规则的法律解释方法》,载《当代法学》2004 年第 5 期。

〔3〕 中美出版物市场准入案(WT/DS363/AB/R,2009,para. 396.)。

〔4〕 国际商事仲裁机构的主要特征是,1. 仲裁员来自不同的国家,具有更开阔的国际视野,有利于避免国内法的困扰,符合公约第 7 条关于“统一解释”和“统一适用”的规定;2. 仲裁员多为知名的国际贸易法专家,专业性更强;3. 程序更简化,大幅度降低了争端解决费用,如仲裁员在选择适用法时更自由;4. 也存在不足之处,如缺失上诉程序及职业性逊色于法官。这可能导致裁决注重效率而一定程度上忽略了公平正义。总之,国际商事仲裁机构比国内法院更适合于解决公约争端,现在已经成为国际商事争端解决的最重要机构。[Joseph Lookofsky, *Understanding the CISG: A Compact Guide to the* 1980 *United Nations Convention on Contracts for the International Sale of Goods*, Kluwer Law International, 2008, p. 35; Fan Yang, “A Comparative Case Study of the Interpretation Methodology of Article 14 of the CISG,” 10 *European Journal of Law Reform* 3, 3 (2008); Petro Butler, “CISG and International Arbitration-A Fruitful Marriage,” 17 *International Trade and Business Law* 322, 323 (2014); Dong Wu, “CIETAC' s Practice on the CISG,” 2005 *Nordic Journal of Commercial Law* 1, 3 (2005); 刘瑛:《论 CISG 在国际商事仲裁中的适用》,载《山西大学学报(哲学社会科学版)》2018 年第 2 期;李巍:《联合国国际货物销售合同公约在国际商事仲裁中的适用》,载《仲裁研究》2016 年第 26 期。]

〔5〕 James P. Quinn, “the Interpretation and Application of the United Nations Convention on Contracts for the International Sales of Goods,” 9 *International Trade & Business Law Review* 221, 236 (2005).

〔6〕 Fan Yang, “A Comparative Case Study of the Interpretation Methodology of Article 14 of the CISG,” 10 *European Journal of Law Reform* 3, 3 (2008), p. 4.

在诸多含义不清的用语和法律漏洞,给仲裁机构公平正义地处理案件带来了困难。CIETAC在裁决公约案件中,频繁参照相关资料,来补缺填漏,力求与其他国家的仲裁机构保持一致,高效率地处理公约争端。与一般原则、学者著述及外国判例相比,CIETAC较多地参照中国国内法来补缺填漏。例如,CIETAC在审理1999年的"羊毛案"、2002年的"机油案"等案件中,并没有按照公约第7条的规定首先运用一般原则,而直接参照我国的国内法做出了裁决。为了弥补公约在"可预见性""损失利润""减轻损失"及"举证责任"等方面的漏洞,CIETAC也经常参照我国的国内法来做出了解释。[1] 可见,CIETAC在审理公约案件中,运用动态解释方法来参照相关资料,已经成为经常的做法。[2]

总之,快速发展的国际社会必然要求解释者动态性地解释公约,也是《维也纳公约》及公约目的和宗旨的要求。尤其是动态解释具有足够的法理的正当性,也得到了主要国际裁决机构司法实践的支持。因此,广泛运用动态方法来解释可参照资料,有助于合理确定公约用语的新意,增强公约适应社会发展的能力。例如,公约中明示和默示的一般原则具有较强的灵活性,解释者可以诉诸一般原则做出适合社会发展的裁决;外国判例法是国外法官解释公约的结果,有助于不同国家的法官同案同判,做出公约要求的统一裁决;学者著述可以进一步夯实裁决的公正性;国内法可以帮助解释者提高司法效率,一定程度上提高公约的长期正当性。[3] 因此,公约解释中运用动态方法参照相关资料,在理论和实践两个方面,都具有充分的合理性。

二、公约解释中采用动态解释方法运用可参照资料的实践建议

条约解释是条约合理适用的前提,只有合理正当的条约解释才能实现条约的目的和宗旨。动态解释主张按条约用语在案件审理时所具有的新意进行解释,不拘泥于其原始意义。可见,动态解释有助于增强条约适用方面的"与时俱进"性,实时解决条约生效后社会发展催生的新问题。然而,动态解释也时常受到质疑,存在司法造法、改变既定解释而破坏判例的稳定性和重视约文而忽略其他解释因素的问题。[4] 考虑到公约没有具体规定公约

〔1〕 Dong Wu,"CIETAC's Practice on the CISG," 2005 *Nordic Journal of Commercial Law* 1,3 (2005),pp. 11 -35.

〔2〕 由于公约存在诸多法律漏洞,在国际贸易合同约定公约为适用法的情况下,CIETAC一般会按照公约第1条第1款的规定直接适用公约,然后按照最密切联系原则适用我国合同法来补缺填漏。因此,与其他国际商事仲裁机构和国内法院相比,CIETAC在参照相关资料方面,并没有严格按照第7条第2款规定的程序进行,较多地参照我国的国内法作出了解释。这个做法一定程度上提高了裁决案件的效率,另一方面,也受到了国外学者的质疑。可以预见,随着CIETAC处理公约案件的增多及各国仲裁机构的交流与合作的发展,这种情形会得到改善。[参见Sharon G. K. Singh and Bruno Zeller,"CIETAC's Calculations on Lost Profits under the Article 74 of the CISG," 4 *Loyola University Chicago International Law Review* 211,229(2007);Bruno Zeller,*CISG and China and China-theory and Practice*:*An Intercontinental Exchange*,Michael Will ed. ,1999,p. 13.]

〔3〕 Dong Wu,"CIETAC's Practice on the CISG," 2005 *Nordic Journal of Commercial Law* 1,3 (2005),pp. 11 -34.

〔4〕 参见吴卡:《国际条约演化解释理论与实践》,法律出版社2016年版,第103~109页。

解释的适用法和如何动态性地运用可参照资料，建议公约解释中应该遵循下列原则和规则，以寻求运用动态解释来解决新问题和尽量提高解释的合理正当性之间的合理平衡点，从而有效缓解对公约动态解释的质疑。

（一）正确选择公约解释的适用法

众所周知，《维也纳公约》和公约自身都对解释作出了规定，因此，合理选择公约解释的适用法自然成为公约解释的第一步。《维也纳公约》主要适用于以国家为主体的国际条约，其中的第 31 条和第 32 条已经成为解释国际公法的习惯规则，[1] 公约作为国际条约，也应该受维也纳公约的调整。同时，公约的主体是私人商事交易，具有较之公法性条约更加灵活的特点，其中第 7 条的解释规则更适合于公约的特征，其合理性是不容置疑的。[2] 笔者认为，原则上应该本着“特别法优于一般法”的法律适用基本规则来灵活地做出合理选择，将《维也纳公约》第 31 条和第 32 条的规定作为宏观性指导原则，具体解释实践中则优先适用公约的第 7 条规定。

1. 适当参照《维也纳公约》规定的整体原则

《维也纳公约》第 31 条和第 32 条规定的是宏观性的整体原则，正如联合国国际法委员会所指出的，“任何案件中存在的各种各样的要素，都会被投入‘熔炉’之中接受考验，它们之间的相互作用才会产生相关的法律解释”。[3] 换言之，根据第 31 条和第 32 条的规定，解释条约时应该整体考虑条约用语、上下文、目的和宗旨与善意原则等。我们认为，参照《维也纳公约》规定的整体原则解释公约时，一是要依据逻辑性和国际法庭的解释实践，按照规定的解释要素的合理顺序来进行。也就是说，虽然《维也纳公约》第 31 条和第 32 条规定的解释要素之间并无法律位阶上的高低，但它们之间确实存在某种内在的逻辑性。因此，公约解释时，应先从条约用语的通常意义出发，到上下文，再到目的和宗旨，然后，从准备资料中进一步寻找相关证据，这个顺序对条约解释是有帮助的。[4]

---

〔1〕 刘瑛：《联合国国际货物销售合同公约解释问题研究》，法律出版社 2009 年版，第 14 页。

〔2〕 一般来说，多数学者主张二者都应作为公约解释的适用法，只是在具体适用实践中存在分歧。著名的公约起草者之一汉诺德教授认为，维也纳公约的解释规则应被用于解释公约第四章中的缔结、批准、生效、保留等公法事项，公约中其他规则应该依据公约自身的规则进行解释。参见 John O. Honnold, *Uniform Law for International Sales under the 1980 United Nations Convention*, 1st edition, Kluwer Law International, 1987, p. 103。刘瑛博士则认为，《维也纳公约》与公约是普通法和特别法的关系。公约第 7 条有规定的，依照第 7 条；没有规定的，则依照《维也纳公约》第 31 条和第 32 条，二者冲突时第 7 条优先。（参见刘瑛：《联合国国际货物销售合同公约解释问题研究》，法律出版社 2009 年版，第 14 页。）

〔3〕 United Nations Conference on the Law of Treaties: Official Records: Documents of the Conference, A/CONF/39/ADD. 2, p. 39, para. 8.

〔4〕 参见吴卡：《国际条约演化解释理论与实践》，法律出版社 2016 年版，第 114 页。

二是要注重发挥公约的目的与宗旨的作用。[1] 首先,国际条约的立法者都是政治、经济和法律等领域的知名专家,能够正确把握国际社会的发展大势,设定的条约的目的和宗旨不会有大的失误。其次,由于各国在政治、经济及法律等方面差异较大,立法者可能难以就相关问题达成共识,只能刻意将用意蕴于公约的目的与宗旨中,靠解释者结合新的情形进行动态解释。这样一来,如果解释时过分注重条约用语,可能产生不公平的结果。最后,条约的目的和宗旨最能彰显条约的动态性。一般来说,条约的目的和宗旨的职能不仅可以验证条约用语的确切含义,还默认性地赋予解释者一定的自由裁量权。也就是说,当条约用语的含义难以确定时,解释者可以依照条约的目的和宗旨解释条约。即使条约用语的意思清楚明白,但如果不符合条约的目的和宗旨,也要让位于目的和宗旨。前欧洲法院法官卡切(Kutscher)曾指出:"用语和历史解释方法应该退却成为背景,而概要和目的式的解释方法……至关重要。"[2] 因此,运用动态解释来解释公约,必须注重公约"消除国际贸易中的障碍,促进国际贸易的发展"的目的和宗旨。

2. 优先考虑公约及其自身规定的解释原则的特殊性

与其他政治、经济、文化及技术方面的公约相比,公约在实体法规则和解释原则方面都具有特殊性:首先,公约的适用主体是个人,标的是国际销售货物,决定了公约是一个独立的自治法律体系,具有自己的解释原则。例如,公约规定的国际性及统一适用解释规则,必然要求动态性地广泛参照相关解释资料(如更注重国际贸易判例的作用)。其次,公约较早的生效时间及其经济性决定了公约必然严重地滞后于日新月异的经济全球化的发展,自然亟须动态解释予以填漏补缺。最后,公约作为联合国大会通过的多边贸易法律体系决定了不可能朝令夕改,自然赋予了裁决机构较大的造法职能。

也就是说,公约的动态解释不能超越自身规定的三大解释原则,否则就可能导致过分随意的司法能动性,产生形形色色的歧义解释,有悖于公约消除国际贸易障碍,促进国际贸易发展的根本宗旨。

(二)合理正当运用动态方法参照相关资料

为了合理正当地发挥公约解释可参照资料的作用,建议各国裁决机构在动态性地解释相关资料时,依照公约的规定和其他国家裁决机构的实践,遵循相应的程序:第一,针对具体的问题,从公约中寻找具体的规定。如果该规定含义不清或模棱两可,应结合上下文、公约的立法历史及目的来进行分析。第二,如果问题不能得以解决,建议通过类推的方法,从

---

[1] 与目的和宗旨含义相近的是善意原则。善意原则作为各国民法的帝王原则和国际法一般原则,在维也纳公约规定的诸多解释因素中也居于首要地位。善意原则作为一种条约解释和适用的方法,要求国际法庭在解释条约时不仅要符合条约的字面意思,而且要符合条约的精神,即条约的目的与宗旨(参见吴卡:《国际条约演化解释理论与实践》,法律出版社2016年版,第111页。)考虑到善意原则与目的和宗旨对条约解释的要求存在一定相似性,本文恕不专门论述。

[2] 参见黄东藜:《主张一定的灵活性——国际法条约解释理论与研究》,载《国际贸易》2005年第3期。

公约的规定中寻求一般原则。第三,如果问题仍未解决,建议考虑外国判例,从中归纳出一般原则。第四,如果以上解释资源不足以解决相关问题,建议考虑学者著述。最后,建议适当考虑国内法。比较而言,以下四种可参照资料更为重要。

1. 灵活识别和参照一般原则

根据公约第7.2条的规定,如果相关问题不能通过直接适用公约的具体规定予以解决,法官应该诉诸公约依据的一般原则。由于公约没有列举具体的一般原则,如何识别和甄选一般原则成为法官和学者争议多年的问题。〔1〕一些学者主张一般原则可以从两个资源来获得:一是从公约诸多的条款中归纳,二是从法律的发展过程中获取。这样做的目的是为法官解释公约提供指导,而不是遗留不确定性,导致法官诉诸国内法来解决解释问题。相对来说,多数学者和法官主张从发展的视角,对公约的一般原则进行灵活性识别。他们认为,国际公约是依据某些基本价值创设的一个活的事物和逐渐成熟的法律体系,有能力通过解释以适应于变化了的情况。〔2〕具体地说,这种动态的解释,是针对发展中出现的新问题,从公约的规定中间接地推论出相关的一般原则,例如,从公约第45(2)条、第47(2)条及第48(1)条等条款中可以推导出保护守约方期待利益原则,〔3〕第81(2)条得出保护返还财产原则和第85条、〔4〕第86(1)条及第88(3)条推理出信赖利益原则。〔5〕国外有法院从第38条和第39条得出了声称货物不符合同的买方应该承担举证责任的一般原则。〔6〕还有学者建议适当扩大寻求的范围,如从国内法中寻找一般原则。〔7〕汉诺德(Honnold)教授建议,虽然寻找一般原则应受到一定的限制,但是,如果由于公约先前起草者刻意的拒绝,致使公约中欠缺解决具体问题的规定,或公约没能预见解决该问题的具体方案,那么解释者可以通过广义的类推方法,从公约中的相关规定中寻求方案。〔8〕同时,也可以从国际统一私法协会的《国际商事合同通则》(通则)中寻找一般原则。通则作为当今世界国际商事合

---

〔1〕 Christopher Sheaffer, "The Failure of the United Nations Convention on Contracts for the International Saleof Goods and A Proposal for a New Uniform Global Code in International Sales Law", 15 *Cardozo Journal of International &Comparative Law* 461, 462 (2007), p. 462.

〔2〕 Michael P. Van Alstine, "Dynamic Treaty Interpretation", 146 *University of Pennsylvania Law Review* 687, 716 (1998), p. 783. (本文作者认为公约的结构要求灵活性的解释"以适应于公约生效时没有预见到的情况")

〔3〕 第45(2)条规定买方可能享有的要求损害赔偿的任何权利不因他行驶采取其他补救办法的权利而丧失;第47(2)条及第48(1)条规定买方可以规定一段合理的额外时间让卖方履行其义务,买方在这段时间内不得采取任何补救办法,但是,买方并不因此丧失他对迟延履行义务可能享有的、要求赔偿的任何权利。

〔4〕 第81(2)条规定买方在因卖方违约而宣告合同无效或交付替代货物时,应该返还财产。

〔5〕 第85条、第86(1)条及第88(3)条规定保全货物一方有权要求对方支付合理费用。

〔6〕 公约第38条规定买方必须在按情况实际可行的最短时间内检验货物或由他人检验货物;第39条规定买方对货物不符合同,必须在发现或理应发现不符情形后一段合理时间内通知卖方。

〔7〕 John Felemegas, *The United Nations Convention on Contracts for the International Sale of Goods: Article 7 and Uniform Interpretation*, Kluwer Law International, 2001, p. 198.

〔8〕 John Honnold, *The Uniform Law for International Sales under 1980 United Nations Convention*, Kluwer Law International, 1999, p. 155.

同法的“重述”,是公约的重要渊源,在公约解释中应该提供重要的帮助。[1] 实际上,法理和司法实践为通则解释补充公约提供了充分的依据,有利于保障公约的国际性和统一性。[2] 此外,在不违背公约规定的三大标准前提之下,建议尽量多的考虑一般原则,这样,还可以减少适用国内法。

2. 慎重识别和积极参照外国判例

许多学者认为第7条规定的“促进统一适用”要求解释者考虑外国相关的判例,即公约成员方裁决机构有条约义务在解释公约时,考虑外国关于公约的理论和判例。[3] 不少学者进一步指出,只有解释者在解释公约时考虑外国的判例,公约才能取得统一适用。他们必须考虑外国司法机关的裁决,因为其他国家的法院可能对相同或类似的问题已经审理过了。[4] 著名的英国法官丹宁勋爵也指出,法院在解释国际公约时,应该考虑外国的判例。[5]

考虑到当今世界对公约案件具有管辖权的裁决机构众多,相关判例可能互有差异,参照外国判例前,必须慎重和合理识别有较高价值的判例作为参照的对象。著名的公约学者弗莱特尼(Flechtner)教授认为,裁决机构甄别外国判例时应考虑的因素很多,其中最重要的,一是作出判决的外国法院的权威性,即该法院的权威性越高,所作的判例越重要;二是其他法院和仲裁院对相关问题的认同度,如果大多数法院对同一公约问题采用相同的方法进行解释,外国法院应该将其视为国际贸易法中的惯例,予以采用;三是该法院所在辖区从事国际贸易的数量,一般地说,国际贸易量较大地区的法院,会审理较多的案件,积累较丰富的经验;四是依照公约的指导原则(如国际性、统一性及诚信等)进行解释的忠诚度。弗莱特尼教授强调指出,其中第四条标准最重要,因为符合公约规定的三大原则的判例,会最

---

〔1〕 John Felemegas, *The United Nations Convention on Contracts for the International Sale of Goods: Article 7 and Uniform Interpretation*, Kluwer Law International, 2001, p. 211.

〔2〕 左海聪、杨梦莎:《论“国际商事合同通则”解释补充“联合国国际货物销售合同公约”之功能》,载《比较法研究》2016年第1期。

〔3〕 Franco Ferrari, “CISG Case Law: A New Challenge for Interpreters”? 17 *Journal of Law & Commerce* 245, 246 (1998); Camilla B. Andersen, “Uniform International Sales Law and the Global Jurisconsultorium”, 24 *Journal of Law & Commerce* 159, 159 (2005); Joseph Lookofsky, *Understanding the CISG: A Compact Guide to the* 1980 *United Nations Convention on Contracts for the International Sale of Goods*, Kluwer Law International, 2008, p. 30.

〔4〕 Elizabeth H. Paterson, “United Nations Convention on Contracts for the International Sale of Goods: Unification and the Tension between Compromise and Domination”, 22 *Stanford Journal of International Law* 263, 265 (1986); V. Susanne Cook, “The U. N. Convention on Contracts for the International Sale of Goods: A Mandate to Abandon Legal Ethnocentricity”, 16 *Journal of Law & Commerce* 257, 260 (1997).

〔5〕 See Martin Gebauer, “Uniform Law, General Principles and Autonomous Interpretation”, 5 *Uniform Law Review* 683, 692 (2000).

大限度地反映出公约的国际视角。[1] 换言之，公约解释者在选择外国判例法时，不可盲目照搬，应该依据联合国国际贸易法委员会一直倡导的现代性、灵活性、清晰及公正等精神，优先参照更合理的外国判例法。[2] 需要注意的是，外国判例之间没有等级高下、权威高低之分，所有审理公约案件的法院都是平等的公约解释主体。这就要求法院对各国法院做出形形色色的判例进行认真仔细的分析，在充分比较论证的前提下，去粗取精，作出理性的判决。

从近年来的各国裁决机构的司法实践来看，考虑外国判例正在成为通常做法。一方面，我们应该充分认识判例法的可以查漏补缺，并及时提高公约的适用性，实时解决当前经济全球化催生的新问题的特点，从而鼓励各个裁决机构承认和采用其他裁决机构的公约判例；另一方面，对采用公约判例也应该予以适当的限制，尽量避免导致国际贸易法的碎片化。也就是说，我们应该认定外国判例的劝诫性，不必承认其先例拘束力，以免导致歧义解释。[3]

3. 适当注重学者著述的作用

学者著述在司法解释中的作用，最早源于古罗马法，构成法律动态解释的重要组成部分。公元前3世纪时，随着罗马与希腊、埃及、迦太基等国交往日渐频繁，昔日简单的成文法，已不足以规范新社会之繁复生活，于是不得不借助法学家的解释来补充旧法律之缺陷，应新社会之需要。[4] 在司法实践中，法学家的解答在罗马法初期仅起补充作用，在昌盛期则成为比立法更重要的第一权威资源。需要强调的是，注释法学派对《优士丁尼法典》的评论成为著名的《学说汇纂》的主体，这种通过法律动态解释来补缺和创新的法律，具有重要的创新性和法律效力。[5]

一般来说，罗马法对大陆法和英美法都产生了影响，学者著述在两大法系的司法裁决中都起着重要的作用。相比之下，大陆法直接继受了罗马法传统，而英国法和美国法受到

---

〔1〕 Harry M. Flechner, "Recovering Attorneys' Fees as Damages under the U. N. Sales Convention: A Case of Study on the New International Commercial Practice and The Role of Case Law in CISG Jurisprudence", with Comments on Zapata Hermanos Sucesores, S. A. v. Hearthside Baking Co., 22 *Northwestern Journal of International Law& Business* 121, 146 (2002); Edita Ubartaite, Edita Ubartaite, "Application of thc CISG in the United States", 7 *European Journal of Law* Reform 277, 281 (2005), p. 294. 我们基本赞同弗莱特尼教授提出的4项标准。当然，弗莱特尼教授提出的4项标准并非无懈可击：第1条和第2条忽视了层级较低的法院也可能做出质量高的判决的可能性，第3条漠视了国际贸易量较小的发展中国家法院在审理公约案件中的重要性，不利于鼓励他们开展审理工作。可见，各国法院在参考上述标准时，应该充分发挥自己的理性思维，尽力避免该标准可能导致的副作用。

〔2〕 Camilla B. Andersen, "The Global Jurisconsultorium of the CISG Revisited", 13 *Vindobona Journal of International Commercial Law & Arbitration* 58, 61 (2009).

〔3〕 John Felemegas, *The United Nations Convention on Contracts for the International Sale of Goods: Article 7 and Uniform Interpretation*, Kluwer Law International, 2001, p. 208.

〔4〕 陈朝璧：《罗马法原理》，法律出版社2006年版，第19页。

〔5〕 例如，在德国，罗马法在数个世纪中一直是第二位阶成文法，即在缺乏地方成文法或习惯时，可以直接适用。

了罗马法影响较小。[1] 因此,学者著述在两大法系司法裁决中都发挥作用,区别只是作用的程度有所不同。[2] 需要强调的是,近年来,英美法国家支持动态解释的裁决机构在裁决法律问题极为复杂的案件中,逐渐开始转向学者著述,经常依据学者著述作出裁决。[3] 在有些英美法国家,法院对学者著述的重视甚至超过外国判决。[4] 实际上,虽然一些学者的著述会受到自己理念的影响,偏离法律的正当性,但是多数学者的观点都是根基于诸多学者的研究之上,具有较强的普遍性。此外,学者对那些存在不足的判例的评论,可以快速指出这些判例的不正当之处,从而发挥其"警士"作用,提醒法院降低这些判例的劝诫性。[5]

4. 合理考虑国内法

根据公约第7(2)条的规定,解释者在填补公约法律漏洞时,在没有一般原则的情况下,则应按照国际私法规定适用的国内法来解决。然而,在应否适用国内法来填补公约漏洞问题上,存在激烈的争论:支持动态解释的认为,解释者不仅允许考虑国内法,也有义务这样做。[6] 有学者进一步分析指出,公约的通过解释来填补漏洞有三个层面:依据公约的规定进行推理分析、采用公约的一般原则和按照国际私法寻求适当的国内法。换言之,采用国内法是最后的手段。[7] 还有学者考察其他国际公约后指出,《布鲁塞尔提单公约》《华沙运输公约》等都不禁止适用国内法来解释和填补国际公约的法律漏洞。[8] 反对动态解释的认为解释者考虑国内法会倒退到理论上的碎片化和导致实践的不确定性,无助于公约旨在取

[1] 学者著述在不同的英美法国家司法裁决中的作用不尽相同,例如,英国和美国的情况相近,加拿大则由于法院的地理位置分散,律所之间协调性不够,法官不够专业等因素影响,其法院在裁决公约案子中,通常不情愿考虑学者著述。参见 John Felemegas, *The United Nations Convention on Contracts for the International Sale of Goods: Article 7 and Uniform Interpretation*, Kluwer Law International, 2001, p. 117.

[2] James P. Quinn, "the Interpretation and Application of the United Nations Convention on Contracts for the International Sales of Goods," 9 *International Trade & Business Law Review* 221, 236 (2005), p. 238; John Felemegas, *The United Nations Convention on Contracts for the International Sale of Goods: Article 7 and Uniform Interpretation*, Kluwer Law International, 2001, p. 116; Vivian Grosswald Curran, "Romantic Common Law, Enlightened Civil Law: Legal Uniformity and the Homogenization of the European Union", 7 *Columbia Journal of European Law* 63, 63 (2001).

[3] Christopher Sheaffer, "The Failure of the United Nations Convention on Contracts for the International Saleof Goods and A Proposal for a New Uniform Global Code in International Sales Law", 15 *Cardozo Journal of International &Comparative Law* 461, 462 (2007), p. 493.

[4] Francis A. Mann, "Uniform Statutes in English Law", 99 *Law Quarterly Review* 376, 378 (1983).

[5] Christopher Sheaffer, "The Failure of the United Nations Convention on Contracts for the International Saleof Goods and A Proposal for a New Uniform Global Code in International Sales Law", 15 *Cardozo Journal of International &Comparative Law* 461, 462 (2007), p. 495.

[6] M. J. Bonell, *Article 7*, *in Convezione di Vienna sui Contractti di Vendita Internationale di Beni Mobili*, Cesare Massimo Bianca ed., 1991, p. 35.

[7] Larry A. DiMatteo, Christopher Sheaffer, "The Failure of the United Nations Convention on Contracts for the International Saleof Goods and A Proposal for a New Uniform Global Code in International Sales Law", 15 *Cardozo Journal of International &Comparative Law* 461, 462 (2007), p. 314.

[8] Anthony S. Winer, "The CISG Convention and Thomas Frank's Theory of Legitimacy", 19 *Northwestern Journal of International Law & Business* 1, 31 (1998).

得统一的宗旨。[1] 汉诺德教授面对越来越多的国内法院适用国内法解释公约的实践,无可奈何地称之为"恋家情结",指出这是统一化过程中令人遗憾,但又不可避免。[2] 也有学者综合分析了一些国家裁判机构审理公约案件的实践后指出,国内法在解释公约中有重要的作用,只要国内法符合公约第7(1)条规定的统一性要求,同时也符合公约依据的一般原则,就应该用来解决相关问题。[3] 还有持偏激观点的学者指出,适用国内法来解释公约,能够提高公约的长期正当性,主张恋家情结是必要的。[4] 与上述资源相比,国内法的双刃性比较明显:有些国内法有助于公约的统一解释,也有些国内法可能导致歧义解释,有悖于公约的国际性要求。[5] 考虑到随着全球化的快速推进,各国国内法日趋统一,参考国内法会利大于弊,建议各国解释者在遵循公约规定的三大标准前提下,适当参考国内法,以客观公正地解决相关问题。

(原载于《当代法学》2020年第5期)

---

〔1〕 Phanesh Koneru, "The International Interpretation of the UN Convention on Contracts for the International Sale of Goods: An Approach Based on General Principles", 6 *Minnesota Journal of Global Trade* 105, 123 (1997).

〔2〕 John O. Honnold, *Documentary History of the Uniform Law for International Sales: the Studies, Deliberations, and Decisions that Led to the* 1980 *United Nations Convention with Introductions and Explanations*, Kluwer Law and Taxation Publishers, 1989, p. 26.

〔3〕 Philip Hackney, "Is the United Nations Convention on the International Sale of Goods Achieving Uniformity"? 61 *Louisiana Law Review* 472, 476 (2001), p. 473; Rod Andreason, "MCC-Marble Ceramic: The Parol Evidence Rule and Other Law under the Convention on Contracts for the International Sale of Goods", 1 *Brigham Yong University Law Review* 351, 352 (1999).

〔4〕 Karen Halverson Cross, "Parol Evidence Under the CISG: The 'Homeward Trend' Reconsidered", 68 *Ohio State Law Journal* 133, 158 (2007).

〔5〕 近年来,国外一些法院漠视公约的相关规定,审理案件中缺乏慎重考虑,滥用国内法来解释公约,做出了有失公平的裁决。例如,美国纽约北区联邦法院1994年审理的"Delchi Carrier, Spa V. Rotorex Corp. 案"虽然承认适用法是公约,却依据美国统一商法典做出了裁决,令人匪夷所思。伊利诺伊州北区联邦法院审理的"Raw Materials Inc v. Manfred Forberich GmbH 案",被学者称为25年来最糟糕的判决。此外,大陆法国家法院在审理公约案件时,也经常援引国内法来解释和裁决案件。例如,意大利米兰上诉法院在审理1991年的一个中国香港卖方诉意大利买方的案件中,法院依据公约的规定,通过意大利国际私法来选择适用法。由于香港卖方缺席,法院并未认真考虑意大利国际私法的相关规定,仅仅以寻求香港法费用太高为由,依据意大利法做出了偏袒买方的判决。参见 Franco Ferrari, "Homeward Trend" and Lex Forism Despite Uniform Sales Law, 13 *Vindobona Journal International Commercial Law & Arbitration* 15, 18 (2009); Karen Halverson Cross, "Parol Evidence Under the CISG: The 'Homeward Trend' Reconsidered", 68 *Ohio State Law Journal* 133, 158 (2007), p. 133; Charles Sant Elia & Angela Maria Romito, "CISG: Italian Court and Homeward Trend", 14 *Pace International Law Review* 179, 190 (2002)。

国际法视野下的自由贸易与文化多样性之冲突

——兼论UNESCO《保护和促进文化表现形式多样性公约》第20条

李 洁*

2003年,法国、加拿大等国向联合国教科文组织(以下简称UNESCO)提出一份建议案,旨在创制一份新的国际法律文件来保护和促进各国文化发展的多样性。正是在法国、加拿大等国的持续性努力之下,才促成了2005年UNESCO《保护和促进文化表现形式多样性公约》(以下简称公约)正式出台与生效。如果说UNESCO《世界文化多样性宣言》旨在保护人类的记忆和传承至今的文化表现形式,以确保其代代相传,那么2005年UNESCO公约则以保护和促进文化表现形式的多样性为宗旨,使个人或是集体创造力的成果通过现代文化载体得到传播与交流。虽然公约从国际法的角度凸显了文化价值,但却使文化与贸易的关系更为敏感。

实际上,文化与贸易的关系一直是公约谈判期间的焦点。公约对文化与贸易的规定是否彼此矛盾?公约的制定是否会与2005年多哈回合确定的开放视听产品与服务的义务相违背?公约的出台是否会对贸易产生负面影响,进而危及不同文化间的自由传播呢?本文拟从公约与现有的WTO贸易体制的法律规则冲突,公约与WTO法的位阶关系等方面对文化与贸易冲突的问题作一一探讨。

一、UNESCO公约与WTO贸易基本原则的冲突

(一)公约规定的文化表现形式与WTO调整对象重合

为确保不同文化的独立发展和良性互动,公约秉承"借助各种方式和技术进行的艺术创造、生产、传播、销售和消费的多种方式"标准,以"反映着一个民族真实精神"和"历经时

---

* 李洁,山东大学法学院讲师,法学博士。

空的洗礼留下的宝贵的文化经验"为准则,以原则性的语言归纳总结了文化表现形式及文化产品与服务,将电脑游戏软件、纺织品、设计品、建筑服务、医疗服务、汽车、钢铁、大米、黄铜、视听制品、书籍与期刊、食品、酒精饮品类(与原产地和地理标志相关)和旅游业等事项纳入公约保护和促进范围之内。其中纺织品、酒精饮品、视听制品等受到文化多样性公约和 WTO 现有规则的重叠调整,两者之间难免会发生冲突。公约对保护对象做原则性规定,旨在涵盖一切皆可表现为文化产品和服务的对象,但易失其明确性,使公约保护与促进的对象不明。

(二)公约的具体条文与 WTO 的基本原则相违背

公约第 4 条第 6 项和第 6 条规定的"文化政策和措施"的表现形式,第 5 条第 1 款规定的成员方"文化政策和措施"的制定权与实施权相当宽泛,很大程度上会与 WTO 的国民待遇原则、最惠国待遇原则和市场准入原则相互矛盾。

1. 与国民待遇原则的冲突。国民待遇即一个国家给予在其国境内的外国公民、企业和商船民事权利方面与其国内公民、企业、商船一样享有同等的待遇,其实质在于平等待遇。而根据公约第 2 条至第 8 条对于人权与主权原则的相关规定,实则埋下冲突的伏笔。具体而言,体现在以下两个方面。

(1)"文化政策措施"的制定权与实施权。公约第 2 条强调"各国拥有在其境内采取保护和促进文化表现形式多样性的措施和政策的主权";第 6 条进一步表明缔约国可"根据自身的特殊情况和需求,在其境内采取措施保护和促进文化表现形式的多样性",如"提供公共财政资助的措施","以适当方式在本国境内为创作、生产、传播和享有本国的文化活动、产品与服务提供机会的有关措施"等。根据公约规定,一成员方政府对本国国民征收版税时,可实行税收优惠,保留若干百分比的利率,促进本国的艺术事业发展,此项强制集体行政税收措施则与"国民待遇原则"不符。实践中,加拿大政府对具有本国文化内容的本国期刊采取相应的税收优惠政策,而未对外国期刊(主要来自美国)采取同样待遇,已被认定为是违反国民待遇原则的举措。[1] 制定权与实施权虽基于国家主权原则,但权利过大,也易引起冲突。

(2)"文化保障"(cultural safeguard)的解释权和报告制度的弱化。公约第 8 条规定"缔约一方可以确定其领土上哪些文化表现形式属于面临消亡危险、受到严重威胁,或是需要紧急保护的特殊情况",同时,"缔约方可以通过与本公约的规定相符的方式,采取一切恰当的措施保护处于第 1 款所述情况下的文化表现形式"。如何判断一国之文化表现形式"受到严重威胁,或是需要紧急保护的特殊情况",定义过宽还是过严,无从知晓。再者,公约第 7 条第 1 款表明"缔约方应努力在其境内创造环境,鼓励个人和社会群体创作、生产、传播、

---

〔1〕 参见上诉机构报告,加拿大——期刊案(WT/DS31/AB/R),1997 年 7 月 30 日。

销售和获取他们自己的文化表现形式”,因缔约国只需根据本国情况判断这种特殊情况是否存在,实施这些措施后,对政府间委员会报告即可,政府间委员会只能给予合适的评价,而无强制性约束力。只要公约的成员方不质疑这种特殊情况存在的真实性,成员方本身有足够的权利来决定这种特殊情况的存在及采取与公约条款相符的何种措施来改善或缓解特殊情况。公约的规定本国化倾向于过重,WTO 成员方的担忧不无道理。

2. 与最惠国待遇原则的冲突。最惠国待遇原则的本质要求在各项贸易和服务及服务的提供者方面,WTO 的各成员应该立即无条件地给予任何其他成员的贸易和服务及服务提供者相同的待遇。公约第 12 条和第 16 条分别作出规定,要求“缔约方应致力于加强双边、区域和国际合作,创造有利于促进文化表现形式多样性的条件……以便着重鼓励缔约共同生产和共同销售的协定”;“发达国家应通过适当的机构和法律框架,为发展中国家的艺术家和其他文化专业人员及从业人员,对文化产品和文化服务提供优惠待遇,促进与这些国家的文化交流”。可见,公约要求成员方承担的单边、双边或区域的优惠待遇,显然与 WTO 项下的 MFN 义务不符。另外,为实施公约之义务,区域内部国家相互给予的优惠待遇,或是发达国家给予发展中国家的差别性优惠待遇,不仅未经 WTO 其他国家的协商或认可,而且给予的待遇范围可能会超出现行规定。

3. 与市场准入原则的冲突。市场准入原则涉及关税、数量限制、配额等事项。然则根据公约第 2 条、第 4 条和第 6 条所赋予缔约国的权利,缔约国所实施的保护和促进文化表现形式多样性的管理性措施,或进行公共财政资助,很有可能会影响到 WTO 的市场准入原则的实现。如政府对特定企业、行业进行财政补贴,可能构成“可行性补贴”,从而影响其他成员方的利益。再如国家规定“外国公司对本国广播公司的控股额度不能高于 40%”,来保证媒体的本国化,而这正会违反市场准入的规定。再如一成员方根据公约规定对进口期刊实行配额制度,或限制外国资本在本国文化产业的投资比例,可能违反 GATT 一般禁止数量限制和 GATs 市场准入的规定。

(三)UNESCO 公约与 WTO 之间的具体条文冲突

1. 放映配额

GATT1994 第 4 条。GATT1994 第 4 条规定“任一缔约国,如对已冲洗电影片制定或维持内地数量之管制法规,该项管制应以放映配额之方式为之”。简言之,即运用配额制度规范外国电影放映数量。但实践中的做法却令人深思。如据欧共体指令,欧洲各国在其境内放映欧洲作品时间应不少于各国放映时间的 10%;再如加拿大遗产部规定,“为保护加拿大的文化资产,加拿大广播台需要保证每星期所播放的通俗音乐中有 35% 是加拿大本土音乐,私人电视台、网站从早上 6 点至 24 点,必须保证 60% 是加拿大本土或是加拿大内容的电视或电影”。以上政府实施之保护和促进视听制品的政策、措施皆符合公约规定,但却构成对 GATT1994 第 4 条的违反。

另外,各国对此条所指之“电影片”是否包括“录制的电视节目”未达成统一意见。赞成派认为,以发展眼光看,此条显然应包含在制订时(1947 年)未出现录制电视节目这一概念”。否定派认为,各国仅能根据此条对若干电影产业做出保留,其他文化产品仍处于 GATT 的调整范围之内,因此,实践中易在此概念上发生冲突。

2. 补贴

GATT 第 3 条第 8 款(b)项。依 GATT1994 第 3 条第 8 款(b)项规定“WTO 各成员方不阻止仅给予国内生产者的补贴的支付”。即只需补贴旨在鼓励出口或减少进口,及具体支付环节符合透明度原则,成员方实施的文化保护或促进措施则为有效。同时,成员方可依 GATT1994 第 3 条第 8 款(b)项提出例外声明。仅从文字上看,公约与此条并不会发生冲突,但实践中,对补贴的认定标准非常严格,公约认定的合法的保护和促进文化措施,易被认定为 WTO 禁止的补贴,极易引起两者的冲突。如在加拿大期刊案中,加拿大政府认为,其向邮政体系(私有)提供资金,要求其降低由加拿大控股的或所有的出版商在加拿大境内印刷、出版的期刊的邮寄费用的行为,是给予国内生产者的补贴行为。上诉机构并未同意此项理由,认定加拿大政府对本国文化产品的生产者提供补贴,且给外国文化产品造成了不利影响,明显违反 WTO 的国民待遇原则。

3. GATs 清单

GATs 第 2 条第 2 款明确规定成员方可以维持与第 1 款不一致的措施,只要该措施已列入第 2 条豁免附件并符合该附件的条件。即成员方可以通过具体承诺清单和最惠国原则例外来减缓本国在服务贸易某一具体方面的逐步自由化进程。同时,成员方可依 GATs 第 16 条(市场准入)和第 17 条(国民待遇)细化承诺,而不会与 GATs 的相违背。但 GATs 清单的真正实施却面临着以下两个挑战。

第一,各国拥有根据本国国情,自由选择和决定视听服务的权利。但实质上最惠国待遇例外受到期限与实践两方面限制。1999 年 WTO 成员方“服务贸易自由化市场调查”显示,在视听制品服务领域自由化程度最高的新西兰,其本土的影视节目仍占总播放节目的 24%,[1]与 1993 年新西兰加入 WTO 时所做承诺不符。许多 WTO 成员方已表示在 WTO 持续性谈判中对做出例外声明的国家继续施压,以促进贸易自由化。然推出新的文化政策或调整本国已有文化政策,皆属国家调控之正常和必要行为。

第二,GATs 序言中虽“承认各成员为符合其国内政策目标有权对其境内所提供的服务制订和实施新的规定,并考虑到在制定服务贸易法规时,以不同国家存在不同的发展程度,发展中国家可根据其特殊需要来适用这一权利”,但是,其前提是成员方所作之新规定不得与加入 WTO 时所作的具体承诺相违背。

---

〔1〕 Kelsey J.,“Lessons from New Zealand, Paper for the conference on Cultural Diversity”, 2003, Paris. 2 - 4, Accessed November 11,2010. http://www.arena.org.nz/gatspari.

尽管GATs项下规定减让表的修改权,但实质变动不易。若成员方对减让表进行修改,则会付出相应代价。一成员方对原有的文化政策或法规进行修改或调整,发布了新的调整视听制品方面的法律法规,则会违反其在WTO项下的具体承诺。

4. GATT1994与GATs一般例外:GATT1994第20条和GATs第14条

GATT1994第20条与GATs第14条两条规定内容较为相似,与文化产品与服务相关的有GATT1994第20条(f)项、(a)项和GATs第14条(a)项。

(1)国宝(National Treasure):GATT1994第20条(f)项。GATT1994第20条(f)项规定"为保护具有艺术、历史或考古价值的国宝所采取的措施",赋予成员方为保护本国的文化遗产实施贸易限制措施的权利,与公约的目的和宗旨吻合。有学者认为,国宝意指有形的文化财产,而非抽象文化。[1] 即只有鲁本斯、芃高、张大千、徐悲鸿等人的画作,或米开朗琪罗、罗丹的雕塑才能成为此项的保护对象。而与书籍、期刊、音乐唱片或影碟等文化产品并不属于此项的调整范围。然则公约的目的在于保护全部的文化产品,并非仅限于名人画作。虽尚未有当事国援引此项作为抗辩理由,但不排除专家小组或上诉机构对此项进行扩大性解释。实际上,文化产品的含义在逐渐扩展,对于在全球化背景下濒危的"世俗"文化产品,如本国诗作、艺术电影或古典音乐唱片等,WTO专家小组或上诉机构可能会采用广义解释进而提供保护。

(2)公共道德:GATT第20条(a)项和GATs第14条(a)项。GATT1994第20条(a)项规定"不得阻止任何缔约方采取或实施为保护公共道德所必需的措施",GATs第14条(a)项规定相似。两项说明了"WTO法律文件对视听制品的文化性质的重视"。[2] 专家小组与上诉机构在美国啤酒案、美国金枪鱼案、美国赌博案中认为,公共道德是一个"随着时间、空间变换,并取决于社会、文化、伦理和宗教信仰等一系列因素"的概念。据此,不排除专家小组或上诉机构将文化多样性作为公共道德的一部分,将其等同于"人类生命、健康及种族灭绝"。[3]

二、UNESCO公约与WTO法冲突与协调之分析

(一)国际法中的法律冲突。

国际法中的法律冲突产生的主要原因在于调整同一事项的条约中条款内容相互矛盾。从狭义上讲,法律冲突仅指条约规定的义务与另一条约间绝对排他。只有"条约规定之义

〔1〕 CHI C.,"When Cultural Identity was not at issue:thinking about Canada-certain measures concerning periodicals". Accessed December 19,2010. http://findarticles._com/p/articles/miqa3791/is 199901/ai n8849601/pg _11.

〔2〕 WTO,Council for Trade in Services,"Communication from the United States-Audiovisual and Related Services", S/CSS/W21,[8],18 Dec. 2000.

〔3〕 参见2004年11月10日专家小组关于美国——跨境赌博相关措施案的报告,第6段第462点,WT/DS285/R。

务较之另一条约更严格”，或通过“位阶或自由心证来判断条约的服从性”，才可解决冲突。[1]

从广义上讲，法律冲突产生于条约赋予的权利与另一条约规定的义务不符的情况。如一条约项下“不能限制自由贸易流通”的义务，会与另一条约规定的“限制自由贸易来保护文化多样性”的权利之间便会发生冲突。

公约是否会与 WTO 法发生冲突，关键在于对法律冲突的释义、两者发生冲突的时间与方式。第一，公约条文多由权利性条文组成，并无过多的强制性义务条款，实施与履行靠缔约国的善意为之，故只有采取广义解释时两者之间才会发生冲突。第二，根据《维也纳条约法公约》，后约应不违反其先约的权利与义务，特别是既存且必被遵守的义务。缔约国有义务遵守先约，尽可能将两者的冲突降至最小化。

（二）UNESCO 公约与 WTO 冲突的解决途径。

1. 争端的管辖权。同为公约和 WTO 的成员的当事国，因公约的解释或实施而产生的争端，是由公约抑或是 WTO 的争端解决机制进行处理呢？具体可分以下三种情形进行探讨：

（1）争端双方仅为公约缔约国。截至 2011 年 4 月，UNESCO 公约的签署国已有 116 个，仅有 18 个国家并非 WTO 成员方。若发生有关文化贸易的冲突，在这 18 个国家间只需按公约所提供之解决程序进行即可。

（2）争端双方皆为 WTO 成员方，其中一方亦为公约成员方。有些国家如美国，虽积极参与谈判，但最终未能加入、签署、核准该公约，并非公约成员方。若一 WTO 成员方（同时也是公约成员方）的举措违反了 WTO 规定，或侵害了成员方的利益，基于 DSU 第 23 条，WTO 的 DSB 具有绝对的管辖权。

（3）双方同时互为 WTO 和公约成员方。公约的 116 个成员方的 90% 亦为 WTO 成员方，且随着加入公约或 WTO 的国家越来越多，因适用或解释公约或 WTO 法而发生冲突从可能变成了现实。就管辖权而言，公约规定的调解程序还是 WTO 的 DSB 对此争端具有管辖权呢？

第一，公约的争端解决程序。公约第 25 条第 1 款规定“缔约方之间……应通过谈判寻求解决”。即在启动调解程序之前需要经过谈判这一强制性要求，在遵守这项义务的前提下，如果有关各方不能通过谈判达成一致，可共同寻求第三方斡旋或要求第三方调停。如果没有进行斡旋或调停，或者协商、斡旋或调停均未能解决争端，则争议一方可根据公约附件第 1 条要求成立调解委员会进行调解直至调解委员会作出相关决定。且争议各方应尽善

〔1〕 Marceau G.，“Conflicts of Norms and Conflicts of Jurisdictions The Relationship between the WTO Agreement and MEAs and other Treaties”，*J. of World Trade Law* 35(6)，2000，p. 1084.

意考虑调解委员会为解决争端提出的建议的义务。

此项调解程序确为成员方提供了一种纠纷解决模式,但仍存在以下缺陷。一是基于程序的非强制性,争议双方或去寻求另一种具有约束性的救济途径。二是调解程序相较于WTO 的 DSU,本身并非完善。[1] 此外公约附件第 6 条规定委员会对是否属于调解委员会的权限的决定权,仍让争端双方存疑。

第二,WTO 争端解决机制。WTO 争端解决机制最明显的特色在于强制性和排他性。其一,根据 DSU 第 23 条第 1 款的规定,"……各成员必须诉诸且遵守争端解决机制的全部规则和程序",即强制要求 WTO 成员方义务适用 DSB 解决纠纷。其二,专家小组与上诉机构须遵守 DSU 第 3 条第 2 款的规定:"……按照国际公法解释的习惯规则,澄清有关协议的现有条文。DSB 的各项建议和裁决不得增加或减少各有关协议所规定的权利和义务"。其三,根据 DSU 第 11 条,专家小组"应就其所面对的事项作出客观的评价,包括对该案件的各项事实,以及与各有关协议的适用范围一致性作客观的评价。专家小组并应提出其他将有助于 DSB 制定建议或作出根据各有关协议规定的各项裁决。"即专家小组对争议事项作出的评价,并不能修改 WTO 成员方的权利和义务。

启动 WTO 的 DSB 需有两个条件。其一,争议双方应皆为 WTO 成员方。其二,诉求必须基于与 WTO 法不一致的情形。专家小组需对此项声称进行实质考虑。此外,专家小组仍需借助一般国际法规则来决定是否具有强制管辖权。

2. 法律适用——公约与 WTO 法的位阶。(1)关于公约第 20 条。公约第 20 条规定:"本公约与其他法律文书的关系:相互支持,互为补充和不隶属"。"一、缔约方承认,他们应善意履行其在本公约及其为缔约方的其他所有条约中的义务。因此,在本公约不隶属于其他条约的情况下:(一)缔约方应促使本公约与其为缔约方的其他条约相互支持;(二)缔约方解释和实施其为缔约方的其他条约或承担其他国际义务时应考虑到本公约的相关规定。二、本公约的任何规定不得解释为变更缔约方在其为缔约方的其他条约中的权利和义务。"此条的核心目标在于标题,而这也是理解此条的基础所在。标题指出公约成员方应善意履行其他条约中的义务,在解释与适用其他公约时也应考虑到文化多样性公约规定的权利和义务。即说明公约与其他国际法律文件平等,并非隶属关系,而是相互补充。

学者们对公约第 20 条的解释无法达成一致意见。根据一般国际法规则,如依"文本解释"无法达成一致,则可按"目的解释"之,探寻此条拟定的真正目的。2004 年 12 月公约初稿"关于公约与其他法律文书之间关系"第 19 条建议 A 曾提及,"本公约中的任何条款都不得影响缔约国享有其从其他现行国际文书衍生的权利和承担其衍生的义务,除非这些权利和义务将严重损害或危及文化表现形式的多样性"。与会国对此的意见不尽一致,导致生效文本中并未出现此项例外,反而加强了公约的"非变更性"。据此,有学者认为,此条第 2

---

[1] Bossche P. , *The Aw of the World Tradeorganazation*, Cambridge University Press, 2005, p. 315.

款的效力明显强于第 1 款。公约第 20 条第 2 款要求公约的任何规定,“包括‘缔约方实施和解释……应考虑本公约’”,都不能变更其他条约下的权利和义务。此条强调的核心在于“非变更原则”。

然对此观点有以下疑问:第一,UNESCO 公约第 20 条的标题虽未提及“非变更原则”,但其强调之“相互支持,相互补充和非隶属”应为何解?第二,如果第 2 款意在推翻第 1 款,那第 1 款陈述的“非隶属原则”则无法理解。基于冲突规则的适用,第 1 款理应是可变更其他条约的权利和义务。

公约第 20 条第 2 款强调任何规定不得解释为变更缔约方在其为缔约其他条约中的权利和义务。根据此款,公约无权改变既存的国际条约中的权利和义务,是否可以解读为“公约对其他公约的隶属性质呢”?根据条约法的解释规则,很难得出公约应属于其他条约的结论。公约第 20 条的约文、标题表明的是此条约与其他国际法律文书的相互补充、相互支持和非隶属性。然而其第 1 款与第 2 款的用语却存在矛盾之处。实际上,公约第 2 款正是肯定了第 1 款所否定的事项。美国代表所言之“公约用语模糊,歧义颇多”,实则中肯。

3. 国际法的冲突规则的适用。WTO 法对国际法律文件之间的关系并未有明文规定,且 WTO 附件中也没有相应的冲突规则,不能从条约约文判断之;同时,公约约文表示其不能变更当事国现存的权利和义务,但并不认为本条约从属于其他条约。两者的关系仍然存疑,笔者认为,因两者皆为造法性国际条约,应可适用一般国际法规则来解读。

第一,后法优先原则。公约第 20 条与 WTO 法中皆未订明“不违反先订条约或后订条约内容,或是不得视为与先订或后订条约不合时,该先订或后订条约之规定应居优先”。实践中只能援引条约法公约第 30 条第 3 款、第 4 款规定“后法优先原则”。若先约与后约因调整同一事项而矛盾时,后约优先。这一规定可适用先加入 WTO,后签署公约的国家。对于仅为 WTO 的成员方则应适用“在为两条约之当事国与仅为其中一条约之当事国间彼此之权利与义务,依两国均为当事国之条约定之”的规则。若 GATT1994 规定各成员方应减少对进口期刊的数量限制,而公约赋予成员方采取措施来保护国有出版社的期刊或杂志的权利,在两者明显不合时,对于同时为 WTO 与公约成员方的国家来说,应适用“后法优先原则”,采公约之规定。而在一方为 WTO 与公约成员方与另一方仅为 WTO 的成员方之间的纠纷,应适用 WTO 法。根据此项规则,美法、美加之间若发生文化产品方面的冲突,仅能适用 WTO 法,而非公约。

第二,特殊优于一般原则。此条原则来源于国际常设法院(ICJ)的司法实践,结合国际法理所形成的一项习惯国际法,意指特殊法律规则比起一般法律规则,应居优先地位。比照此项规则,公约的宗旨和约文围绕保护和促进文化表现形式多样性,而 WTO 法只是对各式货物和服务贸易进行调整,并不具备特殊性。即依此解决冲突,则应适用具体事项上规定更为细致的公约,而非 WTO 法。

第三,条约的修改。WTO 法并无禁止条约修改或是明文限制条约修改的条款,相反依

GATT 第24条,GATs第5条皆可对WTO法形成修改。有学者将公约看作是对WTO法及其附件的一次修改,认可公约优于WTO法的地位。实则若以条约的修改规则分析,则公约须符合条约法第41条“不影响其他当事国享有条约上之权利或履行其义务者;不关涉任何如予损抑即与有效实行整个条约之目的及宗旨不合之规定者”的规定。

条约法第41条规定之“不会影响WTO成员方的现有权利与义务”是指修改之协定不能影响第三方权利。WTO法作为典型的互惠型条约,许多协定都可看作是“双边”或“国与国间”的条约,因此,对WTO法的修改并不实质性违反对第三方或其他成员方义务的承担。[1] 然则WTO法依据最惠国待遇原则与国民待遇原则赋予所有WTO成员方共同的权利,而并非仅针对双边条约的当事国。若公约一成员方基于公约第6条第2款对本国音像制品提供补贴,或对电视产品放映进行数量限制,影响并不及于公约当事国,但会影响同为公约与WTO成员方所享有的WTO法保障的利益,也减损了第三方权利。

公约赋予成员方的权利动辄损抑了WTO法所确定的最惠国待遇原则和国民待遇原则,实际上,公约所做之修改已违反了条约法第40条“损抑即与有效实行整个条约之目的及宗旨”的规定,与WTO法的目的与宗旨——“自由贸易”精神不合。

就司法实践角度而言,根据DSU的第3条第2款,DSB应该“按照国际公法解释的习惯规则,澄清有关于协议的现有条文”,有权适用国际公法中的冲突规则,如后约优先或特殊法优先等原则解决法律冲突。需注意的是,“后法优先原则”和“特别法优先原则”,只有在满足条约法第41条的前提下,才能考虑两者的适用。从上述分析可知,公约的适用不能是在于公约诸多条款会影响到非公约成员的WTO成员方的利益。根据国际法一般理论及相应的冲突规则,当公约与WTO法产生冲突时,公约并不会优先于WTO法作为解决争端的法律适用。

三、UNESCO公约和WTO法律冲突问题总结

在司法实践中,WTO成员方若试图援引公约相关规定作为实施“被宣称违反WTO规定”的行为的抗辩事由时,会遇到以下问题。第一,如果争端双方并非都为公约成员方,适用在双方成员方之间的法律只是WTO法,而非公约。比如美国或与任一WTO成员方产生争端,公约可以得到适用的唯一机会是在进入WTO司法程序后,由专家小组或上诉机构解释WTO法时产生。

第二,如果争端双方皆为WTO法和公约的成员方,专家小组应首先决定WTO法与公约的具体规则之间是否存在冲突。若专家小组从狭义角度理解,因公约本身并未包含真正

---

〔1〕 约斯特·鲍威林:《国际公法规则之冲突　WTO法与其他国际法规则如何联系》,周忠海等译,法律出版社2005年版,第190~197页。

实体义务,则只会适用 WTO 法。当然,以何种标准来衡量冲突,并不能得知专家小组的最终答案。

第三,若专家小组从广义角度理解冲突,则只能借助于国际法上冲突规则来判断 WTO 法和公约之间的法律关系。公约第 20 条对其本身与其他国际法律文件的关系规定得极为模糊,仅从文本入手,无法得知公约与 WTO 法的适用位阶。借助其他国际法规则,如条约法第 41 条的规定,WTO 法更具有优先适用性。

第四,就算专家小组认定公约的法律规定具有优先适用权,但由于本身的有限管辖权,即其不能根据后约来增减 WTO 成员方的权利和义务。

第五,虽 WTO 法很可能会比公约优先适用,但 WTO 成员方可提出在解释或适用 WTO 法的义务和例外时援引公约的规定。需注意,WTO 法中并没有关于保护文化产品和服务的具体例外条款。

第六,公约依然与 WTO 法中某些义务和例外条款相关,但是基于 WTO 司法机构的惯常作法,国际公法的冲突规则(特别是条约法公约的第 31 条第 3 款 c 项)认为只有全体 WTO 国家认可的法律才可以作为 WTO 法的解释依据。显然,并非 WTO 的全体成员方皆为公约的当事国,所以公约不能作为 WTO 法的解释依据。

综上所述,UNESCO 公约仅在局部方面影响了 WTO 法。若要在 WTO 法中体现文化多样性的重要性,只有再次修改 GATT1994 和 GATs,在现行的“一般例外”条款下加上“文化例外”,作为一项重要的公共利益进行保护。众多的 WTO 成员对文化多样性的保护颇为关注,WTO 下次回合的谈判是否涉及此项例外,我们则拭目以待。

[原载于《中南民族大学学报(人文社会科学版)》2011 年第 3 期]

国际私法中的法律规避制度：再生还是消亡

许庆坤*

我国1986年《民法通则》本来未禁止法律规避，但最高人民法院却在1988年《关于贯彻执行〈民法通则〉若干问题的意见（试行）》中规定了法律规避制度，在中国冲突法历史上第一次确立了这一基本制度。[1] 2010年涉外民事关系法律适用法再次明智地对其置之不理，[2]而最高人民法院却又通过司法解释使之重生。[3] 我国学界对该制度向来众说纷纭，莫衷一是。如今，理论迷雾尚未散去，最高人民法院的司法解释却已出台。该制度理应再生还是消亡，是我国国际私法学界需要回答的重大问题。

法律规避制度源自法国冲突法规则稀缺时代的判例，自诞生之日便与内外交织的理论困境形影相随。少有国家立法采用该制度，司法实践更为罕见。我国司法解释理应抛弃这一过时而荒谬的制度，借助先进的“直接适用的法”制度和传统的公共秩序保留制度编织维护国家利益和个案公平的“安全网”。

一、法律规避制度的理论分析

（一）法律规避制度是公共秩序保留制度的特殊形态

国内学界长期将法律规避制度与公共秩序保留制度相提并论，其根源在于将法律规避

* 许庆坤，曾在山东大学法学院工作，现任上海政法学院教授。

〔1〕 参见年最高人民法院《关于贯彻执行〈民法通则〉若干问题的意见（试行）》第194条：“当事人规避我国强制性或者禁止性法律规范的行为，不发生适用外国法律的效力。”

〔2〕 负责该法起草的全国人大常委会法制工作委员会王胜明副主任正确地认识到禁止法律规避并无多大意义以及其与公共秩序保留制度之间的关系，主张“对现实中的规避行为，可管可不管的，一般不管；对个别情节恶劣、影响较大的……可以通过公共秩序保留制度予以处理”。参见王胜明：《涉外民事关系法律适用法若干争议问题》，载《法学研究》2012年第2期。

〔3〕 参见2012年12月《最高人民法院关于适用〈涉外民事关系法律适用法〉若干问题的解释（一）》第11条：“一方当事人故意制造涉外民事关系的连结点，规避中华人民共和国法律、行政法规的强制性规定的，人民法院应认定为不发生适用外国法律的效力。”

行为与法律规避制度混为一谈。

法律规避行为是普遍的法律现象,在国内法领域也时常发生。[1] 立法者基于理想图景创立规则,其视域难免与社会实况和未来变化产生罅隙,趋利避害的个人便利用制度缺陷实现利益最大化。各国法律史表明,“破坏法律的方法和技巧是无穷无尽的”。[2] 依据“法无明文规定不处罚”的法治原则,面对制度缺陷,立法者唯有填补漏洞,而不得诿己之过惩罚法律规避者。一旦制度完备而个人仍故伎重演,则构成违法行为,而非规避法律。将明显违法的行为称为法律规避是荒谬的。[3]

国际私法上的法律规避行为有其特殊性,它指当事人有意利用冲突法规则,借制造或改变连结点所对应的事实,以实现避开不利之法律,而使利己法律得以适用之目的。冲突法规则通常以连结点指引法律适用,而部分连结点所对应的事实具有可变性。如我国《涉外民事关系法律适用法》第 21 条规定,“结婚条件……适用共同国籍国法律”,当事人便可借改变国籍实现利己法律得以适用之目的。对于此种法律规避行为,若国家予以禁止,则产生禁止法律规避的制度,简称法律规避制度。详言之,法律规避制度指个人不得利用冲突法规则规避法律之制度。除有意利用冲突法规则、规避法律的意图和被规避的法律三要素之外,该制度尚有对规避行为的制裁之必要构成因素。[4]

因此,法律规避制度与其所禁止的法律规避行为之间泾渭分明,此理至明。但国内众多学者却对此有着诸多无谓的争论。例如,“这一行为旨在规避依法院地国的冲突规范指定的本应适用的法律,也属于排除适用外国法的一项制度”。[5] 再如,国内权威教材将法律规避行为与公共秩序保留制度相比较,辩称进行法律规避是一种私人行为,而适用公共秩序保留则是一种国家机关的行为,进而得出两种制度相互独立的结论。[6]

明晰了法律规避制度与法律规避行为的本质区别,权威教材中关于法律规避制度独立性的论证便土崩瓦解。依据其所列起因、保护对象、行为性质、后果等方面,笔者可反向论证如下:(1)起因相同:禁止法律规避与维护公共秩序均立足于法院地公序良俗,规避法律触犯了法院地禁止欺诈的基本法律原则,此乃公共秩序之一面;(2)保护的对象相同:法律规避制度意在保护本国冲突法的正常适用,公共秩序保留同样旨在通过排除“令人厌恶的外国法,维护本国冲突法的良好运转;(3)行为的性质相同:法院适用法律规避制度和公共

---

〔1〕 参见苏力:《法律规避与法律多元》,载《中外法学》1993 年第 6 期;喻名峰、蒋梅:《法律规避的社会历史成因及其对策》,载《政法论坛》1998 年第 3 期。

〔2〕 [德]马丁沃尔夫:《国际私法》,李浩培、汤宗舜译,北京大学出版社 2009 年版,第 163 页。

〔3〕 See J. Verplaetse, “Reappraisal of the Concept of Evasion of Law in Private International Law”, *RHDI* 11, 1958, pp. 264 – 266.

〔4〕 参见[法]亨利·巴迪福、保罗·拉加德:《国际私法总论》,陈洪武等译,中国对外翻译出版公司 1989 年版,第 509 页。

〔5〕 张仲伯:《国际私法学》,中国政法大学出版社 2007 年版,第 119 页。

〔6〕 参见韩德培主编:《国际私法》,高等教育出版社、北京大学出版社 2007 年版,第 138 页。

秩序保留制度均为国家司法行为;(4)后果相同:二者均导致排除相应外国法的适用。基于上述原因以及法律规避制度的缺陷和危害,采用法律规避制度的国家凤毛麟角,因此,比较其与公共秩序保留制度在地位和立法上的不同并无实际意义。

正因为两种制度的同质性,在法律规避制度的起源地法国,才会有诸多学者认为:"法律规避只是公共秩序的一种特殊情况,其特殊性在于外国法的适用可能导致的'社会混乱'是由当事人通过欺诈行为引起的"。[1] 在采用该制度的西班牙,学者同样认为公共秩序保留制度几乎可以涵盖所有适用法律规避制度的情形。[2]

(二)法律规避制度是公共秩序保留制度的特殊形态

法律规避制度的核心是界定法律规避行为。对此有两要素说、三要素说、四要素说,甚至有五要素说、六要素说。[3] 无论构成要素是繁是简,有三个要素必不可少:利用冲突法规则、规避法律的意图和被规避的法律。其中"规避意图"最为关键,[4] 而这一构成要素恰是法律规避制度的根本缺陷所在。

之所以"规避意图"最为关键,是因为法律规避制度的本质是"诛心"之制。一些冲突法规则采用了可变的连结点,当事人据此制造或变更连结事实,达到适用利己法律之目的。从表面看,当事人的行为尽管可能不符合立法者的意图,但至少也未违反法律。若认定其行为构成法律规避,唯有从主观意图上判定其"存心不良"。支持法律规避制度的理由通常是:合法的目的不能使非法的行为合法,目的不能为手段辩解。但是,非法的目的却使本质上合法的行为无效。此处强调的是"目的"非法。但是,既然合法的目的不能使非法的行为合法,那么为何非法的目的却使本质上合法的行为无效?况且法院何以断定目的的非法?此论并非不言自明。因此,欧洲反对者的论断更为有力:法律规避制度"对意图的探索是对人的内心意识的侵入","法律只涉及外部行为,而人的意图属于道德范畴;关于意图是不能得到可靠的结论的,这样就会使法官作出不可接受的专断结论"。[5]

以该制度惩罚非法目的也背离了法治原则,容易侵犯个人自由。法律规避制度之所以在英美法系国家普遍受到抵制,与其法官恪守法治原则、崇尚保障个人自由的理念关系密

---

〔1〕 参见[法]亨利·巴迪福、保罗·拉加德:《国际私法总论》,陈洪武等译,中国对外翻译出版公司1989年版,第515页。

〔2〕 D. Arroyo, M. Martinez, P. Casas, Part I., General Principles (Choice e-of-Law Technique), in R. Blanpain, C. Michele, V. Bea (eds.), *International Encyclopaedia of Private International Law-Suppl*. 18, Spain, Netherlands: Kluwer Law In-temational BV, 2008, p. 38.

〔3〕 参见周江:《国际私法中法律规避问题的再思考》,载《法律科学》2007年第4期。

〔4〕 参见[法]亨利·巴迪福、保罗·拉加德:《国际私法总论》,陈洪武等译,中国对外翻译出版公司1989年版,第509页。

〔5〕 同上书,第512页。

切。[1] 被广泛引用的美国法官霍姆斯(O. Holmes)之言堪称经典:"我们不考虑法律规避问题。其理由在于,法律划定了是非界限,一起案情要么合法要么非法;若当事人行为合乎法律,则其充分利用法律赋予的权利在法律上就无懈可击。"[2]

诚然,在内国实体法领域,犯意之于犯罪、过错之于侵权行为亦为通常之必要构成要素。为何认定主观要素在刑法和民法领域波澜不惊,而在冲突法领域却掀起轩然大波?这可求解于证据学原理。对于犯意的认定,警察可凭侦讯手段获取多种客观证据;对于侵权过错,当事人和法官亦有多方渠道证成。即便如此,犯意和侵权过错的认定还是面临主观过错认定客观化的难题。于是,基于经验法则的推定便成为打开症结的重要方法,立法和司法解释中的大量推定规范降低了主观因素认定的难度。[3] 但是对于冲突法上的法律规避意图,既无刑事侦讯手段,也无相应推定规范,同时涉外交往的复杂化使证据和经验法则的获取困难重重,因而对规避意图的认定难免法官主观擅断。鉴于此,德国学者方才断言:法律规避的概念"如同手指之间的沙子一样无法把握"。[4] 如此一来,该制度只会迫使当事人制造更多事实证明自己用心良善,徒然增加涉外交往成本。

(三)法律规避制度是冲突法体系的侵入者

究其本源,法律规避制度依附于萨维尼式双边方法下的冲突法体系。这种体系的特点是由立法者指定涉外民事关系的"本座",法律适用的确定性和明确性是首要目标。[5] 若立法者采用了诸如国籍、住所之类可随当事人意志而改变的连结点,如同告知当事人有改变此类连结事实的自由;当事人据此选择利己的法律,立法者事先已心知肚明。但若立法者同时规定法律规避制度,则意味着当事人的自由要接受法官对模糊的规避意图的审查,实际连结事实指向的法律不一定得以适用,法律适用的确定性和明确性大打折扣。若法官判定存在法律规避行为,则冲突法规则指向的法律不得适用,从而否定了立法者指定"本座"的有效性。这意味着立法者在创立规则时存在失误,法律规避制度就是矫正此种失误的手段。但此种失误的代价由当事人承担,会破坏当事人对冲突法权威的合理信赖。这与一些学者宣称的法律规避制度可以实现"对本国法律尊严的捍卫"[6]恰好相反。正如法国学者所言,法律规避制度其实是"以捍卫整体法律的名义去违背特定的法律规定"。[7] 简

---

〔1〕 See R. Graveson, "Comparative Aspects of the General Principles of Private International Law", *Recueil des Cours* 109, 1964, pp. 50 – 51.

〔2〕 Bullen v. State of Wisconsin, 240 U. S. 625 (1916).

〔3〕 例如,最高人民法院和最高人民检察院涉及推定的司法解释基本上局限于对犯罪的主观构成要素的推定。参见劳东燕:《认真对待刑事推定》,载《法学研究》2007 年第 2 期

〔4〕 Kegel/Schrig, "lntemationales Privatrecht", *Auflage* 9, 2004, C. H. Beck Mllnchen, S. 478.

〔5〕 See F. Savigny, *A Treatise on the Conflict of Laws*, trans. W. Guthrie, South Hackensack, N. J.: Rothman Reprints, 1972, pp. 69 – 70.

〔6〕 参见肖永平、邓朝晖:《国际私法中法律规避问题比较研究》,载《法商研究》1998 年第 3 期。

〔7〕 参见[法]雅克·盖斯坦、吉勒·古博:《法国民法总论》,陈鹏等译,法律出版社 2004 年版,第 750 页。

言之,纳入法律规避制度破坏了冲突法体系的逻辑自洽。

由于规避意图的模糊性和主观性,不同法官面对同样案情可能得出不同结论,当事人跨国交往的法律确定性随之降低。对此,当事人要么增加交往成本,要么取消或减少跨国交往。在该制度的起源地法国,其最高法院也承认,以法律规避之名宣告国际商业合同无效有碍于国际贸易的发展。[1] 这一消极后果显然与冲突法促进跨国民商事交往的宏大宗旨背道而驰。发展中国家和新兴市场经济国家通常希望通过冲突法营造良好的对外交往环境,增强外商对本国法律的信心,而法律规避制度所起的作用恰好与此相反。简言之,法律规避制度有违冲突法促进国际民商事交往的立法宗旨。

对法官而言,法律规避制度陡然增加了涉外审判的复杂性和难度,且提供了滥用法院地法的借口。且不论涉外审判中颇为棘手的国际管辖权和外国判决的承认与执行问题,单就法律适用而言,法官就要考虑争点的识别、先决问题、反致、公共秩序保留、强行法等,这是一个长长的任务清单,令法官望而生畏。若再加上法律规避制度,法官还要判定当事人虚无缥缈的"规避意图"、正常情况下当事人本应"适用的法律,这简直令法官不堪重负。更不可取的是,能认定法律规避的案件是极为罕见和例外的情形,而这恰是公共政策的适用范围。[2] 另一方面,法律规避意图认定的模糊性也为法官滥用自由裁量权和适用法院地法提供了借口。一个不可忽视的事实是,"法律规避向来以国际私法领域最为滥用的概念之一而名声大噪。"[3]

(四)法律规避制度背离冲突法演进的世界潮流

法律规避制度并非从来就有,它是19世纪冲突法双边方法的副产品。在冲突法发展早期,以单边方法为特征的法则区别说占据主导地位,法官依据法律为人法、物法或混合法的分类而判定相冲突法律的适用范围。[4] 在此方法下,当事人无从决定法律的适用,因而也不存在法律规避问题。从19世纪中叶开始,萨维尼的双边方法逐渐占据主导地位。[5] 立法者据此为法律关系预设机械而简单的连结点以决定法律的适用,其中诸如国籍、行为地之类的连结点可因当事人的意志而变动,从而为法律规避行为打开了方便之门。

但是,存在法律规避行为并非一定导致法律规避制度。该制度首先诞生于法国,与该

〔1〕 E. Rabel, The Conflict of Laws: A Comparative Study, Vol. 2, Foreign Corporations: Torts: Contracts in General, Ann Ar-bor: University of Michigan Law School, 1960, p. 402.

〔2〕 See R. Graveson, "Comparative Aspects of the General Principles of Private International Law", *Recueil des Cours* 109, 1964, p. 50.

〔3〕 See K. Nadelmann, "The Benelux Uniform Law on Private International Law", *Am. J. Comp. L.* 18, 1970, p. 413.

〔4〕 [德]马丁沃尔夫:《国际私法》,李浩培、汤宗舜译,北京大学出版社2009年版,第24页。

〔5〕 See S. Symeonides, Prioate International Law at the End of the 20th Century: Progress or Regress?: General Report XVth International Congress of Comparative Law, Bristol, England, 1998, in The Hague (etc.), "Private International Law at the End of the 20th Century: Progress or Regress?", Kluwer Law International, 2000, p. 12.

国冲突法发育不良关系密切。法国的冲突法条文主要体现在法国民法典,非常零散,数量稀少。此种状况直至20世纪80年代依然未有根本改观。[1] 僵硬而简陋的规定为规避法律洞门大开,法国最高法院便以判例创立法律规避制度仓促应对法律漏洞。正如法国学者所言,法律规避制度之所以在法国备受推崇,是因为法国冲突法在防范外国法不当适用方面"先天不足",需要针对外国法编织特别的"安全网"。[2]

不过,法国冲突法的发展道路并不代表世界冲突法演进的潮流。在20世纪,世界冲突法立法获得长足发展,日臻成熟。尤其是第二次世界大战之后,经济全球化推动冲突法步入发展的快车道,原来僵硬而单一的连结点逐步让位于灵活而复杂的连结点。当事人意思自治原则和最密切联系原则广泛应用于多个领域,后者甚至成为一些立法的基本原则。[3] 灵活而复杂的冲突法赋予法官和当事人更多的法律选择自由,当事人规避法律的必要性和可能性随之减少。当事人意思自治原则使个人摆脱对立法者和法院的简单附从而一跃成为"解决他们自己纠纷的主导者",从本质上否定了法律规避制度的存在前提。虽然部分父爱主义浓厚的立法者一度担心当事人会滥用该制度规避法律,曾对当事人选择法律施加"实质性联系"以及"善意和合法"的限制,但实践证明,此举纯属庸人自扰和节外生枝。[4] 最密切联系原则赋予法官根据个案灵活选择法律的自由裁量权,当事人的意志已无从主导法律选择,规避法律也无从实现。

此外,单边方法的复兴成为20世纪冲突法上令人瞩目的现象。在美国,轰轰烈烈的"冲突法革命"曾风靡一时,传统的管辖权选择方法遭受猛烈批判,如今政策分析或法律适用意愿分析方法成为现代法律选择方法的重要甚至核心因素。在欧洲大陆,单边方法通过不动声色的冲突法变革而悄然走上前台,规定法院地法适用的具体情形以及"直接适用的法"制度成为众多国家冲突法的有机构成。[5] 在政策分析方法下,法官"透过理性而客观之分析"得出"合乎公平正义的裁判",当事人规避法律的意图无从得逞,从而彻底清除了法律规避行为的土壤。[6] "直接适用的法"制度使法官径直基于实体法内容和目的之考量决定法律的适用,而无须顾及冲突法的指引,也属法律规避行为的治本之策。有学者认为,该制度是挫败法律规避行为之恶的"完美工具",因此它的"最大优势在于其适用的客观性",而且适用简单,立场中立,只需关注直接适用的法本身的性质和重要性即可。[7]

---

〔1〕 参见[法]亨利·巴迪福、保罗·拉加德:《国际私法总论》,陈洪武等译,中国对外翻译出版公司1989年版,第22页。

〔2〕 参见[法]雅克·盖斯坦、吉勒·古博:《法国民法总论》,陈鹏等译,法律出版社2004年版,第750页。

〔3〕 参见韩德培主编:《国际私法》,高等教育出版社、北京大学出版社2007年版,第102页以下。

〔4〕 参见许庆坤:《论国际合同中当事人意思自治的限度》,载《清华法学》2008年第6期。

〔5〕 See S. Symeonides"Private International Law at the End of the 20th Century: Progress or Regress?", Kluwer Law International, 2000, p. 13.

〔6〕 参见陈长文:《国际私法上之规避法律问题》,载《法令月刊》1989年第7期。

〔7〕 See M. Wojewoda, "Mandatory Rules in Private International Law", *Maastricht J. Eur. & Comp. L.* 1, 2000, p. 209.

冲突法自身的完善渐趋压缩法律规避行为的空间,并衍生出取代法律规避制度的更优方案。同时,实体法的全球化和趋同化使法律规避的必要性在降低,其中法律规避行为甚至起到了过时制度"清道夫"的作用。以英国法律制度为例,19 世纪中叶英格兰婚姻法中的亲等制度严格,导致众多英格兰人到境外结婚规避此规定,后来英格兰法放松了亲等规制,此类法律规避行为便逐渐销声匿迹。英格兰的未婚男女为了规避英格兰法中要求 16 ~ 21 岁年轻人结婚需征得父母同意的规定,曾经常私奔到苏格兰缔结"格雷特纳格林式婚姻"(Gretna Green marriage),英格兰后来将成年年龄降低到 18 岁,此类法律规避行为已无必要。〔1〕 英国的实践也表明,立法者及时修订不合时宜的规定或填补法律漏洞,方为应对法律规避行为的治本良策。

最后,法律规避制度有背离世界人权发展潮流与和谐国际社会理念之嫌。德国学者观察到,"法律规避出现的主要领域是结婚和离婚。"〔2〕此类领域的常见连结点是国籍和住所,二者均可随当事人意志而改变。在保护人权已成为国际共识和潮流的今天,改变国籍或住所是公民个人自由权的重要时容,为《世界人权宣言》《公民权利和政治权利国际公约》和《美洲人权公约》等众多法律文件所确认。〔3〕 若采用法律规避制度,否认当事人改变国籍或住所产生的法律适用效力,等于在一定程度上限制了当事人的行为自由权。同时,当事人改变国籍或住所并进而在另一国结婚或离婚,经过了另一国家法院或行政机关的判决或批准,一国借法律规避制度否认当事人行为的效力,真实是在对抗另一国家的司法或行政行为,容易招致另一国的反感甚至报复,不利于国际间的正常合作与和谐国际社会的构建。

二、法律规避制度的实践分析

理论上乖戾悖逆且有违冲突法宗旨和世界潮流的制度必然在实践中疑点重重、屡遭挫折。国内部分学者频繁援引国外的立法和司法证实法律规避制度存在的合理性,其实深入分析可以发现,国外的立法和司法实践恰好支持抛弃这一陈规陋制。

(一)数量稀少和乱象丛生的立法

笔者收集到国内发表的 120 部国外冲突法立法中文本,其中将禁止法律规避作为一般

〔1〕 See J. Fawcett, "Evasion of Law and Mandatory Rules in Private International Law", *Cambridge L. J.* 49, 1990, pp. 45 -46.

〔2〕 Kegel/Schrig, "lntemationales Privatrecht", *Auflage* 9, 2004, C. H. Beck Mllnchen, S. 478, p. 483.

〔3〕 参见邓成明、杨松才主编:《〈公民权利和政治权利国际公约〉若干问题研究》,湖南人民出版社 2007 年版,第 66 页。

制度的共 17 部,[1]在全部立法样本中的比例为 14.17%。若以 1990 年为界,1990 年以前的立法中含有一般性法律规避制度的为 8 部,占该阶段所有 80 部立法的 10%。若加上国内未有中文本的墨西哥联邦民法典 1988 年修订本和比荷卢国际私法统一法 1969 年修订本,此类立法在 82 部立法中的比例也仅有 12.2%。1990 年后的 9 部立法中,独联体国家的立法有 5 部,而且其内容基本一致,如出一辙。若将这些独联体国家的立法视为一个文本,则此类立法仅 13 部,占到 116 部立法的 11.2%。

上述采用法律规避制度的国家可以分为两大类,一类是大陆法系之法国支系国家,另一类为原社会主义国家。前者包括葡萄牙、西班牙、比利时、突尼斯、阿尔及利亚、塞内加尔、加蓬、阿根廷 8 个国家,后者包括南斯拉夫、匈牙利、罗马尼亚、乌兹别克斯坦、吉尔吉斯斯坦、白俄罗斯、阿塞拜疆和乌克兰 8 个国家。《美洲国家间关于国际私法一般规则的公约》(以下简称《美洲公约》)亦是法国支系国家缔结的国际私法条约。

法国支系国家采用法律规避制度应受该制度的起源地法国的巨大影响。具有讽刺意味的是,该制度在其起源地已经走向消亡。由于采用该制度一方面会否定当事人行为的效力,导致跨国交往中的跛足情势(如结婚在一国有效而在另一国被宣告无效);另一方面会对抗外国文书(如结婚证书)的效力,制造国际间的紧张关系,因此法国最高法院 2007 年的执行令要求放弃对外国法官适用法律的审查,传统的法律规避制度据此失去了作用对象。[2] 其实早在 20 世纪 60 年代,国际知名的比较法学家拉贝尔就曾预言:法国表述宽泛的法律规避制度正渐趋消亡。[3] 如今这一预言已经应验。

原社会主义国家采用法律规避制度可能源自偏重集体利益和法律尊严而非保护个人利益的父爱主义立法信念,同时可能与对该制度理论认识的不足有一定联系。就独联体国家而言,5 个国家的法律规避条款几乎与俄罗斯 1996 年民法典(草案)第 1231 条如出一辙。

考虑到不同翻译者的表述习惯以及转译的障碍,就其实质内容而言,这些条款基本一致。它们的一个共同特征是,将法律规避的对象表述为冲突法规则,这与大多数国家将法律规避的对象界定为实体法大相径庭。这应是源于俄罗斯立法草案中的一个重大缺陷,而这一缺陷在俄罗斯受到了以穆拉诺夫(А. И. Муранов)为代表的众多学者的严厉批评,其核心观点为这将导致逻辑迷宫,令法官无所适从。[4]

---

〔1〕 资料来源,参见邹国勇译注:《外国国际私法立法精选》,中国政法大学出版社 2011 年版;杜涛:《国际私法的现代化进程:中外国际私法改革比较研究》,上海人民出版社 2007 年版;刘颖、吕国民编:《国际私法资料选编》,中信出版社 2004 年版;李双元、欧福永、熊之才编:《国际私法教学参考资料选编》(上册),北京大学出版社 2002 年版;余先予主编:《冲突法资料选编》,法律出版社 1990 年版;刘慧珊、卢松主编:《外国国际私法法规选编》,人民法院出版社 1988 年版。文中表格的信息均出自这些资料,不再一一标明。

〔2〕 B. Audit, "Droit International Prive", 5e ed., *Economica*, 2008, pp. 205, 208 – 209.

〔3〕 See R. Graveson, "Comparative Aspects of the General Principles of Private International Law", *Recueil des Cours* 109, 1964, p. 402.

〔4〕 A. H. MypaHob, K 8onpocy o6 o6xode 3aKoHa//MOCKOBCKnR > kypHau MexmyHaponoro upaBa, 1997, No. 3, C. 54 – 56.

与法国支系法律规避制度在其起源地走向消亡的命运类似,独联体国家法律规避制度的源头俄罗斯民法典(草案)第1231条尚未生效就胎死腹中。针对俄罗斯草案中的法律规避条款,穆拉诺夫教授洋洋洒洒地罗列了其十大罪过,诸如背离已有的国际私法优良传统、内部自相矛盾、引发不必要的技术难题、为陈旧过时的法律手段、忽视了大多数西方发达国家的经验、背离全球国际私法的现代发展趋势、不必要地维护俄罗斯法律利益的制度、为法院适用法院地法提供了借口等。学者们的口诛笔伐立竿见影,俄罗斯立法者从善如流地将其从草案中彻底删除。[1]

因学界反对而立法流产的实例还发生在加拿大魁北克省。该省1975年民法典修正案中也曾规定法律规避制度,这一规定同样遭到学界强烈批评:法律规避的行为相当罕见,实践意义甚微;此种立法企图“将法律道德化”,是立法者滥用立法权的表现;等等。学界的批评意见使1988年修正案删除了有关法律规避的规定。[2]

独联体国家之外的立法虽然将法律规避的对象确立为实体法,但具体所指差距甚大。匈牙利、比利时、葡萄牙、突尼斯、阿根廷的立法以及《美洲公约》指向内国法和外国法,其他立法则指向内国法。前者中比利时立法限定在有关“当事人不能自由处分事项”的法律,而《美洲公约》限定在“成员方法律的基本原则”;后者中西班牙立法指向“强行法”,其他立法则指向任何国内法。此外,墨西哥的立法与《美洲公约》类似,规定法律规避的对象为“墨西哥法的基本原则”。显而易见,法律的基本原则完全可为公共秩序所涵盖,[3]这两部立法为此单独创设法律规避制度纯属多此一举。

在法律规避的后果方面,匈牙利、葡萄牙、阿根廷和独联体国家的立法规定以“本应适用的法律”取代欺诈性连结因素指向的法律,而罗马尼亚、阿尔及利亚和塞内加尔的立法规定适用内国法,其他立法则仅禁止法律规避行为而未规定处理措施。

由此可见,寥寥十数的立法之间面目悬殊。我国立法若与国际立法接轨,不知应师法何者。其实,这是理论上漏洞百出的制度在立法上的自然现象。

(二)异常罕见和功效不佳的司法

理论界众说纷纭,立法规定模糊,法官运用法律规避制度需要断定虚无缥缈的“规避意图”和“本应适用的法律”。即便立法有规定,法官对该制度敬而远之和另辟蹊径也属明智之举。即便有法官大胆尝试,其遭遇实践困境和效果不佳也在情理之中。

《西班牙民法典》第12条第4款关于法律规避的规定其实并无多少实践意义,适用该

---

〔1〕 参见邹龙妹:《俄罗斯国际私法研究》,知识产权出版社2008年版,第105页。

〔2〕 See G. Parra-Aranguren, “General Course of Private International Law: Selected Problems”, *Recueil des Cours* 210, 1989, p. 115.

〔3〕 国内权威教材将公共秩序的范围归纳为“重大利益、基本政策、法律的基本原则或道德的基本观念”。参见韩德培主编:《国际私法》,高等教育出版社、北京大学出版社2007年版,第140页。

条款的案例至今踪迹难觅。[1] 在法国,国际私法学者奥迪(B. Audit)观察到,运用法律规避制度的司法实践"极为罕见";[2]即便运用该制度,证明规避法律的"意图"也是困难重重,"不可能证明的情况要比能够确信的情况普遍得多"。[3] 学者舍尔(K. Siehr)晚近的研究也表明:有关国际私法上法律规避的判决异常罕见;虽然有些关于通过欺诈获得外国判决的案例,但是判定法律选择或创设连结点存在欺诈的案例几乎没有;唯一有关法律欺诈的经典案例是法国最高法院100多年前判决的"鲍富莱蒙案"。[4]

法国最高法院1878年对"鲍富莱蒙案"的判决被国外学者普遍视为法律规避制度的源头,[5]并被国内学者频繁引用和津津乐道。但是,国内的研究普遍忽视了该事件的细节之处和最终结果,也缺乏对其严肃的理论分析。"鲍富莱蒙案"的详情如下:

比利时女伯爵齐梅(V. Chimay)于1861年与法国王子鲍富莱蒙(P. Bauffremont)结婚,并依据两国当时的法律,取得法国国籍。10余年后,两人婚姻面临危机。王妃企图离婚时却失望地发现法国法禁止离婚,只好依据当时的法国法请求司法别居。1874年,位于巴黎的上诉法院对此予以准许。随后,她移居德国,并于9个月后归化为德国人。不久,她又向德国法院请求与鲍富莱蒙王子离婚,并获得准许。离婚7天后,她与罗马尼亚王子比贝斯科(G. Bibesco)以民事登记方式在柏林结婚。结婚后,她取得罗马尼亚国籍。此事在法国各界引起轩然大波。鲍富莱蒙在法国法院起诉,请求判定王妃归化为德国人的行为和其与比贝斯科王子的婚姻无效。法国法院在未通知比贝斯科王子的情况下,准许了鲍富莱蒙的请求,并在随后的裁定中要求王妃将两个女儿的监护权转给鲍富莱蒙,如若不履行裁定,则王妃应向鲍富莱蒙支付一笔巨额的赔偿金。王妃并未理会法国法院的判决。由于王妃在法国并无可供执行的足额财产,鲍富莱蒙待赔偿额累积到约90万法郎时向比利时法院起诉,要求其执行法国的判决,并扣押了王妃在比利时的一些财产。比贝斯科王子在比利时法院出庭,出示了其与王妃之间婚姻有效性的证明文件,并为王妃行为的合法性辩解。比利时法院于1880年1月判定,王妃归化为德国人和其与比贝斯科王子的婚姻有效,鲍富莱蒙应

〔1〕 D. Arroyo, M. Martinez, P. Casas, Part I. General Principles (Choice e-of-Law Technique), in R. Blanpain, C. Michele, V. Bea (eds.), *International Encyclopaedia of Private International Law-Suppl.* 18, Spain, Netherlands: Kluwer Law In-temational BV, 2008, p. 38.

〔2〕 B. Audit, "A Continental Lawyer Looks at Contemporary American Choice-of-Law Principles", *Am. J. Comp. L.* 27, 1979, p. 599.

〔3〕 参见[法]亨利·巴迪福、保罗·拉加德:《国际私法总论》,陈洪武等译,中国对外翻译出版公司1989年版,第512页。

〔4〕 See K. Siehr, "General Problems of Private International Law in Modem Codifications", *Yearbook of PIL* 7, 2005, p. 57.

〔5〕 See R. Graveson, "Comparative Aspects of the General Principles of Private International Law", *Recueil des Cours* 109, 1964, p. 53; G. Parra-Aranguren, "General Course of Private International Law: Selected Problems", *Recueil des Cours* 210, 1989, p. 115.

向王妃支付1.5万法郎的赔偿金。[1]

该案有诸多值得分析之处。首先,其所处的历史阶段特殊。法国在1792年首开西欧国家离婚制度的先河,但复辟的波旁王朝在1816年又取消了离婚制度,直至1884年离婚制度最终恢复。[2] 1878年"鲍富莱蒙案"的判决恰好发生在特殊的禁止离婚期间,而且判决之后六年法国恢复了离婚制度。其次,早在1845年,法国最高法院就曾对类似案件作出过判决,该案并非法律规避制度史上"第一案",其之所以在欧洲引起广泛关注,是因为当事人社会地位的特殊性。[3] 再次,该案判决的效果不佳。宣告王妃德国婚姻无效并未实际影响王妃后续行为的效力。由于法国法院漠视他国法律的效力和尊严,其自身判决也未得到比利时的认可,鲍富莱蒙反而被比利时法院判决赔偿王妃损失。复次,该案本来可适用公共秩序保留制度得出相同结果。法国冲突法规定离婚适用本国法,即王妃后来取得国籍的所属国——德国的法律,但德国准许离婚的制度与法国禁止离婚的基本法律原则背道而驰,因此违反法国的公共秩序。最后,该案是否存在任何法律欺诈的情形令人怀疑。法国法院在审理中未充分获知鲍富莱蒙王妃在归化为德国人时已经在德国设立了真正的住所,并且她也从未欺诈性地将在法国获得的司法别居冒充德国法上的离婚。[4] 因此,这般怪异的判决实在不足以作为证成法律规避制度的经典案例。

三、法律规避制度的中国立场

对于国外这一陈规陋制,我国最高人民法院在制定司法解释时理应审慎分析该制度在国外的现状与趋势以及我国的司法实践,遵从我国现行法律,摒弃这一制度。

第一,法律规避制度与涉外民事关系法律适用法的立法宗旨不一。

以立法宗旨为标准,冲突法立法可分为主权者的冲突法和当事人的冲突法。前侧重维护主权者的法律选择权力和尊严,后者侧重维护当事人的对外交往自由和便利。我国涉外民事关系法律适用法应属于后者:维护当事人的合法权益、便利当事人和促进国际民商事交往是其追求的目标。[5] 法律规避制度侧重于维护法律尊严,依附于主权者僵硬而简单的法律选择,不利于维护当事人国际民商事交往的可预见性,甚至可能加重当事人的交往成本,阻碍跨国交往。

---

〔1〕 See G. Parra-Aranguren, "General Course of Private International Law: Selected Problems", *Recueil des Cours* 210, 1989, p. 103.

〔2〕 参见高鸿君:《〈拿破仑法典〉关于婚姻家庭制度的规定及其演变》,载《法国研究》1987年第1期。

〔3〕 See G. Parra-Aranguren, "General Course of Private International Law: Selected Problems", *Recueil des Cours* 210, 1989, p. 105.

〔4〕 See K. Siehr, "General Problems of Private International Law in Modem Codifications", *Yearbook of PIL* 7, 2005, p. 57.

〔5〕 参见王胜明:《〈涉外民事关系法律适用法〉的指导思想》,载《政法论坛》2012年第1期。

第二,法律规避制度与遍布涉外民事关系法律适用法的当事人意思自治原则相互掣肘。

涉外民事关系法律适用法在15个条中广泛采用意思自治原则,[1]涉及代理、婚姻家庭、继承、物权、债权和知识产权六大领域,超过了具体法律适用规则总数的1/3,并史无前例地将其作为基本原则列入"总则"中,一步跃入世界立法最前沿。通篇洋溢的当事人意思自治精神同立法者"当事人的事尽量交给当事人办"的理念密不可分。[2] 但是,如果将法律规避制度确立为法律选择的一般制度,当事人自主选法的权利就会大受掣肘。逐利的本性必然使当事人避开不利之法而选择利己之法,而法律规避制度打击的恰好就是此种"规避意图"。可以想见,引入法律规避制度将使"当事人的事尽量交给当事人办"的立法目的大打折扣。

第三,弹性的法律选择规则使当事人规避法律的机会渺茫。

法律规避行为通常寄生在僵硬而明确的法律规则体系中,而《涉外民事关系法律适用法》广泛采用了弹性的法律选择规则。该法中有5条采用了最密切联系原则,而且该原则被第2条第2款确立为法律选择的一般性补充原则。[3] 依据该原则,我国法官可灵活地确定最密切联系地,不受当事人规避行为和意图的左右。同时,该法还采用了众多选择性冲突法规则,赋予法官选择适当准据法的权力。以法律规避容易发生的婚姻家庭领域为例,该法第3章共10条规定中,有8条为选择性冲突法规则,其中3条为无条件的选择性冲突法规则。即便其余5条乃有条件的选择性冲突法规则,也采用了灵活的"经常居所地"连结点。"经常居所地"是中国特色的立法用语,实为学界所言的"惯常居所"。它发轫于人们对僵硬的住所或国籍之类传统属人法连结点的反思和批判,意在赋予法官个案自由裁量权。[4] 据此灵活的连结点,法官可轻易应对当事人的法律规避行为。正如法国学者奥迪所言:"惯常居所原则上不易导出法律规避制度的运用,因为惯常居所的认定不受行为人的意思表示的影响;所以被请求承认国当局只需认定行为人的惯常居所处在内国即可。"[5]

第四,"直接适用的法"和公共秩序保留制度的协调使法律规避制度多此一举。

《涉外民事关系法律适用法》第4条紧跟世界立法潮流,引入了新颖的"直接适用的法"制度。只要我国某项法律规定属于针对涉外民事关系的强制性规定,法官即可抛开法律选择规则而径直适用该规定。同时,该法第5条确立了各国普遍采用的公共秩序保留制度。只要外国法的适用损害到我国的社会公共利益,法官即可排除其适用。"直接适用的法"可

---

〔1〕 参见《涉外民事关系法律适用法》第3条、第16条、第17条、第18条、第24条、第26条、第37条、第38条、第41条、第42条、第44条、第45条、第47条、第49条、第50条。

〔2〕 参见王胜明:《〈涉外民事关系法律适用法〉的指导思想》,载《政法论坛》2012年第1期。

〔3〕 参见《涉外民事关系法律适用法》第2、6、19、39、41条。

〔4〕 See E. Scoles, P. Hay, P. Borchers, S. Symeonides, *Conflict of Laws*, 5h ed., St. Paul, Thomson Reuters, 2010, pp. 299 - 300.

〔5〕 B. Audit, "Droit International Prive", 5e ed., *Economica*, 2008, p. 207.

确保对外交往中至关重要的本国法得以适用,恰似主动进攻的"长矛",公共秩序保留制度可排除"令人厌恶的"外国法的适用,好比是被动防御的"盾牌"。法官"矛"与"盾"在手,攻防兼备,巧妙解释强制性规定或社会公共利益的宽泛规定,应能确保法律适用结果无虞。法律规避制度横亘其间,纯属多此一举。

国内有学者从区分国内强行法与国际强行法的视角,认为法律规避制度与"直接适用的法"制度之间存在相配合的关系,主张二者兼备方能共筑冲突法"长城"。[1] 此说之论证漏洞频仍、自相矛盾。既然相关规则仅为针对国内交往的"国内强行法",在涉外交往中就可因冲突法规则的指引而为外国法所替代。如果当事人恶意规避"国内强行法"令法官感到触犯了公序良俗,则法官可适用公共秩序保留制度予以反制。该学者文末自己也认可法律规避制度属于公共秩序保留制度之一部分。既然如此,又何必节外生枝。

第五,过去的司法实践证实法律规避制度并非现实亟须。

《最高人民法院关于贯彻执行〈民法通则〉若干问题的意见(试行)》第194条规定了法律规避制度。自1988年4月该制度施行至今已有20多年。笔者从"北大法宝"和"北大法意"两大数据库中反复查证,收集到20个适用法律规避制度的案例。[2] 此类案例均为内地当事人向位于香港的金融机构提供外汇担保或向其外汇借款,当事人约定适用香港法,触犯了内地关于外汇担保或借款须经国家批准和登记的强制性规定。此类案件的判决本可用公共秩序保留制度得出同样结果,而且广东省高级人民法院在"中银香港公司诉宏业公司等担保合同纠纷案"和福建省高级人民法院在"星花投资服务有限公司、中国银行(香港)有限公司诉福建省龙海市电力公司等担保合同纠纷案"的判决中确实同时运用了两种制度。当然,此类判决的更优方案是适用"直接适用的法"制度,但当时这种制度尚未存在。不过,涉外民事关系法律适用法已经确立了该制度,将来遇到此类案件显然无须再求助于法律规避制度。同时,这20份判决均未查证当事人规避行为的核心构成要素——规避意图。这预示着该制度在我国存在被误用或滥用的危险。

第六,国内实体法的自由宽松使法律规避行为动机不足。

---

[1] 参见徐崇利:《法律规避制度可否缺位于中国冲突法——从与强制性规则适用制度之关系的角度分析》,载《清华法学》2011年第6期。

[2] 此类案例诸如:"中银香港公司诉宏业公司等担保合同纠纷案"[最高人民法院(2002)民四终字第6号]、杭州金马房地产有限公司等之间债务及担保合同纠纷案"[最高人民法院(2004)民四终字第21号]、"北京京皇国际大厦有限公司诉中国人寿保险(海外)股份有限公司香港分公司借款合同纠纷案"[最高人民法院(2005)民四终字第7号]、"中国银行(香港)有限公司诉广州市广州宾馆、李治臻、盘健明保证合同纠纷案"[广州中级人民法院(2005)穗中法民三初字第224号]、"星花投资服务有限公司、中国银行(香港)有限公司诉福建省龙海市电力公司等担保合同纠纷案"[福建省高级人民法院(2005)闽民终字第180号]、"中国银行(香港)有限公司诉广东省友和集团公司担保合同纠纷案"[广州中级人民法院(2006)穗中法民四初字第309号]、"中国银行(香港)有限公司与增城经贸企业集团公司等担保合同纠纷案"[广州中级人民法院(2007)穗中法民四初字第17号]、"大新银行有限公司诉上海联博智能图文技术有限公司等融资租赁、担保合同纠纷案"[上海市中级人民法院(2007)沪一中民三(商)初字第135号]、"农银财务有限公司诉广东省轻工业品进出口(集团)公司担保合同纠纷案"[广州中级人民法院(2007)穗中法民四初字第235号]等。

当事人规避法律不仅需要冲突法提供“跳板”,而且需要实体法差异的“土壤”。若国内法可使当事人实现目的,他们又何必实施规避行为? 比如,法律规避在德国国际私法中意义不大的最主要原因在于,德国的实体法特别是离婚法可以满足当事人的大部分需要。〔1〕再如,苏联的婚姻和家庭法毫不复杂,因而不存在规避苏联法的激励因素。〔2〕 我国婚姻法坚持马克思主义的婚姻自由观,相对于西方国家立法在诸多方面更为宽松和简便。〔3〕 因此,我国至少在婚姻领域不存在激励当事人规避我国法的肥沃“土壤”,相应地也不存在确定法律规避制度的迫切现实需要。

第七,司法解释中的法律规避制度条文有违常理。

最高人民法院《关于适用〈涉外民事关系法律适用法〉若干问题的解释(一)》第 11 条规定:“一方当事人故意制造涉外民事关系的连结点,规避中华人民共和国法律、行政法规的强制性规定的,人民法院应认定为不发生适用外国法律的效力。”该条中的“制造涉外民事关系的连结点”是错误表述,因为对于作为冲突法规则构成要素的连结点,当事人无从制造,当事人能制造或改变的是连结点所对应的事实。例如,当事人为规避原应适用的中国法,将国籍改为日本国籍,此处作为连结点的“国籍”未被改变,但作为事实的“当事人的国籍”已前后不同。在我国国际私法学术史上,“制造连结点”之类的舛误首见于第一部统编教材,〔4〕后为众多学者盲目效仿、绵延至今。〔5〕 在笔者手头 12 部民国时期国际私法著作中均未见此类表述。但是,此类舛误早在 20 世纪就已被学者觉察和矫正,〔6〕其依然存在于最新司法解释中,应为决策者抉择不慎所致。同时,该条将法律规避的主体限定在一方当事人,值得商榷。在笔者收集到的国外立法中,无一如此表述。究之于法理,法律规避制度主要意在维护强行法权威,无论因双方当事人合谋抑或因一方当事人故意,唯规避行为触犯了法律权威,自应在规制范围。李浩培教授在论及法律规避时所举四例中有 3 例为双方当事人合意而为。〔7〕 此外,该规定只涉及对我国法律的规避,而未纳入规避外国法的行为,只规定“不发生适用外国法律的效力”,而未指明排除相应外国法后如何适用法律。如此规定,既不合禁止一切法律规避行为的逻辑,也不便法官实际运用。

涉外民事关系法律适用法的条文中并无法律规避制度的规定,相反,其洋溢的当事人意思自治和鼓励涉外民商事交往的立法精神排斥法律规避制度。我国以往的司法实践并

---

〔1〕 Kegel/Schrig,“lntemationales Privatrecht”,*Auflage* 9,2004,C. H. Beck Mllnchen,S. 478,p. 486.

〔2〕 See O. Vorobieva,Part I. General Principles(Choice of Law Technique) 2011,in R. Blanpain,C. Michele,V. Bea (eds.),*International Encyclopedia of Private International Law*-Suppl. 29,Russia,Netherlands:Kluwer Law International BV,2011,p. 72.

〔3〕 参见王竹青、魏小莉编著:《亲属法比较研究》,中国人民公安大学出版社 2004 年版,第 36 页以下、第 192 页以下。

〔4〕 参见韩德培主编:《国际私法》,武汉大学出版社 1983 年版,第 79 页。

〔5〕 例如赵相林主编:《国际私法》,中国政法大学出版社 2007 年版,第 108 页。

〔6〕 参见孟宪伟:《法律规避的两个问题》,载《法学杂志》1999 年第 5 期。

〔7〕 参见李浩培:《李浩培法学文集》,法律出版社 2006 年版,第 67 页。

未有运用法律规避制度的成功案例,涉外交往和现行实体法也未造就呼唤这一制度的现实“土壤”。规定法律规避制度可谓无源之水、无本之木。

(原载于《法学研究》2013年第5期)

论海洋善治的国际法律义务

张晏瑲*

一、引　　言

海洋法是政学界一直以来致力于发展一套有效的海洋治理的机制,[1]然而,到目前为止,尚无一套被普遍接受的治理机制或政策方案,以促进在全世界范围内的一致合作。"善治"(Good governance)被认为是可持续发展的一个积极且建设性的要素,[2]其为一个开放性的决策过程,涉及民众参与、环境信息公开以及环境正义。[3]

通过对相关文献的检索,本文总结到有8个要素被认为是善治的构成要素,即法治、公众参与、透明化、基于共识之决策、责任制、公平与兼容并蓄、回应性以及一致性。[4] 有学者建议海洋善治的目标应该通过全球或区域组织的运作,再加上国家对海洋治理的投入,并呈现在国际海洋法律文件中。[5] 基于上述假设,即有必要论证海洋善治的8个要素是否被国际法律文件支持,并最终形成国际习惯。

本文拟由现有国际海洋法律相关文件来论证海洋善治的国家实践情况,因此采取两阶段论证法。首先,本文论述了海洋治理的国际法律架构。其次,本文重点论证善治的要素以及其与国际海洋法律文件的关系。目的在于从国际海洋法律文件中探寻支持海洋善治所有要素的实例,以达到为海洋善治这一理论提供法律证据支持的目标。通过论证本文总

---

* 张晏瑲,曾在山东大学法学院工作,现任大连海事大学法学院教授、博士研究生导师。

〔1〕 "Oceans and the Law of the Sea—Report of the Secretary-General", A/61/63, 9 March 2006, pp. 76 – 78.

〔2〕 Konrad Ginther & Paul J. I. M. de Waart, *Sustainable Development as a Matter of Good Governance: An Introductory View*, *in Sustainable Development and Good Governance* 9, Martinus Nijhoff Publishers, 1995.

〔3〕 See Preamble of the Convention on Access to Information, Public Participation in Decision-Making and Access to Justice in Environmental Matters (Aarhus), 25 June 1998, came into force on 30 October 2001, 38 ILM (1999), 517.

〔4〕 张晏瑲:《海洋治理与海洋法》,台北,五南图书出版公司2010年版,第7~8页。

〔5〕 Robert L. Friedeim, *Ocean Governance at the Millennium: Where We Have Been—Where We Should Go*, 42 Ocean & Coastal Management, 1999, p. 747.

结到,海洋善治的概念尚未被国家实践所直接或者普遍接受。然而,海洋善治的每一个要素皆已在一定程度上体现在国际海洋法律文件中。基于条约必须信守原则,签署相关国际海洋法律文件的国家,应该在其国内法律实践中落实各项海洋善治的要素,即使海洋善治的概念尚未形成国际习惯亦然。基于前述,建议在国内法层面引入海洋善治之概念,乃属法理之当然。

二、海洋治理的国际法律架构

1982年《联合国海洋法公约》(1982 United Nations Convention on the Law of the Sea,以下简称1982年《海洋法公约》)[1]旨在为海洋的使用与治理建立一个法律框架,此平台将有利于国际间更好的交流,推动海洋的和平利用,同时也有助于海洋资源平等、高效利用,以及海洋生物资源的保护。[2] 1982年《海洋法公约》的第十二部分特别为海洋环境的保护和维持设定了法律义务,而这些义务也为海洋治理的国家实践提供贯彻执行的框架,因此本文将检视1982年《海洋法公约》该部分的内容。1982年《海洋法公约》详细地列举了四种类型的海洋污染,即因倾倒所产生的污染、陆源污染(包括经由大气所造成的污染)、来自船舶的污染以及人类开发和使用海床所产生的污染[3]。基于以上所述,本文将检视相关之国际公约如1972年《防止倾倒废弃物及其他物质污染海洋的公约》[4](1972 Convention on the Preservation of Marine Pollution by Dumping of Waste and Other Matter,以下简称1972年《伦敦公约》)[5]及其1996年《议定书》[6]、1992年《保护东北大西洋海洋环境公约》[7](1992 Convention for the Protection of Marine Environment of the North-East Atlantic,以下简称1992年《OSPAR公约》)、[8]经1978年《议定书》修改后的《防止来自船舶污染的国际公约》,[9]

---

[1] UNCLOS,10 December 1982,came into force 16 November 1994,21 ILM(1982),1261. At the time of writing, there are 155 parties to UNCLOS.

[2] 1982 UNCLOS,Preamble.

[3] Ibid.,art. 194(3)(a)-(d)(1972).

[4] Convention on the Preservation of Marine Pollution by Dumping of Waste and Other Matter(London,Mexico City, Mos-cow,Washington,DC)29 December 1972,came into force on 30 August 1975,1046UNTS(1972),120.

[5] 1972年《伦敦公约》目前有89个缔约国。

[6] The 1996 Protocol to the Convention on the Prevention of Marine Pollution by Dumping of Wastes and Other Matter (London),7 November 1996,came into force on 24 March 2006,36 ILM(1996),p. 1.

[7] The 1992 Convention for the Protection of Marine Environment of the North-East Atlantic(Paris),22 September 1992,came into force on 25 March 1998,32 ILM(1992),1068.

[8] 1992年《OSPAR公约》目前有16个缔约国。

[9] Protocol Relating to the Convention for the Prevention of Pollution from Ships(London),17 February 1978,came into force on 2 October 1983,17 ILM(1978),546.

通常被称为《MARPOL73/78 防污公约》。[1]

1992 年《生物多样性公约》(1992 Convention on Biological Diversity)[2]与 1995 年《〈联合国海洋法公约〉有关养护和管理跨界鱼类种群和高度回游鱼类种群的规定执行协定》(1995 Agreement for the Implementation of the Provisions of the United Nations Convention on the Law of the Sea of 10 December 1982 Relating to the Conservation and Management of Straddling Fish Stocks and Highly Migratory Fish Stocks, 以下简称 1995 年《鱼类种群协定》)[3]对海洋生物的治理具有举足轻重的地位。1992 年《生物多样性公约》是第一个为生物多样性保护提供法律框架的国际公约,其确立了 3 个主要目标:保护生物多样性、对于其组成部分的可持续性利用、公平及平等地享有由利用基因资源而产生的收益。[4] 1995 年《鱼类种群协定》旨在保证对跨界鱼类种群和高度回游鱼类种群的长期保护以及可持续利用。[5] 需特别指出的是,此协定要求国家之间团结协作以确保在国家管辖海域的治理措施和公海治理措施之间有一致性。[6] 因此,本文亦将检视上开二国际法律文件对"善治"的阐述,至于其他国际环境公约的规定以及国家实践则会在论证过程中在相应的位置呈现。

海洋法政学界逐渐意识到需要以一种更广阔的形式来进行海洋治理,于是开始倡导更加整合性以及一体化的治理途径。[7] 这种想法开始在国际会议和诸如《里约宣言》等国际宣言中得到反响。[8] 本文重点论述"善治"的概念以及此概念发展初期在国际法律文件体

---

〔1〕 Apart from MARPOL 73/78, there is another convention relating to the pollution from vessels, which is the Internation-al Convention on Civil Liability for Oil Pollution Damage 1992, but this convention was adopted to ensure that adequate compensation is available to persons who suffer oil pollution damage resulting from maritime casualties involving oil-carrying ships and places the liability for such damage on the owner of the ship from which the polluting oil leaked or was discharged.

〔2〕 Convention on Biological Diversity(Rio de Janeiro),5 June 1992, came into force on 29 December 1993, 31 ILM (1992), 822. At time of writing, there are 190 parties to the 1992 Convention on Bio-logical Diversity.

〔3〕 Agreement for the Implementation of the Provisions of the United Nations Convention on the Law of the Sea of 10 Decem-ber 1982 Relating to the Conservation and Management of Straddling Fish Stocks and Highly Migratory Fish Stocks (New York), 4 December 1995, came into force on 11 December 2001, 34 ILM(1995), 1542. At time of writing, there are 66 parties to the1995 United Nations Fish Stocks Agreement.

〔4〕 1992 Convention on Biological Diversity, Preamble.

〔5〕 1995 United Nations Fish Stocks Agreement, art. 2.

〔6〕 UN Oceans and Law of the Sea website, Accessed 8 April 2010. www. un. org/Depts/los/convention_ agreements/convention_ overview_ fish_ stocks. htm.

〔7〕 Mariam Sara Repetto, "Towards an Ocean Governance Framework and National Ocean Policy for Peru", The Nippon Foun-dation of Japan Fellow, 2005. Accessed last visited 21 July2008. www. un. org/depts/los/nippon/unnff_programme_home/fellows_pages/fellows_papers/repetto_0506_peru. pdf, pp. 8 – 9; Seoung – Yong Hong and Young, "Tae Chang, Integrated Coastal Management and the Advent of New Ocean Governance in Korea: Strategies for Increasing the Probability of Suc-cess", *The International Journal of Marine and Coastal Law* 2, 1997, p. 142; General Assembly of the United Nations, O-ceans and Law of the Sea-Report of the Secretary-General, A/60/63, 4 March 2005, 80.

〔8〕 United Nations, Report of the United Nations Conference on Environment and Development, Annex I, Rio Declaration on Environment and Development, UN Doc. A/CONF. 15/26(Vol. I)(1992)(Rio Declaration); Gillian D. Triggs, *International Law: Contemporary Principles and Practices* Australia, Lexis Nexis Butterworths, 2006, pp. 803 – 804; Philippe Sands, *Principles of International Environmental Law*, 2d ed., Cambridge: Cambridge University Press, 2003, pp. 4 – 5.

现的形式。笔者由1972年6月在瑞典首都斯德哥尔摩举行的联合国关于人类环境大会中作出的公告,[1]1992年6月在巴西首都里约热内卢举行的联合国环境与发展大会[2]和2002年9月在南非首都约翰内斯堡举行的联合国可持续发展的世界峰会[3]观察到,在这几次会议所代表的30年间,"善治"这个概念正逐渐成熟为一个可以被接受的概念,并且逐渐呈现在国家决策过程中。

正如在1992年的里约会议上所达成的共识,环境保护与社会和经济的发展是可持续发展的基础,为了达到此发展目标,国际社会通过了名为《21世纪议程》(Agenda 21)的全球方案,[4]其中第17章专门在处理海洋问题,其目标为:"保护海洋,所有各种海洋,包括封闭和半封闭的海洋,海岸地区及其保护,其中生物资源的合理开发与利用。"尽管前面所提及的国际法律文件有许多是具"软法"性质的非条约义务,然而,却是国际法律秩序的基础组成部分。本文以下将针对"善治"的8个要素以及国际法律文件如何阐述此8个要素展开论述。

三、国际法与海洋善治

国际法与国际组织在各国合作保护其本地的、区域的和全球的海洋环境所做的努力中扮演了重要角色。诚如前已提及,透过相关文献的检索,本文将海洋善治的要素归纳如下:法治、公众参与、透明化、基于共识之决策、责任性、公平与兼容并蓄、回应性以及一致性。下文将为海洋善治的要素在国家实践中的形态举出实例,目的在于确保国家在贯彻海洋善治的作为时,能更精确地掌握每一项国际法律义务的内涵。

(一)法治

法治这个要素强调的是所有的法律、法规必须通过适当的媒介公布,并且应公平、有效地实施。此外,决策者与治理者在制定决策时也应遵循法治的要求。下文将检视相关国际法律文件,并提供法治这一要素相关的例证。

1982年《海洋法公约》规定国家有义务透过制订法律、规章、措施、规则、标准和建议的办法及程序来防止、减少和控制因人类各种海洋利用活动而造成的污染。[5] 而国家所制定

---

〔1〕 Stockholm Declaration of the United Nations Conference on the Human Environment, UN Doc. A/CONF. 48/14 (1972)(XXVII), UNGAOR, 27thsess., 2112thplen. mtg, UN Doc. A/RES/2994(XXVII).

〔2〕 United Nations publication, Sales No. E. 73. II. A. 14 and corrigendum, ch. I.

〔3〕 Adopted at the 17th plenary meeting of the World Summit on Sustainable Development, on 4 September 2002, see chap. VIII of the Summit Report.

〔4〕 United Nations, "Report of the World Summit on Sustainable Development", 2002. Accessed 8 April 2010. http://www.un.org/jsummit/html/documents/summit_docs/131302_wssd_report_reissued.pdf.

〔5〕 1982 UNCLOS, arts. 207.1 and 207.5; 208.1 and 208.2; 209.2; 210.1, 2 and 3; 211.2; 212.1 and 212.2.

的法律、规章和措施的效力应不低于国际规则、标准和建议的办法及程序。[1] 至于国家针对控制海洋污染活动所采取措施的实施评价，则是通过主管的国际组织或者外交会议来完成。[2] 1982年《海洋法公约》授予各国非常大的裁量空间以按照其能力使用其所掌握的最切实可行方法来防止、减少和控制任何来源的海洋环境污染。[3] 简言之，1982年《海洋法公约》规定各国有不对海洋环境造成损害的义务，而此义务已被广泛接受为习惯国际法。[4] 国家因此有义务遵循1982年《海洋法公约》所确立的规则，并将这些规则转化为其国内法律、法规。上述国内法律或法规的内容必须尽可能地清楚，且尽可能地涵盖所有有关海洋治理之事宜。[5]

遵循法治原则的思潮在《MARPOL73/78防污公约》中可以得到印证，因"各缔约国承担义务实施本公约及对其有约束力的本公约附则的各项规定，以防止由于违反公约排放有害物质或含有这种有害物质的废液而污染海洋环境。"[6] 为达上述目标，各缔约国可以颁布国内法来规制船舶证书以及检查船舶的特殊规定。[7] 缔约国有权拒绝外国船只进入"他所管辖港口或近海装卸站，或对之采取任何行动，则该缔约国应立即通知该船的船旗国的领事或外交代表，如无此可能，则应立即通知该船主管机关。"[8] 各缔约国必要时应运用本公约之规定以保证不给予非本公约缔约国的船舶较为优惠的待遇。[9] 由上述可知，《MARPOL73/78防污公约》缔约国应在公约授权范围内颁布相应之国内法。此外，这些法律应被平等且公平地执行，不管是针对条约缔约国或是非缔约国。针对《MARPOL73/78防污公约》范围内各事宜所颁布的法律、命令和规则以及其他文件的文本都应当提交给国际海事组织（International Maritime Organization，IMO）。[10] 该组织有权监督《MARPOL73/78防污公约》的执行情况，因此当各缔约国之海事主管机关在作出行政行为之时，即有义务遵守上述之法治原则。

根据1992年《生物多样性公约》的规定，各缔约国有义务"管制或管理保护区内外对保护生物多样性至关重要的生物资源，以确保这些资源得到保护和持久使用。"[11] 各缔约国同时也有义务"制定或维持必要立法和/或其他规范性规章，以保护受威胁物种和群体。"[12]

[1] 1982 UNCLOS, arts. 208.3; 209.2; 210.6 and 211.2.

[2] Ibid., arts. 213, 214, 216, 217.

[3] Ibid., art. 194.1.

[4] Nuclear Tests case (Australia v. France) (1974) ICJ Reports 253 at 389; United States v. Canada, 3 RIAA (1941), 1907.

[5] 1982 UNCLOS, arts. 194.3 and 207.5.

[6] MARPOL 73/78, art. 1.1.

[7] Ibid., art. 5.

[8] Ibid., art. 5.3.

[9] Ibid., art. 5.4.

[10] Ibid., art. 11.1(a).

[11] 1992 Convention on Biological Diversity, art. 8(c).

[12] Ibid., art. 8(k).

各缔约国应该采取立法、行政及政策措施以确保国际法被公平且平等[1]地遵守。[2] 据此，缔约国有义务颁布与1992年《生物多样性公约》相一致的国内立法，且这些法律应被公平且平等地执行。

最后，在国内立法层面，一个清晰以及平等的法治理念是不可或缺的要素。正如1992年《里约宣言》所指出的，“各国制定有效的环境立法。环境标准、管理目标和优先次序应该反映它们适用的环境及发展范畴。”[3]同时，各国也应制定关于污染和其他环境损害的责任和赔偿受害者的国家法律。[4] 而上述这些措施不应该成为“一种任意或无理歧视的手段，或是变相的限制。”[5]1992年《里约宣言》确立了为保护环境而颁布环境法的必要，且环境法应被公平且平等地执行。

综上所述，国际法律实践已为如何适当颁布法律提供了范例。国际法律文件也强调公平且有效执行法律的必要。因此，在国内层面上，决策者和治理者应该在其决策过程中遵守以上所述的法治原则。

（二）公众参与

本文以下将从国际法律实践中选取例子来解释说明公众参与，本文亦会探讨公众参与活动在实践中是如何被展开的。

1998年《在环境问题上获得信息、公众参与决策和诉诸法律的公约》（Convention on Access to Information, Public Participation in Decision-Making and Access to Justice in Environmental Matters，以下简称1998年《奥胡斯公约》）[6]将公众参与描述为：“使公众有机会表明自己的关切并使公共当局能够对这些关切给予应有的考虑。”[7]1998年《奥胡斯公约》建立了详尽且清晰的国际法律义务，促使缔约国将公众参与的要求包含进其决策过程之中。这些国际法律义务包括：对特定决策活动的公众参与，[8]涉及环境的相关计划、方案及政策的公众参与，[9]执行规章和其他有法律约束力的通用准则文书之制定过程中的公众参与。[10] 因此，各缔约国在时间许可范围内“应大力促进公众能够在各种备选办法确定

〔1〕 1992 Convention on Biological Diversity, art. 15(7).

〔2〕 Ibid., art. 16(3).

〔3〕 1992 Rio Declaration, prin. 11.

〔4〕 Ibid., prin. 13.

〔5〕 Ibid., prin. 12.

〔6〕 Convention on Access to Information, Public Participation in Decision-Making and Access to Justice in Environmental Matters (Aarhus), 25 June 1998, came into force on 30 October 2001, 38 ILM (1999) 517. There are 40 parties to the 1998 Aarhus Convention including European Union.

〔7〕 1998 Aarhus Convention, Preamble.

〔8〕 Ibid., art. 6.

〔9〕 Ibid., art. 7.

〔10〕 Ibid., art. 8.

之前的一个适当阶段,有效参与公共当局拟订可能会对环境产生重大影响的执行规章和其他有法律约束力的通用准则文书的工作。"[1]各缔约国也有义务"安排公众及早参与准备各种方案以供选择并让公众能够有效参与。"[2]

除此之外,1992年《生物多样性公约》要求缔约国应尽可能"采取适当程序,要求其能对生物多样性产生严重不利影响的拟议项目进行环境影响评估,以期避免或尽量减轻这种影响,并酌情允许公众参加此种程序。"[3]据此,公众在公权力主管机关决策过程中的参与便不再仅是一种政治宣示,而是一项有法律约束力的义务。

除了以上"硬法"(hard law),1992年《里约宣言》同样表明公众参与决策过程有其必要性。正如1992年《里约宣言》所宣称:"妇女在环境管理和发展方面具有重大作用。因此,她们的充分参加对实现可持续发展至关重要。"[4]"应调动世界青年的创造性、理想和勇气,培养全球伙伴精神。"[5]此外,"土著居民及其社区和其他社区由于他们的知识和传统习惯,在环境管理和发展方面具有重大作用。各国应承认和适当支持他们的特定文化和利益,并使他们能有效地参加实现持久的发展。"[6]最后,"各国人民应诚意地一本伙伴精神,合作实现本宣言所体现的各项原则,并促进可持续发展方面国际法的进一步发展。"[7]

《21世纪议程》的第17章宣称应"尽可能让有关个人、团体和组织接触有关资料,让他们有机会在适当级别上进行协商和参与规划和决策"。[8] 此外,"同地方管理当局、商业界、学术界、资源用户群体和一般民众协商沿海和海洋问题",[9]亦是公众参与不可或缺的要素之一。然而,若缺乏合理的评价机制,决策过程就不可能完整。故而有必要"检讨现有的体制安排,以探寻并采取对可持续发展实质有效的适当机构改革,包括在规划过程中部门间协调与社会参与。"[10]

2002年《约翰内斯堡宣言》(Johannesburg Declaration)强调平等的公众参与在决策过程中的关联性。此宣言宣称:"可持续发展需放长眼光及广泛参与,我们以社会伙伴的角色将持续与主要团体维持稳定的伙伴关系。"[11]足见,涉及所有主要群体的持续而稳定的合作关系,是公众参与的重要组成部分。因此,"敦促全球人类,不论何种种族、语言、宗教、文化及

---

〔1〕 1998 Aarhus Convention, Preamble, art. 8(a).

〔2〕 Ibid., art. 6(4).

〔3〕 1992 Convention on Biological Diversity, art. 14(a).

〔4〕 1992 Rio Declaration, prin. 20.

〔5〕 Ibid., prin. 21.

〔6〕 Ibid., prin. 22.

〔7〕 Ibid., prin. 27.

〔8〕 Agenda 21, para. 17.5(f).

〔9〕 Ibid., para. 17.17(b).

〔10〕 Ibid., para. 17.128(e).

〔11〕 2002 Johannesburg Declaration, para. 26.

传统等,应积极进行对话与合作”,[1]对达到公众参与的目标有其必要性。由此不难看出,国际法律文件规定了确保公众参与的义务,而这将会带来决策过程的开放性。虽然在条约的文本中并没有提供公众参与的确定形式,一个可行的方式是通过咨询来实现。[2] 综上所述,公众应该有机会参与有关环境的决策、考量、计划、项目和政策,也应获得参与行政法规及其他法律文件制定的过程。

(三)透明化

透明化强调公权力机关需公开环境信息,其中包括关于决策的信息。同时,环境信息发布的形式亦非常重要,本文以下将从国际法律实践的视角来诠释透明化要素的形式。

1982年《海洋法公约》设定了实质性的决策规则和标准以促进透明化,其中包括:对即将发生或者已经实际发生的损害的通知;[3]发展对污染的应变计划;[4]推动学术研究项目以及信息与数据的交换,为法规提供科学标准,以及污染风险或者影响的管理与监视,[5]以上所述皆必须被纳入环境评估报告中。[6] 据此,1982年《海洋法公约》赋予缔约国应积极主动地以环境评估报告的形式公开或交换环境信息的义务。缔约国应将上述报告提交给相关国际组织,之后通过国际组织将该报告公开,以提供所有成员方参阅。[7] 在1982年《海洋法公约》所阐述的例子中,透明化是相对于其他国家而言的,而不是针对一般民众。因为在1982年《海洋法公约》中并未提及需将公权力机关的会议记录公布给一般民众,并且从国家的角度观察,1982年《海洋法公约》所要求的是有限制的透明化,因为只有特定信息才会被公开而非决策相关信息。尽管如此,1982年《海洋法公约》依然为透明化在法律实践中提供了范例。

1995年《鱼类种群协定》第12条强调,区域及次区域渔业管理组织及安排,其决策过程以及其他活动有必要透明化。[8] 为达成上述目标,缔约国应该“建立国家档案记录获准在公海捕鱼的渔船的资料,并根据直接有关国家要求提供利用档案所载资料的机会,考虑到船旗国关于公布这种资料的一切国内法律。”[9]此例中,透明化只是针对缔约国而言,没有直接提到将公权力机关的会议记录向一般民众公开。因此,亦仅为国际决策层面上的透明化,而非在国内决策层面的透明化。尽管如此,依然为国内法律实践提供了值得参考的

---

〔1〕 2002 Johannesburg Declaration, para. 17.

〔2〕 Agenda 21, para. 17.17(b).

〔3〕 1982 UNCLOS, art. 198.

〔4〕 Ibid., art. 199.

〔5〕 Ibid., arts. 200 and 201.

〔6〕 Ibid., arts. 204, 205 and 206.

〔7〕 Ibid., art. 205.

〔8〕 1995 United Nations Fish Stocks Agreement, art. 12.2.

〔9〕 Ibid., art. 18.3(c).

范例。

关于善治要素中透明化的国际法律义务在1998年《奥胡斯公约》中被体现出来，根据1998年《奥胡斯公约》第3(1)条规定，“每个缔约方应采取必要的立法、规章和其他措施，包括旨在使各种落实本公约关于信息、公众参与和诉诸法律的规定相互匹配的措施，以及恰当的执行措施，以建立和保持一个落实本公约各项规定的明确、透明和连贯一致的框架。”缔约国也有义务“确保各级官员和部门在环境问题上协助和指导公众设法获取信息、促进参与决策和诉诸法律。”〔1〕公权力机关还必须公开民众所要求知道的信息，当公权力机关拒绝公开信息之请求时，必须考虑拒绝透露信息给公众利益造成的影响，也应当考虑公众所要求知悉的信息是否与环境保护有关的排放信息有关。〔2〕

同时，在国家的立法框架内，公权力机关有义务获取并更新环境信息，且建立一个强制性的制度，以便能够及时地向有利害关系的公众成员提供全部信息。〔3〕随着电子数据库的建立，环境信息的传播更加迅速，通过公共电子通信网络，一般民众可以很容易地进入电子资料库查阅。这些信息应当包括环境状况的报告、立法的文本、有关环境的相应政策、计划和方案及环境协定。〔4〕1998年《奥胡斯公约》第6(2)条阐明，“在一项环境决策程序的初期，应充分、及时和有效地酌情以公告或个别通知的方式向所涉公众告知各种信息。”最后，缔约方应建立检视国内立法及政策的机制，以确保国内立法与政策跟国际环境相关的条约、协定相一致。因此，在环境保护领域中，建立一个国内层面的评价机构有其必要性。〔5〕更重要的是，1998年《奥胡斯公约》所阐述的透明化是面向公众的开放义务，而不像前述几个条约那样单单针对缔约国的开放义务。值得注意的是，该公约规定缔约国公权力机关有义务公布其会议记录，此点在法律实践中十分重要。〔6〕

1992年《OSPAR公约》确认了缔约国公权力主管机关有义务将相关信息以书面、视频、音频及数据库的形式公之于众，这些信息包括海洋地区状态的信息、关于会负面影响或者可能影响海洋环境之活动或者措施的信息、关于依照公约引入的活动或者措施的信息，〔7〕上述这些信息都应当为公众所知悉。此外，政府应当回应公众知悉信息的请求，不得要求公众证明其有利害关系，且不得收取不合理之费用。〔8〕如有进者，缔约国应有规律地每隔一段时间即发布海洋环境与其发展质量等级的综合评估。上述评估应包含对于为保护海

---

〔1〕 1998 Aarhus Convention, art. 3(2).

〔2〕 Ibid., art. 4(4).

〔3〕 Ibid., art. 5(1), (2).

〔4〕 Ibid., art. 5(3), (4), (7).

〔5〕 Ibid., art. 5(5), (6), (8) – (10).

〔6〕 Ibid., arts. 4, 5.

〔7〕 1992 OSPAR Convention, art. 9.2.

〔8〕 Ibid., art. 9.1.

洋环境而策划或实施之措施之有效性所进行的评估,以及对行动优先事项的确认。[1] 在此公约中透明化的要求仅针对缔约国而言,信息不是对公众公开,且在此公约中没有明确提到公权力机关必须向公众公开会议记录。公约所要求公开的信息主要集中在对海洋环境会有影响的活动,而非与决策有关的讯息。然而,1992年《OSPAR公约》却再次为国内法律实践提供值得参考的实例。

在国内层面上,正如1992年《里约宣言》所称,任何个人应享有以合理途径获悉公权力机关所掌握的有关环境之信息。这些信息不仅包括关于社区中有害物质及活动的信息,也包括参与决策过程的机会,国家应以广泛公布信息的形式来推动并鼓励公众的意识及参与,同时应向公众提供关于包括赔偿与纠正在内的有效司法程序及行政程序的途径。[2]

为回应上述观点,《21世纪议程》第17章声明各国应提升其在可持续利用海洋资源方面的信息收集、分析、评价和运用能力。以上环境信息应当包括:人类活动对海岸及海洋地区所造成的环境影响;[3] 酌情并且根据自己所掌握的手段和适当顾及自己的科学技术能力和资源,对海洋环境状况进行有系统的观察;[4] 必要时应加强或建立国家海洋学科技委员会或相当机构,以发展、资助和协调海洋科学活动,并同国际组织密切合作。[5] 且政府有义务在使用与环境相关的贸易措施时确保其透明化。[6] 如前所述,尽管《21世纪议程》强调的是在国家之间的环境信息交换,却已清楚揭示在国家层面上应该为公众所知悉的信息的种类。若与1998年《奥胡斯公约》和其他旨在促使决策过程透明化的国际条约相结合,这便意味着必须使公众能清楚地了解决策是以科学证据为基础的。

由上文论证可知,国际法律实践强调公布环境信息的必要。电子数据库被认为是公众获取环境信息的主要方式,因公众可以很容易通过电子通信网络进入电子数据库。上述的环境信息应该包括环境状态报告、环境立法、政策、计划、方案等。1998年《奥胡斯公约》要求缔约国公布与决策有关的所有环境信息,而其他国际法律文件仅要求公布特定种类的信息。除1998年《奥胡斯公约》外,其他国际法律文件不要求向公众公布公权力机关的会议记录,这将相当程度地削弱透明化政策的实施。当前,国际法学界正朝着接受并贯彻1998年《奥胡斯公约》的方向前进,若公权力机关依法需强制性地向公众公布所有的会议记录,透明化政策将会得到进一步巩固。但可预见,法律实践中理想与现实将会有一段不小的差距。

---

[1] 1992 OSPAR Convention, art. 6.

[2] 1992 Rio Declaration, prin. 10.

[3] Agenda 21, para. 17. 8.

[4] Ibid., para. 17. 35.

[5] Ibid., para. 17. 114.

[6] Ibid., para. 17. 118.

(四)基于共识之决策

基于共识之决策的核心理念在于任何个人、官员或团体都无权将其决定或观点强加给他人,不管是通过多数人投票或是其他方式。[1] 国际法律文件如何阐述基于共识之决策这一要素呢?为探寻此问题的答案,下文将会由国际法律文件中选取实例来说明。

基于共识之决策最直接的证据来自国际贸易法。[2] 正如1994年《建立世界贸易组织协定》(Agreement Establishing the World Trade Organization)[3]第9条所明确阐述,世界贸易组织应沿袭1947年《关税及贸易总协定》继续实施基于共识之决策的做法。1994年《建立世界贸易组织协定》进一步将基于共识之决策解释为:当作出决定之时,若出席会议之WTO会员没有对所提议的决定提出正式反对,即表明对该决定已达成共识。[4] 若决定无法经由WTO会员共识作出,WTO架构下的协定还有补充性的规定,即决定可以通过多数决投票的方式作出,但要求必须以合格多数的形式作出。[5]

法律证据亦存在WTO之附属机构,例如争端解决机构(Dispute Settlement Body),举例而言,1994年《关于争端解决规则与程序的谅解》(Understanding on Rules and Procedures Governing the Settlement of Disputes)[6]表明,争端解决机构根据此规则与程序的谅解所作出之决定,应基于共识之基础。争端解决机构的目的在于确保贸易纠纷能够得到正面的解决,即探寻一个为争议各方都能够普遍接受的解决方案,[7]且是以贸易冲突各方的共识意见为必要,而非争端解决机构本身,因此贸易冲突各方拥有主要的话语权。[8] 此外,还需特别注意,对于一些重要的决定,例如,建立争端解决小组的决定、[9]采纳争端解决小组的意

---

〔1〕 "National Marine Sanctuaries, Monterey Bay, Joint Management Plan Review Working Group-Consensus Based Decision Making". Accessed 8 April 2010. www. sanctuaries. noaa. gov/jointplan/mb_docs/mb_consensus. pdf; Dr John Robert Dew, "Consensus Based Decision Making". Accessed 8 April 2010. bama. ua. edu/ ~ st497/ppt/consensusbaseddecision. ppt.

〔2〕 See also Miquel I. Mora, "A GATT with Teeth: Law Wins over Politics in the Resolution of International Trade Disputes", *Columbia JIL* 31, 1993 – 1994, pp. 142 – 143; Raymond Vernon, "The World Trade Organization: A New Stage in International Trade and Development", *Harvard ILJ* 36, 1995, pp. 336 – 337; Steven P. Croley & John H. Jackson, "WTO Dispute Procedures, Standard of Review, and Deference to National Government", *AJIL* 90, 1996, pp. 193 – 213; Robert E. Hudec, *Enforcing International Trade Law—The Evolution of the Modern GATT Legal System*, Butterworth Legal Publishers, 1993, pp. 357 – 366.

〔3〕 The Agreement Establishing the World Trade Organisation, Marrakesh, Morocco, on April 15, 1994, came into force on 1 January 1995, 33 ILM(1994), 1144.

〔4〕 Ibid., footnote, art. Ⅸ.

〔5〕 Ibid., arts. Ⅸ(1), Ⅸ(3)(a) and Ⅹ.

〔6〕 "Understanding on Rules and Procedures Governing the Settlement of Disputes", ILM33, 1994, 1226.

〔7〕 Ibid., art. 3. 7.

〔8〕 N. David Palmeter & Peter C. Mavroidis, *Dispute Settlement in the World Trade Organization—Practice and Procedure*, Cambridge, Cambridge University Press, 2004, p. 15.

〔9〕 1994 Understanding on Rules and Procedures Governing the Settlement of Disputes, art. 6. 1.

见、[1]上诉机构的报告,[2]以及授权暂停特权及其他义务等,[3]共识的要求实际上是一种“消极共识决”。[4] 所谓消极共识决即争端解决机构有权依其职权作出决定,除非WTO全体会员一致要求不采纳该决定。[5] 因争端解决小组中至少会有一个成员持反对意见,所以在采纳争端解决小组的意见、上诉机构报告以及授权暂停特许权的问题上,极不可能会有共识不采取这些决定。因此,旨在解决贸易争端的WTO争端解决机构并不要求缔约方的投票。“全票通过”的方法被应用于1992年《OSPAR公约》的委员会中,[6]虽然这并非一般所认为的基于共识之决策,但若与缔约各方有义务协调其政策和策略相结合,亦为基于共识之决策提供一个值得参考的范例。

虽然基于共识之决策被认为是海洋善治的一个重要因素,但在治理海洋环境的相关国际法中并没有清楚表明如何能实现这一点。尽管如此,国际贸易法强调在诉诸多数决投票之前需努力寻求达成共识的重要性。基此,不难推断在国内法层面,非常难找到支持基于共识之决策的法律证据。但有一点非常重要,即所有相关各方的意见皆应得到尊重。

(五)责任制

下文将以国际法律文件为例来论述责任制的内涵。根据1972年《伦敦公约》规定,缔约国政府有权在其领土范围内对其公民及海洋生物可能造成之危害采取行动,[7]此规定可以推导出一国际法律义务,即确保倾倒行为不会引起任何可能的危害,且若引起危害,国家负有在污染引起进一步危害之前,对其进行控制或处理的义务。[8] 1972年《伦敦公约》第6(4)条进一步规定,缔约国有义务向国际海事组织及其他缔约国报告其所运用的信息、标准、措施和要求。[9] 1972年《伦敦公约》的1996年《议定书》第9.4条回应该公约之精神,规定国家治理海洋环境的相关法律文件应每年或定期提交给国际海事组织,或在适当的情况下提交给其他缔约国,此规定进一步强化缔约国应负之责任。上述报告每年将会由协商会议来审查,[10]1972年《伦敦公约》以及其1996年《议定书》规定,公权力机关有义务控制倾倒行为,此公约义务之监督则由国际海事组织和其他缔约国为之。就外部责任而言,缔

---

〔1〕 1994 Understanding on Rules and Procedures Governing the Settlement of Disputes, art. 16.4.

〔2〕 Ibid., art. 17.14.

〔3〕 Ibid., art. 22.6.

〔4〕 Other decisions of the DSB, such as the appointment of the Members of the Appellate Body, are taken by "normal" con-sensus.

〔5〕 Peter van den Bossche, "The Law and Policy of the World Trade Organization", Cambridge, Cambridge University Press, 2005, pp. 229 – 230; World Trade Organization, "A Handbook on the WTO Dispute Settlement System", Cambridge, Cam-bridge University Press, 2004, pp. 60 – 62.

〔6〕 1992 OSPAR Convention, arts. 10 and 11.

〔7〕 1972 London Convention, art. Ⅵ(1)(a), (b), (2), (3) and Annex Ⅲ.

〔8〕 Ibid., art. X and its 1996 Protocol, art. 15.

〔9〕 Ibid., art. Ⅵ(4).

〔10〕 Ibid., art. ⅩⅣ 4.

约国对国际海事组织及其他缔约国负责。若缔约国没有履行其义务,则协商会议可能采取用来决定例外或者紧急情况的程序,[1]协商会议也可能会考虑采取任何附加性的行动。[2]

根据《MARPOL73/78 防污公约》规定,所有缔约国必须禁止及采取措施以防止违反公约的行为。此外,缔约国必须接受由其他缔约国根据法律所核发之证书,且其他缔约国所发之证书与缔约国自己的证书具有相同效力。[3] 缔约一方船舶在其他缔约方港口或近海装卸站时可能会被检查,以查明该船是否持有合法有效的证书,除非有明确的理由相信船只或者其设备的状况实质上不会与执照的主要内容相左。[4] 若该船只确实拥有证书,实施检查之缔约国应确保该船只在启航前不会给海洋环境带来不合理的危害威胁。[5] 此公约条款意味着负责实施检查之缔约国有责任采取任何措施以防止海洋污染或海洋污染所造成的威胁。若检查之结果显示该船只违反公约,实施检查之缔约国应提交一份报告给违规船只所属国的政府。[6] 船只所属国政府应尽快向实施检查之缔约国通知违规行为之处理方式,并且需通报国际海事组织。[7] 这意味着,实施检查之缔约国与船只所属国应相互负有义务并对国际海事组织负责。[8]

缔约国还应将《MARPOL73/78 防污公约》适用于非该公约缔约国的船只,并保证不会给非缔约国船只更优惠的待遇。[9] 此外,《MARPOL73/78 防污公约》还有关于检查违规和执行情况的规定,如在港口中检查船只有无排放有害物质、要求对涉及有害物质事件的报告以及与国际海事组织之间的信息交流、技术合作。[10] 这皆为缔约国之责任。

缔约国必须遵守 1992 年《OSPAR 公约》以及其委员会所作出的决定或建议。[11] 缔约国对下列事项负有定期向委员会报告之义务,包括:(a)缔约国采取的法律、法规或者其他措施,执行公约以及依据公约所作出之决定、建议,包括为阻止和惩罚违反公约行为而采取的措施。(b)本条(a)项所提到之措施的有效性。(c)执行本条(a)项措施时所遇到之问题。[12] 反之,委员会也应主动评价缔约国实施公约及依据公约所作出的决定及建议的情况。[13] 在适当的情况下,委员会可提议使公约获得充分履行的方案,并推动该建议方案的

---

〔1〕 1972 London Convention, art. XIV 4(e).

〔2〕 Ibid., art. XIV 5.

〔3〕 MARPOL 73/78, art. 5.1 and 2.

〔4〕 Ibid., art. 5.2.

〔5〕 Ibid.

〔6〕 Ibid., art. 6.2.

〔7〕 Ibid., art. 6.4.

〔8〕 Ibid., arts. 4.3 and 6.4.

〔9〕 Ibid., art. 5.4.

〔10〕 Ibid., arts. 6, 8, 11 and 17.

〔11〕 1992 OSPAR Convention, art. 23.

〔12〕 Ibid., art. 22.

〔13〕 Ibid., art. 23. a.

实施,其中包括协助缔约国履行其义务的措施。[1] 此公约之规定表明,缔约国应该对1992年《OSPAR公约》委员会负责而不是对其国民负责。在国内法层面的实践上,任何缔约国都应依据本国法律对其国民负责。1992年《OSPAR公约》使用了"主管机关"[2]一词来代表有资格处理海洋污染的公权力机关,但却没有针对各海洋治理机关之管辖权范围作出区分。

国际法院在核武器案(Nuclear Weapons case)中肯定各国的首要义务即确保其活动不会给其他国家带来危害或者潜在危害。[3] 这边所提及之习惯法的实质内容正以通过特定条约协商的方式快速演进,其中一些内容已在上文讨论。在国内层面,其中一些条约确实强调主管机关对海洋污染负责的重要性,但却没有明确各海洋治理机关之管辖权范围。因此,给缔约国留下充分的裁量空间,缔约国可自主决定其海洋政策,以及确保其法律体系对防止和控制海洋污染作出规定。例如,主管机关之部长应对国会和公众负责。[4] 基此,国家应在其行政组织上作出必要的调整,以确保其政策、优先权以及资源使用等方面皆朝"海洋善治"的目标迈进。[5]

公平与兼容并蓄这一要素的目标在于尊重个体的权利与利益。国际法律文件如何阐述公平与兼容并蓄呢?1972年《伦敦公约》要求缔约国采取一切可行的方法来防止海洋污染。[6] 此外,1972年《伦敦公约》及其1996年《议定书》要求对地区特性的认知,以求和谐的方式发展。[7] 1996年《议定书》进一步呼吁缔约国应将发展中国家以及正向市场经济转型的国家之特殊需要考虑在内。[8] 此规定有助于实现公平与兼容并蓄的决策,但仅停留在国际层面。尽管如此,仍可提供国内层面海洋治理相关决策之参考。

1992年《生物多样性公约》旨在"公平合理分享由利用遗传资源而产生的惠益;实现手段包括遗传资源的适当取得及有关技术的适当转让,但需顾及对这些资源和技术的一切权利,以及提供适当资金。"[9]为实现上述目标,缔约国应"尊重、保存和维持土著和地方小区体现传统生活方式而与生物多样性的保护和持久使用相关的知识、创新和做法并促进其广泛应用,由此等知识、创新和做法的拥有者认可和参与其事并鼓励公平地分享因利用此等知识、创新和做法而获得的惠益。"[10]1995年《鱼类种群协定》强调有必要确保小规模经营、

---

[1] 1992 OSPAR Convention, art. 23. b.

[2] Ibid., art. 9.

[3] Nuclear Weapons case, ICJ Reports 1996, 266. See also Nuclear Tests Examination Request (New Zealand v. France), ICJ Reports 1995, 288 at 306; Yen-Chiang Chang, Legality of the Threat or Use of Nuclear Weapons, 37 Energy Policy (2009), 2131 – 2135.

[4] Yen-Chiang Chang et al., "Ship Recycling and Marine Pollution", *Marine Pollution Bulletin* 60, pp. 1390 – 1396.

[5] Yen-Chiang Chang & Nannan Wang, Environmental Regulations and Emissions Trading in China, 38 Energy Policy (2010), pp. 3356 – 3364; Agenda 21, para. 116.

[6] 1972 London Convention, art. I.

[7] Ibid., art. Ⅷ and its 1996 Protocol, art. 12.

[8] 1996 Protocol to the 1972 London Convention, art. 13. 1. 5.

[9] 1992 Convention on Biological Diversity, art. 1.

[10] Ibid., art. 8(j).

手工捕鱼的渔民以及女性加工者能进入渔场,并确保发展中国家的原住民,特别是面积小,地处岛屿的发展中国家的渔民能进入渔场。[1]

1972 年《伦敦公约》的 1996 年《议定书》[2]在面对以海洋作为废物排放地的问题上体现出其应对措施的重要变化,且 1996 年《议定书》较之公约更为严格。1996 年《议定书》鼓励国家采取旨在保护海洋环境的区域及国家法律措施,且这些法律措施应将特殊的环境及这些国家和地区的需要考虑在内。[3] 更重要的是,1996 年《议定书》要求必须考虑公共利益。[4] 足见,1996 年《议定书》要求当作出决定时需要考虑所有不同的状况。法律人格和能力平等的概念被各国普遍接受,此概念在 1998 年《奥胡斯公约》中有所阐明,规定"公众应能在环境问题上获取信息、参与决策和诉诸法律,不因公民身份、国籍或居所而受任何歧视,法人则不因注册地或有效活动中心所在地而受任何歧视。"[5]总而言之,不难看出上述这些国际法律文件都强调尊重个人权利与利益的义务。对可再生资源的利用[6]应该在公平和平等的基础之上进行,应给予少数弱势群体以特别的关注。法律人格与能力的平等将可以确保不受歧视地参与环境司法的可能性,而这些条约义务将可以相当程度提供国内决策时之参考。

回应性强调公权力机关在一特定时间内作出决定的必要性,此外,提供一个能够回应大众或者环境需要的法律系统或机制也是非常重要的。本文以下将从国际法律文件中列举有关回应性的法律实践。1982 年《海洋法公约》规定国家负有义务随时重新审查关于海洋污染控制及防止的规则、标准、建议采用的做法和程序。[7] 这个制度设计使缔约国在新问题出现时能够尽快作出调整以符合要求。在 1992 年《生物多样性公约》中,缔约国应"促进作出国家紧急应变安排,以处理大自然或其他原因引起即将严重危及生物多样性的活动或事件。"[8]此外,应"采取适当程序,要求就其能对生物多样性产生严重不利影响的拟议项目进行环境影响评估,以期避免或尽量减轻这种影响。"[9]1995 年《鱼类种群协定》则要求缔约国的决策过程以及时、有效的方式来促进养护及管理措施的采纳。[10]

1992 年《OSPAR 公约》要求缔约国对于任何合理的要求都应作出回应,并提供相关信

---

[1] 1995 United Nations Fish Stocks Agreement, art. 24. 2(b).

[2] The 1996 Protocol to the Convention on the Prevention of Marine Pollution by Dumping of Wastes and Other Matter (London), 7 November 1996, came into force on 24 March 2006, 36 ILM(1996), 1.

[3] Ibid., Preamble.

[4] Ibid., art. 3. 2.

[5] 1998 Aarhus Convention, art. 3(9).

[6] This part of the research cons Id ers only renewable resources, as exhaustible resources would be subject to further re-search.

[7] 1982 UNCLOS, arts. 207. 4; 208. 5 and 210. 4.

[8] 1992 Convention on Biological Diversity, art. 14(e).

[9] Ibid., art. 14(a).

[10] 1995 United Nations Fish Stocks Agreement, art. 10(j).

息,不得要求申请人证明其有利害关系,不得收取不合理费用,且提供信息应尽可能及时,时间上限不得超过2个月。[1] 此规定要求缔约国用平等且没有歧视的态度来对待所有倾倒废物的申请,且该规定要求缔约国在一特定时间内作出决定。此外,缔约国应尽可能采用最先进的技术以及最环保的方法,[2]以确保其决策机制能够积极地回应个人或环境的要求。基此,1992年《OSPAR公约》阐明公权力机关不仅仅有在限定时间内完成决策的法律义务,还有回应公众及环境现实需求的义务。

1998年《奥胡斯公约》对公权力机关之义务进一步作了规范,其规定"环境信息应尽快提供,最迟应在请求提交后一个月之内提供,除非由于信息的数量和复杂性而有必要延长这一时限,此种延长最多为提交请求后两个月,应向请求人通报任何此种延长及延长的理由。"[3]在拒绝申请人的请求时,公权力机关有义务确保对书面请求的驳回应以书面作出,请求人如要求对请求的驳回须以书面作出,也应如此办理,驳回应说明其理由并介绍如何利用复审程序。此外,"驳回应尽快并最迟在1个月之内作出,除非由于信息的复杂性而有必要延长这一时限,此种延长最多为提交请求后2个月,应向请求人通报任何此种延长及延长的理由。"[4]综上,1998年《奥胡斯公约》的规定为回应性要素提供了非常值得参考的实例。

国际法律实践以不同的方式强调回应性要素在善治中的重要性,由以上论述可知,国际法要求缔约国根据特定的情况在一特定的时间内作出决定。此外,国际法亦要求缔约国采取一切措施以确保公众和环境的现实要求能够被满足。如同《21世纪议程》第17章所称,国家应设计并实施合理的应对策略以面对气候变化及海平面上升所带来的环境、社会及经济影响,并准备应对意外事件的计划。[5] 基此,可预见上述这些规定亦会在国内立法中体现出来。

一致性决策强调各公权力机关之间决策的相互一致,且在不同的时代及机构中都具有合理性。为达上述目的,便需要一横向协调机构以推动整合性海洋治理政策,而去协调各不同公权力机关之职能。本文以下将从国际法律文件中探寻例子以阐述一致性要素。

根据1992年《生物多样性公约》的规定,缔约国都应"尽可能并酌情将生物多样性的保护和持久使用订入有关的部门或跨部门计划、方案和政策内",[6]并有义务将此概念引入国内的决策过程。[7] 1992年《OSPAR公约》委员会为所有的缔约国提供了一个论坛,在此论坛中,所有缔约国皆可评论海洋地区的状况,采取之措施的有效性,优先权以及是否需要附

---

〔1〕 1992 OSPAR Convention, art. 9(1).

〔2〕 Ibid., art. 2.2.

〔3〕 1998 Aarhus Convention, art. 4(2).

〔4〕 Ibid., art. 4(7).

〔5〕 Agenda 21, para. 17.128(g) and see also 17.100(c).

〔6〕 1992 Convention on Biological Diversity, art. 6(b).

〔7〕 Ibid., art. 10(a).

加或使用不同措施等。[1]《21世纪议程》第17章宣称国家应采取与国际法一致的有效措施来监视或控制可行的养护及管理活动,以达"善治"之目的,包括全面的、仔细的、精确的、迅速的通报系统。[2]

虽然国际法律实践强调了对整合性国家海洋政策的需要,却没有说明此目的应如何实现,亦没有明确指出为确保与国际法律义务相一致而监视相关活动的需要。实施一致性的一个可能的选项即建立一个跨部门的机构,以监督并协调海洋事务。然而,现代国际法中并没有明显的实例以支持上述观点。

四、结　　论

上述条约和软法文件指明了"海洋善治"在国际法律实践中的样态,在国内层面的实践上当然会有些微小的区别。但从以上论证可学到一些经验,包括法律应该以合理的途径颁布,应该平等且公平地执行,并且应该有效地实施。决策者在决策过程中负有依法行政之义务。

人们正日益意识到公众参与决策过程的必要性。然而对公众参与的需要并没有被国际法普遍认可。咨询仅限于缔约国、国际组织和专家之间,但却不包括公众。由此可以推断,在国家层面的实践上,关于决策的公众参与可能仅限于利益关系者和专家。

透明化要求将大量的环境信息公布给公众,向公众公开环境信息是1998年《奥胡斯公约》的核心价值,其他国际条约则更加侧重向其他缔约国及组织公布环境信息。从国际法中学到的重要经验即信息必须向利益关系者公布,不管是社会大众还是特定的利益关系者。将环境信息向社会大众公布正逐渐成为一种国际趋势,而此观察需要在国内层面上进一步被检视。

国际法律秩序强调个人的权利和利益,此理念也应在国内法层面上被落实。国际法律实践强调需根据具体情况在一个特定时间内作出决策。此外,国际法要求采取一切可行的措施以确保社会大众和公民的现实需要能够被满足。因此,建议在国内层面的决策应在一定时间内完成,且应反映社会大众和环境的要求,应属合理。

国际贸易法明确将基于共识之决策解释为当决定被作出时与会的会员没有正式提出反对。因此,在决策过程中寻求共识是相当重要的,当然需要在国内立法对寻求共识作出进一步的规定。根据习惯国际法,各国应该对其周边海洋环境负责且有权采取一切合理的措施来维持海洋环境的质量和控制海洋污染。然而,国际法没有规定公权力机关必须向国会和社会公众负责。

---

〔1〕 1996 OSPAR Convention, art. 10.2.

〔2〕 Agenda 21, paras. 17.51, 68, 108, 116.

最后,为协调不同区域的海洋治理方案,有必要实施整合性的国家海洋政策。上述措施的结果不仅是国家层面上更有效地治理海洋,更应落实于国家在该区域乃至全球层面上统一且一致的定位。其结果将会在解决海洋问题时帮助推动国家以及国际组织之间的合作,而最终达到在全球层面上更加一体化和更加有效地治理海洋。

(原载于《比较法研究》2013年第6期)

图书在版编目(CIP)数据

山大法学集萃：山东大学法学学科复办40周年纪念文集：全三卷/徐显明主编. -- 北京：法律出版社，2020

ISBN 978-7-5197-5208-8

Ⅰ. ①山… Ⅱ. ①徐… Ⅲ. ①法学－中国－文集
Ⅳ. ①D920.0-53

中国版本图书馆CIP数据核字(2020)第246830号

山大法学集萃
——山东大学法学学科复办40周年纪念文集
SHANDA FAXUE JICUI
—SHANDONG DAXUE FAXUE XUEKE FUBAN 40 ZHOUNIAN JINIAN WENJI

徐显明 主 编
周长军 李忠夏 副主编

策划编辑 朱 峰
责任编辑 解 锟
装帧设计 汪奇峰

出版 法律出版社
总发行 中国法律图书有限公司
经销 新华书店
印刷 中煤(北京)印务有限公司
责任印制 张建伟

编辑统筹 独立项目策划部
开本 787毫米×1092毫米 1/16
印张 115.5 **字数** 2400千
版本 2020年12月第1版
印次 2020年12月第1次印刷

法律出版社/北京市丰台区莲花池西里7号(100073)
网址/www.lawpress.com.cn
投稿邮箱/info@lawpress.com.cn
举报维权邮箱/jbwq@lawpress.com.cn
销售热线/400-660-8393
咨询电话/010-63939796

中国法律图书有限公司/北京市丰台区莲花池西里7号(100073)
全国各地中法图分、子公司销售电话：
统一销售客服/400-660-8393/6393
第一法律书店/010-83938432/8433 西安分公司/029-85330678 重庆分公司/023-67453036
上海分公司/021-62071639/1636 深圳分公司/0755-83072995

书号:ISBN 978-7-5197-5208-8
定价(全三卷):888.00元
(如有缺页或倒装,中国法律图书有限公司负责退换)